Bernhard Schwarz

Algerien

Verone

Bernhard Schwarz

Algerien

1st Edition | ISBN: 978-9-92500-052-4

Place of Publication: Nikosia, Cyprus

Erscheinungsjahr: 2015

TP Verone Publishing House Ltd.

Nachdruck des Originals von 1881.

ALGERIEN

(KÜSTE, ATLAS UND WÜSTE)

NACH 50 JAHREN FRANZÖSISCHER HERRSCHAFT.

REISESCHILDERUNG

NEBST EINER SYSTEMATISCHEN GEOGRAPHIE DES LANDES

VON

Dr. BERNHARD SCHWARZ,

PFARRER AN ST. NICOLAI, DOZENT DER ERDKUNDE AN DER KÖNIGL. BERGAKADEMIE UND VORSITZENDER DES GEOGRAPHISCHEN VEREINS ZU FREIBERG IN SACHSEN.

Die Kasba von Constantine und die Rumel-Kaskaden.

ALGERIEN

(KÜSTE, ATLAS UND WÜSTE)

NACH 50 JAHREN FRANZÖSISCHER HERRSCHAFT.

REISESCHILDERUNG

NEBST EINER SYSTEMATISCHEN GEOGRAPHIE DES LANDES

VON

Dr. BERNHARD SCHWARZ,

PFARRER AN ST. NICOLAI, DOZENT DER ERDKUNDE AN DER KÖNIGL. BERGAKADEMIE UND VORSITZENDER DES GEOGRAPHISCHEN VEREINS ZU FREIBERG IN SACHSEN.

MIT ILLUSTRATIONEN UND EINER KARTE.

LEIPZIG,
VERLAG VON PAUL FROHBERG.
1881.

INHALTSVERZEICHNISS.

Erstes Kapitel.
Ein neuer Weg nach Afrika.

Seite
- I. Allgemeines statt der fehlenden Einleitung 1
- II. Von Narbonne über die Ostpyrenäen nach Barcelona. . . . 9
- III. Von Barcelona über Valencia und durch die Mancha nach Carthagena 15

Zweites Kapitel.
Oran und der Westen von Algerien.

- I. Ueberfahrt von Carthagena nach Oran. Ankunft und erster Eindruck von der Stadt 23
- II. Stadtwanderung 29
- III. Die Umgegend von Oran 35

Drittes Kapitel.
Die Bahnlinie von Oran nach Algier bis zum Atlas-Durchbruch.

- I. Die Eisenbahnen in Algerien im Allgemeinen 44
- II. Die Küstenebene zwischen Oran und Affreville (Scheliffebene) 52
- III. Der Scheliff und die Atlasstadt Milliana 62

Viertes Kapitel.
Die Bahnlinie von Oran nach Algier vom Atlas-Durchbruch bis zur Hauptstadt.

- I. Von Affreville nach Hammam Rirra 72
- II. Hammam Rirra 77
- III. Von Bu Medfa nach Blida 81
- IV. Ausflug in die Schiffaschlucht 89
- V. Von Blida nach Algier 96

Fünftes Kapitel.
Die Residenz Algier.

- I. Die Aussicht auf die Stadt und von der Stadt 101
- II. Stadtwanderung 107
- III. Eine ethnographische Abschweifung 110
- IV. Die Geschichte Algeriens von den ältesten Tagen bis zum goldenen Zeitalter des Maurenthums 117
- V. Die Geschichte Algeriens von der türkischen bis zur französischen Invasion 125
- VI. Der Einzug des Civilgouverneurs Grévy in Algier am 28. April 1879 131
- VII. Die Umgebungen Algiers 139

Sechstes Kapitel.
Von Algier zu Land nach Constantine.

		Seite
I.	Bis zum Eintritt in das Atlas-Gebirge	150
II.	Durch die Medschana bis zur numidischen Residenz	157

Siebentes Kapitel.
Die Hauptstadt Numidiens.

I.	Rings um den Ort	164
II.	Die Sehenswürdigkeiten der Stadt	172
III.	Das Leben und Treiben in der ostalgerischen Kapitale	179

Achtes Kapitel.
Ueber den Atlas in die Sahara.

I.	Von Constantine bis Batna	189
II.	Batna und Umgegend	195
III.	Von Batna bis zur el Kantra-Schlucht	199
IV.	Von der el Kantra-Schlucht nach Biskra	207

Neuntes Kapitel.
In der Wüste.

I.	Biskra bei Tag	217
II.	Biskra bei Nacht	227
III.	Ritt durch die Wüste bis Sidi Okba	232
IV.	In der Oase Sidi Okba	237
	Heimwärts	244

Zehntes Kapitel.
Anhang. Die Geographie Algeriens in systematischer Ordnung.

I.	Vorbemerkung	250
II.	Die horizontale Gliederung des algerischen Terrains. Seine politischen und natürlichen Grenzen. Die Chancen für zukünftige weitere Ausdehnung.	252
III.	Die vertikale Gliederung des Landes. Hydrographie. Die geologischen Verhältnisse. Mineralische und Mineralogische Producte. Thermen.	260
IV.	Klima, Flora und Fauna	295
V.	Die Bevölkerung Algeriens. Die Armee. Die Verwaltung. Das Schulwesen. Die Verkehrsmittel (transsaharische Bahn). Der Handel. Blicke in die Zukunft und Winke für die Gegenwart	334
	Register	394

ERSTES KAPITEL.
EIN NEUER WEG NACH AFRIKA.

I.
Allgemeines statt der fehlenden Einleitung.

Inhalt: Am Hafen von Carthagena (Südspanien). — Getheilte Empfindungen beim Gedanken „nach Afrika". — Die Arbeit der Einzelnen und die Arbeit der Colonieen bei der Erschliessung des „schwarzen" Erdtheils. — Die Betheiligung Frankreichs. — Die Schwächen und die Verdienste der französischen Verwaltung in Algerien. — Die französische Besitzung an der Nordküste als Keil im grossen Körper Afrika's. — Frankreichs Fühlung mit seinen afrikanischen Nachbarn. — Seine Pläne gen Süden; die transsaharische Bahn als Mittel zur Occupation des ganzen Nordwestflügels von Afrika. — Die Mannigfaltigkeit Algeriens hinsichtlich der Bodenformation, des Klima's, der Geschichte und der Bewohner des Landes. — Mangel an entsprechender deutscher Literatur über das Land. Die französische Literatur über Algerien. — „Ein Gesammtbild von der Provinz", der Zweck dieses Buches. — Vorläufige Angabe über den „neuen Weg".

Der lichte Tag war vergangen, die Dämmerung angebrochen. Zwar hoben sich die hohen Bergkuppen rechts und links noch scharf am wolkenlosen Himmel ab und die mächtigen Forts auf ihrem Gipfel starrten in dem Zwielicht nur um so drohender aufwärts. Aber über der Stadt und der Fruchtebene hinter ihr lagen doch schon die Schatten der Nacht, und das Meer, vorher so lichtblau, hatte die „eherne" Farbe Homer's angenommen und rauschte unheimlich gegen die Steindämme des Hafens. Draussen aber, in geringer Entfernung und doch nur in den Umrissen erkennbar, lag der Dampfer, dem ich mich anvertrauen wollte. Bereits glänzten rothe Lichter von seinen Masten, das Arbeiten der Maschine machte sich hörbar, und Kähne, mit Fracht oder Passagieren beladen, eilten geschäftig hin und her. War es zu verwundern, dass ich mich unter dem Einflusse all' dieser Umstände in einer eigenartigen, zwischen Bangigkeit und gespannter Erwartung getheilten Stimmung befand?

Zwar der Boden, auf dem ich stand, war auch kein heimathlicher. Hunderte von Meilen lagen bereits zwischen mir und dem trauten Vaterlande. Fremde Laute schlugen allenthalben an mein Ohr, fremdartige Gestalten drängten sich um mich. Und an Gefahren fehlte es in diesem Lande ja auch nicht. Hatte ich doch noch kurz vor meiner Abreise von Anfällen in Spanien, von Raubzügen gemeiner Banditen, wie solcher gelesen, die unter dem Namen „Karlisten", unter dem Vorwande, das Königthum von Gottes Gnaden zu vertheidigen, nun so lange schon das schöne und doch so unglückliche Land brandschatzen.

Und doch, es war immerhin noch europäisches Terrain, auf dem ich weilte. Hatte ich einmal den Fuss auf das schwanke Fahrzeug da draussen gesetzt, so blieb der Erdtheil der Civilisation hinter mir, so ging es dem Continent entgegen, der auf dem ganzen Erdenrunde der unwirthlichste und noch immer unbekannteste ist. „Nach Afrika", welche Schreckensbilder lässt nicht das vor dem Auge auftauchen! Löwen und Scorpione, wilde Eingeborene und heimtückische Fieber, Sonnenbrand und Wüstensand, Sirocco und Samum — du Sohn des milden, zahmen Europas, wo man per Dampf auf die Berggipfel fährt und in Schlafwaggons durch Tunnels und Schluchten getragen wird, wie wird Dir's ergehen?

„Nach Afrika" — auf der anderen Seite aber musste dieses Losungswort doch auch wieder ein wissens- und thatendurstiges Herz hoch schlagen lassen. Gerade der Schleier des Geheimnisses, in welchen der „schwarze Erdtheil" noch zum guten Theil gehüllt ist, übt unwillkürlich einen Zauber aus, und nicht am wenigsten auf das deutsche Gemüth. Das ist es ja, was unter der ungeheuren Zahl von Afrika-Forschern gerade so viel deutsche Namen finden lässt, was das Blut nicht der schlechtesten Söhne unseres Vaterlandes da drüben in leider so grosser Menge gefordert hat. So viele Spuren führen hinüber in diese Riesenlöwengrube und so wenige nur wieder heraus, und doch finden sich in jedem Jahre und fast immer zahlreicher und eifriger die Nachfolger. So stark ist der Drang, und zwar nicht nur der eitlen Neugierde. Es ist ein höheres Streben, das diesem Schmerzenskinde Europas, diesem modernen Minotaurus immer wieder Opfer zuführt, das Streben, europäischer Bildung und Gesittung die Wildniss zu erschliessen, wahrer Menschlichkeit, für die auch sie bestimmt sind, die Bewohner dieses Erdtheils zuzuführen. Es ist eine Weltmission, die jene Männer in bewundernswerther Selbstverleugnung erfüllen. Es ist ein Völkerwettkampf im edelsten Sinne, der dort sich vollzieht. Nicht um nationaler Eitelkeit zu schmeicheln, sondern im Dienste der ganzen Menschheit werden dort Eroberungen gemacht, eine Thatsache, die in einer Zeit, wo der Chauvinismus die Völkergrenzen nur zu scharf markirt, wohlthuend und versöhnend wirkt.

Und hat jenes Land auch schon unermesslich viel Geld und Blut gekostet, ist dort so manche Unternehmung gescheitert, und wird die Ueberwindung aller noch erübrigenden Schwierigkeiten fernere Jahrzehnte beanspruchen, so ist doch der Fortschritt ein so sichtbarer. Man vergleiche eine Karte Afrikas von vor zehn Jahren mit einer modernen. Die weissen Flecke mit der Aufschrift: „unerforschtes Land", diese schlimmsten Wüsten, diese Schandflecke für die Wissenschaft, sind bereits bis zu einem kleinen Rest zusammengeschwunden. Und gerade die Gegenwart hat den grössten Antheil an diesem Erfolg. Von Millionen unbeachtet, haben sich hier Ereignisse vollzogen, die die Nachwelt einst über manche vielbesungene Waffenthat stellen, dem Werk eines Columbus oder Vasco de Gama an die Seite setzen wird.

Und neben dieser bahnbrechenden Einzelforschung geht die Arbeit der Colonieen ebnend und ausbauend einher. Immer weiter dringt in dieser Hinsicht vom Süden, vom Kap her, England ein, während neuerdings auch Portugal, das nach seiner Herrschaft zur See im 16. Jahrhundert so lange das Leben eines Kleinstaates führte, seine absterbenden Colonieen im Osten und Westen von Mittelafrika wieder zu beleben sucht. Der Khedive von Aegypten rückt am Nil aufwärts gegen das Herz Afrikas vor, wenngleich mit wenig Geld und häufig genug auch wenig Geschick, wie die Unternehmung gegen Abessynien bewiesen hat, so doch nicht ohne successiven Erfolg.

Selbst Marokko, das China Afrikas, das fast noch hermetisch verschlossene Land, musste sich eine deutsche Gesandtschaft gefallen lassen und könnte längst eine blühende spanische Colonie sein, wenn Spanien nicht in so unheilvoller Verblendung seit Jahrzehnten sich selbst mehr und mehr zur Wüste machte. Vielleicht fällt so die ihm der Lage nach gehörende Beute schliesslich noch einer anderen Nation zu, bei welchem Gedanken man gewiss nur den Wunsch haben kann, dass Deutschland, welches nun einmal alle Colonialpolitik stricte abweisen zu wollen scheint, auf so bequeme Weise sich wenigstens einen Stationsort am Atlantischen Ocean sichern möchte.*)

So sieht das geistige Auge schon die Zeit nicht mehr fern, wo Schienenwege auch Afrika durchziehen, wo seine Gebirge ihre Edelmetalle und seine Gefilde, die zu den fruchtbarsten auf der Erde zählen, ihre Gewächse spenden und damit der Noth des überfüllten Europa begegnen, zum Dank dafür aber von uns Bildung und Gesittung erhalten werden.

Noch aber habe ich unter den Nationen, die auf diese Weise am grossen Culturwerke sich betheiligen, ein Volk zu nennen ver-

---

*) Dieser Gedanke ist weiter ausgeführt in dem neuesten Werke über Marokko von Conring (Marroco, Berlin 1880), das zwar in Bezug auf die eigentliche Geographie des Landes nicht so viel giebt, als es verspricht (vgl. die kümmerliche Parthie über den hohen Atlas), dagegen über den enormen Verfall und die Zukunft des Kaiserreichs umfassendes und interessantes Material liefert. —

gessen, das ist das französische, das zwar nicht auf dem Gebiete der Einzelerforschung — denn der Franzose ist nun einmal kein Reisender von Beruf und Neigung —, aber eben auf dem Wege der Colonisirung einen bedeutenden Platz zu erwerben verstanden hat. Freilich gehen die Ansichten hier weit auseinander. Ja die Mehrzahl Derer, die über diesen Punkt ihr Urtheil abgeben, sprechen Frankreich jedes Geschick zum Colonisiren ab und meinen, dass es in seiner afrikanischen Provinz Algier mehr verdorben als genützt, mindestens nichts erreicht habe. Ich vermag nun allerdings diesem harten Urtheile nicht alle Berechtigung abzusprechen. Es ist wahr, es sind der Fehler genug dort gemacht worden und die Colonie ist noch lange nicht Das, was sie sein könnte; eine eigentliche Blüthe der Provinz ist bei Weitem noch nicht erreicht.

Was indess die Behauptung des Landes im Allgemeinen, die machtvolle Ueberwindung entgegenstehender Hemmnisse, die Schaffung der nothwendigsten Vorbedingungen für eine Cultivirung anlangt, so hat Frankreich das Unglaublichste in Algerien vollbracht. Schöne Strassen sind durch das ganze Land bis in die Wüste hinunter angelegt worden, wiewohl die Schwierigkeiten nicht gering waren; ein wohlgeplantes Eisenbahnnetz ist in einzelnen Theilen bereits vollendet und sieht in wenig Jahren der völligen Durchführung entgegen; die unruhige, wilde arabische Bevölkerung endlich ist, freilich nur auf gewaltsame Weise, aber doch derart pacificirt worden, dass das ganze Gebiet selbst bis in die pfadlose Wüste hinein eine Sicherheit bietet, wie sie in manchen Theilen Europas nicht einmal zu finden ist.

Dazu kommt, dass Frankreich bereits auch beginnt, seine Culturarbeit über die Grenzen der doch so grossen Provinz hinaus auszudehnen. In der nächsten Zeit reicht es seinem östlichen Nachbar Tunis die Hand durch den Anschluss an eine Bahn, die von der gleichnamigen Hauptstadt des letztgenannten Landes aus westwärts verläuft. Ja, dass es sein Auge überhaupt auf Tunis geworfen, beweisen die dort unlängst fast vom Zaune gebrochenen Zwistigkeiten zwischen tunesischen Behörden und dem französischen Consul. Die Annexion von Tunis und 'damit seine Einfügung in die französisch-algerische Culturarbeit ist nur noch eine Frage der Zeit.

Was sodann den Westen betrifft, wo Algerien an Marokko grenzt, so hat es der feindlichen Berührungen hier in den Kämpfen mit Abdel Kader genug gegeben, als dass dem letzten der intacten maurischen Staaten in Nordafrika nicht vorläufig wenigstens Respect vor der benachbarten Colonie eingeflösst worden wäre und in neuester Zeit hat Frankreich durch diplomatische Vermittelung das alte fanatische Reich sogar zu dem Versprechen der Beförderung oder doch wenigstens der Duldung seiner Eisenbahnpläne für die Sahara zu bringen verstanden.

Eine noch viel zu wenig gewürdigte und doch für die Kenntniss Inner-Afrika's so überaus wichtige Arbeit aber hat das französische Regime im Süden seiner algerischen Besitzung gethan. In der That, wenn es drüben über dem Mittelmeer nichts weiter vollbracht hätte, als dass es die früher so unzugängliche Sahara, die auch heute noch rechts und links vom französischen Territorium nur unter grossen Gefahren und Beschwerden zu betreten ist, zu einem Gebiete machte, in das der gewöhnlichste Tourist schon verhältnissmässig bequem und gefahrlos weit einzudringen vermag, so müsste der Name Frankreich doch schon unter den Namen stehen, die auf dem Gebiete afrikanischer Forschung mit höchster Auszeichnung für alle Zeiten zu nennen sind.

Und ohne viel Lärm zu machen, wie es doch sonst die Art des so eitlen Franzmanns ist, hat da drunten tief im Süden Frankreich seine Grenzen immer weiter vorgeschoben. Von Biskra und Larruat ist es bis Tuggurt und Uargla und von da wieder erst jüngst (1873) bis El Golea gerückt; nach neuesten Nachrichten aber erstreckt sich sein Einfluss bereits bis zur Oase Insalah unter dem 27° nördl. Breite, hat somit also fast den Wendekreis und die Hälfte des Wegs zwischen Algier und Timbuktu erreicht. Schon richtet Frankreich auch sein Auge auf den Sudan, das Land jenseits der grossen Wüste; eine Schienenverbindung zwischen dem Mittelmeer und dem Niger einerseits, sowie dem letzteren Flusse und dem Senegal andrerseits ist projectirt, und dürfte trotz all' der ausserordentlichen Schwierigkeiten, die ein solches Riesenwerk bieten muss, doch nicht unausführbar zu nennen sein. Ist das Project aber einst erst Factum geworden, dann steht Frankreich in Wirklichkeit als Besitzer des ganzen nordwestlichen Flügels von Afrika da; es hat sich dann ein Indien im schwarzen Erdtheil gesichert, und zwar ein Indien, das vor dem englischen Besitzthum in Asien, welches diesen Namen trägt, viel voraus hat. Dann ist endlich auch Marokko umgangen und muss über kurz oder lang in französische Hände fallen.

Die eminent politische Bedeutung einer solchen Erwerbung liegt auf der Hand. Frankreich würde sich aber dadurch nicht nur einen massgebenden Einfluss in Afrika gesichert haben, sondern auch die Herrschaft über das Mittelmeer oder doch über dessen westlichen Theil, der, weil hier der Eingang in dieses Gewässer liegt, zugleich der wichtigste ist, wäre ihm zugefallen. Der Werth Gibraltars muss auf ein Minimum herabgedrückt werden, wenn eine europäische Macht die marokkanische Küste am Mittelmeer und am atlantischen Ocean zugleich besitzt. Algier aber würde das Verdienst haben, der Ausgangs- und Stützpunkt für eine so eminente politische Acquisition gewesen zu sein. —

Aber Algier ist bedeutsam nicht nur als einer der wirkungsvollsten Keile, die in den Koloss Afrika eingetrieben werden, sondern es ist hochinteressant auch an sich. Es kann auf der ganzen Erde sicherlich kein lohnenderes, wechselreicheres Reiseziel gefunden werden. Man kann es ohne Uebertreibung das Land der Gegen-

sätze nennen. Küste, Hochgebirge und Wüste bilden die drei Grund--
formen seiner Bodengestaltung. Und dadurch wieder wird eine
Vegetation ermöglicht, die nahezu drei Zonen umfasst, die mitteleuropäische, die subtropische und wenigstens annäherungsweise die
tropische.

Aehnliche Contraste wie auf dem Gebiete der Natur begegnen
sich auch hinsichtlich des ethnographischen Elementes. Auf einem
Boden, der häufig genug noch deutlich wahrnehmbare Spuren von
Phöniziern, Numidiern, Römern und Vandalen zeigt, die hier nach
einander auftraten, wogen heutzutage durcheinander Araber vom
fernen Asien und autochthone Berber, Neger aus Timbuktu und
Elegants aus Paris, Juden und Spanier, in ihrer Gesammtheit ein
wunderbar buntes Völkergemisch bildend.

Grauenhafte Einöde wechselt oft genug unvermittelt mit para-
diesischer Herrlichkeit; aus Städten mit europäischem Comfort und
Luxus führen wenige Schritte unter die rohen Zelte der Beduinen,
und kaum weniger rasch gelangt man oft genug aus nordischer
Kühle in äquatoriale Gluth und aus dieser hinwiederum in ein Klima
mit ewigem Frühling.

Kann es nach diesen Worten, die vorläufig nur andeutungs-
weise die Bedeutung und die Reize dieses Stückes afrikanischer Erde
kennzeichnen sollen, noch Wunder nehmen, wenn es mich bei dem
Gedanken: „Nach Afrika!" elektrisch durchzuckte und kaum noch
auf dem europäischen Festlande duldete?

Aber auch ich wollte mit der Fahrt nach dem dunkeln Welttheile nicht blos einer wenn auch begreiflichen Neugierde fröhnen.
Auch ich wollte nach meiner Kraft mit beitragen zu der hohen
friedlichen Aufgabe der Gegenwart, da drüben es Licht werden zu
lassen. Ein Forscher im grossen Style, ein Afrikareisender zu sein,
das vermochte ich freilich nicht. Bis hinunter in das eigentliche
Forschergebiet, bis in das Afrika unter dem Aequator reichte mein
Wanderstab nicht. Aber etwas konnte ich auch thun. Noch ist
trotz seiner Wichtigkeit und Schönheit gerade Algier viel zu wenig,
von Deutschen fast gar nicht besucht. Den Zug der wissensdurstigen Pilger dahin auch nur um einen zu vermehren, ist daher
immer schon ein kleines Verdienst.

Indess wollte ich auch nicht einmal blos sehen. Was ich niemals zuvor beim Antritt einer grösseren Reise mit solcher Bestimmt-
heit gethan, das that ich hier. Ich reise ab mit dem Entschluss,
die Resultate meiner Tour auch vermöge meiner schwachen Feder
weiteren Kreisen zugänglich zu machen. Denn hinlänglich hatte ich
mich bei meinen Vorstudien für diese Reise überzeugt, wie kümmerlich die Literatur über Algerien noch immer ist. In jedem Jahre
erscheinen populäre und wissenschaftliche Schriften, Prachtwerke und
Reisebücher über das benachbarte Aegypten, das sich, wenigstens
landschaftlich, nicht im Entferntesten mit Algier messen kann. Da-

I. Allgemeines.

gegen sind über letzteres Land seit seiner Eroberung durch die Franzosen vor fast 50 Jahren kaum ein Dutzend Bücher in deutscher Sprache erschienen, von denen die wirklich brauchbaren bereits wieder veraltet sind oder nur einzelne Theile der Provinz behandeln.*)

---

*) Das einzig grössere, alle Theile des Landes (die Wüste bis Tuggurt) umfassende, verhältnissmässig wissenschaftlich gehaltene Werk in deutscher Sprache ist:
 von Maltzan, drei Jahre im Nordwesten von Afrika. 4 Bde. (Der letzte behandelt Marokko), 2. Auflage. Leipzig, 1868. Leider ist auch dieses in vieler, namentlich ethnographischer und archäologischer Hinsicht treffliche Buch, das selbst stylistisch ein wahres Muster von geographischer Darstellung genannt werden muss, gerade in Hinsicht auf die wichtigsten Verhältnisse der Colonie, die in den letzten Jahren so vielfache Veränderungen erfahren haben, fast vollständig veraltet.

Im Uebrigen besitzen wir nur Monographieen über einzelne Theile, unter denen die wichtigsten folgende sind:
 Max Hirsch, Reise in das Innere von Algerien, durch die Kabylie und Sahara bis zur Oase Biskra, Berlin, Max Hirsch, 1861 (vergriffen). Die im Allgemeinen ausgezeichnete Behandlung namentlich der Sahara ist ebenfalls durch mancherlei Ereignisse seitdem überholt worden.
 Locher, nach den Oasen von Laghuat. Bern, 1864. Eine kleine, aber anschaulich gehaltene Schrift.
 Schneider, der klimatische Kurort Algier. 3 Bde. Dresden 1869 und folgd. (Der 1. Bd. behandelt Algier und Umgegend. Der 2. die Seereise von Algier nach Philippeville, resp. Constantine. Der 3. die Eisenbahnfahrt von Algier nach Oran [unter Mitarbeit von Dr. Haas]. Guter Exkurs über Tlemsen). Das Werk bezieht sich nur auf das Littorale, während es das Innere gar nicht berührt. Doch ist namentlich das botanische Element ausführlich behandelt.
 A. Petzholdt, Streifzüge (landwirthschaftliche) in Frankreich und Algerien. Leipzig, 1870. Das Buch berücksichtigt vor Allem, wie schon auf dem Titel angegeben, die landwirthschaftlichen Verhältnisse, ist aber auch durch eine Tour in's Innere des Dschurdschura-Gebirges sowie dadurch interessant, dass die Reise im Sommer ausgeführt wurde, wo die wenigsten Touristen das Land besuchen dürften. Der Osten der Provinz und ebenso die Sahara wurden nicht berührt.
 Gustav Rasch, nach Algier und den Oasen von Siban, 2 Bde. 2. Aufl. Dresden, 1875. Die Schilderung des Lebens in der Sahara ist trefflich. Doch giebt das Werk über die sonstigen Verhältnisse des Landes wenig Auskunft. Der Westen wurde nicht berücksichtigt.
 Rugard, Reisebriefe, Elbing 1877. Gemüthvolle Darstellung (von einer Dame), die indess nur die Strecke Algier — Oran umfasst.
 George Gaskell, Algerien wie es ist. Aus dem Englischen von Max von Weissenthurn. Wien, 1877. Eine breite, mit einer Unmasse Ballast ausgerüstete, dabei betreffs der Hauptsachen häufig flüchtige und ungenügende Arbeit.
 Selbstverständlich viel zahlreicher und meist auch eingehender sind die Werke in französischer Sprache. Eine ziemlich vollständige Aufzählung derselben von 1556—1874 findet sich bei L. Piesse (s. unten) unmittelbar nach dem Vorwort.
 Die massgebendsten, auch jetzt noch brauchbaren sind:
 Berbrugger, l'Algérie, Paris 1842—45. 3 Bde.
 Mac Carthy, géographie physique, économique et politique de l'Algérie. Algier, 1858.
 Ville, exploration géologique du Beni Mzab et du Sahara. Paris, 1872.
 Soleillet, l'Afrique occidentale — Algérie, Mzab, Tiltikelt. Paris, 1877.

Ein den gegenwärtigen Verhältnissen aber wirklich entsprechendes Gesammtbild Algeriens zu liefern, das war das Ziel, das für mich in dem „nach Afrika" lag.

So brennend nun aber auch mein Verlangen nach dem eigentlichen Object meiner Reise war, so konnte ich doch für die hohen Reize des Weges, den ich mir, um dahin zu gelangen, vorgezeichnet hatte, um so weniger blind sein, als derselbe wenigstens theilweise ein neuer genannt werden muss.

Bisher nahmen die Reisenden nahezu ausschliesslich die Route über Marseille. Fast täglich gehen von hier Dampfer hinüber nach der so wichtigen Provinz, unter denen die der Messageries maritimes und die der Compagnie Valéry die besteingerichtetsten und schnellsegelndsten sind. Sie brauchen durchschnittlich nur 33 (resp. nach Oran 60) Stunden für ihre Fahrt. Allein da die Reise per Dampfschiff nicht unter allen Umständen angenehm ist, namentlich was den fast immer unruhigen Golf von Marseille anlangt, mindestens aber nichts von besonderem Interesse bietet, indem die Schiffe sich fast ununterbrochen auf der hohen See halten, so ist der Umweg durch Spanien sicher für Jeden höchst verlockend. Früher war derselbe nun freilich insofern erschwert, als man entweder die Tour Bayonne-Madrid über die Westpyrenäen machen oder per Dili-

---

Ausserdem sind die einschlagenden Werke arabischer Geographen (so des Edrissi von Jaubert, Paris, 1836, des Ibn-Khaldun [histoire des Berbères etc.] von Slane, Algier, 1852—58, des Abu-Obeïd-el Bekri [description de l'Algérie] von demselben. Paris, 1859, des Abul-Feda [description du pays du Marreb] von Solvet, Algier, 1839, und des el-Zohrat-el-Nayerat [chroniques de la régence d'Alger von Rousseau, Algier, 1841] in's Französische übertragen worden.

Reisehandbücher lieferten in deutscher Sprache:
Meyer, Südfrankreich, Corsika und Algier, Leipzig, 2. Aufl. 1880.
Französisch:
Louis Piesse, itinéraire de l'Algérie, de Tunis et de Tanger, Paris, Hachette, 1874, Collection des Guides Joanne, ein ausgezeichnetes, nur für seinen Zweck etwas zu umfangreiches (fast 600 Seiten umfassendes) Werk. 2. Aufl. 1879.
Kürzer ist:
Guide en Algérie. Algier, 1876.
Englisch:
Murray, handbook for travellers in Algeria. 2. Aufl. London, 1877. Ebenfalls recht gut, auch für Gebirgstouren.

Schlimmer steht es mit den Karten. Die deutsche Literatur besitzt eine wirklich gediegene und umfassende cartographische Darstellung von Algerien gar nicht. Am Besten noch die Nebenkarte auf Blatt 68 (Nordwest-Afrika des grossen Stiehler'schen Atlas, sowie ausdemselben Nr. 13 (Mittelländ. Meer, westl. Theil). Ungenügend ist die dem Maltzan'schen Werke beigegebene Karte, etwas besser die im Petzholdt'schen Buche.

Auch die französischen Karten sind fast durchgängig unbrauchbar, namentlich die in Algier viel offerirte von Vuillemin, 1858. Einzig und allein genügend ist die französische Generalstabskarte (carte de l'Algérie, im Massstab von 1 Mtr. : 400,000 Mtr., unter Direction von General Blondel angefertigt), die leider, da sie nicht im Buchhandel erschien, nur äusserst schwer zu erlangen ist.

gence die Ostpyrenäen übersteigen musste, was beides recht zeitraubend war.

Nun ist aber neuerdings auch über den letztgenannten Theil des spanisch-französischen Grenzgebirges ein Schienenstrang gelegt worden, so dass man gegenwärtig verhältnissmässig rasch Barcelona und von dort auf der schon länger fertig gestellten Linie über Valencia Carthagena erreichen kann, um von da mit dem jeden Sonnabend Nachmittags von Marseille eintreffenden Valérydampfer nach Afrika überzusetzen. In wenig mehr als 48 Stunden, die das genannte Fahrzeug zur Fahrt bis Carthagena benöthigt, kann man auch die ganze angegebene Landtour ausführen, hat dann nur noch eine 11 stündige Seefahrt und ist doch mit einem grossen und herrlichen Theile Spaniens sowie einer hochinteressanten Gebirgsbahn bekannt geworden. Es ist gar nicht zu bezweifeln, dass diese Route gar bald der gewöhnliche Weg, namentlich der zahlreichen Patienten werden wird, die jeden Winter die heilsame Luft Algier's aufsuchen.

II.
Von Narbonne über die Ostpyrenäen nach Barcelona.

Inhalt: Die rechte Reisezeit für Algerien. — Die Westküste des „Löwengolfes" und ihre Etangs. — Aussicht auf die Pyrenäenkette. — Das Roussillon, die Heimath der „Rivesaltes". — Perpignan, eine spanische Stadt auf französischem Boden mit italienischer Vegetation. — Der Mont Canigou im Schneemantel. — Die Pyrenäenpässe. — Eine Bahn, die dicht am Meere hinläuft und doch eine Alpenbahn ist. — Der Eintritt in Spanien. — Nordspanische Vegetation. — Die spanische Riviera. — Die jungen Spanierinnen und die Gänseblumen.

Es war im April, als auch ich diese Strasse einschlug. Denn dieser und der nächste Monat sind zu einer Reise nach Algier besonders geeignet, wohlverstanden für Den, der das ganze Land durchziehen will. Denn wer nur die Küste zu besuchen wünscht, und das wird bei Patienten, die lediglich dem heimischen Winter aus dem Wege gehen wollen, nahezu ausschliesslich der Fall sein, findet bereits in der Zeit vom November ab hier das mildeste Frühlingsklima. Auch die Wüste hat während der Wintermonate die angenehmste Temperatur aufzuweisen, aber zwischen beiden Gebieten lagert dann als schwer zu übersteigende Scheidewand das in jener Jahreszeit oft genug tief verschneite Atlasgebirge.

Auf der anderen Seite aber tritt bald nach Mai die Gluthhitze ein, die Algier berüchtigt gemacht hat und die während des ganzen Sommers bis zum Eintritte der Regenzeit, Ende October oder Anfang November, das Reisen in diesem Lande fast ganz verbietet.

In Eilmärschen war ich über Lyon nach Narbonne gezogen, wo die neue Pyrenäenbahn ihren Anfang nimmt, indem sie in rechtem

Winkel links von der Hauptbahn Cette-Toulouse-Bayonne abschwenkt und in direct südlicher Richtung dem nahen Hochgebirge zueilt.

Nicht lange währt es, so giebt es denn auch schon des Interessanten genug. Zunächst wiederholen sich hier, wo die Strecke weithin meist nahe am Meere läuft, dieselben eigenthümlichen Bilder, die sich schon vorher von Cette ab dem Auge zeigten. Während nämlich der Löwengolf (so genannt von seiner in etwas einem liegenden Löwen ähnelnden Form) auf der Strecke Marseille-Toulon nur felsige Steilküsten aufweist, die nicht selten noch Abzweigungen inselartig weit ins Meer hinaussenden, so ist das Ufer an seiner ganzen Westküste von der Rhonemündung ab bis an den Fuss der Pyrenäen flach.

Da auf diese Weise das Meer hier seine Arbeit unbehindert treiben kann, so haben sich in langer Reihe Strandseen (étangs) gebildet, mehr oder minder grosse Seewasserflächen, die durch Hebungen des Bodens und Anschwemmungen vom offenen Meere abgetrennt wurden oder doch oft nur noch durch ein schmales Wasserband mit ihm zusammenhängen. Die Eisenbahn überquert häufig diese Seen vermittelst langer Dämme, die nicht selten so schmal sind, dass man vom Waggon aus auf beiden Seiten nur die weite Wasserfläche (der étang de Thau z. B. ist fast 4 Stunden lang und $1-1^1/_2$ Stunde breit) wahrnimmt. Einen ganz besonderen Reiz erhält diese eigenartige Scenerie auf unserer Strecke dadurch, dass hinter der niederen, aber völlig kahlen Masse der monts Corbières, einer Vorkette der Pyrenäen, die Hauptkette der letzteren selbst unmittelbar sich erhebt. In der jetzigen Jahreszeit noch weiss vom Scheitel bis zur Sohle, ragt die stolze Reihe der zackigen, formenreichen Berge in den tiefblauen Südhimmel hinein, hier und da von der Morgensonne rosenroth übergossen, ein Bild voll stiller Majestät, während im Gegensatz dazu die trüben Wellen um uns, von den auf der ganzen Strecke von Marseille bis Toulouse fast immer wehenden heftigen Winden aufgewühlt, plätschernd die festen Dämme belecken. Fast möchte es dem Beschauer unheimlich werden inmitten dieser Staffage, die nur Wasser, Fels und Eis, aber nichts Lebendiges, nichts von fröhlichem Grün zeigt. Der melancholische Eindruck des Ganzen wird weiterhin noch verstärkt durch das Städtchen Leukate, das, ehemals eine griechische Niederlassung (was auch der Name noch bezeugt), weltverloren und halbverlassen — denn durch die Miasmen, die den étangs entsteigen, ist die Gegend in hohem Grade ungesund — auf weissschimmerndem Felsen thront.

Und doch nach kurzer Weile treten wir, vom Meere abbiegend, unvermittelt auch wieder in die reichste und lieblichste Landschaft ein. Es ist das berühmte Roussillon, das wir jetzt' erreichen, die Heimath der weltbekannten süssen Muscats, Malvasier, und wie sie weiter heissen. Das Städtchen Rivesaltes, das die Bahn passirt, ist so recht eigentlich der Stapelplatz dieser gefeierten Marken.

II. Von Narbonne über die Ostpyrenäen nach Barcelona.

Der Weinbau ist aber in dieser Gegend nicht mehr so bequem wie in der Provence und Languedoc, wo die Rebe als niedriger Stock auf den ebenen Feldern wächst. Hier sind es steile und dürre Felsgehänge, auf die man mühsam Land hinaufbringt, um dann die edlen Reben anzupflanzen. Aber je näher wir dem Gebirge kommen, um so üppiger wird die Gegend. Ja das alte Perpignan, die letzte grössere französische Stadt (25,000 Einwohner), die aber mit ihren theilweise noch halbmaurischen Bauwerken, ihren Holzbalconen, ihren spanisch gekleideten und auch vielfach schon spanisch (d. h. catalonisch) redenden Einwohnern bereits einen transpyrenäischen Eindruck macht, ragt schon aus einem wahren Garten heraus. Hier zeigte sich mir eigentlich zum ersten Male ein Stück Süden und voller Frühling, nachdem ich noch mitten im halben Winter die Heimath verlassen und auch am Rhein und in Südfrankreich erst die zartesten Anfänge des Lenzes gefunden hatte. Die Weinrebe war hier schon wohl eine halbe Elle lang, in den Gärten blühten die Rosen, hie und da hingen auch bereits goldgelbe Orangen im dunklen Laube und einzelne Agaven breiteten ihre schweren, wuchtigen Blätter aus.

Und all diese Herrlichkeit überragt von Schnee und Eis! Denn wenn auch die Hauptkette der Pyrenäen längst verschwunden war, so war dafür der hier ziemlich nahe Mont Canigou, der letzte höhere Gipfel der Pyrenäen nach Osten zu, in den Vordergrund getreten. Derselbe bildet eine fast isolirte Gruppe von überaus harmonischem Aufbau, ist bei seiner verhältnissmässig nur geringen Höhe von 2785 m im Sommer zwar nahezu ganz schneefrei, trug aber jetzt den prächtigsten, strahlend weissen Schneemantel und bot so ein Hochgebirgsbild, wie ich es so schön kaum an den berühmtesten Stellen der Alpen gesehen habe.

Von Perpignan wird unsere Bahn Gebirgslinie im engeren Sinne. Eine niedere, in ihrer höchsten Erhebung nur noch bis 1500 m ansteigende Gebirgskette erscheint, um uns in ihren Schoss aufzunehmen. Es sind dies die sogenannten Monts Albères, das östliche Ende der Pyrenäen.

Man darf nämlich nicht, wie schlechte Karten glauben machen, die Pyrenäen für eine einzige, gleichmässig verlaufende Grenzmauer zwischen Spanien und Frankreich halten. Dies wäre ein doppelter Irrthum. Einmal greift die politische Grenze dieser Länder häufig bald herüber, bald hinüber. So reicht z. B. Spanien über die Hauptgruppe der Maladetta hinweg weit in das Aranthal, in dem die Garonne strömt, und damit fast bis ins französische Flachland herein. Auf der anderen Seite aber kann von einem zusammenhängenden Grat für das ganze Gebirge überhaupt nicht die Rede sein. Der gesammte, vom atlantischen Ocean bis zum Mittelmeer 433 km (58$^1/_2$ Meile) lange Bergwall ist vielmehr in drei, allerdings ganz ungleiche Theile zerlegt.

Das erste, westliche Drittel steigt stufenartig vom Gestade des Golfes von Biscaya bis gegen das Val d'Aspe an, bringt es aber im Mittel nur auf circa 1500 m. Jenseits des genannten Thales indess gipfelt sich das Gebirge unvermittelt bis fast 3000 m auf in dem dem Matterhorn in der Schweiz ähnelnden Pic du midi d'Ossau. Von diesem Eckpfeiler an reihen sich Hochgipfel an Hochgipfel mit einer Höhe, die sich fast stetig um die genannte Zahl bewegt, bis unmittelbar hinter dem Mont Canigou als östlichem Eckpfeiler abermals ein jäher Abfall eintritt, so dass von da bis zum Mittelmeere das Gebirge wieder einen Separatabschnitt, das letzte Drittel, bildet. Auch hier sinkt es von circa 2000 m Höhe stufenweise, jedoch nur bis auf circa 800 m nieder, die von den jäh ins Meer abfallenden Monts Albères erreicht werden.

Da nun aber das mittlere Drittel (die eigentlichen Centralpyrenäen) neben seiner so bedeutenden Höhe, die circa 400 m über die Schneegrenze (2730 m) hinaufreicht, auch noch durch eine auffallend hohe Lage des Kammes sich auszeichnet (im Durchschnitt 2400, im Maximum aber mehrfach über 3000 m), so ist die Ueberschreitung der Pyrenäen sehr erschwert und wird im Wesentlichen auf die erwähnten niedrigen Ansätze beschränkt, zu denen das Massiv rechts und links abstürzt.

Am bequemsten ist der Uebergang im Westen, wo namentlich die alte Strasse von Bayonne nach St. Sebastian durch ein Gewirr niedriger Hügel immer knapp am Meere hinläuft, so dass sie nahezu gar keine Steigung zu überwinden hat. Parallel mit ihr zieht die Eisenbahn, der bis vor Kurzem einzige Schienenweg über die Pyrenäen, unter gleich günstigen Verhältnissen, die für den Touristen dagegen insofern ungünstig sind, als er hier vergebens wilde Gebirgsparthieen, wie sie andere Bergbahnen bieten, suchen wird.

Was nun den Osten anbetrifft, so lagen zwar hier die Verhältnisse nicht so günstig, weil auf dieser Seite ein Abfall des Gebirges bis zum Meeresniveau überhaupt nicht stattfindet, vielmehr auch die in die See selbst abstürzenden letzten Ausläufer noch mehrere hundert Meter hoch bleiben. Indess ermöglichte doch der im Ganzen auch hier sanfte Charakter des Gebirges einige leichte Uebergänge, so namentlich mittelst des östlichsten der bedeutenderen Pässe auf der ganzen Linie, des Col de Perthus (290 m), der einst von Cäsar und Pompejus und in den Kämpfen des Mittelalters überschritten, in der Neuzeit von Perpignan aus regelmässig von Diligencen befahren wurde. Bei dem immer wachsenden Verkehre von und nach Spanien wollte aber bald der einzige Schienenweg im Westen nicht mehr genügen, und so fasste man den Plan, da eine Linie über den Mittelstock fast unmöglich erscheint, einen Schienenweg auch über diesen östlichen Flügel zu legen. Man wählte indess dazu nicht den erwähnten Col de Perthus, sondern nahm eine ganz andere, viel originellere Richtung, die wir nun, wo wir unsere begonnene Tour fortsetzen, kennen lernen werden.

Hinter Perpignan lenkt nämlich die Linie wieder ans Meer, an dem sie von da ab auch bis über die spanische Grenze hinüber bleibt; indess wird sie durch das hier in hohen, steilen Abstürzen ohne Vorland bis ans Wasser vorgeschobene Gebirge genöthigt, an demselben aufwärts zu klettern, und so ergiebt sich eine Staffage, wie sie kaum eine andere Gebirgsbahn aufweisen kann. Rückwärts überschaut man immer ausgedehnter die gesegneten Gefilde von Roussillon bis weit nach Languedoc hinab, rechts blickt das Auge immer tiefer in die Gebirgswelt der Albères hinein. In dunkeln Thalschluchten brausen Bäche, während an steilen Gehängen wohlgepflegte Weingärten bis fast auf die höchsten Höhen hinaufreichen; hier und da aber tauchen auch graue, wilde, kahle Felszacken auf, die nur an ihrem Fusse mit üppigen Laubholze bekleidet sind.

Mehrmals werden Ruinen und altersgraue Wachtthürme sichtbar, während darunter Landhäuschen, malerisch über die Abhänge zerstreut, das Auge erfreuen. Auf steilen Pfaden sieht man Grenzsoldaten, originell gekleidete Landleute und hochbepackte Saumthiere auf- oder absteigen.

Wenden wir den Blick aber auf die andere Seite der Bahn, so haben wir hier stetig ganz nahe, nur in immer zunehmender Tiefe, das blaue Meer unter uns. Die unvergleichliche Mannigfaltigkeit des Bildes wird noch erhöht, wenn wir auf einer der zahlreichen Kurven endlich von der See ab ins Gebirge einzulenken scheinen, wenn brausend die Lokomotive zwischen hohen Felsen hindurchläuft oder einen Tunnel passirt und unvermuthet beim Austritt wieder das schon fern geglaubte Meer, von schroffen Vorgebirgen nicht selten zu einer stillen Bucht verengt, an der irgend ein kleines sauberes Städtchen liegt, aus schwindelnder Tiefe heraufgrüsst.

Unter solcher stets wechselreichen Scenerie werden wir rasch aufwärts getragen, bis noch einmal ein langer Tunnel erscheint, vermittelst dessen wir die eigentliche Uebergangsstelle, den Col de Belistre (260 m), das Joch zwischen dem ganz nahen Cap Cerbère und den Albères, und damit den östlichsten Pass der Pyrenäen überhaupt passiren. Unmittelbar hinter dem Tunnel befindet sich die Grenzstation Cerbère, auf der eine namentlich für Deutsche nur sehr flüchtige Passrevision vorgenommen wird.

Die Scenerie ähnelt von da ab vorläufig noch immer der Landschaft des eben verlassenen Frankreich drüben. Zur Linken haben wir auch jetzt noch die See und namentlich bei Llansa, wo wir den grossen Meerbusen überschauen, den das gewaltige, weit in die See vorspringende Cabo de Creus, das alte Cap Aphrodisium, bildet, ist der Meeresblick vortrefflich. Was sich aber bereits vollständig geändert hat, das ist das Publikum, das auf den vielen kleinen Stationen den Zug umsteht. Hier grüsst uns bereits der volle Süden mit seinen charakteristischen Typen und malerischen Trachten. Da stehen sonnengebräunte Männer aus den niedrigeren Volksschichten, die rothe phrygische Sackmütze auf dem dunklen Lockengewirr, daneben bekundet der bekannte, genial über die Schulter zurückgeschlagene spanische Mantel Solche, die schon besseren Ständen angehören. Beide aber, ebenso wie nicht selten auch die mit grasgrünen Handschuhen bekleideten Stationsgendarme, zu denen man in Spanien wie in Frankreich immer die schönsten, längsten Leute aussucht — vermuthlich um so selbst dem flüchtigen Durchreisenden zu imponiren — tragen an den Füssen die spanische Sandale, weisse Hanfsohlen, die mittelst kreuzweise um die Knöchel geschlungener schwarzer Bänder befestigt sind. Besonders merkwürdig erschienen die meist recht hübschen Weiber gekleidet. Auf dem Haupte trugen sie noch die landesüblichen buntseidenen Kopftücher, während die ganz modisch gefertigten, gleichfalls meist seidenen Kleider ungeheuer lange Schleppen aufwiesen.

Auch die Landschaft nimmt ein anderes Gepräge an, nachdem die Bahn sich landwärts gekehrt, um die hier dem Gebirge vorgelagerte Hochebene von Gerona zu durchschneiden. Auf den weiten Gefilden, die hohe Ausläufer der Pyrenäen meilenweit bis nach Barcelona hinunter umkränzen, steht wogendes Getreide, weissblühende Bohnen und Klee mit prachtvoll dunkelrother Blume, bald auch Kraut und Blumenkohl; die niedrigen Hügel zieren hochragende Pinien und knorrige Korkeichen, letztere schon von weitem dadurch kenntlich, dass die geschälte Hälfte des Stammes einen rothbraunen Ton angenommen hat, während die andere noch die hellgraue Farbe der Rinde zeigt.

Einen überaus freundlichen Eindruck macht das bald erreichte Städtchen Figueras, das durch seine jalousieverschlossenen Fenster und platten Dächer schon einen ganz südlichen Anstrich erhält. Imposant präsentirt sich dagegen späterhin Gerona, dessen alterthümliche Häusermasse von stolzen, hochthronenden Festungswerken überragt wird.

Bei Empalma theilt sich die Linie; der eine Strang läuft auf der Hochebene weiter, um über Granollers Barcelona zu erreichen, der andere senkt sich in rechtem Winkel zum Meere hinab, um an demselben hin zu gleichem Ziel zu gelangen. Auf Anrathen eines mit uns fahrenden, freundlichen, fein gebildeten Spaniers wählten wir letzteren Weg und hatten es nicht zu bereuen. Die etwa dreistündige Tour gehört zu den schönsten Küstenfahrten, die mir vorgekommen sind, und ähnelt der Strecke Genua-Nizza unverkennbar. Zur Linken hat man immer ganz nahe das Meer mit bedeutender Brandung, während rechts auf schmalem Küstensaum, den hohe, zackige Felsen mauerartig gegen Westen abschliessen, zum ersten Male wirklich südliche Vegetation uns grüsst. Hier blüht die Granate, steht die Orange fruchtbeladen; nicht selten erscheint auch schon eine Dattelpalme an besonders geschütztem Orte. In zahlreichen Gärten prangen die prächtigsten Blumen, darunter als besonderes Curiosum die Marguerite, unsere grosse Gänseblume*), die hier als Busch in der Form und Grösse eines Heuschobers gedeiht, von oben bis unten mit Blüthen ganz übersäet. Auf sie machte mich der bereits erwähnte Spanier in höchst origineller Weise aufmerksam. Er sagte mir nämlich, das sei die Blume, deren weisse Blättchen die jungen Mädchen der Reihe nach auszögen, um dadurch unter Anwendung eines Verschens den Stand ihres Zukünftigen zu erfahren. Demnach scheint diese Sitte, der auch bei uns manches junge Blut huldigt, über ein weites Gebiet sich zu erstrecken. O Menschenherz, wie bist Du mit Deinem Wünschen und Begehren doch unter allen Zonen das gleiche!

Einen weiteren Reiz unserer Strecke gewährt der Umstand, dass sich ein sauberes Oertchen an das andere reiht und die zierlichsten Villen das Auge erfreuen. Nur zu schnell gelangt man so nach Barcelona, das wir nach einer nur reichlich 24stündigen Fahrt von Lyon aus (beiläufig mit directem Billet) erreichten.

III.
Von Barcelona über Valencia und durch die Mancha nach Carthagena.

Inhalt: Barcelona und seine Cafés. — Die Eisenbahnfahrt an der Küste entlang nach Valencia. — Freund Langohr am Ackerpfluge. — Der gothische Stil an den Lastwagen. — Die Steinwüste mit der Zwergpalme. — Die spanischen Gebirge, in der Nähe so hässlich, von Weitem so schön. — Das Ebrothal und Ebrodelta. — Wind und Hitze als Bundesgenossen. — Im Paradiese von Castellon. — Der oasenartige Character der Vegetation in Spanien. — Die spanischen Goldäpfel. — Die Vaterstadt des Cid. — Aufstieg von der Küste auf das innerspanische Tafelland. — Nordische Scenerie. — Die Heimath des Windmühlentödters. — Ein trostloser Erdenwinkel. — Hochalpine Scenerie. — Die maurische Hinterlassenschaft. — Das schottische Plaid und die türkischen Hunde in Spanien. — Murcia und seine Riesenbouquets. — Am 19. April schon abgeerntet! — Die Bai von Carthagena mit ihren gigantischen Thorpfeilern.

Auch in Barcelona hielt ich mich nicht lange auf, so sehr diese prächtige und belebte Stadt, die zu den bedeutendsten Seestädten des Mittelmeeres gehört, eben dadurch aber auch schon ein fast gänzlich internationales Gepräge angenommen hat, dazu auch verlocken mochte. Indess benützte ich doch den einzigen Abend, den ich hatte, zu einem Gang durch die Strassen mit ihren wahrhaft glänzenden Schauläden, sowie namentlich durch die stolze Rambla, die Hauptstrasse der Stadt, die sich den grössten Prachtstrassen der

---

*) Chrysanthemum coronarium L., bis 1 m hoch, in Südeuropa und Nordafrika häufig.

europäischen Hauptstädte an die Seite stellen kann. Auch in eines der Cafés, die in Spanien eine noch bedeutendere Rolle spielen, als sonst schon im Süden, trat ich ein. Dasselbe bot denn in der That einen ebenso glänzenden als originellen Anblick. Der weite Saal, ganz mit Spiegelscheiben bekleidet, war völlig von einer durchaus bunten Menschenmasse, Männern wie Frauen, eingenommen. Denn ganz im Gegensatz zu Frankreich und eine auffallende Liberalität bekundend, gestattet die spanische Sitte den Herren, ihre Damen mit ins Kaffeehaus zu nehmen. Das tolle Geräusch, das so schon hier herrschte, übertönte beiläufig noch das Spiel zweier Jünglinge, die, auf einem Podium thronend, zwei Flügel mit mehr Kraft als Geschick bearbeiteten.

Ueber die noch erübrigende Strecke Barcelona-Carthagena, die ich am nächsten Tage durchfuhr, kann ich kurz sein, da sie, als eine bereits ältere Linie, schon öfter eingehend beschrieben wurde. Sie verdient freilich die grösste Beachtung. Denn wenn sie auch nicht durchgehends eigentlich schön zu nennen ist, so ist sie doch höchst instructiv in Hinsicht auf die Eigenart des spanischen Landes. Die beiden Grundformen desselben, Küste und Plateau, die schroffen Gegensätze, die sich auf seinem Boden finden, traurigste Oede und üppigste subtropische Vegetation, das Alles lernen wir hier im Fluge kennen.

Zuerst ist freilich von diesen Contrasten noch nichts zu verspüren. Bis zu der hart am Meer auf schroffem Felsen thronenden Veste Tarragona zeigt die Landschaft bei aller Fruchtbarkeit doch erst oberitalienischen Charakter. Ausgedehnte Wein- und Bohnenfelder, Feigen- und Mandelplantagen, Pinien- und Korkeichenwälder, und hier und da saubere Ortschaften werden von den zackigen Gipfeln des Monserrat (zu deutsch „Sägenberg", 3809 Fuss) überragt. Auch die dem Süden so vielfach anklebende Trägheit schien hier noch nicht zu Hause zu sein, denn wiederholt sah ich in dieser Gegend selbst das trägste aller lebenden Wesen in schwerer Arbeit, nämlich den Esel am Ackerpfluge, was ich weder in Italien noch im Orient wieder beobachtet habe. Auf den Landstrassen fielen die eigenthümlichen, zweirädrigen spanischen Lastwagen auf, deren Plandach nicht wie bei uns einen romanischen Rund-, sondern einen gothischen Spitzbogen bildete. Auch Häuser mit bereits maurischer Architektur werden sichtbar.

Unterhalb Tarragona wird die Landschaft viel südlicher; die Orange, der Cactus (ficus indica), die Agave, die Dattelpalme, die Olive, die Carrube (der „Johannisbrodbaum", dieser als mächtiger Stamm, an Form unserer Eiche ähnlich) treten auf, begleitet von Blumen in einem Farbenschmelz, wie ihn unser kalter Norden nicht zu erzeugen vermag. Doch nur kurze Zeit währt die Pracht. Dann schieben sich die Gebirge, die man zuvor zur Seite hatte, bis an das Meer, an dessen Ufer die Bahn bisher lief, heran, so dass dieselbe unvermittelt in die Einöde hineingeräth. Anfangs durchziehen wir noch nur eine zum Meer schräg abfallende Geröllebene, die sich ganz unverkennbar durch Verwitterung der dahinter sich erhebenden Felsengebirge gebildet hat. Hier tritt zum ersten Male die Zwergpalme (chamaerops humilis) auf, die einzige in Europa heimische Palmenart, welche in etwa $^1/_2$ m hohen, stammlosen Büschen über die Ebene hin verstreut ist. Der völlige Mangel an lebenden Wesen, dazu der entsetzliche, hier beinahe das ganze Jahr wehende Wind, der die Bahn fast in das nahe, einige Dutzend Meter tiefer unten brandende Meer zu schleudern droht, verstärken noch den traurigen Eindruck dieser Landschaft. Nicht lange auch währt es, so befindet man sich mitten in dem Felslabyrinthe selbst. Jeder Vegetation baare, graue, zerklüftete, zu phantastischen Ecken und Zacken verwitterte Gesteinsmassen erheben sich rechts und links in urweltlichem Chaos und rechtfertigen den Namen der „Sierra" (Säge), den alle spanischen Gebirge tragen.

Uebrigens ergeht es diesen zackigen Gebilden, wie so manchen Dingen auf dieser Erde. Aus der Nähe besehen, sind sie von wahrhaft erschreckender Hässlichkeit. Dagegen nehmen sie, je mehr man sie nur von der Ferne betrachtet, einen so eigenthümlichen, wunderbar duftigen, blauen oder lilaen Farbenton an, dass sie Gebirgspanoramen liefern von einer Schönheit, wie sie mir nirgends wieder vorgekommen. Auch die fast noch hässlicheren „Schmutzgebirge" weiter im Süden, in der Gegend von Murcia und Carthagena, die nicht einmal mehr den nackten Felsen zeigen, sondern nur wie dürre, sonnenverbrannte Lehmgebilde erscheinen, haben in der Entfernung diese Zaubergabe der Verwandlung. Namentlich kann es gar kein köstlicheres Bild geben, als die saftig grünen Huërtas, die so oft in Spanien das Auge erquicken, in der duftigen Umrahmung dieser blauen Ketten mit ihrer reichen Gipfelentwickelung.

Ist man durch die lange Fahrt in der Felswildniss, trotz des interessanten Einblickes, denn sie erschliesst, zuletzt doch recht ermüdet, so thut sich mit einem Schlage wieder ein neues Bild auf. Wir biegen in das rechts und links von hohen Bergzügen eingeschlossene Ebrothal ein, das auf seiner schmalen Sohle die üppigste südliche Vegetation trägt. Der Fluss, obwohl einer der wasserreichsten des Landes, dürfte gleichwohl hier der Elbe in Dresden an Breite noch nicht gleichkommen. Sein Wasser hat eine schmutzig-gelbe Farbe, ähnlich der Tiber in Rom. Besonders merkwürdig ist es, dass er hier, wo er doch kaum noch 15 bis 20 km vom Meere entfernt ist, noch immer in so tiefem Felsenthale strömt. Unvermittelt, wie fast Alles in diesem Lande, beginnt wenig weiter abwärts sein Delta, das, fast in der Form eines Vierecks aus dem Festlande vorspringend, weit ins Meer hinausragt. Ehemals, das lässt sich leicht erkennen, reichte das Meer direct bis an die Felsen heran, die ihn an unserer Stelle noch einfassen. Sie sind auch der Grund, dass sich das Delta nicht schon auf dem Lande, sondern erst draussen in der See gebildet hat.

Bei der malerisch auf dem linken Ufer gelagerten Stadt Tortosa passiren wir den Fluss und bald sind wir wieder mitten drin in dem grossartigen, aber entsetzlich öden Gewirr 2—4000 Fuss hoher Berge. Ein weiterhin erreichter Gebirgszug trägt auch den bezeichnenden Namen: desierto de las palmas („Palmenwüste", natürlich sind Zwergpalmen gemeint). Die Bahn windet sich hier unter Drehungen und Wendungen, unter Abstieg und Anstieg, bald näher am Meere, bald ferner, hindurch. Einmal erblickt man weit draussen auf der blauen Fluth in duftigen Umrissen ein Insel, vielleicht Ibiza, die grössere der Pithyusen, wenn es nicht die viel näheren, aber kleinen Eilande der Columbretes sind.

Zur Einsamkeit gesellt sich übrigens in dieser Gegend von Neuem der furchtbarste Wind, verbunden mit einer wahrhaft afrikanischen Hitze. Das Thermometer zeigte hier Vormittags 11 Uhr (am 18. April) 23° R., trotz der unbehindert durch die offenen Coupéfenster strömenden Zugluft. Die Gendarme auf den Stationen trugen denn auch weisse Schutzkappen über Helm und Nacken.

Endlich senkt sich die Bahn von einer Art dürrer Hochebene wieder in einen meilenweiten Kessel, und mit einem Male befinden wir uns in einem unübersehbaren Wald von Orangen. Wir sind in der Huërta von Castellon, einer der schönsten Huërten von Spanien. Das Wort Huërta ist aus dem lateinischen hortus, Garten, entstanden und bezeichnet so recht die Eigenart spanischer Cultur. In dem südlichen und östlichen Spanien zeigt sich die Bebauung selten als zusammenhängend, über weite Ländereien ausgedehnt. Der Grundcharakter ist Steppe, und in dieser überall, wo Wasser sich findet — gleichsam einzelne, wenn auch oft riesengrosse Gärten darstellend — bebaute Striche, die dann allerdings immer so üppig sind, dass sie auch in dieser Hinsicht Gärten genannt zu werden verdienen. Die Vegetation trägt in Spanien entschieden oasenartigen Charakter, wie denn beiläufig die Stadt Elche bei Alicante mit ihren 100,000 Dattelpalmen inmitten sandiger Ebene in der That eine europäische Oase darstellt.

Den „Garten", den wir jetzt passirten, hatte fast ausschliesslich nur Orangen aufzuweisen, aber welch ein Anblick war das, welch' unvergessliche Minuten, die wir in diesem Paradies verlebten! Die Orange bildet hier nicht hochstämmige Bäume, sondern 3 bis 4 m hohe, von oben bis unten dicht belaubte Büsche, die in regelmässigen Reihen dicht neben einander gepflanzt sind. Wassergräben durchschneiden die überaus wohlgepflegte Plantage nach allen Seiten. Daher denn auch die enorme Dankbarkeit der Bäume. Grosse, dunkelgelbe Früchte hängen in unbeschreiblicher Fülle, nicht selten mehrere an einem Zweige, in dem saftigen Laube, ja machen letzteres oft fast unsichtbar. Hier und da hatte man schon die erste Ablese gehalten und so lagen denn auf den verschiedenen Stationen der Bahn hohe Haufen der goldenen Früchte, der Verladung harrend, aufgestapelt. Für 12 Pfennige nach unserem Gelde kaufte ich acht der schönsten Exemplare von dem feinsten Geschmack, dem süssesten Saft, den ich je an dieser herrlichen Frucht beobachtet. Und wäre ich des schwer verständlichen Dialects, den die Verkäufer sprachen, kundig gewesen, hätte ich vielleicht noch einmal so viel erhalten.

Das herrliche Bild zu vervollständigen, stieg in weiter Ferne die schon erwähnte blaue Bergumwallung auf, während links, wenige Kilometer entfernt, der Spiegel der See erglänzte, und bald hier bald dort eine hochragende Palme aus dem Meer der dunkellaubigen Orangenbäume aufragte.

Endlich der fast betäubende Duft der zahllosen, weissgelblichen Blüthen, die neben den reifen Orangen an den Bäumen hingen, das Alles war geeignet, uns in einen wahren Rausch des Entzückens zu versetzen, der freilich einem Spanier, welcher neben uns sass und der kostbaren Scenerie nur Gleichgiltigkeit entgegensetzte, unbegreiflich vorkam.

Von hier ab ist übrigens die Landschaft bis Valencia überhaupt fruchtbarer als vorher. Auch erregen die auf hohem Felskegel überaus malerisch gelegenen, grossartigen Ruinen von Sagunt, der alten Römerstadt, in deren Geschichte der Name Hannibal's und der Carthager eine so grosse Rolle spielt, bei der Station Murviedro unser Interesse, bis endlich aus einem Meere von Grün, von wogenden Getreidefeldern und blühenden Bäumen Valencia, die alte Stadt des spanischen Nationalhelden, des Cid, mit ihren vielen Thürmen auftaucht.

Einige Stunden waren mir zur Besichtigung dieses berühmten Platzes gelassen, aber, ohne mich auf eine Schilderung des Einzelnen einzulassen, will ich nur im Allgemeinen mein Urtheil dahin abgeben, dass Der, der in Valencia eine elegante, modern-schöne Stadt sucht, sich enttäuscht finden wird. Das Innere des Ortes ist eng, winklig, schmutzig, und überall macht sich der widerliche Geruch geltend, der südlichen Städten so eigen ist. Der Reiz von Valencia aber besteht darin, dass es, entgegen dem internationalen Barcelona, eine Stadt von echt spanischem Wesen ist. Das bunteste Leben, die reichsten Trachten, das unbeschreiblichste Getümmel, das anziehendste Durcheinander, das ist es, was die engen, gewundenen Gassen zu so hochbedeutsamen Standorten für die Beobachtung spanischen Wesens macht.

Von Valencia, das kaum ein Stündchen vom Meere entfernt ist, muss nun die Bahn, um Carthagena zu erreichen, da eine Küstenlinie dahin nicht führt, landeinwärts laufen, und bei dieser Gelegenheit lernen wir wieder ein charakteristisches Merkmal spanischen Bodens kennen. Das gesammte Innere des Landes ist ein Tafelland, eine mehr oder minder erhöhte Hochebene, die meist erst nahe am Meere rasch zum niedrigen Küstensaume abfällt. Alle Bahnen, die von Küstenstädten ausgehen, müssen daher zuerst diese steile, felsige Barrière überklettern, ehe sie auf das Hochplateau kommen. Daher sind sämmtliche Bahnen Spaniens Gebirgsbahnen, deren Bau Tunnels, Viaducte u. dergl. in Masse erfordert hat und eine Rentabilität nicht so leicht erwarten lässt.

Nachdem wir Abends Valencia verlassen und zuvor noch in längerer Fahrt die Fruchtebene passirt hatten, befanden wir uns bereits gegen Morgen auf einer Höhe von circa 3000 Fuss. Auf tropische Vegetation war schon wieder polarische Oede, auf afrikanische Temperatur empfindlichste nordische Kälte gefolgt. Das Thermometer zeigte früh 5 Uhr + 3 Grad; im Kamin des sturmumtosten einsamen Stationsgebäudes von Chinchilla, wo wir in den von Madrid kommenden Zug umsteigen mussten, brannten lustig grosse Holzscheite. Wir befanden uns im Südosten der grossen innerspanischen Steppe, der Mancha, in der der Dichter so passend die Hirngespinnste des Don Quixote, des Windmühlentödters, geboren sein lässt, wie denn die Bewohner dieses traurigen Erdenwinkels noch jetzt Neigung zu Schwermuth und Ausgeburten einer krankhaften, durch die ungeheure Verlassenheit und Oede überreizten Phantasie zeigen sollen.

Nirgends, so sehr auch das Auge sich anstrengt, wird hier ein Baum sichtbar. Nur hier und da findet sich, mitten in steiniger Flur, ein Getreidefeld, auf dem die niedrigen Halme so spärlich stehen wie die Haare auf dem Haupte eines alternden Mannes. Stachligte Wachholderbüsche sind oft mitten in diesen trostlosen Anbauversuchen emporgewuchert. Wie ausgestorben, die armseligen Hütten gleich den furchtsamen Thieren einer verirrten Heerde eng aneinander gerückt, die grauen Dächer aus dem Grau der Steinwüste kaum sich abhebend, lagert hier und da ein Hirtendörfchen. Ohne alle Thalbildung erheben sich vereinzelte, zerbröckelte Höhen über der Ebene. Auch die durch den bekannten Roman des grössten spanischen Dichters berühmten Windmühlen werden hier und da sichtbar.

Indess die Bahn läuft rasch abwärts und allmälig werden wir auch dem Leben wiedergegeben. Die Berge wachsen höher an, kleine Gewässer entstehen, Oliven und Kiefern zeigen sich. Ja, bei dem Städtchen Hellin findet sich dicht neben der Bahn bereits wieder ein Garten mit Palmen und rothblühenden Fruchtbäumen.

Und nun gilt es von Neuem, den Abfall des Tafellandes zur Küste zu passiren, der auf der Linie nach Carthagena besonders steil ist und daher Kunstbauten genug nöthig machte. Die Lampen im Wagen werden angezündet. Wir brausen durch einen Tunnel hindurch und — ein grossartiger Anblick bietet sich. Unter uns in senkrechter Tiefe gähnt ein furchtbarer Abgrund, auf dessen Boden ein Bergstrom mit gelblichem Gewässer tost. Jähe, hohe, kahle Wände von weissem und rothem Marmor steigen auch auf seinem anderen Ufer empor. Das Ganze bildet eine Scenerie von solch wahrhaft erschreckender Wildheit, wie ich es selten wieder gesehen. Weiterhin wird das Flussthal, obwohl noch immer tief unter uns, breiter und zeigt, während hier oben über uns noch Alles kahl ist, bereits prachtvoll grüne Felder, eine Frucht der Bewässerungsanlagen, die man da unten angebracht hat. Die Wasserarmuth ist ja eben das eigentliche Unglück Spaniens. Ein gut Theil seiner Wüsten würde verschwinden, könnte man das edle Element aus der Erde zaubern. Denn der Boden ist zum grössten Theile fruchtbar. Wie ähnlich das Land betreffs dieses ganzen Verhältnisses bereits dem gegenüberliegenden Algerien ist, werden wir später sehen.

Es war nun aber nicht eine christliche, sondern die vielgeschmähte maurische Nation, die Spanien wenigstens für einzelne Theile ein wirklich kunstreiches Bewässerungssystem gab. Die Huërtas von Valencia, Murcia, Granada u. a. verdanken den Arabern ihre Entstehung und in Valencia und Granada sind noch jetzt die von ihnen gebauten Wasserthürme thätig, die durch ein Glockensignal in stiller Nacht den Grundbesitzern anzeigen, wenn der segenbringende Wasserstrom an ihren Grenzen vorübergeleitet wird.

Man hat übrigens verschiedene Arten für die Bewässerung. Am häufigsten findet man Göpelwerke, meist auf solider Aufmauerung, die, von Maulthieren getrieben, Schöpfkübel in Bewegung setzen. Um Getreide zu erbauen (auch Reis), werden durch niedrige Dämme Carrés abgetheilt und unter Wasser gesetzt. Sobald sie ausgetrocknet sind, wird dann der Same, resp. die Pflanze in den feuchten Boden gebracht. Das System der Barrages, das Frankreich so glücklich in Algier anwendet, wird späterhin erwähnt werden.

Auffallend waren in dieser Berglandschaft auch die oft originellen Volkstrachten. Namentlich werden, ähnlich wie in Schottland, von den Männern buntgewürfelte Plaids getragen. Uebrigens sieht man in den Löchern, die in dem weichen Marmor sich gebildet haben, auch noch Familien als Höhlenbewohner leben. Und um noch Eins zu erwähnen, so erregte es mein Interesse, dass, so oft der Zug auf einer Station hielt, sofort einige Hunde, meist von der gelblichen Schakalart, die ich in Constantinopel sah, auch ebenso mager und verhungert wie jene, herbeistürzten und furchtlos unter den Rädern des Zuges herumkrochen, um etwas Geniessbares zu finden.

Doch nur kurze Zeit noch währt es, dann treten die Gebirge zurück und lassen einer weiten, vom Segura durchströmten Ebene Raum, in welcher wieder eine der spanischen Oasen, und zwar eine der grössten und üppigsten, die Huërta von Murcia, sich ausbreitet. In dem weiten Meere von Fruchtbäumen aller Art, Feigen, Orangen, Granaten, dazu Opuntien und Agaven, machen sich aber die Palmen schon viel mehr geltend als um Valencia. Hier und da stehen sie sogar in ganzen Trupps zusammen.

Die saubere, industriereiche Stadt liegt fast ganz versteckt inmitten dieses Paradieses. Auf dem stattlichen Bahnhof werden Bouquets zum Verkauf ausgeboten, wie sie nur dem südlichen Spanien eigen sind. Auf einem Rohre von mindestens 1 m Länge prangt der kunstvoll aufgethürmte und wohl $^1/_2$ m im Durchmesser haltende Blüthenstrauss, aus Camelien, blaurothen, halbgeöffneten Rosen und Orangenblüthen zusammengesetzt und den lieblichsten Duft entsendend.

In solcher Scenerie lernt man bewundernd das Land als Garten Gottes preisen, das man kurz vorher noch als trostloseste Wüste verwünschen wollte.

Aber so rasch, wie diese Herrlichkeit gekommen, verschwindet sie auch wieder. Dürre Hochebene, aus der sich nur hier und da Sanddünen von schmutzigem Colorit und ohne alle Vegetation erheben, umfängt uns, bis der Spiegel des Oceans aufblitzt und wir in die Huërta von Carthagena einlaufen. Dieselbe, auf steinigem Boden erwachsend, hat indess wenig Aehnlichkeit mit ihrer Nachbarin. Statt der Fruchtbäume finden sich hier fast nur Getreidefelder, und zwar war die Gerste, die man an diesem Punkte gebaut hatte, entweder bereits abgemäht (19. April!), oder die Ernte befand sich doch im Gange. Dafür war die Hitze auch wahrhaft entsetzlich, zumal da noch dichter Staub die Luft erfüllte.

Carthagena, diese uralte Ansiedelung der Carthager, hat übrigens jetzt nichts Alterthümliches mehr, wenn man von den Ruinen eines auf steilem Felskegel gelegenen Castells absieht. Sie ist eine moderne, interesselose Stadt. Um so schöner ist ihre Lage an einer Bai, die zwei ungeheure, wohl an 1000' hohe Felscolosse so von dem offenen Meere abschliessen, dass nur noch ein enger Kanal freigelassen wird. Durch diesen geht es hinüber „nach Afrika". —

Und so hätte ich denn den Leser „auf neuem Wege" dahin geführt, wo ich mich ihm am Anfang dieses Kapitels präsentirte, an den Hafen, von dem die kürzeste Ueberfahrt von Europa nach Algerien ausgeht.

ZWEITES KAPITEL.
ORAN UND DER WESTEN VON ALGERIEN.

I.

Ueberfahrt von Carthagena nach Oran. Ankunft und erster Eindruck von der Stadt.

Inhalt: Afrika auf dem Schiffe. — Die schwimmenden ethnographischen Museen im Orient. — Wie sich der Araber bei Seereisen als der „practische Mann" zeigt. — Der Atlas in Sicht! — Oran und die groteske Wildheit seiner Lage. — Die Spanier, die Herren der Stadt in alter und neuer Zeit. — Das afrikanische Gibraltar. — Der Handel des Ortes. — Begründete Aussicht auf ein Volksfest mit afrikanischer Staffage. — Ein Dach als Scheuntenne. — Der Schnaps unter den Söhnen Muhammeds. — An der europäischen table d'hôte mit einem Eingeborenen.

Der Himmel war mit dunklem Gewölk überzogen, aber die Winde, die so häufig das schöne, blaue Mittelmeer in eine wildbewegte, gefahrdrohende Fläche verwandeln, ruhten. Und so glitt denn der „Ajaccio" (so hiess der Dampfer der Valérygesellschaft, der uns in Carthagena aufgenommen), nur leicht geschaukelt, über die Gewässer. Ich aber erfreute mich in seinen überaus luxuriös eingerichteten Räumen nach einer tagelangen Eisenbahnfahrt, die mich nahezu in einem Zuge aus dem Herzen Deutschlands bis in den fernen Südwesten Europas getragen, der süssesten Nachtruhe.

Gleichwohl liess mich die Spannung, mit der ich meinem Ziele „Afrika" entgegenging, schon frühzeitig vom Lager aufspringen und aufs Verdeck eilen. Ich wollte als der erste der zahlreichen Passagiere den „dunklen Erdtheil" erblicken. Aber ich hatte mich verrechnet. Die Ueberfahrtsstrecke Carthagena-Oran, die auf der Landkarte so schmal sich ausnimmt, als ob man sie mit einem weiten Schritte auf einmal übersetzen könne, ist in Wirklichkeit doch eine recht ansehnliche Wasserstrasse. So spähte denn mein Auge vergebens nach Süden; überall nur das ungeheure Meer in der trübseligen Färbung, die es zeigt, ehe die Alles verklärende Sonne ihm etwas von des Himmels Bläue geliehen. Und doch war ich schon in Afrika, stand auf seinem Boden; ich hatte Afrika auf dem Schiffe.

Denn welch' fremdartiges Bild bietet sich doch dem Blicke, wenn er nach der vergeblichen Prüfung des Horizontes da draussen seine nächste Umgebung mustert! Das ganze, weite Verdeck ist bis auf wenige Plätzchen, die das Schiffsvolk durchaus nicht belegen lassen konnte, von den originellsten Gestalten in den malerischsten Costümen sowie in allen möglichen und unmöglichen Stellungen eingenommen. Hier kauert ein Kabyle in braunem, zerrissenen Burnus, dort sind eine Anzahl dunkelfarbiger Wüstensöhne, eingewickelt in ihre blendend weissen Gewänder, so in einander verschlungen, dass es schwer ist, zu unterscheiden, ob das Bein da, über das wir stolpern, zu dem altehrwürdigen Patriarchengesichte dort oder zu den jugendlichen, bartlosen Zügen hier gehört. Aus einem glücklich eroberten Winkel schaut das wollige Haupt eines Negers, während wieder Turcos und Chasseurs d'Afrique auf Kisten und Koffern Platz gefunden haben. Auch italienische Hausirer mit ihren Waarenkästen und Erdarbeiter aus Spanien, mit furchterregenden Spitzhauen versehen, entdecken wir. Es ist ein überaus buntes Durcheinander, das sich so unserem Auge zeigt, wie wir es ähnlich nur noch auf den Schiffen der unteren Donau und des Schwarzen Meeres, dieser Ostpforte des Orients, gefunden haben, und wie es neben der Annäherung an Asien allein eine Fahrt gen Afrika bieten kann. Solche Schiffsverdecke sind wahre wandernde ethnographische Museen.

Man darf indess nicht glauben, dass wir hier oben auf dem luftigen Lagerplatze ausschliesslich Solche vor uns haben, die einen besseren Platz als den dritten nicht zu bezahlen vermögen. Vielmehr können uns schon die reicheren, goldgestickten Gewänder, die unser Auge hier und da entdeckt, ahnen lassen, dass auch besser Situirte in diesem bunten Völkergemisch sich finden. In der That pflegen selbst die begütertsten maurischen Kaufleute aus den algerischen Städten ihre etwaigen Seereisen immer nur auf dem Verdecke zu machen, und zwar nicht nur, weil sie auf diese Weise vor einer näheren Berührung mit den verhassten, unreinen Christen bewahrt bleiben, sondern auch aus rein finanziellen Gründen. Wozu, so sagen sie in echt semitischer Weise, so viel (75, resp. 95 Francs) für die erste oder zweite Klasse ausgeben, da man in derselben doch auch nicht eher sein Ziel erreicht, als auf dem billigsten Platze? Der Unterschied ist allerdings bedeutend. Denn auf diese Weise bewerkstelligen sie die Ueberfahrt nach oder von Frankreich für ca. 15 Francs. Freilich, was müssen sie dafür bei schlechtem Wetter auch ausstehen! Regen und Sturzwellen, Wind und Kälte, Tritte und Püffe von Seiten unleidlicher Nachbarn oder rücksichtsloser Matrosen, endlich die Unreinlichkeit, die im Gefolge der Seekrankheit auftritt, das Alles vermag den Aufenthalt auf dem Verdecke namentlich zur Nachtzeit zur wahren Qual zu gestalten, wie ich aus Erfahrung von der Zeit her weiss, wo ich als junger Student mit wenig Geld aber — viel Wissensdurst und Thatendrang die verschiedensten Meere in derselben Handwerksburschenmanier befuhr.

Allerdings die Söhne der rauhen Wüste, in der klimatische Extreme zu Hause sind, wie kaum irgendwo anders auf der Erde, halten unendlich mehr aus als wir durch alle möglichen Bequemlichkeiten verwöhnten Europäer.

Doch nach der Ouverture, die das Verdeck unseres Schiffes mit seinen malerischen Gruppen gewissermassen uns dargeboten, hebt sich nun auch bereits der Vorhang zum grossen Schauspiele selbst. Die afrikanische Küste kommt zum Vorschein, anfangs freilich nur als langgedehnter, schmaler, hellgelber Saum, der sich kaum vom Meereshorizonte abhebt. Bald aber vergrössert sich diese Linie zu einem mächtigen Gebirgszug mit zahlreichen, indess meist nur sanft gerundeten Erhebungen. Das ist der Atlas, der als Träger des Himmelsgewölbes schon in den Sagen der alten Griechen eine Rolle spielte und, obwohl von verhältnissmässig nur geringer Höhe, gleichwohl in der That durch seine Lage in alter wie neuer Zeit als hoch bedeutsam sich darstellen musste. Bildete dieser Naturwall doch ehemals die Südwestgrenze der um das Mittelmeer herumgruppirten alten Culturwelt, und ähnlich schneidet er auch heutzutage noch, wenngleich er schon auf afrikanischem Boden steht, die europäische Civilisation ab, und jenseits erst beginnt das eigentliche Afrika, der „schwarze" Erdtheil, von dem nicht eher als in der Gegenwart der mythische Schleier genommen wurde, der ihn seit uralten Zeiten und durch das Mittelalter hindurch bis an unsere Tage heran bedeckte.

Allmälig kommt nun auch das Vorland zum Vorschein, welches das Gebirge vom Meere trennt; ja je näher wir dem Lande rücken, um so mehr treten die Berge ganz zurück, und die Küste bleibt zuletzt nur noch allein sichtbar. Denn dieselbe ist hier nicht flach, sondern bildet einen ziemlich hohen, sanft ins Meer abfallenden Abhang. Auf dem letzteren wird auch gar bald eine schimmernde Häusermasse bemerklich, das ist Oran. — Immer vollständiger wird das Bild, das wir von dieser Stadt empfangen. Ihre Lage ist nicht eigentlich schön in dem Sinne, wie dies von so vielen Seestädten des Südens, von Neapel, Palermo, Ajaccio, Genua und namentlich auch von Algier gilt. Es fehlt hier der weite Golf mit der malerischen Umrandung. Dafür ist Oran viel grotesker, als all' diese vielgerühmten Orte, eine Stadt, die weniger den weichen Zauber südeuropäischer Hafenplätze, als die imposante Wildheit asiatischer Bergnester, wie solche namentlich Armenien oder Afghanistan besitzen, aufzuweisen hat. Es gilt dies freilich nicht von der östlichen Begrenzung des Ortes. Denn hier verläuft die Küste, wenn auch steil, so doch wenig mannigfaltig. Nur ein etwas weiter zurückliegender, ziemlich isolirt aufsteigender Berg, der von seiner ungefähr einem liegenden Löwen ähnelnden Form den Namen „Löwenberg" (Dschebel Sba) führt, imponirt hier einigermassen. Derselbe ist übrigens öfters auch schon mit dem Vesuv und seinem Doppelgipfel verglichen worden.

Um so ungeheuerlicher aber ist die Westeinfassung der Stadt. Auf dieser Seite gipfelt sich eine furchtbar steile Felsnadel nicht weniger als 400 Meter hoch empor. Auf ihrer schwindelnden Höhe thront ein mächtiges Castell, Namens Santa Cruz. Etwas tiefer ist auf einem kleinen Vorsprunge eine prächtige Kirche mit schönem Thurm aufgeführt worden, die noch kühner auf die weite blaue Wasserfläche hinausblickt, als ihre Schwester auf der anderen Seite des Meeres, die gleichfalls direct über dem Hafen auf steilem Kreidefelsen aufsteigende „Notre Dame de la garde" in Marseille. Lassen wir den Blick an den nackten, jähen Gehängen des Berges weiter niedergleiten, so stossen wir in halber Höhe abermals auf ein Fort, San Gregorio, unmittelbar vor welchem sodann die ganze Erhebung in ungeheuren, senkrecht abgeschnittenen Wänden zum Meere niederstürzt. Hinter diesem westlichen Eckpfeiler Orans aber thut sich eine überaus weite Bucht auf, die den Namen Mers el Kebir trägt. Ihr stiller Wasserspiegel, umrahmt von sanften, theilweise wohlbebauten Geländen, beruhigt das Auge wieder, nachdem es von jenen himmelstürmenden Felspartieen erschreckt worden war. In dieser Bucht, die weit genug ist, um alle Flotten Europas aufzunehmen, und die selbst bei heftigem Sturme völlige Sicherheit bietet, sollte man eine grosse Stadt erwarten. Wussten doch die alten Römer schon diesen herrlichen Naturhafen zu schätzen und gaben ihm den Namen Portus magnus. In Wirklichkeit aber findet sich hier nur ein kleiner, halbverfallener Flecken. Es wird eben nicht Alles gross, was gross angelegt ist.

Der Hafen von Oran, in den wir nunmehr einfahren, ist dagegen klein, von Haus aus unsicher und erst neuerdings durch kostspielige Molen in einen leidlichen Zufluchtsort für Schiffe umgewandelt worden.

Es war kaum 8 Uhr, als unser Dampfer Anker warf. Wir hatten also zur Ueberfahrt nur 11 Stunden gebraucht. So nahe ist Spanien der afrikanischen Küste! Was Wunder, wenn das spanische Element sich hier auch von den ältesten Zeiten bis heute zur Geltung gebracht hat. Schon 1509 wurde Oran, das jedenfalls bereits in den Tagen der Römer eine blühende Colonie, muthmasslich unter dem Namen Quiza, war, von den Spaniern unter persönlicher Führung des bekannten Cardinals Ximenez erobert und nach einer kurzen Pause in den Jahren 1708—1732, in welcher es die Mauren wieder vorübergehend besetzt hielten, bis 1794 behauptet. Der Ort nahm damals einen solchen Aufschwung, war so reich mit Luxus, Pracht und Annehmlichkeiten aller Art ausgestattet, dass ihn die Spanier corte chica, einen „Hof im Kleinen", nannten. 1830 fiel es in die Hände seiner jetzigen Besitzer, der Franzosen. Indess hat die Stadt ihren ursprünglich spanischen Charakter behalten. Von ihren 40,254 Einwohnern gehören nicht weniger als 16,000 der spanischen Nationalität an; spanische Firmen, spanische Trachten und — spanischer Schmutz fallen dem Ankömmling überall in die Augen. Auch die erwähnten Festungswerke sammt noch etwa einem halben Dutzend anderer Forts, die ringsum auf dominirenden Punkten sich erheben, sind eine Erbschaft, die Frankreich aus spanischen Händen erhalten hat. Und er ist wahrlich nicht zu unterschätzen, dieser Nachlass! Sind die Mauern dieser Bollwerke auch altersgrau, so sind sie doch von so fabelhafter Festigkeit, dass selbst ein mächtiges Erdbeben, das 1790 nahezu die ganze Stadt zerstörte, sie nicht zu erschüttern vermochte. Um so mehr dürften sie noch immer jedem menschlichen Feinde Trotz bieten können. Sie machen Oran geradezu unüberwindlich, so dass dasselbe für Frankreich nicht nur als ein Stützpunkt zur Behauptung Algeriens im Besonderen, sondern zur Aufrechterhaltung seines Einflusses auf dem Mittelmeere überhaupt anzusehen ist, was in einer Zeit, wo das habgierige England bereits eine ganze Etappenkette von festen Punkten von Gibraltar an bis Cypern durch jenes so wichtige Wasserbecken gezogen und dasselbe auf diese Weise nahezu ganz an sich gerissen hat, gewiss von ungeheurem Werthe ist. Man kann daher Oran mit vollem Recht das „Gibraltar Frankreichs in Afrika" nennen.

Nach diesen allgemeinen Bemerkungen gehen wir nun an's Land, um uns den wichtigen Ort auch noch etwas näher anzusehen. Nach einer flüchtigen Visitation unseres Gepäcks, das ein brauner, halbnackter Afrikaner auf seine starken Schultern genommen, treten wir durch ein düstres Thor in die erste Strasse, und siehe, sofort umgiebt uns das lebhafteste Treiben. Denn Oran ist nicht nur eine starke Festung, sondern auch eine blühende Handelsstadt. Die überaus fruchtbare und wohlbebaute Umgegend liefert viel Getreide, das ebenso wie Wolle und massenhaftes Schlachtvieh nach Frankreich und England exportirt wird. Für das gewaltige Aufblühen der Stadt spricht auch die bereits angegebene Einwohnerzahl, die in den sechziger Jahren kaum die Hälfte der jetzt erreichten Höhe aufwies. Ausserdem ist ja Oran auch Hauptstadt der gleichnamigen westlichen Provinz Algeriens und dadurch das Herz eines Landstrichs von über 5000 Qu.-Meilen mit einer halben Million Einwohner.

Trotzdem darf man hier noch nicht das Bild einer maurischen Stadt erwarten. In dieser Hinsicht stufen sich die drei Hauptstädte des Landes merkwürdig ab. Oran ist nahezu ganz europäisch, Algier halb europäisch und halb orientalisch, Constantine völlig orientalisch.

Gleichwohl wird Oran Den, der zum ersten Male in den Orient kommt, mächtig fesseln. Denn er sieht der fremdländischen

Gestalten hier schon genug. Mir war das Glück indess besonders
günstig. Als ich die steilen Strassen nach dem Marktplatze, an dem
mein Hotel lag, aufwärts stieg, las ich auf grossen Anschlagzetteln,
dass am Nachmittag ein Luftballon aufsteigen würde. Nun, ein
Schauspiel, das im civilisirten Europa noch immer so mächtig die
Massen anzieht, das musste doch in noch viel unwiderstehlicherem
Drange die Scharen der kaum halbcivilisirten Araber herbeiführen.
In dieser zuversichtlichen Hoffnung eilte ich in mein Hotel.

Aber selbst bis in diese Oase europäischen Comforts mitten in afrikanischer Uncultur, wie man die meist vortrefflichen algerischen Gasthäuser nennen könnte, verfolgen mich morgenländische Bilder. Kaum
hatte ich die Jalousieen vor meinen Fenstern aufgestossen, so sah
ich in ein Stück arabisches Leben hinein. Auf einem platten Dache
dicht neben meinem Zimmer waren braune, sehnige Gestalten mit
dem Reinigen von Getreide beschäftigt. Von Zeit zu Zeit erschien
ein Eingeborener in vornehmer Tracht, um die Arbeit zu controliren. Drüben über der Strasse aber nahm unter verschiedenen
Kaufläden ein Gewölbe meine besondere Aufmerksamkeit in Anspruch. Es war, man wird es kaum errathen, eine Schnapsbude, die
hinsichtlich der Frequenz ihren übelberüchtigten Kameradinnen im
Abendlande nicht nachstand, an bunter Staffage aber jene, die kaum
etwas Anderes als den immer gleichen Typus des Vagabunden sehen
lassen, unendlich überragte. Eingeborene in allen möglichen Trachten,
vom halbnackten, dunkelbraunen Hafenarbeiter bis zum gravitätisch
schreitenden Spahis im Scharlachmantel, strömten hier ununterbrochen ab und zu. Namentlich zog ein Neger die Augen auf sich,
denn er lärmte und tobte gewaltig, gestikulirte wie ein Wüthender,
und erfuhr schliesslich, was verwandten Seelen auch im Bereiche der
Civilisation begegnet, er wurde hinausgeworfen.

Wie schade, dass es zu Muhammed's Zeiten noch keinen Schnaps
gab, denn dann wäre derselbe sammt dem Weine den Gläubigen verboten
worden. So aber meidet der strenge Muselman wohl den verbotenen
Rebensaft, hält sich aber dafür nicht selten um so mehr an den Spiritus.
Die Naturvölker sind im Grunde doch den Kindern ähnlich! Wie
ein Knabe auf der Gasse immer rascher die Unarten seiner Spiel-
genossen, als ihre guten Eigenschaften sich aneignet, so leben sich
auch jene in kürzester Zeit in all' die bösen Auswüchse der Civilisation ein, während das Gute derselben, wahre Bildung und Gesittung, nur langsam bei ihnen Boden gewinnt. Freilich sollte ich
bald auch eine Ausnahme kennen lernen.

Beim Mittagsmahl, das nach französischer Sitte an kleinen,
einzelnen Tischen eingenommen wird, erschien plötzlich auch ein
Eingeborener in reichster maurischer Tracht und liess sich auf einem
stillen Plätzchen nieder. Nun, in der Türkei hatte ich wohl oft
genug Muhammedaner unter Christen ihren Kaffee trinken sehen,
aber dass Einer sich mit den verhassten Ungläubigen an die all-

gemeine Wirthstafel setzte, das hatte ich noch nicht erlebt. So sehr es daher, ohne den Anstand zu verletzen, anging, beobachtete ich meinen Afrikaner. Namentlich wollte ich mir über zwei Fragen Aufschluss verschaffen, erstens, wie er Messer und Gabel gebrauchen, zweitens, ob er wohl den lockenden Burgunderflaschen zusprechen würde. Zu meinem Erstaunen musste ich ihn mit dem Anstande des gewandtesten Weltmannes sich durch die verschiedenen Gänge der vortrefflichen table d'hôte durchschlagen sehen, aber in sein Glas kam nichts als Wasser, das er in vollen Zügen trank.

Doch die Stunde ist gekommen, wo der Ballon seine luftige Fahrt antreten soll und wo, wie wir hoffen und wie das lebhafte Treiben, das von der Strasse her vernehmbar wird, bereits ahnen lässt, jenes Machwerk abendländischer Kunst noch viel originellere Bilder aus dem farbenreichen Morgenlande uns verschaffen wird. Betreten wir daher wieder die Strasse!

II.

Stadtwanderung.

Inhalt: Don Quixote-Figuren. — Der Proletarier unter den afrikanischen Hausthieren. — Die algerischen Wichsiers. — Der Glanzpunkt von Oran. — Turcos als Assistenten eines Luftschiffers. — Die Mauren als Typen vollendetster Männlichkeit. — Das tragische Ende der grossen Komödie. — Eintritt in die erste Moschee auf Algiers Boden. — Die Armuth des muhammedanischen Kirchenbaustyles als Folge der inneren Armuth der muhammedanischen Religion überhaupt. — Allgemeines über maurische Architectur. — Parallele zwischen dem maurischen Haus und dem maurischen Weibe. — Die Minarets in Algerien und Marocco. — Der Abendländer geniesst in der Oeffentlichkeit, und arbeitet versteckt, der Morgenländer handelt gerade umgekehrt. — Die Putzsucht der maurischen Damen.

Nur wenige Schritte trennen uns von dem Festplatze, und doch kommen wir nur langsam vorwärts; so dicht ist die Masse, die sich dem in Oran seltenen Schauspiele entgegenwälzt. Gleichwohl bemerken wir auch in dem dicksten Gewühle noch Reiter. Es ist dies eins der charakteristischen Merkmale des Orients. Auch in dem einzigartigen Gedränge auf der Brücke über das goldene Horn in Constantinopel sah ich oft genug berittene Muselmänner sich Bahn brechen. Und doch kommen Unglücksfälle dabei fast niemals vor, ein Beweis dafür, dass sowohl Reiter als Thiere im Orient besser sind, als bei uns.

Hier gewährten namentlich Die, die nur einen Esel zum Fortkommen sich ausersehen hatten, ein merkwürdiges Bild. Schon im Allgemeinen haben die Araber auf diesem hier zu Lande so vielfach verwendeten Thiere etwas höchst Komisches, Don Quixote-

Artiges. Denn die Esel sind meist klein, die Beine Derer, die sie tragen müssen, aber in der Regel ziemlich lang und werden zum Ueberfluss noch ohne Unterlass hin- und hergeschleudert, um das faule Thier zu rascherem Laufe anzuspornen. Allerhand unarticulirte Laute, Gurgel- und Schnalztöne, bald im höchsten Diskant, bald im tiefsten Basse, sekundiren jenen krampfhaften Beinbewegungen. Man denke sich nun einen der braunen, halbnackten, barfüssigen Kerle, wie er unter solchen Manipulationen auf einem der meist derb beschundenen, nicht selten aus vielen Wunden blutenden, durch stetes Lasttragen oft nahezu aller Haare beraubten Thiere daherreitet und man hat ein echt orientalisches Genrebildchen. Merkwürdig aber ist es, dass der nämliche Araber, der im Durchschnitt Freund Langohr wahrhaft raffinirt zu quälen versteht, das Pferd fast mit der Zärtlichkeit einer Mutter behandelt. Auch die Thiere „haben ihre Geschicke", und der Esel ist nun einmal überall zum Proletarier bestimmt.

Endlich war die Strasse zu Ende, aber nun kam ich erst aus dem Regen in die Traufe. Auf dem grossen Platze, auf den sie sie ausmündete, stand Mann an Mann. Ein wahres Meer von Turbans und rothen Fez's bot sich meinen Blicken. Alle charakteristischen Typen des Islam in Afrika waren hier vertreten, der Kabyle aus den Bergen und der Beduine der Wüste, der sesshafte Maure der Städte und der Nomade, der unter Zelten wohnt. Da gab es wilde, verwegene Gesichter und blitzende Augen, und ein Ethnograph hätte aufgejauchzt über die herrliche Gelegenheit zu den interessantesten Studien. Von einem nahen Café aus, in welchem ich mir mit Mühe ein Plätzchen erkämpft hatte, konnte ich bei einem Glase Frankfurter Bieres das bunte Bild mit Muse betrachten. Nur die in allen algerischen Städten so häufigen Wichsiers erlaubten sich öfters, mich mit ihrem gellenden „cirer, monsieur, cirer" zu stören. Es sind dies kleine arabische Bursche von etwa 8—15 Jahren, mit wenig mehr als einem Hemd bekleidet. Vor Allem kommt an ihre nackten braunen Beine selbst niemals ein Schuh, und doch verstehen sie ihr Handwerk trotz einem deutschen Hausknecht. In zwei Minuten machen sie auf ihrem kleinen Holzkasten, der ihnen, wenn sie unbeschäftigt sind, zugleich als Reclametrommel dient, den staubigsten Stiefel salonfähig.

Indess auch hier erschwert die Concurrenz das Gewerbe, daher fallen sie denn mit ihrer Zudringlichkeit nicht selten wirklich lästig und versuchen Angriffe auf die Schuhe der Fremden, selbst wenn dieselben noch im frischesten Glanze der Wichse strahlen.

Dicht über unserem Standort erhebt sich der eigentliche Festplatz, zu dem eine hohe Treppe emporführt. Derselbe ist trefflich gewählt. Es springt nämlich aus dem steilen, langgedehnten Hang, auf dem die Stadt vom Meere aufwärtszieht, ziemlich in der Mitte noch ein Hügel etwas in die See vor. In nicht unbeträchtlicher

Höhe über dem Wasser läuft um denselben ein breiter, terrassenartiger Spazierweg, die „Promenade de l'étang", herum, der eine Baumart, die sich ebenso wie der Eucalyptus durch rasches Wachsthum auszeichnet, die phytolacca dioica, von den Spaniern bellasombra („Schönschatten") genannt, Kühlung spendet. Ein Panorama von hoher Schönheit erschliesst sich von hier dem Blick. Rechts über den Uëd er Rhi, einen kleinen Bach hinweg, der in einer tiefen, von üppig wuchernden Cacteen und Agaven erfüllten Mulde aus dem oberen Theil der Stadt herunter in's Meer fliesst, schweift das Auge an der von wilder Brandung umtosten, vielfach zerrissenen Steilküste hin bis zu dem den Golf von Oran östlich abschliessenden Cap Carbon, während zur Linken die stille, weite Bucht von Mers el Kebir bis zu dem Cap Falkon im Westen sich aufthut. Den Alles beherrschenden Vordergrund aber bildet auf dieser Seite wieder das himmelstürmende Fort Santa Cruz auf seiner furchtbaren Felsnadel, das überall sichtbare Wahrzeichen der Stadt. Geradeaus endlich hat man das weite, unermessliche Meer, an dessen Gestade drunten die Hafeneisenbahn hinläuft, um weiterhin durch einen Tunnel und eine grosse, Oran ostwärts umkreisende Curve den auf der Höhe im Rücken der Stadt gelegenen Hauptbahnhof zu erreichen.

Der Zugang zu dieser herrlichen Terrasse, der sonst Jedermann offen steht, war heute nur durch ein nicht unbedeutendes Entrée zu erlangen, dafür durfte ich aber auch hoffen, hier oben nur die Elite des Araberthums von Stadt und Umgegend zu treffen. An einer Gruppe mächtiger Dattelpalmen vorbei gelangte ich endlich bis auf den ersten Platz, der durch eine Schnur von den Sitzen der zweiten und dritten Klasse abgeschieden war. Hier blähte sich wie ein vorweltliches Ungeheuer der mächtige Ballon, und eine ganze Schaar Turkos war kaum im Stande, ihn vermittelst der Stricke, die sie in den Händen hielten, noch an den Boden zu fesseln. Hinter dichtem Gebüsche hatte sich die Kapelle eines Zuavenregiments aufgestellt und suchte durch ihre lustigen Melodien dem Publikum das Warten zu versüssen. Ringsumher aber sassen und standen die vornehmsten Vertreter der algerischen Bevölkerung; unter den weissen Mänteln bemerkte man da seidene Pantalons und reich gestickte Jacken. Aber hier machten nicht erst Kleider Leute. Nichts Schöneres konnte man sehen, als die prächtigen Gestalten der so reich Costümirten, ihren schlanken und doch kraftvollen Wuchs, das scharf geschnittene Antlitz mit seiner hohen, freien Stirn, den dunkeln, blitzenden Augen, aus denen die Gewohnheit zu herrschen leuchtete, der kühnen Adlernase und den braunen, sonnenverbrannten Wangen, die der schwarze Vollbart umrahmte — Typen der Männlichkeit, wie man sie vollendeter nicht finden kann. Es ist erklärlich, wie arabische Dichter zu den überschwenglichsten Lobliedern begeistert werden konnten, als noch solche Gestalten, geborene Könige, in den paradiesischen Gefilden von Granada wandelten, wo über duftenden Orangen- und Myrtengebüsch die hehren Bergriesen mit ihrem blitzenden Schneemantel aufsteigen.

Indess auch diesen Recken, die als echte Orientalen stundenlang wie Statuen aus Erzguss um den Ballon gesessen oder gestanden und ihn mit scheinbar ganz gleichgültiger Miene, wie einst Fabricius den Elephanten des Pyrrhus, betrachtet hatten, ging endlich die Geduld aus, da das schwarze Ungeheuer trotz alles Blähens doch seinen Flug nicht himmelwärts nehmen wollte. War auch einmal mühsam eine Seite von den nöthigen Gasen straff aufgebauscht worden, so schrumpfte dafür die gegenüberliegende Partie zusammen. Ja zu guter Letzt macht sich mit einem Male ein brandiger Geruch bemerkbar; wie der Feuerodem eines Lindwurms schlägt helle Lohe über dem dunkeln Koloss zusammen, der unglückliche Besitzer kriecht mit schwarz berusstem Antlitz und unter wildem Jammer unter der brennenden Hülle hervor und die tapferen Turkos werfen die Taue von sich und überlassen den Ballon, der bald schon zu einem winzigen Häuflein Asche zusammenfällt, seinem Schicksal. „Das ist das Loos des Schönen auf der Erde."

Aber nun hätte man das Wuthgebrüll der tausendköpfigen Masse auf dem Platze drunten hören sollen, die sich nach dem langen Harren und Bangen so nahe am Ziele ganz unerwartet noch in ihren Erwartungen getäuscht sah. Und doch hatten wir hier oben viel mehr Grund zum Aerger, denn sie hatten ja alle nur „Zaunbillets", während wir auch noch unsere 2 Francs, die uns der Platz kostete, umsonst ausgegeben hatten. Indess ich als ein Mann von europäischer Erfahrung kannte schon die Launen dieser künstlichen „Segler der Lüfte", in denen sie sich, wie es scheint, überall gleich bleiben, und liess mich durch den ganzen Vorgang nur an längst vergangene Zeiten erinnern, wo der Mathematikus unseres Gymnasiums beim physikalischen Unterrichte oft genug rathlos vor einem verstockten Apparate stand und dann in der Regel in die Worte ausbrach: „ginge wohl, aber geht nicht".

Jedenfalls war ich der einzige Befriedigte von Allen, die davongingen. Gewann ich doch neben dem reichlichen Stoff zu Volksstudien, die sich mir geboten hatten, durch den unerwartet raschen, tragischen Abschluss des Ganzen noch Zeit genug für eine Besichtigung der Stadt. Freilich gewährt die letztere nicht annähernd das Interesse, wie die unvergleichliche Hauptstadt der Provinz Algier. Was die Moscheen anlangt — denn das sind ja die Bauwerke, die in einer muhammedanischen Stadt selbstverständlich am meisten anziehen —, so ist ihre Zahl bei dem Ueberwiegen der spanischen Bevölkerung in Oran nur gering, und auch von diesen wenigen ist nur eine allenfalls bemerkenswerth. Es ist dies die Moschee des Sidi el Hauri, die unweit der Promenade de l'étang liegt. Sie zeichnet sich auch nur durch einen schönen Vorhof aus, dessen

Wände mit bunten, glasirten Kacheln geschmückt sind, während in der Mitte ein Springbrunnen plätschert, den eine herrliche Gruppe von Orangenbäumen, Palmen, Feigen und blühenden Rosen umgiebt. Ueberhaupt sind die Vorhöfe an den muhammedanischen Gotteshäusern in der Regel das Beste, gewissermaassen ein Sinnbild dafür, dass Muhammed mit dem ganzen Islam nicht ein Allerheiligstes, sondern nur einen Vorhof geschaffen hat, in dem die innere Erhebung durch einen äusserlichen Zelotismus ersetzt, statt der vergeistigten eine immer noch halbsinnliche Anschauung geboten wird. Die Moslemim sind nicht glücklich gewesen mit ihrem Kirchenbau. Um Gebäude von solch harmonischer Schönheit im Aeusseren wie im Inneren hervorzubringen, wie das Christenthum es im romanischen und in noch grösserer Vollendung im gothischen Style gethan hat, dazu fehlte ihnen die Innigkeit des Glaubens, die liebevolle Versenkung in Gott, die volle Erfassung des Wesens der Gemeinschaft mit ihm. Es mangelte ja den Arabern, obwohl sie durch und durch ein Nomadenvolk waren, nicht an Befähigung für die Architektur überhaupt, wie unter Anderem der unvergleichliche Bau der Alhambra von Granada beweist. Aber ihre Bauart erwuchs aus einer ganz besonderen Neigung ihres Wesens. Gemäss dem träumerischen Hang des Orients überhaupt und entsprechend der wenig nach aussen lockenden, öden Beschaffenheit ihres heimathlichen Bodens, Arabiens, im Besonderen, suchten sie ihre Freuden ausschliesslich im Innern ihres Hauses und schmückten dies mit aller nur erdenklichen Pracht aus. Ihre Architektur hat im Detail, in der Decoration das Höchste geleistet, aber weiter ist sie auch nicht gekommen, andere Gebiete hat sie nicht mit gleicher Meisterschaft betreten; insonderheit hat sie das Aeussere ihrer Prachtwohnungen unschön gelassen, ja geflissentlich unschön gemacht. Das Heiligthum des heimischen Heerdes sollte ebenso wie das geliebte, aber vor Fremden ängstlich verhüllte Weib keine fremden Augen anziehen. Wer daher auf dem Alhambrahügel äusserlich glänzende Bauwerke sucht, der täuscht sich. Ebenso werden wir auch in Algerien die herrlichsten Höfe und Gemächer fast immer nur hinter der unscheinbaren Hülle kahler, getünchter Mauern finden.

Es hat nun der Araber auch die Vorhöfe seiner Gotteshäuser herrlich ausgeschmückt, denn sie dienen ihm als halbe Wohnung. Stundenlang schläft er hier im Schatten kühler Säulengänge beim Plätschern der Fontainen, nachdem er drinnen sein Gebet verrichtet. Das Innere des heiligen Gebäudes aber ist schlecht weggekommen. Die Anbetung im Geiste und in der Wahrheit wurde hier gar zu buchstäblich verstanden. Von der reichen Symbolik des Christenthums findet sich in einem solchen Tempel nichts; die Wände sind kahl, die Fussböden mit einfachen Palmenmatten belegt.

Zu dieser Dürftigkeit aber tritt nicht selten noch die nackteste Prosa und Trivialität. Unter den Beleuchtungsmitteln, die allein zahlreich vertreten sind, figuriren oft ganz gewöhnliche Zimmerlampen mit Glocke und Cylinder, und gerade hier in Oran sah ich auch eine der bekannten Schwarzwälder Uhren an der Wand hängen.

Das Aeussere betreffend, so ist die Hauptzierde, die meist das Ganze krönende Kuppel, nicht arabische Schöpfung, sondern den Byzantinern entlehnt, immer nur eine mehr oder minder geglückte Nachahmung der Sophia in Stambul. Sonst herrschen auch hier fast ausnahmslos die tristen getünchten Wände. Was endlich noch das Minaret betrifft, so ist dasselbe zwar unverkennbar der Idee nach eine Imitation des christlichen Kirchthurmes, es hat aber doch wenigstens im Osten die specifische spitze Gestalt angenommen. In Algerien und Marocco ist es auch dazu nicht gekommen; hier ist der ursprüngliche Typus des Glockenthurms noch leicht erkennbar. Hier gleichen die Minarets ohne Ausnahme dem viereckigen Thurme des deutschen, aus Spanien nach Afrika importirten Burgstyles, nur tragen sie oben auf der Plattform noch ein ganz kleines, rundes Thürmchen.

Leider wollen freilich auch die christlichen Gotteshäuser im Lande nicht viel bedeuten. Natur und Volksleben sind, vorläufig wenigstens, noch die einzigen Gebiete, die auf diesem Stücke afrikanischen Bodens das Interesse, dafür freilich auch im höchsten Grade in Anspruch nehmen. Jeder Schritt auf der Strasse bietet hier die lehrreichsten Bilder. Ist es doch eine Eigenthümlichkeit des Morgenländers, dass er zwar sein Familienleben, sein Glück und seine Lust ängstlich fremden Blicken verschliesst, dafür aber, im geraden Gegensatze zum Europäer, der seine Werkstätten in Höfe und Hintergebäude verlegt, seine Berufsthätigkeit, seine Arbeit offen zur Schau stellt. Alle möglichen Handwerker treiben ihre Arbeit so zu sagen auf der Strasse, in offenen Gewölben oder Läden, die das Auge mit einem Blicke überschaut. Ich habe in dieser Hinsicht das Strassenleben namentlich in Tripolis, dieser von europäischer Cultur noch wenig beleckten Stadt, höchst interessant gefunden. Hier sieht man Göpelmühlen gehen, die von Kamelen in trägem, schleppendem Gange getrieben werden; dort leuchtet aus Backöfen die rothe Gluth, dringt der angenehme Geruch frischgebackenen Brodes hervor; Weber hantieren am Webstuhle, Sattler fertigen kunstvolle Lederarbeiten, Drechsler drehen mittelst einer Art Fidelbogen blitzschnell das Holz, an welches die andere Hand das scharfe Eisen hält. Und zwar sind in der Regel die gleichen Handwerke in eine Gasse gewiesen; so giebt es in den meisten orientalischen Städten eine Strasse der Schuhmacher, der Schmiede u. s. w.

In Algerien und besonders in Oran hat sich dieses eigenartige Strassenleben schon etwas verloren, indess bietet sich noch immer dem Auge genug Originelles. Auch die Handelsverhältnisse sind nicht so anziehend, wie in weniger cultivirten Theilen des Orients. Es fehlen namentlich fast ganz die Bazare, die nahezu in jeder, auch der kleinsten türkischen Stadt anzutreffen sind. Gleichwohl enthalten in diesem Lande selbst die europäischen Schauläden Dinge, die nach ihrer ganzen Art entschieden auf die Eingeborenen berechnet sind. So fielen mir in Oran herrliche bunte Seidenstoffe, kostbare Teppiche, namentlich aber prachtvolle Gold- und Silberwaaren in die Augen. Die letzterwähnten werden in der That massenhaft von den Weibern der Mauren getragen, obwohl dieselben doch nur selten und dann ganz vermummt die Strasse betreten. Entschieden ist dies die vollendetste Eitelkeit, die sich mit Schmuck behängt, auch wenn kein fremdes Auge ihn bewundern kann.

Indess trotz aller Mannigfaltigkeit der Bilder ermüdet das Pflastertreten zuletzt, und da überdies auch die Dämmerung hereinbricht, so suchen wir das gastliche Hotel auf. Der erste Tag in Afrika war ein schöner, freilich auch ein heisser Tag. Noch Abends 7 Uhr zeigte das Thermometer im Speisesaale 20, und, was noch mehr besagen will, das soeben vom Kellner frisch besorgte Trinkwasser, das im Uebrigen recht gut war, $16^1/_2$ Grad R.!

III.
Die Umgegend von Oran.

Inhalt: Der Dschebel Murdschadscho und seine verunglückte Besteigung von Süd-Osten. — Die Brandung am Hafen. — Fahrt nach Mers el Kebir. — Der „portus magnus" und seine Geschicke. — Ein gefiederter Landsmann. — Glückliche Ersteigung des Murdschadscho vom Rücken aus. — Ein todter Heiliger auf hohem Throne. — Das Grenzgebiet gegen Marocco hin vor dem leiblichen und dem geistigen Auge. — Das afrikanische Granada. — Eine grausige Thalfahrt.

Schon vor Sonnenaufgang erhob ich mich vom Lager, denn ich wollte an diesem Tage die Umgebung von Oran, seine landschaftlichen Reize kennen lernen. Freilich in dieser Hinsicht darf man nicht zu viel erwarten. Mit dem unvergleichlichen Algier, dem Neapel Afrikas, kann Oran in der Mannigfaltigkeit der herrlichsten Ausflüge nicht concurriren. Es fehlt der Stadt das zauberreiche Mittelgebirge, an das die Residenz angelehnt ist. Hier dehnt sich im Rücken des Ortes allein die ungeheure Ebene aus, die Atlaskette aber steht im fernen Hintergrunde. Und doch einen Punkt hat Oran, um den ihn auch Algier beneiden könnte, einen Punkt, der mir einen der unvergesslichsten Momente meines Reiselebens bescheert hat.

Wir haben schon früher des Forts Santa Cruz Erwähnung gethan. Die ungeheuer steile Felsnadel, auf der dasselbe in einer Höhe von 400 Meter thront, stürzt indess nicht nach allen Seiten zu gleicher Tiefe ab. Vielmehr steht sie nach Südwesten hin mittelst eines Sattels von vielleicht halber Höhe mit einem lang-

gedehnten Gebirgszuge in Verbindung, der seinerseits wiederum
180 Meter höher ist, als das Fort. Es ist dies der Dschebel Murdschadscho, ein nahezu selbstständiges Glied des Atlasgebirges, ein
fast isolirter Küstenzug, wie die Provinz deren nicht wenige hat.
Viel hatte ich von diesem Berge gelesen; die Aussicht von ihm
sollte ausserordentlich sein, ja bis zu den Schneehäuptern der
Sierra Nevada in Spanien drüben reichen. Indess kein einziger
Berichterstatter schien selbst oben gewesen zu sein. So gab es denn
der Gründe genug, die einen alten Reisenden zur Besteigung reizen
konnten.

Leider machte nur der Himmel heute kein so freundliches Gesicht, als gestern; mehrmals sprühte sogar ein feiner Regen hernieder. Indess ich wusste aus vielfacher Erfahrung, wie rasch sich
das Wetter unter diesen Breiten oft ändert und brach daher auf. Ein
Führer war nicht nöthig, da ich mir den Weg von unten genau angesehen
hatte. Zudem winkte eine Kubba mit ihrem weissen Dache, wenn
auch kaum erkennbar, vom Gipfel. So zog ich denn muthig aus,
stieg durch die steilen Strassen aufwärts und war bald am eigentlichen Fusse des Forts von Santa Cruz. Indess als ich nun die
jähen Gehänge hinanzuklimmen begann, erhob sich ein so furchtbarer Sturm, dass die Ersteigung weiter oben bedenklich werden
konnte. So kehrte ich denn um, aber mit dem Gedanken: aufgeschoben ist nicht aufgehoben. Verhiess ja doch auch der an sich
so unangenehme Wind besseres Wetter.

Von oben hatte ich gesehen, mit welcher Macht an der Küste
drunten die Wogen sich brachen, und so beschloss ich denn, nach
dem Hafen hinunterzugehen. Hier bot sich mir auch in der That
ein gewaltiges Schauspiel. An dem weit vorspringenden, nach dem
offenen Meere zu mit einer hohen Mauer aus ungeheuren Cementquadern geschützten Molo tobte eine furchtbare Brandung, die nicht
selten die Wogen so hoch emporsteigen liess, dass sie bis herein in
den Hafen schlugen. Bei dieser Gelegenheit wurde ich selbst einige
Male gründlich eingeweicht. Aber das kümmerte mich wenig. War
doch der Standpunkt hier unten auch zu einzigartig. Da draussen
das tosende Meer, von tausend und abertausend weisser Schaumwölkchen gekrönt, dicht neben mir aber die furchtbaren, senkrechten
Felswände, von welchen aus schwindelnder Höhe das Fort „Zum
heiligen Kreuz" mit seiner Kirche und dem leuchtenden Marienbilde
darauf wie lächelnd aus unzerstörbarem Frieden und unantastbarer
Hoheit auf das ungestüme Element zu seinen Füssen niederschaute,
das Ganze ein grossartiges Naturgemälde zu den poesievollen Worten
des Psalmisten: „Was toben die Heiden? Der im Himmel sitzet,
lachet ihrer und der Herr Herr spottet ihrer!"

Auch am Nachmittag raste der Sturm noch weiter; indess der
Himmel war wundervoll klar geworden, und so beschloss ich denn,
dem alten Bergriesen droben nochmals zu Leibe zu gehen, vorsichts-

halber aber plante ich jetzt den Aufstieg von der Rückseite, wo der Absturz ein viel weniger steiler zu sein schien. Dabei konnte ich zugleich noch die schöne Bucht von Mers el Kebir, die mich schon lange lockte, besuchen. Einer der vielen dahin fahrenden Omnibusse nahm mich auf, und gar bald, nachdem wir einen durch die Felsen getriebenen Tunnel passirt hatten, lag der weite, herrliche Golf vor mir. Der Sturm im Hafen von Oran wurde hier kaum bemerkbar. Gleichwohl bot die Küste auch an dieser Stelle der gewaltigen Bilder genug. Die schöne, meist in den Felsen gesprengte Strasse läuft nämlich lange Zeit hoch über dem Meere, das drunten in der schauerlichen Tiefe furchtbare Löcher ausgewaschen und schwarze Klippen vom Felsen abgetrennt hat. Auf der anderen Seite aber steigen auch hier wieder die Forts kühn in die Lüfte und der Dschebel Murdschadscho begleitet die Küste wie eine ungeheure Riesenmauer.

Erst später senkt sich die Strasse zum Strande nieder und auf der Landseite lässt die nun sanfter gewordene Abdachung des Höhenzuges die Bebauung zu. Hier liegen, ganz in das Grün der Reben, Maulbeerbäume, Feigen und Maispflanzungen gebettet, zwei kleine Dörfchen mit sauberen Landhäuschen dicht bei einander. Von dieser Stelle aus war es, wie ich erkannte, allein möglich, den Gebirgsriegel zu übersteigen. Zuvor aber liess ich mich noch die kurze Strecke bis Mers el Kebir, das ziemlich am Ende der Bucht liegt, rollen. Die Scenerie ist hier eigenartig, wahrhaft idyllisch. Hinter dem Orte steigen rasenüberzogene, schön geformte Berge, einer immer hinter dem andern, auf, vor sich hat man das weite, stille Wasserbecken, auf dem nur hie und da ein Fischerkahn sich schaukelt, während auf dem äussersten Vorsprunge der Küste ein halbverfallenes Fort thront.

Ich stieg etwas hinter dem kleinen, stillen Orte am Gebirge empor und sass hier auf dem Rasen lange traumverloren. So nahe war ich einer grossen, geräuschvollen Stadt, und doch umgab mich der süsseste Friede. Da traten Bilder aus weiter Vergangenheit vor meine Seele. Ich sah den herrlichen Naturhafen da vor mir belebt von den hochgebordeten Galeeren der Römer, sah ihre Krieger in Helm und Panzer hier im „portus magnus" ans Land steigen, und dazwischen die ernsten Figuren der Prätoren und Proconsuln in langer Toga einherschreiten. Ich sah aber auch hohe, schlanke Gestalten, mit blauen Augen und blonden Haaren, die nach jenen an diese Küsten kamen und denen es nach dem dunklen Urwald, den sie daheim gelassen, auf diesen sonnigen Gefilden unter Palmen und Orangen so wohl gefiel, dass sie nicht wieder von dannen wollten. Das waren die Vandalen, ein germanischer Stamm, die beiläufig nach der neuesten Forschung durchaus nicht die zerstörungswüthigen Barbaren gewesen sein sollen, als die sie jahrhundertelang verschrieen waren.

So waren denn Landsleute schon einst und vielleicht gerade auf der nämlichen Stelle hier gewesen. Auf diese Weise leiteten mich meine Träumereien unvermerkt in die alte, traute Heimath hinüber; und siehe, da schlägt ja auch ein wohlbekannter Klang wie ein Gruss aus der Ferne an mein Ohr, das Gezwitscher zahlreicher Schwalben, die ringsum auf Agaven und blühenden Granatbüschen sassen. Was ist so ein schwarzgefiederter, kleiner Vogel doch für ein vornehmer Herr! Schon lange, ehe Algier als klimatischer Kurort aufkam, nahm er regelmässig seinen Winteraufenthalt an diesen milden Gestaden und zwar mit der ganzen Familie; und doch kostet ihm die ganze Reise weder Geld noch Mühe; er braucht keine Napoleons einzuwechseln, keine Koffer zu packen, keine alten, verstaubten französischen Grammatiken wieder vorzusuchen. Trotzdem, so leicht wie er es auch hätte, lässt er sich doch nicht dauernd nieder; er geht nur zum Nothbehelf hierher, weil er keine Pelze und Oefen hat, um sich zu wärmen wie wir; seine liebe und unvergessliche Heimath hat er doch im deutschen Lande und unter deutschem Dache, und „Deutschland, Deutschland über Alles" meine ich aus seinem einfachen Gezwitscher zu hören. Doch da droht mich das Heimweh, der Feind alles Reisens, zu überfallen, und darum fort von dir, du arger Vogel! Da drüben winkt der Dschebel Murdschadscho!

Vom Dörfchen St. Clotilde verfolgte ich anfangs einen recht schönen, breiten Reitweg aufwärts, allein derselbe hörte in der Nähe eines Landhäuschens plötzlich auf, und nun sah ich nur noch schmale Ziegenpfade die Gehänge aufwärts ziehen, von denen ich nicht einmal wissen konnte, ob sie auch wirklich bis auf die Höhe führen würden. Dazu wurde der Neigungswinkel, der von unten ein recht leidlicher schien, nur zu rasch immer bedenklicher, so dass ich gar bald den Füssen mit den Händen zu Hilfe kommen musste. Freilich gab es nicht viel Anderes zum Anhalt als vereinzelte Zwergpalmenbüsche und grosse Steine, die andererseits auch den Weg immer schlechter machten. Hätte nicht der immer noch wehende Wind die Nachmittagssonne gemildert, so hätte ich wohl auch diesmal wieder umkehren müssen. Auch der immer herrlicher werdende Niederblick, den ich mir manchmal, wenn ich verschnaufen musste, gönnen konnte, entschädigte für die beträchtliche Anstrengung. Die weite Bucht, deren Zusammenhang mit dem Meere ich hier nicht sehen konnte, erschien von hier oben wie ein mächtiger Landsee mit herrlichen Ufern.

Endlich hörte auch der elende Ziegenpfad auf, den ich bisher verfolgt hatte, und es galt nun, auf gut Glück gerade aufwärts zu klimmen, wobei ich mehrmals ausglitt und mühsam eroberte Strecken wieder hinabrutschte. Doch einmal musste ja doch der Kamm erreicht sein; und richtig, da taucht auch schon die Atlaskette auf der anderen Seite auf, wir sind oben; aber es bleibt mir keine Musse zur Umschau, denn mit einem Male rast eine so entsetzliche Windsbraut daher, dass ich fast zu Boden geschleudert worden wäre. Da bemerke ich ganz in der Nähe eine Art rechtwinkligen Ausschnitt im Felsenkamme; dahin flüchte ich, um das Ungestüm des Elementes sich etwas legen zu lassen. Nun aber galt es, Kriegsrath zu halten. Der Gipfel, den ich erreicht hatte, war ein schmales, mit Steinen und Büschen übersätes Plateau, das nach Westen noch weit verlief. Ebenso schien es sich gegen meine Erwartung auch nach Osten, wohin ich mich, um die Stadt wieder zu erreichen, zu wenden hatte, noch weit auszudehnen. Denn die Kubba, die ich von Oran aus am Ostende des Berges gesehen, musste, nach dem bläulichen Dufte zu schliessen, in dem ich sie vor mir sah, noch stundenweit entfernt sein. Ich gestehe, ich war aufs Aeusserste erschrocken. Denn bereits neigte sich die Sonne bedenklich dem Horizonte zu, und die Dämmerung bricht unter diesem Himmelsstrich schnell herein. Wie sollte ich dann gefahrlos die Fahrt in die schwindelnde Tiefe unternehmen?

Ich achtete in meiner Bestürzung der Aussicht gar nicht, die sich mir bot, sondern eilte nur dem fernen Gebäude zu. Da siehe, nach wenigen Schritten schon erkenne ich zu meiner Freude, dass das letztere mir ganz nahe ist. Eine eigenthümliche optische Täuschung war es, die mir bange gemacht hatte. Bald hatte ich denn auch das heiss ersehnte Ziel erreicht. Es war dies eine der Grabstätten arabischer Heiliger, wie sie unter dem Namen „Kubba" das ganze Land überziehen. Dies sind viereckige, meist kleine Häuschen, ohne Thür und Fenster, oben mit einer Kuppel versehen, das Ganze aus weissgetünchtem Lehm, so dass es einem Backofen, wie man solche noch auf den Dörfern findet, nicht ganz unähnlich ist.*) Die Kubba hier oben war noch mit einer niedrigen Mauer umgeben, so dass der eingeschlossene Heilige vor jeder Entführung geschützt war, wenn überhaupt Jemand, besonders bei dieser Höhe, Neigung zu solcher That verspürt hätte.

So prosaisch aber die Form, so wunderbar poetisch war die Lage dieses stillen Grabes. Es war in der That ein Thron, der ein ganzes Königreich beherrschte, ein Ruheplatz, der in ein wahres Paradies hinunterblickte. Und das aus unnahbarer Erhabenheit.

Ich hatte, um den wiederum rasenden Orkan vorbeizulassen, einen Augenblick mich hinter die Mauer geduckt und trat nun vor. Siehe, da stand ich am Rand einer wohl an 200 Meter senkrecht abfallenden Wand, an deren Fuss sich ein Pinienwald hinzog. Zur

---

*) Diese Kubba's sind allerdings häufig nur Coenotophien; ein und demselben Heiligen werden sogar oft eine ganze Anzahl solcher Grabkapellen gewidmet, ja von einem der berühmtesten Patrone des Islam besitzen zwei derartiger Gebäude den Leichnam, der durch ein Wunder verdoppelt wurde.

Seite links aber hatte ich, scheinbar mit einem Steinwurf zu erreichen und doch durch einen finstern Abgrund unerreichbar geschieden, das Fort Santa Cruz, dessen Standort, von hier aus gesehen, noch viel steiler und jäher erschien, als auf anderen Punkten. Es musste geradezu unmöglich erscheinen, dass Jemand dahinaufkommen, geschweige denn da oben ein solches Bollwerk errichten konnte. Nicht wie schwaches Menschenwerk, sondern wie Zauberei oder wie ein Bau von Titanenhand, um die Staubgeborenen drunten zu schrecken, so lag es da und ragte gen Himmel. Ich habe auf allen meinen Reisen, selbst bei der Ueberschreitung des sogenannten „neuen Weissthores" am Monte Rosa, wo man nach langer Wanderung über fast ebene Schneefelder plötzlich vor dem an 6000 Fuss tiefen, nahezu senkrecht abstürzenden Abgrunde von Macugnaga steht, nichts so wahrhaft Unheimliches, die Seele mit Entsetzen, das Gehirn mit Schwindel Erfüllendes gesehen, als hier. Bleich und zitternd trat ich wieder in den Schutz meines Heiligen zurück, ehe ich die anderen Theile der gewaltigen Aussicht ins Auge fasste.

Denn senkrecht zu Füssen lag, eben wie ein Schachbrett, in Vogelperspective, die weisse, glänzende Stadt, hinter der die unermessliche Ebene, südlich von der mächtigen Atlaskette gegürtet, sich ausbreitete. Deutlich konnte ich meilenweit die Strassen und die Eisenbahn nach Algier verfolgen. Ebenso hoben sich zahlreiche Dörfer und verschiedene Städte auf dem grünen Grunde der Felder wohl erkennbar ab. Ganz besonders herrlich präsentirte sich die endlose Atlaskette, deren zahllose Kuppen und Spitzen, auf denen hie und da noch Schneeflecke sichtbar wurden, in der Abendsonne mit einer so duftigen, fast violetten Farbe übergossen waren, wie sie nur unter solchen Breiten, in so trockener, durchsichtiger Luft möglich ist. Aus dem ganzen unermesslichen Tableau aber starrten gleich zwei leuchtenden Augen die beiden Salzseen empor, die in geringer Entfernung von einander südlich von Oran gelagert sind.

An der grösseren dieser Wasserflächen, der vier deutsche Meilen langen Sebkra von Oran hin schweift das Auge, wenn wir eine halbe Wendung nach rückwärts machen, bis weit in den äussersten Westen der Provinz, den unbekanntesten und wenigst cultivirten Theil des ganzen Landes. Denn dort, wenig Tagereisen von unserem Standort entfernt, ist ja die Grenze von Marocco, des fanatischsten aller muhammedanischen Staaten, des Reiches, das sich am hermetischsten gegen alle nähere Berührung mit der Aussenwelt abschliesst, zugleich aber auch in sich selbst eine Masse noch unverschmolzener, wild gährender Elemente birgt. Die Nachbarschaft eines solchen Landes, dessen wilde, schwärmende Horden stets lüstern nach den algerischen, relativ wenigstens besser gestellten Nachbarn hinüberschielen, ist für die französische Provinz eben nicht angenehm, und es dürfte hier bei der merkwürdigen Gährung, die jetzt durch das ganze Araberthum vom Euphrat bis zum Atlantischen Meere geht, leicht einmal zu ernstlichen Conflicten kommen. Namentlich würden, wenn in Marocco die wilderen, culturfeindlichsten Elemente, die eigentlichen Alt-Maroccaner, die schon seit Jahren bald in versteckter, bald in mehr offener Auflehnung gegen die immerhin etwas, wenn auch noch so wenig von europäischem Hauche berührte legale Regierung begriffen sind, den schliesslichen Sieg behalten sollten, offene und umfassendere Angriffe auf die Westseite Algeriens kaum ausbleiben. Bei der leicht entzündlichen, und überhaupt kaum noch wirklich unterjochten Bevölkerung gerade dieses letzteren Theiles, vor Allem aber bei den wilden, kriegerischen Stämmen der Sidi Scheikh in den westlichen Oasen, dürften derartige Invasionen aber sicher Unterstützung finden. Und was ein Aufstand da unten in diesen entlegenen, 4—600 km von Oran entfernten Landschaften bedeuten muss, die fast aller Communicationsmittel entbehren und Nichts, als die unermessliche, heisse, dürre Wüste bieten, das kann man sich leicht vorstellen.

Schliesslich würde freilich die civilisirte und überdies gerade in dieser Kampfesweise wohl geschulte französische Armee wie noch bisher in all' den zahlreichen arabischen Revolten den Sieg behalten, aber man könnte dann auch Marocco nicht intact lassen; Frankreich würde seine Herrschaft weiter nach dem Atlantischen Ocean zu ausdehnen, wobei es ausserdem noch den Vortheil hätte, seinen isolirten Besitzungen am Senegal näher zu kommen. Vielleicht würde daher vom Standpunkte der äusseren Politik eine derartige Verwickelung Frankreich gar nicht ungelegen kommen. Hat doch längst schon die immer mehr zur Durchführung gelangte Hegemonie Englands über das Mittelmeer die Eifersucht Frankreichs, das von Natur so sehr auf dieses Gewässer angewiesen ist, rege gemacht. Sie allein hat es bisher verhindert, dass Aegypten nicht längst schon eine britische Beute geworden ist.

Aber der französische Politiker erkennt auch, dass für die Dauer diese seit Jahren bereits drohende Gefahr nicht aufzuhalten ist. England muss um Indiens willen das Rothe Meer und den Suezkanal haben, und wird sich diese Erwerbung dadurch, dass es mehr und mehr Kleinasien und Syrien in seine Hand bringt, auch immer leichter machen. Da bietet sich denn Marocco als bequemes und bedeutsames Aequivalent. Spanien, der natürliche Prätendent, ist unfähig, es zu gewinnen, Frankreich der nächst berechtigte Erbe. Und was will Gibraltar, ein einziger, wenn auch noch so fester Punkt ohne Hinterland, bedeuten gegen den Besitz Maroccos, eines Landes, das von der Natur viel reichlicher bedacht ist, als Algier, dessen gegen Norden vorgeschobene Spitze zwischen Tanger und Ceuta der eigentliche Hausschlüssel zum Mittelmeer genannt werden muss, während dieselbe zugleich einen mächtigen Stützpunkt am Atlantischen Ocean abgiebt! Das ganze Marreb, wie die Araber das Atlasgebiet vom Cap Ger bis zum Busen von Gabes nennen, in Frankreichs Besitz, gewissermassen ein junges Frankreich in Afrika, und von da aus die allmälige Besitznahme des ganzen breiten Westflügels des schwarzen Erdtheils vom Mittelmeer bis zur Bai von Guinea und vom Cap Verde bis gegen den Tsadsee, das wäre eine entsprechende Compensation für die Ausdehnung Englands in Ost- und Südafrika. Dann könnte auch dem neidischen und doch schwachen Italien der Besitz der grossen Syrte mit Tripolis gegönnt werden.*)

Solche politische Erwägungen tauchten in mir auf, als ich rückwärts nach der Grenze des fraglichen Landes schaute, so recht hinein in das Herz dieses abgelegenen Winkels der Civilisation, der im Gegensatz zu der grossen, freundlichen Ebene hinter Oran von dunkeln, massigen Bergen erfüllt ist. Diese Gebirge, südlich und westlich von meinem Standort, hatten ja schon Blut genug gesehen, denn da drüben liegt Mascara, bei welchem Namen gewiss vor dem Auge jedes Geschichtskenners die wilde Gestalt Abdel Kaders auftaucht, der dort seine Residenz hatte und in den Bergen ringsum Hand in Hand mit Marocco den heiligen Krieg gegen die verhassten Eindringlinge führte.

Freilich, beim Blick hinter mich taucht auch ein liebliches, friedensreiches Bild vor dem geistigen Auge auf. Gerade dort im Rücken des langen Querriegels, der vom Hauptzuge des Atlas aus bis ans Meer streicht und den die weithin sichtbare Strasse mittelst des 2000 Fuss hohen Col de Tizi überschreitet, liegt, 139 km von Oran entfernt, das altberühmte Tlemsen, das nordafrikanische Granada, einst die Hauptstadt eines blühenden Königreiches, von mehr als 100,000 Menschen bewohnt, der Sitz der regsten Industrie, der Herd feinster geistiger Bildung und eines an edeln Genüssen reichen Lebens, ein arabisches Athen oder ein Florenz in der klassischen Zeit der Mediziäer, ein Schatzkästlein der wunderbarsten maurischen Architektur, bis die Stürme, die im späteren Mittelalter über Nordafrika dahinbrausten und manche schöne Blüthe brachen, auch dieses kleine Paradies vernichteten. Heute hat die Stadt nicht mehr den fünften Theil ihrer Einwohner, „und die Mauern sind verfallen, Wolken ziehen d'rüber her".

Indess selbst die Trümmer der ehemaligen Prachtbauten sind noch hochinteressant, und ich hätte gern eine Excursion dahin unternommen, wenn nicht eine solche Reise, die immerhin 4 bis 5 Tage in Anspruch nimmt, mich von meinem vornehmsten Ziele, der Sahara im Osten des Landes, zu weit abseits geführt hätte. Morgen schon soll ein weiterer Schritt gegen dieses Ziel hin gethan werden; daher gilt es, nicht nur nicht weiter noch nach Westen

---

*) Diese Worte, die vor dem Auftauchen des Sahara-Bahn-Projects geschrieben wurden, haben durch dasselbe eine merkwürdige Bestätigung erhalten.

vorzudringen, sondern auch diesem unvergleichlichen Aussichtspunkte auf dem Dschebel Murdschadscho Adieu zu sagen. Noch einmal überflog ich das ganze zauberische Bild mit einem Blicke und wurde dabei lebhaft an eine prachtvolle Darstellung der armenischen, im letzten russisch-türkischen Kriege viel erwähnten Stadt Bajazid erinnert, die ich in einem illustrirten Journale gesehen. So phantastisch wild, wie die Lage jenes Ortes, war auch die der Stadt, welche ich unter mir hatte. Ich war glücklich, dass mir die Besteigung gelungen war. Aber wie nun wieder hinunterkommen? Ueber der Freude an dem grossen Tableau hatte ich diesen heiklen Punkt ganz vergessen. Jetzt, wo der Abstieg beginnen sollte, fasste mich jähes Entsetzen. Wie sollte es möglich sein, an den senkrechten Wänden hinabzuklettern, zumal der Sturm noch immer fürchterlich tobte und mich schon von hier oben mehrmals fast in die Tiefe geschleudert hätte? Endlich nach längerem Hin- und Herlaufen hatte ich das Glück, einen schmalen Pfad zu entdecken, der in einer Art Rinne in die Tiefe stieg.

Auf ihm gelangte ich, wenn auch mühsam und nur unter vorsichtig langsamem Abwärtsschreiten, doch glücklich wieder in die Stadt zurück. Die Dämmerung lagerte schon über der Niederung, als ich unten ankam, aber als ich mich noch einmal umwandte, da glänzte noch im fahlen Abendschimmer die weisse Kuppel, unter der der alte Heilige droben hoch über der profanen Welt den ewigen Schlaf schläft.

DRITTES KAPITEL.
DIE BAHNLINIE VON ORAN NACH ALGIER
BIS ZUM ATLAS-DURCHBRUCH.

I.
Die Eisenbahnen in Algerien im Allgemeinen.

Inhalt: Die systematische Anlage der Bahnen im Lande. — Ihr Anschluss an die Bahnlinien der Grenzstaaten. — Die politischen Hintergedanken, die dem grossen Netze zu Grunde liegen. — Die Anbahnung der französischen Hegemonie im Westbassin des Mittelmeeres. — Gibraltar todt und Karthago wieder auferstanden! — Eine Fahrt im bequemen Waggon auf dem Boden, dessen Betreten vor 50 Jahren noch den Kopf kostete. — Die Langmuth Europa's gegen den Wegelagerer am Mittelmeer. — Die segensreichen Folgen einer Ohrfeige für die Weltcultur. — Ein französisches Siegesjubiläum, das auch wir Deutsche mitfeiern sollen und können.

An drei Punkten hat die europäische Cultur das wilde Ungethüm „Afrika" bei den Hörnern gefasst: östlich in Aegypten, südlich im Kapland und westlich in Algerien. In diesen Ländern finden wir daher auch bereits jenen so wichtigen Motor alles Fortschritts, die Eisenbahn. Und zwar dürfen sich die Franzosen rühmen, den längsten Schienenweg auf afrikanischem Boden zu besitzen. Die Gesammtausdehnung der im Betriebe befindlichen Bahnen in Algerien beträgt bereits gegen 800 km. Und was man von manchen Linien im bevölkerten und intelligenten Europa nicht behaupten kann, das darf man von diesen Bahnanlagen auf afrikanischer Erde sagen, nämlich einmal, dass sie recht gut rentiren, sodann aber, dass sie, was die nothwendige Voraussetzung dazu ist, wirklich einsichtsvoll geplant worden sind.

Zunächst galt es ja, die drei Hauptstädte der Provinz, Algier, Oran und Constantine, durch einen Schienenstrang mit einander in Verbindung zu setzen, was um so nothwendiger war, als Algerien ein so langgestrecktes Land ist, dass es im Westen Spanien, im mittleren Theile Frankreich und mit dem östlichsten Flügel sogar der westlichsten Partie von Italien gegenüberliegt. So finden wir z. B. Bona, die östlichste der grösseren Städte Algeriens, und Turin, die Hauptstadt Savoyens, so ziemlich unter einem Längengrade. Die

Provinz hat somit eine fast dreimal so grosse Ausdehnung am Mittelmeere als das Mutterland Frankreich.

Von den genannten drei Hauptstädten kamen indess vor Allem nur Algier und Oran in Betracht, ersteres als das eigentliche Centrum des ganzen Landes, letzteres als der bedeutendste Sitz algerischen Handels, das als solcher die Residenz bereits überflügelt hat. Dazu gesellte sich der Umstand, dass eine Schifffahrtsverbindung zwischen beiden erschwert war, da auf dieser Strecke, mit Ausnahme des grossen Golfes von Arzeu-Mostaganem, keine brauchbaren Häfen vorhanden sind, während die Verbindung zu Land durch die nahezu den ganzen Raum zwischen beiden Orten einnehmenden Ebenen eine höchst bequeme war. Der Bahnbau war also hier, abgesehen von einem einzigen Gebirgsdefilé, dem bei Affreville, nicht nur ein ganz einfacher, sondern die Zukunft der Linie musste auch deshalb als eine glänzende erscheinen, weil durch die Durchschneidung der gedachten Ebenen, der fruchtbarsten Strecken des ganzen Gebietes, die eigentlichen Stätten der algerischen Agricultur dem Verkehr erschlossen werden. Daher wurde denn auch die Strecke Algier-Oran zuerst ausgeführt und schon vor einigen Jahren dem Betriebe übergeben.

Anders lagen die Verhältnisse für eine Verbindung Algiers mit der Hauptstadt des östlichen Theiles, Constantine. Denn während das Terrain zwischen Algier und Oran ein mehr ebenes ist, stellt sich diese zweite Hälfte der Provinz als bis an die Meeresküste fast durchweg mit Gebirgen erfüllt dar. Daher war dort die Schifffahrt bis in die neueste Zeit nahezu die einzige Communication. Und hierbei zeigten sich die den Landweg erschwerenden Gebirge auch wieder als nützlich, denn sie lassen längs dieses ganzen Küstenstriches eine Anzahl schützender Buchten entstehen.

Indess Constantine liegt nicht, wie ihre beiden Schwestern, am Meere, sondern ein gut Stück landeinwärts; und so erschien es denn dringend nothwendig, sie wenigstens mit ihrer Hafenstadt Philippeville durch einen Schienenstrang in Verbindung zu setzen. Auf diese Weise entstand die zweite Eisenbahn Algeriens.

Endlich wurde nun aber auch die Linie Algier-Constantine in Angriff genommen und trotz der grossen Schwierigkeiten, mit denen der Bau zu kämpfen hatte, so weit gefördert, dass das erste Drittel, die Strecke Constantine-Setif, im Sommer 1879 dem Verkehre übergeben werden konnte. Diese letztere Linie aber wird zugleich ostwärts gegen die tunisische Grenze bei Suk Harras fortgeführt werden, von wo die Regierung von Tunis bis zu ihrer Hauptstadt weiter baut. Auf der letztgenannten Strecke dürfte die Ausführung wieder eine leichte sein, weil mit der genannten Grenzstation das Thal der Medscherda erreicht wird, die nahe bei Tunis in das Meer mündet.*)

---

*) Constantine hat übrigens in diesem Jahre (1880) noch eine zweite

Da nun weiter von der Station Sainte Barbe du Tlélat bei Oran eine Linie nach Tlemsen geführt werden soll, die in ihrem ersten Theile, bis Sidi Bel Abbès, ebenfalls bereits dem Verkehr übergeben worden ist, so erhellt, dass nach der in wenig Jahren zu erwartenden Vollendung der Strecke Setif-Algier ein ununterbrochener Schienenweg von Tunis bis an die Grenze Maroccos führen wird, um dort wie ein Fingerzeig für die Zukunft vorläufig abzubrechen. Denn bei der hermetischen Abgeschlossenheit Maroccos nach aussen und seiner Zerrüttung nach innen ist gegenwärtig an eine Weiterführung der grossen Linie seitens dieses Nachbarstaates nicht zu denken. Aber nachdem ein Zerfallen der muselmanischen Staaten heutzutage sozusagen in der Luft liegt, wird auch hier der Tag nicht ausbleiben, wo „die heilige Ilios hinsinkt". Dann wird der kühne Bahnbau Frankreichs von Tlemsen über die trennenden Gebirge jenseits des Thales der noch in das Mittelmeer mündenden Muluja in das Thal des bereits in den Atlantischen Ocean sich ergiessenden Sebu hinabsteigen und über Fez, den zweiten Hauptort des Landes, unweit der maroccanischen Hafenstadt Rabat das letztgenannte Meer erreichen.

Die eminent politische Bedeutung einer solchen Linie liegt auf der Hand. Denn nicht nur, dass Frankreich damit seine beiden Nachbarstaaten Tunis und Marocco und so ganz Nordwestafrika in die Hand bekäme, nein, ein Blick auf die Karte zeigt ja auch, dass eine solche Bahn eine Umgehung von Gibraltar darstellt und so Englands Macht über das Mittelmeer schwächt, die Frankreichs dagegen stärkt. Der Besitz von Tunis aber gewänne durch diese im Rücken hergestellte Verbindung mit dem Atlantischen Ocean noch an Wichtigkeit, obwohl seine natürliche Bedeutung schon eine so hohe ist, dass bereits die Phönizier, diese Engländer des Alterthums, sie erkannten und ihre bedeutendste Filiale, Karthago, hier gründeten. Kommt doch die vorgeschobene Spitze, an der Tunis liegt, dem Westende von Sicilien so nahe, dass das Mittelmeer hier sozusagen unterbunden und in eine West- und Osthälfte geschieden wird. Auf diese Weise ist Tunis ein zweites Gibraltar und könnte leicht einst wieder werden was es war, ehe Rom die stolze Stadt der Dido, der Staat der Politik den Staat des Handels zerstörte, nämlich eine Beherrscherin des altberühmten Wasserbeckens.

Uebrigens zöge sich nach Vollendung des gedachten Tractes ein Schienengürtel um die ganze Westhälfte des Mittelmeeres herum, der, von Cadix ausgehend, an der spanischen Ostküste hinauf, dann

---

Verbindung mit dem Meere dadurch erhalten, dass die schon länger im Betrieb befindliche kleine (64 Kil.) Linie Bona-Guelma bis Krub, wo sie in die Linie Constantine-Setif mündet, fortgesetzt worden ist. (Gesammtlänge 164 Kil.) Die Theilstrecke Krub-Guelma wird beiläufig, da die Bahn nach Suk Harras über Guelma laufen soll, ein Glied der erwähnten tunisischen Linie bilden.

um den Busen von Marseille herum an der Riviera hin nach Genua und von da durch ganz Italien hinunter bis Sicilien führte, um dann in der beregten Weise in Afrika weiterzulaufen, ein Gürtel, der diesem Theile des Mittelmeeres eine überwiegende Bedeutung gegen die Osthälfte sichern müsste, in der durch den Suezkanal der Einfluss Englands vorherrscht. Auf alle Fälle aber wird durch die von Frankreich gebaute nordwestafrikanische Küstenbahn der Anfang damit gemacht, Schienenstränge auch an der Südküste des Mittelmeeres hinlaufen zu lassen, nachdem solche lange schon die Nordküste besitzt. Auf diese Weise aber dürfte die Südküste, die einst mit dem Falle Karthagos ihren Einfluss an das gegenüberliegende nördliche Gestade verlor, wieder gehoben und damit das ganze Mittelmeer, das im Alterthume und Mittelalter der Sitz der Cultur, die „Völkertränke" war und das erst mit der Entdeckung Amerikas und der Umschiffung der Südspitze Afrikas seine Herrschaft an den Ocean abgab, zu einem Theile ehemaliger Bedeutung zurückgeführt werden. Hat doch der Suezkanal zu solcher Rehabilitation schon so erfolgreich den Grund gelegt.

Man sage aber nicht, dass Frankreich bei der erwähnten Bahnanlage derähnliche Hintergedanken kaum gehabt haben könne. Dagegen spricht schon die Betheiligung von Tunis, die ohne eine Pression oder doch ohne irgend einen politischen Schachzug gewiss nicht zu erreichen gewesen wäre. Denn Tunis ahnt längst das Geschick, das ihm über kurz oder lang von Frankreich bereitet werden wird.*)

Nach alledem ist es verwunderlich, dass die Presse, die sonst doch das geringste Ereigniss auf dem Erdenrunde beachtet und in langen Artikeln sich über Afghanistan oder den Zulukrieg ergeht, von dem Bahnbau Tunis-Constantine nahezu gar nicht Notiz genommen hat, wie es denn noch immer Leute genug giebt, die von Algier als von einer verfehlten Speculation Frankreichs reden.

Wie planmässig die genannte Linie schon innerhalb Algeriens selbst projectirt ist, das ist gleichfalls leicht ersichtlich. Die Linie nach Tlemcen geht, wie schon erwähnt, noch vor Oran ab; die Linie Constantine-Algier mündet gleichfalls oberhalb der Hauptstadt ein, und von Constantine führt die Bahn in gerader Richtung nach Tunis weiter. In dieser Weise wird also eine directe Linie hergestellt, die innerhalb des Landes, im Allgemeinen am Nordsaume der Atlaskette, hinläuft, die aber drei oder richtiger vier Flügelbahnen an das Meer entsendet, nämlich Tlelat-Oran, Blidah-Algier und Constantine-Philippeville beziehentlich Constantine-Bona. So kann man also von einem

---

*) Auch das neueste grosse Project Frankreichs, die Verbindung des Mittelmeeres mit dem atlantischen Ocean durch einen für Seeschiffe berechneten Kanal längs des Nordabhangs der Pyrenäen dürfte eine Abschwächung der Bedeutung Gibraltars anstreben und sicher auch erreichen.

wirklich systematischen Eisenbahnnetz in Algier reden, und damit — das war einer der Hauptzwecke dieser unserer ausführlicheren Darlegung der dortigen Eisenbahnverhältnisse — tritt doch gewiss die Verwaltung der Provinz wiederum in ein etwas besseres Licht, als in dem sie nach dem gewöhnlichen Urtheile erscheinen muss.

Es sei schliesslich noch hinzugefügt, dass man auch bereits von einer südlichen Parallele der geschilderten Linie redet. Dieselbe soll in Verbindung mit der projectirten theilweisen Inundation der algerischen Sahara, von der später die Rede sein wird, vom Golf von Gabes südlich von Tunis ausgehen und an dem Südabhange des Atlas und dem nördlichen Wüstensaume hin über die Oasen Biskra, Larruat und Sidi Scheikh bis an die maroccanische Grenze laufen. Diese Südatlasbahn hätte die Richtung auf die Hauptstadt Marocco selbst. Durch mehrere Zweigbahnen würde sie überdies mit der erstgenannten Linie in Verbindung gebracht und damit auch der Plateaugürtel zwischen Nord- und Südatlaskette erschlossen werden. Man sieht, wie eifrig dem alten Koloss Afrika zu Leibe gegangen wird.*)

Doch wenden wir uns von solchen Zukunftsträumen zur Gegenwart zurück. Es war ein heller Morgen, als mich eine flotte Droschke, von einem dunkelfarbigen Eingeborenen gelenkt, der nach seinem Wollhaare zu schliessen ein gut Theil Negerblut in sich haben mochte, nach der Höhe brachte, auf welcher hinter dem eigentlichen Oran in der Vorstadt von Kerguenta der Bahnhof liegt. Es waren überaus steile Strassen, durch die wir fahren mussten, aber endlich waren wir doch oben; das Billet, dessen Preis nicht mehr beträgt, als man im Mutterlande drüben für gleiche Entfernung zahlt, wurde gelöst, und fort ging es, zum ersten Male per Eisenbahn auf afrikanischer Erde.

Ich muss gestehen, ein eigenthümliches Gefühl durchzog mein Inneres. Noch sind es nicht 50 Jahre, eine für den einzelnen Menschen zwar lange, für ganze Völker aber doch nur kurze Zeit, dass dieses Land der Cultur erschlossen wurde. Fast bis an den Anfang des zweiten Drittels des neunzehnten, so viel gerühmten Jahrhunderts heran war der Staat, der den Boden hier besass, ein Schrecken für das doch so nahe und so mächtige Europa. Eine Handvoll verwegener Piraten verstand es, Jahrhunderte lang das ganze Mittelmeer und selbst den angrenzenden Atlantischen Ocean zu beunruhigen, wohl bebaute Küstenländer zu verwüsten, blühende Städte in Schutt und Asche zu legen, wohl erworbene Habe, kostbare Erzeugnisse menschlichen Fleisses mit sich zu nehmen und, was noch mehr bedeuten wollte, noch mehr Thränen und Herzeleid

---

*) Welche Aenderung diese Pläne durch das Project einer transsaharischen Bahn erlitten haben, wird am Ende des Buches auseinandergesetzt werden.

I. Die Eisenbahnen in Algerien im Allgemeinen.

kostete, auch edle Jünglinge und zarte Jungfrauen in die elendeste Knechtschaft zu schleppen, Lücken in glückliche Familien hineinzureissen, in wohlregierten, freiheitliebenden Staaten Sklavenjagd zu halten und Glieder aus der grossen Körperschaft der Bildung und Gesittung der jammervollsten Verkümmerung, dem lebendig Begrabensein in dem Kerker der Harems zu überliefern. Es unterliegt gar keinem Zweifel, dass die Zahl der seit etwa 1500 von den Mauren der algerischen Küste theils niedergemetzelten, theils in die Sklaverei fortgeführten Europäer nach vielen Tausenden berechnet werden muss.

Und doch erlitt die Civilisation durch diese vereinzelten, wenngleich so entsetzlichen Raubzüge noch nicht den grössten Schaden. Viel wirksamer wurde sie in ihrer Entwickelung durch die Unterbindung ihrer Hauptschlagader, des Welthandels, aufgehalten, welche eine Folge der steten Bedrohung der Handelsflotten und der dadurch bedingten allgemeinen Einschüchterung war. Der Handel ist ja, wie die letzten Jahrzehnte es uns oft genug zu Gemüthe geführt haben, ein gar feinfühliges Wesen, ein zarter Falter, dessen über Länder und Meere tragende Fittige doch bei der geringsten rauhen Berührung, ja bei dem flüchtigsten kühleren Luftzuge gelähmt werden. Und doch ist der Handel seit der ältesten Zeit, von der Stunde an, wo der erste Mann ein Boot bestieg, oder den Urwald durchkreuzte, um mit entfernten Ansiedlern seine Erzeugnisse auszutauschen, von den Tagen der Phönizier ab, die mit ihren kühnen Expeditionen durch die Säulen des Herkules hinaus in den offenen Ocean der alten, um das Mittelmeer wie um einen Teich herumsitzenden Welt eine erste Ahnung von der Grösse des Erdballs aufgehen liessen, der wirksamste Factor für die Erweiterung auch unseres geistigen Horizonts und der mächtigste Missionar der Bildung und Gesittung gewesen. So bedeutete denn jene Piratenwirthschaft in der That eine Niederhaltung des Weltfortschritts durch die Barbarei.

Wäre es dem gegenüber nicht Pflicht der europäischen Völker gewesen, nach dem Vorbild des Mittelalters sich zu einem Kreuzzuge zusammenzuschaaren, um Die zu vernichten, die der grossen Mission des kleinsten aber entwickelungsfähigsten Erdtheils, Europa's, hemmend in den Weg traten? Und sicher hätten einer vereinigten Action der Grossmächte, das heisst den gesammten Mitteln der modernen Kriegskunst zu Wasser und zu Land, ja den Mitteln der Cultur überhaupt gegenüber die rohen Stämme an den Abhängen des Atlas nicht lange Stand gehalten. Aber was geschah statt dessen? Die durch denselben Glauben und dieselbe Gesittung geeinten Völker des Abendlandes verzehrten ihre Kräfte in endlosen Befehdungen unter einander, in schmählichen Bruderkriegen — denn jeder Krieg unter Culturvölkern ist ein Bruderkrieg — und die Barbaren raubten, sengten und mordeten weiter, ja wurden immer übermüthiger. Sie schrieben zuletzt dem gewaltigen Europa Gesetze vor, legten ihm Tribut auf, liessen sich die Respectirung der oder jener Flagge mit theurem Golde abkaufen. Muss man sich nicht schämen, unserm Erdtheil anzugehören, oder doch aufhören, auf dasselbe noch stolz zu sein, wenn man liest, dass noch 1829 das Königreich beider Sicilien, dieses ehemalige Kleinod in der Krone der Hohenstaufen, das Land, in dem einst ein Friedrich II., die mächtige deutsche Kaisergestalt, eine so glänzende Hofhaltung entfaltete, dass der Orient davon geblendet wurde, an Algier 24,000 Piaster Tribut entrichtete, und dass, um von den zahlreichen kleineren Staaten, wie Dänemark, Schweden, Sardinien, Portugal, Toscana, Hannover und Bremen, die dem unersättlichen Ungeheuer drüben gleichfalls jährliche Opfer in klingender Münze darbringen mussten, gar nicht zu reden, selbst der stolze englische Leu, der doch schon damals auf den halben Erdboden seine Pranken legte, bis 1830 bei jedem Consulatswechsel ein Geschenk von 600 Pfund darbrachte, dass sich Oesterreich, an dessen Pforten sich einst die Macht der Osmanen brach, bequemte, die Gunst des Duodezstaates des Beys von Algier durch Vermittlung des Hofes von Constantinopel zu erbetteln? Ja man müsste es für eine Fabel halten, wenn nicht noch Leute lebten, die es mit Augen gesehen haben, dass 1817 algerische Seeräuber sich bis in die Nordsee wagten, um hier die Schiffe der Mächte wegzunehmen, die ihnen nicht Tribute oder Geschenke bewilligt hatten!

Was muss denn nur, so fühlt man sich da unwillkürlich veranlasst zu fragen, der Grund zu solch' endloser und unbegreiflicher Langmuth seitens Derer gewesen sein, denen doch Armeen, Flotten und Kanonen in so ungeheurer Menge zu Gebote standen?

Die Antwort hierauf ergiebt sich schon aus dem Verhalten Englands, welches 1829 es zu verhindern wusste, dass die Pforte dem Vicekönig von Aegypten die erbetene Vollmacht zu einer mit Frankreich gemeinsam zu unternehmenden Expedition gegen Algier ertheilte. Mit schlauer Hinterlist verstand es damals die britische Politik, im Sultan die Furcht wachzurufen, der Vicekönig werde die Gelegenheit nur zur Erweiterung seiner Macht benützen. Ebenso protestirte England nach der Eroberung Algiers 1830 gegen dessen Einverleibung, obwohl doch Frankreich das Land mit dem Blute seiner Söhne sich erkauft hatte. Man sieht schon aus diesen beiden Thatsachen, dass es die Eifersucht der Mächte war, die dem Raubstaate so lange das Leben fristete, die Eifersucht, die zwar oft auch schon Gutes gewirkt, das sogenannte europäische Gleichgewicht erhalten und vielleicht manchmal verhindert hat, dass alle Mächte gemeinsam über einen missliebigen Nachbar herfielen, die aber auch nicht weniger häufig manchem löblichen Plane hindernd entgegengetreten ist. Es zeigte sich einst bei Algier dieselbe merkwürdige Erscheinung, die später in der sogenannten orientalischen Frage so häufig beobachtet werden konnte; Alle waren darin einig, dass es so nicht weiter gehen könne, sprachen mit Cato das „ceterum censeo", aber doch kam es zu nichts, weil Niemand dem Anderen die Beute gönnte.

Da war es denn Frankreich, das Algier gegenüber die Rolle übernahm, die Russland vor zwei Jahren in Bezug auf das eigentliche Herz des Muhammedanismus so gern gespielt hätte. Allerdings brach Frankreich die directe Veranlassung zum Kriege vom Zaune. Die Sache ist ja eine allbekannte. Der Dey von Algier hatte aus Veranlassung einer Schuldforderung, die er in völlig rechtsgiltiger Weise an Frankreich hatte, an Karl X., der damals auf dem französischen Throne sass, eigenhändig geschrieben, ohne indess Antwort zu erhalten. Als nun am Beiramfeste die Consuln der europäischen Mächte beim Dey die Schluss-Audienz hatten, fragte der Letztere den Vertreter Frankreichs, warum sein Souverain in der bewussten Angelegenheit so beharrlich schweige. Darauf antwortete der Consul: „Mein Herr correspondirt nur mit Seinesgleichen". Der Dey, durch diese Entgegnung in die furchtbarste Wuth gebracht, versetzte dem kühnen Diplomaten mit dem Fliegenwedel, den er in der Hand trug, einen Schlag ins Gesicht, der zur Folge hatte, dass die diplomatischen Beziehungen abgebrochen und Algier von der französischen Armee erobert wurde.

Die ganze Haltung des französischen Consuls bei dieser Affaire beweist, dass Frankreich offenbar einen Casus belli suchte und bereits den Krieg gegen den unverbesserlichen Seeräuberstaat im Geheimen beschlossen hatte. Es kann nicht geleugnet werden, dass die so verhängnissvolle Antwort des Geschäftsträgers eine Unart war, die gegen alle diplomatische Sitte verstiess. Indess wenn jemals, so heiligte hier der Zweck das Mittel. Das Mass Algiers war längst voll und nach einem vielhundertjährigen Frevel an Europa bedurfte es nicht erst noch eines besonderen Falles.

Ja man wird in der ganzen Art des erwähnten Hergangs die Nemesis, die so oft die Weltgeschichte als das Weltgericht erkennen lässt, leicht wiederfinden. Brutalität, das war der Grundzug, wie der ganzen Türkenwirthschaft, so im Besonderen jener Raubritter des Mittelmeeres. Brutal war darum auch das Auftreten des sich endlich ermannenden Europas, als es zum Todesstoss gegen den Staat ausholte, der längst sein Leben verwirkt hatte.

Das Verdienst Frankreichs aber bleibt dabei dasselbe. Es hat als ein moderner Oedipus die Sphinx von ihrem Felsen gestürzt, die so manchen der Vorüberziehenden gemordet hatte, hat die westliche Hälfte der alten Welt damit für immer von dem Schandflecke des Piratenwesens befreit, das Mittelmeer seiner alten, völkerverbindenden Bestimmung wiedergegeben, den Welthandel von einem Schlagbaum befreit, der denn doch in die Neuzeit gar nicht mehr passte, und endlich der Forschung einen Theil des schwarzen Erdtheils zugänglich gemacht, dessen blosses Betreten schon dem wissensdurstigen Reisenden früher nicht selten den Kopf kostete.

Diese grossen Resultate des französischen Feldzuges von 1830 können nicht weggeleugnet werden, wenn Frankreich vielleicht auch, als es denselben unternahm, zunächst nur an den eigenen Vortheil dachte, wenn es auch dann das eroberte Land behielt und wenn es endlich auch dasselbe nicht immer mustergiltig verwaltete.

Daher wollen wir uns, wenngleich wir als Deutsche sonst keine Veranlassung haben, Frankreichs Siegesjubiläen mitzufeiern, weil dieselben zu meist an unsere Niederlagen erinnern, doch im Stillen mit der französischen Nation freuen, wenn sie am nächstkommenden 4. Juli den fünfzigjährigen Gedenktag der Einnahme Algiers feiert. Denn ihr Sieg war ein Sieg der Civilisation über die Barbarei, an dem wir höchstens das aussetzen können, dass ihn nicht das deutsche Volk erfocht, dessen schönste Mission es ja ist, der wahren Cultur „eine Gasse" zu machen.

II.
Die Küstenebene zwischen Oran und Affreville (Scheliffebene).

Inhalt: Grösse und Begrenzung der Ebene. — Atlas rechts und Atlas links. — Die Salzseen (Sebkra's und Schott's), eine Eigenthümlichkeit des Marreb und der Nordwest-Sahara. — Sodom und Gomorra in Afrika. — Die üppige Fruchtbarkeit der Scheliffebene. — Das Eine, was ihr fehlt. — Warum Algerien kein Auswanderungsgebiet geworden. — Ein gesittetes Volk, „obgleich fast Alles Preussen". — Europäische und afrikanische Dörfer in Algerien. — Nomaden und ihre Zelte. — Die Verächter des Schweinefleisches als Schweinehirten. — Die originellste Vermählung des Orients mit dem Occident. — Bahnhofsleben an einer afrikanischen Eisenbahn. — Engel des Friedens mitten unter den wilden Eingeborenen. — Die arabische Gastfreundschaft, die den Hilfsbedürftigen nur aufnimmt, und die christliche Barmherzigkeit, die ihn aufsucht.

Die erste Eisenbahnfahrt auf afrikanischem Boden lässt nicht nur wohlbekannte Bilder einer merkwürdigen geschichtlichen Entwickelung wieder vor den geistigen Blick treten, sondern bietet auch dem leiblichen Auge so viel des Interessanten. Kaum haben wir nämlich den bescheidenen Bahnhof von Oran verlassen, so ist auch schon die Stadt hinter uns verschwunden und die weite Ebene umfängt uns. Dieselbe dehnt sich ununterbrochen 300 km weit bis zur Station Affreville aus, und werden wir, da die Züge in Algerien verhältnissmässig langsam fahren, 12 Stunden, von früh 7 bis Abends 7 Uhr, im Waggon zubringen müssen, um ihr Ende zu erreichen. Bei so bedeutender Länge ist diese Ebene indess nur von geringer Breite. Vom Atlasgebirge, das sie südlich, und vom Meere, das sie im Norden begrenzt, misst sie im Durchschnitt etwa 50—60 km und stellt somit nur einen schmalen Küstensaum dar. Indess von der Bahn aus betrachtet erscheint sie nicht als solche. Hier hat man vielmehr während der ganzen Fahrt den Eindruck, als ob man tief im Inneren des Landes dahinbrauste.

Denn nur kurze Zeit nach der Ausfahrt aus Oran schweift der Blick links noch ungehindert bis zur blauen Meeresfluth. Dann erheben sich auch auf dieser Seite Gebirge, die als Parallelketten zu dem Hauptzuge zu unserer Rechten die Küste längs der ganzen Ebene begleiten und das Meer unseren Blicken entziehen. Auf diese Weise hat man stets Berge zu beiden Seiten, und schon dieser Umstand macht die Fahrt interessant. Denn der Blick steigt bald an hohen, steilen Zinnen empor, bald gleitet er über sanfte Kuppen dahin, dringt jetzt tief hinein in eine Thalschlucht, um dann wieder an glänzenden Schneeflecken haften zu bleiben. Im Allgemeinen ist die Hauptkette rechts höher, aber sanfter geformt, das Küstengebirge links niedriger, aber dafür steiler. Denn dieser Zug bietet uns ja seinen Südabhang dar und dieser ist bei den meisten Gebirgen der Erde schroffer als die nördliche Abdachung.

Einen besonderen Reiz erhält die Landschaft dadurch, dass am Fusse der Südkette, eben weil es die sanfter abfallende ist, vielfach noch eine Art Mittelgebirge sich hinzieht, das wohlbebaut und nahezu auf allen seinen Vorsprüngen und Kuppen mit hellblinkenden Kubbas geziert ist.

Aber nicht nur das Gebirge, sondern auch das weite Flachland um uns, obwohl es vielleicht nicht eigentlich schön im landschaftlichen Sinne genannt werden kann, bietet des Interessanten genug. Was sollte denn auch in einem Lande, das man zum ersten Male betritt, und speciell im „dunklen" Erdtheil nicht interessiren? Da haben wir zunächst hinter Oran die beiden Salzseen, die wir schon vom Dschebel Murdschadscho aus erblickten und zwischen denen wir jetzt so hindurchfahren, dass der kleinere links, der grössere, die Sebkra d'Oran, rechts bleibt.

Diese Salzseen sind eine Eigenthümlichkeit Algeriens und der nördlicheren Sahara. Sie führen bald den Namen „Sebkra", bald den Namen „Schott", und sind von der verschiedensten Grösse und Gestalt. Im Grunde sind sie nahezu nur periodische Wasserbecken, denn in der dürren Jahreszeit liegen sie fast trocken. Dagegen füllen sie sich in der Regenzeit nicht selten so bedeutend, dass die Fuhrten, mittelst deren die langgestreckteren unter ihnen durchschritten werden, dann nicht selten die Veranlassung zu Unglücksfällen geben. Der umfangreichste dieser Salzsümpfe, wie man sie am richtigsten nennt, ist der Schott Kebir, der palus Tritonis der Alten, in der Nähe des Golfes von Gabes (der kleinen Syrte), der letzte Rest des grossen Strandsees, der in dieser Gegend einst einen Theil der Sahara einnahm und mit dem genannten Meerbusen in

Zusammenhang stand.*) Auf ihn und die zahlreichen anderen Salzlaken in seiner Nähe gründet sich das bekannte Project einer theilweisen Verwandlung der Sahara in Meer, von dem wir bei Biskra ausführlicher sprechen werden. Der südlichste dieser Salzseen dürfte wohl die Sebkra Amadrror westlich von Mursuk unter dem 25° n. Br. sein. Auch in Marocco finden sich noch einzelne dieser brakischen Becken. Am zahlreichsten aber sind sie auf dem breiten Rücken des algerischen Atlas, dem Gebiete der „Hochplateaus", wo sie, immer parallel mit dem Gebirge, einen nahezu zusammenhängenden Sumpfgürtel von der tunisischen bis zur maroccanischen Grenze bilden.

Mit ihrem völlig unbewegten Wasserspiegel, ihren meist unbewohnten Ufern, ihren vom Salze grau gefärbten Gestaden und gleichfalls in Grau gekleideten bodenständigen Pflanzen (Salsolaceen), den weiten, flachen Gefilden, in die sie zumeist (in relativen Depressionen) eingebettet sind, der Todtenstille, die sie fast immer umgiebt und die höchstens einmal durch das heisere Geschrei von Zwergtrappen (Otis tetrax) unterbrochen wird, machen sie einen höchst trübseligen und namentlich in fahlem Mondenscheine fast beängstigenden Eindruck, der an das todte Meer und seine unheimliche Staffage erinnert. In der That erzählt auch eine arabische Sage, dass die Sebkra von Oran eine Stadt bedecke, die wegen ihrer Lasterhaftigkeit von einem Feuer- und Schwefelregen vernichtet worden sei.

Uebrigens ist die Umgebung der beiden Salzseen hinter Oran bei Weitem nicht so öde, wie die der gleichartigen Wasserbecken auf den Hochplateaus. Sie sind überhaupt die einzigen dieser Seen im Küsten und Flachlande von Algerien und nehmen sich hier aus, als ob sie aus Versehen an eine falsche Stelle versetzt worden wären. Denn nur wenig von ihren salzigen Gestaden entfernt beginnen fruchtbare und wohlbebaute Landschaften, wie sie zumeist die ganze Ebene bietet.

Nur an ganz seltenen Stellen wuchert auf dieser unermesslichen Fläche noch die Zwergpalme und der Ginster. Und auch da ist die Haide nicht eine Folge schlechten Bodens, sondern nur des Mangels an fleissigen Händen. Es liesse sich hier allenthalben ein wahrer Garten Gottes aus dem Erdreiche zaubern. Das beweisen die herrlichen Bilder, die wiederholt an unserem Auge vorüberziehen.

Da zeigt sich wogendes Getreide, namentlich überaus üppige Gerste, die zwar noch grün ist, aber doch schon in vollen Aehren steht. Daneben entdecken wir die blauen Blüthen des Flachses oder

---

*) Neueren Untersuchungen zufolge ist die Identität des Kebir (oder Dscherid) mit dem alten Triton-See mindestens höchst zweifelhaft. Genaueres darüber sowie über das neuerdings so gut wie aufgegebene Inundationsproject siehe in dem „Anhang" dieses Buches.

Weinfelder mit ihren jungen, frischen Schösslingen, die hier schon eine halbe Elle lang sind, während sie in Frankreich drüben kaum 1—2 Zoll massen. Sogar Pflanzungen mit Mandelbäumen treffen wir, an denen bereits die reifenden Früchte hängen. Mehrmals auch fahren wir, wo irgend eine Ortschaft Platz gefunden hat, in Huërten ein, die an Pracht und Ueppigkeit der Vegetation die gleichnamigen Anlagen in Spanien noch übertreffen. Namentlich stehen hier die Granaten im feurigsten Roth ihrer herrlichen Blüthen. Der Boden hat auf dieser Fläche eben eine Fruchtbarkeit, das Klima eine solche Wärme bei nur mässiger Kühle im Winter, dass daselbst fast alle Culturpflanzen der Erde gedeihen würden. Hatte man doch zur Zeit des amerikanischen Krieges hier Versuche mit Baumwolle gemacht, die trefflich ausschlugen, bis die nach dem Friedensschlusse von Neuem aufblühende riesenhafte Production Amerikas diese Cultur wieder erdrückte.

Trotz aller Fülle der Naturgaben aber, die über die Ebene hier ausgeschüttet sind, vermag gleichwohl die Fahrt durch dieselbe hin das Herz nicht so ganz und gar auszufüllen. Es fehlt dem Beschauer etwas, über das er sich vielleicht nicht gleich klar wird, das ihm aber doch je länger je mehr zum Bewusstsein kommt. Es fehlt, um es gleich mit einem Worte auszusprechen, der Mensch. Der Dichter sagt zwar: „Die Welt ist vollkommen überall, wo der Mensch nicht hinkommt mit seiner Qual" — und gewiss, die Hast, das Getümmel, und noch mehr das Laster, die im Gefolge menschlicher Cultur einherziehen, haben schon manchmal den zauberreichen Gottesfrieden eines jungfräulichen Stücks des Erdballes vernichtet; aber der Mensch ist auf der anderen Seite doch auch wieder, wie Einer gesagt hat, ein „Gesellschaftsthier". Wahrhaft wohlig wirds ihm doch erst unter Seinesgleichen, und das reichste Land erscheint uns wie stumm oder todt, blickt uns wie mit den starren Augen eines kalten Marmorbildes an, so lange noch nicht der warme Hauch menschlichen Schaffens und Treibens sich darüber gelagert hat.

Es ist nun zwar die Ebene, die wir durchfahren, nicht ganz von allem Leben entblösst. Wir zählen ja bis Affreville nicht weniger als 28 Anhaltepunkte. Aber dieselben bestehen häufig nur aus einem einsamen Stationshause ohne eine zugehörige Ortschaft. Von grösseren, stadtähnlichen Ansiedelungen zählt diese an 40 deutsche Meilen lange Fläche nur zwei, St. Denis du Sig und Orléansville, ja eine eigentliche Stadt ist nur die letztere, aber auch sie hat kaum über 3000 Einwohner und ist nichts Anderes, als eine Soldatenstadt, eine Art militärisches Lager, das tactische Centrum der Ebene. Alle übrigen Niederlassungen sind nur Dörfer mit einer Einwohnerzahl von 300—600, aber auch diese Ortschaften sind dünn genug gesät und nur nahe bei Oran zahlreicher. Und doch würde diese colossale Fruchtebene einen ganzen kleinen Staat beherbergen können.

Fragt man sich, woher dieser auffallende Menschenmangel auf so reichem Boden kommt, so ist zu antworten, dass auf der einen Seite schon die eingeborene Bevölkerung, weil von Haus aus eine nomadische, keine zahlreiche ist, während andererseits ein bedeutender Zuzug von Colonisten nicht stattgefunden hat.

Die Schuld an der letztgenannten Thatsache tragen verschiedene Umstände. Einmal ist es ja unter den fortwährenden Kämpfen und Aufständen, die seit der Eroberung der Hauptstadt die ganzen fünfzig Jahre her bald hier bald dort in der Provinz gewüthet haben, noch niemals zu der Ruhe und Sicherheit gekommen, ohne die der Landmann, der sein ganzes Kapital in die Scholle steckt, das Werk nicht beginnt, das doch erst nach Jahren einen reellen Lohn verspricht. Wer soll in langwieriger, saurer Arbeit den Boden urbar machen, wenn er fürchten muss, dann, wenn das Erdreich zu einer einträglichen Ausnützung fertig gestellt ist, vielleicht wieder verjagt zu werden?

Weiter aber hat auch das Klima Manche abgeschreckt. Dasselbe ist zwar fast durchgängig an sich ein äusserst günstiges, allein, wie die Erfahrungen in neuester Zeit wiederholt bewiesen haben, pflegt jeder jungfräuliche Boden, darunter namentlich Urwald, wenn er urbar gemacht wird, in der ersten Zeit höchst verderbliche Miasmen auszuathmen, die von faulenden, aber Jahrhunderte hindurch von der obersten Erdschicht bedeckten vegetabilischen Stoffen herrühren. An Orten, die jetzt Gesundheitsstationen geworden sind, raffte vor Jahren das Fieber solche Schaaren hinweg, dass Algerien dadurch überhaupt in den Ruf eines ungesunden Landes gerieth. Aber es gebührt ihm dies Prädicat eben nur mit der schon angedeuteten Beschränkung; auch wird durch die immer rascher über Hand nehmende Anpflanzung des australischen Fieberheilbaums (Eucalyptus globulus) die schlechte Luft mehr und mehr aufgezehrt.

Ferner trug natürlich auch der Belagerungszustand, der häufig über ganze Landestheile verhängt war, und das Militärregime, das bis zum Frühling 1879 die Provinz ausschliesslich verwaltete und das die Araber wohl niederhalten, aber die Europäer nicht emporbringen konnte, dazu bei, dass die auswanderungslustige Bevölkerung unseres Erdtheils lieber nach dem freien, wenn auch entfernteren Amerika, als nach dem allerdings so bequem gelegenen Algerien sich wandte.

Wenn so schon vom Auslande kein stärkerer Zuzug stattfand, so geschah dies noch weniger von Frankreich aus. Denn das französische Volk ist von allen Stämmen in Europa der wenigst wanderlustige. Aehnlich wie die Griechen im Alterthum, fühlen sich auch die Bewohner des herrlichen, an allen Spenden der Natur so reichen, auf drei Seiten vom Meere umgebenen, mit dem mildesten und doch keineswegs erschlaffenden Klima gesegneten Frankreichs so befriedigt von ihrem Vaterlande, dass der Zug in die Ferne, der ohnedies den romanischen Racen, den Völkern des südlichen Europas, weniger eigen ist, als denen im Norden, fast ganz zurücktritt. Die germanischen Stämme haben ja sicher keinen geringeren Patriotismus als die Franzosen, aber sie sind mit ihrer Liebe mehr an den Menschenschlag als an den Boden geheftet; das Herz des Deutschen beispielsweise hängt mehr am Deutschthum, an deutscher Art und Sitte, als gerade an deutschem Lande, er vermag sich überall eine Heimath zu schaffen; der Franzose aber liebt die Scholle, sein Patriotismus ist nicht nur so zu sagen ein nationaler, sondern auch ein localer. Daher kommt es, dass von den 419,626 europäischen Bewohnern Algeriens überhaupt nur 194,172 Franzosen sind. Den nächst grössten Procentsatz stellt die spanische Bevölkerung mit 58,510, und die italienische mit 16,665 Köpfen dar. Deutsche finden sich, wenn man von den allerdings zahlreichen Elsass-Lothringern absieht, die namentlich nach 1870 aus ihrem Lande hierher auswanderten, in Algerien nur wenige, was bei den Vorurtheilen, mit welchen Franzosen uns zu betrachten pflegen, ja auch nicht verwunderlich ist; und zwar rührt solche Geringschätzung der Deutschen seitens der „grossen" Nation nicht erst von dem letzten französischen Kriege her.

Zwei deutsche Kolonien, die hier in unserer Ebene unweit der Bahn liegen, Stidia und Ste. Léonie, können das beweisen. Ein in den 60er Jahren erstatteter amtlicher Bericht über diese Ortschaften sagte nämlich wörtlich: „Die Bewohner dieser Dörfer, 'quoique presque tous Prussiens' (obgleich fast Alles Preussen), scheinen ein moralisches und gesittetes Volk zu sein, unter welchem Verbrechen und Vergehungen äusserst selten sind." Maltzan, der dies in seinem Buche: „Drei Jahre im Nordwesten von Afrika" mittheilt, fügt gleich noch eine andere Erzählung bei, die ebenfalls die ungerechtfertigte Voreingenommenheit Frankreichs gegen uns bestätigt. Ein französischer Advocat begann seine Vertheidigung eines deutschen Verbrechers vor dem Schwurgerichtshofe in Algier folgendermassen: „Dieser Mann ist wirklich kaum zurechnungsfähig. Aufgewachsen in einem Lande des Nordens, Namens Mannheim, sah er von Jugend auf nur die gehässigen Beispiele seiner in Barbarei versunkenen Landsleute vor sich".

Die Deutschen in den erwähnten Colonieen aber wussten sich trotz alledem bald die Achtung ihrer Nachbarn in jeder Weise zu erzwingen.

Im Jahre 1846 im Begriffe nach Amerika auszuwandern, waren sie durch einen Emigrationsagenten der französischen Regierung nach Algier gelockt worden, wurden aber dort ohne alle officielle Unterstützung gelassen. Durch Holzsammeln und Ausjäten von Unkraut fristeten sie lange Zeit ihr Leben, häufig noch dazu auch von Fieberanfällen gepeinigt. Indess allmälig arbeiteten sie sich empor und heute ist namentlich Stidia eines der wohlhabendsten Dörfer des Landes. — Es steckt doch eine wunderbare Zähigkeit im deutschen Blute! Hat das deutsche Element aber nahezu an allen Punkten der Erde, in der eigenthümlichsten Diaspora, die es geben kann, unter dem Drucke der Verachtung seitens der Eingeborenen, ohne Hilfsmittel, meist auch ohne Unterstützung von den Landesregierungen, ja oft selbst unter Verfolgungen und absichtlicher Niederhaltung doch sich zu Wohlhabenheit und Einfluss emporgeschwungen, was würde sich erst für ein glänzendes Resultat ergeben haben, wenn durch die deutsche Regierung eine Zersplitterung vermieden und die zahllosen deutschen Auswanderer in ein bestimmtes Colonialgebiet geleitet, dort überwacht und eventuell subventionirt worden wären! Dann würde der alten Mutter eine Tochter erwachsen sein, deren sie sich nicht zu schämen brauchte, ja die ihre Macht befestigen, ihre Schifffahrt stützen und einen blühenden Tauschhandel mit ihr unterhalten könnte. So aber verläuft sich das edle Volksblut, das der freiwillige Aderlass der Auswanderung uns alljährlich entzieht, ungenutzt im Sande oder wird von anderen Nationen zu ihrer Stärkung aufgesogen.

Doch kehren wir von solchen Gedanken, die dem patriotischen Reisenden stets kommen werden, so oft er in fernen Landen die verstreuten Samenkörner vom alten deutschen Riesenbaume findet, zu unserer Ebene zurück, um zu sehen, dass die dünne Bevölkerung derselben dennoch zu den interessantesten Beobachtungen Veranlassung bietet.

Wie anmuthig nehmen sie sich doch aus, die sauberen Colonistendörfer! Da werden breite, von Platanen beschattete Strassen durch freundliche Häuser eingefasst, deren rothe Ziegeldächer unter einem Himmelsstriche, wo Regen selten und Schneegestöber unbekannt ist, ebenso wie die Kuppeln der Kubbas oder die Stukkverzierungen der Moscheen viele Jahre hindurch ihre helle Farbe behalten. Und mitten im Dörfchen grüsst der schlanke Kirchthurm, von dem die hellen Glocken in eine Landschaft hineintönen, in welcher ehemals nur das Brüllen des Löwen oder das Heulen des Schakals hörbar wurde.

Nicht weniger interessant sind uns die Ansiedlungen der Eingeborenen, die wir oft genug kreuzen. Bekanntlich theilt sich, wie schon in alter Zeit die Bevölkerung des Stammlandes Arabiens, so auch die arabische Bewohnerschaft des Marreb in zwei Theile, in die sesshafte und in die nomadisirende. Die letztere überwiegt an Kopfzahl ausserordentlich, da dem Nachkommen Ismaels das freie Herumstreifen nun einmal im Blute steckt. Sie betrug im Jahre 1872 nicht weniger als 2,434,974 Seelen, während die sesshaften Eingeborenen nur 268,262 ausmachten. Die letzteren wohnen nun zwar in der Mehrzahl in den Städten, doch trifft man auch ganze Ortschaften von Arabern bewohnt auf dem Lande.

II. Die Küstenebene zwischen Oran und Affreville.

Freilich welch' ein Unterschied gegen die christlichen Dörfer! Die reinlichen, soliden, steinernen Häuser sind von elenden Lehmhütten ersetzt; Armuth und Schmutz herrscht überall. Ungleich anziehender wirken die Wohnungen der Nomaden auf uns, deren viele so nahe an der Bahn und den Haltepunkten sich finden, dass wir einen tiefen Einblick gewinnen. Es sind ausschliesslich Zelte, von einer mächtigen Leinwand gebildet, die über eine Art Gestelle aus rohen Pfählen gespannt wird. In dieses Zelttuch sind manchmal als Schmuck grosse, breite, schwarze Streifen durch den ursprünglich grauen Untergrund gewoben, aber es ist meist so verschmutzt, dass man das Ganze auch für die Haut eines Nilpferdes halten könnte.

Bei Tag bleibt diese Decke an einer Seite etwas umgeschlagen, um den freien Aus- und Eingang für die Bewohner zu ermöglichen. Am Abend aber wird die Leinwand ringsum zugezogen. Einen besonderen Schutz gewähren dann noch die grossen, wolfsartigen Hunde, welche jeder Zeltbewohner hält. Sie umkreisen wachsam das Zelt, und man behauptet, dass sie mit Wuth jeden Europäer anfallen, während sie den Araber nicht einmal anbellen. Die Hunde der Colonisten dagegen sollen das gerade entgegengesetzte Verfahren einhalten und unbarmherzig Jedem, der den arabischen Burnus trägt, zu Leibe gehen.

Zu stehlen giebt es übrigens in einem solchen Araberzelte kaum etwas. Diese Leute scheinen alle Jünger des Diogenes zu sein und fast keine Bedürfnisse zu haben. Ja sie übertreffen den alten Philosophen noch, denn sie liegen hinter ihrer Leinwand nicht selten auf dem blossen Erdreich, wie denn überhaupt eine arabische Natur dazu gehört, um in einem solchen luftigen Hause bei einer Temperatur schlafen zu können, die in der Winterszeit immerhin oft niedrig genug ist.

Diese Zelte stehen entweder einzeln oder auch zu zweien und dreien zusammen, ja bilden mitunter ein ganzes Dorf. Ob ihrer aber wenige oder viele sind, immer ist die ganze periodische Niederlassung mit einem dichten Kranz von einer eigenthümlichen Dornart umgeben, welche jetzt im Frühjahre noch kahl ist, aber späterhin ein mageres Grün treibt. Diese Umzäunung soll theils Diebe und Raubthiere abhalten, theils verhindern, dass das Vieh der Nomaden während der Nacht wegläuft. Etwas, was mir besonders aufgefallen ist, muss ich aber hier noch erwähnen. Man findet nämlich sehr häufig einzelne Zelte dicht hinter einem gleichfalls isolirt stehenden Colonistenhause aufgeschlagen, obwohl es bekannt ist, dass der Beduine den Europäer sowohl als „Rumi", d. h. als Christen, wie auch als Usurpator seines Bodens hasst. Gleichwohl aber sucht er seine Nähe auf, jedenfalls um den mächtigen Schutz mitzugeniessen, dessen sich die europäische Ansiedlung durch die feuerrohrbewaffnete Hand ihres Hausherrn erfreut. So flüchtet sich, wenn der Waldbrand wüthet, das wilde Thier instinctiv zum Menschen, den es sonst so ängstlich meidet oder unbarmherzig angreift.

Wenn in solcher Weise Europäer und Araber neben einander wohnen, so tritt der Contrast um so schärfer zu Tage. Dort die friedlichen Gestalten der Ackerbauer, wie sie bei uns jedes Dorf zeigt, bewaffnet mit Sense oder Hacke, während hier aus dem schmutzigen Zelte nackte Kinder, zerlumpte Frauen, finstere Männer hervorkriechen.

Da die Ansiedlungen in der Ebene so dünn gesäet sind, sieht man auch auf Wegen und Stegen nur wenig Leben. Nur hier und da machen sich grosse Viehherden bemerklich, die der in Lumpen gehüllte Eingeborene kaum zusammenzuhalten vermag, wenn die ungewohnte Erscheinung des Dampfrosses über die Gefilde dahinbraust. Namentlich die zahlreichen Pferde jagen dann wie toll über die Fläche. Auch ein merkwürdiger Widerspruch tritt uns hier entgegen. Grosse Herden schwarzer Schweine werden ebenfalls von Jüngern Muhammeds gehütet, obwohl ihnen doch das Borstenthier das verhassteste aller Geschöpfe ist.

Mehrmals sehen wir auch Beduinen hoch zu Ross, Vornehme in weissem, wehendem Mantel und auf edlem Vollblutpferde, das seinen Mann in stolzem Galopp dahinträgt, oder Arme in durchlöchertem Burnuss auf elender Schindmähre, die es sich oft noch dazu gefallen lassen muss, dass hinter dem Reiter im Sattel ein Zweiter als „blinder Passagier" Platz nimmt, der, um nicht herunter zu fallen, seine Arme krampfhaft um seinen Vordermann schlingt. Selbst die Briefträger wählen oft diesen Sitz im Rücken eines braunen Sohnes der Wüste und die Uniform des französischen Staates schmiegt sich dann an die braunen Glieder des Naturkindes, in der ganzen Weltgeschichte wohl die originellste Verschmelzung des Occidents mit dem Orient, die sich der Vermählung Alexanders des Grossen mit der asiatischen Roxane würdig an die Seite stellen kann.

Ausser den Figuren der Araber würden übrigens auf unserer Ebene auch die hier und da aufragenden vereinzelten Dattelpalmen oder ganze kleine Haine von breitblättrigem Cactus uns daran erinnern, dass wir in Afrika sind, wenn die massigen Berge und wogenden Saatfelder uns auch einmal glauben machen möchten, dass wir durch heimathliche Lande dahinsausen.

Endlich trägt auch die Physiognomie der Haltepunkte sehr dazu bei, das Gesammtbild von dieser Fahrt zu einem echt afrikanischen zu machen. Sobald der Zug hält, drängt sich hier jedesmal eine dichte Schaar Eingeborener herzu, die mit neugierigen und doch von verhaltener Wuth redenden Augen die Erfindung des Abendlandes mustern und die Insassen der Coupés schweigsam anstarren. Vermummte Frauengestalten steigen ein und erhöhen durch ihre charakteristische Erscheinung das bunte, fremdartige Bild, das ein Wagen dritter Klasse auf dieser afrikanischen Eisenbahn bietet.

Ja es könnte dem verwöhnten Sohn der Civilisation inmitten dieser echt orientalischen Scenerie wohl ein Gefühl der Bangigkeit, des Isolirtseins, des Heimwehs beschleichen, wenn nicht zwei freundliche Grüsse aus dem Vaterlande ihm zukämen. Und das ist einmal der fast unausgesetzt erklingende Schlag der Wachteln, die hier zu Tausenden die Felder bevölkern, dann aber in ungleich höherem Grade die lieben, wohlbekannten Gestalten, die häufig auf den Bahnhöfen mitten aus dem Gewühle von Arabern und Kabylen auftauchen. Es sind unverschleierte europäische Frauen mit sanften Augen und milden Zügen, die schlanke Gestalt bis an den Hals von dem schlichten, schwarzen Kleide umschlossen, während den Kopf eine Art Haube von blendendstem Weiss ziert. Der Leser erräth jetzt schon, dass es barmherzige Schwestern sind, die wir vor uns sehen. Aber wie kommen denn diese hierher? Die Antwort liefert ein nochmaliger Blick in die Landschaft hinaus.

Dort zeigt sich auf einer sanften, baumbepflanzten Anhöhe ein stattliches, palastartiges Gebäude mit schlankem Thurm, das ist eins der zahlreichen Waisenhäuser des Landes. Denn in Folge der von Zeit zu Zeit auftretenden Epidemieen oder der Perioden der Dürre und Theuerung giebt es hier immer zahlreiche arabische Kinder, die elternlos, verlassen und unversorgt dastehen, und verkommen würden, wenn nicht jene Königin aller christlichen Tugenden, die Barmherzigkeit, sich ihrer annähme, die Barmherzigkeit, für die das Wort gilt: „hier ist weder Jude noch Grieche, weder Knecht noch Freier, weder Mann noch Weib", die sie vielmehr alle an ihr Herz legt, die Freunde wie die Feinde, den müden Greis wie den weinenden Säugling, den Indianer wie den Neger.

Der Araber hat ja freilich auch in seinen Sitten einen schönen Zug, die Gastfreundschaft; wer hilfesuchend in sein Zelt tritt, es sei Freund oder Feind, dem gewährt er Aufnahme; er pflegt Die, die zu ihm kommen, aber er weiss nichts von der Liebe, die da ausgeht, um ihre Pfleglinge erst zu sich zu holen, ausgeht auf die Landstrassen und an die Zäune, von der Liebe, die das Verlorene sucht. Sie ist erst mit dem Christenthume in die Welt gekommen. Und hier auf afrikanischer Erde, in jenen Waisenhäusern dort, durch die linde Hand der barmherzigen Schwestern, da wird es buchstäblich erfüllt, das schöne Heilandswort: „Wer ist unter euch, der hundert Schafe hat und so er deren eins verlieret, der nicht lasse die 99 und hingehe nach dem Verlorenen, bis dass er es finde!"

III.
Der Scheliff und die Atlasstadt Milliana.

Inhalt: Das Dahra-Gebirge und die Greuelscene aus dem Vernichtungskampfe von 1845. — Die Mängel in der natürlichen Bewässerung Afrika's überhaupt und Algeriens im Besonderen. — Die algerischen Gebirge, nicht Wasserproducenten, sondern Wasserconsumenten. — Ursprung, Lauf und äussere Erscheinung des algerischen Hauptstromes. — Die künstliche Bewässerung. — Der Barrage de Habra. — Die treffliche Verpflegung auf den Bahnen des Landes. — Das militärische und merkantile Centrum der Scheliffebene. — Die Rothhosen als Gartenbaukünstler. — Die „gelbe Kutsche" der Diligence-Linie Affreville-Milliana. — Affreville. — Eine Gebirgsstadt in schwindelnder Höhe. — Das farbenreiche Gewand des Dschebel Zakkar. — Ein böser Gast in einem Paradiese. — Die Scheliffebene aus der Vogelperspective. — Falsche Sterne. — Ankunft in Milliana. — Zurück nach Affreville und wieder hinein in den traulichen Bahnwagen.

Im schroffsten Gegensatze zu der barmherzigen Liebe, die selbst in der weiten afrikanischen Ebene bereits ihr schönes Werk treibt, steht der tödtliche Hass, mit dem die Araber fast ein halbes Jahrhundert hindurch in zahllosen Aufständen sich gegen die französische Herrschaft gewehrt haben, ein Kampf, der natürlich auf beiden Seiten zu Thaten führen musste, die der Geschichtsmann nur mit blutendem Herzen registrirt. Gerade die Landschaft, die wir jetzt mit dem eilenden Dampfross durchschneiden und die uns ein so freundliches Antlitz zeigt, hat derartige Scenen viele gesehen; ja eine Katastrophe hat sich hier abgespielt, die zu den haarsträubendsten Ereignissen gehört, von denen die Weltgeschichte überhaupt zu reden weiss.

Es war im Frühling 1845, als der unermüdliche Abdel Kader, der bereits seit 1832 den Franzosen zu schaffen gemacht hatte, nach kurzer Pause von Neuem den Buschkrieg eröffnete. Die Erbitterung war in Folge dieses langjährigen, unentschiedenen Ringens auf beiden Seiten eine grosse. Da gelang es dem Oberst Pélissier, demselben, der sich nachmals im Krimkriege den Titel eines Herzogs von Malakoff erwarb, einen ganzen Stamm, die Beni Wad Kia, so hart zu bedrängen, dass sie in den Dahrabergen Zuflucht suchen mussten. Dieser Gebirgszug streift ziemlich parallel mit der Küste in geringer Entfernung vom Meere zwischen der Scheliff-Mündung und dem Cap Khramis dahin und hat nur niedrige, aber zerklüftete und schroffe Gipfel, so dass er schon von Haus aus einen wilden, drohenden Charakter besitzt.

In diesen Bergen nun finden sich geräumige Höhlen, und sie waren es, die den verfolgten Kabylen willkommene Schlupfwinkel boten. Ohne dass ihnen die verhassten Feinde etwas anhaben konnten, schleuderten sie von hier aus Tod und Verderben in deren Reihen. Wie von Geisterhänden wurden ganze Bataillone decimirt. Die Wuth der Franzosen stieg in Folge dessen aufs Höchste. Dieser Umstand lässt es einigermassen erklärlich erscheinen, dass Pélissier auf ein furchtbares Mittel verfiel, den trotzigen Gegner zu fassen. Er liess an den Ausgängen der Höhlen trockene Reiser aufhäufen und anzünden. Das wirkte. Gar bald drang das Angstgeschrei von Kindern und Weibern, das Brüllen der Stiere und das Wiehern der edlen Araberrosse, die der Stamm mit sich führte, aus der Höhle. Die finsteren, bärtigen Krieger drinnen aber sahen wohl, dass der Gegner nunmehr den Sieg erlangen würde, gleichwohl wollten sie lieber elendiglich umkommen, als sich ihm ergeben. Und so kam es denn auch. Nach und nach wurde das Schreien und Stöhnen schwächer, bis endlich selbst das letzte Todesröcheln verklungen war. Auch der Rauch hatte sich verzogen. Und so wagten sich denn nun die französischen Soldaten hinein in die unterirdischen Behausungen, die so rasch in Todtenkammern sich verwandelt hatten. Aber das Bild, das sich ihnen jetzt bot, liess Alles hinter sich, was die rauhen Kriegsleute, die im Atlasgebirge und in der weiten Wüste über so manches greuelvolle Schlachtfeld geschritten waren, bis dahin gesehen hatten. In den niedrigen, rauchgeschwärzten Räumen zeigten sich überall halbverkohlte Leichen von Menschen und Thieren in wüstem Durcheinander, und, um das Grausen voll zu machen, wurden noch vielfach die Spuren eines fürchterlichen Ringens bemerklich. Hier hielt ein todter Mann einen Stier bei den Hörnern, während dort an der Hirnschale eines zarten Kindleins die Hufe eines Rosses ihre Eindrücke hinterlassen hatte. Die Thiere waren bei der immer mehr steigenden Hitze rasend geworden und hatten die Schrecken der Todesstunde für die Menschen noch vermehrt. Viele der Rinder trugen die Gewänder am Kopfe, welche ihnen die verzweifelten Bewohner der Höhle übergeworfen hatten, um sich ihren Angriffen zu entziehen. —

Manchem alten Soldaten, der das Weinen lange verlernt hatte, mögen da die Thränen ins Auge getreten sein. Und noch heute wird jedes fühlende Herz nur mit Schauder an jene Scene voll Entsetzen denken können, wenn wir gleich sagen müssen: „c'est la guerre", das ist der Krieg, und wenn wir auch bei dem Charakter des Vernichtungskampfes, den die Affairen zwischen Arabern und Franzosen damals nachgerade angenommen hatten, die Letzteren sammt ihrem Anführer nicht so unbedingt verurtheilen wollen, wie es oft, unter Anderem seiner Zeit auch aus der Mitte der französischen Kammern heraus geschehen ist.

Doch wenden wir uns von dem finsteren Dahragebirge, das wir übrigens vom Waggon aus recht wohl erblicken, wieder dem freundlichen Bilde zu, welches die weite, grünende, vom Silberbande des Scheliff durchzogene Ebene bietet.

Hat doch durch das letzterwähnte Gewässer die milde Hand der Natur, so recht im Gegensatze zur Menschenhand, die diese Gegend durch Blut und Greuel entweihte, die ausgedehnte Fläche dermassen reich gesegnet, dass sie mit vollem Rechte nach diesem Flusse ihren Namen, Scheliffebene, führt.

Der Scheliff ist der bedeutendste Fluss von ganz Algerien, so dass wir bei seiner Erwähnung uns einen flüchtigen Blick auf die Stromverhältnisse der Provinz überhaupt erlauben dürfen. Dieselben weichen im Allgemeinen von der Beschaffenheit der natürlichen Bewässerung Afrikas kaum ab. Es ist ja bekannt, dass neben Australien der schwarze Erdtheil der trockenste unter allen ist. Den Grund hierfür darf man nun aber durchaus nicht allein in der äquatorialen Lage der mächtigen Landmasse suchen. Auch Südamerika wird nahezu in gleicher Weise, das heisst, so ziemlich in seinem Centrum von der Linie durchschnitten. Und doch, was ist dieses urwalderfüllte Paradies gegen das so trockene und kahle Afrika! Auch der breite Wüstengürtel in dem letztgenannten Continente ist keine Erklärung für seine Dürre. Vielmehr wird auch diese Erscheinung erst wieder von einer anderen Ursache bedingt, die im Grunde die Ursache der Wasserarmuth des ganzen Erdtheils ist.

Erwägen wir doch einmal, wie die Bewässerung unseres alten Planeten überhaupt sich vollzieht. Wir erkennen dann, dass wir hier vor einem überaus grossartigen, planvollen Mechanismus stehen, der an die wunderbare Blutcirculation des menschlichen Körpers erinnert.

Die natürliche Befeuchtung der Erde bewegt sich um zwei Pole, von denen Meer der eine und Gebirge der andere heisst. Dort ist es Verdunstung, hier mehr Niederschlag, Abschmelzung und Abfluss, die den ganzen grossen Process vermitteln. Das Meer vertritt die Stelle des Herzens, die Berge sind die Extremitäten, beide meist auch wie Herz und Fingerspitzen räumlich weit geschieden, beide die Enden des grossartigen Kreislaufs. Vom Meer steigen die Wasserdünste auf, bleiben in ihrem Zug über die Lande an den Mauern der Gebirge hängen und gelangen als Niederschläge aus dem Bereich der Atmosphäre auf das feste Land. Durch die von den Gebirgserhebungen gebildete Naturtreppe fallen sie dann, auf ihrer Heimreise zugleich das Land bis zur Küste hin befruchtend, wieder zum Meere hinunter.

Hieraus erhellt, dass die Armuth an Gebirgen auch die Wasserarmuth eines Landes zur Folge haben muss. Die beiden Erdtheile, die im Vergleich mit anderen Continenten und im Verhältniss zu ihrer Ausdehnung so wenig Erhebungen aufzuweisen haben, Australien und Afrika, bestätigen die Wahrheit dieser Schlussfolgerung.

Aber auch wo sich Bodenanschwellungen finden, sind diese nicht ausnahmslos Wasserspender für die Niederung. Vielmehr verzehren manche gebirgige Landschaften mehr oder minder das Wasser selbst, das sie aus der Atmosphäre bekommen. Das wird in der Regel da der Fall sein, wo die Erhebung derart ist, dass sie den Abfluss hindert, wo sie auf ihrer Höhe, statt nach den tieferen Ländereien sich abzudachen, selbst die Bildung von Ebenen zeigt, das heisst mit einem Worte: wo die Bodenanschwellungen in Form von Plateaus auftreten.

III. Der Scheliff und die Atlasstadt Milliana.

Auch das trifft wieder bei Afrika zu. Dieser Erdtheil, der schon horizontal, als Fläche betrachtet, so ungünstig gelagert, an Meerbusen und Halbinseln so arm ist, ist auch vertical, als Relief, als Körper angesehen, der monotonste Theil unseres Planeten, der Continent der Plateaus. Und das ist eine zweite Ursache seiner Dürre.

Aber es kommt noch Eins in Betracht. Es ist nämlich klar, dass das vorerwähnte Zurückströmen der Gewässer von den Bergen zum Meere ein anhaltendes sein muss, wenn die Niederschläge auf den Bergen in Form von Schnee erfolgen. Dieser läuft ja nicht wie der einfache Regen ohne Weiteres ab, sondern bleibt gleichsam in Reserve liegen und sendet gerade dann, wenn im Tieflande in heisser Sommerszeit die Niederschläge fehlen, unter der Einwirkung derselben Sonne seine abgeschmolzenen Massen zu Thal.

Die über die Schneegrenze emporsteigenden Hochgebirge sind mit ihren Firnmeeren und Gletschermulden recht eigentlich die Hochreservoire der grossen Naturwasserleitung der Erde.

Der gänzliche Mangel dieser Schneegebirge in Australien und ihr wenigstens fast verschwindendes Auftreten in Afrika ist das eigentliche Unglück dieser beiden Länder. Was würden sie sein, wenn, ähnlich etwa wie in Südamerika, ein so langgestreckter und so hoch gehobener Bergwall ihr Terrain in der ganzen Ausdehnung durchzöge! So aber sehen wir, dass, was speciell Afrika betrifft, der unermessliche Raum, wenn man von den wenigen grossen Flüssen im Süden und von Nil und Niger an Ost- und Westseite absieht, kaum nennenswerthe Wasseradern besitzt, die namentlich auch für die Schifffahrt fast ausnahmslos unpracticabel sind.

Algerien nun, auf dessen Territorium in engem Rahmen alle eigenthümlichen Bodengestaltungen Afrikas, namentlich Plateau und Wüste, zur Darstellung gelangen, zeigt auch die mangelhafte Bewässerung des ganzen Erdtheils nur zu deutlich. Das Atlasgebirge, das in Marocco nothdürftig noch über die Schneegrenze emporstieg, liegt hier allenthalben tiefer, und wenn auch im Winter auf demselben theilweise fusshohe Schneelagen gefunden werden, so verzehrt doch die Sonne dieselben schon im ersten Frühjahre, so dass an ein Abschmelzen im Sommer nicht mehr zu denken ist. Der breite Plateaugürtel aber, der zwischen Küste und Wüste liegt, sammelt wohl viel Wasser in seinen Schotts und Sebkras, den früher erwähnten Salzseen, aber lässt nur verhältnissmässig wenig davon rechts und links ablaufen. Ja gerade diese traurigen Wasserbecken nehmen meist wohl Zuflüsse aus den niedrigen Randgebirgen dieses Hochlandes auf, aber entbehren häufig jedes Abflusses. Daher kommt es, dass alle fliessenden Gewässer der Provinz fast nur Bäche sind, die im Sommer, ja nicht selten schon früher ganz trocken liegen. Aber auch unser Scheliff, der unter Allen der ansehnlichste, sogar im ganzen Marreb, im ganzen Nordwesten von Afrika der bedeutendste Fluss ist, kann dem Europäer, der die schönen, heimathlichen

Ströme kennt, nur ein mitleidiges Lächeln entlocken. Die mässige, schmutziggelbe Wassermasse fliesst in einem Bette dahin, das an Breite kaum unsere sächsische Mulde oder Elster erreicht. Und um den unbedeutenden Eindruck zu vermehren, ist dieses Bette ohne besondere Uferbildung senkrecht in das dürre, lehmartige Erdreich eingeschnitten und entbehrt meist völlig der Ufersträucher und Bäume.

Der Scheliff entspringt an der Nordseite eines Theiles des südlichen Randgebirges, des Dschebel Amur, auf der Grenze der Provinz Oran und Algier, aus mehreren kleinen Quellflüsschen in der Nähe der Ortschaften Sidi Buid und Tedmema. Von dort aus fliesst er bis zum Eintritt in die Scheliffebene fast immer genau nördlich. Erst dann wird er von dem Querriegel, der hinter Affreville die Küstenkette mit der Hauptkette verbindet, in rechtem Winkel nach links abgedrängt, läuft bis Orleansville parallel mit der Bahn und der Küste und wendet sich dann in stumpfem Winkel dem Meere zu, das er ein wenig nordöstlich von Mostaganem erreicht. Die ganze Länge dieses seines Laufes beträgt noch nicht 700 km. Er nimmt mehrmals, namentlich von links, Nebenflüsse auf, unter denen der Uëd Riu und der Uëd Mina, letzterer bei der Station Relizane, ersterer einige Meilen zuvor einmündend, die bedeutendsten sind*).

Bei der ungenügenden Beschaffenheit der natürlichen Bewässerung in Algerien musste man natürlich die Kunst in Anspruch nehmen, sollte der Boden fruchtbringend werden. Und in der That haben auch schon die Araber, diese Meister der Bewässerungskunst, in alter Zeit in dieser Hinsicht viel geleistet. Aber die Einbrüche der Türken von etwa 1500 n. Chr. an störten diese friedlichen Bestrebungen, und ungefähr zu gleicher Zeit mit dem von den Mauren in so grossartiger Weise fruchtbar gemachten Spanien drüben ward auch Algier wieder zur dürren Wüste, bis die Franzosen diese Arbeiten wieder aufnahmen. Hier in der Scheliffebene ist nun namentlich das System der Barrages (Dämme, Wehre) zur Anwendung gekommen, das ebenfalls von den Arabern stammt. Die Sache ist übrigens sehr einfach. Durch eine Mauer wird ein Fluss derart abgesperrt, dass dahinter in der Regenzeit bald ein See sich anstaut, der dann je nach Bedarf über die dürren Gefilde hin entleert wird.

Durch solche Anlagen ist neben vielen anderen beispielsweise der Uëd Sig bei St. Denis du Sig (siebente Station von Oran) und der Uëd Habra bei Perrégaux (zwei Stationen weiter östlich) der Bewässerung höchst erfolgreich dienstbar gemacht worden. Die letztgenannte Anlage ist die grossartigste unter den sämmtlichen derartigen Bauwerken Algeriens und soll daher mit wenig Worten näher beschrieben werden.

Der Damm, den wir hier finden, genannt Barrage de l'Habra, hat eine Länge von 478 m und eine Höhe von 40 m. Die un-

---

*) Ausführlicheres über die Hydrographie Algeriens siehe im „Anhang".

geheure, gegen den Fluss hin abgedachte, nach vorn aber senkrecht abfallende Mauer zeigt eine Dicke von nahezu 39 m.

Der so gebildete See stellt ein Wasserbecken von nicht weniger als 7 km Länge dar und fasst 14,000,000 cbm Wasser. Die Schleussen, um das letztere abzulassen, können nichtsdestoweniger vermittelst eines sinnreichen Mechanismus von einem einzigen Menschen leicht geöffnet werden. Die Kosten des Riesenbaues betrugen aber auch die enorme Summe von 4,000,000 Francs (= 3,000,000 Mark) und wurden von der Gesellschaft Debrousse und Cohen bestritten, die dafür 24,000 Hektaren Land in der bewässerten Niederung erhielt.

Der inundirte Boden wird so fruchtbar durch diese Vorkehrung, dass unter Anderem selbst Zuckerrohr auf ihm trefflich gedeiht. An derartige Anlagen muss man übrigens denken, um zu begreifen, dass die Vorwürfe, die man Frankreich wegen angeblicher Vernachlässigung seines Besitzthums in Algerien gemacht hat, denn doch nicht ganz gerechtfertigt sind.

Doch zu lange schon haben wir den Leser mit solchen Abschweifungen hingehalten. Kehren wir nun zu unserer Eisenbahn zurück, die uns rasch von Station zu Station führt. Denn das Einladen von ein wenig Gepäck und die Aufnahme von 10 bis 12 Arabern ist auf den kleinen, vereinsamten Haltestellen immer schnell abgemacht, und einen anderen Grund zu längerem Verweilen giebt es hier für den Zug nicht. Da laden nicht, wie bei uns im verräucherten Wartesalon, der braune Gerstensaft und obligate Schinkensemmeln alle zehn Minuten zum Rasten und Geniessen ein. Gleichwohl aber leidet der Passagier sicherlich in dieser afrikanischen Eisenbahn weniger Noth als anderswo. Denn nach dem Brauche, der auch in ganz Frankreich drüben herrscht, ist hier je ein grösserer Bahnhof zur Mittags- oder Vesperbrodstation ausersehen. Kaum ist der Zug eingelaufen, so steht dann dort auch schon stets das treffliche Mahl bereit, das man während des halbstündigen Aufenthalts bequem vertilgen kann. Muss der Reisende nun auch für dasselbe jedesmal 3—4 Frcs. entrichten, so kommt er trotzdem billiger weg, als bei uns; denn das Mahl hier ist so reichlich, dass man während des ganzen Tages gesättigt ist. Selten wird man daher auf einer französischen Bahn irgend Jemand im Coupé kauen sehen. Und wenn ich sonst auf Reisen in allen Ländern Europas den ganzen Tag Appetit verspürte, so war es immer auf Frankreichs Erde, wo ich davon nichts empfand.

Auf unserer Fahrt gen Algier nahmen wir gegen Mittag das Déjeuner in Relizane ein. Wenige Stunden später erreichten wir Orléansville, die Hauptstadt der Scheliffebene. Wenn auch auf der Stelle einer römischen Niederlassung, jedenfalls des Castellum Tingitii, aufgerichtet, ist der Ort doch durch und durch eine modernfranzösische Gründung. Die Absicht, einen militärischen Stützpunkt zur Beherrschung der Ebene zu haben, gab ihm das Leben und die

Befestigungen, die wir erblicken. Im Laufe der Zeit ist er indess auch das mercantile Centrum der grossen Fruchtebene geworden und zählt schon gegen 3300 Einw., für algerische Verhältnisse immerhin eine ansehnliche Ziffer. Orléansville ist aber endlich auch eine schöne Stadt. Die breiten, sauberen Strassen laufen in prächtige, parkähnliche Anlagen aus, in denen Pinien, Lorbeerbäume, Eichen und Cypressen gedeihen. Diese Haine aber sind das Werk der zahlreichen Soldaten, die hier in Garnison liegen. Gewiss erinnern wir uns hierbei der eigenthümlichen Begabung des französischen Kriegers, die auch 1870 in der Gefangenschaft dem Beobachter so vielfach entgegentrat. Es steckt im Militär von jenseits der Vogesen ein bürgerliches Element, welches auf der einen Seite freilich wohl den Uebelstand erzeugt, dass eine gewisse laxe Praxis in der Armee zu Tage tritt, welches auf der anderen Seite aber den Soldaten auch weniger dem Leben entfremdet, als das bei uns der Fall ist. Der französische Kriegsmann sucht sich gern nützlich zu machen und zwar auf eigene Faust, eigenen Eingebungen folgend. Eine ganze Reihe herrlicher Gärten in algerischen Städten sind von den betreffenden Garnisonen in dienstfreien Stunden geschaffen worden.

Von Orléansville läuft die Bahn immer dicht am Scheliff hin, über den hinweg man das schneegestreifte, zackige Haupt des Dschebel Uaransenis, eines der höchsten Gipfel der Hauptkette des Atlas, wahrnimmt. Gegen das Ende unserer Fahrt hin hebt sich das Terrain und nun wird die Aussicht in das Scheliffthal hinunter immer schöner. Bald rücken auch die Berge von rechts und links enger und enger zusammen, um sich zuletzt die Hand zu reichen und der Ebene durch einen mächtigen Querriegel ein vollständiges Ziel zu setzen.

Am Fusse dieses Thalschlusses liegt die Station Affreville, die wir gegen 6 Uhr Abends erreichen. Hier verlassen wir vorläufig die Bahn. Die Locomotive pfeift und eilt schnaubend weiter. Wir aber schauen ihr noch minutenlang nach. Ein Gefühl des Isolirtseins überkommt uns. Mit dem letzten Wagen dort schwindet, so will es uns dünken, die letzte Spur europäischen, heimathlichen Lebens und die Fremde starrt uns von allen Seiten ins Gesicht.

Doch wir haben nicht lange Zeit, solchen melancholischen Gedanken nachzuhängen. Unser Ziel, das wir vorläufig nicht verrathen, ist noch weit und die Sonne steht schon tief am Horizonte. Wir durchschreiten den kleinen Bahnhof, und siehe, da steht sie vor uns, die erwartete Diligence. Aber welch' ein Gefährte! Statt des erhofften eleganten Postwagens ein alter, wackeliger Kasten, über dem schmutzige Lederdecken eine Art Schutzdach bilden. Was aber das Schlimmste ist, aus dem finsteren, fensterlosen Behälter leuchten uns schon die weissen Burnusse von Eingeborenen entgegen. Eine nächtliche Fahrt in dieser dichtgedrängten Gesellschaft, das war gewiss keine besonders lockende Aussicht. Indess gelingt es uns doch wenigstens, die Eckplätze an der Hinterthür und damit die Möglichkeit zu erringen, freie Umschau in die Landschaft hinaus zu geniessen. Und nun humpelt der Kasten von dannen. — Wir durchfahren zunächst das ganze Dorf Affreville, das seinen Namen von dem 1848 in Paris ermordeten Erzbischof Affre hat. Leider macht dasselbe durch seine Erscheinung diesem modernen Märtyrer aber wenig Ehre. Denn wenngleich es ein reiches und durch seine Lage in jeder Beziehung wichtiges Dorf vorstellt, das bereits über 600 Einwohner aufweist, so ist sein Inneres doch ziemlich unsauber. Die Häuser sind klein und unansehnlich, und aus einer Menge verrusster Schänken tönt roher Gesang und wüstes Schreien.

Auch unser Kutscher musste, obwohl wir kaum fünf Minuten vom Bahnhofe entfernt waren, in einer derselben ein Glas Absinth zur Stärkung nehmen.

Nachdem wir hierauf endlich ins Freie gelangt waren, fahren wir unter der Eisenbahn hinweg und lenken in ein enges, von hohen Geländen rechts und links eingerahmtes Thal ein, das im Hintergrunde mit einem gewaltigen Bergkoloss abschliesst. Dies ist der Dschebel Zakkar, der mit 1580 m der König der Küstenkette ist. An seinem steilen, dunkelbewaldeten, mit der ganzen Breite uns zugekehrten Abhange erblicken wir hoch oben eine weisse Masse. Das ist unser Ziel, die Atlasstadt Milliana, die in einer Höhe von 740 m an dem mächtigen Bergriesen wie ein Schwalbennest angeklebt ist.

Die Entfernung bis dahinauf beträgt 9 km und bei dem steten Aufsteigen des Weges wird unser lebensmüdes Gefährt sicher zwei Stunden brauchen, um den gastlichen Ort zu erreichen. Indess dürfen wir uns nicht beklagen; denn die Landschaft bietet ununterbrochen hohe Reize. Im Gegensatz zu der dürren Ebene drunten, die überall der nachbessernden Hand bedarf, werden die steilen Gehänge um uns her durch die von dem mächtigen Zakkar herabströmenden, zahlreichen Wasseradern aufs Beste bewässert, so dass wir fortgesetzt durch eine wahrhaft paradiesische Strecke fahren. Ueppig rankender Wein, vielästige Feigenbäume, Orangen und Citronen mit hellschimmernden Früchten, rothblühende Granaten, Maulbeerbäume und Kastanien, hier und da über das helle, saftige Grün emporragend eine dunkle, steife Cypresse oder eine im Abendwind rauschende Palme, das Alles im Verein schuf eine Landschaft voll Poesie und unwiderstehlichen Zaubers.

Und doch, wer sollte ahnen, dass unter diesem Füllhorn des Segens auch das Verderben in Gestalt des beutegierigen Panthers lauert, der die Abhänge des Zakkar mit Vorliebe bewohnt! Doch haben wir Nichts von ihm zu fürchten, da er Menschen nur äusserst selten, auf einer breiten Heerstrasse aber gleich gar nicht angreift.

Bald gesellt sich ein neuer Reiz zu den schon gekennzeichneten.

Mittelst der Serpentinen, auf denen die Strasse aufwärts zieht, haben wir schon eine bedeutende Höhe erreicht. Und wenn wir nun rückwärts blicken, eilt das Auge über den dichtbewachsenen Abhang, den wir überwunden haben, hinunter in die unermessliche Scheliffebene mit ihren Dörfern und Feldern, der langen Eisenbahnlinie und dem glänzenden Silberstreifen des Flusses, und bleibt an der gewaltigen Bergkette drüben haften, die uns das wirrste Durcheinander von Spitzen und Zacken zeigt. Gerade jetzt aber giesst die afrikanische Sonne auch hier wieder die wunderbare Färbung über das Ganze aus, die eben nur sie zu verleihen fähig ist.

Allmälig lagern sich die Schatten der Dämmerung über die Ebene drunten; böse, fiebergifthauchende, weisse Wolken schweben hier und da über den Fruchtgefilden. Aber wie hohe, ideale Gestalten, die in einer Zeit voll Nacht und Thorheit nur um so grösser dastehen, so wachsen auch nun die alten Felsen drüben unter dem letzten Anhauch des scheidenden Tagesgestirns, wie von höherer Hand gehoben, immer machtvoller und lichter am dunkelnden Horizonte empor.

Endlich freilich ist auch der letzte, blasse Schein des Tages, wie das Lächeln auf dem Antlitz eines Entschlummernden, gewichen. Die bereits unter diesen Breiten so jäh eintretende Nacht hüllt Alles in fahles Schwarz. Aber siehe, da tauchen dort drüben, wo zuvor die Berge sichtbar waren, Sterne auf, immer zahlreicher und leuchtender. Das sind die Lagerfeuer der Araber, die auf den Gehängen ihre Zelte haben. Aber diese Sterne flössen nicht, wie die Sternlein am Firmamente droben, Muth und Vertrauen in das Herz des Beschauers, sondern könnten uns eher bange machen. Sind sie doch eine so machtvolle Erinnerung daran, dass wir in der Fremde, fern von heimathlicher Erde weilen. Und doch verleihen diese hundertfachen Lichter auch wieder dem Ganzen einen eigenthümlichen Reiz.

In unserem Wagen selbst war es freilich keineswegs gemüthlich. Die Dunkelheit liess sogar die weissen Burnusse der Araber nicht mehr erkennen. Dafür schreckten uns von Zeit zu Zeit die rauhen Gurgeltöne der Landessprache, die stossartig den bärtigen Lippen entschlüpften, aus den Träumen auf, in die uns das langsame Tempo der Fahrt manchmal einwiegte. Ach, und das Ziel will noch immer nicht erscheinen!

Da endlich, es war gegen 9 Uhr, fällt uns greller Laternenschimmer in die Augen. Wir fahren durch die Thore von Milliana und halten bald auf einem grossen, platanenbepflanzten Platze, umdrängt von einer lärmenden Schaar trinkgeldlustiger Araber. Ich packe dem ersten besten meinen Koffer auf und 5 Minuten später sitzen wir im traulichen Speisezimmer des Hotels, vor uns eine Flasche Burgunder, der auf dieser windigen Höhe recht angenehme Dienste leistet, und neben uns plaudernde französische Offiziere mit ihren eleganten Damen.

III. Der Scheliff und die Atlasstadt Milliana.

O, jetzt wurde uns wieder wohl, jetzt spendeten wir im Stillen der europäischen Civilisation reichstes Lob und merkten, dass ein solches Haus auf solchem Boden in der That eine Oase mitten in der Wüste bedeutet.

Hatten wir aber gehofft, am nächsten Morgen die herrlich gelegene Bergstadt mit Musse geniessen zu können, so sahen wir uns beim Erwachen bitter getäuscht. Vom eintönig grauen Himmel ergoss sich der Regen in Strömen. Daneben lernten wir zum ersten Male auf Afrikas Boden frieren; denn das Thermometer zeigte noch $1/4$ 10 Uhr nur $13 1/2$ Grad. Den Blick in die Ebene hinunter aber, der hochberühmt ist und von einem Reisenden mit der Aussicht von einem der bekannten Standpunkte in Salzburg verglichen wird, machten die Nebel völlig unmöglich. Das Alles stimmte mich so kleinlaut, dass ich den Zakkar, dessen Besteigung ich geplant hatte, und mit ihm Milliana aufgab und wieder in das elende Gefährte von gestern einstieg.

Kaum aber waren wir aus den Thoren der Stadt heraus, so zerriss mit einem Male der Wolkenschleier und die Sonne trat heraus, „wie ein Bräutigam, zu laufen ihre Bahn". Ich hatte also nicht mit den Verhältnissen dieses Himmelstriches, dem üblichen raschen Umschlage nach einem Regen, gerechnet. Trotzdem sollte ich kaum etwas verloren haben. In Milliana ist ausser der kostbaren Fernsicht Nichts zu sehen. Diese aber genoss ich jetzt vom Wagen aus, der heute seine Seitenleder aufgeschlagen hatte, zur Genüge.

Grossartig war zuerst das Wogen der Dunstmassen in der Tiefe drunten. Sodann aber zerriss hier und da der Schleier und nun zeigten sich in grellen Streiflichtern Dörfer und Felder, so deutlich erkennbar, als ob sie kaum Minuten entfernt wären. Schon nach kurzer Zeit fiel auch der Vorhang völlig und nun lag sie vor uns, die unermessliche Ebene mit ihrem stolzen Gebirgsrande, in dem strahlendsten Lichte. Ich empfing hierbei einen der unvergesslichsten Eindrücke von meiner ganzen afrikanischen Reise.

Doch der Wagen rollte heute ebenso in rasender Eile abwärts, wie er gestern in schleppendstem Schneckengange aufwärts gekrochen war. Schon $1/2$ 11 Uhr sind wir wieder in Affreville. Und als nun die Locomotive heransauste, um uns zu entführen, da war es uns, so viel Genuss wir auch da droben in den Bergen gefunden hatten, gleichwohl zu Muthe wie den Kindern, die, nachdem sie lange entzückt im Palaste gespielt haben, doch zuletzt so recht seelenvergnügt im alten Mutterschosse sitzen.

VIERTES KAPITEL.
DIE BAHNLINIE VON ORAN NACH ALGIER VOM ATLAS-DURCHBRUCH BIS ZUR HAUPTSTADT.

I.
Von Affreville nach Hammam Rirra.

Inhalt: Der Niedergang Milliana's und das Aufblühen Affreville's, ein Beleg für die Thalfahrt der Weltgeschichte. — Der Gebirgsriegel zwischen Scheliff-Ebene und Metidscha. — Blätter und Blumen in einer Atlas-Schlucht. — Der Bahnhof für das algerische Karlsbad. — Die Poesie eines europäischen Meierhofes in der afrikanischen Wildniss. — Ein vierjähriger Riese. — Die Identification von Gefäss und Inhalt in der Hydrographie der Araber. — Ein blühendes Thermometer. — Der Thermenreichthum des Atlas. — Die Vorzüge eines afrikanischen Bades.

Kaum hat der Zug Affreville in der Richtung nach Algier verlassen, so zeigt sich noch einmal Milliana auf seiner hohen Warte. Bei diesem Anblicke kam mir der Gedanke, wie sehr sich doch die Zeiten geändert haben! Unter dem Namen Malliana hatten ja einst schon die Römer da droben eine Stadt erbaut.

Was sie zur Wahl gerade dieses Platzes bewog, war indess sicherlich nicht nur die herrliche Aussicht und gesunde Lage, sondern vor Allem die grössere Sicherheit gegenüber feindlichen Angriffen, die derselbe bot. Nun, das erste und zweite lassen wir heute noch gelten. Was den dritten Punkt indess anlangt, so hat unsere so unendlich vervollkommnete Kriegskunst Mittel erfunden, nicht nur um Orte auf den Bergen zu bedrohen, sondern auch um solche im Tieflande zu vertheidigen. Daher vermag heutzutage der Verkehr in die Thäler und Ebenen herabzusteigen, wo die Verhältnisse für ihn so viel günstiger liegen, wo die Zugänge bequem, die Landschaft reicher ist.

Wie die Weltgeschichte horizontal sich von Morgen gegen Abend bewegt hat, so ist sie auch vertikal mehr und mehr von den Bergen in die Niederung fortgeschritten. Die Naturvölker haben immer mehr oder minder ihre Sitze in gebirgigen, das heisst am

1. Von Affreville nach Hammam Rirra.

leichtesten Schutz gewährenden Landschaften gehabt und sind in dem Masse, als sie im Laufe der Zeit Culturvölker wurden, in die Ebenen herab, dem Meere, dem wichtigsten Motor des Verkehrs, entgegen gegangen. So gleicht die Culturbewegung der Erde dem Wasserlaufe, der auf der Kindheitsstufe hoch oben in den Bergen als schmales Rinnsal beginnt und von da tiefer und tiefer sinkt, bis er, zum mächtigen Strome geworden, dem Ocean zuwallt.

Nahezu alle unsere Bergstädte, mögen sie auch einst noch so blühend gewesen sein, sind verödet, dagegen die Orte in den weiten Ebenen zu Grossstädten von weltbewegender Bedeutung geworden. Milliana und Affreville sind zwei treffende Belege zu diesen Sätzen. Das alte, berühmte Milliana verliert mehr und mehr an Leben, während Affreville hier unten in der Ebene in wenig Jahren sicherlich eine bedeutsame Stadt werden wird.*) Wo unter den Römern nur eine kleine Niederlassung von Ackerbauern und Hirten (Colonia Augusta) stand, wird die Industrie ihre Stätte finden, während die Stadt da droben, einst das Centrum des Verkehrs, schliesslich nur noch als Sommerfrische dienen dürfte, wozu es bei seinem herrlichen, auch in der heissesten Jahreszeit gemässigten Klima besonders gut geeignet ist.

Der moderne Verkehr benützt die Naturwege, Ebenen und Flussläufe, und steigt nur noch in die Berge, wenn es nicht anders geht, wenn sie ein Hinderniss bilden, das überwunden sein will. Das ist nun auch bei unserer Bahn der Fall. Vor uns liegt der schon erwähnte Gebirgswall, der an dieser Stätte die Hauptkette drüben mit dem Küstenzuge verbindet. Auf seiner Ostseite lagert die zweite der grossen Ebenen Algeriens, die altberühmte Metidscha. Um in sie hinüber zu gelangen, gilt es also für unser Dampfross, nach dem bequemen Weg durch die Scheliffebene den entgegenstehenden Gebirgsriegel zu durchbrechen. Auf diese Weise wird die Bahn auf einer Strecke von etwa 50 km, von Station Affreville bis Station Affrun, Gebirgsbahn, und zwar in so grossartiger Weise, dass sie hinsichtlich der Kühnheit der Anlage und der Erhabenheit der landschaftlichen Scenerie nahezu mit den europäischen Schienenwegen über Hochgebirge concurriren kann.

Unvermittelt, so dass der Eindruck nur um so mächtiger wird, steigen rechts und links langgezogene Berghänge auf, die rasch immer höher werden und enger und enger zusammenrücken, so dass wir zuletzt in einer wahren Schlucht dahinfahren. Das Schauerliche dieses Defilé's wird indess gemildert durch den prächtigen, dichten Buschwald, der die hohen Wände zumeist vollständig überzieht.

---

*) Wenn Affreville, wie eins der Projecte bezügl. des ersten Theils der transsaharischen Bahn (algerische Küste bis algerische Sahara) will, Ausgangspunkt der grossen Linie werden sollte, würde es geradezu ein Knotenpunkt des internationalen Verkehrs werden.

Viertes Kapitel. Die Bahnlinie von Oran nach Algier.

Myrthe, Feige, wilder Oelstrauch, Stechpalme, Lorbeer, Ginster, mannshohe Erica und dergleichen bilden ein wahres Blätter- und Blüthenmeer ringsum, wie ich es ähnlich nur noch in Corsica, namentlich im Golothale, gesehen habe. Dazwischen zeigt sich hier und da eine freie Stelle, auf der Mohn und Geranium in brennendsten Farben wuchern.

Doch nur zu rasch entschwinden diese Naturbilder, welche so recht zeigen, was die Region der immergrünen Laubhölzer zu leisten vermag, unserem Auge. Denn die Bahn begräbt sich in die unheimliche Nacht eines Tunnels. Und sind wir aus demselben wieder herausgetreten, so eilt das keuchende Dampfross mit grellem Pfiff, der die Stille der afrikanischen Wildniss unheimlich unterbricht, gar bald schon in einen zweiten, der so lang ist, dass wir nicht weniger als fünf Minuten nöthig haben, um ihn zu durchfahren.

Mit ihm ist aber auch die ganze Bergmauer durchbrochen, die Wasserscheide zwischen den beiden Ebenen und so zugleich die Naturgrenze zwischen der Provinz Oran und Algier (die politische Grenze ist ein wenig westwärts von Orléansville), zwischen dem Westen und dem Centrum des Landes überschritten. Wir sind aus dem Flussgebiet des Scheliff in das des Uëd Dscher, das heisst, vorläufig in das Thal eines seiner Nebenflüsse, des Uëd Bu Haluan gekommen, in welchem wir rasch abwärts steigen. Leider nur ist diese Seite des Bergwalles, jedenfalls weil es die Sonnenseite ist, bei weitem nicht so üppig bewachsen, wie die Partie drüben. Doch erfreut auch hier wieder mitten in der Bergwildniss ein Waisenhaus, welches auf einer nahen Anhöhe seinen Platz gefunden hat, das Auge.

Doch schon ehe wir die eigentliche Metidschaebene erreichen, verlassen wir, noch mitten im Gebirge, nach kaum zweistündiger Fahrt von Affreville aus von Neuem die Bahn, um abermals eine Excursion in die Berge zu unternehmen. Der Zug rollt weiter und wir stehen allein auf dem kleinen Bahnhofe der Station Bu Medfa. Ja, fragen wir uns, sind wir denn auch wirklich an der richtigen Stelle? Wir hatten hier viel Leben und ein buntes Treiben, europäischen Comfort in der afrikanischen Einöde, hatten Omnibusse, elegante Zweispänner, Lohndiener und Hotelportiers, englische Ladys und Berge von Koffern und Kisten erwartet, wie dergleichen sich in Europa überall da findet, wo ein berühmter Kurort, Teplitz, Karlsbad, Baden-Baden und wie sie alle heissen, zum Besuche einladet. Und nun finden wir hier Alles todt, keine Wagen, keine Fremden, nur ein arabischer Gendarm macht sich bemerklich, der in seiner blauen Jacke, blauen Pumphosen und mit dem unvermeidlichen rothen Fez auf dem Kopfe, unter dem Arme einen mächtigen krummen Säbel, gravitätisch auf dem verwaisten Perron einherschreitet und misstrauische Blicke auf den einsamen Fremdling wirft. Ob übrigens der Mann trotz seiner Amtsmiene viel bedeuten wollte, und ob überhaupt das ganze algerische Institut der Gendarmerie aus Eingeborenen mehr werth ist, als die Sippe der Zaptiehs in der Türkei, will ich dahingestellt sein lassen.

Endlich, nachdem ich lange rathlos gestanden, sandte mir das günstige Geschick einen Mann, in dem mich der breitkrämpige Hut und der sonstige Anzug einen Colonisten erkennen liess. Seine Offerte, mir für meine Tour zu billigem Preis einen Wagen stellen zu wollen, nahm ich natürlich ohne Weiteres an, ebenso wie ich der Einladung folgte, während des Anspannens in sein nahes Heim zu treten.

Wie alle isolirten Colonistenwohnungen in Algerien war auch dies Haus eine wahre Festung. Die Gebäude umschlossen den viereckigen Hof auf allen Seiten. Ein grosses Thor vermittelte die Einfahrt. Drinnen fand ich eine Anzahl hochbepackte Frachtwagen und zweirädrige Karren, denn das Grundstück ist zugleich Karawanserail, Ruheplatz und Nachtquartier für Menschen und Pferde. Im Uebrigen sah es in dem Gehöfte recht heimathlich aus. Da zeigten sich allerhand landwirthschaftliche Geräthe, unter Anderem selbst eine Mähmaschine; Knechte schritten schwerfällig über die Fliessen, in den Ställen, die indess nichts anderes waren als ein leichtes Dach, das von der Umfassungsmauer des Hofraums vorsprang, brüllten Rinder, wieherten Pferde, während, der holden Freiheit geniessend, kleine Ziegen und Schweine im Hofe selbst ihr Wesen trieben. Auch lagen da grosse, zottige Hunde, die anfangs grimmig auf mich losstürzten, indess bald schon den Europäer in mir erkannten und nun mich mit stürmischen Liebkosungen überschütteten.

Am wenigsten sagte mir das Wohnhaus mit seinen kleinen Fenstern und niedrigen, russigen Stuben zu. Ich liess mir daher einen Stuhl vor das Haus bringen und sass nun unter einem erst vierjährigen Eucalyptus, dessen Stamm indess bereits die Stärke eines etwa zehnjährigen Kindes hatte. Dieser Baum, eine unschätzbare Gabe der Natur, ist gerade hier sehr nöthig. Denn das oben erwähnte Flüsschen mündet unweit in den Uëd Dscher, und obwohl beide im Sommer fast trocken sind, so erhalten sie doch im Winter aus den nahen Bergen solche Wassermassen, dass sie dann das Thal vielfach überschwemmen. So bald nun später die afrikanische Sonne ihre sengenden Strahlen spendet, steigen giftige Dünste aus dem sumpfenden Lande auf und erzeugen die bösartigsten Fieber. — Auch der nahe Bahnhof ist von einem ganzen Wäldchen der wunderthätigen Bäume umgeben.

Doch da rollt auch schon mein Gefährt, ein leichter Karren mit schützendem Plandach, von zwei kräftigen Berberpferden gezogen, vor und wir sausen davon, begleitet von den besten Wünschen unseres biederen Wirthes und seiner freundlichen Frau, welche Beide, obwohl Franzosen, doch einen echt germanischen Eindruck auf mich gemacht hatten. Nach wenig Minuten fahren wir im Galopp durch die seichten Fluthen der genannten Flüsse, die noch der Brücken entbehren, und lenken in das Thal des Uëd Dscher ein, in welchem unser Ziel liegt. Dieser Fluss, der vom Zakkar herunterkommt, ist das längste und bedeutendste Gewässer der Metidscha, deren Westhälfte er durchzieht. Wenige Stunden vor seiner Mündung nimmt er den aus der später zu beschreibenden, berühmten Schiffaschlucht hervorbrechenden Uëd Schiffa auf und strömt nun als Uëd Mazafran dem Meere entgegen, das er westlich von Cap Sidi Ferudsch erreicht. Es sei hierbei gelegentlich bemerkt, dass Uëd im Arabischen Fluss (und zwar den grösseren wie den kleineren), sowie auch das Flussthal bedeutet.*)

Das Wort, das anderwärts auch wie Wad ausgesprochen wird, findet sich bekanntlich in dem spanischen Guad, in der Benennung der dortigen Flüsse Guadiana und Guadalquivir wieder.

Das Thal des Dscher bot übrigens des Interessanten genug. An dem vielfach geschlängelten Bette wuchsen an Stelle unserer deutschen Erlen Oleanderbüsche, die stereotype Einrahmung fast aller algerischen Wasserläufe, in Menge. Hier waren die zahllosen Knospen noch fest geschlossen, während ich sie dann in der Wüste bereits in herrlichster Blüthe sah. So bildet dieser Strauch eine Art Thermometer für den Reisenden in Algerien.

Die Gehänge uns zur Linken, der Rücken, der den Uëd Bu Haluan von dem Uëd Dscher scheidet und ein sanftes, mässig hohes Mittelgebirge bildet, tragen saftige Weiden, auf denen zahlreiche Araberzelte aufgeschlagen sind. Im Hintergrunde des Thales thront der mächtige Koloss des Dschebel Zakkar mit der Gipfelform, die man in der wissenschaftlichen Terminologie der Orographie Dom, Kuppel oder Glocke nennt. Es ist die Ostseite des Berges, die hier dem Beschauer entgegentritt.

Zur Rechten ist die Thalwand höher und steiler, gleichwohl aber doch durchaus mit Fruchtfeldern bedeckt. Auf der höchsten Höhe dieses Bergzuges sehen wir, von unserem Kutscher aufmerksam gemacht, jetzt auch mit einem Male unser Ziel. Ein weisses Gebäude, von zwei thurmartigen Aufsätzen flankirt, schimmert hernieder. Das ist Hammam Rirra, das afrikanische Karlsbad oder richtiger Teplitz. Denn das arabische „Hammam" bedeutet immer Warmbad.

Das Atlasgebirge ist allerdings im Allgemeinen nicht zu reich an Heilquellen. Es kann in dieser Hinsicht nicht mit anderen Gebirgen, als da ist der Himalaya und Kaukasus, vornehmlich aber die Pyrenäen, concurriren, welch' letztere entschieden das an Thermen reichste Gebiet der Erde darstellen. So besitzt allein die Nordseite dieses Hochgebirges über 500 dieser heilkräftigen Naturbrunnen.

---

*) Es ist dies für die hydrographischen Verhältnisse des syrisch-arabisch-nordafrikanischen Landstrichs, in welchem häufig trockene Flussbetten einen Wasserlauf markiren, gewiss höchst charakteristisch.

Man sieht, Europa, der in jeder anderen Hinsicht von der Vorsehung so bevorzugte Erdtheil, ist auch in dieser Beziehung nicht zu schlecht weggekommen.

Afrika, das gebirgsärmste Stück Erde überhaupt, kann natürlich auch keinen besonderen Reichthum an solchen Quellen haben, die doch immer mehr oder minder nur in den Bergen auftreten. Gleichwohl aber kann doch ein Gebirge in Afrika sich mit unter die Regionen der Erde stellen, welche durch ihre heilkräftigen Naturgaben der leidenden Menschheit nützlich werden. Dieses Gebirge ist der Atlas. Ja seine Heilquellen haben einen Vorzug, dessen sich unsere berühmtesten Bäder nicht erfreuen. Während in den letzteren immer lediglich von einer Saison die Rede sein kann, die sich häufig kaum über wenige Wochen oder höchstens Monate erstreckt, giebt es in den Atlasbädern nicht nur zwei Badezeiten während des Sommers, nämlich von April bis Juni und von September bis October, sondern bei dem milden Winter, den Algerien hat, liesse sich hier auch recht gut noch die Kur gebrauchen in einer Jahreszeit, wo unsere renommirtesten Badeorte unter Schnee und Eis begraben liegen oder nur auf künstliche und unvollkommene Weise einen Winteraufenthalt ermöglichen. Die Thermen des Atlas haben eine Zukunft. Wenn einst, denn es hat ja eben Alles seine Zeit, unsere Heilquellen versiegen, — und die bekannte Teplitzer Katastrophe ist doch vielleicht ein Anzeichen gewesen dafür, was wir in dieser Hinsicht zu erwarten haben, — dann wird der Strom der leidenden Menschheit, der leider nie versiegt, hierher sich lenken, wo einst vor fast 2000 Jahren bereits ein Culturvolk Gesundheit zu finden wusste.

Von den etwa 12 Thermen, die im Atlasgebiete bis jetzt bekannt und in Gebrauch sind, behaupten drei die höchste Stelle, nämlich Hammam Meskrutine an der Strasse von Constantine nach Bona, sodann Hammam Meluan bei Rovigo unweit Algier, und vor Allem unser Hammam Rirra. Eilen wir also, hinaufzukommen!

II.
Hammam Rirra.

Inhalt: Ein Bad auf einer Bergspitze. — Das Kurhaus und seine Einrichtung. — Das Panorama von der Wandelbahn aus. — Wie die Araber en famille die Kur gebrauchen. — Der faule Bärenhäuter unter afrikanischem Himmel. — Das „Baden-Baden" des römischen Alterthums. — Pferde und Esel als Badegäste. — Die Quellen von Hammam Rirra als geologisches Räthsel. — Sächsischer Dialect auf afrikanischem Boden.

In steilen Zickzackwindungen klimmt der Weg aufwärts, um das Bad zu erreichen, das, völlig abweichend von unseren, meist in tiefe Thäler eingebetteten Kurorten, auf einem Bergesgipfel seine Stelle hat. Endlich halten wir vor dem Thore und werden aufs

Freundlichste empfangen, obwohl wir sogleich bekennen, dass wir nicht als Badegäste kommen.

Das Kurhaus von Hammam Rirra, auf hohem Unterbau aufgerichtet, bildet zwei Vierecke, welche je einen kleinen, mit Maulbeerbäumen bepflanzten Hof umschliessen. Eine Anzahl Logirzimmer, ein Lesesaal, der zugleich Musikhalle und mit einem Pianino versehen ist, und ein Speisesaal, sodann die Baderäume, in denen sich jedoch nicht Wannen, sondern grössere oder kleinere Bassins finden, das ist der ganze Apparat eines Bades, das an Bedeutung unserem Teplitz nichts nachgiebt. Allerdings steht, wenige Schritte entfernt, etwas tiefer am Berge noch ein zweites Gebäude, allein dies gehört dem Kriegsministerium, das hier ausschliesslich seinen Verwundeten oder maroden Soldaten die Wohlthat des Bades geniessen lässt. Ein drittes, ansehnliches Haus, das namentlich für wenig bemittelte Civilisten eingerichtet werden soll, ist noch nicht ganz vollendet. So einfach indess das geschilderte Kurhaus auch ist, die Einrichtung ist gleichwohl durchaus sauber und comfortabel, die Bedienung höchst aufmerksam und die Kost vortrefflich. Die Preise sind dabei recht mässige. Die wenigen Badegäste, auf dieser Höhe ganz auf einander angewiesen, leben hier ein wahres Familienleben, wozu die Freundlichkeit des Badepächters und der Seinen gleichfalls das Ihre beiträgt.

An der Südseite des Gebäudes ist eine geräumige Veranda angebracht, von der man eine wahrhaft entzückende Fernsicht geniesst, die indess von der Rundschau, die Milliana uns gewährte, gänzlich verschieden ist. Hier bietet sich dem Auge kein ebenes Fleckchen mehr; ein wahres Meer von Hügeln und Bergwellen ist es, über welches von hier aus unser Blick schweift, eine grosse und doch stille, todte Landschaft, in der kaum einzelne menschliche Ansiedlungen sichtbar werden. Ueber all' den Kuppen und Rücken aber thront wieder die mächtige Gestalt des Zakkar, der zu unserer Rechten aufsteigt.

Doch auch in der Nähe zieht etwas unsere Aufmerksamkeit auf sich. Am Fusse des Unterbaues, auf welchem das Haus steht, findet sich noch ein kleiner Hof, um welchen die Baderäume für die Eingeborenen herumgebaut sind. Wir vermögen von unserem Standpunkt gerade in diese kleine Welt hineinzuschauen, in der ein ziemlich buntes Leben herrscht. Der Araber geht nämlich mit der ganzen Familie ins Bad. In einem kleinen Gemach, das nur ein Vorhang gegen den Hof hin absperrt, quartiert er sich ein. Von hier aus stürzt er sich Tag für Tag in die gesegneten Fluthen und verweilt oft bis zum Abend darin. Denn er denkt: viel hilft viel. Bekanntlich handeln die kaukasischen Völker in ihrer Heimath ebenso. — Ich stieg später hinunter in dieses arabische Bad und wagte sogar, in das Heiligthum einer Familie einzudringen, indem ich den Vorhang zurückschlug. Und siehe, da hatte ich eine neue Illustration zu dem alten Worte: „Raum ist in der kleinsten Hütte". Zwei grössere, recht hübsche, unverschleierte Mädchen trugen ihre kleineren Geschwister, zwei Frauen hantirten mit allerlei Hausgeräth, während der biedere Hausvater auf einer Matte lag — und schnarchte.

Dass doch bei allen Naturvölkern, und zwar vorzugsweise bei den kräftigsten unter ihnen, die Vertreter des stärkeren Geschlechts immer zugleich auch das trägere Geschlecht darstellen! Die Kinder des Orients sind hierin nicht besser, wie jene Kinder des Occidents, die alten Germanen. Der einzige Unterschied ist der, dass die letzteren auf der sprichwörtlich gewordenen Bärenhaut lagen, während die Araber die Matte vorziehen. Die Civilisation erst gleicht diese schreiende Ungerechtigkeit aus, sie entlastet das Weib und belastet den Mann; ja sie ist oft wieder ins andere Extrem verfallen, das Weib vergeudet, was der Mann verdient. Die Uebercultur nähert sich ja überhaupt so oft wieder der Uncultur.

Doch wir wollen nun auch noch der Hauptsache, den Quellen, eine kurze Besichtigung zu Theil werden lassen. Wir steigen dazu hinter dem Kurhause unter jungen, aber bereits recht hübschen Anpflanzungen gegen Norden noch einige Meter aufwärts und befinden uns bald auf einem weiten Plateau von 600 m Meereshöhe, welches im Rücken von zerklüfteten, niedrigen Felsen abgeschlossen wird. Gerstenfelder und hie und da eine dornenumhegte Araberhütte sind jetzt die einzigen Zierden dieses Terrains. Aber wie zahlreiche Trümmer beweisen, stand hier einst eine römische Stadt, 32 n. Chr. unter Tiberius gegründet, welche den Namen aquae calidae („Warmbad") trug. Sie wird uns von einem Geschichtsschreiber des Alterthums als ein Ort von grosser Blüthe geschildert und mag an Luxus und Pracht unseren modernen Badeorten ersten Ranges, wie Baden-Baden, Carlsbad u. s. w., nicht nachgestanden haben. War doch auch der Ort ausserordentlich günstig gewählt.

Bis hier herauf kommen sie nicht, die Sumpflüfte, die die Niederung drunten oft vergiften; die afrikanische Sommersgluth wird durch die frischen Brisen von der See*) her, die durch keine grössere Höhe mehr von unserem Standort getrennt wird, gemildert, während der Winter wohl Kühle, aber keine Kälte bringt. Das beste Trinkwasser ist in Menge vorhanden und ein Fernblick, wie ihn schöner nur wenige Höhen bieten dürften, erfreut das Auge. Und dazu nun die Naturschätze besonderer Art, die heissen Quellen mit ihrer Heilkraft, war es da ein Wunder, dass das Volk von Rom, welches Bäder überhaupt so zu schätzen wusste, hier so wohl sich fühlte, dass ihm der Gedanke kam: „Lasset uns Hütten bauen!"

Aber im Laufe der Jahrhunderte hat Menschenhand Alles wieder zerstört, was Menschenhand hier oben so schön aufgerichtet hatte; die Tempel sind in Trümmer gefallen, die Hallen liegen nieder, ja

---

*) Man kann dieselbe von den erwähnten, nahen, leicht zu ersteigenden Felsen im Norden recht gut sehen.

das mächtige Volk, das sie erbaute, ist längst „veraltet wie ein Gewand"; nur der Hand, die die reichen Naturschätze auf dieser Höhe spendet, konnte nicht Einhalt geboten werden. Sie giebt noch immer und immer.

Und wie reichlich! Der ganze Berg von diesem seinen Gipfel bis ins Thal hinunter, ja bis hinein ins Flussbett drunten ist mit Quellen wie gespickt. Freilich benutzt man von ihnen zur Zeit noch wenige, aber mit leichter Mühe liessen sich Dutzende derselben erschliessen.

Man hatte uns drunten gesagt, dass wir, um eine der Quellen dem Boden entspringen zu sehen, gar nicht fehlgehen könnten. Aber vergebens laufen wir bald hierhin, bald dorthin. Endlich sehen wir ganz nahe Rauch aus der Erde dringen. Schnell eilen wir hinzu und blicken nun in einen engen, flachen Kessel hinab, in welchem aus röthlichem Erdreich Wasser quillt. Ich stieg hinein und fand mittelst meines Thermometers eine Temperatur von nahe an $70°$ Celsius.

Andere Quellen haben nur 50, 45 oder $40°$, ja unterhalb des Badehauses entspringt auch eine kalte Quelle, die $17°$ aufweist. Die letztere ermöglicht es, dass die Kur hier in Baden und Trinken zugleich bestehen kann. Ihrer chemischen Zusammensetzung nach sind die Wasser salinische und Eisensäuerlinge. Sie werden angewandt gegen verschiedene Hautkrankheiten, Neuralgie, Rheumatismus, Lähmungen, Blutarmuth und Schwächezustände nach Verwundungen und klimatischen Fiebern. In letzterer Hinsicht sind sie gerade speciell für Algerien äusserst werthvoll und kommen Militärs wie Civilisten zu Gute.

Ausserordentlich ist die Menge der Flüssigkeit, die sie liefern. So giebt eine Quelle in unmittelbarer Nähe des Kurhauses nicht weniger als 2400 l in der Stunde. Daher gestatten sich die Einwohner hier den Luxus, dass sie in einer der Quellen tiefer unten am Berge selbst ihre Pferde und Esel die Kur gebrauchen lassen, wenn deren Knochen steif geworden sind.

Die warmen Gewässer haben übrigens auch, wie der Karlsbader Sprudel, die Eigenschaft, Gegenstände, die man ihnen preisgiebt, mittelst einer starken und festen Kruste zu versteinern.

Nur nebenbei sei noch erwähnt, dass die so wohlthätigen Quellen von Hammam Rirra den Gelehrten viel Kopfzerbrechens machen. Es finden sich ja bekanntlich sonst warme Quellen nur auf vulkanischem Boden. Nun sind aber hier keinerlei vulkanische Spuren wahrzunehmen, ebensowenig wie die alten Schriftsteller in dieser Hinsicht Etwas über Mauretanien berichten. Vielmehr ist der ganze Atlas jedenfalls das Product einer langsamen, allmäligen Hebung. Man wird also annehmen müssen, dass hier verborgene, vulkanische Kräfte thätig sind, was die in dieser Gegend gerade äusserst heftigen Erdbeben zu bestätigen scheinen. Bemerkenswerth ist noch, dass das Wasser der Quellen in solchen Zeiten immer reichlicher fliesst, ein trübes Aussehen zeigt und stark nach Schwefel riecht. So hätten wir denn, wenn wir noch bemerken, dass der Boden, dem die gesegneten Gewässer entsteigen, ein Kalk mit Mergel-, Sandstein- und Kiesschichten ist, Alles gesagt, was zu einer oberflächlichen Kenntniss dieses berühmten Bades nöthig ist, und eilen nun wieder in das Thal hinunter, um unseren Weg gen Algier fortzusetzen. Als wir eben abfahren wollen, tritt eine junge Dame in Reiseanzug an uns heran, mit der Bitte, ihr einen Platz in unserem geräumigen Wagen zu gönnen, da sie gleichfalls zur Bahn wolle.

Natürlich wird dem Gesuche gern entsprochen. Die kleine Gefälligkeit aber sollte uns reichlichen Lohn bringen. Als mir nämlich, nachdem wir uns mit der neuen Gefährtin lange französisch unterhalten, halb unbewusst ein deutsches Wort entfuhr, sprach mich dieselbe sogleich deutsch an und entpuppte sich als eine Schweizerin aus Lausanne, die lange in Leipzig und Dresden gelebt hatte und jetzt als Stütze der Hausfrau bei ihrem Schwager, dem Badeverwalter, sich aufhielt. Welch' eine unerwartete Freude für uns, auf einem so abgelegenen Stück Erde einmal wieder mit einer dritten Person in der trauten Muttersprache plaudern zu können! Wer Aehnliches durchlebt hat, wem Hunderte von Meilen fern von der Heimath, in einer grossartigen, aber stillen, todten Landschaft plötzlich deutsche Töne entgegenklangen, der hat auch gewiss, gleich uns in unserem Wagen, empfunden, wie wahr der Dichter singt:

„Muttersprache, Mutterlaut, wie so wonnesam, so traut!"

III.
Von Bu Medfa nach Blida.

Inhalt: Ein Stück afrikanischer Erde, wo „Milch und Honig fliesst". — Das Riesenfrühbeet Europa's am Fusse des Atlas. — Unsere Zimmer- und Gartenflora unter freiem Himmel und in der Wildniss. — Die Pyramiden in Algier. — Die „Rose des Atlas". — Thüringen in Afrika. — Eine Orangenoase. — Eine Sommerfrische im „schwarzen" Erdtheil. — Volksleben in Blida. — Das algerische Trakehnen. — Der König unter den Pferden. — Das Dänenross des Südens.

Es war Abends zwischen 5 und 6 Uhr, als wir in Bu Medfa in die Eisenbahn stiegen. Dieselbe führte uns zunächst noch eine Zeit durch gebirgige Gegend, Tunnels und elegante Brücken benützend. Mit der Station El Affrun aber haben wir das Ende des Defilé's erreicht und die weite Metidscha-Ebene, dieses altberühmte Terrain, thut sich vor uns auf. Ehe wir indess in ihr Gebiet hineineilen, sollen einige wenige Worte sie zuerst im Allgemeinen kennzeichnen.

Schwarz, Algerien.

Die Metidscha, die zweite grössere Küstenebene des Landes, umfasst einen Flächenraum von über 210,000 ha. Im Durchschnitt hat sie eine Lage von 50—100 m über dem Meere, steigt indess am Fusse des Atlas bis zu 250 m empor. Sie wird im Süden von der langgestreckten Kette des genannten Gebirges begrenzt, welches hier bis zu einer Höhe von 1640 m sich aufgipfelt. Gleich der Scheliffebene hat aber auch die Metidscha eine Parallelkette, die sie vom Meere trennt, das bekannte Sahelgebirge, das indess nur eine höchste Erhebung von 402 m aufweist. Die Meeresluft hat in Folge dessen zu dieser Ebene freieren Zugang wie zu ihrer Nachbarin im Westen, der Scheliffebene, und daher ist die Metidscha etwas kühler als jene.

Was ihre Bewässerung anlangt, so strömen zwar eine ganze Anzahl Flüsse oder Bäche auch hier von dem Riesendamme des Atlas herab dem Meere entgegen, allein diese Wasserläufe liegen im Sommer fast ganz trocken. Daher thäte auch für diese Fläche die künstliche Bewässerung recht noth. Indess ist hier die Anlage von Barrages bis jetzt zumeist noch Project geblieben. Trotzdem zeigt sich die europäische Bevölkerung dieser ungeheueren Ebene als in stetem Wachsen begriffen und beträgt gegenwärtig schon 25,000 Seelen gegen 10,000 im Jahre 1852. Die Fruchtbarkeit dieses Bodens ist aber auch sprichwörtlich geworden. Fast alle Gewächse der Erde, mit Ausnahme der ausschliesslich äquatorialen, würden hier gedeihen und sind in der That auch schon auf einem kleinen Stücke, das wir später kennen lernen werden, vertreten. Die Banane vermag neben der Orange und der Birne zu reifen, die Kartoffel neben der Baumwolle sich zu entwickeln. Auf dieser Stätte wachsen sie, die riesigen Blumenkohlköpfe und zarten Schoten, die in einer Jahreszeit den Gaumen des Europäers erquicken, wo in seiner Heimath um ihn her noch Eis und Schnee ihr Wesen treiben.

Jetzt im Frühjahre erfüllte namentlich eine Beobachtung mich mit hellem Entzücken. Auf weitgedehnten Wiesengründen sah ich einen Blumenteppich, wie ich ihn in solcher Farbenpracht noch nie gefunden., Und willst Du, lieber Leser, wissen, welche Kinder Floras meinem Auge sich boten, so höre, dass es nahezu alle die waren, die wir bei uns mühsam in Gärten oder Zimmern ziehen. Die Lieblinge, die uns daheim oft so viel Mühe machen, sie gedeihen hier ohne Pflege, ohne Treibhaus. Da giebt es Geranien und Malven, Lilien und Löwenmaul, Nelken und Mohnen und wie sie weiter alle heissen. Ich kann sagen, dass mir selten auf meinen Reisen etwas so das Herz wahrhaft erquickt hat, wie diese alten, guten Bekannten, die ich hier in der ungebundensten Freiheit wiederfand. Und wenn ich sie nicht gesehen hätte, wie sie mit den wogenden Saatfeldern abwechselten, so hätte ich sie an ihrem Dufte erkennen müssen, der bis in das Coupé hereindrang.

Ja es ist eine herrliche Fahrt, die wir nun durch diesen Garten

III. Von Bu Medfa nach Blida.

Gottes hin antreten. Rechts und links das ausgegossene Füllhorn der Natur und darüber zur Rechten, jäh wie eine Mauer aufsteigend, der unermessliche Wall des Atlasgebirges mit seinen vielgestaltigen Gipfeln, während links der Sahelzug mit seinen milden Formen, ein zartes Weib neben der Hünengestalt des Mannes, sich präsentirt. Und nun kommt noch der Nimbus einer tausendjährigen reichen Geschichte hinzu, der sich über das Ganze breitet! Daran erinnert aber, wenn es uns nicht von selbst in den Sinn käme, ein altehrwürdiges Denkmal, das in unseren Gesichtskreis tritt, wenn wir kaum in die Ebene eingelenkt haben.

Das Sahelgebirge wird nämlich ziemlich in seiner Mitte von dem früher schon genannten Flusse, dem Uëd Mazafran, durchbrochen, und so bildet sich ein östlicher Theil, „das Sahel von Algier", und ein westlicher, „das Sahel von Kolea". Auf einer Anhöhe des letztgenannten, im Gegensatze zur Osthälfte besonders schmalen Zuges erhebt sich ein kuppelartiges Gebäude, das nahezu in der ganzen Metidscha sichtbar ist. Lange haben die Gelehrten sich über Zweck und Ursprung desselben gestritten, bis es endlich dem berühmten Archäologen Algeriens, Berbrugger, gelungen ist, das räthselhafte Bauwerk zu erklären. Es ist nämlich nichts Geringeres als ein Mausoleum aus einer Zeit, wo hier noch nichts zu finden war von Christenthum oder Muhammedanismus, die sich so lange um das Land gestritten haben, wo noch das Heidenthum das unbestrittene Regiment hatte, ja wo trotz der römischen Oberherrschaft doch die alten Mauretanier, die ältesten Besitzer des algerischen Landes, noch vollkräftig dastanden. Es war ihr von Rom belehnter König Juba II., der, vielleicht 10—20 Jahre nach unserer Zeitrechnung, hier für sich und seine Gemahlin, mit der er im nahen Scherschel (dem alten Julia Caesarea) residirte, auf der Höhe des weithin schauenden, Meer, Ebene und Gebirge beherrschenden Küstengebirges dieses Grabmal aufrichtete.

Dasselbe erhebt sich über einem mächtigen, quadratischen Sockel in der Form eines massigen Kegels, dessen einzige Zierde, eine Anzahl gewaltiger Säulen, dem Verfalle noch mehr unterlegen sind, wie die übrigen Bestandtheile. Vier Thüren an den Seiten bezweckten nur eine Täuschung. Jedenfalls war der eigentliche Zugang vermauert worden, nachdem die Särge hineingesetzt waren. Nach gewaltsamer Oeffnung gelangte man durch einen Schneckengang in das Innere, das aus zwei leider leeren Grabkammern bestand.

Aus diesen kurzen Angaben ersieht man bereits, welche Aehnlichkeit dieses Mausoleum mit den berühmtesten aller Grabmäler, den ägyptischen Pyramiden, aufweist. Daher liegt die Conjectur nahe, dass die alten Mauretanier Berührung mit Aegypten gehabt haben. In der That lehrt uns auch die Geschichte, dass die Gattin Juba's, Namens Kleopatra Selene, eine Tochter des Antonius und der bekannten ägyptischen Königin Kleopatra war.

Ob nicht indess die Verbindung des Landes mit dem Reiche der Pharaonen eine noch ältere gewesen, das ganze Monument daher noch höher hinauf in das Alterthum zu setzen ist, das ist zur Zeit noch nicht näher ermittelt worden. Vielleicht wurde das Denkmal von Juba nur erneuert und stammt als Erbbegräbniss der mauretanischen Könige aus grauester Vorzeit. Das scheint die Thatsache zu bestätigen, dass zwischen Constantine und Batna in der Ostprovinz sich ein ganz ähnliches Gebäude findet, das den Namen Medrrasen führt, sowie dass auch in Marocco, in der Nähe von Fez, ein pyramidenförmiges, uraltes Bauwerk entdeckt wurde. Der Medrrasen dürfte wohl das Familienbegräbniss der Könige von Numidien, so hiess bekanntlich der Osten von Algerien im Alterthume, gewesen sein, während das maroccanische Bauwerk einer Dynastie jener Gegend als Mausoleum gedient haben mag.

Sicher ist aber das Eine, dass auch auf algerischem Boden, unter seinen ältesten Bewohnern, aus der Berührung mit den Aegyptern stammend, jener merkwürdige Zug lebte, den Todten eine möglichst lange Conservirung ihrer irdischen Hülle zu sichern, ein Zug, der, was die Aegypter anlangt, beweist, dass das uralte Culturvolk des Nilthales, mag es auch von einer Unsterblichkeit im modernchristlichen Gewande nichts gewusst haben, doch das Sehnen nach einem Triumph über Grab und Verwesung in sich trug. Die ungeheueren Mauern und Quadern der ägyptischen Grabmäler waren gleichsam ein Protest in Stein gegen die Wahrheit aus dem täglichen Leben: „Was da ist, muss vergehen", ein erster Versuch, den Siegesgesang anzustimmen, den dann erst das Christenthum vollbewusst über die Erde hin erklingen liess: „Tod, wo ist Dein Stachel; Hölle, wo ist Dein Sieg?"*)

Gleich den hochragenden Pyramiden steht nun auch das mauretanische Mausoleum da drüben auf einsamer Höhe als ein Denkmal des ewigen Sehnens und Fragens der Menschenbrust. Die Araber haben den alten phönicischen Namen קֶבֶר רִים, d. i. königliche Grabstätte, in Kubb er Rumijah, Grabmal der Christin, corrumpirt und die Sage darum geschlungen, dass in demselben eine Christensclavin ruhe, die durch ihre Schönheit den arabischen Herrscher, in dessen Harem sie sich befand, so entzückt habe, dass er ihr die Beibehaltung ihres Christenglaubens bis zum Tode gestattete. Eine Christin soll da ruhen, wo die alten, trotzigen, heidnischen Könige des Landes schlafen! Und doch enthält die Sage einen Kern der Wahrheit. Das alte, zerfallene Monument erwuchs aus einer Neigung des Herzens, die im Grunde, wenn auch auf altheidnischem Boden zum Ausdruck gekommen, doch einen Anklang an die christlichen Ideen darstellte.

---

*) Diese den Pyramiden des Nillandes so ähnlichen berberischen Mausoleen dürften übrigens als ein neuer Beweis für die heutzutage kaum noch bezweifelte Stammesverwandtschaft zwischen Berbern und Aegyptern anzusehen sein.

Und so umgiebt das alte Gemäuer ein eigenthümlicher, ergreifender Zauber. Von seiner Höhe, aus einer Wildniss von Zwergpalmen und Ginster, schaut es hinaus auf das Meer, auf dem die verschiedensten Fahrzeuge von der hochbordigen Galeere der Phönicier bis zum Schraubendampfer des neunzehnten Jahrhunderts sich geschaukelt haben, und auf eine Ebene voll unermesslicher Naturschätze, auf der nach einander eisengepanzerte Römer und blondlockige Germanen, Beduinen auf leichtfüssigen Rossen und zuletzt die Söhne Frankreichs mit dem Feuerrohr in der Hand aufgetreten sind. Die Formen haben gewechselt, aber die Seele des Menschen ist die nämliche geblieben, die nämliche mit der alten, immer wiederholten Frage: „was ist euer Leben", mit dem alten und doch immer wieder neuen Räthsel, dem Räthsel des Daseins.

Doch fort aus dem Bereiche dieses ernsten, verwitterten Denkmals, fort aus dem Bereiche des Todes und hinein in das Gebiet des freudigen, vollen Lebens! Und es ist so recht ein Sinnbild des letzteren, das Städtchen, das wir nun erreichen, das berühmte Blida mit dem vielverheissenden Beinamen der „Rose des Atlas".

Wie mancher Stadt haben doch die Dichter eine ähnliche Bezeichnung gegeben, aber nur selten wird ein Ort diesen Ehrennamen so rechtfertigen, wie der eben genannte. Es ist ein wunderbarer Zauber, der ihm eigen, ein poetischer Duft, den er ausströmt, ein Wohlbehagen, das er in die Brust des Wanderers hineinflösst, so gross, dass er hier der Heimkehr vergessen könnte, und andererseits von Heimweh erfasst wird, wenn er wieder in die Ferne gezogen ist. Ja das ganze Städtchen mit seinen Bergen, seinen Hainen, seinen Quellen, seiner Erscheinung überhaupt macht einen heimischen, fast möchte ich sagen deutschen Eindruck. Es war mir in der That nahezu, als ob ich in einen thüringischen Marktflecken träte, als ich nach Verlassen der Eisenbahn in seine Strassen einzog. Derselbe stille Friede, das süsse Behagen, das dort uns entgegentritt, athmet auch diese lieblichste Stadt des schwarzen Erdtheiles.

Blida liegt, obwohl eine Art Centrum der Metidscha, deren Hälfte es ungefähr markirt, gleichwohl nicht eigentlich mehr in, sondern nur noch an dieser Ebene. In einer Höhe von nicht weniger als 260 m über dem doch nur wenige Stunden entfernten Meere, schmiegt es sich, wie eine reich geschmückte Braut an die Brust des hochgewachsenen Geliebten, dicht an das Atlasgebirge an, das unmittelbar hinter der Stadt aufsteigt. Hier, wo man diesem Naturwall, der die todte Wüste drüben von uns scheidet, so nahe ist, erscheint die Kette nicht mehr als eine zusammenhängende Mauer, hier ist sie zerspalten durch mehrere kleine, enge Thäler mit murmelnden Bergwässern, die klappernde Mühlen treiben, und eine üppige Wildniss von Oleander, Myrthe und Lorbeer erzeugen. Aus diesen Thälern erheben sich weich geformte, mit saftigen Matten oder kleinen Wäldern bedeckte, trotz alledem aber, weil ohne alle Vorberge aufsteigend, doch majestätische Berge, deren König der Dschebel Beni Salah mit 1640 m Höhe ist. Von ihm strömt das Hauptgewässer der Stadt, der Ued el Kebir, hernieder.

Am Fusse dieser gewaltigen Recken ruhend, schaut Blida von seinem hohen Standpunkte wie von einer Estrade hinab über die unermessliche Ebene mit ihren Dörfern und Feldern und bis hin zu den weichen Conturen des Sahel, welches das Meer unserem Blicke entzieht. Wie Adern, die vom Herzen aus durch den Körper gehen, ziehen sich geradlinige Strassen von unserer Stadt aus in allen Richtungen durch die weite Fläche, die ein ganzes kleines Königreich darstellen könnte.

So die Umgebung von Blida im Süden und Norden. Rechts und links aber nun, welch' eine Pracht! Da dehnen sich zunächst auf der Ostseite die berühmten Orangeplantagen aus, die so manches Lob schon geerntet haben. Ihre Erzeugnisse sind in der That die besten ihrer Art an der ganzen nordafrikanischen Küste. Von den reichlichen Gewässern aus den nahen Bergen genährt, gedeihen hier an 50,000 Orangenbäume in trefflich gehaltenen Gärten, die 40,000 jungen, noch nicht tragenden Setzlinge gar nicht zu rechnen. Leider war die Blüthe, die ich in Spanien drüben gerade auf der Höhe getroffen hatte, jetzt schon vorüber. Aber wenn die Zeit derselben gekommen ist, dann erfüllt ein süsser Duft, der fast betäubend wirkt, alle Strassen und Häuser und Gemächer Blidas. Auch die goldenen Aepfel hatten die Zweige bereits verlassen und ihre Reise nach allen möglichen Ländern angetreten. Denn der Export der Früchte Blidas ist bedeutend. Trotzdem wandelte ich lange in den herrlichen Gärten und erfreute mich der schönen, dichtbebuschten Bäume.

Auf der West- und Nordwestseite des Ortes dehnt sich im Gegensatze zu diesen Fruchthainen der heilige Park aus, in welchem in der Mitte hundertjähriger, knorriger Oliven und hochragender Cypressen eine Kubba die Gebeine des arabischen Ortsheiligen umschliesst.

Entsprechend dieser lachenden Umgebung zeigt auch das Innere Blidas ein überaus freundliches Gesicht. Breite Strassen, von sauberen Häusern mit vielen hübschen Läden gebildet, laufen schnurgerade auf den Mittelpunkt der Stadt, die Place d'armes, zu, auf der mächtige Platanen eine Fontäne umfassen, während ringsum die Häuser mit schattigen Arkaden versehen sind.

Nimmt man in einem der zahlreichen Cafés, die sich hier finden, Platz, so kann man bequem einen ganzen Tag mit Nichtsthun zubringen und hat doch immer Unterhaltung. Bei der grossen Nähe von Algier (kaum $1^1/_2$ Stunde Eisenbahnfahrt) wird Blida von den Wintergästen der Hauptstadt viel besucht, und was den Sommer betrifft, so halten sich während desselben viele Fremde stehend hier auf, da das Wohnen in der Hauptstadt dann wenig angenehm ist. In Folge dessen sieht man zu allen Zeiten eine Masse von Vertretern aller Nationen, Pariser Stutzer, Russen, Schweden und die stereotypen Figuren reisender Engländer einherwandeln. Dazwischen schlendern Soldaten der verschiedensten Waffengattungen und sonnengebräunte Colonisten aus den nächsten Dörfern.

Interessanter als alle diese mehr oder minder bekannten Gestalten sind für uns natürlich wieder die Eingeborenen, an denen es selbstverständlich auch hier nicht fehlt. Vom stiefelwichsenden Jungen bis zum seidebekleideten Scheikh oder Kaïd sind hier alle Typen des Araberthums vertreten. Was mir von meinem Beobachterposten hinter einem Glas eisgekühlter Limonade besonders auffiel, war dies, dass wiederholt ehrwürdige, bärtige Männer, den langen Mantel genial über die Schulter zurückgeschlagen, über die Bühne wandelten und von den Umstehenden sofort bei ihrem Erscheinen mit dem Schulterkuss rechts und links beehrt wurden, was sie sich theils ruhig gefallen liessen, theils aber auch, Angeseheneren gegenüber, abwehrten. Vermuthlich waren es Marabuts (Heilige) oder deren Nachkommen.

Doch auf aus diesem dolce far niente, das um so mehr Bestrickendes hat, als die Hitze hier, obwohl mein Aufenthalt noch in den April fällt, bereits recht fühlbar ist! Es will in dieser Stadt noch mehr als das Strassenleben betrachtet sein. Ich wende mich zunächst zur Schilderung einer Merkwürdigkeit des Ortes, die etwas ganz Aussergewöhnliches darstellt.

Wir begeben uns in den östlichen Theil der immerhin ziemlich ausgedehnten Stadt (sie zählt gegenwärtig mit ihren Annexen etwa 15,000 Einwohner, gegen 400 im Jahre 1842). Hier, unweit des Stadtthores, finden wir uns einem grossen, mauerumschlossenen Viereck gegenüber. Am Haupteingange steht eine Wache, die auf unseren Wunsch einen Unteroffizier herbeiruft, der die Führung übernimmt. Wir sind in dem berühmten Zuchthengstmarstalle von Blida, den die französische Regierung unterhält. Was man daselbst sieht, findet sich so selten in der Welt, dass ich hoffe, auch Solche meiner Leser, die nicht Pferdeliebhaber sind, werden mir gern folgen.

Wir schreiten über den grossen Hof und stehen alsbald vor den Ställen. Es sind das nämlich wieder nur offene Hallen mit dem Dache als einzigem Schutze. Hier, unter freiem Himmel, nicht wie bei uns in engem, dumpfigen Raume, werden die herrlichen Thiere gehalten. Hier haben sie wenigstens einigermassen Ersatz für die volle Freiheit, für das ungebundene Leben auf der Steppe, für das sie so recht eigentlich geschaffen sind. Leider ist nur ein solcher noch dazu weniger kostspielige Stall in unserem rauhen Klima nicht zu gebrauchen.

Unter diesen Hallen standen denn nun, sorgfältig gepflegt, die edeln Thiere. Auf einer Tafel über dem Haupte eines jeden ist der Name und sein Preis zu lesen. Und wahrlich man wird staunen über die Summen, die die herrlichen Renner noch hier in ihrer

Heimath repräsentiren. 2000, 4000, 6000 Frcs. waren ganz gewöhnlich. Ueber einem kleinen, feinen, schneeweissen Schimmel prangte sogar die Ziffer 10,000 (7500 Mk.). Freilich war das aber auch ein Thierchen, an dem man sich nicht satt sehen konnte. Und es schien auch selbst unsere Bewunderung zu ahnen. Denn es sah uns unverwandt und, wie uns dünken wollte, so freundlich und doch so hoheitsvoll zugleich an.

Um auf die Sache noch etwas näher einzugehen, so sei bemerkt, dass man in Algerien zwei Arten von Pferden züchtet, das arabische und das Berber-Ross.

Das erstere hat seine Heimath bekanntlich in der Landschaft Nedschd im mittleren Arabien. Doch gelangt es von dort aus, also in seiner vollkommensten Entwickelung, gar nicht in den Handel. Das bei Weitem geringere, immerhin aber noch überaus herrliche arabische Pferd, das uns allein bekannt ist, kommt von den Küsten Arabiens und Syriens, wird aber mit bedeutendem Erfolge auch in Algerien, das mit seinen Steppen und Wüsten so vielfach an Arabien erinnert, gezüchtet. Hierbei sind die Thiere, welche der Beduine, der nomadisirende Araber, in seinem Zelte grossgezogen hat, die edelsten. Sind sie doch, so zu sagen, mit seinen Kindern aufgewachsen, haben aus seiner Hand, wohl gar mit aus seiner Schüssel gefressen, haben mit ihm Sturm und Regen, Hitze und Kälte zu ertragen gelernt. Die stete enge Berührung mit den Menschen hat auf das Thier den veredelnden Einfluss ausgeübt, der sich ergeben muss, wenn anders diese Menschen selbst edel und unverdorben sind. Im andern Falle nehmen die Pferde, wie wir das bei uns oft sehen können, ebenso leicht auch die Unarten und den heimtückischen Charakter der Menschen an.

Ein solches Wüsten- oder Steppenross leistet aber auch das Erstaunlichste. Es fliegt wie ein Vogel über die Ebene und klettert wie eine Ziege über Stock und Stein. Seine Sehnen sind wie aus Stahl, seine Kräfte scheinen unerschöpflich, seine Sinne zeugen von ausserordentlich feiner Anlage, ja es eignet ihm, möchte man glauben, nahezu menschliches Verständniss. Es verschmilzt mit seinem Herrn in eins, „zwei Seelen und ein Gedanke"; es begreift seine Absichten und kommt seinen Wünschen entgegen, rettet ihn in Gefahren und setzt unbedenklich sein Leben für ihn ein. Es hängt an ihm mit der Ergebenheit, die sonst nur der Hund in seinem Verhältniss zum Menschen zeigt, und läuft hinter dem Reiter her, wenn derselbe vor dem Zelte aus dem Sattel springt.

Dafür wird es aber auch von ihm zärtlich geliebt. Der Araber kennt in der Regel weder Sporen noch Peitsche, weder Trense noch Kandare, häufig nicht einmal Zaum und Zügel. Er lenkt sein Ross mit einem leichten Schlag der flachen Hand auf den Hals, der mehr einer Liebkosung ähnelt, ja flüstert ihm oft nur ein Wort ins Ohr. Er spricht überhaupt mit ihm wie mit Seinesgleichen und giebt ihm

Die Schiffa-Schlucht.

die liebevollsten Namen. Er theilt selbst den letzten Bissen mit diesem seinen Herzblatt, ja wenn es erkrankt und stirbt, so möchte er sich selbst mit ins Grab legen, denn nicht nur sein höchstes, oft einziges Besitzthum, sondern auch seine ganze Liebe ist gestorben. So liefert der Araber und sein Ross nur einen neuen Beleg zu der alten Wahrheit, dass die Beziehungen zwischen Mensch und Thier unter Naturvölkern bei dem unverdorbenen, empfänglichen Gemüth derselben unendlich inniger und feiner sind, als bei den Völkern der Cultur.

Das arabische Pferd ist aber, nach Anlage und Neigung, nur Reitpferd. Für seine vollste Entwickelung ist eben die directe Verbindung mit dem Menschen nöthig. Der weit geringere Dienst vor dem Wagen, der das Thier nicht in persönliche Berührung mit seinem Herrn bringt, wird daher in Afrika einer anderen Rasse, dem sogenannten Berberross, anvertraut, das an der ganzen Nordküste des Erdtheils gezüchtet wird. Dasselbe erscheint schon durch seinen breiteren Rücken weniger zum Reiten geeignet. Ueberhaupt ist es massiger, als das arabische Thier, desgleichen auch weniger sanft und zart, sondern wild und unbändig. Es vermag aber die schwersten Lasten zu ziehen und dabei noch in der schnellsten Gangart dahin zu eilen. Es ist das Dänenross des Südens.

Für uns und unsere Reise ist dasselbe von besonderer Wichtigkeit. Denn wo die Eisenbahn uns verlässt, da wird es den Postwagen ziehen, der uns über die steilen Höhen des Atlasgebirges hinunter in die sandige Sahara tragen soll.

IV.
Ausflug in die Schiffaschlucht.

Inhalt: Auf der Landstrasse durch die Metidscha. — Der Eintritt in die algerische „via mala". — Liebliches Wachsthum in grausigem Schlunde. — Das „Affenhotel". — Der Künstler unserer Jahrmärkte und Schützenfeste im Freien. — Seitwärts in die Büsche. — Ein lebendes Wirthshausschild. — Ein Duell zwischen Affe und Hund, wobei der Letztere den Kürzeren zieht, während der Erstere „pater peccavi" macht. — Ist der Mensch eine Copie des Affen oder der Affe eine Carricatur des Menschen? — Eine Kluft, über die keine Kunst eine Brücke zu schlagen vermag.

Ausser dem Pferde, dem edelsten Thiere unter der Sonne, das die merkwürdigsten Gegensätze in sich eint, die Furcht und Schüchternheit eines Kindes und das todesmuthige Ungestüm eines Helden, alle Kraft und doch alle Grazie, das so sorgsamer Pflege bedarf und verhältnissmässig doch so anspruchslos ist in seinen Bedürfnissen, das die Staatskarosse wie den Milchwagen zieht, den Geschäften des Krieges wie des Friedens dient und mit der Geschichte der menschlichen Cultur so eng verflochten ist, — ausser diesem Thiere tritt uns in Blida noch eine andere Gattung Vierfüssler nahe, die zwar viel tiefer steht als das edle Ross, aber kaum weniger das allgemeinste Interesse in Anspruch zu nehmen weiss, die Affen. Unweit unserer Stadt nämlich findet sich ein Stück Erde, wo dieselben, sonst eigentlich mehr Kinder der glutherfüllten Tropen, sich in grosser Menge finden. Es ist dies die vielgenannte Schiffaschlucht, deren Besuch wohl ebenfalls von Keinem der Hunderte von Fremden unterlassen wird, die jeden Winter Algier aufsuchen.

Der Ausflug beansprucht, wenn man ihn bequem ausführen will, trotz der Nähe des betreffenden Punktes, immerhin fast einen ganzen Tag. Man unternimmt ihn am besten mit **Extrageschirr** von Blida aus, kann indess auch die Diligence benützen, die zwei Mal des Tags von Station Schiffa nach Medea fährt.

Es war ein wunderbarer Frühlingsmorgen, als ich mir auf dem Hauptplatze von Blida eine der zahlreichen **Tartanen** miethete, die hier immer der Fremden harren. Ein solcher Wagen aus leichtem Korbgeflecht, mit einem Schutzdach versehen, das von vier dünnen Eisenstäben gehalten wird, ist in heissem Klima das angenehmste Beförderungsmittel. Man hat auf äusserst bequemen Sitz die freieste Umschau und wird doch gegen die sengenden Sonnenstrahlen geschützt. Dabei ist ein solches Gefährte überaus leicht, so dass man rasch vorwärts kommt. Diese Tartanen sind übrigens auch in Spanien und sogar in Frankreich zu treffen.

Wir verliessen Blida durch das Westthor, und fuhren nun auf breiter, trefflich unterhaltener Chaussee immer längs der Eisenbahn wieder in der Richtung auf Oran, woher wir Tags zuvor per Dampf gekommen waren. Herrlich waren schon hier die Blicke auf das nahe, mächtige Gebirge links und die weite Metidschaebene rechts. Freilich nur brannte auch die Sonne auf der weiss glänzenden, endlosen, schnurgeraden Landstrasse bereits bedenklich. Wehe dem Touristen, der die unglückliche Idee haben sollte, hier zu Fuss zu reisen! Der ganze Genuss der Tour, wenn nicht das Leben stünden auf dem Spiele. Von den Einheimischen waren freilich viele auf den Beinen und so bot das Leben auf der Strasse ein buntes Bild. Da kamen mit hochbepacktem, zweirädrigen Karren, den ein Maulthier trägen Laufes fortbewegte, Colonisten aus den umliegenden Dörfern, um ihre Producte in Blida abzusetzen. Mehrmals kreuzten wir auch schwere Lastwagen, vor die nicht selten nach südfranzösischer Manier 6 bis 8 Pferde einzeln gespannt waren. Die hohen, spitzen Kummete und plumpen, von grossen Ringen zusammengehaltenen Geschirre der Zugthiere an einem solchen heerwurmartigen Gefährte erhöhen noch den fast komischen Eindruck, den dasselbe auf den Beschauer macht. Dazwischen bewegten sich vermummte Frauen, die sich jedesmal, sobald wir vorüber waren, umdrehten, um uns nachzuschauen. Da wir meist das Gleiche thaten, so erhaschten wir in der Regel einen Blick in ihr Angesicht, das sie dann gewöhnlich freigegeben hatten. Es kamen auch spanische und italienische Hau-

IV. Ausflug in die Schiffaschlucht.

sirer mit Felleisen oder Kasten, Kerle mit wahren Gaunerphysiognomieen, die kaum weniger schrecklich aussahen, als die zerlumpten, barfüssigen, von Schmutz starrenden Kabylen, die häufig vorüberzogen.

Um das Bild noch bunter zu machen, marschirten hie und da kleine Trupps von Soldaten oder es sprengten einzelne Spahis in ihren blutrothen Mänteln dahin.

Weniger angenehm waren uns dagegen grosse Schafherden, die, von braunen Eingeborenen geführt, wiederholt uns entgegenkamen. Wir waren dann jedesmal in eine förmliche Staubwolke gehüllt, die uns den Athem benahm. Doch endlich haben wir die 7 km bis Schiffa hinter uns. Wir passiren den Fluss gleichen Namens auf einer schönen, steinernen Brücke mit gusseisernem Geländer, biegen, ohne das Dorf mit der Eisenbahnstation zu berühren, links in rechtem Winkel von der bisher innegehaltenen Strasse ab und fahren auf gleichfalls gut unterhaltener Chaussee dem Hochgebirge entgegen.

Das letztere ist gerade vor uns durch eine ungeheure Spalte von oben bis unten getheilt. Rechts erhebt sich die gewaltige Masse des Dschebel Muzaïa, 1603 m hoch, während links die Gehänge des schon genannten Beni Salah sich hinziehen. Aus dieser Spalte strömt der Uëd Schiffa, der wenige Stunden nördlicher in den bei Hammam Rirra genannten Uëd Dscher mündet, um mit diesem gemeinsam unter dem Namen Mazafran dem nahen Meere zuzueilen. Der Schiffa ist ein kleines Gewässer, das indess im ersten Frühjahr (Februar), wenn der Schnee oben auf den Plateaus schmilzt, furchtbar anschwillt und dann in der Ebene böse Verwüstungen anrichtet. Man erkennt das auch an dem überaus breiten, von Geröll und Sand bedeckten Bette, das er einnimmt, sobald er aus der einengenden Schlucht herausgetreten ist.

Unser Weg hebt sich langsam. Zur Rechten haben wir noch ausgedehnte Weinfelder, die den Fuss der Gebirge bekleiden. Endlich sind wir am Eingang in die eigentliche Schlucht angekommen und nun wird die Scenerie ganz anders. Mit jedem Schritte, den wir vorwärts thun, rücken die hohen Abhänge rechts und links immer näher zusammen und bilden einen Engpass von überraschender Grossartigkeit. Und doch hat der gigantische Aufbau des Gebirges dem Ganzen die zarten Reize nicht zu nehmen vermocht, die der südlichen Landschaft eigen.

Die nahezu senkrechten Gehänge sind auf beiden Seiten mit der üppigsten Flora bedeckt. Kaum dass hier und da einmal etwas nackter Fels sichtbar wird. Die Masse baumhoher Eriken, Korkeichen, Karruben (Johannisbrodbaum), Myrthen, Pistazien, Ginster, Aleppokiefern und Anderes mehr überzieht Alles wie mit einem dichten Teppich. Am Flusse drunten wuchert wieder der Oleander mit hohen, dicken Büschen. Einzelne Blüthen sind hier schon aufgebrochen und grüssen uns wie alte Bekannte. Zu diesen unvergleichlichen Reizen kommen noch die verschiedenen Wasserfälle, die bald auf dieser, bald auf jener Seite aus bedeutender Höhe herabfallen. Ihre Wassermasse ist freilich gering, aber um so lieblicher ist ihr oft schleierartiges Herabwallen über grosse, mit saftig grünen Moosflechten überzogene Steine, und ihre Einfassung durch Ranken und Schlingpflanzen aller Art. Wo nur Wasser ist, da wuchert ja dann auch immer die afrikanische Erde in ungeahnter Fülle. Welcher Contrast, die dürre Metidscha draussen und die quellendurchrauschte Schlucht hier! Und dieser Vergleich liegt uns um so näher, als wir von jeder Biegung der Strasse in dem nicht monoton geradlinig verlaufenden, sondern vielfach gewundenen Schlund immer und immer wieder, nur jedesmal von einem höheren Standpunkte aus, in die unermessliche Ebene hinausschauen können. Ja bald erblicken wir durch den Einschnitt, den der Uëd Mazafran in das Sahelgebirge macht, selbst das weite, blaue Meer, das wir seit Oran nicht wiedersahen.

Durch den engen Eingang der Schlucht erscheinen Ebene und See, wie in einen gewaltigen, dunklen Rahmen gefasst und flössen uns wieder Muth ins Herz mit ihren sonnenglänzenden Flächen, wenn uns bange werden möchte in dem engen Defilé, in welchem der lichte Tag, der draussen herrscht, noch nicht ganz zum Durchbruch gekommen zu sein scheint. Und wahrlich, Veranlassung zur Furcht hätten wir hier genug! Denn die überaus kunstvolle Strasse, ein Meisterwerk französischer Strassenbautechnik, zieht sich, in den Felsen eingesprengt, oft in solcher Höhe über dem in der Tiefe brausenden Schiffa dahin, dass das Auge nicht ohne Grausen niedergleitet.

In solcher Weise fahren wir längere Zeit, denn die Schlucht ist reichlich 2 Stunden lang, dahin, der erfrischenden Kühle uns erfreuend, die nach der Gluth von draussen uns jetzt umfängt. Endlich biegen wir um einen vorspringenden Felsen und — vor uns liegt, in ein kleines Seitenthal eingebettet, das hier vom Dschebel Muzaïa herunterkommt, das oft geschilderte „Hôtel des Singes" (Affenhotel) am ruisseau des singes, der aus dem eben erwähnten Thälchen in den Schiffa hinunterfällt. Es ist nur ein kleines Gebäude, aber in welcher Lage! Zu Füssen der Fluss im engen Bette, gegenüber die hohe Bergwand mit ihrer Buschwildniss, und im Rücken das genannte Seitenthal, das in seiner ganzen, steilen Erhebung bis zum Bergesgipfel hinauf zu übersehen ist und eine Pracht der Vegetation zeigt, welche jene in der eigentlichen Schlucht noch übertrifft. Denn dieses Thal ist ja nicht wie die letztere nach Norden, sondern nach Osten gerichtet.

Was aber dem einfachen Wirthshause einen ganz besonderen Reiz verleiht, das sind eben die — Affen. Dieselben bewohnen die Abhänge dieser und der zahlreichen anderen Schluchten auf der Nordseite des Atlas in ungeheuren Mengen und leben von Früchten und Kerbthieren. Der Art nach sind es Makako oder Magot (tür-

IV. Ausflug in die Schiffaschlucht.

kischer, gemeiner, berberischer Affe, Inuus ecaudatus Geoffr.), welche als äusserste nördliche Stationen des von Affen überhaupt bewohnten Gebietes Nordafrika und bekanntlich auch den Gibraltarfelsen bevölkern. Sie werden 60 cm lang und sind äusserst klug und gewandt. Es ist dieselbe Spezies, die wir als Kinder oft auf Jahrmärkten oder Schützenfesten, bei Bärenführern und Savoyarden bewunderten. Hier nun kann der wissbegierige Wandersmann aus dem Norden die munteren Thiere in der Freiheit beobachten, was gewiss auf Jeden einen grossen Reiz ausübt. Man sieht sie in den Zweigen der Bäume herumklettern, an den Bach hintersteigen, um da des Wassers sich zu erfreuen, oder da und dort zwischen den Felsen neckische Spiele treiben. Doch gehört Glück auch dazu, wie zu allem in der Welt. Wenn das Wetter nicht besonders heiss ist, sitzen sie still in dem Buschdickicht und dann kann man seine Augen noch so sehr anstrengen, man wird sie nicht entdecken.

Leider war auch mir das Geschick nicht hold. Als ich meinen Wagen am Hotel verlassen hatte, trat ein junger Araber an mich heran und erbot sich, mich auf einen Standpunkt zu führen, wo ich sicher die hübschen Thiere finden würde. Ich folgte ihm und nun ging es hinein in das kleine Seitenthal. Aber welch eine Wanderung! Auf überaus steilem, hie und da mit Treppen versehenen Pfade ging es aufwärts durch Büsche und stacheligtes Dickicht. Bald musste man über Hindernisse springen, bald unter ihnen durchkriechen.

Dabei lag eine Sonnengluth über dem noch dazu einen wahrhaft betäubenden Duft ausathmenden Pflanzen- und Blättermeer, dass mir die Sinne zu vergehen drohten. Mein Araber aber schritt voran, als ob er in kühlem Saale über Parquet wandele und summte wie mir zum Hohne noch ein leises Liedchen vor sich hin.

Immer dichter und unwegsamer wurde die Wildniss. Längst war das Hotel sammt dem Schiffa unserem Auge entschwunden, rings umgab uns nur die herrliche, aber stille afrikanische Natur. Kein Laut wurde hörbar, kein Lüftchen regte sich. Ich gestehe, mir wurde unheimlich zu Muthe. Wo wollte mich denn der unbekannte Eingeborene, mit dem ich mich nur höchst dürftig verständigen konnte, noch hinführen? So befahl ich denn endlich Umkehr, wozu er sich nur schwer verstehen konnte. Denn er behauptete bestimmt, weiter oben würden wir Affen sehen. Indess, wenn ich selbst von meinem Führer nichts zu fürchten gehabt hätte, in dem Dickicht dieser Berge lauern nicht selten auch Panther, die, wenn man ihnen so sehr ins Gehege kommt, doch vielleicht einmal einen Angriff wagen. Die algerischen Zeitungen berichten häufig genug selbst aus dem eigentlichen Schiffathale, dass Löwen oder Panther gesehen worden seien.

Trotzdem sah ich sie noch, die ersehnten Thiere, wenn auch nur in der Gefangenschaft. Früher hatte unser Hotel nämlich ein

Schild mit einem darauf gemalten Affen. Im Laufe der Zeit, mit der sich Alles vervollkommnet, hat nun aber der Besitzer, gewissermassen als lebende Firma, eine Anzahl dieser Thiere eingefangen, die er zur Belustigung seiner zahlreichen Besucher unterhält. Und wahrlich, es ist ein Vergnügen, den flinken Vierfüsslern zuzuschauen! Mehrere Stunden hielt ich bei ihnen aus und konnte mich zuletzt nur mit Mühe losreissen. Die kleinen Gefangenen hatten jeder einen Baum zur Wohnung. Die Kette, die sie um den Leib trugen, war indess so lang, dass sie bis herunter auf die Mauer, die das Haus von dem kleinen Bache schied, ja bis zu letzterem selbst niederlangte.

In der Regel sassen sie nun alle wie Rekruten auf jener Brustwehr und warteten darauf, dass man sich mit ihnen beschäftige. Ein junges, noch ganz schüchternes Exemplar sprang gewöhnlich, wenn man sich ihm nähern wollte, mit einem Satze auf den Baum und sah dann ängstlich aus den Zweigen nieder. Ein sehr grosser Bursche war dagegen äusserst dreist. Er schnitt, wenn er so ruhig dasass, die lächerlichsten Grimmassen, die mit der sonstigen Würde seiner Erscheinung wenig harmonirten. Trat man ihm näher, so streckte er seine Hand aus, sprang dem Beschauer auf die Schulter und suchte in seinen Taschen herum. Nüsse knackte er unter possirlicher Anstrengung seines Gebisses leicht auf, Käse dagegen beroch er erst flüchtig und liess ihn darauf verächtlich fallen. Gleichwohl betrachtete er ihn auch dann noch als sein Eigenthum. Dies führte zu einer höchst ergötzlichen Scene.

Aus der Post, die mit acht Pferden von Schiffa heraufgekeucht kam und hier eine Frühstückspause machte, ehe sie nach Medea weiterfuhr, stieg ein Herr mit einem mittelgrossen Hunde und nahte sich unserem Affen. Vergebens machte ihn einer der herumstehenden Araber darauf aufmerksam, dass das Thier Hunde nicht gern sähe. Der Herr lachte und meinte, sein Köter sei sehr stark und tapfer und werde dem Affen schon die Wege weisen, wenn dieser es sich einfallen lassen sollte, einen Angriff zu versuchen. Der Hund hatte sich unterdess wirklich daran gemacht, die von dem Affen zu Boden geworfenen Käsebrocken zu beschnobern und zu belecken. Der Affe aber sass wie ein König würdevoll auf seiner Mauer und nur ein giftiger Blick, den er von Zeit zu Zeit auf den hungrigen Eindringling seitwärts niederschoss, verrieth dass er an des Letzeren Thun wirklich Antheil nahm. Endlich war denn auch seine Geduld zu Ende. Ein Sprung, und er sass dem Hunde auf dem Nacken und umklammerte mit seinen Händen den Hals desselben so krampfhaft, dass das arme, dergestalt plötzlich überfallene Thier völlig wehrlos war und vor Angst unter kläglichem Stöhnen die Zunge aus dem Halse streckte. Natürlich waren sofort einige Stöcke zur Hand, welche bewirkten, dass der Affe sein Opfer, das nach wenigen Minuten erstickt sein würde, los liess. Ja er traute auch jetzt dem Landfrieden noch nicht, und sprang mit einem einzigen Satze von der wohl 6—8 m hohen Mauer hinunter in den Bach, wo er, auf einem grossen Steine hockend, so kläglichen Blicks heraufschaute, dass alle Zuschauer in Lachen ausbrachen. Der Hund aber war leise winselnd in eine Ecke gekrochen und zitterte an allen Gliedern.

Auf diese Weise gab es in der Nähe der flinken Thiere immer Unterhaltung. Ja wenn sonst behauptet wird, dass man unter Kindern wieder zum Kinde wird, so möchte ich hinzufügen, dass die Gefahr, das zu werden, auch unter Affen nahe liegt. Christen und Araber standen in der That um diese Vierfüssler mit derselben ungetheilten Aufmerksamkeit herum, mit der wir einst Alle in längst vergangener Jugendzeit den lustigen Sprüngen eines solchen Thieres vor der Bude eines Thierbändigers zuschauten.

Indess dort in der Schiffaschlucht stiegen bei dem ergötzlichen Schauspiele auch ernste Gedanken in dem Erwachsenen auf, die dem harmlosen Kinde ferne lagen. Nie hatte ich Gelegenheit gehabt, so lange und so nahe Affen betrachten zu können. Viertelstunden lang hielt ich das schwarze, kalte Händchen des grössten derselben in meiner Hand und studirte eifrig die Nägel und Fingerglieder. Ich begriff jetzt, wie die Theorie der Abstammung des Menschen von diesen Thieren aufkommen konnte. Das ist ja allerdings Alles so wie bei uns, eine genaue Copie des Originals. Und doch, wenn ich dem Thiere ins Gesicht, tief in die Augen schaute, da begriff ich jene vielbesprochene Lehre auch wieder nicht. Gerade dieser Spiegel der Seele, wie man das Auge so überaus treffend genannt hat, spiegelte hier wohl Hinterlist und Gier, aber nichts von all' dem Hohen und Göttlichen ab, welches aus dem Auge des Menschen spricht.

Das, was im Grunde doch erst den Menschen zum Menschen macht, das, was man Geist nennt, was es auch sei, das fehlt dem Affen, und es ist für jeden unbefangenen Denker klar, dass gerade das, die eigentliche Substanz des Menschen, auch nicht durch „Racenveredelung", und wenn Millionen von Jahren vergingen, dem Affen wird „anerzogen" werden.

Es erscheint überhaupt nicht der Mensch als eine Copie des Affen, sondern vielmehr der Affe als eine und zwar schlechte Copie des Menschen, gerade so wie eine Copie etwa der Sixtinischen Madonna wohl, mechanisch betrachtet, dem unvergleichlichen Ideal ähnelt, in Wirklichkeit aber stets des kaum näher definirbaren Zaubers, des Hauches des Genies entbehren wird, der das Original umschwebt. Das ist ja im Grunde der Wahrheitskern, der der Lehre der alten christlichen Kirchenväter innewohnt, die bekanntlich die Affen von dem auf Gott und seine Schöpfung, den Menschen, eifersüchtigen Teufel geschaffen sein liessen. Es spricht auch entschieden etwas Diabolisches aus dem Auge eines Affen, das ihn nur als eine Carrikatur des Ebenbildes Gottes erscheinen lässt.

Gewiss ist aber das Eine, so viel Hypothesen auch die Wissenschaft noch über den Ursprung des Menschen zu Tage fördern mag, es wird zwischen dem Menschen und dem Thiere immer eine Kluft bleiben, die sich nicht überbrücken oder verbergen lässt.

V.
Von Blida nach Algier.

Inhalt: Die gemässigte Zone dicht neben der heissen. — Zum ersten Male „afrikanische Hitze". — Die algerische Ebene und die alpinen Firnregionen in ihrer gleichen Einwirkung auf den Touristen. — Ein arabischer Richtplatz, auf dem nebenbei Jahrmärkte abgehalten werden. — Der Sieg menschlicher, bezieh. deutscher Ausdauer über das heimtückische Fieber. — Das Lob der Metidscha aus arabischem Munde. — Der afrikanische Leonidas und seine Getreuen. — Eine Eisenbahnfahrt am brandenden Meere entlang. — Die Hauptstadt als Sternenpyramide über der dunkeln Salzfluth.

Unser Kutscher hat wieder angespannt, und so verlassen wir denn nach dem recht guten Déjeuner, das wir hier genossen haben, das merkwürdige Gasthaus in der Schiffaschlucht. Indess treten wir vorläufig noch nicht den Rückweg an. Das Defilé setzt sich nämlich von hier aus noch etwa eine Stunde fort und bietet auf dieser seiner zweiten Hälfte fast noch wildere und originellere Bilder als auf der vorher zurückgelegten Strecke. Um unsere Tour zu vervollständigen, fahren wir daher noch bis an das südliche Ende der ganzen Einschluchtung. Ja wir könnten unseren Ausflug selbst bis zur nächsten Stadt, Medea, ausdehnen, die, im Ganzen nur 42 km von Blida entfernt, doch ein Bild algerischer Erde uns sehen lässt, das völlig verschieden ist von dem, das wir noch hier, am Ende der Schiffaschlucht, vor uns haben. Da droben ist die fast tropische Vegetation, die uns soeben noch umgab, verschwunden. An Stelle der Agaven und Cacteen, der Lorbeeren und Oliven sind die Ulmen, Eschen und Obstbäume getreten. Wie mit Zauberschlag hat sich die südeuropäische Zone in die mitteleuropäische verwandelt, und diese Metamorphose haben selbst die Häuser mitgemacht, die da droben auf der luftigen Atlashöhe statt der Plattformen solide Ziegeldächer aufweisen.

Indess wir werden derartige „Bühnenverwandlungen bei offener Scene", die für Algier so charakteristisch sind und den Reiz des Landes nicht wenig erhöhen, an einer anderen Stelle noch frappanter kennen lernen und treten darum nunmehr den Heimweg an. Nur zu bald liegt der kühle Schlund wieder hinter uns und der helle Sonnenschein der weiten Metidscha umgiebt uns abermals, aber freilich, um uns jetzt noch ganz anders zuzusetzen als am Morgen. Zum ersten Male presste uns die sprichwörtliche afrikanische Gluth Seufzer aus. Das Thermometer zeigte im Schatten unserer noch dazu rasch dahinjagenden Tartane über 30 Grad, während wir drüben in der Scheliffebene, die doch, weil noch besser vom Meere abgeschlossen als die Metidscha, für noch heisser gilt als die letztere, den ganzen Tag über nur 17 Grad R. hatten.

Ich begriff nicht, wie es der Kutscher auf dem völlig schattenlosen Bocke auszuhalten vermochte. Auf meine Nerven wirkte die drückende Hitze bei absoluter Windstille so erschlaffend, dass ich fortwährend einschlief, so sehr ich mir auch Mühe gab, diese Schwäche zu überwinden. Ich habe ähnliche Anwandlungen unbezwingbarer Schlafsucht sonst nur noch in einem ganz entgegengesetzten Klima, nämlich bei Ueberschreitung von Firnflächen in grossen Höhen gehabt. Unangenehm aber sind sie in allen Fällen, wo sie auch den Touristen überkommen.

So waren wir denn recht froh, als die Fahrt ihr Ende erreicht hatte und wir unter den schönen Arkaden von Blida bei kühlender Citronenlimonade buchstäblich wieder zum Leben erwachten.

Am Abend setzten wir unseren Stab weiter und eilten der Hauptstadt entgegen. Die kurze Eisenbahnstrecke bietet dem Auge kaum etwas Neues. Die weite Ebene mit ihrem Gebirgsrahmen rechts und links umgiebt uns ja auch hier wieder. Der einzige grössere Ort, den wir passiren, ist Bu Farik, eine Stadt, deren Geschichte zu originell ist, als dass wir sie nicht mit wenig Worten berühren sollten.

An der Stelle, wo sich heute dieser Ort erhebt, befand sich bis 1830 ein ausgedehnter Sumpf, der allein von allerlei Gethier, namentlich Wildschweinen, bewohnt wurde. Auf einem etwas gehobeneren Platze stand eine weisse Kubba mit einem Brunnen, über welchem sich vier Zitterpappeln erhoben. Aus den Zweigen dieser Bäume hingen Stricke nieder, an denen nicht selten ein Mensch aufgeknüpft war. Der Ort stellte eine arabische Richtstätte dar, auf der die gerechten Urtheile der Kadis vollstreckt wurden. Gleichwohl hatte dieser Platz voll Grausen auch von Zeit zu Zeit sein buntes Leben. Alle Montage versammelten sich hier in dem nahezu mathematisch genauen Mittelpunkte der gottbegnadeten Ebene die Araber von nah und fern sammt ihren Producten und hielten einen Markt ab.

Die natürliche Wichtigkeit dieses Punktes war es denn nun auch, welche die Franzosen zu dem Entschluss brachte, daselbst eine Stadt zu gründen, die das Centrum der Metidscha werden sollte, wie es Orléansville für die Scheliffebene ist. Allein sie hatten die Rechnung ohne den Wirth gemacht. Der grossartig angelegte Ort wollte trotz aller Munificenz der Regierung, die den herbeiströmenden Colonisten Land und Privilegien aller Art gewährte, nicht gedeihen. Das Fieber, dieser böse Gast, war, genährt von den Miasmen des ehemaligen Sumpfbodens, der jetzt, wo der Pflug ihn aufbrach, doppelt stark ausdünstete, mit eingezogen und wüthete furchtbar unter den Einwohnern. So erkrankten im Jahre 1841 nicht weniger als 450 Personen und 106 starben sogar. 1842 wurden von 300

Colonisten 92 weggerafft, 1847 unterlag noch ein Zwölftel der gesammten Bevölkerung. Aber es wurde doch mit der Zeit immer besser, und wenn man noch 1842 daran gedacht hatte, die Ansiedelung wieder gänzlich aufzugeben, wenn in der That oft genug ganze Familien unter bedeutendem pecuniären Verlust von dem unheilvollen Ort in grösster Hast entwichen, so erlebten doch die, welche muthig aushielten, die Freude, dass 1848 schon der Procentsatz der Unterliegenden auf $1/28$, 1849 auf $1/35$ herabsank und 1856 die Geburten (139) die Sterbefälle (77) überragten.

Seitdem ist der Ort durch Anpflanzung von australischem Fieberheilbaum (Eucalypt. globul.), der hier wie in einem Treibhause gedeiht, durch Entwässerung und andere derartige Massnahmen mehr und mehr in einen Platz verwandelt worden, der zum mindesten nicht ungesünder ist, als die Metidscha überhaupt; und wo vordem nach dem Sprichworte „nicht einmal die Krähen leben konnten", da wohnen jetzt 5187 Menschen, von denen nur 1964 Araber sind. Der Sumpf ist zum üppigen Garten, die Richtstätte zur Stätte des Lebens und Gedeihens geworden. Zehn Jahre hat Bu Farik mit den Eingeborenen, 20 Jahre mit dem noch schlimmeren Feinde, dem Fieber, gekämpft; menschliche Zähigkeit und Ausdauer haben, wenn auch erst nach langem Ringen, beide Gegner überwunden. So ist diese Metidscha-Stadt ein laut redender Beweis von der Siegeskraft der Cultur überhaupt, der Siegeskraft des Menschengeistes, der in langsamem aber stetigem, oft gehemmtem, aber niemals dauernd aufgehaltenem Fortschritt das alte Bibelwort zum Vollzug bringt: „Erfüllet die Erde und machet sie euch unterthan!"

Gleichzeitig ist dieser Ort aber auch ein ehrenvolles Zeugniss für die französische Nation, die durch den merkwürdigen Entwicklungsgang, welchen diese Niederlassung nahm, bewiesen hat, dass sie doch nicht so ungeschickt zum Colonisiren ist und speciell in Algerien nicht so wenig geleistet hat, als man gewöhnlich annimmt. Freilich, um auch einen Tropfen Wermuth in dies unser Lob fliessen zu lassen, wollen wir den Lesern verrathen, dass ein bedeutender Theil der Bürger von Bu Farik Elsässer, also Germanen, Deutsche sind.

Der oben erwähnte arabische Markt wird auch jetzt noch jeden Montag hierselbst abgehalten und führt meist an 4000 Eingeborene aus allen Theilen der grossen Ebene herzu. So hat Bu Farik bereits sein Ziel, das commercielle Centrum der Metidscha zu werden, erreicht, und wird mehr und mehr dazu beitragen, dass die ungeheure Ebene, dieses köstliche Gottesgeschenk, allmälig wieder werde, was sie noch zu Anfang dieses Jahrhunderts war, wo über 150,000 Menschen sich auf ihrem Boden nur mit Ackerbau beschäftigten und wo die Araber sie also priesen: „Du Mutter der Armen, du beste aller Ebenen, deine Fruchtbarkeit ergiesst sich aus vollem Born wie die Wasserbäche!"

Wir sagten oben, dass Bu Farik auch im Kriege gelitten. In

der That bezeichnet gerade dieser Fleck algerischer Erde einen Herd jener wilden Bewegung, die die Araber immer wieder ihren Unterdrückern entgegentrieb.

Hier, in der menschenleeren, übelverrufenen Landschaft war es, wo die Söhne der Wüste häufig höherer Interessen als nur des Austausches ihrer Waaren halber zusammenströmten und wo angesichts der ernsten Richtstätte, im bleichen Scheine des Mondes, der die unermessliche Ebene beleuchtete, die Marabuts und Derwische ihnen den „heiligen Krieg" predigten.

An Bu Farik knüpft sich auch eine der heldenmüthigsten Episoden aus dem endlosen Ringen zwischen Arabern und Franzosen auf Algiers Boden. Am 11. April 1841 rückte von hier eine kleine Abtheilung Soldaten, im Ganzen 22 Mann, unter der Führung eines Sergeanten, Namens Blandan, aus, um sich nach Beni Mered zu begeben, das 5 km weiter westwärts gegen Blida zu liegt. Ohne irgend eine böse Ahnung zog die Schaar dahin, bis urplötzlich, aus einem Hohlweg debouchirend, 300 berittene Araber vor ihnen auftauchten. Aber das winzige Häuflein erschrak nicht.

Die Aufforderung, sich zu ergeben, beantwortete der Sergeant mit einem wohlgezielten Schusse, und nun begann ein furchtbarer Kampf, dessen Ausgang freilich nicht zweifelhaft sein konnte. Wohl sank mancher Weissmantel tödtlich getroffen von seinem Steppenrosse, aber auch die Reihen der braven Europäer lichteten sich rasch. Mit dem Zuruf an die Seinen, bis zum letzten Blutstropfen auszuhalten, war der wackere Anführer zusammengestürzt; ja bald schon führten nur noch 5 Tapfere den ungleichen Kampf weiter, als endlich Hufschlag erdröhnte und eine heranstürmende Abtheilung Chasseurs die Beduinen in die Flucht jagte. Ein Obelisk in Beni Mered verkündet der Nachwelt den Ruhm des afrikanischen Leonidas und seiner Getreuen.

Es waren noch mehr solcher grausiger Bilder, die vor meinem Auge auftauchten, als wir durch die Dunkelheit, die unterdess eingetreten war, dahindampften. Aber plötzlich schreckte mich ein gewaltiges Tosen auf, das an der rechten Seite der Bahn hörbar wurde. Ich sah sofort durchs Fenster und erkannte trotz der dichten Finsterniss, welche herrschte, die wogende Meeresfluth, an der auf dem letzten Theile der Fahrt der Schienenweg sich hinzieht.

Während ich noch auf die dunkle Wassermasse hinausstarrte, die in unheimlicher Nähe mit donnernder Brandung gegen das Ufer schlug, fesselte ein neuer überraschender Anblick meine Aufmerksamkeit. Aus der schwarzen Fluth stiegen mit einem Male Hunderte von blinkenden Lichtern auf, die zuletzt eine Art leuchtende Pyramide von beträchtlicher Höhe bildeten. Unser Herz schlägt höher, wir nähern uns Algier, unserm Ziele.

In der That verschwindet auch das feenhafte Bild, das uns

soeben erschienen war, bereits wieder und nach wenig Minuten fahren wir in den Bahnhof der Hauptstadt ein, steigen auf breiter Marmortreppe inmitten eines bunten Menschenstroms empor und bergen uns, geblendet von der Masse strahlender Gasflammen und betäubt von dem unbeschreiblichen Getümmel, das uns nach der Nacht und der Stille in der Ebene draussen unvermittelt umgiebt, in dem schützenden Hotel, indem wir uns die Musterung aller Herrlichkeiten, die uns hier zu erwarten scheinen, auf morgen versparen.

FÜNFTES KAPITEL.

DIE RESIDENZ ALGIER.

I.

Die Aussicht auf die Stadt und von der Stadt.

Inhalt: Wo sich Algier am besten ausnimmt. — Das afrikanische Neapel. — Die horizontale und vertikale Situation des Ortes. — Die Bai von Algier und das Sahelgebirge. — Eine Stätte warmen Lebens, die einem unermesslichen Todtenacker gleicht. — Ein bunter Rahmen zu einem einfarbigen Bilde. — Ein europäischer Villenkranz um eine arabische Häusermasse. — Napoleon, der „Städteverschönerer". — Ein Prachtbau auf afrikanischem Boden, wie er in Europa vergebens gesucht wird. — Eine Räuberhöhle, die sich in ein Eldorado verwandelt hat. — Ein unbezahlbarer Standpunkt für Tagediebe. — Der Hafen von Algier und sein Verkehr zur Zeit der Piratenwirthschaft. — Ein Bild, das immer dasselbe und doch stets ein anderes ist.

So oft ich auf meinen Reisen in einen grösseren Ort komme, habe ich immer in der ersten Zeit meines Aufenthaltes ein Gefühl, wie es in jedem Kinde vorhanden sein müsste, wenn in solchem Alter überhaupt schon von klaren Empfindungen die Rede sein könnte. Eine ganz kleine Welt thut sich mir auf, aber sie ist mir zunächst noch eine unverständliche. Strassen und Plätze dehnen sich vor mir aus, aber der Totaleindruck, ein klares Bild von der Lage und Anordnung des Ganzen, das fehlt mir noch und stört mir den Genuss. Ich muss erst klar sehen, muss erst einen Ueberblick über das Ganze gewonnen haben, ehe mir so recht behaglich in der fremden Stadt werden kann. Deshalb ist es immer mein Erstes, einen in dieser Hinsicht Befriedigung verheissenden Punkt aufzusuchen. In der Ebene steige ich auf einen Kirchthurm, bei einer Stadt im Gebirge suche ich eine dominirende Höhe auf. Am leichtesten aber ist dem Touristen — denn mehr oder minder wird Jeder meine Empfindungen theilen — die Sache bei einer Seestadt gemacht. Die grossen Orte am Meere haben ja mit wenig Ausnahmen die Flachküsten wegen der Ungunst der Verhältnisse, die mit solchen verbunden ist, wegen des Mangels guter Hafenplätze und wegen der

Gefahr durch Sturmfluthen gemieden und mehr die Steilküsten zu ihrem Sitze erkoren. Die Lage der Seestädte ist daher meist eine amphitheatralische, vom Meere an aufsteigende. So giebt es denn keinen besseren Punkt zur Uebersicht für solche Orte als ihre Basis, das Meer. Fährt man nur ein wenig hinaus auf die blanke Fläche, so bietet sich auch schon immer ein überaus malerisches Bild. Wer so in Genua, in Neapel, in Christiania, in Edinburg, in Odessa gethan hat, der wird meine Worte bestätigen.

So war denn auch in Algier, als ich am frühen Morgen erwachte, meine erste That dies, dass ich sofort, ohne all den neuen Bildern, die auf Schritt und Tritt auf mich einstürmten, vorläufig noch Aufmerksamkeit zu schenken, zum Hafen eilte, ein Boot miethete und nun von draussen meinen Blick auf die Stadt richtete. Da lag sie denn vor mir da, die alte Trutzburg der nordafrikanischen Piraten, vom hochragenden Haupte bis zum Fusse zu überschauen, in all der Herrlichkeit und Schöne, die sie den gefeiertsten Punkten unserer Erde ebenbürtig zur Seite treten lässt. Wir gewahren von unserem Standpunkte aus bald, dass Algier so originell placirt ist, wie es kaum irgendwo wieder vorkommen dürfte.

Gleich den berühmtesten Seestädten der Erde liegt auch die Hauptstadt Algeriens an einem ungeheuren, viele Meilen im Umfange haltenden Golfe, der Bai von Algier, welche eine nach Süden tief ins Land einschneidenden, im Osten von dem weit vorspringenden Cap Matifu, im Westen, weniger prononcirt, von der Pointe Pescade und dem Cap Caxine geschlossenen Bogen bildet. Aber Algier hat nicht wie andere Meeresstädte seinen Platz im Centrum dieses Halbkreises, an der tiefsten Stelle des weiten Bogens genommen, vielmehr nahezu an dessen westlichem Ende sich niedergelassen. Hier breitet sich nämlich das Sahelgebirge, das von Westen her als schmaler Küstenzug streicht, mit einem Male behaglich aus und erfüllt die ganze Ecke, welche die weit ins Meer gegen Norden vorgeschobene Küste bildet, ehe sie durch den Golf von Algier rechtwinklig umgebogen und südwärts eingezogen wird.

Auf den mächtigen östlichen Abdachungen dieses hier bis zu 402 m sich aufgipfelnden Gebirges liegt nun unsere Stadt, und zwar in der Weise, dass sie am Meere am breitesten ist, und von da, schmäler und schmäler werdend, die Höhe hinanklimmt, bis sie mit der 118 m über der See gelegenen Kasba, der alten Citadelle der Deys, endet. Auf diese Weise bildet sie ein mächtiges, nahezu gleichschenkliges Dreieck von 50 Hektaren Flächeninhalt.

Bietet die Stadt in solcher Art schon durch ihre Form einen interessanten Anblick, so wird das ganze Bild noch dadurch besonders eigenartig, dass die Hunderte von hinter und über einander aufsteigenden maurischen Häuschen insgesammt der Fenster entbehren und daher, zumal sie auch nur platte Dächer haben und ohne Unterschied weiss getüncht sind, mehr grossen, weissen Marmorquadern ähneln, so dass man glaubt, einen unermesslichen Steinbruch oder eine Riesentreppe oder auch, wie ein Reisender sagt, der den Ort zuerst im fahlen Schimmer des Mondes sah, einen Riesenkirchhof mit dicht aneinander gereihten, glänzenden Leichensteinen vor sich zu haben.

In der That hat Algier, von Weitem betrachtet, das Imposante, die stille Majestät eines weiten Todtenackers, aber — fügen wir hinzu, freilich auch das Todte und Unheimliche einer solchen Stätte, so dass man das Ganze vielleicht nicht schön, wohl eher unschön nennen könnte, wenn nicht zu dem sonderbaren Bilde eine Umrahmung käme, die nicht nur Alles wieder ausgliche, sondern sogar durch den Contrast einen neuen Zauber herzubrächte.

Zu beiden Seiten der Stadt dehnen sich nämlich weite Vorstädte aus, die, im Gegensatz zu den starren, mathematischen Linien der ersteren, in buntester Unordnung die Abhänge des Sahel allenthalben bedecken. Hunderte von Villen in sämmtlichen Stylformen der Erde, in gothischer, romanischer, maurischer Architektur, Seitenstücke zur Alhambra in Spanien und zu Schloss Stolzenfels am Rhein, klettern vom blauen Meere bis zu den grünen Berggipfeln empor, grüssen von stolzen Höhen und lugen aus lauschigen Thälern; und wohin das Auge nur blickt, da treten ihm die hohen Kronen der Palmen, die dichten Büsche der Orangen und die dunklen Fächer der Pinien entgegen. Soll ich diese herrlichen Sahelgehänge mit etwas vergleichen, so kann es nur die Bergumrandung der Perle Siciliens, Palermos, sein, die den treffenden Namen trägt: „concha d'oro", Goldmuschel. Und wer nun, wie ich, dies ganze Bild voll merkwürdiger Contraste im Scheine der funkelnden Morgensonne gesehen hat, der wird mir Recht geben, wenn ich sage: Algier ist die Perle von Nord-Afrika.

Kündigt sie sich als solche aber schon durch ihren Anblick aus der Ferne, durch ihr Ponorama an, so wird dieser Name auch berechtigt, ja mehr und mehr als der einzig zutreffende erscheinen, wenn wir uns nun der näheren Besichtigung der Stadt zuwenden.

Wir legen wieder am Quai an und indem wir die gestern schon erwähnte marmorne Freitreppe emporsteigen, lernen wir auch bereits die Hauptmerkwürdigkeit Algiers, sein stolzestes Bauwerk, eine Anlage kennen, wie sie in solcher Pracht kaum eine der europäischen Hauptstädte aufzuweisen hat.

Ehemals liefen nämlich am Hafen unserer Residenz verschiedene arabische Strassen hin, die mit ihren hässlichen Häusern und ruinösen Moscheen, Kasernen und dergleichen auf den zur See ankommenden Fremdling einen wenig günstigen Eindruck machen mussten, abgesehen davon, dass durch die dichte Anhäufung des alten Gemäuers der Verkehr am Hafen nur gehemmt wurde.

Es war nun Napoleon III., der auch hier Rath schaffte und den hässlichsten Punkt von Algier zu der schönsten Stelle der ganzen

Stadt umwandelte. Ueberhaupt wird, wenn die Geschichte wirklich auch alle anderen seiner Zeit viel gerühmten Verdienste des jetzt so sehr geschmähten Mannes zu beseitigen im Stande wäre, die wahrhaft geniale Kunst des Ausbaues und der monumentalen Ausschmückung der Städte, die ihm eignete, niemals hinwegdisputirt werden können. Mag er auch in den Annalen der Welt nicht den stolzen Beinamen des Siegreichen, des Gerechten oder des Städtegründers erhalten, wie solcher anderen Regenten zu Theil geworden ist, so wird ihm doch der bescheidene Titel eines „Städteverschönerers" nicht vorenthalten werden dürfen.

In gleich radicaler Weise, wie seiner Zeit in Paris mit den alten, winkeligen Vierteln, machte er nun auch in Algier mit dem verfallenen Gerümpel am Hafen tabula rasa und liess an dessen Stelle das Riesenwerk aufführen, zu dem die Kaiserin Eugenie am 19. September 1860 selbst den Grundstein legte.

Nur durch einen breiten Streifen Landes, der als Quai dienen sollte, vom Meere getrennt, erheben sich zwei Stockwerke gewaltiger Bögen, in Summa 350, die eine gekrümmte, mit der Küste parallel laufende Linie von 2000 m Länge bilden und ein Areal von 11 Acker einnehmen. Die Höhe dieses ganz aus Marmor hergestellten Baues beträgt 26 m. Die Ausführung war einem Engländer, Namens Morton Peto, übertragen und erforderte einen Aufwand von über 2 Millionen Thaler. Der letztere wurde dadurch bestritten, dass der Erbauer auf 99 Jahre Concession zur Benützung der Hallen erhielt, welche von den Bögen gebildet werden. In der That dienen auch diese hohen, geräumigen, feuerfesten Gewölbe allen möglichen Zwecken. Sie sind Speicher und Verkaufsbuden zugleich; der ganze Hafenverkehr und Seehandel der Stadt hat hier seine Stätte. Besonders wichtig werden diese Hallen aber dadurch, dass in 4 derselben die permanente Ausstellung algerischer Producte ihren Platz hat, die nicht weniger als 4000 Nummern umfasst. Hier findet man in übersichtlicher Zusammenstellung alle Mineralien, Hölzer, Cerealien, Industrieproducte des Landes und dergleichen mehr, was namentlich für den Colonisten von ausserordentlichem Werth ist.

Der Franzose versteht ja überhaupt so meisterhaft, das Nützliche mit dem Schönen zu verbinden. Das ist bei dieser Terrasse besonders zur Erscheinung gekommen. Es führen nämlich von ihrem Fusse, von den genannten Hallen aus verschiedene gewaltige Freitreppen und breite Auffahrten hinauf auf ihre Höhe, wo, getragen von den darunter befindlichen Gewölben, eine unvergleichliche Prachtstrasse entsteht. Dieselbe wird auf der einen Seite von einer langen Reihe der monumentalsten Gebäude gebildet, unter denen die Post, die Bank und zwei elegante Hotels, das ältere „de l'Orient" und das neue „de l'Oasis", sich befinden.

Alle diese Paläste haben weit vorspringende Arkaden, die einen stets schattigen Gang bilden, auf welchem vor den reichsten Schau-

Die „Moschee am Fischplatz" (Dschama Dschedid) in Algier.

Die „grosse Moschee" (Dschama Kebir) in Algier.

läden mit ungeheuren Spiegelscheiben, vor luxuriös ausgestatteten Kaffeehäusern und Restaurationen eine bis in die späteste Nacht hinein wogende, bunte Masse ihr Wesen treibt. Wahrlich, man würde sich in Paris glauben, wenn man nicht wüsste, dass man in Afrika wäre! Und das Alles ist in noch nicht fünfzig Jahren geworden! Das Algier, das noch 1830 eine finstere, unheimliche Piratenstadt war, bei deren Nennung Jedermann mit Schauder an Kerker, Ketten und Blut dachte, ist heute eine Welt- und Lebestadt trotz Wien und Berlin.

Die andere Seite unserer Terrasse, von der genannten Häuserreihe durch eine breite Fahrstrasse geschieden, auf der unaufhörlich Reiter, Fiaker und Pferdebahnwagen sich kreuzen, wird von einem monumentalen, Geländer eingefasst, an welchem zu allen Zeiten Europäer und Eingeborne lehnen. Denn in der That giebt es hier auch immer etwas zu sehen. Zunächst unter sich hat man die 400 m langen Quais, auf denen am äussersten südlichen Ende der Bahnhof der Linie Algier-Oran seinen Platz gefunden hat. Ferner stehen da drunten die Bureaux der Douane und der verschiedenen Marseiller Dampfschifffahrtsgesellschaften, der Messageries maritimes, der Valéry, der Compagnie mixte, der Société des transports générale und dergleichen mehr.

Mag auch die Handelsbewegung von Algier sich mit der von Marseille oder Triest nicht im Entferntesten messen können, so vergeht doch kein Tag, wo nicht mehrere Dampfer einlaufen. Von der hohen Terrasse aus aber kann man ihre Rauchsäulen und Flaggen schon weit draussen auf hoher See erkennen; welch eine angenehme Unterhaltung für den trägen Südländer, bez. Araber! Endlich sieht man von hier aus auch das Auslaufen und Heimkehren der zahlreichen Fischerboote, die jeden Tag draussen ihr Gewerbe ausüben, man sieht das Aus- und Einladen für Eisenbahn und Wasserweg zugleich, was noch an wenigen Seeplätzen möglich sein dürfte, sieht mit einem Worte das ganze originelle Getriebe an einer belebten Küste, und das von hohem, sicheren Standpunkte aus.

Der Hafen Algiers ist übrigens auch eine Schöpfung Frankreichs. Die Römer hatten hier nur einen Platz, wo sie ihre Fahrzeuge anbanden; die Türken legten dann zwar einen förmlichen Hafen an, in welchem ihre Raubschiffe lagen, — beiläufig 1588 35 Galeeren, 1657 ausser einer Anzahl kleinerer 23 grosse Schiffe mit je 30 bis 50 Kanonen, 1662 22 Fregatten und 9 Galeeren, 1766 24 grosse Fahrzeuge mit im Ganzen 680 Feuerschlünden, während die 1816 von Lord Exmouth im Hafen der Stadt verbrannte Flotte nicht weniger als 5 Fregatten, 4 Corvetten und 30 Kanonenboote zählte — allein als nun nach der Niederwerfung des Piratenwesens der Handel Algier in sein Netz zu zehen begann, so reichte doch die alte Anlage nicht mehr aus. Es wurden darum im Jahre 1836 zwei gewaltige Molen, die eine von 700, die andere von 1235 m Länge ins Meer hinaus geführt, welche ein Bassin von 95 Hektar Flächenraum mit einer durchschnittlichen Tiefe von 12 m einschliessen, das Schiffe genug beherbergen kann und ihnen auch ziemliche Sicherheit gewährt.

Schöner aber noch° als das Gebild aus Menschenhand präsentirt sich von unserem Standpunkte, der ehemals nach seiner Vollendung im Jahre 1866 Boulevard de l'Impératrice genannt, aber schon 1870 in Boulevard de la République umgetauft wurde, das, was die Natur uns vor Augen stellt.

Wir überschauen von hier aus den ganzen, ungeheuren Golf, die nahen Gelände des Sahel, auf denen die südlichen Vorstädte, Moustafa inférieur und supérieur, bis zum höchsten Gipfel emporkletternd, sich ausbreiten; weiter in dem tiefsten Einschnitt des Küstenbogens erscheint ein gut Theil der an dieser Stelle am üppigsten bewachsenen Metidscha-Ebene, während dahinter wie eine lange Mauer mit Thürmen und Bastionen die vielkuppige Atlaskette sich hinzieht. Aus ihr tritt besonders dominirend nicht, wie oft fälschlich angegeben wird, der Dschebel Dschurdschura, sondern vielmehr der Bu Zegsa bei der Stadt Fonduk heraus. Er bildet ein gewaltiges, auf beiden Seiten fast senkrecht abgeschnittenes Massiv, das oben in drei ziemlich gleich hohe Zacken wie in eine Krone ausläuft, eine im Ganzen im Hochgebirge seltene Form.

Weiter nach links gewahrt man auch, jedoch ziemlich zurücktretend, den oben an erster Stelle genannten Bergriesen, der dafür aber einen anderen Reiz aufzuweisen hat, nämlich den, dass er fast das ganze Jahr mit Schnee bedeckt ist.

Das ganze herrliche Bild schliesst ab mit dem weit ins Meer vorgeschobenen Cap Matifu, das der Beschauer auf der Terrasse über der weiten blauen Wasserfläche drüben sich gerade gegenüber hat.

Dieses grossartige Panorama stellt sich je nach der Tageszeit und der Beleuchtung durchaus verschiedenartig dar. Ganz anders erscheint es, wenn es in das strahlende Gold der Morgensonne getaucht ist und wiederum, wenn die Bergspitzen drüben in dunklem Purpur glühen, während auf der weiten Metidscha bereits die Schatten der Dämmerung liegen.

II.
Stadtwanderung.

Inhalt: Das Herz von Algier. — Ein originelles Stück algierischen Lebens. — Droschkenkutscherpoesie. — Der Halbmond auf der Basis des Kreuzes. — „Ziehe Deine Schuhe aus, denn hier ist heiliges Land!" — Ein unverdientes Lob, das doch an die rechte Adresse gekommen ist. — Höflich und doch intolerant. — Ein Wink für Unterjocher.

Wir reissen uns endlich von der immer und immer wieder fesselnden Aussicht des Boulevard de la République los, denn wir haben noch viel in der Stadt zu besichtigen. Ja nur wenige Schritte von unserem Standpunkte führen uns schon wieder neue Sehenswürdigkeiten vor Augen. Nördlich läuft unsere Terrasse nämlich in die Place du Gouvernement aus, die, wenn man den Boulevard eine der Hauptschlagadern der Stadt nennt, als das eigentliche Herz Algiers betrachtet werden muss. Dieser geräumige, etwa ein Hektar Land einnehmende Platz ist auf drei Seiten von stattlichen Gebäuden umgeben, während man auf der vierten wieder den freien Blick auf Meer und Gebirge hat. Eine mit mächtigen Marmorplatten ausgeführte Pflasterung, monumentale Gaskandelaber, die Reiterstatue des Herzogs von Orléans, des vom Volke so geliebten, unglücklichen Sohnes Louis Philipp's, der 1839 Algier besuchte, und Reihen hochragender Platanen nebst Gruppen mächtiger Dattelpalmen sind die Zierden des weiten Planes.

Hier lauschen, wenn des Tages Hitze vorüber ist und eine erquickende Brise vom nahen Meere herweht, Hunderte von Menschen den schmetternden Klängen der Militärmusik, elegante Herren in feinstem Pariser Anzug promeniren auf dem platten Boden wie auf dem Parquet eines riesigen Ballsaales, während die Schönen Algiers, namentlich reich mit Gold und Juwelen behangene Jüdinnen, im Schatten der alten Dattelpalmen vor den eleganten Cafés, die hier eins neben dem anderen sich finden, ihr Sorbet schlürfen.

Aber nicht nur die geniessende, sondern auch die arbeitende Welt hat auf diesem Platze ihren Sammelpunkt. Hier werden im Auf- und Abwandeln manche Geschäfte gemacht, manche Käufe abgeschlossen; der Colonist trifft daselbst den Grosshändler, der mit den Erzeugnissen des Landes die Schiffe drunten am Hafen befrachtet. Von hier gehen endlich die beiden Strassen aus, die in fortlaufender Linie parallel mit der Meeresküste und dem Boulevard die ganze Stadt durchziehen, die Rue Bab Azun, welche nach Süden, und die Rue Bab el Uëd, welche nach Norden läuft.

In Folge dessen bildet dieser Platz auch den Ausgangspunkt für die Omnibusse und Diligencen, die innerhalb und ausserhalb der Stadt ihr Wesen treiben. Und das will etwas bedeuten. Nie in meinem Leben sah ich eine verhältnissmässig so enorme Masse dieser Beförderungsmittel als in dieser Stadt. Die billigste Ueberwindung von Entfernungen, nämlich per pedes Apostolorum, zu deutsch: auf Schusters

Rappen, die scheint in der stolzen afrikanischen Kapitale gänzlich verpönt zu sein. Vielleicht denkt man hier ähnlich wie in Neapel, wo ich einst das Sprichwort hörte: „Nur die Hunde und die Deutschen wandeln in der Sonne." Unzähligen Strahlen gleich gehen Omnibuslinien von Algier nach jedem nur irgend nennenswerthen Punkte in der Nähe oder Ferne, am Meere hin und auf die höchsten Höhen des Sahel hinauf, in die weite Ebene hinaus, wie hinein in das Atlasgebirge. Und so mannigfaltig wie ihre Routen, sind auch die Namen dieser Wagen. Da prangen an dem einen die stolzen Worte: Nordstern, während ein anderer, nicht sehr einladend für die Passagiere, die Inschrift: Panther, Tiger, Löwe oder Hyäne führt. Manche dieser Vehikel sind wieder mehr lyrisch gestimmt und nennen sich: Lilie, Rose, Palme, während noch andere sogar bis zu Bezeichnungen aus den Annalen der Weltgeschichte sich versteigen.

Freilich mit den hochtrabenden Namen will die äussere Erscheinung dieser Beförderungsmittel nicht immer recht stimmen. Es giebt wohl recht elegante, aber auch recht jämmerliche Gefährte in der Menge. Manche haben nur ein Plandach, andere, die so eng sind, dass sie nicht vier Mann bequem zu fassen vermögen, sind für sechs oder gar acht Passagiere berechnet. Zu allen Tageszeiten aber, vom frühesten Morgen bis zur spätesten Nachtstunde, stehen an der Westseite unseres Platzes mindestens ein halbes Dutzend solcher Wagen, die entweder eben angekommen sind oder eben abfahren wollen. Und welch ein Gewühl und Gedränge um sie herum! Da werden Käfige mit Geflügel oder Körbe mit Fischen und Früchten zu ganzen Bergen auf dem Dache des wackeligen Rumpelkastens aufgethürmt, während im Innern feine Damen unter schmutzige Araber sich hineinzwängen. Dort wieder speit ein Gefährte, das, von einem krausharigen Neger gelenkt, heranbrauste, vermummte Frauengestalten und rothhosige Militärs zugleich aus. Es ist eben auch dieser Omnibushafen wieder einer der Standpunkte zur Beobachtung orientalischen Lebens, wie man sie in Algerien so vielfach findet.

Aber mit all' dem ist das, was dieser belebteste Platz Algiers bietet, noch nicht erschöpft: Am obersten Ende derjenigen seiner Seiten die nicht von Gebäuden eingeschlossen wird, erhebt sich eins der Bauwerke, die auf den abendländischen Touristen, der im Morgenlande weilt, immer so viel Anziehungskraft ausüben, eine Moschee. Solcher Gebäude besass Algier einst 166, von denen indess heutzutage nur noch 21 dem muhammedanischen Cultus dienen. Aber auch unter diesen sind nur zwei wirklich sehenswerth, welche, was recht bequem für den Fremden ist, nahe bei einander liegen. Die eine dieser beiden ist die, vor der wir jetzt stehen, die Dschama Dschedid, die auch Mosquée de la Pêcherie (Moschee am Fischplatz) genannt wird.

Ihr Aeusseres ist ziemlich imposant. An eine mächige Hauptkuppel legen sich vier kleinere Nebenkuppeln an, während das Ganze ein viereckiges Minaret von der schon bei Oran beschriebenen Form überragt, an welchem eine Uhr angebracht ist. Die tadellos weisse Tünche dieses Bauwerks lässt es von Weitem als aus Marmor aufgeführt erscheinen, und da man es auf dem Boulevard de la République immer als nördlichen Schlusspunkt im Auge hat, so gewinnt jene unvergleichliche Terrasse damit einen neuen Reiz.

An die Erbauung dieser Moschee im Jahre 1660 knüpft sich eine interessante Sage. Ein Christensklave soll, mit ihrer Aufführung beauftragt, dem Ganzen die Kreuzesform gegeben haben, die es in der That aufweist. Zur Strafe dafür habe er seitens der erzürnten Muselmanen den Feuertod erleiden müssen.

Wenn dieser Erzählung auch keine Thatsache zu Grunde liegt, denn die mathematisch so hochbegabten Araber werden wohl jeden Plan genau geprüft haben, ehe sie ihn für ein Bauwerk zur Verwendung brachten, so beweist das Ganze doch, dass die Anhänger des Halbmondes — denn von ihnen ist ja die Sage verbreitet worden — neben dem Hass immer auch eine gewisse Furcht, einen gewissen Respect dem Kreuzeszeichen, dem Sinnbild des Christenthums, entgegengebracht haben. Als ein Pendant zu der ebenerwähnten Legende kann ich ja etwas mittheilen, was mir in Constantinopel in der Sophienmoschee begegnete. Dort machte mich ein muselmanischer Führer auf ein ungeheures Kreuz aufmerksam, das allmälig sichtbar wurde, wenn man recht angestrengt einen gewissen Theil der Decke ins Auge fasste. Der Mann sagte mir hierbei, dass dieses Kreuz, so oft es auch übertüncht worden sei, doch immer von Neuem zum Vorschein komme und die Anhänger Muhammed's in der trüben Ahnung befestige, dass einst das Kreuz den Halbmond wieder vertreiben werde.

Im Innern der Dschama Dschedid ist, wie in allen islamitischen Gotteshäusern, nicht viel zu sehen. Strohmatten bekleiden auch hier den Boden und durch die hohe Kuppel fällt ein gedämpftes Licht in den weiten Raum, dessen von keinem Laut unterbrochene Stille in schroffstem Contraste steht zu dem Lärme draussen.

Mir aber war besonders feierlich zu Muthe in Folge eines kleinen Intermezzos, das sich bei meinem Eintritt ereignet hatte. Bekanntlich ist das Betreten einer Moschee in allen noch unbezwungenen muhammedanischen Ländern den Christen als Ungläubigen durchaus verwehrt oder nur gegen hohe Geldbusse gestattet (beispielsweise musste ich in Constantinopel für die Besichtigung der Sophia mehrere Thaler bezahlen), in Algerien dagegen seit der Herrschaft der Franzosen völlig frei. Nur wird erwartet, dass man, gemäss einer uralten semitischen Tradition (vgl. die Geschichte vom feurigen Busche 2. Mose 3, 5: „ziehe deine Schuhe aus, denn hier ist heiliges Land!"), die Fussbekleidung ablege, ehe man ins Innere tritt, was ja auch alle Muselmanen thun. Indess an Punkten, die, wie Algier vor Allem, bereits so ganz uud gar europäisirt worden sind, emancipiren sich die übermüthigen Franzosen von diesem Gebrauch, den der einfachste Anstand schon sie beachten lassen sollte, und laufen sans gêne mit ihren Stiefeln in den arabischen Gotteshäusern herum.

Als ich nun in die Moschee am Fischplatze eintreten wollte und im Begriffe stand, meine Schuhe abzuziehen, trat ein alter, weissbärtiger Araber an mich heran und bedeutete mich, ich solle die Schuhe nur anbehalten. Ich erwiderte aber darauf: „Warum denn das? Es ist ja dies ein Haus Gottes, und wenn ich auch kein Muselman bin, so ist es mir doch ebenso heilig als Euch!" Darauf sah mich der alte Mann mit dem Patriarchengesicht einen Augenblick ernst und doch so freundlich an und sagte: „Sie kein Franzose, Sie ein Engländer, Engländer gut." Wahrscheinlich kannte er ausser den Franzosen keine andere Nation als die britische. Daher durfte ich denn auch als Deutscher sein Lob hinnehmen, ja ohne nationale Selbsterhebung glaubte ich mir das in diesem Augenblicke sagen zu dürfen, dass wir Deutsche mehr Toleranz, mehr Achtung haben vor der Sitte und Dem, was Anderen heilig ist, selbst wenn wir seine Gefühle nicht theilen, als der sonst so höfliche, aber doch auch so leichtsinnige und so leicht eitel-übermüthige Franzose.

Vielleicht wäre die Erbitterung der Araber gegen ihre Unterdrücker nicht so oft und so furchtbar blutig zum Ausbruch gekommen, wenn die Franzosen gerade in der gedachten Beziehung mehr Zartgefühl angewandt hätten. Denn das ist ein Erfahrungssatz aus der Geschichte aller Zeiten: die härteste Tyrannei, Steuerdruck und physische Belastung aller Art, das Alles fühlt ein unterjochtes Volk nicht so, als wenn seine Sitten mit Füssen getreten werden.

III.
Eine ethnographische Abschweifung.

Inhalt: Algier bei Nacht. — Eine offizielle Singstunde. — Pfau und Nachtigall. — Ein kleines, deutsches Blümlein, das man auf Frankreichs Erde vergeblich sucht. — Die Marseillaise und die Wacht am Rhein. — Eine Republik am unrechten Orte. — Ein bevorstehendes Fest das an die ganze Vergangenheit des Landes erinnert. — Ein Stück Erde das die Weltgeschichte links liegen gelassen hat. — Der Sieg der Nordküste des Mittelmeeres über die Südküste. — Eine Magd, die zehn Herrschaften gehabt hat. — Autochthonen oder Immigrirte? — Der älteste Schimpfname in der Weltgeschichte. — Die Gefährlichkeit von Collectivnamen in der Geographie. — Altberberische Reliquien. — Asiatische Reminiscenzen in afrikanischen Köpfen. — Afrika's Grenze mitten in Afrika. — Das noble Volk des Nilthals und seine unnoble Verwandtschaft. —

Der erste Tag in Algier war vorüber. Er hatte mir nicht mehr, aber auch nicht weniger gebracht als ein erstes, flüchtiges und doch schon so anziehendes Gesammtbild der alten Stadt, wie ich versucht habe, meinen Lesern wiederzugeben. Die nähere Besichtigung all der einzelnen Sehenswürdigkeiten, die sie noch haben mochte, musste ich auf den nächsten Tag verschieben. Um indess auch die Abendstun-

III. Eine ethnographische Abschweifung.

den nicht ganz ungenützt vorüberstreichen zu lassen, machte ich ohne bestimmten Plan noch einen Streifzug durch die Stadt, wie ein solcher einen doppelten Reiz hat, wenn man den ganzen Tag über nach Plänen, Karten, Reisehandbüchern und Itineraires sich hat richten müssen.

Auf's Geradewohl schlenderte ich aus einer Strasse in die andere, stand bald hier, bald dort vor einem der glänzend erleuchteten Läden still, in denen ausländische und einheimische Waaren, Juwelen aus Paris und Silberfiligranarbeiten aus der Bergwildniss der Kabylie, Seidenstoffe aus Lyon und Löwenfelle aus dem Atlasgebirge zur Schau gestellt waren, verirrte mich wohl gelegentlich auch einmal in eine dunkle, enge arabische Gasse, um sofort wieder in die Tageshelle und das warme Leben der europäischen Stadttheile zurückzufliehen, und musste endlich, aufgehalten durch eine dicht, angestaute Volksmasse, vor einem grossen Gebäude Halt machen. Eben wollte ich mir gewaltsam Durchgang verschaffen, da traf aus dem hellerleuchteten Erdgeschosse ein lauter Gesang mein Ohr. Ich lauschte und erkannte bald, dass es die Marseillaise war, die in dem Hause executirt wurde.

Ich wandte mich an einen neben mir stehenden Herrn und erfuhr denn nun, dass da drinnen, im Saale der Mairie, die republikanische Hymne eingeübt werde, um bei Gelegenheit des „grossen Festes" zum Vortrag gebracht zu werden.

Allerdings, den Eindruck einer Singstunde machte es, was man hier hörte, aber einer Singstunde, wie sie bei uns schon in einer kleinen Stadt, ja selbst auf dem abgelegensten Dorfe kaum mehr möglich ist. Das wollen, so dachte ich, die Leute sein, die an der Spitze der Civilisation marschiren, und doch klingt ihr Gesang kaum besser, wie die Anfänge des Kirchengesangs unter den alten Germanen zur Zeit Karl's des Grossen, welche bekanntlich einen Zeitgenossen an das Geräusch erinnerten, mit welchem beladene Wagen über Knüppeldämme fahren. Ja man hätte meinen können, dass da drinnen die Araber und Kabylen, wo nicht gar selbst die Löwen und Panther des Landes mit einstimmten, wenn nicht ein Blick durch die hohen Fenster lauter feingekleidete Europäer gezeigt hätte. So fürchterlich waren die Misstöne, so roh und unausgebildet klang das, was man hier Gesang nannte. Unwillkürlich erinnerte ich mich an eine bekannte Fabel, die von dem Pfau mit dem glänzenden Gefieder und der Nachtigall in schlichtem, grauen Gewande redet, welch letzterer dafür aber die wunderbare Stimme gegeben ist. So hat auch die Natur dem französischen Volke die prächtigsten, schimmerndsten Anlagen, Esprit und élan, Geschmack und Witz verliehen, aber Eins hat sie ihm doch versagt, das unserm Stamme mit seiner viel weniger blendenden Erscheinung so reich zu Theil wurde, die Gabe des Gesanges, des Kunstgesanges sowohl, wie des freien, aber aus der Tiefe des Gemüths quellenden, volksthümlichen Gesanges. Gerade diesen letzteren sucht man in ganz Frankreich nahezu vergeblich, ja man kann dieses Urtheil noch erweitern, kann es von der Melodie auf den Inhalt, von der Reproduction auf die Production, von dem Singen auf das Dichten ausdehnen: in dem schillernden Garten der französischen Geistesblüthen, in ihrer an so manchen herrlichen Erzeugnissen reichen Literatur fehlt eins, das Herrlichste von Allem, das kleine, aber so unvergleichlich duftende Veilchen, welches in Deutschland seit alter Zeit an allen Zäunen und Hecken gedeiht, das Volkslied.

Auch der Marseillaise geht das eigentlich Volksthümliche ab. Sie hat bei allem Feuer, das sie athmet, doch nicht jenes undefinirbare Etwas, das wie ein Blitzschlag in der Seele zündet, das auch den einfachsten Mann anmuthet, als sei es „Fleisch von seinem Fleisch und Bein von seinem Bein". Kein Wunder, dass daher auch die Melodie sich mehr oder minder als Kunstproduct darstellt, das trotz aller Mühe nicht so recht im Volksgedächtniss haften will, wie etwa unsere „Wacht am Rhein". Es finden sich allerdings, namentlich gegen das Ende, einige überaus glückliche Stellen, die bekanntlich Schumann in seinem „Die beiden Grenadiere" so geschickt verwerthet hat, dem stehen aber auch wieder schwierige, gekünstelte Passagen gegenüber; ich habe namentlich die im Auge, wo die Composition in so tiefe Lagen herabsteigt.

In der That haperte es bei der Probe da drinnen auch allemal hier, und es war vergebens, dass der Dirigent des Chors diese „lateinische Zeile" unaufhörlich wiederholen liess, es wollte trotzdem niemals recht gehen. Ist es denn aber nicht ein eigenthümliches Verhängniss, ein bedeutsames Ausrufezeichen, welches zu denken giebt, dass gerade die republikanische Nationalhymne nur mit Mühe dem Volke eingetrichtert werden kann? Erscheint das nicht wie ein Fingerzeig darauf, dass überhaupt das republikanische Wesen keinen Boden in der französischen Nation findet, dass die republikanische Staatsform für dieses Volk am wenigsten passt, von welchem ein neuerer Historiker, Scherr, dem nebenbei Niemand Voreingenommenheit für das neue deutsche Reich vorwerfen wird, in scharfem aber auch scharfsinnigem Urtheil sagt, dass „hinter all' seinem Revolutionsspectakel der romanische Autoritätsafterglaube als Substanz seiner Nationalität breitspurig und unentwegt dasteht!".

So gering nun aber auch der Ohrenschmaus war, der mir dort vor der Mairie in Algier geboten wurde, so hatte doch der ganze Zwischenfall das Gute, dass ich auf das „grosse Fest" aufmerksam gemacht wurde. Jetzt erinnerte ich mich wieder, dass die Dame, mit der ich von Hammam Rirra heruntergefahren war, ja auch davon gesprochen hatte, dass sie „zum Feste" wolle. Welch' ein glücklicher Zufall, der mich gerade in die Hauptstadt geführt hatte, als man sich anschickte, einen Tag zu feiern, der einen Haupteinschnitt in der ganzen Geschichte Algeriens bezeichnet! Das Land sollte einen Civilgouverneur, nach fast 50jähriger Militärherrschaft end-

III. Eine ethnographische Abschweifung.

giltig eine bürgerliche Verwaltung erhalten. Damit wurde doch in der That eine jahrhundert-, ja jahrtausendlange Entwickelung für die Provinz abgeschlossen; Algerien stand im Begriff, nach aller Barbarei, nach allem Ringen und Kämpfen endlich der vollen Cultur und ihren Segnungen sich zu erschliessen. Unwillkürlich zog da noch einmal die ganze Geschichte dieses Stückes Erde vor meinem Auge vorüber, und ich meine, auch der geneigte Leser wird sie nicht ohne Interesse betrachten, die Bilder, die ich nun in aller Kürze entrollen werde.

Freilich der Boden, auf dem wir stehen, ist kein eigentlich klassischer. Es ist auf ihm nicht Weltgeschichte im grossen Style gemacht worden. Die Entwickelung der Menschheit ist ja im Allgemeinen von Südosten nach Nordwesten, aus dem Herzen Asiens nach dem mittleren Europa vorwärts gegangen, und dabei musste Algerien links liegen bleiben. Einmal freilich schien es, als ob der grossartige Strom auch an der Südküste des Mittelmeeres sich hinbewegen wolle. Das war damals, als aus dem alten Bienenstocke in der östlichsten Ecke des genannten Meeres ein Schwarm sich aussonderte und an dem Gestade von Tunis niederfiel, als von dem phönizischen Volke, das den Anfang der Culturentwickelung am Mittelmeere machte, Karthago gegründet wurde. Aber zu gleicher Zeit war auch an der Nordküste das Leben erwacht und bemächtigte sich nach dem griechischen Lande auch der zweiten Halbinsel im Mittelmeere, Italiens. Und weil die Bildung und Gliederung der Gestade auf der europäischen Seite eine viel reichere und mannigfaltigere ist, so musste schon deswegen das Aufblühen der Cultur hier ein machtvolleres sein als drüben. Dazu kam aber noch dies, dass auf Italiens Boden in dem verhältnissmässig kurzen Zeitraume von der Gründung Roms bis zum ersten punischen Kriege ein einheitliches nationales Wesen erwachsen war, dass Rom es meisterhaft verstanden hatte, alle die verschiedenen fremdartigen Stämme um sich her sich einzuverleiben und mit seinem Wesen zu verschmelzen, während Karthago drüben wohl Verbindungen mit den angrenzenden Naturvölkern hatte und Handelswege durch ihr Gebiet in die Sahara hinein sich bahnte, aber als eine rein commercielle Gründung diese Stämme nicht mit sich zu assimiliren verstand, ein Fehler, der ihm den Untergang bereitete. Karthago war im Grunde eine blosse Stadt geblieben und musste als solche dem Staate, das materielle Interesse der Macht des nationalen Gedankens unterliegen.

Trotzdem aber, dass also mit dem Ausgange der punischen Kämpfe, des grossen und verzweifelten Ringens zwischen Süd- und Nordrand des Mittelmeeres, der letztere ausschliesslich zum Schauplatze der welthistorischen Entwickelung avancirte, haben sich doch auch auf jener Seite genug denkwürdige Facta vollzogen, ja einmal, in

Schwarz, Algerien.

der grossen Sturmfluth, die man Völkerwanderung nennt, schlugen die Wogen von drüben bis herüber.

Namentlich ist Algerien hochinteressant durch die verhältnissmässig grosse Zahl der Völker, die nach einander über seinen Boden zogen. Selten hat ein Land so oft seinen Besitzer gewechselt. Nicht weniger als zehn Herrschaften hat dieses Stück Erde gedient, zuerst den wilden Stämmen, die die heranrückende Cultur hier schon vorfand, dann den Griechen, Phöniziern, Karthagern, Römern, Vandalen, Byzantinern, Arabern, Türken und zuletzt den Franzosen.

Trotz dieses bunten Wechsels zeigt sich die merkwürdige Erscheinung, dass die Stämme, die in vorgeschichtlicher Zeit schon hier sassen, in ihren Trümmern noch heute auf demselben Boden wiederzufinden sind. Ueberhaupt sind dieselben für die Wissenschaft das Object einer zwar sehr schwierigen, aber nicht weniger interessanten Forschung, die leider von der grossen Gelehrtenwelt noch viel zu wenig betrieben wird.

Man kennt nämlich den Ursprung dieser Stämme absolut nicht. Kein sicherer Anhalt ist für die Annahme vorhanden, die in der Urgeschichte so vieler Völker eine Rolle spielt, dass die ersten Besitzer des Bodens aus der Ferne, beziehentlich aus Asien eingewandert seien. Daher neigen sich Viele der Ansicht zu, dass die betreffenden Stämme hier ureingesessene seien, eine Annahme, die, abgesehen davon, dass die Autochthonentheorie überhaupt noch keineswegs unwiderruflich begründet ist, in diesem Falle entschieden nur eine Verlegenheitshypothese darstellt.

Suchen wir nun einmal in Kürze darzulegen, was über die Urgeschichte Algeriens bisher ermittelt worden ist.

Das von dem Nilthal und der Libyschen Wüste im Osten, dem Atlantischen Ocean im Westen, dem Mittelmeere im Norden und der grossen Sahara im Süden begrenzte Stück von Nordafrika wurde in Zeiten, wo unsere Geschichtskenntniss kaum beginnt, von einer Anzahl nomadisirender Stämme bewohnt, die Gätuler, Nomaden oder Numidier, Garamanten, Maxyer, Massilier oder Massäsilier, Mazäner und Maurusier hiessen.

Die Letzterwähnten wohnten weit im Westen des genannten Landstriches und ihr Name ist in dem Worte „Mauren" bis heute erhalten geblieben. Ebenso lässt sich, wenn auch in bedeutender Corruption, die Bezeichnung „Gätuler" in der Benennung „Dschedala" wieder erkennen, welche ein berberischer Stamm noch jetzt führt. Auch dürfte man kaum zu viel wagen, wenn man in dem modernen Namen Ammazier, der gleichfalls noch von berberischen Stämmen getragen wird, die oben angegebenen Ausdrücke Mazäner, Maxyer und dergleichen wiederfindet.

Alle diese verschiedenen Gruppen wurden aber von den Culturvölkern, mit denen sie in Berührung kamen, Libyer und Berber genannt. Die letztere Bezeichnung hat sich bekanntlich gleichfalls

III. Eine ethnographische Abschweifung.

bis auf den heutigen Tag fortgepflanzt, und es ist Thatsache, dass namentlich im westlichen Theile von Nordafrika berberisches Blut sich noch vielfach erhalten hat und von der Küste des Mittelmeeres an bis an den Niger hinunter anzutreffen ist. Namentlich dürften in Marokko, diesem Europa so nahen und uns doch noch so verschlossenen Lande, und zwar im Gebiete des hohen Atlas noch viele berberische Stämme sich in alter Reinheit wiederfinden, und eine eingehendere Beschäftigung mit denselben kann vielleicht später noch Manches zur Aufklärung des Dunkels, das über der Urgeschichte von ganz Nordafrika liegt, beitragen.

Was der Ausdruck „Berber" besagen will, leuchtet aber wohl ohne Weiteres ein. Die Aehnlichkeit des Wortes mit dem griechischen βάρβαροι ist um so leichter zu erkennen, wenn man erwägt, dass der Plural des arabischen „Berber" Beraber und Berabra lautet.

Aber auch die Griechen hatten dieses Wort erst wieder überkommen, und zwar muthmasslich aus dem Sanskrit, der alten Sprache Indiens, in welcher der Ausdruck „Warwara" einen Geächteten, Geringen, Uncultivirten bedeutet. Auch die Aegypter bedienten sich jenes Wortes und nannten „Barbaren" nach dem Zeugniss des Herodot alle Die, die nicht ihre Sprache redeten. Die Römer aber belegten mit diesem Titel, wie der heilige Augustin uns berichtet, diejenigen Bewohner ihrer afrikanischen Besitzungen, welche weder vor ihrer Macht noch vor dem Christenthume sich beugten.

Die mit solchem Collectivnamen bedachten Völkerschaften waren indess weit entfernt, eine einheitliche Nation zu bilden. Bekanntlich waren ja die Alten in der Ethnographie nicht gerade stark und warfen leicht Stämme, die ihnen fremd waren, insgesammt in einen Topf, mochten dieselben auch noch so verschieden geartet sein. Man denke nur an den Ausdruck „Scythen", mit welchem im Alterthume all' die so heterogenen, uncultivirten Racen bezeichnet wurden, die am Schwarzen Meere, am Kaspischen See und jenseits des Jaxartes (Syr Darja), der Nordostgrenze der geographischen Erkenntniss der Alten, wohnten.

Gleichwohl hatten die genannten Ureinwohner des gedachten Stückes von Nordafrika manches Gemeinsame in ihrer Erscheinung, ihren Sitten und vor Allem in ihrer Sprache, die sich, wenn auch jetzt zumeist, wie z. B. von den Kabylen, mit arabischen Lettern geschrieben, und vielfach mit arabischen und anderen Worten vermischt, ebenfalls noch erhalten hat. Sie wird im Allgemeinen noch von Stämmen in Marokko, in Tunis, in der Gegend von Sokna in Tripolis, desgleichen auf den Oasen von Siwah und Audschilah, sowie längs des Südfusses des Atlasgebirges und im Westen der Sahara von den Tuaregs gesprochen, welch Letztere noch ein eigenes Alphabet, das sogenannte Tamaschek, besitzen.

Das Alles würde also auf eine gemeinschaftliche Abstammung der gedachten verschiedenen Völkerschaften deuten. Leider kommen

8*

wir aber über diese Hypothese nicht hinaus. Sind sie Autochthonen, auf dem Boden, auf dem sie noch jetzt wohnen, erwachsen oder sind sie durch eine grosse Einwanderung an das Nordgestade Africas geworfen worden, diese Fragen sind, zur Zeit wenigstens, noch nicht endgiltig zu beantworten. Es darf aber nicht unerwähnt bleiben, dass mancherlei Momente für eine Lösung des Räthsels im Sinne der Einwanderung sprechen. Es finden sich z. B. unter den Berbern Sagen, die unverkennbar an den griechischen Mythus anklingen, ja Partieen aus demselben wörtlich wiedergeben, so unter Anderem die Sage von den Thaten des Herkules, vor Allem von seinem Kampfe mit Antäos, jenem Riesen, der, wenn er zu Boden geworfen wurde, von seiner Mutter, der Erde, nur neue Kraft empfing, ferner von den Aepfeln der Hesperiden, jenen goldenen Früchten mit der ihnen innewohnenden Kraft der Verjüngung, dann von dem welttragenden Atlas und dergl. mehr. Die griechische Herkulessage aber trägt bekanntlich unverkennbare Spuren des altasiatischen Sonnendienstes in sich; insonderheit weisen die goldenen Aepfel mit ihrem Anklang an den biblischen Bericht vom Lebensbaum im Paradiese auf Asien hin.

Einen asiatischen Ursprung macht auch eine Sage aus dem classischen Alterthume wahrscheinlich, nach welcher die Gätuler und die anderen Stämme sich in grauer Vorzeit mit eingewanderten Persern und Medern vermischt und so den Numidiern und Mauretaniern das Leben gegeben hätten. Endlich mag noch darauf hingedeutet werden, dass die Kabylen, die unverkennbaren Nachkommen der alten Berber, mancherlei Aehnlichkeit mit asiatischen Stämmen, namentlich mit den Völkerschaften im Kaukasus, aufweisen. Ihr Stolz und ihre Freiheitsliebe, die uralte demokratische Grundlage, die ihrem Gemeinwesen zu Grunde liegt, ihre grosse Geschicklichkeit in mancherlei Branchen der Industrie, ihre Neigung zu festen Wohnungen, möglichst in gebirgiger Gegend, das sind alles Züge, die lebhaft an die Eigenthümlichkeiten der Stämme dort am Schwarzen Meere erinnern.

Wie dem aber auch sein möge, ob die Berber Eingewanderte oder Autochthonen sind, gewiss ist das Eine, dass sie zur kaukasischen Race gehören, dass sie weder Wollhaare noch schwarze Haut haben, wie die übrigen Ureinwohner von Afrika, die von jenseits der Sahara ab hausen, sondern dass sie in ihrer Farbe so ziemlich den Bewohnern von Südeuropa gleichkommen. Und so haben wir denn eine weitere Aehnlichkeit zwischen der Partie unseres Erdtheils, die am Mittelmeere sich ausbreitet, und dem gegenüberliegenden Nordafrika. Wie das grosse Stück Erde von der Oase Siwah in der Libyschen Wüste bis zum Atlantischen Ocean, das südlich von der Sahara begrenzt wird, in seiner Bodengestaltung, desgleichen in seiner Flora und Fauna den Halbinseln von Griechenland, Italien und namentlich Spanien so überaus nahe kommt, so scheinen auch seine Ureinwohner noch Europa zugerechnet werden zu müssen. Erst jenseits der Sahara beginnt der eigentliche schwarze Erdtheil, das wahre Afrika, der Sudân, in welchem mit einem Schlage Landschaft, Klima und Menschenschlag ganz anders geartet erscheinen und die vielfachen Eigenthümlichkeiten sich uns zeigen, die eben nur in Afrika gefunden werden.

Auf alle Fälle muss man die verschiedenen Stämme, die das Alterthum in Nordafrika nennt, als eine von Natur, wenn auch nicht in politischer Hinsicht, einheitliche Nation betrachten, zu der nebenbei nach der Ansicht mancher Gelehrter selbst die alten Aegypter zählten.

Daher hat denn auch der grosse Kenner des nördlichen Drittels von Afrika, Heinrich Barth, für alle noch heute vorhandenen, über das ganze Gebiet zerstreuten Bruchstücke dieses alten Volkes den Collectivnamen Mazirr oder Imoscharr (eine Bezeichnung, die die Tuaregs, vielleicht aus alter Reminiscenz, sich geben), vorgeschlagen, weil der Name Berber von den betreffenden Stämmen selbst mit Entrüstung zurückgewiesen wird.

Gerade letzterer Umstand dürfte übrigens wieder beweisen, dass diese alte Bezeichnung nur ein Spottname war und dass die nach der türkischen Invasion den Gebieten von Marocco, Algier, Tunis und Tripolis beigelegte Benennung „Barbareskenstaaten" nicht erst in Folge der von diesen Ländern getriebenen Seeräuberei aufkam, wie manche Geographen meinen, sondern dass auch dieser moderne Name nur eine Wiederauffrischung des alten $\beta\acute{\alpha}\varrho\beta\alpha\varrho\sigma\iota$ (Barbaren) war.*)

IV.

Die Geschichte Algeriens von den ältesten Tagen bis zum goldenen Zeitalter des Maurenthums.

Inhalt: Die Griechen in Algier. — Gründung von Icosium. — Karthago und die Westhälfte des Mittelmeeres. — Wie sich die Verachtung der umwohnenden Berber Seitens der phönizischen Tochterstadt rächte. — Rom's Annexionspraxis. — Geborene Erbschleicher. — Algeriens erste Blüthezeit. — Das Kreuz in Afrika. — Die Sturmfluth der Völkerwanderung. — Germanen, die in Algeriens Gefilden der Heimkehr vergessen. — Deutsches Blut in afrikanischen Adern. — Der Halbmond geht auf. — Unterschied zwischen Türken und Arabern. — Der transitorische Beruf des Islam. — Die zweite Blüthezeit Algeriens. —

Doch wir wollen unsere Leser nun nicht länger mit solchen trockenen Untersuchungen aufhalten, vielmehr zu der beabsichtigten kurzen Darlegung der Geschichte Algeriens zurückkehren, indem wir

---

*) Vergl. übrigens zu diesen kurzen Ausführungen das, was hinten im „Anhang" zur Völkerkunde Afrikas überhaupt beigebracht wird. —

unser ethnographisches Kapitel mit der Bemerkung abschliessen, dass die alten Berber, wessen Ursprung sie auch waren, sich doch als ein tüchtiger, wenn gleich bei seiner Uncultur roher Menschenschlag erwiesen haben, dass sie namentlich mit ausserordentlicher Thatkraft gegen die anrückenden Schaaren der Culturvölker ihre Freiheit Jahrhunderte lang zu vertheidigen wussten, wie denn auch — ein laut redender Beweis für diese Behauptung — ihre Sprache trotz der langen Berührung, in die sie nacheinander mit Phöniziern, Römern und Germanen kamen, aus der Sprache dieser Nationen nahezu gar keine Elemente in sich aufgenommen hat.

Wie bereits erwähnt, lassen sich die ältesten Einbrüche auf dem von uns behandelten Boden nicht mehr nachweisen. Möglicher Weise kamen schon in grauer Vorzeit griechische Stämme an dieses Ufer. Wenigstens soll der Sage nach die Stadt Algier von Gefährten des Herkules erbaut worden sein, die hier ihren Gebieter allein gegen sein Ziel, die Säulen des Herkules (Gibraltar), weiter ziehen liessen, während sie sich ansiedelten. Um die neue Stadt nicht einseitig nach Einem unter ihnen zu benennen, sollen sie den Namen derselben von ihrer Anzahl, zwanzig (griechisch εἴκοσι), genommen haben. So ist der Sage nach Icosium entstanden.

Als die ersten nachweislichen Vertreter der Cultur auf Algiers Erde kann man aber erst die Phönizier ansehen, von denen bekanntlich sowohl die Nord- als die Südseite des Mittelmeeres mit Colonieen übersät wurde. Namentlich war es Karthago, das, als durch seine Lage auf die Westhälfte des Mittelmeeres angewiesen, das Land bis zur Meerenge von Gibraltar zu unterjochen bestrebt war. Es war indess als ein commercielles Gemeinwesen schon mit dem Besitz der Küste zufrieden, an der es in der That auch seine Factoreien anlegte. Nach einer Verschmelzung mit den Eingeborenen in den Gebirgen und Steppen des Atlas gelüstete es diese Stadt nicht. Das ist es auch, was der Sage zu Grunde liegt, dass der libysche König Jarbas sich vergebens um die Hand der Gründerin von Karthago, der Dido, beworben habe. Im Alterthum herrschte bekanntlich eben das gerade Gegentheil von dem neuzeitlichen Princip. Dort suchte jedes Volk seine Cultur ängstlich vor fremden Nationen zu hüten, heutzutage ist jede Nation bestrebt, ihre Errungenschaft an Civilisation anderen zu vermitteln.

Die Karthager verachteten die Berber und liessen sich daran genügen, ihre Karawanen durch deren Gebiet nach Süden, nach dem Sudan hinunter zu entsenden. Denn von dort bezogen sie unter Anderem die schwarzen Sclaven, die als Ruderer ihrer Flotte so grosse Schnelligkeit verliehen.

Diese Geringschätzung der Eingeborenen aber sollte sich an den Karthagern bitter rächen. Denn als der Kampf auf Leben und Tod mit den Römern drüben begann, da sahen sie sich von ihnen fast ausnahmslos verlassen. Dahingegen wandten die Römer die so oft

IV. Algerien v. d. ältesten Tagen b. z. goldn. Zeitalter d. Maurenthums.

von ihnen geübte Perfidie auch hier an und hetzten die Eingeborenen gegen die Karthager, um sich dann in den Streit zu mischen und des Schiedsrichteramtes zu eigenen Gunsten zu warten. Es ist bekannt, wie sie auf diese Weise unter Benützung des bekannten numidischen Königs Massinissa das unglückliche Land zum dritten punischen Kriege zu treiben wussten, der zur Vernichtung Karthagos führte.

Aber den Eingeborenen sollte ihr Verrath auch nicht unvergolten bleiben. Sie wurden die Geister, die sie riefen, nicht wieder los. Die römische Provinz Afrika, die an die Stelle Karthagos getreten war, sass in ihrem Leibe wie ein immer weiter wucherndes Schmarotzergewächs. Erst ging der östliche, bald auch der westliche Theil des Gebietes verloren, bis zuletzt das Scepter der Römer von Karthago bis zum Atlantischen Ocean reichte, das heisst, da auch Aegypten in ihre Handgefallen war, über die ganze nordafrikanische Küste hinweg.

Die Praxis, die die Leute von der Tiber drüben bei der Annexion hier befolgten, war gleichfalls eine, welche sie so oft anwandten. Sie spielten erst den Protector der einheimischen Herrscher, mischten sich aber dann in ihre Streitigkeiten und nahmen zuletzt die Gebiete, die sie schon zuvor mehr und mehr thatsächlich in die Hand bekommen hatten, auch nominell an sich. Mitunter geschah die Occupation auch auf dem Wege der Güte. Der betreffende Fürst, gerührt von der übergrossen und selbstlosen Freundlichkeit der Eindringlinge, vermachte ihnen sterbend sein Gebiet. Die Römer waren in der That die grössten Erbschleicher, die es je gegeben hat.

In dieser Weise brachten sie, was Algerien betrifft, erst Numidien und dann Mauretanien an sich. Diese beiden Reiche hatten sich nämlich allmälig auf dem grossen, verschwommenen Terrain von Libyen im Allgemeinen fixirt.

So geht ja eben die politische Entwickelung überall vor sich. Die Familie, die erste Grundlage jedes Gemeinwesens, führt zum Stamm; die Stämme gehen nebeneinander her, oft auch gegen einander, bis, meist unter einer allgemeinen Gefährdung, der Gedanke der Zusammengehörigkeit erwacht und die einzelnen Theile zum Volke sich verbinden.

Auf diese Weise waren unter der steten Bedrohung durch die Culturvölker die Stämme im Osten Algeriens zu den Numidiern, die im Westen zu den Mauretaniern verschmolzen. Die Ersteren fielen unter Roms Herrschaft im Jahre 46 v. Chr., die Letzteren im Jahre 43 n. Chr.

Indess gelang es den Römern damit nicht, auch die wilden Massen tiefer im Innern zu unterjochen. Dieselben erhielten sich in ihren Bergen in nahezu völliger Freiheit, obwohl die römischen Heere, z. B. unter Marius und Sulla, wiederholt weite Expeditionen in das Herz des Landes, ja selbst bis in die Wüste hinunter unternahmen. Mehrmals drohten vielmehr wilde Empörungen das ganze

Besitzthum wieder in Frage zu stellen. Deshalb legten denn die Römer eine Reihe von Befestigungen im Gebirge an. Und nun gedieh das von der Natur so reich gesegnete Land in wahrhaft wunderbarer Weise. Aus allen Theilen Südeuropas strömten Colonisten herzu, überall erstanden glänzende Städte, Ackerbau und Handel lohnten reichlich. Daher blieb aber auch Schwelgerei und Luxus nicht aus, und charakteristisch ist es, dass ein römischer Kaiser verbot, Algerien als Verbannungsort zu wählen, „da man dort nur von einem Rom in das andere komme".

Daneben fand freilich ebenso auch das junge Christenthum raschen Eingang im Lande, und die bedeutendsten Kirchenväter, unter ihnen ein Augustin, haben hier als Bischöfe gewaltet. Indess die Tage Roms und damit der gesammten alten Welt, die ja mit diesem identisch geworden war, sollten gezählt sein. Es brauste jener furchtbare Sturm über die Erde, welcher „Völkerwanderung" heisst. Und so gewaltig war die Bewegung, dass sie selbst bis in diese fernen afrikanischen Lande sich fortpflanzte.

Es waren die germanischen Vandalen, die so zu sagen auf dem Landwege über Spanien herbeikamen, und hier, auf einem Boden, der dem von allen alten germanischen Wanderstämmen so heiss ersehnten Italien in hohem Grade ähnelte, über hundert Jahre lang hausten, bis es der in dem oströmischen Reiche noch einmal für kurze Zeit aufblühenden alten Welt gelang, die wilden, tapferen Eindringlinge zu überwinden. Damals flüchteten sich viele versprengte Vandalenhaufen zu den Berbern ins Gebirge und blieben dort, indem sie sich mit den Letzteren vermischten. So dürfen wir denn sagen, dass in den braunen Gestalten drüben in den Atlasbergen ein gut Theil germanisches Blut fliesst, dürfen behaupten, dass wir, wenn wir fern von der nordischen Heimath hier auf Afrikas Boden weilen, gleichwohl unter Blutsverwandten einherwandeln.

Mit der Herrschaft der Byzantiner von 534 an spielte sich der letzte Act des Alterthums auf Algeriens Boden ab. Unmittelbar danach brach für dieses Land die eigenthümliche Periode der grossen Weltgeschichte an, die man Mittelalter nennt und die drüben in Europa mehrere Jahrhunderte früher durch das germanisch-christliche, hier auf Afrikas Boden durch das arabisch-muhammedanische Element begonnen wurde.

Wieder waren nämlich etwa hundert Jahre vergangen, da stieg blutigroth der Halbmond am Himmel empor, da brauste — ein Seitenstück zur Völkerwanderung — der Sturm des Islam über die Welt dahin und riss dem alten oströmischen Baume erst die beiden Hauptzweige ab, ehe er den Stamm selbst umbrach, Kleinasien und Nordafrika fielen in seine Gewalt, bis ca. 600 Jahre später auch die Hauptstadt am Bosporus erobert wurde.

Ueber diese Bewegung, die von Mekka ausging, herrschen noch immer vielfach die unklarsten und unrichtigsten Vorstellungen. Gewöhnlich spricht man von den Moslemim als absolut negativen, zerstörenden Wesen. Man verwechselt aber dabei die Türken mit den Arabern. Die Ersteren haben allerdings mehr verwüstet als aufgerichtet, von ihnen gilt das Bild von dem Ungethüm mit dem eisernen Fusse, der Alles zertritt. Aber sie sind doch nur die Epigonen gewesen, bei denen die ursprünglich reinere Flamme schon als wilder, lodernder Brand auftrat. Man muss den jüngeren, aus den nördlicheren Theilen Vorderasiens, aus Turkestan, hervorbrechenden Nebenstrom der grossen muhammedanischen Bewegung von dem südlicheren, aus Arabien kommenden eigentlichen Quellflusse wohl unterscheiden, wie dies ja schon die Ethnographie an die Hand giebt, denn die Türken gehören der tartarischen Race an, während die Araber Semiten sind. Gewiss eignet nun allerdings ihrer gemeinsamen Religion etwas Exclusives, Fanatisches, aber das musste sich doch bei den beiden so verschiedenen Stämmen auch verschieden geltend machen. In dem tartarischen Blute, das noch ungleich härter ist als das semitische Element, in dem Blute der auf ihren rauhen Hochflächen nur raubenden und streifenden tartarischen Horden fand die Religion des Koran noch mehr Verwandtes, als in dem arabischen Wesen, dem bei aller Schroffheit doch weit mehr Positives innewohnt.

Gewiss hat der muhammedanische Feuerbrand auch in der Hand der Araber Alles vor sich her niedergesengt, aber die andere Hand dieses Volkes verstand es auch, dem Colonisten im Urwalde gleich, in die Asche zu säen und Leben aus den Ruinen zu rufen.

In der That, die weltgeschichtliche Mission des Araberthums ist keine geringe und täuscht nicht Alles, so lässt die unserer Zeit vorbehaltene volle Erschliessung des „schwarzen" Erdtheils dieselbe in immer helleres Licht treten. Diese Mission war zuerst eine negative. Die alte Welt hatte sich ausgelebt, sie musste grösseren Formen Platz machen. Nun, drüben in Europa, da besorgte die Völkerwanderung den Abbruch, in Asien und Afrika dagegen war dieses Geschäft der arabischen Bewegung vorbehalten. Aber ihr Verdienst war auch ein positives. Die alte Welt war eine engbegrenzte, so zu sagen südeuropäische, mediterraneïsche; sie hockte ja in der That, einer Schaar Frösche gleich, um mit Plato zu reden, um das Mittelmeer herum. Die neue Zeit, die durch das Mittelalter vorbereitet wurde, sollte eine ozeanisch-centrale sein. Daher musste die ganze östliche Halbkugel herangezogen werden. Was nun drüben in Europa die grosse germanische Völkerfluth leistete, wie dieselbe dort die einseitige Herrschaft brach und eine allgemeinere, mehr nördliche, atlantische Entfaltung des Erdtheils anbahnte, das bewirkte der Muhammedanismus für die beiden anderen Welttheile unserer Hemisphäre, er bahnte die Erschliessung von Asien und Afrika für die Cultur an.

Und dazu war speziell das Araberthum berufen. Wie bekannt,

zieht sich in der Richtung von Nordosten nach Südwesten ein Wüstengürtel durch die alte Welt, der, anhebend mit den Hochplateaus in Centralasien, den höchsten Hochebenen der Erde, von da in abnehmender Erhebung durch die ganze Breite von Afrika bis an den Atlantischen Ozean, ja bis nach Spanien herum sich ausdehnt. Diesen nahezu das Herz beider Erdtheile einnehmenden Gebietsstreifen zu erschliessen und thunlichst vorbereitend zu cultiviren, dazu war das muhammedanische und vorzugsweise das arabische Element ausersehen.

Das Land der Araber, das übrigens auch so ziemlich in der Mitte dieses Steppengürtels liegt, ist ja gleichfalls Wüste, seine Bewohner geborene Steppenvölker, abgehärtet und genügsam, gewöhnt an das excessive Klima und vertraut mit den mühsamen Arbeiten, die ein solcher durchaus nicht absolut unfruchtbarer Boden verlangt. Die Araber sind die geborenen Gärtner der Wüste, die inventiösen Meister der Bewässerungskunst, von der Europa mit seinem ozeanisch-feuchten Klima nichts wusste. Sie haben ja auch den Spaniern erst die nöthigen Kunstgriffe beigebracht, und was in diesem dürren Lande, der europäischen Sahara, gedeiht, ist nahezu ausschliesslich noch arabische Erbschaft. Die Araber sind daneben, in gleicher Weise wie ihre Kamele die Schiffe der Wüste heissen, die geborenen Schiffer und Steuerleute der Wüste, deren Karawanen noch heute uns den Weg durch das Sandmeer zeigen, beziehentlich allein möglich machen. Die Araber sind weiter, gleichfalls durch die Natur ihres Landes, das wenig erzeugt, aber auch wenig verbraucht, darauf hingewiesen, die ersten und gewandtesten Transithändler der Welt, die zwischen dem indisch-chinesischen Ozean, dem ersten, und dem Mittelmeer, dem zweiten Culturbecken der alten Zeit, schon in grauer Vorzeit vermittelten.

Endlich gab es zwischen den nur halb civilisirten Arabern mit ihrer noch zum guten Theile heidnisch-sinnlichen Religion und den nomadischen Eingeborenen jenes Steppengürtels mehr Anknüpfungspunkte, als zwischen diesen und den Europäern. Wie der Islam zwischen Christenthum und Heidenthum, so steht der Araber zwischen Europäer und Wilden.

Die Araber haben in der verschiedensten Hinsicht unseren Forschern vorgearbeitet, beispielsweise schon durch die Ausbreitung der Sprache des Koran, die jetzt vom Kaspischen Meer bis nach Marocco gesprochen, bez. wenigstens verstanden wird. Die Erschliessung Afrikas, das weiss jeder Afrikareisende, wäre unendlich erschwert, wenn nicht überall die Fusstapfen der arabischen Händler, dieser kühnsten Pioniere, voranleuchteten. Schon das Alterthum hatte seine Kenntniss der Küste von Ostafrika, des Oberlaufs des Nil und die im Allgemeinen richtigen Ahnungen von dessen Quellen nahezu ausschliesslich durch dasselbe Volk gewonnen.

Daraus folgt, dass die Araber schon vor dem Auftreten Muhammed's, von Haus aus zu Vermittlern zwischen Abendland und Morgenland, zwischen Cultur und Uncultur bestimmt und befähigt waren und dies nicht erst durch die Religion des Koran geworden sind. Wohl aber hat die letztere viel zur Erreichung dieses Zieles beigetragen. Die Araber standen nämlich, ehe Muhammed erschien, noch auf einer tiefen politischen Stufe. Sie waren erst im zweiten Stadium aller menschlich-socialen Entwickelung, sie zeigten nur Stammesbildung, von einer Verschmelzung zu einem Volke war noch keine Spur zu finden. Im Gegentheil traten derselben die örtlichen Verhältnisse hemmend entgegen. Ein Land, wo die bebauungsfähigen Strecken durch dazwischenliegende Wüstenflächen zu Oasen werden, ist der politischen Entwickelung einer Nation nichts weniger als günstig. Wie die Gebirge vertical, so scheiden die Steppen horizontal.

Da war es denn nun das Wort des Koran, welches wie ein zündender Funke in die Gemüther einschlug und das noch mangelnde Einheitsband abgab. Und dazu war gerade diese Religion wunderbar geeignet, das muss zugegeben werden. Sie war nicht mehr so grob sinnlich, wie das Heidenthum, und doch auch noch nicht so vergeistigt, dass sie über dem Horizonte der noch halbwilden Volksmasse gestanden hätte. Vornehmlich aber mussten der Fanatismus, der Eifer, die Leidenschaft, die den Grundcharakter des Islam bilden und in ihm die Tiefe und Innerlichkeit ersetzen, gerade für eine Eroberung der Länder im Sturm, für eine mächtige Aufrüttelung und Erfassung der trägen Naturvölker, für einen raschen, wenn auch nicht nachhaltenden Aufschwung ausserordentlich wirksam sein. Für Erreichung eines solchen Effects war unstreitig der Islam zweckdienlicher, als das in jeder anderen Beziehung so ungleich höher stehende Christenthum.

Damit ist aber auch schon ausgesprochen, dass der Islam nur eine vorübergehende Bedeutung haben konnte. Er vermochte nur die uncivilisirten Völker fortzureissen. Sie sollte er aus der Barbarei herausführen und durch seine Halbcultur auf die Cultur vorbereiten. In der Berührung mit der letzteren selbst musste seine innere Leere, der Mangel eines den Menschen wahrhaft versittlichenden und erhebenden Inhalts wie an einem Probirstein heraustreten. Für die Ansprüche eines civilisirten Volkes ist die Religion Muhammed's zu seicht, zu sinnlich, und doch zu eng, zu sehr äusserlich bindend zugleich; für ein solches muss eine Religion, welche Dauer haben soll, freier und doch auch wieder tiefer sein, wie es in einer bisher noch nicht erreichten Weise das Christenthum ist. Daher hat auch der Islam, der halb Asien und Afrika im Sturm einnahm, in Europa kein Glück gehabt; aus Spanien musste er sehr bald wieder weichen und auf der Balkanhalbinsel geht er seit Jahrhunderten schon zwar langsam, aber unaufhaltsam zurück.

Indess — und hierin lässt sich die öffentliche Meinung häufig abermals eine grobe Verwechselung zu Schulden kommen, mit dem Aufhören der Türkenherrschaft wird der Islam nicht zugleich hinfallen. Noch macht er in Asien und ganz besonders in Afrika riesige Fort-

schritte, bis einst auch hier seine Mission erfüllt, das künstliche Feuer ausgebrannt ist und die volle Civilisation ihren Einzug hält. —
Diese kurze Darlegung des Wesens des Araberthums war nothwendig, wenn wir die Vergangenheit des algerischen Landes und seine ganzen gegenwärtigen Verhältnisse verstehen und von da zugleich einen Ausblick in seine Zukunft gewinnen wollen. Namentlich mussten wir auf den grossen Unterschied von arabischem und türkischem Wesen aufmerksam machen, weil anders nicht ganz der ungemeine Verfall zu erklären ist, den Algerien etwa von 1500 ab, das heisst von dem Beginne des Türkenregiments auf seinem Boden an aufweist.

Die Zeit von etwa 700 bis zu diesem Punkte, die Zeit, in welcher das arabische Element allein auf diesem Terrain dominirte, war eine ganz andere, eine verhältnissmässig blühende. Zwar hatten die eingeborenen Berber auch diesen Eindringling Anfangs nicht gern gesehen; wilde Kämpfe, unter denen das Land freilich bedeutend litt, bezeichneten den Anfang dieser Periode. Selbst von einer Königin der Ureingesessenen, Namens Kaïna, die in den Auresbergen herrschte, wird berichtet, und zwar soll durch sie ein bedeutender Theil der herrlichen Forsten zerstört worden sein, die damals noch Algeriens Gebirge bedeckten.

Indess die Araber waren doch mit ihrer Halbcultur und ihrer Religion den Berbern sympathischer als das Alterthum, das in seinen letzten Vertretern, den Byzantinern, hier seine Uebercultur und innere Schwäche zugleich offenbart hatte. Was der gesammten alten Welt, was Phöniziern und Römern, Heiden und Christen nicht gelungen war, eine Verschmelzung mit dem eingeborenen Element, das glückte den Nomaden vom Rothen Meere. In kurzer Zeit schon waren die Berber so in dem Araberthum aufgegangen, dass sie, wie auch heutzutage noch, nur mit der Sonde wissenschaftlicher Forschung wieder herauszufinden waren.

In Folge dessen erlebte denn nun auch das vielumworbene Territorium eine ausserordentliche Blüthe, die sich bis weit in die Wüste hinunter erstreckte, während die Cultur der Alten immer mehr nur die Küste eingenommen hatte. Durch die vielfältigsten Bewässerungsanlagen wurde der dürre Boden in einen Garten verwandelt; grosse volkreiche Städte, mit den trefflichsten Institutionen ausgerüstet, erstanden, die lebhafteste Handelsbewegung, zu Lande mit dem Süden, zur See mit den Mittelmeergestaden, entspann sich, Befestigungen zur Abwehr von Angriffen wurden angelegt, hinter den mächtigen Mauern aber auch Paläste und Moscheen mit reichster Architektur, ausgesuchtem Luxus und feinstem, künstlerischen Geschmack aufgerichtet. Ein industriell regsames, aber dabei auch ästhetisch reiches, schöngeistiges, hochpoetisches Leben herrschte und schuf, über den schmalen Meeresraum nach Spanien hinüber weiter verpflanzt, eine Art classisches Zeitalter, das in der Weltgeschichte vielleicht nur noch in der Perikleïschen Epoche des alten Athen und dem Jahrhundert der Medizäer in Florenz Seitenstücke gefunden hat. Der Vorort dieser eminenten Blüthe, dieser arabisch-maurischen Classicität, war bekanntlich in Spanien drüben Granada, in Algerien aber Tlemsen.

V.
Die Geschichte Algeriens von der türkischen bis zur französischen Invasion.

Inhalt: Der verderbliche Rückschlag, den die Vertreibung der Mauren aus Spanien auf die Verhältnisse in Algier ausübte. — Die Araber werfen sich den Türken in die Arme. — Janitscharenwirthschaft in Afrika. — Der Sieg Frankreichs, nur der Anfang endloser Kämpfe. — Fehler der französischen Verwaltung. — Falscher Liberalismus. — Die Wendung zum Besseren von 1837 ab. — Die Franzosen lernen von den Arabern, wie diese bekämpft sein wollen. — Napoleon und das Nationalitätsprinzip auf afrikanischem Boden. — Die blutige Antwort der Eingeborenen auf europäische Milde. — Die Wirkung der deutschen Siegesnachrichten in Algerien. — Der furchtbarste aller Rückfälle glücklich überstanden.

Das goldene Zeitalter Algeriens wurde durch die Kämpfe der einander in rascher Folge stürzenden arabischen Dynastien oft genug beeinträchtigt, bis es mit Ende des 15. Jahrhunderts ganz verschwand. Ein nicht unwesentlicher Motor bei solch' jähem Verfalle aber war dies, dass in jener Zeit die Mauren — diesen Collectivnamen hatte die berberisch-arabische Mischung allmälig angenommen — aus Spanien drüben verdrängt und an das algerische Gestade zurückgeworfen wurden. Wie die fleissigen Bienen, aus ihrem Stocke vertrieben, Raubbienen werden, so war auch das Wesen dieser Flüchtlinge mit einem Male ein völlig anderes geworden. Der alte Fanatismus, der dem Islam eignet, der aber in den Jahrhunderten friedlicher Entwickelung so weit eingeschlummert war, dass man beispielsweise in Tlemsen Christen ihre Religion ruhig ausüben liess,*) erwachte wieder und wurde in der Erinnerung an die Grausamkeiten, mit denen das unduldsame spanische Element drüben die Austreibung bewirkt hatte, zum wilden Hasse, zur tödtlichen Feindschaft gegen Alles, was Christenthum hiess. Die Pflugschar verwandelte sich wieder in das Schwert, die friedlichen Landbebauer wurden zu streifenden Wegelagerern, zu Räubern, die das alte Cultur-

---

*) Die Toleranz des Maurenthums damaliger Zeit (vor der Katastrophe in Spanien) war sogar so gross, dass nicht nur ein lebhafter Tauschhandel über das Wasser zwischen der europäischen und afrikanischen Küste des Mittelmeeres bestand, sondern auch Abendländer an Karawanenzügen von Arabern ins Innere von Afrika, durch die Sahara und den Sudan, theilnehmen durften.

becken, das Mittelmeer, in ein Gewässer voll Unsicherheit und Schrecken verwandelten.

Dieser rein negative Zug wurde nun aber noch verstärkt durch den nahe um dieselbe Zeit erfolgenden Hinzutritt des türkischen Elements. Die Spanier nämlich, nicht zufrieden mit den Erfolgen im eigenen Lande und erfüllt von Bekehrungseifer, spielten den Kampf auf Afrikas Boden hinüber, eroberten 1509 Oran und errichteten im folgenden Jahre auf einer kleinen, dicht vor Algier belegenen Insel eine Zwingburg, durch die sie die Stadt im Zaume hielten. Die eingeschüchterten Herrscher des Landes aber schlossen sich als Vasallen an die Pforte an, die von nun an durch die Paschas, die sie sandte, Algier regieren liess. Diese türkischen Statthalter fanden indess gar bald an der entarteten, rohen türkischen Soldateska, den Janitscharen, diesen Prätorianern des Islam, die später bekanntlich auch in Constantinopel bis zu ihrer blutigen Vernichtung im Jahre 1826 eine Schreckensherrschaft übten, beziehentlich den von ihnen gewählten Chefs, den Beys oder Deys, furchtbare Rivalen die die Oberhoheit des Sultans binnen Kurzem zu einem Scheinregimente machten, während in Wahrheit sie selbst souverän schalteten.

Aber auch das Loos dieser Deys war kein beneidenswerthes. Die rohe Kriegerhorde stiess je länger je willkürlicher die Gewählten auch wieder von dem Throne, so dass beispielsweise 1732 nicht weniger als 6 Prätendenten in 24 Stunden erschlagen wurden, und von 1808—1815 4 Beys nach einander regierten, die alle einen gewaltsamen Tod fanden.

So war denn die ganze Türkenwirthschaft mit ihren Palastintriguen, ihrer plumpen Verschwendung, ihrer zügellosen Wirthschaft, ihrem Leichtsinn und ihrer Trägheit, ihrer Unduldsamkeit und Grausamkeit in Algerien eingezogen. Trotz der Fäulniss im Innern aber blühte das Raubsystem nach aussen hin immer kecker empor, woran allerdings die Schwäche der christlichen Mächte in Europa drüben die Hauptschuld trug. Zwar hat es in allen Jahrhunderten zeither an Versuchen, den dreisten Piraten das Handwerk zu legen, nie gefehlt, wohl aber war der rechte Nachdruck dabei häufig genug zu vermissen. Oft vereitelten auch widrige Umstände das Gelingen der Expedition. So verlor Karl V., der mit einem 24,000 Mann starken Heere 1551 unweit Algier landete, durch furchtbare Unwetter einen grossen Theil seiner Flotte und seiner Armee.

Wie unter der Einwirkung der Eifersucht und Uneinigkeit ein Collectivschritt der Mächte unterblieb und viele Staaten sich schmählich vor dem alten Piratenneste demüthigten, ist schon früher erzählt worden, desgleichen auch, wie es zu dem endlich wirkungsvollen Zuge Frankreichs kam.

Aber obwohl die am 14. Juni 1830 bei Kap Sidi Ferrudsch, westlich von der Hauptstadt, ausgeschiffte französische Armee in einer Stärke von kaum 20,000 Mann die etwa 60,000 Köpfe zählende

Streitmacht des Dey Hussein auf der Hochebene von Stauëli hinter Algier am Morgen des 19. Juni vollständig geschlagen und zerstreut und die Hauptstadt am 5. Juli nach einer Beschiessung von wenig Stunden in Folge ihrer Kapitulation eingenommen hatte, so war doch damit noch nicht viel gewonnen.

Der über alle Begriffe zähe Widerstand der Unterjochten, vielfache Fehler und Missgriffe der Eroberer, sowie endlich eine Anzahl unverschuldeter Widerwärtigkeiten erheischten einen Zeitraum von 50 Jahren, um unter dem langsamsten, mühseligsten und kostspieligsten Fortschritte, der sich zeitweise in einen rapiden, Alles in Frage stellenden Rückschritt verwandelte, die Colonie in den immerhin nur leidlichen Zustand zu versetzen, in welchem wir sie jetzt sehen.

Anfangs freilich schien Alles gut zu gehen. Der letzte Dey des Raubstaates hatte nach der Niederlage das ganze Land formell an die Franzosen abgetreten und sich nach Oberitalien gewendet, wo er beiläufig noch bis 1838 lebte. Die Türken waren nach Smyrna transportirt worden, und wenn Karl X. noch den Gedanken hatte, das Gebiet gegen entsprechende Garantieen an die Pforte abzutreten, so hatte der nach seinem Sturze den Thron Frankreichs einnehmende Louis Philipp erklärt, dass er das Land als französisches Eigenthum behalten wolle. Aber nun folgten sieben Jahre der trostlosesten Verwirrung. Die Generale, die von drüben als Dictatoren hierher gesandt wurden, sahen sich — häufig in Folge ihrer politischen Stellung — in der Regel gar bald, oft nach wenig Monaten schon wieder abberufen. Ausserdem waren sie meistentheils unfähig, sowohl im Bezug auf die kriegerische Erweiterung als auf die friedliche Hebung des neuen Besitzes. Planlos wurden Züge unternommen und Vorstösse gegen die allenthalben drohenden Feinde gemacht, die ihrerseits jede Blösse geschickt zu benutzen verstanden. Ebenso ergingen sich diese Militärgouverneure nach innen, jeder nach seinem Gutdünken, in allerhand Willküracten und Experimenten, wodurch die Eingeborenen nur noch mehr erbittert und auch die Colonisten verstimmt werden mussten.

Mehrmals nahm man freilich einen Anlauf zu einer gedeihlichen und pacificirenden Verwaltung. So wurde schon 1832 dem damaligen militärischen Gewalthaber ein mit der Civiladministration betrauter Intendant an die Seite gestellt, der lediglich dem Ministerium in Paris verantwortlich sein sollte, und 1834 wurden Justiz- und Handelstribunale eingesetzt. Allein alles Das war von nur kurzer Dauer, ausserdem auch viel zu verfrüht. Ein unzeitiger und unbedachter Liberalismus hat die Provinz nicht selten am meisten geschädigt. Es hätte erst eine feste militärische Basis geschaffen, eine sichere geographische Grenze auf dem Eroberungswege hergestellt werden sollen, ehe zum gewiss an sich sehr heilsamen und auf die Dauer unentbehrlichen Civilregime verschritten wurde. Zu früh siegesgewiss sein und den Gegner unterschätzen, das hat wie anderwärts oft herniederleuchtete, mit Ungeduld der Dinge harrte, die da kommen sollten.

Endlich Nachmittags 2 Uhr schreckte mich gewaltiger Trommelwirbel aus dem Halbschlummer der Siesta auf, die der gewiegte Reisende im Süden selbst an so wichtigen Tagen sich zu gönnen nicht unterlassen wird. Im Nu stand ich auf dem Balkon meines Zimmers, der direct über dem Boulevard de la République lag und so den denkbar günstigsten Standpunkt für die Beobachtung der ganzen Feierlichkeit abgab. Mit einem Blicke hatte ich denn auch die ganze Staffage überschaut. Direct unter mir füllte eine nach Tausenden zählende bunte Volksmasse, in der der feine Stutzer neben dem russigen Lastträger, der braune Sohn der Wüste neben dem Europäer eingepresst stand, die breite Terrasse. Nur in der Mitte, wo Zuaven in endloser Reihe Spalier bildeten, war eine schmale Gasse frei geblieben, in welcher hohe Offiziere in glänzender Galauniform mit gezogenem Degen auf- und absprengten.

Jetzt erschienen auch verschiedene feierlich in Schwarz gekleidete Civilisten, die höchsten Staats- und städtischen Beamten, angethan mit dem breiten Bande der Ehrenlegion, und schritten über die hohen Freitreppen hinunter dem Meere zu. Drunten auf dem Quai waren unterdess aber auch bereits alle Vorbereitungen getroffen worden. Hier stand eine Schwadron Chasseurs d'Afrique und eine Abtheilung Spahis in ihren weissen Mänteln. Noch näher am Meere, dicht neben der Landungstreppe, an der die Boote anzulegen pflegen, war ein leichter, doch höchst eleganter Pavillon in Zeltform errichtet, von welchem aus prächtige Teppiche bis ans Meer hinunter gelegt waren. Rings um das Zelt aber hielten hoch zu Ross in buntseidenen, flatternden Mänteln die vornehmsten Araber des Landes, die Scheikhs und Kaïds, prächtige Patriarchen-Gestalten mit langen Bärten.

Indess nur einen Augenblick ruht mein Auge auf diesem glänzenden Empfangsapparat, dann eilt es weiter, hin über das Meer, dem Panzerschiffe draussen zu. Denn jetzt erwacht auch dieser finstere Koloss aus seiner bisherigen Ruhe. Ein weisses, schlankes Boot wird niedergelassen und eine Anzahl Matrosen in sauberer Paradeuniform nehmen darin Platz.

Hierauf steigen zwei Herren, einer in Civil und einer in Uniform, in das leichte Fahrzeug ein; wie auf Zauberschlag heben sich alle die weissglänzenden Ruder auf einmal und tauchen ebenso präcis in die Meeresfluth nieder; ein Wasserstreifen, der sich rasch verbreitert, wird zwischen dem Kahn und dem Kriegsschiff bemerklich; der neue Gouverneur hat in Begleitung des gleichfalls neu ernannten Commandeurs der Truppen sein schwimmendes Haus verlassen und nähert sich seinem Bestimmungsorte.

Und jetzt legt auch schon der Nachen am Ufer an, der Mann in Civil springt ans Land. Aber kaum hat sein Fuss den Boden berührt, da blitzt es zu meiner Linken hell auf. Die Kanonen des so auch hier Frankreich geschadet. Die Araber verstanden in der That auch die guten Absichten ihrer Unterdrücker nicht zu schätzen, sondern legten die Milde, zumal zu ihr das stete Schwanken und Experimentiren kam, als Schwäche aus und wurden so in ihrer Opposition bestärkt.

Aber auch das eingewanderte europäische Element war nicht viel werth. Zahlreiche Abenteurer aus aller Herren Länder, ohne Lust und Kraft zu angestrengter Arbeit, wie sie nöthig gewesen wäre, strömten herzu. Diese bedenkliche Einwanderung aber wurde noch officiell durch die 1832 begründete Fremdenlegion gestärkt, die bald solche Zuchtlosigkeit zeigte, dass man sie nur noch im freien Felde kampiren lassen konnte.

All' diese Uebelstände, zu denen 1835 noch die Cholera und schon von 1833 an der im Westen ausgebrochene, aber bald über das ganze Land sich verbreitende, häufig sehr geschickt geleitete Aufstand Abdel Kader's, des Emirs von Mascara (südlich von Oran), kam, der von da ab mit wenig Pausen und kurzen Friedenszeiten bis 1847 währte, bedingten es, dass von einer gedeihlichen Weiterentwickelung gar nicht die Rede sein konnte, ja dass die Verhältnisse immer unhaltbarer zu werden schienen. Freilich war es gelungen, schon 1831 Oran, den wichtigsten Stützpunkt im Westen, und 1832 die Citadelle von Bona, diese letztere beiläufig durch den kühnen Handstreich eines Kapitäns mit 30 Matrosen, zu nehmen und dadurch einen festen Platz auch im Osten zu gewinnen; auch kamen dazu bald noch andere Küstenpunkte, wie Bougie, Arzeu und Mostaganem, aber jahrelang erstreckte sich auch die französische Herrschaft nur über die Küste, ja im Grunde langte sie nicht weiter, als ihre Kanonen trugen, und mehrfache Niederlagen der Armee, so besonders der schmähliche Rückzug des Marschall Clauzel nach dem Unternehmen gegen Constantine 1836, wobei von 8000 Mann, die ausgerückt waren, nur 2800 zurückkehrten, stellte auch die letzten Stützpunkte in Frage.

Daher konnte es nicht fehlen, dass man sich drüben im Mutterlande wiederholt, so namentlich 1834 und 1835, die Frage vorlegte, ob nicht die ganze Acquisition aufzugeben sei, worauf im letztgenannten Jahre Guizot in der Deputirtenkammer charakteristisch genug antwortete, dass man sich auf eine sichere und ruhige Behauptung der Küste beschränken werde.

Erst mit dem Jahre 1837 trat eine entschiedene Wendung zum Besseren ein. Es wurden jetzt wenigstens tüchtige Militärs entsandt, unter denen Namen wie Damremont, Valée, Bugeaud, Cavaignac, Changarnier, Randon und Pelissier einen besonders guten Klang haben. Einige derselben, wie namentlich Bugeaud und Cavaignac, hatten auch auf dem Gebiete der inneren Politik Befähigung und Geschick, so dass sie selbst zur Hebung der Verwaltung beitrugen.

Namentlich aber wurde von nun an die Kriegführung eine

V. Gesch. Algeriens von der türkischen bis zur französischen Invasion.

planmässigere, eine die langsame aber successiv fortschreitende Eroberung des ganzen Terrains und die Sicherung des Erworbenen bezweckende. Dass sie das aber werden konnte, dazu trug der Umstand nicht wenig bei, dass man jetzt auch nicht mehr stetig wechselte, sondern die Gouverneure in der Regel längere Zeit auf ihrem Posten beliess (z. B. Bugeaud von 1841—1847, Randon von 1851—1858).

Ausserdem handhabte man von da an nicht ferner nur die rohe Gewalt, sondern suchte auch durch Ueberredung und Bestechung unblutige Erfolge zu erzielen, ja man benützte endlich auch die von dem Feinde erhaltenen guten Lehren, das heisst, man organisirte ebenfalls den kleinen Krieg, den Jener so lange und so glücklich geführt hatte, ermüdete ihn durch stete Streifzüge, zerstörte in raschen Ueberfällen seine festen Plätze und schnitt ihm die Zufuhren ab.

Die Erfolge blieben denn auch nicht aus. In den nun kommenden 20 Jahren, bis 1857, wird das ganze Terrain bis zu seinen heutigen Grenzen erobert. Schon im ersten Jahre, 1837, fiel Constantine und damit der ganze Osten des Landes. Ebenso ward durch die Einnahme von Tlemsen 1841 die westliche Grenze gestärkt. Von 1852 bis 56 gelang es, die Wüste durch Eroberung der Hauptoasen Larruat, Tuggurt, Sidi Scheikh und Uargla, in die Hand zu bekommen und daneben bis 1857 auch die Kabylen zu bezwingen.

Freilich durch den ununterbrochen anhaltenden Krieg mit Abdel Kader wurden nicht selten alle Erfolge auf dem platten Lande auch wieder einmal in Frage gestellt und das gesicherte Terrain auf die festen Plätze beschränkt; aber endlich, nachdem im Jahre 1843 durch einen kurzen, glücklichen Krieg Marocco gezwungen worden war, dem alten Aufrührer die bisherige Unterstützung zu versagen, war dieser furchtbaren Bewegung die Hauptader unterbunden, bis sie 1847 mit der Gefangennahme des Emirs völlig erlosch.

Weniger glücklich wie die Eroberung war die Verwaltung. Hier blieben die Experimente und verfrühten Civil-Institutionen an der Tagesordnung. So wurde, beiläufig unter dem Generalgouvernate des Herzogs von Aumale, des vierten Sohnes von Louis Philipp, für jeden der drei Landestheile, Oran, Constantine und Algier, neben dem Militärgouvernement eine Direction der Civilverwaltung mit je einem Conseil eingesetzt. Die Februarrevolution aber machte die neue Institution wieder hinfällig, ehe sie noch hatte in Thätigkeit treten können, wie denn überhaupt die steten politischen Umwälzungen im Mutterlande drüben auch auf die Colonie einen ungünstigen Rückschlag üben mussten. Am meisten aber und am unglücklichsten zugleich experimentirte Napoleon, in dem sich ja überhaupt die Wankelmüthigkeit der Franzosen so zu sagen concentrirte.

In der ihm eigenen Eitelkeit hoffte er, durch seine Persönlichkeit allein die Araber gewinnen zu können und besuchte daher 1865 die Colonie, indem er dabei vielfach mit den Eingeborenen in freundlichster Weise anknüpfte. Eine Proclamation an die Araber und ein offener Brief an Mac Mahon, der seit 1864 Generalgouverneur war, verhiessen der Colonie die liberalsten Institutionen und den Eingeborenen umfassende Theilnahme an der Verwaltung. Ja in Napoleons Kopfe spukte sogar die Idee eines arabischen Königreichs in Algerien. Zu solcher Verblendung brachte den Mann, den die Welt einst für den grössten Diplomaten und Staatsmann hielt, und der doch nichts weniger als das war, das Nationalitätsprincip, das, vernünftig angewendet, gewiss ein grossartiges ist, aber, gepresst und auf die Spitze getrieben, zu Absurditäten und Unmöglichkeiten führen muss.

Uebrigens bewiesen auch die Araber sofort, wie wenig reif sie für solche, dem Morgenländer schon an sich ferner liegende liberale Gedanken waren. Denn gerade in jene Zeit fallen wieder Unruhen und Aufstände auf allen Punkten des Landes; vor Allem aber waren die Ereignisse von 1871 ein wahrer Hohn auf diese Liebäugelei mit den Beduinen. Denn nachdem die französischen Truppen von Algier ab- und die deutschen Siegesnachrichten eingerückt waren, brach auf dem ganzen Terrain ein Aufstand aus, wie er bis dahin in solcher Gewalt noch nicht dagewesen war. Und doch hatte eben erst die nach dem Sturze Napoleon's ins Leben getretene französische Republik der Colonie einen Civilgouverneur mit drei Präfecten und einem alljährlich zu berufenen Comité behufs Berathung des Budgets gegeben.

Der Verlust des ganzen Landes schien damals unabwendbar. Er trat indess glücklicher Weise nicht ein und seitdem hat sich das französische Regime wieder so gekräftigt, dass es im Frühjahr 1879 zum zweiten Male mit der Aufhebung des Militärregiments und der Einsetzung eines Civilgouverneurs vorgehen zu können glaubte, ob auch diesmal noch zu bald, das ist eine Frage, über die erst die Zukunft voll aufklären kann, auf die aber die jüngste Vergangenheit, der wenn auch nicht bedeutende Aufstand vom Mai und Juni desselben Jahres, eine Antwort gegeben hat, die auch dem enragirtesten Freiheitsmann in Frankreich nicht als eine günstige erscheinen dürfte.

VI.
Der Einzug des Civilgouverneurs Grévy in Algier am 28. April 1879.

Inhalt: Widerstreitende Gefühle in der Brust des Republikaners bei der Zurüstung zum Feste. — Der Sieg gouvernementaler Sophistik. — Das Meer legt sein Veto ein. — Wie gut, dass es keine Auguren mehr giebt! — Hangen und Bangen auf dem Boulevard de la République. — Ein Machthaber, der den Einzug in seine Residenz verschläft. — Landung unter Kanonendonner. — Eine arabische Cavalcade. — Republikanische Lächerlichkeit. — Eine Situation, in welcher die Marseillaise noch schlechter klang als gewöhnlich. — Grévy von Angesicht zu Angesicht. — Trübe Ahnungen eines unparteiischen Zuschauers mitten im festlichsten Pompe. — Algier im Brillantfeuer, wobei die Franzosen aber gerade im ungünstigsten Lichte erscheinen.

Waren schon in mir, dem völlig Unbetheiligten, die Gefühle, mit denen ich dem „grossen Feste" entgegenging, beim Gedanken an die Vergangenheit der Provinz getheilt, so war dies erst recht der Fall bei den Colonisten im Lande. Die Franzosen haben ja ohnehin schon wenig Sinn für die guten Eigenschaften anderer Völker; für das besonders schwer zu begreifende arabische Naturell aber, an dem der oberflächliche Beobachter leicht nur Abstossendes wahrnimmt, darf man bei den gegenwärtigen Besitzern des Landes erst recht kein Verständniss voraussetzen. In der That zeigen auch die verächtlichen Schimpfnamen, womit man französischerseits die Eingeborenen zu belegen liebt, wie gering man von ihnen denkt. Strenge bis zur äussersten Grenze, womöglich völlige Vernichtung oder doch Verdrängung alles maurischen Blutes ist daher, wie ich mich durch vielfache Gespräche, namentlich mit Landleuten, die von dem unsteten Nomadenthum der Araber allerdings am meisten zu leiden haben, überzeugt habe, Das, was von der Mehrzahl der Europäer in Algerien für die nothwendigste Regierungsmassregel gehalten wird. Und wenn man auch einsieht, dass die Einsetzung des bürgerlichen Regimes den Colonisten selbst vielfache Vortheile bringen muss, so wollen doch Viele lieber für ihre eigene Person keine Freiheit, um sie nicht zugleich auch dem verhassten Araber zu Theil werden zu lassen.

Noch vielmehr Opposition aber als die Einführung der Civilverwaltung überhaupt fand das Fest, welches das Inslebentreten derselben feiern sollte. Und zwar war die leidige Politik hier das leitende Motiv. Die Regierung hatte nämlich durch Anschlag bekannt gegeben, wann der neue Gouverneur einziehen werde, und zugleich die Bewohner aufgefordert, durch Flaggenschmuck, Illumination und dergleichen eine würdige Auszeichnung des wichtigen Tages zu bewirken. Nun scheint zwar das Losungswort des altrömischen Volkes: „panem et circenses" auf die französische Nation übergegangen zu sein, da anerkanntermassen Nichts derselben so zum unabweislichen Lebensbedürfniss geworden ist als prunkende Festlichkeiten, indess man ist ja daneben auch Republikaner. Und um eines einzigen Mannes willen, der in seiner wenn auch noch so hohen und einzigartigen Stellung doch eben nur ein „Diener des Volkes" ist, eine grosse Feier zu veranstalten, das ging denn doch zu sehr gegen das demokratische Gewissen. In solchem Sinne sprachen mehrere Zeitungen und Anschläge.

Indess auch im offiziellen Lager blieb man nicht unthätig. Am Tage vor dem projectirten Einzuge Grévy's las ich an einer Strassenecke ein Plakat, welches ungefähr folgendermassen lautete: Man würdige vollkommen die Bedenken, welche gegen ein besonderes Fest laut geworden seien, allein es müsse doch auch erwogen werden, dass die Einführung der Civiladministration der Gedanke und das Werk der Republik seien; feiere man also die Inscenirung der ersteren, so erweise man im Grunde nicht dem einzelnen Manne, der da einziehe, sondern der demokratischen Staatsform überhaupt eine Ehre.

Diese etwas sophistische Logik schlug bei dem überdies leicht zu überredenden französischen Volke durch und nun ging es mit demselben Eifer, mit dem man zuvor gegen jede Feier des wichtigen Ereignisses geeifert hatte, an ein Zurüsten und Vorbereiten ohne Gleichen.

Aber es war, als ob einmal Alles sich gegen das Fest verschworen habe. Selbst die Natur, der Ozean da draussen, der doch Jahrtausende lang die Gestade Algeriens in seiner ewigen, stillen Majestät umspült hatte, unbekümmert darum, ob Heiden oder Christen, Aristokraten oder Demokraten drinnen im Lande regierten, schien sein Veto einzulegen. Um die Feierlichkeit des Actes zu erhöhen, war der Einzug nämlich auf einen Sonntag (27. April) angesetzt worden. Da erhob sich denn am Freitag ein so ungestümer Mistral im Golf von Marseille, dass der „Cuirassé" (Panzerschiff), der den neuen Herrscher hinüber nach seinem Lande tragen sollte, nicht wagen durfte, auszulaufen. Somit blieb es völlig ungewiss, wenn der Ersehnte wirklich eintreffen werde — ein Uebelstand, der unmöglich dazu beitragen konnte, die festliche Stimmung zu erhöhen. Das leicht erregbare französische Wesen ist ja überhaupt ebenso leicht auch abzukühlen.

Wie gut, dass die Zeiten der abergläubischen Römer längst vorüber sind! Bekanntlich soll ja die im Jahre 122 v. Chr. beschlossene Reconstruction Karthagos durch 6000 römische Bürger nur deshalb wieder aufgegeben worden sein, weil die Auguren allerhand ungünstige Vorzeichen bemerkt hätten. Wenn heutzutage noch solche Anschauungen herrschten, würde vielleicht Grévy in Marseille wieder haben umkehren müssen und Algier hätte abermals lange Jahre auf eine bürgerliche Regierung warten können. Vor-

-sichtig aber wollen wir doch gegenüber solch ungünstigem Anfange nach alter Römer Art das „di, avertite omina" aussprechen.

Für mich speciell war die verzögerte Ankunft des Gouverneurs besonders unangenehm. Ich konnte nichts Grösseres unternehmen, da ich befürchten musste, dann den ganzen weltgeschichtlichen Moment zu versäumen. Und so verbrachte ich denn nahezu den ganzen Sonntag damit, dass ich, unter den Hunderten stehend, die von dem Boulevard de la République aus hinaus aufs Meer schauten, um die Rauchsäule des erwarteten Kriegsschiffes zu erspähen, in gleicher Weise und mit dem gleich ungünstigen Erfolge meine Augen anstrengte. Zuletzt aber wurde mir die Sache doch langweilig. Als auch am Montag früh noch immer nichts zu sehen war, setzte ich mich in einen Omnibus, um hinaus nach der herrlichen Vorstadt Moustafa supérieur zu fahren. Doch kaum hatte ich das betreffende Stadtthor passirt, als die Nachricht mein Ohr traf, das Schiff sei in Sicht. Schnell warf ich mich in eine retourfahrende Pferdebahn und war bald wieder innerhalb der Stadt. Allein hier war die Welt wenn auch nicht mit Brettern, so doch mit Menschen versperrt. Ein Polizeibeamter ersuchte uns höflich, auszusteigen, da der Wagen nicht weiter fahren dürfe. Mühsam bahnte ich mir nun einen Weg durch die immer mehr anschwellenden Massen und erreichte endlich die Terrasse wieder. Richtig, draussen vor dem Hafen auf der Rhede lag das mächtige, schwarze Ungethüm, das den Mann des Tages brachte, vor Anker. Aber was ist das? Keinerlei Anstalten zur Ausschiffung des bereits Ersehnten werden bemerklich, ja nicht einmal Boote setzen sich in der Richtung des Panzerschiffes vom Hafen aus in Bewegung.

Ein neben mir stehender Herr klärte mich über die Sache auf. Der neue Herr Gouverneur war bei der Ueberfahrt über das Meer, das auch nach dem Aufhören des Sturmes doch noch bewegt genug gewesen war, gehörig seekrank geworden, hatte sich vorläufig jeden officiellen Empfang verbeten, sein Aussteigen für den Nachmittag in Aussicht gestellt und — schlief jedenfalls jetzt erschöpft, angesichts seines neuen Wirkungskreises, zu dem ihm schon der Zugang so schwer gemacht worden war. In Folge dessen war denn auch bereits vorher das Schiff ohne Sang und Klang eingerückt. Nun, dem echten Vollblut-Republikaner mochte dieser Zwischenfall eine Genugthuung gewähren, auf den Unparteiischen aber musste er entschieden um so mehr einen etwas ernüchternden Eindruck machen, als unterdessen am Lande alle Dinge einen festlichen Anstrich gewonnen, die Schiffe im Hafen mit Tausenden von bunten Wimpeln, die Paläste auf dem Boulevard und der Place du Gouvernement mit Teppichen und Flaggen ohne Zahl sich behängt hatten und eine dichte, schaulustige Menschenmasse, die schon einen ganzen Tag hingehalten worden war, auf Strassen und Plätzen, noch dazu unter den sengenden Strahlen der afrikanischen Sonne, die vom wolkenlosen Himmel

VI. Einzug des Civilgouverneurs Grévy in Algier am 28. April 1879.

Hafenforts öffnen ihren ehernen Mund, um den neuen Herrn des Landes zu begrüssen. Rasch folgt ein Donnerschlag dem andern und gar bald schon bildet sich am Atlasgebirge drüben das prachtvollste Echo. Minutenlang geht es an der endlosen Riesenmauer hin, wie ein fernes Gewitter, das unter dumpfem Grollen den Rückzug antritt, nachdem es die schwachen Menschenkinder in Schrecken gesetzt.

Nicht minder grossartig, wie das, was dem Ohre sich bot, war, was nun das Auge geniessen durfte. Denn unter dem Dröhnen der Geschütze hatte der Gouverneur nun die Landungstreppe erstiegen und war in das Zelt getreten, in welchem der eigentliche Empfangsact vor sich ging. Die Reden, die hierbei gehalten wurden, konnte ich natürlich von meinem Standpunkte aus nicht verstehen, ich dürfte aber damit nicht viel verloren haben, denn dergleichen oratorische Machwerke haben bekanntlich immer etwas Stereotypes und Monotones. Die Ansprachen bei dieser Gelegenheit hatten aber ein Gutes, das deutschen Expectorationen bei ähnlichen Anlässen nicht immer eigen ist, sie waren nämlich sehr kurz, denn siehe, jetzt setzt sich der glänzende Zug schon in Bewegung. An seiner Spitze reiten die Chasseurs d'Afrique, die indess gerade in diesem Augenblicke, wo doch Tausende von Augen ihre Reihen musterten, einen recht fatalen Unfall hatten. Kaum waren sie nämlich im Galopp die Rampe heraufgesprengt und auf der Terrasse angekommen, als Einer ihrer Leute, ohne dass sein Pferd irgend welche Extravaganzen sich hätte zu Schulden kommen lassen, aus dem Sattel geschleudert wurde und erst nach langen vergeblichen Bemühungen, die sich höchst komisch ausnahmen, seinen Sitz wieder gewann.

Wie mancher braune Wüstensohn, der unter den Zuschauern stand, mag da schadenfroh gelächelt haben. Seine Landsleute verstehen die edle Reitkunst freilich besser. Das beweist die Spahisabtheilung, die zu zweit im Zuge erscheint. Nachdem sie den Chasseurs einen weiten Vorsprung gegeben, sprengen sie mit einem Schlag in Carrière an und brausen wie eine Windsbraut die steile Anhöhe herauf. Hei, wie die Augen der Reiter blitzen, wie ihre blutrothen Mäntel in der Luft wallen und die langen Schweife der edlen Araberhengste durch den Staub schleifen!

Doch das Alles ist nur Vorspiel. Jetzt erst kommt die eigentliche Hauptscene. Langsam, wie es ihrer Würde und dem grossen weltgeschichtlichen Momente entspricht, setzen sich die arabischen Granden als drittes Zugglied in Bewegung. Wie aufs Pferd gegossen sitzen die ernsten Gestalten im Sattel. Freilich mitunter erträgt da oder dort ein edles Steppenross das langsame Tempo nicht mehr, kerzengerade steigt es in die Luft; indess ein einziger Druck der nervigen Faust, die die Zügel führt, zwingt es stets sofort wieder, dem Gesetze der Etikette sich zu fügen. Es war ein wunderbarer Anblick, dieser Zug der arabischen Fürsten und Häuptlinge, diese

Masse von schillernden Schabraken und goldglänzenden Gewanden, namentlich aber von edelsten arabischen Pferden, die in ihrer Gesammtheit wohl eine wahre Mustercollection unvergleichlicher Renner und ein enormes Kapital darstellen mochten.

Ich muss sagen, dass ich auf allen meinen Reisen nur einmal eine ähnlich grossartige, phantastisch-prächtige Entfaltung orientalischen **Wesens** gesehen habe, nämlich bei Gelegenheit des bekannten Moscheenrittes des Sultans, der jeden Freitag in Constantinopel in Scene gesetzt wird.

Je prunkender aber die arabischen Grossen erschienen, um so armseliger war das Auftreten Dessen, der an diesem Tage doch die Hauptperson und von nun an der Oberste im Lande genannt werden musste, des neuen Gouverneurs, der unmittelbar hinter der glänzenden Cavalcade der Scheikhs und Kaïds einherfuhr.

Es war ein ganz gewöhnlicher Miethwagen, nur von zwei Pferden gezogen, der den Gebieter eines Terrains trug, das nahezu dreimal so gross ist, als das Königreich Preussen. Eine gesuchte Einfachheit, ein Kokettiren mit republikanischer Etikettelosigkeit, ein Paradiren mit simpler Bürgerlichkeit muss es genannt werden, was hier zu Tage trat. Und um das Lächerliche, um nicht zu sagen Widerliche des ganzen Aufzugs noch zu vermehren, schlenderte dicht vor dem Gefährte des Gouverneurs der uns schon bekannte Singverein aus der Mairie in zwanglosen Haufen und executirte mit wenig Kunst aber viel Behagen die republikanische Hymne, während man noch von der Tête des ganzen Zuges aus die machtvollen Töne straffer Militärmusik schallen hörte.

Den wenig günstigen Eindruck, den das Auftreten des Gouverneurs machen musste, glich indess seine Person wieder einigermassen aus, die entschieden etwas Sympathisches hatte. Siehe, gerade jetzt fährt er unter unserem Balcon vorüber. Im offenen Wagen sitzt ein Mann, anscheinend noch in der Vollkraft der Jahre. Er hat den Hut abgenommen und schaut grüssend nach rechts und nach links. Auf seinem angenehmen Gesichte, das Geist und Gemüth zugleich verräth, liegt herzgewinnende Freundlichkeit und doch auch etwas von energievoller Festigkeit, wie sie für die schwierigen Verhältnisse, in die er eintritt, unentbehrlich erscheint. Das ist der Mann, an den sich die Hoffnungen auf eine endgiltige Pacificirung des grossen, wichtigen und gesegneten Landes, auf ein endlich nachhaltendes und allseitiges Aufblühen und Gedeihen der Provinz, des französischen Indiens, knüpfen.

Albert Grévy, bekanntlich ein Bruder von Jules Grévy, dem gegenwärtigen Präsidenten der französischen Republik, doch zehn Jahre jünger als dieser, ist geboren im Jahre 1823, war früher gleich seinem Bruder Advocat und zwar in Besançon, später ebenso Mitglied der Nationalversammlung und zuletzt Präsident der republikanischen Linken. Auch er geniesst des guten Rufes, in dem sein

VI. Einzug des Civilgouverneurs Grévy in Algier am 28. April 1879.

Bruder steht, der bekanntlich öfters der „französische Aristides" genannt wird, ist frei von kleinlicher Eitelkeit, frei von hohlem Phrasenthum — eine Seltenheit bei einem Franzosen — und hat sich stets als einen selbstlosen, einfach bürgerlichen Mann, als einen ächten Republikaner — eine nicht geringere Seltenheit im Lande jenseits der Vogesen — erwiesen.

Möchte seinem guten Willen der entschieden voll und ganz vorhanden ist, auch das Glück entgegenkommen, das selbst dem fähigsten Manne nicht fehlen darf, soll er ein „grosser" Mann werden!

Freilich gerade seine engen Beziehungen zum Präsidentenstuhle an der Seine, die ihm ja auf der einen Seite einen grossen Einfluss sichern, müssen uns auf der anderen Seite auch wieder bange machen. In dem Frankreich, wie es durch das Jahr 1789 geworden ist, hat sich in einer nun fast hundertjährigen Periode noch jede Staatsgewalt, jede Regierungsform — Republik, unumschränktes Königthum, constitutionelle Monarchie, absolutes und verfassungsmässiges Kaiserthum — als ephemere Erscheinung erwiesen. Auch Grévy, der Präsident, wird sich eines Tages gestürzt sehen — die Vorboten des Anfanges vom Ende sind vielleicht schon in mancherlei Zwischenfällen, die sich dort an der Seine in letzter Zeit zutrugen, zu finden — und in seinen Sturz wird er auch seinen Bruder mit verwickeln.

Das alte Unglück der Provinz, dass bis zu ihr herüber all die so rasch aufeinanderfolgenden Bühnenverwandlungen im Mutterlande wirken, wird wohl, wie so oft bisher, auch ferner noch sich bemerklich machen. — Doch hinweg mit solchen trüben Gedanken; dieser Tag sei ein Tag der reinsten Freude! Ja, wenn nur aber auch die Franzosen sich zu freuen verstünden, wenn bei ihnen eine solche harmlose, reine, volksthümliche Freude möglich wäre, wie sie bei deutschen Festen zur Erscheinung kommt, wie sie beispielsweise bei den Fastnachtsscherzen und Carnevalstagen im Mittelalter und noch in der Neuzeit oft genug so köstlich sich erwiesen hat, ehe Rohheit und Zügellosigkeit leider auch unter uns bei solchen Gelegenheiten mehr und mehr sich geltend machten.

Die Masse des französischen Volkes verliert sich aber entschieden noch leichter in wilde Ausgelassenheit. Das sollte ich auch bei diesem Feste erfahren. Mit dem eben geschilderten Zuge war nämlich im Grunde die Feierlichkeit, soweit sie den Tag in Anspruch nahm, vorüber. Nur, als auch die letzten Bayonette der Zuaven, die das Ganze abschlossen, verschwunden waren, wurde uns noch ein kleines Nachspiel geboten. Die Fregatte, die den Gouverneur gebracht hatte, liess es sich nämlich nicht nehmen, die Salven der Uferbatterien entsprechend zu erwidern und feuerte nun mit solchem Nachdruck ihre Breitseiten ab, dass nicht selten das ganze schwarze Ungethüm in einer weissen Pulverdampfwolke verschwand.

Der zweite Theil des Festprogramms aber nahm den Abend in Beschlag und ordnete eine allgemeine Illumination an, die denn auch wahrhaft grossartig in Scene gesetzt wurde. Ueberall auf den nahen Bergen des Sahel loderten mächtige Freudenfeuer auf und leuchteten weit hinaus in die afrikanische Wildniss. In der Stadt aber erglänzten die Häuser im Scheine Tausender von Lämpchen und Lampions, die in der schwarzen Meeresfluth drunten sich wiederspiegelten. Von den dunklen Schiffskörpern im Hafen endlich stiegen Raketen prasselnd und sprühend zum Abendhimmel auf.

Den herrlichsten Anblick bot indess die grosse Moschee am Nordende des Boulevard de la République. Aehnlich wie dies an hohen Festen mit der Peterskirche in Rom geschieht, waren alle Conturen des gewaltigen Gebäudes durch Reihen von Lämpchen in Feuerlinien verwandelt worden. Von Zeit zu Zeit aber liessen bengalische Flammen, die von dunklen Gestalten auf dem Rundgange, der aussen um die Kuppel herumläuft, abgebrannt wurden, das ganze Gotteshaus in blutrothem Lichte erscheinen. Namentlich die gewaltige Kuppel machte dann einen zauberischen Eindruck; wie aus rothflüssigem Erze gegossen, wie durch und durch glühend, ragte sie dann in den dunklen Nachthimmel empor.

Dieses feenhafte Schauspiel wurde indess den Beschauern fortwährend verleidet durch allerhand Feuerwerkskörper, die von boshaften Händen unter die dichtgedrängte Menschenmasse geschleudert wurden und Angst- und Wehrufe veranlassten. Unwillkürlich wurde ich dabei an die Mordbrenner erinnert, die nach dem deutsch-französischen Kriege selbst das herrliche Paris ansteckten. Die Petroleurs und Petroleusen haben vielleicht einst auch mit solch bubenhaften Scherzen begonnen, ehe sie bis zum furchtbar frevlerischen Ernste kamen.

So zog ich mich denn nach all' dem Herrlichen, was mir der Tag gebracht hatte, zuletzt noch recht übelgelaunt in mein Zimmer zurück. Noch lange vernahm ich das Schreien und Toben der ausgelassenen Menge, in welches — recht wie ein Hohn auf die wahre Freiheit, die nicht das schlechtere Ich entfesselt, sondern die besseren Triebe zur Herrschaft, den ganzen Menschen zur vollen harmonischen Entfaltung bringt — wiederholt mit grellen Dissonanzen die Klänge der republikanischen Hymne hineintönten.

VII.
Die Umgebungen Algiers.

Inhalt: Rings um die Stadt ein Paradies nach allen Himmelsgegenden; Wanderung südwärts. — Die Place Bresson. — Thalia's Tempel unter Palmen. — Der „Versuchsgarten", ein gelungener Versuch. — Alle Herrlichkeit der Erde auf einem kleinen Flecke. — Ein Concert mitten in tropischer Wildniss. — Die Gardegrenadiere südlicher Vegetation in Reih' und Glied. — Ungestraft unter Palmen. — Eine Oase en miniature. — Hinauf nach Moustafa supérieur. — Ein Feenschloss in maurischem Stil. — Eine Sommerresidenz, in der es sich auch im Winter leben lässt. — In's Herz des Sahelgebirges. — Birmandraïs und Birkhadem. — „In einem kühlen Grunde da geht ein Mühlenrad". — Zurück und in die nördliche Umgebung der Stadt. — Die Gerechtigkeit als Miethsmann im Gotteshause. — Der Jardin Marengo. — Das Innere einer Kubba. — Wie dem Franzmann auf weitschauender Höhe auch das Herz weit geworden. — Ein Stück Riviera in Afrika. — Eine via dolorosa mitten in der Residenz. — Abschiedsblick vom Sahelgipfel.

Das grosse Einzugsfest war vorüber. Die Hauptstadt hatte, von verschiedenen halb verbrannten Feuerwerkskörpern abgesehen, die in den Strassen umherlagen und von den Orgien des vergangenen Tages zeugten, wieder ihr gewöhnliches Aussehen. Der neue Gouverneur aber sass wohl jetzt zum ersten Male in seinem Cabinet und überdachte die Massnahmen, die das Wohl des grossen Landes nöthig machte. Auch ich wandte mich nun nach der interessanten Episode, die der 28. April mir gebracht hatte, von Neuem dem eigentlichen Zwecke meiner Reise, der Besichtigung der Provinz und ihrer Merkwürdigkeiten, zu.

Hatte ich doch von dem gesammten Osten des Landes noch Nichts gesehen, war von dem ersehnten Endziele meiner Afrikafahrt, der Wüste, noch fern, ja selbst die Residenz, in der ich nun schon längere Zeit weilte, bot noch so Manches, dem ich noch keine Beachtung hatte schenken können.

Namentlich war die Umgegend von Algier von mir noch keines Blickes gewürdigt worden. Und doch hat dieselbe so zahlreiche und so unvergleichliche Reize aufzuweisen, wie sie kaum in der Nähe einer der gerühmtesten Hauptstädte von Europa gefunden werden dürften. Der Landschaft um Algier seien daher noch einige flüchtige Streifzüge gewidmet, ehe wir der Sahara zueilen. Wir werden diese Ausflüge in die Umgebung der Residenz übrigens so einzurichten wissen, dass wir dabei gleichzeitig auch das Sehenswerthe, was uns im Innern der Stadt bisher noch entgangen ist, in Augenschein nehmen.

Ob wir uns nach Mitternacht, Abend oder Mittag wenden — in der Richtung nach Morgen macht ja das Meer die Wanderung unmöglich — überall finden wir, näher wie ferner, die herrlichsten Punkte rings um die Stadt. Um daher nicht planlos umherzuirren, wollen wir denn auch diese drei Himmelsgegenden als Hauptrichtungen für unsere Excursionen annehmen.

Zuerst wenden wir uns südwärts, weil wir hier Das treffen werden, was ohne Zweifel das Reizvollste vor Algiers Thoren darstellt. Wir wandern deshalb die ganze Terrasse entlang und gelangen an ihrem südlichen Ende auf einen Platz, der eines der glänzendsten Beispiele von der ausserordentlichen Metamorphose der alten Piratenstadt seit der Herrschaft der Franzosen, bez. seit den Tagen des zweiten Kaiserreiches bietet. Es ist dies die Place Bresson, einst der Richtplatz, auf dem die christlichen Sklaven so häufig den Tod erlitten, sowie gleichzeitig das ehemalige Rendezvous kleiner Händler, Handwerker, Bummler und Bettler. Heutzutage aber sieht man nur an einzelnen Stellen noch etwas altes Mauerwerk, das sich indess auch schon anschickt, modernen Prachtbauten Raum zu machen, wie solche bereits mehrfach hier aus dem Boden gewachsen sind. Unter den letzteren imponirt vor Allem das städtische Theater, welches nahezu die ganze Westseite des Platzes einnimmt und aus seinen Foyers die freieste Ausschau auf das Meer ermöglicht. Seine Facade ist mit einem schönen säulengetragenen Porticus geziert. Das Innere des Gebäudes enthält 1534 Sitze.

Die schönste Zierde aber besitzt der Platz in seinem Jardin public, einer grossen, aufs Sorgfältigste gepflegten Anlage mit breiten Gängen, welchen mächtige Bambusse und üppig sich ausbreitende Fächerpalmen Schatten spenden. Auch Orangen und Granaten, jene mit ihren Goldfrüchten, diese mit ihren brennend rothen Blüthen, fehlen nicht.

Und wenn nun am Abend unter den exotischen Gewächsen die Gaslaternen ihr Licht ausstrahlen und die breiten Palmenwedel magisch hervortreten lassen, wenn mit den künstlichen Leuchten im Bunde der in südlichen Breiten so hell strahlende Mond die leise aufrauschende Meeresfluth drunten verklärt, wenn dazu aus den Säulenhallen des nahen Theaters rauschende Opernmusik dringt, dann giebt es für den Wanderer aus dem fernen, kalten Norden, der auf einer der zahlreichen Bänke sinnend sich niedergelassen, wieder eine jener Stunden, die ihm unvergesslich bleiben und seine Seele, wenn er längst wieder daheim ist, mit unwiderstehlicher Sehnsucht nach dem fernen Süden erfüllen.

Und doch ist der exotische Garten der Place Bresson gleichsam nur die Ouvertüre zu dem unvergleichlichen Schauspiele, das uns vor der Stadt erwartet.

Bald nämlich, nachdem wir dort den weiten Exercirplatz passirt und die zumeist noch von mercantilem Treiben erfüllte und wenig schöne Vorstadt Moustafa inférieur durchschritten haben, gelangen wir an ein ungeheures Gehege, zu welchem ein einfaches Thor den Zugang vermittelt. Wir treten ein und befinden uns in dem weltberühmten Jardin du Hamma, der auch Jardin d'Essai (Versuchsgarten) oder Jardin d'Acclimatation genannt wird, in Hinsicht seiner

VII. Die Umgebungen Algiers.

wunderbaren Reize aber „die Krone von Algerien" heissen müsste. Das immense Grundstück umfasst einen Flächenraum von nicht weniger als 80 ha und wurde durch Decret vom 11. September 1867 der Société générale Algérienne unter der Bedingung überlassen, dass sie daraus 1) einen öffentlichen Park, 2) einen Pflanzgarten für die Cultur der einheimischen, und 3) einen dergleichen für die wissenschaftliche Untersuchung und Acclimatisirung exotischer Gewächse mache. Diese Aufgabe hat genannte Gesellschaft mit dem Geschick gelöst, das den Franzosen so besonders eigen ist, mit dem Geschick, welches das Schöne mit dem Nützlichen, das Prosaische mit dem Poetischen zu vereinigen, das Zweckmässige durch das Künstlerische zu adeln und das Künstlerische durch Beifügung des Praktischen zugleich auch nutzbringend zu machen versteht. Natur und Kunst haben sich hier verbunden, um ein Stück Erde so reizvoll zu gestalten, wie es in ähnlicher Weise wohl nur noch in dem berühmten Park von Kandy auf Ceylon oder in den Gärten der Preanger Regentschaften auf Java, oberhalb Batavia, oder in dem botanischen Garten von Rio de Janeiro geschehen ist.

Im Rücken ist dieses Riesenbosket umrahmt von dem ziemlich steil ansteigenden, aber herrlich bewachsenen Berghange von Kubba, von dessen breitem, aussichtsreichen Plateau die mächtige Kuppel des Lazaristenklosters gleichen Namens herabgrüsst. Nach vorn aber schliesst das weite Meer, das hier besonders starke Wellen gegen das Ufer wälzt, den unvergleichlichen Garten ab.

Eine Allee mit mächtigen Platanen führt uns zunächst auf eine weite Rotunde, wo am Sonntag Nachmittag regelmässig eine Militärkapelle unentgeltlich concertirt.

Doch nur kurze Zeit lauschen wir den Klängen des von einem dichten Kreise von Zuhörern umschlossenen Musikcorps. Es drängt uns, das weite Paradies um uns her in Augenschein zu nehmen. Wir wenden uns zunächst nach links, wo wir die von dem praktischen Zwecke der Anlage in Anspruch genommene Hälfte des Gartens finden. Auf grossen, prächtig gehaltenen, von Wassergräben vielfach durchschnittenen und von Rohrgebüsch eingerahmten Beeten stehen hier Stecklinge aller Culturpflanzen der Erde, von der Batate, dieser Kartoffel des Südens, und dem amerikanischen Baumwollenstrauch bis zu dem Kaffeebaume der Tropen, dem Theestrauche Chinas und den kostbaren Gewürzen der indischen Inseln. Zu einem höchst mässigen Preise erhält der Colonist hier Samen oder junge Pflanzen zum Anbau auf seinem Terrain sammt der Anweisung über ihre Cultur, gewiss eine höchst weise Einrichtung, deren Nachahmung alle Colonialregierungen sich angelegen sein lassen sollten.

Man hat es übrigens nicht bei den Repräsentanten der Vegetation bewenden lassen, sondern den Versuch gemacht, auch die hauptsächlichsten wilden Thiere des Südens der Provinz, deren Zucht nutzbringend sein würde, im Garten zu unterhalten. Namentlich ist dies ganz vortrefflich mit dem Strausse gelungen. Und wenn wir hier und da bei unserer Wanderung einmal ruhig stehen bleiben, so werden wir auch stattliche Exemplare dieser durch seine herrlichen Federn so nützlichen Vogelart aus den kleinen Schilfhäuschen schreiten sehen, die an verschiedenen Stellen mitten unter den üppig grünenden Gewächsen sich erheben. Nach wiederholten vergeblichen Experimenten ist es sogar geglückt, den australischen Kasuar hier zur Fortpflanzung zu bringen. Ausserdem finden wir noch Lamas, Gazellen, Zebras und das Alpako (Auchenia Pacos Tschudi) der südamerikanischen Cordilleren. Diese fremdartige Thierwelt verleiht übrigens diesem nur auf das Praktische berechneten Theile der grossen Versuchsstation etwas höchst Originelles, an eine amerikanische Pflanzerbesitzung oder an eine afrikanische Factorei Erinnerndes.

Freilich will das Alles nichts bedeuten gegen die andere mehr parkartige Abtheilung des Gartens, in welchem die Baumwelt der Erde durch zahlreiche Exemplare vertreten ist. Strahlenförmig laufen hier lange Alleen auseinander, von denen jede mit einer anderen Baumart bepflanzt ist. Da schreiten wir zuerst durch eine Reihe von Dattelpalmen, so stattlich, wie wir sie sonst nur noch jenseits des Atlasgürtels in der Wüste finden. Einen anderen langen Gang bilden die herrlichsten Fächerpalmen, die zwar an majestätischem Wuchs sich mit jenen nicht messen können, dafür aber ihre breiten Wedel bis auf die Erde herabhängen lassen. Eine dritte Allee wird von Bambusrohren eingerahmt, die ein Stockwerk hoch emporsteigen und die Stärke eines Mannesschenkels haben, dabei aber so dicht stehen und mit ihren Spitzen so über den Weg hinüber einander sich zuneigen, dass dadurch ein wahrer Tunnel gebildet wird, der mitten im Gebiete der stechenden und blendenden afrikanischen Sonnengluth angenehmste Kühle und ein wohlthuendes Halbdüster erzeugt. Dazu flattern die langen, seidenartigen Blattfasern der gewaltigen Schäfte unaufhörlich über unsern Köpfen hin und her und wiegen uns gar bald in halbwache Träume, die uns weit weg an die Ufer des heiligen Gangesstromes im fernen Indien tragen.

Auch der auf seinem Gerüste von Luftwurzeln wie auf Stelzen stehende Pandanus und noch andere seltene Herren aus tropischer Wildniss haben sich hier in Reih' und Glied aufstellen müssen. Indess sind diese kostbaren Alleen insgesammt nur die Eingangspforte zu dem eigentlichen tropischen Paradiese, das den Glanzpunkt des ganzen Gartens ausmacht, wo auf ausgedehntem Terrain, nicht mehr in steifer, paradenmässiger Aufmarschirung, sondern frei und ungebunden, bunt durcheinander, die kostbarsten Perlen aus der Vegetation fremder Zonen gedeihen und ganze tropische Wälder, eine wahre äquatoriale Wildniss bilden. Hier stehst du vor einer ausgedehnten Gruppe von Bananen, deren hellgrüne, zerfetzte Blätter melancholisch niederhängen; dort dringst du durch das Dickicht einer wahren Mustercollection von Palmen aller südlichen Continente und Inseln. Neben der dickbauchigen Jubaea spectabilis steigt die schlanke Cocospalme in die Lüfte, während die mehrfach verästelte Doompalme von der königlichen Oreodoxa regia überragt wird. Baumfarren mischen sich unter Cedern, californische Nadelhölzer unter blattreiche Laubkronen aus dem fernen Australien.

So fruchtbar aber ist das Erdreich, dass selbst in dem dichten Schatten dieser Riesen unten am Boden noch Büsche und Sträucher wuchern. Unter Anderem recken hier Philodendren ihre verdrehten Arme mit den grossen, phantastisch ausgeschnittenen Blättern zu den unerreichbaren Zweigen der hohen Stämme empor. Auf einem benachbarten Hügel wachsen all die verschiedenen Arten von Agaven und Aloës, mit einfarbigen oder bunt umränderten Blättern. Unfern davon hat das rauhe Geschlecht des Cactus sein Lager aufgeschlagen, von dem manche Arten baumartig aufragen, andere wieder schlangengleich am Boden hinkriechen.

Auch das grosse Heer der Wasserpflanzen, von der europäischen Lilie bis zum indischen Lotos, fehlt nicht. An einer mehrfach verzweigten Lache haben sie sich angesiedelt und bilden in ihrer Verschlingung nicht selten unentwirrbare Massen. Was soll ich aber nun erst sagen von den fremdartigen Blumen, die hier und da den sammetartigen Rasen zieren, den Blüthen und Kelchen in allen Formen und Farben! „Wer kennt sie all', wer nennt die Namen der Scharen, die zusammenkamen?" Hier gilt erst recht, was von diesem ganzen Wundergarten gesagt werden muss: weder Pinsel noch Feder kann diese Naturpracht würdig darstellen; hier heisst es: „Komm und siehe es!" Und wenn sonst wohl das alte Wort sich bewahrheitet: „Man kann nicht ungestraft unter Palmen wandeln", so hat es auf diesem Stücke tropischer Herrlichkeit keine Berechtigung. Hier kannst du stundenlang wandeln und sitzen und träumen; keine Schlange, kein heimtückischer Tiger gefährdet dein Leben, ja Nichts sogar, kein Geräusch stört den süssen Frieden, der über diesem Eden liegt.

Nur auf Augenblicke treffen, vom Abendwinde herbeigetragen, die Klänge der Militärmusik wie die verwehten Accorde einer Aeolsharfe dein Ohr. — Und kommst du früh, wenn die aufgehende Sonne ihre ersten Strahlen durch das Blättermeer sendet, wenn glitzernde Thautropfen auf Blatt und Blüthe liegen, dann werden auch diese Töne nicht hörbar, dafür aber singen dann Hunderte von Vöglein in den Zweigen, und dann, inmitten der süssen Einsamkeit, ist es dir wohl auch, „als ginge der Herr durchs weite Feld", als streifte dich sein Gewand und zauberte dir Ruhe und Frieden ins Herz.

Man wird es mir ohne Betheuerung glauben, dass ich nur schwer mich von diesem Paradies losreissen konnte, in welchem sozusagen Alles, was Gottes weite Erde leisten kann, in engem Rahmen zusammengefasst ist und wo die gefiederten Sänger der nordischen Heimath in den Wipfeln aus dem fernsten Süden ihr Lied erschallen lassen, ein Lied ohne Worte und doch so verständlich, ein Lied von der gottgewollten Einheit Derer, die das Leben trennt, ein Lied von der „Weltversöhnung".

Aber der Jardin du Hamma lässt uns nicht davonziehen, ohne uns noch einen schönen Genuss zu bereiten. An der Seite, wo ihn das Meer begrenzt, bildet der Strand eine kleine sandige Fläche, auf der man eine Art Miniatur-Oase geschaffen hat. 72 gewaltige Dattelpalmen, in regelmässigen Abständen gepflanzt, ragen hier in die Luft. In ihrer Mitte aber befindet sich, um das Wüstenbild zu vervollkommnen, eine einfache Hütte, in der ein arabisches Café etablirt ist. Sitzt man nun hier bei dem duftigen Tranke, den der braune Eingeborene credenzt, so hat man ein wunderbares Bild vor sich. Den Vordergrund bildet das Meer, das hier unaufhörlich langgezogene Wogen donnernd gegen das Ufer entsendet, während im Hintergrunde die weisse Masse von Algier, die sich an diesem Punkte, wo man sie von der Seite sieht, als ein langgestreckter spitzer Winkel darstellt, von der Sahelhöhe gegen das Meer heruntersteigt. Sicherlich präsentirt sich in dieser Palmenumrahmung die Stadt am originellsten, und darum haben auch die meisten Maler gerade diesen Standpunkt zur Aufnahme gewählt.

Doch wir eilen nun weiter, um auch den übrigen sehenswerthen Punkten in Algiers Umgebung noch einen flüchtigen Blick zu widmen. Und wir brauchen nicht lange zu wandern. Ueber der früher genannten Vorstadt Moustafa inférieur, deren Ende unser Garten bezeichnet, klettert die Vorstadt Moustafa supérieur hoch am Sahelhange hinan. Eine schon von Algier aus ansteigende, vielfach gewundene Bergstrasse durchzieht die ganze reizende Ortschaft, die aus zahllosen, in ihrer Bauart äusserst mannigfaltigen Villen besteht, welche von dem Dickicht ihrer Gärtchen dem Auge des Wanderers oft ganz entzogen werden.

Je höher wir auf der breiten, von Omnibussen und eleganten Equipagen, Reitern und Fussgängern belebten Chaussee emporsteigen, um so umfassender wird die unvergleichliche Ausschau über das unendliche Meer zu Füssen. Endlich hemmt ein Schlösschen von ausserordentlicher Schönheit unseren Schritt. Zum ersten Male sehen wir an ihm die bezaubernde maurische Architektur auch an der Aussenseite zur Anwendung gebracht. Drei Kuppeln krönen einen luftigen Porticus, dessen zwei Stockwerke von Reihen maurischer Bogen gebildet werden, welche in zierliche, gedrehte Marmorsäulen auslaufen. Feine, durchbrochene Geländer füllen die Zwischenräume zwischen den Pfeilern, während die Simse mit mosaikartig gelegten, bunt glasirten Kacheln bedeckt sind. Ein kaum weniger herrlich gezierter angebauter Seitenflügel umschliesst einen mit Marmorfliessen belegten Hof und stellt die „Wohnung der Frauen" dar. Das Ganze

Die Sommerresidenz des letzten Dey's von Algier in Moustafa supérieur.

VII. Die Umgebungen Algiers.

hat ein so untadelhaft weisses, neues, sauberes und gefälliges Aussehen, dass es mit vollstem Rechte den Namen eines Putzkästchens verdient. Wie eines jener so wunderbar zierlichen Häuschen aus Elfenbein, die die Schaufenster von Drechsler- und Galanteriewarenhandlungen schmücken, thront es, weithin sichtbar auf seiner Höhe, von einem ausgedehnten Parke mit Palmen, Bambussen, Orangen, Magnolien und Coniferen umgeben. Sein Hauptschmuck aber ist der Blick über den grünen Sahelhang und das blaue Meer, der hier oben voll und umfassend möglich wird.

Wenn nicht die blendende Weisse dieses Gebäudes, so würde uns doch schon der Umstand, dass die altmaurische Tradition hier verlassen und der architektonische Schmuck nicht mehr nur im Innern angebracht ist, errathen lassen, dass wir es mit einem modernen Bauwerk zu thun haben. In der That ist dasselbe von europäischen Architekten als Sommerresidenz für den letzten Dey von Algier erbaut worden. Doch würde es sich auch im Winter hier recht gut leben lassen, weil auf diesem sonnigen Berghang ein ewiger Frühling herrscht. So sind denn auch die Villen dieser Vorstadt in der Saison, das heisst ja eben in der kühleren Jahreszeit, von zahlreichen Kurgästen bewohnt, die aus dem fernen Norden hier zusammen kommen.

Doch wir wollen nicht blos die Abhänge des Sahelgebirges bewundern, wir wollen auch einmal in sein Inneres eindringen, wozu sich gerade an dieser Stelle gute Gelegenheit bietet. Wir verfolgen unsere Strasse weiter aufwärts in stets reizender Umgebung bis nach Colonne Voirol, einem nach dem General Voirol, der die Chaussee anlegen liess, benannten Dörfchen, das auf der Höhe des ganzen Kammes (210 m) liegt und eine prachtvolle Fernsicht auf Algier und seine in Grün gebetteten Vorstädte sowie auf das Meer draussen erschliesst. Hinter diesem Orte senkt sich die Strasse und bald umgeben uns Gehänge rechts und links. Wir sind mitten im Sahel. Unser Weg, in den Felsen eingesprengt, zieht sich hoch über einem langgestreckten Thale dahin, auf dessen Grunde wir die üppigste Cultur, blühende Gärten und fruchtbeladene Orangenbäume wahrnehmen. Endlich gelangen wir in ein Dorf Namens Birmandraïs (948 Einwohner) hinunter, das den eigenthümlichsten Gegensatz zu dem vornehmen Moustafa supérieur darstellt.

Die nahezu nach deutscher Art gebauten Häuser stehen um einen grossen Platz herum, auf dem eine freundliche Kirche mit schmuckem Thürmchen sich erhebt. Die südlichen Bäume sind verschwunden. Weissstämmige Platanen zieren die Fläche, in deren Mitte ein Brunnen plätschert, umlagert von durstigen Rindern und Ziegen. Muntere Kinder treiben sich lärmend umher, das Gebell von Hunden wird mitunter hörbar. Wer wollte in solcher anheimelnden Umgebung noch glauben, dass er in Afrika sei, wer sollte sich da nicht vielmehr in die trauten Dörfer des deutschen Vaterlandes zurückversetzt fühlen!

Schwarz, Algerien.

Von Birmandraïs können wir noch weiter (3 km) wandern nach Birkhadem, einem stattlichen Flecken mit 2061 Einwohnern, in welchem indess nichts zu sehen ist. Um so schöner ist der Weg dahin, der anfangs durch die fruchtbarsten Fluren führt, dann aber, wo er am jenseitigen Sahelabhang sich abwärts senkt, mit einem Schlage, wie bei einer Bühnenverwandlung, zu Füssen die weite grüne Metidschaebene mit der langen, grauen Mauer des Atlasgebirges dahinter sichtbar werden lässt. Doch wir steigen nicht in dieses uns schon bekannte Gebiet hinunter, sondern wandern, nachdem wir Birmandraïs wieder erreicht haben, durch das sich dort rechts öffnende, mit der üppigsten Wildniss von Agaven, Cacteen, Myrthen, Lentisken, Zwergpalmen und Epheu gezierte „Thal der wilden Frau" (4 km), in welchem, um die Romantik zu vollenden, zwei Mühlen — eine in Afrika seltene Erscheinung — klappern, nach dem Jardin d'Essai und der Residenz zurück.

Lenken wir nach diesem gen Süden gerichteten Ausflug unsere Schritte einmal in die nördliche Umgebung von Algier. Wir folgen hierbei den Schienen der Pferdebahn und gelangen bald in die Rue de la Marine, wo die andere der beiden sehenswerthen Moscheen Algiers, die sogenannte „grosse" Moschee (Dschama Kebir) uns eine kurze Zeit aufhält. Sie ist das älteste arabische Gotteshaus in Algier, jedenfalls schon im 10. oder 11. Jahrhundert erbaut und hat einen ganz anderen Charakter, als die früher beschriebene Dschama Dschedid.

Vierzehn ausgezackte Spitzbogen, die von dicken, marmornen Säulen getragen werden, bilden auf der Aussenseite eine langgestreckte Façade, in deren Mitte Doppelsäulen eine Art Portikus herstellen. Tritt man durch eine der stets offnen Pforten ein, so gelangt man zunächst in einen geräumigen Hof, in welchem plätschernde Brunnen das Wasser für die vorschriftsmässigen Abwaschungen liefern. Hier finden wir auch ein interessantes Ueberbleibsel aus dem alten Algerien vor der französischen Invasion. In einem engen Gemache, dessen offene Thüre Jedem Zugang verstattet, sitzen mehrere ehrwürdige Araber an einem langen Tische. Einer von ihnen bekleidet, nach dem vor ihm liegenden Schreibmaterial zu urtheilen, das Amt eines Protokollanten. Das Ganze stellt einen arabischen Gerichtshof dar, der sich aus den „Kadis" zusammensetzt. Ein solches Tribunal, das noch heute seine Urtheilsprüche „im Namen des gerechten Gottes" publicirt, hatte ehemals die Macht über Tod und Leben. Die Franzosen haben nun zwar für alle wichtigeren Fälle ihre Gerichte eingesetzt, lassen aber doch daneben die Kadis noch fungiren, indem sie ihnen die leichteren Geschäfte überweisen, wie solche etwa zur Competenz unserer Friedensrichter gehören. Gewiss aber ist es bezeichnend für das Gerechtigkeitsgefühl der Araber, dass sie ihren Tribunalen einen Platz in den Vorhöfen ihrer Gotteshäuser verstattet haben.

Wie das Aeussere, so ist auch das Innere dieser Moschee von der

Art der meisten anderen verschieden. Wir finden hier keinen Centralraum, sondern mehrere Schiffe, die durch einen wahren Wald von Pfeilern mit niedrigen, bald platten, bald ausgezackten Bogen gebildet werden. Was mir aber besonders auffiel, war dies, dass einige Katzen sich innerhalb der ehrwürdigen Hallen behaglich in den warmen Strahlen sonnten, die durch die Fenster an der Seitenwand fielen. Vermuthlich ist die Katze für die Araber ein heiliges Thier.

Nachdem wir unsern Weg wieder aufgenommen, passiren wir ausserhalb des nördlichen Stadtthores das grossartige kaiserliche Lyceum, an welches der „Jardin Marengo" anstösst, eine Gartenanlage, die sich in Terrassen den steilen Abhang aufwärts zieht und allenthalben aus Baumgruppen und Gebüschen von exotischen Gewächsen den Blick auf die blaue See ermöglicht. Man sieht, Algier ist an reizenden Promenaden so reich wie kaum eine europäische Residenz.

Am obersten Ende dieses herrlichen, vom Dufte der Orangen und Jasmine erfüllten Gartens steht, als rechter romantischer Abschluss dieses lieblichen Stückes Erde, die Kubba des berühmtesten algerischen Heiligen, des Sidi Abder Rahman el Talebi, in welche wir, da wir bisher noch nicht das Innere einer solchen arabischen Grabkapelle kennen lernen konnten, einmal eintreten wollen. Zuvor müssen wir uns freilich durch die verschiedenen Bettler durchschlagen, die die Pforte umlagern. Drinnen endlich angekommen, sehen wir uns in einem engen Gemache, in welchem von der Decke zahlreiche verblichene Fahnen herabhängen und ebenso verblichene Teppiche eine sargähnliche Erhebung überdecken, unter der der Heilige schlafen soll. Das helle Licht, das hier herrscht, in Verbindung mit der Masse dieser alten Gewänder, geben dem Ganzen einen wenig weihevollen Anstrich, lassen es eher als eine Garderobe- und Rumpelkammer, denn als die ernste Stätte des Todes erscheinen.

Nachdem wir wieder zur Landstrasse herabgestiegen sind, durchwandern wir die Vorstadt St. Eugène, die sich wie Moustafa aus schönen Villen mit reizenden Gärtchen zusammensetzt, von denen manche dicht am Meere, manche hoch am Berggehänge ihren Platz sich erwählt haben. Da, wo endlich diese Häuschen aufhören, entfaltet dann bald die Landschaft hohe Reize. Das Sahelgebirge stürzt hier, und zwar mit seinen höchsten Partien (über 400 m), schroff gegen das Meer ab. Stundenlang hat man die mit Gestrüpp bedeckten gewaltigen Bergrücken zur Linken, während rechts dicht neben der trefflichen Strasse das Meer an schwarzen Klippen brandet.

Namentlich nachdem man Pointe Pescade, ein Vorgebirge passirt hat, von welchem noch die Ueberreste eines ehemaligen Corsarenforts in die See hinausragen, wird die Gegend immer einsamer und gewaltiger. Nur hier und da hat sich ein Colonisten- oder Fischerhäuschen in eine der zahlreichen Falten des Gebirges hineingebettet, und dann wird wohl auch eine vereinzelte Palme oder ein vielästiger Feigenbaum auf der steilen Lehne sichtbar. Welch ein Gegensatz, diese weltverlorene, grossartige, todte Staffage im Norden der Stadt, wenige Kilometer von ihren Thoren, gegen die warme, mit tropischer Ueppigkeit ausgestattete Umrahmung in ihrem Süden!

Man kann auf der schönen Chaussee bis zu dem berühmten Cap Sidi Ferrudsch (23 km von Algier) wandern, an welchem 1830 die französische Executionsarmee ans Land stieg. Wir aber kehren nun wieder in die Residenz zurück, jedoch nicht, ohne dass wir zuvor noch einem Bauwerk am Wege einen Besuch abgestattet hätten. Schon beim Austritt aus der Stadt nämlich war uns eine imposante Kuppelkirche aufgefallen, die auf einem hohen Vorberge aufragt.

Es ist dies die Notre-Dame d'Afrique, ein Seitenstück zur Notre-Dame de la Garde auf dem Kalkhügel am Hafen von Marseille drüben. Ein steiler Weg führt uns auf ihre luftige Höhe, aber ehe wir in das Heiligthum eintreten, erfreuen wir uns des grossartigen Seepanoramas, das sich hier oben erschliesst. Fast könnte es uns schwindlig werden, so frei ist unser Standpunkt, so unermesslich die stille, tiefblaue Meeresfluth. Im Innern der Kirche ist wenig zu sehen. Nur die Inschrift an der Decke war mir interessant. Sie lautet: „Heilige Mutter Gottes, bete für uns und die Muselmanen!" Hier oben, wo die Natur so gross und weit sich aufthut, muss ja unwillkürlich Toleranz das Herz erfassen. Die Meeresfluth, die gleicherweise als die eine, ungetheilte, an alle Gestade der Welt in Nord und Süd, Ost und West schlägt, ist doch auch ein so schönes Gleichniss für das vom Christenthum geoffenbarte himmlische Vaterherz, das allen Nationen der Erde offen steht.

Und nun nur noch einen kurzen Gang nach der einzigen noch erübrigenden Himmelsgegend, nach Westen. Wir gelangen hierbei, von der Place du Gouvernement, von der wir ausgehen, aufwärtssteigend, zuerst auf die Place Malakoff mit der Kathedrale. Viel wichtiger aber als dieser plumpe Steinbau ist für uns das gegenüberliegende erzbischöfliche Palais. Freilich von aussen präsentirt sich dasselbe nur als ein simpler, weissgetünchter, kaum hier und da mit einigen kleinen, unregelmässig angebrachten Fenstern versehener Kasten. Aber sobald wir eingetreten sind, was durch ein Trinkgeld an den Portier möglich wird, haben wir einen feenhaften Anblick. Um einen kleinen, quadratischen Hof laufen, mehrere Stockwerke bildend, Galerieen von maurischen Bogen mit den prächtigsten, gewundenen Säulen aus weissem Marmor. Die so entstandenen schattigen Gänge sind mit Marmorfliessen belegt, während ihre Decke aus buntbemalter Täfelei von Cedernholz besteht. Besonders köstlich aber ist der Stuck, mit dem die Wände bedeckt sind. Es ist eine so fein durchbrochene Arbeit, dass man glaubt, es seien lauter Brüsseler Spitzen. Von den Corridors führen reichgeschnitzte Thüren in die Gemächer, deren Fussboden mit herrlichen Teppichen ge-

VII. Die Umgebungen Algiers.

schmückt ist, während an dem Plafond wieder Holztäfelung und an den Wänden Stuckarbeit bemerklich wird.

Es ist dies Gebäude einer der alten maurischen Paläste, wie Algier ihrer noch mehrere besitzt. Namentlich sind erwähnenswerth das Palais des Gouverneurs (auf demselben Platze), der Assisenhof und das Haus von Mustafa Pascha auf der Rue de l'État-Major, in welch letzterem die Bibliothek mit 700 arabischen Manuscripten und das Museum mit einer Masse römischer Alterthümer eine würdige Heimstätte gefunden haben. Im Uebrigen sind diese maurischen Paläste mehr oder minder alle von der oben beschriebenen Art.

Wir setzen daher nun unseren Weg fort und gelangen hinter dem schmalen Streifen moderner Bauten, der parallel mit dem Meere in geringer Breite die Stadt einfasst, in das arabische Viertel, in welchem wir auf Treppenstrassen aufwärts klimmen. Aber welch ein Weg! Er ist so schmal, dass die Gebäude mit ihren oben übergeneigten Giebeln nicht selten aneinanderstossen und auf diese Weise dann eine Art Tunnel bilden. In engen Werkstätten treiben Schuhmacher und Sattler ihr Handwerk. Die meisten Häuser aber bieten dem Wanderer Nichts als eine kahle Wand dar. Vermummte Frauengestalten huschen an uns vorüber. Das Alles ergiebt ein so echt orientalisches Bild, wie man es kaum wiederfindet.

Hat man endlich die mehreren hundert Stufen glücklich überwunden, so passirt man die Ruinen der Kasba, der ehemaligen Citadelle, und geniesst von nun ab, auf der Strasse nach El Biar weiter wandernd, eine immer ausgedehntere Aussicht auf die Stadt sammt dem Meere und seinem herrlichen Gestade. Zu einer vollkommenen Rundschau aber wird dieses wunderbare Panorama, wenn wir von der Strasse abbiegen und nach der Buzareaspitze (402 m), dem Culminationspunkte des gesammten Sahel, hinüber wandern. Der ganze Golf von Algier, die Stadt sammt ihren villenreichen Vorstädten, die Sahelgehänge, die Metidschaebene und die Atlaskette, das Alles vereinigt sich hier zu einem der farben- und formenreichsten Bilder, die es geben kann. Hier ist der rechte Standort, um von der Stadt und dem Meere, das wir nun längere Zeit nicht mehr sehen werden, Abschied zu nehmen, ehe wir unsere Reise in das Innere des Landes, der Wüste entgegen, antreten.

SECHSTES KAPITEL.

VON ALGIER ZU LAND NACH CONSTANTINE.

I.

Bis zum Eintritt in das Atlas-Gebirge.

Inhalt: Die schönste Küstenfahrt des Orients nächst der Tour durch den Bosporus. — Eine Postreise mit Hindernissen. — Schwungräder eigener Art. — Das „Spielzeug" der Kabylenweiber im Jahre 1871. — Wie Austern und Wein das Herz schwer machen können. — Die Metidschaebene im Morgennebel. — Algier als Binnenstadt. — Das Zwing-Uri der Kabylie. — Eine zweite Schiffaschlucht und wieder keine Affen.

Neben der unvergleichlichen Fahrt durch den Bosporus hat der Orient wohl kaum eine Seereise an Küsten entlang von solcher Schönheit aufzuweisen wie die Tour von Algier nach Philippeville. Fast ohne Unterbrechung gleitet das Schiff so nahe am Ufer dahin, dass all' die reichen Details auf dem letzteren deutlich sichtbar werden. Grüne Bergwiesen, von Araberzelten und weidenden Herden eingenommen, üppige Niederungen mit wogenden Halmen, dunkle Nadelholzwälder und saftiggrüne Obstbaumplantagen, uralte Kabylendörfer auf hoher Felsenwarte und moderne Seestädte, tief eingeschnittene Flussthäler und steil ansteigende Terrassen, weite, stille Buchten und brandungumtoste Vorgebirge, im Hintergrunde aber als ernster, unbeweglicher Rahmen zu all' den bunten, lebensvollen Bildern die himmelragenden, hier und da mit Schnee bedeckten Zacken und Kuppen des Hochgebirgs, das ist die prachtvolle Scenerie, die sich fortlaufend dem Auge bietet.

Kaum hat das Fahrzeug den Hafen der Kapitale verlassen, so präsentirt sich uns auch schon das eigenthümliche Dreieck, das Algier bildet, und je weiter wir vorrücken, um so mehr tritt nach und nach auch die ganze Umgebung, das Sahelgebirge, mit seinen Vorstädten rechts und links, zuletzt selbst das Atlasgebirge und die Metidscha heraus. Sobald das Boot aber das Kap Matifu umsegelt hat, thut sich uns eine neue Welt auf. Die geräuschvolle Stadt ist

I. Bis zum Eintritt in das Atlas-Gebirge.

verschwunden, eine grosse, stille und doch liebliche Landschaft breitet sich aus. Mehrere Wasserläufe, unter denen der Isser und der Sebau*) die bedeutendsten sind, münden nach einander in die blaue Salzfluth. Bald nachdem man den letztgenannten Fluss passirt hat, erreicht man Dellis, die eigentliche Hauptstadt der Kabylie, in höchst romantischer Lage, auf der Stelle des alten Rusuccurus, einer blühenden römischen Niederlassung im Anfang unserer Zeitrechnung.

Wenn darauf das Schiff längere Zeit an der malerischen Küste hingelaufen ist und mehrere unbedeutende Vorgebirge duplirt hat, so steigt aus den Fluthen das imposante, bizarr gestaltete Kap Carbon (höchste Spitze Mont Guraïa, 704 m über dem Meere) empor, hinter welchem der geräumigste und am tiefsten ins Land eingeschnittene Golf der ganzen algerischen Küste, die Bai von Bougie mit der gleichnamigen Stadt, sich öffnet. Die letztere hat zugleich auch nach der Landseite zu die wunderbarste Umrahmung, die man sich denken kann. Fast senkrecht steigen über der zwar kleinen, aber ausserordentlich fruchtbaren Thalebene des hier ins Meer mündenden Hauptflusses der Kabylie, des Uëd-Sahel, in einem mächtigen Halbbogen Hochgipfel auf, die zu den höchsten Bergriesen des Landes zählen, darunter im äussersten Westen der Dschebel Dschurdschura (2308 m), und als östlicher Eckpfeiler der Grand Babor (1979 m). Bei solchen Vorzügen ist es nicht zu verwundern, dass Bougie schon zur Zeit der Karthager und Römer unter dem Namen „Saldae" eine bedeutsame Rolle spielte. In der arabischen Periode war es sogar eine Zeit lang die Residenz eines kleinen Herrschers, der sich Sultan nannte. Heutzutage ist es mit seinen 3700 Einwohnern eine stille, todte Stadt; doch wenn einst die Südseite des Mittelmeeres wieder ihre ehemalige Bedeutung erlangen wird — und diese Zeit rückt mit der fortschreitenden Erschliessung Afrikas immer näher — dann dürfte auch Bougie in Folge seiner so günstigen Lage wieder eine grosse Rolle spielen.

Noch unbedeutender als der eben genannte Ort sind die beiden nächsten Städte, die der Dampfer passirt, Dschidschelli (1989 Einwohner) und Kollo (1081 Einwohner). Dann aber thut sich zum zweiten Male eine weite Bucht auf, in welcher nahe bei einander Stora und Philippeville liegen. Hier müssen Die ans Land steigen, welche nach Constantine und in die Wüste wollen, während die Küstendampfschifffahrtslinie noch bis zu dem in fruchtbarster Landschaft gelegenen Bona sich ausdehnt.

Schon nach dieser flüchtigen Skizze aber dürfte die ganze Küstentour' von Algier bis hierher als hoch interessant erschienen sein. Und so ist es denn nicht zu verwundern, dass nahezu ausschliesslich dieser Weg zur Reise in den Osten des Landes gewählt wird. Zwar zeigt sich das Meer auf der ganzen Strecke häufig genug

---

*) Dreisilbig zu sprechen: Se-ba-u.

äusserst bösartig, indess die so nahe bei einander gelegenen Küstenstädte bieten stets ein leicht zu erreichendes Asyl. Die Schiffe selbst aber sind stark und comfortabel. Es verkehren hier in regelmässigem Cours die „Compagnie Valéry" und die „Navigation mixte", jene mit etwas höheren Preisen als die letztere. Jede Gesellschaft macht eine Fahrt wöchentlich. Die ganze Reise, tour oder retour, erfordert jedesmal circa drei Tage Zeit, doch fällt davon die grössere Hälfte auf den Aufenthalt in den genannten Küstenstädten, der theilweise, so in Bougie, bis zu 12 Stunden ausgedehnt wird. Auf dem Meere dagegen bringt das Fahrzeug zwischen je einem Landeplatze immer nur 4—6 Stunden, und zwar meist während der Nacht zu, so dass der Reisende gewöhnlich den hellen Tag hat, um die Hafenplätze zu besichtigen.

Viel weniger und in der Regel nur vom Lokalverkehre wird der Landweg von Algier nach Constantine benützt, wenigstens so lange die im Bau begriffene Bahn noch nicht vollendet ist. Er muss, da er nahezu immer durch das Atlasgebirge läuft, viel beschwerlicher, dabei aber an Naturschönheiten ärmer als die Seereise genannt werden. Endlich erfordert die Tour zu Lande auch nicht unbeträchtlich höhere Kosten als jene. Gleichwohl wählte ich sie, weil es mir bei meiner Bereisung Algeriens darauf ankam, möglichst viel von dem Lande zu sehen. Gerade das weniger Bekannte, das Innere der Provinz stand auf meinem Programm. Die Küstenfahrt wird jedes Jahr von Hunderten von Kurgästen gemacht, während sich in der ganzen Saison vielleicht kaum Einer findet, der das Wagniss unternimmt, den Landweg zu betreten.

Jeden Morgen bald nach Sonnenaufgang verlässt die Diligence nach Constantine die Residenz und erreicht ihr Ziel am übernächsten Tage um'nahezu die gleiche Tageszeit, so dass man ca. 48 Stunden — wenn man von den kurzen Pausen für Déjeuner oder Diner absieht — ohne Unterbrechung im Wagen zubringen muss.*) Eine solche riesenhafte Postfahrt dürfte wenigstens in der westlichen Hälfte unseres civilisirten und schienendurchkreuzten Europa unerhört dastehen.

Jedes Mal, wenn 25 km zurückgelegt sind, was zumeist in $2^{1}/_{2}$ Stunden geschieht, werden die sieben Berberhengste, welche die Diligence fortbewegen, durch frische Thiere ersetzt, die anfangs in der Regel so unbändig sich geberden, dass der Postillon nur mit Mühe seinen hohen Sitz gewinnen kann. Häufig hat er die Masse von Zügeln, die er regieren muss, noch kaum sicher erfasst, so geht auch schon die wilde Jagd über Stock und Stein los. Die Wege sind zwar im Allgemeinen gut, doch kommen hier und da auch recht „lateinische Zeilen" vor, über die das schwerfällige Ungethüm

---

*) Durch die nunmehr im Betrieb befindliche Bahn Setif-Constantine ist die Fahrzeit um ca. 14 Stunden, also bis auf ca. 34 St. verkürzt worden.

von einem Postkasten nicht ohne Gefährdung und oft mit bedenklichem Krachen und Schwanken hinwegsaust. Häufig müssen grössere oder kleinere Wasserläufe, die nicht immer mit Brücken versehen sind, durchfahren werden, wobei das nasse Element schäumend an den schnaubenden Rossen emporspritzt. Um eine solche Fuhrt leichter zu überwinden, wirft der Postillon die Rosse in der Regel in das wildeste Carrière, und so geht es mit wüthendem Anlaufe das diesseitige Ufer herab und das jenseitige wieder empor.

Auch sonst ist das Terrain vielfach coupirt. Jetzt saust der Wagen eine steile Berglehne hinunter, um nach wenigen Minuten auf dem entgegengesetzten Abhange aufwärts zu klettern. Bald gähnen tiefe Abgründe zur Seite, bald wieder ragen hohe Wände rechts und links empor. Viel schlimmer aber als diese mehr im Grossen gehaltenen Hindernisse sind die kleinen Terrainmulden, die, da die Strasse nicht durchgehends nivellirt ist, häufig ihren Tract durchsetzen. Dieselben sind oft nur wenige Meter breit, aber meist ziemlich tief. Solche Naturgräben werden immer im Sturm genommen, das heisst, der Kutscher schlägt mit einem Male unter furchtbarem Geschrei auf die drei Deichsel- und die vier Vorspannpferde mittelst seiner viele Ellen langen Peitsche los. Wüthend bäumen sich die halbwilden Rosse und sausen in toller Hast den kleinen, aber oft nahezu senkrechten Absturz hinunter. Auf diese Weise einmal in eine Art Flug versetzt — denn häufig berühren die Räder auf dem Grunde der Mulde kaum den Boden — schwingt sich der plumpe Kasten ohne Mühe auch auf der anderen Seite des Grabens empor.

Es versteht sich von selbst, dass eine solche Fahrt, die noch dazu auch zwei ganze Nächte in Anspruch nimmt, keine absolut gefahrlose genannt werden kann, so stark auch die Pferde, so fest auch der Wagen und so unglaublich gewandt auch die unerschrockenen Rosselenker sind. Bei dem tollen Galopp, der die Regel bildet, kommt manchmal ein Pferd zum Stürzen und reisst dann nicht selten auch die Kameraden mit um. Oder es bricht ein Rad, eine Axe, wenn nicht gar die allerdings sehr starke Deichsel. Auch fällt bisweilen der ganze Kasten um, was an precären Stellen recht bedenklich werden kann.

Andere Gefahren aber sind kaum vorhanden. Freilich war noch vor 1870 gerade der Landstrich, den unsere Strasse durchzieht, einer der unsichersten, ja der absolut verderbenbringenden in der ganzen grossen Provinz; bildet er doch so recht eigentlich das Herz des Kabylenlandes, das weder in ältester, noch in späterer Zeit von den jeweiligen Beherrschern des Küstenstrichs ganz bezwungen werden konnte. Der Boden ist in dieser Gegend in jahrhundertelangen Kämpfen mit Blut getränkt worden. Noch in dem oben genannten Jahre war hier der Schauplatz der furchtbarsten Gräuelthaten, die die Geschichte kennt. Hätten wir damals unseren Streifzug durch dieses abgelegene, wilde Gebiet unternommen, so hätte uns leicht begegnen können, was das beweinenswerthe Loos so vieler französischer Offiziere war. Wurden sie nämlich von den aus ihren unwirthlichen Hochgebirgen hervorbrechenden Kabylen aufgegriffen, so übergab man sie den Weibern „zum Spielen", was diese Megären so verstanden, dass sie ihren unglücklichen Opfern die Glieder lebendig vom Leibe rissen.

Seitdem aber ist die Kabylie ruhig geworden, und kann man auf unserer Strasse unbedenklich durch ihre Thäler und Schluchten ziehen, umsomehr als in regelmässigen Zwischenräumen Forts mit entsprechender Besatzung sich erheben. Gleichwohl möchte ich sagen, dass ein etwas muthiges Herz dazu gehört, um diese Fahrt zu unternehmen. Wenn man sich selbst durch die unglaubliche Hetzjagd nicht bange machen lässt und ebenso von den Kabylen nichts fürchtet, so muss doch die ausserordentliche Einsamkeit und Oede, die Weltverlassenheit im Inneren des Atlasgebirges das Gemüth bedrücken. Menschliche Ansiedelungen sind auf der ganzen Strecke äusserst selten. Stumm schaut die grosse Natur mit ihren weiten Steppen oder ihren kahlen, wolkenumsäumten Hochgipfeln dem kühnen Wandersmann aus dem Norden ins Gesicht. Namentlich in der Nachtzeit, wo oft genug das Tosen der Gebirgswässer oder das Heulen der Schakale, die mit Hyänen im Bunde den Wagen bald ferner, bald näher umkreisen, an unser Ohr schlägt, wo nur hier und da einmal ein einsames, festungsartiges Stationshaus auftaucht, um sofort, nachdem die verschlafenen Knechte die Pferde gewechselt haben, mit seinen wenigen Lichtern wieder in der Ferne zu verschwinden, überkommt es wohl auch ein starkes Herz wie ein leises Grauen.

Trotzdem aber darf der Leib wenigstens nicht Mangel leiden. Gleich auf dem Fahrbillet sind die Stunden und die Haltepunkte genannt, wo je nach der Tageszeit Frühstück, Mittags- oder Abendbrod gereicht wird. Und in der Regel ist die Küche selbst auf den einsamsten Stationen vortrefflich, obwohl die Preise eher niedriger sind als im Küstenlande. Ueberhaupt ist der ganze Fahrdienst ein äusserst exakter. Ein Conducteur begleitet die Reise und wacht mit grösster Gewissenhaftigkeit darüber, dass Alles seinen gehörigen Gang gehe. Was die Wagen selbst anlangt, so haben dieselben durchschnittlich 9 Plätze, nämlich 4 im sogenannten Intérieur, die etwas billiger als die übrigen, dafür aber auch meist nur von Eingeborenen eingenommen sind; 3 Plätze enthält dann das Coupé, welche fast ausschliesslich von den Fremden benützt werden, da sie die bequemsten sind. Ein einzelner Reisender, der die Ausgabe nicht scheut und alle 3 Sitze in dieser Abtheilung des Gefährtes bezahlt, kann sich dadurch eine recht angenehme Fahrt sichern, die ihm sogar eine leidliche Nachtruhe ermöglicht, wenn das Ungewohnte, um nicht zu sagen Ungeheuerliche der ganzen Tour ihm nicht das Schlafen verleidet. Ueber dem Coupé befindet sich das Cabriolet oder Banquette mit zwei etwas luftigen, dafür aber freie Ausschau gewährenden Plätzen.

Doch wir haben mit diesen allgemeinen Bemerkungen die Neugierde des Lesers wohl schon zu sehr gereizt, um ihn nun nicht auch im Geiste mit uns die seltsame Fahrt antreten zu lassen. — Es war ein herrlicher Morgen, als wir den Wagen bestiegen, der uns 48 Stunden zur Wohnung dienen sollte. Die alte Piratenstadt erwachte eben zum Leben. Auf den Balcons der Paläste am Boulevard standen in leichtem Negligé Herren und Damen, um durch die frische Morgenluft sich den Schlaf aus den Augen verscheuchen zu lassen. Drunten am Hafen aber stiegen schon die rührigen Fischer ans Land, die während der Nacht ihrem Gewerbe obgelegen. Und auf dem Fischmarkte vor der Moschee de la pêcherie ist bereits das lustigste Treiben im Gange. Mächtige Hummer werden aus Körben genommen, alle möglichen Fische, grosse und kleine, silberglänzende und rothschuppige mit Glotzaugen, werden auf den Verkaufstafeln ausgelegt; in zahlreichen sauberen Buden endlich laden kleine Tische mit frischen Austern und bauchigen Weinflaschen zum Frühstück ein. Nicht ohne Wehmuth liess ich noch einmal über solche Hochgenüsse der Civilisation meine Augen schweifen, ehe ich in das Gefährt stieg, das mich in die Uncultur hinaustragen sollte.

Nachdem wir die Stadt durchmessen haben und am herrlichen Jardin d'Essai hingefahren sind, durchschneiden wir, immer dem Bogen des grossen Golfes folgend, das lebhafte Dorf Hussein Dey mit seinen Gemüsefeldern, seinen Blumenkohlköpfen und Krauthäuptern, sausen dann durch das Stück der Metidscha, welches bis ans Meer reicht, überschreiten auf stattlicher Brücke den unweit ins Meer mündenden Harrach und klimmen alsbald in Windungen auf eine Art Plateau empor, wobei wir fortlaufend den herrlichsten Rückblick auf Algier und das Sahel, sowie die Metidschaebene geniessen, welch letztere von hier oben in ihrer ganzen Länge bis zum westlichen Abschluss, dem Dschebel Zakkar, überschaut wird. Man möchte sie für einen unermesslichen, grünen See halten, zumal da, um die Täuschung zu vollenden, die Morgennebel noch grosse Strecken ihres Gebietes bedecken. Vor uns und neben uns zur Rechten aber präsentirt sich, je weiter wir vorrücken um so mächtiger, die Riesenmauer der Atlaskette, von der wir namentlich das breite Massiv des Bu-Zegza (1033 m) stundenlang im Auge behalten. Dazu ist das Land selbst, das wir durchfahren, prächtig bebaut. Die Monotonie der ausgedehnten Fruchtebenen aber wird von stattlichen Colonistendörfern mit ihren hellrothen Ziegeldächern und von kleinen Wäldchen wohlthuend unterbrochen. In Ruiba, der ersten Relaisstation, haben wir noch einmal den Anblick von Algier, aber in welch origineller Weise! Die Hochfläche, auf der wir uns befinden, lässt den Golf nicht mehr sichtbar werden und nur noch das lange, weisse Dreieck der Häusermasse zum Vorschein kommen, die nun wie mitten im Flachlande gelegen sich ausnimmt.

Bei Col des Beni-Aïscha, dem Haltepunkte für das Mittagsmahl (54 km von Algier), gabelt die Strasse. In der bisher innegehaltenen Richtung weiterlaufend, führt der linke Strang nach dem Fort national (bis 1870 Fort Napoléon genannt, 125 km von Algier), dem berühmten Zwing-Uri der Kabylie, welches in einer Höhe von 916 m am Nordabhange des Dschebel Dschurdschura auferbaut ist. Auch dahin fährt täglich eine Diligence und im Sommer, wenn das Hochgebirge schneefrei ist, bietet dieser Ausflug hohe Genüsse. Der Tourist kann alsdann vom Fort aus bequem in einem Tage den höchsten Gipfel des genannten Kabylengebirges (den Dschebel Tamgut Lalla Kadidscha, 2308 m) ersteigen, von wo der Blick vom Meer bis an die südlichen Randgebirge schweift, hinter denen die Wüste sich verbirgt. Jetzt im Frühling aber lohnt diese Parthie weniger. Darum biegen wir von der dorthin führenden Strasse rechts ab und eilen südöstlich auf dem Wege nach Constantine weiter.

Die Landschaft wird nun rasch eine andere. Das Gebirge thut sich uns auf, und zwar debütirt es gleich mit einem der gefeiertsten Schaustücke Algeriens. Wir sind nämlich von der Hochebene in das Thal des Isser niedergestiegen, der hier, ehe er ins Küstenland hinaustritt, in einer 3 km langen Schlucht das Atlasgebirge durchbricht. Die Szenerie in diesem Schlund, durch den die Strasse läuft, ist ähnlich wie die der Schiffaschlucht, nur fast noch grossartiger und ernster. Die hohen Felswände rechts und links sind steiler und rücken noch näher zusammen als dort; in Folge dessen ist aber die Vegetation hier spärlicher. Trotzdem sind auch in dieser Atlasschlucht Affen häufig, von denen sich indess auch diesmal nicht einer sehen liess.

II.
Durch die Medschana bis zur numidischen Residenz.

Inhalt: Ein blühender Erdenwinkel im Atlas-Gebirge. — Blutige Bilder aus dem letzten Aufstande. — Ein Pfarrhaus als Festung. — Arabische Perfidie. — Afrikanische Steinklopfer. — Ein Plauderstündchen in deutscher Zunge vis-à-vis dem Dschebel Dschurdschura. — Ein nächtliches Gewitter in den Atlas-Bergen. — Das „eiserne Thor". — Eine kurze aber vielsagende Inschrift. — Die gekrönten Häupter Frankreichs als Verbannte in algerischer Gebirgswildniss. — Das „Mailüfterl" in Afrika mit Graupeln und Schnee. — Ein reich begnadetes Stück Erde, das trotzdem verödet liegt. — Circus Renz im Atlas-Gebirge. — Die höchste Bergstadt des Landes. — Das Erste, was der Postreisende nach der Ankunft in Constantine thut.

Jenseits der Isser-Schlucht wird das Flussthal weit und lieblich, so dass eine der blühendsten Colonistenansiedelungen im Atlas, Palaestro, hier einen Platz finden konnte. Ausserordentlich ist in diesem von hohen Bergen (darunter der Tegrimmo, 1030 m, der Culminationspunkt des Beni-Kalfun) umschlossenen Kessel die Fruchtbarkeit. Hier gedeiht die Palme neben der Platane, Citronen und Mandeln reifen neben Birnen und Aepfeln. Das Dorf zählt jetzt 240 Einwohner, die in durchaus neuen, sauberen Häusern um einen schönen, grossen Platz herumwohnen. Aber neben der zierlichen, gleichfalls neuen Kirche auf diesem Plane steht im Schatten der Platanen auch ein Denkmal mit der Jahreszahl 1871. Leider war die liebliche Ansiedelung während des furchtbaren Aufstandes, der damals durch das ganze Land hin ausbrach, dazu ausersehen, eine der traurigsten Rollen in jener grossen, blutigen Katastrophe zu spielen. Ihre europäischen Einwohner, die bei der Jugend der Niederlassung noch kaum 100 zählten, hatten in thörichter Vertrauensseligkeit das immer frecher werdende Benehmen der umwohnenden Bergkabylen nicht beachtet und waren in ihrem so abgelegenen Dorfe verblieben, bis eines Tages die Feindseligkeiten begannen. Da flüchteten sie sich denn in die Pfarre und in die beiden kleinen Kasernen des Ortes, wo sie mit Weibern und Kindern sich aufs Heldenmüthigste während dreier Tage, den 20., 21. und 22. April, vertheidigten. In dem einen Gebäude kämpften die Eingeschlossenen zuletzt noch auf dem eisernen Balcon weiter, als die Araber schon das Haus selbst angezündet hatten. Auf die günstigen, mit Ehrenwort beglaubigten Bedingungen der Letzteren hin capitulirten sie endlich, aber die treulosen Eingeborenen massacrirten sofort 54 von ihnen, darunter den Pfarrer, mit wahrhaft thierischer Wuth. Die Anderen wurden als Gefangene fortgeschleppt und das Dorf völlig vom Erdboden vertilgt. Das geschah erst vor neun Jahren, und doch ist heute der ganze Ort schöner und grösser als zuvor wieder auferbaut. So schnell schwindet der Schrecken und kehrt das Vertrauen in die menschliche Brust zurück. — Ich hatte das Glück, von Algier bis Palaestro eine Dame als Nachbarin im Coupé zu haben, welche jene Schreckenstage mit durchgemacht hatte und mir viele haarsträubende Einzelheiten mittheilte. Ich gestehe, dass mir dabei fast unheimlich zu Muthe wurde, zumal da, begünstigt durch die hohen, finsteren Berge ringsum, bereits die ersten Schatten der Nacht sich auf das tiefe Thal niedersenkten. Ich sah nicht mehr die neuen Häuschen, nicht mehr die üppigen Gärten; vor meinem Auge schwebten die verstümmelten Leichname von Weibern und Kindern, und ich war froh, als wir endlich wieder weiter fuhren.

Wir verfolgten zuerst noch längere Zeit das schöne Thal des Isser, in welches sich auf beiden Seiten üppig grüne Alpenwiesen — eine seltene Erscheinung im Süden überhaupt und vor Allem in Afrika — niedersenken. Am Flusse selbst wucherten Oleanderbüsche. Kraushaarige Neger, nur nothdürftig bekleidet, klopften hier und da Strassensteine. Sonst war Alles still wie am Schöpfungstage. Nach mehrstündiger Fahrt verliessen wir das Isserthal und stiegen jetzt an einer steilen Berglehne empor, wobei wir die herrlichsten Rückblicke auf das liebliche Thal und die vom Abendsonnenscheine vergoldeten Atlasberge thun konnten, während neben uns in immer grösserer Tiefe eine langgestreckte Schlucht gähnte. Endlich hatten wir die Höhe erreicht und galoppirten nun auf einem kahlen Plateau dahin bis zur Diner-Station Bordsch- (das Wort heisst soviel als „Fort") Buira, einem kleinen Orte mit kaum 50 europäischen Einwohnern, wo ein recht kühler Wind wehte, denn wir befanden uns auf einer Höhe von 550 m. Die Abendnebel verstatteten uns leider nicht mehr den vollen Anblick der ungeheuren Masse des Dschebel Dschurdschura, dessen Südfronte man an diesem Punkte sich gerade gegenüber hat. Doch wurde hier und da noch einmal ein glitzerndes Schneefeld oder eine schwarze Felsenspitze im fahlen Scheine der Dämmerung sichtbar.

Die kurze Stunde indess, die wir in der genannten Ortschaft an einer recht gut besetzten Tafel verbrachten, ist mir dadurch zu einer unvergesslichen geworden, dass von den beiden Passagieren, die von Palaestro an allein noch im Intérieur gesessen hatten und die nun das Mahl mit uns gemeinsam einnahmen, der eine, ein Offizier, sich im Laufe der Unterhaltung als Elsässer zu erkennen gab, so dass wir nun, da er in keiner Weise den Empfindlichen spielte, mitten im Herzen der Kabylie gemüthlich in der trauten Muttersprache plaudern konnten.

Um so schwerer fiel uns aber auch das Scheiden, zumal da sogar diese beiden letzten Passagiere hier zurückblieben und wir nun ganz allein in die Nacht hinaus rasselten. Um das Schauerliche der Fahrt noch zu erhöhen, war übrigens ein Gewitter aufgestiegen. Finsteres Gewölk bedeckte den ganzen Himmel. Selbst nicht das kleinste Sternchen grüsste ermuthigend hernieder. Ja bald brach auch das Unwetter wirklich los. Immer näher und näher ertönte das furchtbare Rollen des Donners, das drüben an der langen Mauer des Dschurdschura ein grossartig schönes Echo weckte. Dazu zuckten grelle Blitze, in deren Schein oft die ganze Riesenmauer des nahen Hochgebirges mit Zinken und Zacken gespensterhaft zum Vorschein kam. Leider blieb nur auch eine andere Wirkung der aufflammenden Feuerstrahlen nicht aus. Die wilden Rosse an unserem Wagen wurden scheu und bäumten jedesmal hoch auf, sobald ein Strahl niederfuhr. In Folge dessen rannten sie dann so toll dahin, dass der Kutscher sie kaum zu erhalten vermochte. Man kann sich denken, mit welchen Gefühlen wir dabei im engen, dunklen Wagen sassen. Und richtig, da ist auch das Gefürchtete geschehen. Wir fühlen einen mächtigen Ruck und — das Gefährte steht still. Sofort war ich heraus und sah nun, wie die vier Vorderpferde in einem unentwirrbaren Knäuel sich am Boden wälzten, wobei sie mit den Hufen wild um sich schlugen. Nur nach langer Arbeit gelang es Conducteur und Kutscher, sie zur Ruhe und wieder auf die Beine zu bringen. Wir waren augenscheinlich einer grossen Gefahr entgangen.

Glücklicher Weise zog das Unwetter rasch vorüber und es wurde heller, so dass man sich doch etwas in der Gegend orientiren konnte. Wir waren zuerst von der Hochebene von Buira, welche die Wasserscheide zwischen dem Isser und dem Sahel-Fuss bildet und zugleich eine Art Verbindungsriegel zwischen der inselartig isolirten Gruppe des Dschurdschura im Norden und der Hauptkette des Atlas im Süden abgiebt, in das Thal des letztgenannten Flusses niedergestiegen, das auf beiden Seiten von hohen Bergen eingeengt ist. Gar bald aber verlassen wir dasselbe und die in ihm abwärts nach Bougie laufende Strasse wieder und steigen in einem kleinen Seitenthal zu einem vielgenannten Punkte, den „Biban", dem berühmten „eisernen Thor", einem engen Felsendefilé empor, welches von einem kleinen Wasser, dem Uëd Mekla, durchströmt wird. Diese Schlucht ist indes weniger durch ihre Grossartigkeit — denn ihre kahlen, senkrecht abgeschnittenen Wände sind nur circa 100 Fuss hoch — als durch ihre Geschichte berühmt. Niemals hatten die Römer gewagt, diese Naturpforte zu durchschreiten und selbst die Türken konnten die Passage nur gegen Tribut an die umwohnenden Kabylenstämme bewerkstelligen. Die französische Armee jedoch erzwang unter dem tapferen Valée und dem Herzog von Orléans den Durchzug am 28. October 1839. Der kühnen That zu Ehren trägt eine der hohen Wände die einfache aber bedeutsame Inschrift: „Armée francaise 1839."

Leider gestattete uns das Dunkel der Nacht nicht, diese ganze interessante Passage hinreichend zu überschauen. Auch machte die Natur ihre Rechte geltend und liess uns von Zeit zu Zeit in eine Art Halbschlummer verfallen, aus dem wir nur aufgeschreckt wurden, wenn der Wagen wieder einmal wie im Fluge eine steile Anhöhe hinabsauste. Einmal fuhren wir auch empor, als das Gefährte plötzlich stillstand und im fahlen Scheine einer Laterne Gewehre blitzten. Es waren aber keine beutegierigen Kabylen, die an die Diligence herantraten, sondern französische Soldaten aus dem kleinen Fort an der Strasse, die irgend ein Poststück in Empfang nahmen.

In noch traurigerer Lage als diese Kriegsleute, die doch von Zeit zu Zeit abgelöst werden, befinden sich die Stationshalter mit ihrer Familie, die in dieser Bergwildniss sich fürs Leben einrichten müssen. Es war noch tief in der Nacht, als wir an einem solchen einsamen Atlas-Karawanserail ankamen. Wir fuhren in einen geräumigen Hof hinein, den festungsartige, mit Schiessscharten versehene Gebäude und Mauern auf allen Seiten umgaben. Mächtige Hunde sprangen uns entgegen und geleiteten uns in ein enges Gemach mit Fenstern nach dem Hofe hinaus, wo ein junges Mädchen Kaffee und Cognac servirte. Es dauerte denn auch nicht lange, so klagte sie uns ihre Noth. Sie war mit ihrer Familie unlängst erst aus dem freundlichen Rhone-Thal in Frankreich drüben ausgezogen, und doch litt sie bereits an argem Heimweh in diesem entlegenen Erdenwinkel.

Nebenbei fand ich hier ein recht interessantes Stück Hausgeräth, das auf irgend eine Weise aus einem aristokratischen Palaste in diese Gegend gekommen sein mochte. Es war ein Tisch mit runder Platte, auf der sämmtliche Herrscher Frankreichs, von Hugo Capet an bis auf den unglücklichen Ludwig XVI., in sauberen Medaillons abgebildet waren. — Doch nach wenigen Minuten waren, wie eine Fata morgana, Hof und Haus, die Kellnerin und die gekrönten Häupter hinter uns verschwunden und wir sausten wieder allein durch die finstere Nacht.

Man wird es uns glauben, dass wir wie aus dunklem Kerker erlöst aufathmeten, als plötzlich nach einem, zu guter Letzt noch recht festen Schlummer die aufgehende Sonne durch die trüben Scheiben unseres Coupé's blitzte. Nun waren nicht nur alle Schrecknisse verschwunden, nun konnten wir vor Allem in der unbekannten Landschaft auch wieder freie Umschau halten. Wir fuhren jetzt durch eine weite Niederung, in der jegliche Vegetation fehlte und nur graue Flächen und zerbröckelte Hügel uns entgegenstarrten. Bald aber stiegen wir etwas an und erreichten das Kabylendorf Mansura (216 km von Algier), aus dessen Mitte ein festungsartiger Bau auf einem isolirten Hügel aufragte. Die Häuser des hier wohnenden Stammes der Mzita sahen recht leidlich aus, um so zerlumpter, schmutziger und finsterer die Gruppen von Bewohnern, die die Post neugierigen Auges umstanden.

Schon an dem paletotartigen Kittel, der nicht nur durch seine schmutzigbraune Farbe, sondern auch durch seine unzähligen Löcher und Fetzen anwidert, würde man den Kabylen, also einen Abkömmling der berberischen Race, von den fast ausnahmslos in die weissen, weiten

Mäntel gekleideten Arabern unterscheiden können. Ohne Scheu lässt der Erstere grosse Stellen des nackten, vor Schmutz fast schwarzen Körpers zum Vorschein kommen, was der viel decentere Araber gewiss nicht thut. Auch das Antlitz Beider ist verschieden. Hart, aber dabei doch schön ist der Gesichtsschnitt des Sohnes Arabiens, aber die Physiognomie des Kabylen ist finster und abstossend.

Angenehmer als der Anblick dieser widerlichen Gestalten war uns die Aussicht auf den Dschebel Dschurdschura, der, bereits in weiter Ferne, aber in der hellen Morgensonne doch wohl erkennbar, mit seinen Zacken und Eisfeldern von diesem hochgelegenen Dorfe aus (1070 m) sichtbar wurde.

Von Mansura, das am Abhang des Dréaf (1862 m) liegt, stiegen wir nun an einem Kiefernwald vorbei in endlosen Windungen auf eine der bedeutendsten Hochebenen des Landes, die Medschana, welche sich von hier bis gegen Constantine hin, bis ans Rumelthal erstreckt. Ihre durchschnittliche Höhe beträgt nicht weniger als 1000 m. Daher kommt es, dass ihre Temperatur eine verhältnissmässig niedrige ist. So hatten wir, während in dem von seinen Bergen geschützten Mansura das Thermometer $^1/_2$ 7 Uhr Morgens 16° R. zeigte, auf der Höhe um 8 nur noch $8^1/_2$°. In der Mittagszeit ($12^1/_4$ Uhr) fiel die Quecksilbersäule auf 7, und eine Viertelstunde später gar bis auf 5° (in Afrika, am 1. Mai!). Zugleich sandte der trübe Himmel dichte Graupeln und mehrmals selbst einen feinen Schnee herab. Man kann sich wohl vorstellen, wie ein solches Mailüfterl nach der Hitze, die wir zuvor, beispielsweise in Blida, ausgehalten hatten, auf uns wirken musste.

Trotzdem sind diese für Algerien und das Atlasgebirge, ja für Afrika überhaupt so charakteristischen Hochebenen nicht unfruchtbar, sie könnten vielmehr die reichsten Kornkammern abgeben, wenn die beiden Grundbedingungen für ein Aufblühen der Provinz, Menschen und Wasser, vorhanden wären. Von ersteren sieht man auf diesen unermesslichen Steppen nur hier und da zerlumpte Kabylen, die, beiläufig bei dieser Kälte mit blossen Füssen, magere Pferde auf den vereinzelten Stellen weiden, wo ein dürftiger Graswuchs vorhanden ist. Selten passirt man eine Gruppe von einigen wenigen elenden Häusern, unter denen manche überdies noch von 1871 her in Trümmern liegen.

Was das Wasser anbelangt, so thut es auch hier wie überall in Afrika Wunder. Wir erkannten das an einem Punkte, wo um eine kleine Quelle herum eine wahre Oase entstanden war. Namentlich entzückte uns der Anblick blühender Obstbäume, der dieser weiten Steppe einen heimathlichen Anstrich verlieh. Im Uebrigen sahen wir fast den ganzen Tag nur verbrannte und zerbröckelte Erde ohne alle und jegliche Vegetation, selbst das kleinste Grashälmchen nicht ausgenommen. Man hätte wähnen können, durch endlose, eben umgepflügte und geeggte Felder zu fahren. Humus war allerwärts genug vorhanden.

Trotz solcher Oede entbehrt diese Steppe nicht aller Reize. Auf allen Seiten waren hier und da inselartig Berggruppen aufgesetzt, die häufig in Folge weiter Entfernung die schönste blauduftige Färbung zeigten. Daher kam es, dass wir immer die Empfindung hatten, als ob wir in einer Niederung führen, an deren Rändern die Berge begönnen. Und doch weilten wir beständig im eigentlichen Herzen des Atlasgebirges. Für die orographische Eigenart Algeriens kann nichts lehrreicher sein, als eine solche Fahrt.

Mehrfach zeigen sich auf isolirten Hügeln auch Ruinen, manche noch aus der Römerzeit, wie denn überhaupt dieses Plateau an Reminiscenzen und Trümmern aus dem Alterthume überreich ist.

Gegen 10 Uhr erreichten wir das auf einem hohen, isolirten Hügel malerisch gelegene und meilenweit sichtbare Bordsch-bu-Areridsch (248 km von Algier, in einer Meereshöhe von 915 m), eine der höchst gelegensten Städte der Provinz und neben dem benachbarten Setif der Hauptort der weiten Atlasebene. Während der Insurrection von 1870 eingeäschert, ist es seitdem wieder aufgebaut worden und macht mit seinen neuen Häusern, seinen starken Ringmauern und seinen grünen Gärten einen stattlichen Eindruck. Es hat 989 Einwohner, von denen circa die Hälfte Muhammedaner sind.

Nach einem guten Déjeuner ging es wieder vorwärts, Setif entgegen. Zuvor aber genossen wir unweit der Thore von Areridsch noch einen herrlichen Anblick. Junge Kabylen spielten hier nach Knabenart Fangens, aber zu Pferde. Ohne Sattel, ohne Zügel und Zaum sassen sie auf den mageren, aber windschnellen Rossen, die sie nur mit einem etwa eine Elle langen Riemenstückchen lenkten, indem sie damit, je nach der einzuschlagenden Richtung, die Thiere rechts oder links auf den Hals klopften. Im schnellsten Carrière hielten sie mit einem Ruck an, drehten das Pferd auf den Hacken um und sprengten zurück, wobei sie wie die Katzen auf dem Rücken und an dem Halse der Rosse hingen — ein Circus Renz, der uns kein Entrée kostete und doch die wahre „hohe Schule" ohne Gleichen vorführte.

Auch Setif (315 km von Algier), das wir Nachmittag um 4 Uhr erreichten, hat eine anmuthige Lage auf dem abgeplatteten Rücken eines weithin die ungeheure Ebene überschauenden Hügels. Wie ein afrikanisches Jerusalem grüsst es den Fremdling, der auf der breiten Strasse zu ihm emporsteigt, mit seinen Mauern und Thürmen. Es ist mit 9820 Einwohnern die eigentliche Hauptstadt der Medschana, ja eine der wichtigsten Binnenstädte Algeriens, dessen höchste Bergstadt (1096 m) es zugleich darstellt, überhaupt. Bekanntlich war Setif schon zur Römerzeit unter dem Namen Sitifis colonia höchst bedeutend und später sogar die Hauptstadt des östlichen Theiles von Mauretania, der Provinz Mauretania sitifiensis (im Gegensatz zu Mauretania caesariensis, das diesen Namen von der Stadt Julia caesarea, dem heutigen Scherschell, an der Küste westlich von Algier, erhalten hatte). Der Ort macht heutzutage aber einen ganz modernen Eindruck, hat breite Strassen mit netten Häusern und sogar ein Theater, auf welchem nach einer in Algerien und Frankreich vielfach herrschenden Sitte die Soldaten der Garnison spielen, als Erinnerung an seine Vergangenheit aber nichts als eine kleine, indess treffliche Sammlung römischer Alterthümer in einem schönen Garten beim Westthor, denen nur ein Haus als Wohnstätte zu gönnen wäre.

Von Setif läuft eine Strasse nordwärts nach Bougie (112 km), die ebenfalls von Diligencen befahren wird und durch die grossartige Schlucht von Schabet el Akra führt. Der bequeme Reisende kann also höchst genussreich von Algier nach Bougie mit Schiff, von da nach Setif per Post und dann mit der seit Sommer 1879 eröffneten Bahn von hier nach Constantine fahren.

Wir mussten unseren Weg von Setif nach letzterer Stadt noch per Diligence machen, doch war die nun folgende Nacht durch die bessere Beschaffenheit der Strasse und wegen des fast ebenen Terrains viel angenehmer als die erste. Am zweiten Tage unserer Reise ab Algier erreichten wir, nachdem in 48 stündiger, ununterbrochener Postfahrt 439 km zurückgelegt worden waren, früh 7 Uhr die alte Hauptstadt Numidiens, in der trotz der unvergleichlichen Reize dieses Ortes ein gründlicher Schlaf das Erste war, was wir thaten.

SIEBENTES KAPITEL.

DIE HAUPTSTADT NUMIDIENS.

I.

Rings um den Ort.

Inhalt: Ein Bauplatz ohne Gleichen. — Raubritterburg und Grossstadt zugleich. — Eine Riesen-Zugbrücke. — „Mitten wir im Leben sind von dem Tod umfangen". — Ehescheidung mit kurzem Prozess. — Naturtunnels. — Ein nordisches Bild im heissen Süden. — „So nahe und doch ewig fern!" — Ein Feengarten mitten in der Felswildniss. — Beim alten Sallust zu Gaste. — Tief unten im Burgverliesse. — Durch die tropische Pracht des Rumelthales. — „Jerusalem, du hochgebaute Stadt!" —

So mannigfaltig wie die Formation der Oberfläche unserer alten Erde ist auch die Lage der Städte, mit welchen dieselbe übersät ist. Die einen krönen die Gipfel von Bergen, die anderen haben sich in enge Thäler gebettet; hier zieht sich die weisse Häusermasse am Meere hin, dort breitet sie sich in der weiten Ebene des Binnenlandes aus. Welche von ihnen aber die grössten Reize besitzt, wer möchte das bei solcher endlosen Variation entscheiden? Ob Constantinopel oder Christiania, Neapel oder Edinburg, Sydney oder Rio Janeiro die Palme gebührt, diese alte Frage wird immer eine offene bleiben. Ueber die Schönheit der Lage lässt sich je nach dem Standpunkte des Beurtheilers verschieden urtheilen. Wenn aber die Originalität, das Pittoreske, um nicht zu sagen Bizarre des Placements in Betracht gezogen wird, dann kann die Krone unstreitig nur einem Orte auf der Erde — dieser kühne Ausdruck, der so oft als dichterische Hyperbel fungirt, will in diesem Falle wörtlich genommen sein — zuerkannt werden, und das ist Constantine.

Ja sie ist kaum, was man schön nennt, diese afrikanische Stadt; sie ist keine duftige Waldnymphe, wie die Hauptstadt Norwegens, keine verführerische Sirene, wie das weisse, von üppigstem Grün umrahmte Häusermeer am Fusse des schwarzen Vesuv; Constantine ist eine starrblickende Sphinx auf riesigem Naturpostament, ein drohender Leu auf hochragendem Sockel, den Giganten aufgerichtet haben, ein stolzer Aar auf unzugänglichem Felsenhorst.

Doch um nun auch ein etwas bestimmteres Bild zu geben, so sage ich: man denke sich eine riesenhafte Säule von 3—400 m Höhe, um deren Fuss nahezu in einem vollständigen Kreise ein schäumender Fluss herumläuft und deren senkrecht abgeschnittene, schwarze Seiten nur an einem Punkte, wie um das Umfallen des Kolosses zu vermeiden, mit den ringsum aufsteigenden Höhen durch ein verhältnissmässig schmales Landband verbunden sind. Auf der Plattform dieser gigantischen Säule, in solch schwindelnder Höhe, auf einer so zu sagen in den Aether hinausgeschobenen Halbinsel, einer nahezu isolirten Klippe liegt eine grosse, weisse Masse. Dies ist Constantine, die Hauptstadt des östlichen Algeriens. Es gleicht einer jener Raubritterburgen des Mittelalters, die wie Adlernester auf jähen Felszacken auferbaut waren, nur mit dem Unterschiede, dass hier nicht einige wenige Gebäude, sondern die Wohnungen für 34726 Einwohner (von denen beiläufig 17478 Muhammedaner sind) Platz gefunden haben.

Um die groteske Wildheit, die der Stadt schon durch ihre Lage auf dem hohen, abgeschnittenen, wasserumflossenen Felswürfel eignet, noch zu erhöhen, treten nun aber auch die Berge, welche nahezu rings um Constantine aufsteigen, mehrfach mit nicht minder senkrechten Wänden auf dem anderen Ufer des Flusses bis dicht an das Gewässer heran, so dass auf diese Weise eine enge, finstere Schlucht von grausiger Tiefe gebildet wird, die in einem Bogen den Ort umzieht und ihn von dem warmen Leben der übrigen Welt wie durch ein grosses Grab voll Tod und Verderben abschneidet.

Nach diesen allgemeinen Worten dürfte sich wohl einmal ein Gang um die Stadt verlohnen. Wir beginnen denselben an dem interessantesten Punkte, den sie bietet, nämlich da, wo die eben erwähnte Schlucht von der einzigen Brücke, die Constantine besitzt, überspannt wird. Es geschieht dies im Süden des Ortes, an der Stelle, wo das gegenüberliegende Ufer von nahezu gleicher Höhe wie die Stadt ist, so dass eine Ueberbrückung des unheimlichen Schlundes hier am leichtesten möglich war.

Daher stand denn auch schon zur Römerzeit an diesem Punkte ein prachtvoller Viaduct, der seine verschiedenen Kameraden, die an anderen Stellen der Schlucht in der Blütheperiode Constantine's ihren Platz gefunden hatten, allein überdauerte und erst 1793 von dem damals regierenden Bey völlig umgebaut wurde. Dieses türkische Machwerk aber stürzte bereits 1857 zusammen und wurde hierauf von den Franzosen durch eine eiserne Brücke ersetzt, die mit einem einzigen Bogen den schaurigen Abgrund überspannt.

Diese Flussüberführung, von den Arabern el Kantra, d. i. Brücke, genannt, bietet nun aber einen der reizvollsten Standpunkte, die es im gesammten Oriente giebt. Stellt sie doch gegenwärtig in der Richtung nach Süden die einzige Verbindung der grossen, lebhaften

Siebentes Kapitel. Die Hauptstadt Numidiens.

Stadt mit der Aussenwelt dar. Der ganze Verkehr nach der Wüste — und derselbe ist nicht gering — bewegt sich über dieses luftige Bauwerk hinweg. Da ferner aber auch der Bahnhof für den Schienenstrang nach Philippeville und dem Meere hinunter gleich jenseits der Brücke liegt, so vermittelt sie auch die Passage nach dem Norden. Nur der Weg nach Westen, nach Algier, läuft über die Naturbrücke, welche der die Stadt auf der entgegengesetzten, nordwestlichen Seite mit dem Festland verbindende Isthmus darstellt. Da indess bereits seit Sommer 1879 an die Stelle der Landstrasse die Eisenbahn, vorläufig wenigstens bis Setif, getreten ist, so dient die el Kantra nunmehr im Grunde dem gesammten Verkehre der so wichtigen Stadt nach allen Himmelsrichtungen.

In Folge dessen pulsirt hier den ganzen Tag über das regste Leben. Die auf diese Brücke ausmündende Rue nationale, welche die ganze Stadt von einem Ende bis zum anderen durchschneidet, führt ihr ununterbrochen einen wahren Strom von Passanten zu. In donnerndem Galopp rasseln über sie die hochbepackten Wüstenposten und die Hotelomnibusse dahin, während dazwischen Soldaten auf trabendem Rosse, braune Eingeborene auf schleppfüssigem Kamele sich drängen, und Fussgänger, Araber in weissem Burnus oder Touristen in europäischem Costüm, bemerklich werden. Alles aber rennt und strebt vorwärts, Niemand hat ein Auge für die einzigartige, wenn auch schauerliche Scenerie, die auf diesem Viaducte zu beiden Seiten sich aufrollt. Nun so wollen wir denn einmal stehen bleiben und zunächst einen Blick nach links thuen. Weit müssen wir uns über das elegante eiserne Geländer hinunterbiegen, und lange unser an die blendende Tageshelle gewöhntes Auge anstrengen, ehe wir in dem schmalen, finsteren Schlund das über Felsen schäumende Wasser des Rumel wahrnehmen, welches einen kühlen Dunst bis herauf in die afrikanische Sonnenhitze entsendet. Vielfach zerzackte, schwarze, feuchte Wände steigen hüben und drüben senkrecht empor. Eulen und Falken flattern kreischend über dem Abgrund, den kein Grün, kein Busch, kein Grashälmchen schmückt, zu dem noch kein Lebendiger niedergestiegen.

Aber hart am Rande dieses grausigen Riesengrabes stehen dicht gedrängt die elenden Hütten der Araber. Unbeirrt von dem vor den Füssen gähnenden Verderben treiben die fleissigen, einheimischen Gerber ihr Geschäft. Doch sind Unglücksfälle nicht selten. Indess hat ja für den indifferenten und überdies dem Fatalismus huldigenden Orientalen überhaupt, wie für den Muselman insbesondere das Leben, das eigene nicht minder wie das eines Anderen, so wenig Werth. Fällt Einer in die Tiefe hinunter, so heisst es: „Kismet", und ungestört verzehrt das Raubgevögel da drunten den Leichnam. In früheren Zeiten war die Sache noch schlimmer. Da stürzten die Araber ihre aus irgend einem Grunde ihnen missliebig gewordenen Frauen in die Schlucht. Die französische Regierung hat nicht nur dieser Barbarei ein Ziel gesetzt, sondern beabsichtigt auch, die Häuser am Abgrunde abzutragen und rings um den ganzen Felsen, auf dem Constantine steht, einen breiten Boulevard mit starker Brustwehr anzulegen.

Zu diesem Zwecke wurden eben gerade jetzt auf der anderen Seite der Brücke, der wir uns nun zuwenden, Sprengungen hoch oben an dem Felsen vorgenommen. Polternd stürzten Steine und Geröll in die Tiefe nieder, aber sie gelangten nicht bis ans Wasser. Denn hier hat in halber Höhe der Schlucht die Natur selbst Brücken gebaut, indem sie Felsriegel über das Wasser hinüber die Wände hüben und drüben verbinden liess. In Folge dessen strömt der Fluss auf dieser Seite eine ziemliche Strecke unterirdisch dahin.

Im schroffsten Gegensatze zu der wilden Staffage im Vordergrunde vermag aber hier das Auge durch die Länge der finsteren Schlucht wie durch einen schwarzen Tubus hinaus in das sohnenhelle, üppig bewachsene Thal zu blicken, zu welchem sich der Schlund im Norden der Stadt erweitert. Das herrliche Bild zu vollenden, machen in der Ferne nach dem Meere hin langgestreckte und reichgegliederte Gebirgsketten den Abschluss. Je nach der Tageszeit zeigt sich die Beleuchtung dieses grossen Tableaus höchst verschieden. Oft ist ein violettes Licht über das Ganze ausgegossen, während dann wieder die fernen Berge, vom letzten Sonnenstrahl vergoldet, über dem bereits von der Nacht überschatteten Thale aufragen.

Doch wir verändern nun unsern Standpunkt, indem wir die Brücke überschreiten und auf dem jenseitigen Gehänge, an einigen schönen Villen vorbei, aufwärts steigen. Nach kurzer Zeit haben wir den Gipfel des Dschebel Mansura, der Höhe, die Constantine südlich dominirt, erreicht. Von hier ist der Blick auf die Stadt höchst originell. Da die letztere nämlich auf der Nordseite am Höchsten aufragt, von da aber nach Süden bis zur el Kantra-Brücke um 110 m sich senkt, so ist von unserem erhöhten Standpunkte ein völliger Ueberblick möglich. Es präsentirt sich aber hier der Ort als eine einzige geschlossene Masse, da die zumeist engen Strassen nicht sichtbar werden. Dach reiht sich an Dach, und weil bei der verhältnissmässig hohen Lage Constantine's (534 bis 644 m über dem Meere) und dem dadurch bedingten rauheren Klima die Plattform des Südens verschwunden und die Ziegelbedachung die Regel geworden ist, so macht die ganze Stadt den Eindruck einer grossen, schmutzigbraunen, schuppigen Decke, die mich lebhaft an die Schale einer Schildkröte oder noch besser an die Schutzdächer erinnerte, welche die stürmenden römischen Soldaten zu bilden pflegten, indem sie en masse ihre Schilder über ihre Häupter emporhielten.

Das Panorama vom Mansura ist nicht schön, aber instructiv. Wir wollen indess auch noch den Punkt aufsuchen, von welchem Constantine einen wirklich erhabenen, um nicht zu sagen schauerlichen Anblick bietet. Wir steigen von der Plattform unseres Berges, auf der ein starkes Fort und riesenhafte quadratische Strohfeime für das Militär ihren Platz gefunden haben, wieder nieder zum Bahnhof am Fusse des Abhanges, gehen eine Weile an der Bahn hin bis dieselbe sich in einen langen Tunnel begräbt, und steigen nun an der Constantine im Osten überragenden Höhe, dem Dschebel Mesid, empor. Ohne irgend welche Einzäunung breitet sich hier am Abhange der jüdische Kirchhof aus mit einer Unmasse von weissmarmornen Grabtafeln, die mit hebräischen Inschriften bedeckt sind. Auch einen wahren Wald von breitblättrigem Cactus passiren wir. Dann kommen wir an das kolossale Gebäude des arabisch-französischen Collège's, das jetzt als Hospital benützt wird. Schon von hier ist der Blick auf die über der Schlucht drüben liegende Stadt trefflich. Viel günstiger noch aber ist ein anderer Standpunkt.

Hinter dem Collège breitet sich nämlich ein kleiner Kiefernwald aus. ' Haben wir denselben durchschritten, wobei ein herumlungernder Araber unsern Führer macht, so stehen wir mit einem Male an dem Rande der Schlucht. Wohl an 300 m gleitet der entsetzte Blick hier an der kahlen Wand nieder bis auf das Bette des Flusses drunten, der gerade an dieser Stelle aus seinem unterirdischen Versteck wieder heraustritt und mehrere Cascaden bildet. Jenseits des Gewässers aber klimmt das Auge messend an der gleichfalls absolut glatten Riesenwand empor, die hier, an dem höchsten Punkte von Constantine, von den stattlichen Gebäuden der Kasba gekrönt wird. Man sieht die Fenster der Kasernen blitzen, bemerkt auch einzelne rothhosige Gestalten, die sich leichtsinnig über den Abgrund lehnen, und vernimmt mehrmals Trompetensignale. „Das Alphorn hört' ich drüben klingen, ins Vaterland wollt' ich hinüberschwimmen, das ging nicht an." Ja so nahe sind wir der Stadt und doch ist sie uns von hier aus unerreichbar fern. Ein Büchsenschuss, meint man, müsste hinüberreichen, ein Riesen-Salto mortale die Entfernung überwinden, aber der höllische Schlund, der zwischen uns und drüben durchgezogen ist, lacht dem armen Sterblichen höhnisch ins Gesicht.

Wenn aber der Blick da hinüber uns vor Entsetzen den Athem stocken macht, dann lassen wir das Auge seitwärts rechts hinunter in den Thalkessel gleiten, in den der Fluss hier hinaustritt. Von da drunten grüsst warmes Leben; kleine, saubere Häuschen mit hellrothen Dächern, wie aus einer Kinder-Spielschachtel genommen, durchsetzen üppiggrüne Gelände.

Da unten, das sagen wir uns auf unserer schwindligen Höhe, ist gut weilen; da unten muss aber auch der Anblick der Stadt wieder ein ganz anderer, neuer sein. Darum verlassen wir unseren Standpunkt. Wir treten auch nicht noch auf eine über den Abgrund hinausragende Felszacke vor, wozu der Araber durch Wort und Vorbild einladet. Freilich könnte man von da noch bequemer in die fürchterliche Tiefe schauen, allein wer möchte dafür sein Leben wagen? Auch war mir die Erwägung gekommen, dass, wenn

I. Rings um den Ort.

ich da draussen stünde, ein einziger Stoss von der Hand meines braunen Führers mich rasch ins Jenseits würde senden können. Der Hass, der in den meisten dieser Leute allem fremden und christlichen Wesen gegenüber noch schlummert, hätte auf solche Weise sich bequem Befriedigung verschaffen können. Denn wer würde, selbst wenn man mich in der Schlucht drunten fand, nachzuweisen vermocht haben, dass ich nicht durch eigenes Verschulden zu Falle gekommen sei?

Kurz und gut, so grossartig der Blick von da droben war, ich machte Kehrt und beschloss den Niederstieg, nachdem ich zuvor noch die volle, etwas zurückliegende Höhe des Dschebel Mesid, die etwa 7—800 m betragen mag, auf bequemem Zickzackweg erklommen hatte. Auch auf diesem dominirenden Punkte steht ein starkes Fort, das aber zur Zeit verschlossen und unbesetzt war. Dafür traf ich einen Trupp vornehmer Araber, die von ihren nahebei grasenden Pferden abgestiegen waren und in malerischen Gruppen am Boden lagen — ein echt orientalisches Bild. Freilich fühlte ich mich in dieser Umgebung auf so abgeschiedener Höhe doch auch recht vereinsamt. Zum Glück fiel indess die Ermordung eines promenirenden Franzosen durch streifende Eingeborene, welche die Zeitungen aus dieser Gegend meldeten, erst in die Zeit nach meiner Anwesenheit. So genoss ich denn in aller Ruhe die ausgedehnte Rundschau, die auf dieser isolirten Bergkuppe sich aufthut und nach allen Seiten die vielgestaltigen Formen des Atlasgebirges, ein wahres Meer von Gipfeln und Ketten, eine grosse, aber kahle und todte Landschaft, ein echt afrikanisches Bild, vor das Auge führt.

Dann aber gings rechts an dem steilen, geröllbedeckten Abhange in das Thal hinunter, wobei man die Stelle passirt, an der die Bahn Constantine-Philippeville, nachdem sie den ganzen Berg, von dem wir herunterkommen, durchbrochen, aus dem Tunnel wieder heraustritt. Wenig später liegt die nackte, kahle Steinwüste, die den Nordost-Abhang des Dschebel Mesid bekleidet, hinter uns und wir sind unvermittelt in einem wahren Paradies angelangt. Hier rauschen Quellen mit sanftem Gemurmel, während Hunderte von muntern Vögeln in den Zweigen der Dattelpalmen und Orangenbäume, der Granaten und Feigen, der Mandeln und Oliven ihr Lied singen. Mitten drin aber in diesem von saubergehaltenen Laubgängen nach allen Richtungen hin durchzogenen Eden steht ein nettes, kleines Restaurant und ein recht comfortables Hotel. Wir sind in dem Etablissement von Sidi Mesid, einem der anmuthigsten Bäder des Landes. Seine vier Quellen mit Schwefel- und Eisengehalt haben eine Temperatur von 33 Centigr., sind aber dadurch namentlich interessant, dass die Kalksteinhöhlen, in denen sie entspringen, gleich zu Badebassins umgeschaffen wurden. Daneben wurde auch ein geräumiges und tiefes Schwimmbad angelegt, dessen Anziehungskraft ich nicht zu widerstehen vermochte. Bald trieb ich in der klaren Fluth und als ich mich dann auf den Rücken gelegt hatte, genoss ich eine unvergleichliche Aussicht. Ueber mir das Laubdach der subtropischen Vegetation; durch die Lücken aber schauten die hohen Kreideklippen des Dschebel Mesid und die finstere Riesenwand, auf der die Kasba von Constantine aufragt, hernieder.

Die Reize dieses geschützten, wasserdurchrauschten, überaus fruchtbaren Thalkessels wussten übrigens auch schon die Römer zu schätzen. Zahlreiche Inschriften an den Felswänden beweisen dies. Unter Anderem hatte auch Sallust, der bekannte Geschichtsschreiber, der unter Cäsar eine Zeit lang Statthalter in Afrika war, hier eine ausgedehnte Besitzung. (Die betreffenden Worte auf dem Steine lauten: limis fundi Sallustiani.) Beiläufig war der berühmte Historiograph trotz der moralischen Reflexionen, mit denen er sein Hauptwerk („de conjuratione Catilinae") beginnt, ein miserabler Beamter, indem er während seines afrikanischen Regiments nichts Besseres that, als dass er durch Erpressungen und andere Mittel sich die Taschen füllte.

Von dem Bade führen wenige Schritte an das Ufer des Rumel, und zwar gerade an die Stelle, wo der Fluss aus seinem unterirdischen Gefängniss heraustritt.

Nach heftigem Regen bildet er hier, wo er einige Felsbarrièren überwinden muss, mehrere prächtige Kaskaden, zu denen die jähen, schwarzen, thurmhohen Wände rechts und links und die finsteren Naturbogen im Hintergrunde eine treffliche Staffage bilden.

Jetzt aber war der Fluss wasserarm und man konnte nicht nur sein breites, ebenes Marmorbett trockenen Fusses überschreiten, sondern auch auf demselben wie auf einem glatten Parquet aus dem sonnigen Thalkessel weit in die Schlucht eindringen. Dies letztere that ich und ging gegen den ersten der natürlichen Tunnel vor. Derselbe ist vielleicht 60—70 m hoch und etwa halb so lang. Eine ziemliche Kühle herrschte in dem düsteren, gigantischen Gewölbe, das, von Weitem gesehen, an das Prebischthor in der sächsischböhmischen Schweiz erinnert. Todtenstille herrschte ringsum. Nur die gurgelnden Töne der vereinzelt über die weite Fläche des Bodens dahinziehenden Wasseradern wurden hörbar. Und doch pulsirte direct über mir zur Rechten das Leben einer volkreichen Stadt, während links tief im Herzen des Gesteins der Schienenstrang, Meer und Wüste verbindend, hinlief. Ich kam mir fast vor wie ein lebendig Begrabener, und ohne noch die nächsten Flussthore aufzusuchen, was leicht möglich gewesen wäre, trat ich den Rückweg an, wobei meine Schritte der peinliche Gedanke beschleunigte, dass ich, wenn da droben auf der Zinne der Felswand einer der Soldaten spielend einen Stein mit dem Fusse in den Abgrund stiesse, leicht zermalmt werden dürfte.

So athmete ich denn erleichtert auf, als ich wieder ins volle Tageslicht zurückkehrte. Ich hätte nun, an dem nördlichen Abhange des Felswürfels von Constantine entlang aufwärtsschreitend, in einem kurzen Stündchen auf theilweise eingesprengtem Pfade die schon öfters genannte einzige Landverbindung der Stadt bequem erreichen können, allein das herrliche Rumelthal hatte es mir angethan. Ich musste es noch etwas näher kennen lernen. Mochte mir auch der Bademeister versichern, dass es am Flusse abwärts keinerlei Weg gäbe, ich fing dennoch die Wanderung auf seinem rechten Ufer an, übersetzte eine Cactushecke, die sich mir in den Weg stellte, und stand unvermuthet mitten in einer aus Strohhütten und Zelten bestehenden arabischen Niederlassung, aus der wüthende Hunde hervorstürzten. Nur ein abermaliger Sprung über eine Barrière rettete mich vor ihren Zähnen. Aber nun war guter Rath theuer. Rückwärts wollte und konnte ich nicht, zumal das Terrain diesseits zu tief war, um das Salto mortale auch wieder zurückthuen zu können. Vor mir aber breitete sich ein endlos scheinendes Dickicht aus, in dem ich mich durchaus nicht zurechtfand.

Da trat plötzlich aus einem Busche ein bildhübscher, kleiner arabischer Knabe heraus, der durch ein vorgehaltenes Geldstück sich leicht bewegen liess, mir als Führer zu dienen. Behend schritt er alsbald voraus und schlüpfte wie eine Schlange mühelos und unhörbar durch die wahrhaft tropische Wildniss von Schlingpflanzen und Staudengewächsen, während ich ihm nur mit grosser Mühe zu folgen vermochte. Für alle Anstrengung aber entschädigte der fortdauernde Einblick in eine Natur voll solcher Urkraft und Mannigfaltigkeit, wie ich sie noch kaum gesehen. Endlich gelangten wir ins Freie und hatten nun mit einem Male wieder Constantine uns gegenüber, das von hier in Luftlinie etwa 1—2 km entfernt sein mochte. An seiner Nordseite, die es uns an diesem Punkte zukehrt, fällt seine Felsgrundlage trotz ihrer Höhe von über 300 m nicht mehr absolut senkrecht ab und statt der engen Schlucht dehnt sich an ihrem Fusse die schön bebaute Rumelebene aus.

Auf der Strasse von Philippeville, die ich bald erreichte, stieg ich endlich, vielfach von Bettlern, Blinden, Lahmen und Aussätzigen, die am Wege hockten, aufgehalten, mittelst langer Windungen vom Flusse zur Stadt empor, die auf dieser Seite, wo die Berge gegenüber fehlen, mit ihrer Kasba, deren vielfenstriges Hauptgebäude die ganze Nordfronte des Felsens einnimmt, recht wie ein afrikanisches Zion frei und majestätisch in die Lande hinausschaut.

II.

Die Sehenswürdigkeiten der Stadt.

Inhalt: Die afrikanische Alhambra. — Arabische Schildereien. — „Du sollst dir kein Bild noch irgend ein Gleichniss machen!" — Auch Städte haben „ihre Geschicke". — Eine Sommerfrische in alter Zeit. — Allerhöchstes Wohlwollen, durch einen Kaftan ausgedrückt. — Numidische Bluthunde. — Dreifache Metamorphose eines Gebäudes: heidnischer Tempel, muhammedanische Moschee, christliche Kirche. — Maienfest in Afrika. — Eine Vorahnung von der Weltversöhnung.

So erhaben und einzigartig die Lage von Constantine, der Blick auf die Stadt von allen Seiten der Umgebung aus genannt zu werden verdient, so wenig ist von ihrem Innern zu sagen. Schon die enge Umgrenzung, die durch ihre Anlage auf dem isolirten Felsplateau bedingt worden ist, musste geräumige Plätze und ausgedehnte Prachtbauten nahezu ganz ausschliessen. Was sie indess auch an letzteren ehemals wirklich besessen haben mag, das ist in den zahllosen Drangsalen, denen der in Folge seiner hochwichtigen Lage so viel umworbene Platz im Laufe der Jahrhunderte und Jahrtausende seines Bestehens ausgesetzt war — man spricht von 24 Belagerungen, welche Constantine zu überstehen gehabt haben soll — beinahe spurlos untergegangen. Die Neuzeit aber hat noch nicht viel zur Verschönerung des Ortes thun können, einmal weil sie als eine Binnenstadt von der Küste, die wie im Alterthum so auch heute noch als die natürliche Basis aller Entwickelung Algeriens anzusehen ist, entfernt liegt, sodann aber auch, weil die militärische Sicherung des Terrains gerade hier im Osten, wo die Nähe des tunisischen Gebiets den Aufrührern immer ein leicht erreichbares Asyl gewährte, alle Kraft in Anspruch nahm.

Trotz alledem bietet Constantine doch auch einige recht interessante Sehenswürdigkeiten. In erster Linie ist hier der Palast des Bey zu nennen, der nächst der Alhambra von Granada vielleicht das kostbarste Schatzkästlein maurischer Architektur genannt werden muss, das wir überkommen haben. Um dieses Prachtgebäude zu besehen, begeben wir uns auf den grössten Platz der Stadt, die Place du Palais, die indess an Ausdehnung sowie in Hinsicht der Grossartigkeit der sie einfassenden Häuser mit ihren Kameraden in Algier keineswegs rivalisiren kann. Einige wenige Cafés und eine Anzahl mittelmässiger Schauläden sind ihre einzige Zierde.

An der Ostseite dieses Platzes nun steht eine weissgetünchte, kahle Mauer, von der gewiss Niemand vermuthet, dass hinter ihr das herrlichste Kleinod der Stadt und des Landes sich aufthut. Kaum sind wir nämlich durch die schlichte Thür dieser hässlichen Façade eingedrungen, so stehen wir auch schon unvermittelt mitten in einem Stück aus „Tausend und einer Nacht", mitten in einer Scenerie von wahrhaft märchenartiger orientalischer Pracht.

Um einen Hof, der durch plätschernde Fontainen und üppige Bosquets von Fächerpalmen, Lorbeerbäumen, Rosen und Orangen in einen duft- und farbenreichen Zaubergarten verwandelt worden ist, laufen breite Galerien mit einem wahren Wald von Säulen aller Ordnungen. Da steht der mächtige Monolith nach dorischem Muster und daneben ein Prachtexemplar mit dem korinthischen Akanthusblatt. Canelirt und uncanelirt, gewunden und glatt, dickbauchig und schlank, weiss und farbig, in solch' bunter Mannigfaltigkeit, ein Ensemble ohne systematische Anordnung und doch eben dadurch von malerischster Wirkung, so sind sie aufmarschirt, die stolzen marmornen Stämme. Die Bogen aber, die sie tragen, ebenso wie die Decke, sind, abweichend von dem sonstigen maurischen Brauch, in tief schwarzer Farbe gehalten, was den Anstrich des Originellen, den das Ganze trägt, noch erhöht. Endlich bedecken — gleichfalls eine grosse Seltenheit im Orient — Malereien die Wände, allerdings von solch' einfacher Art, dass sie an die steife, perspectivelose chinesische Manier oder an die ungelenken Striche einer Kindeshand erinnern. Die Hauptstädte des Islam, Stambul, Iskanderia (Alexandrien) und Algier, sowie einige Seeschlachten führt die primitive Gemäldegalerie hier vor Augen. Der Tradition nach sollen diese naiven Schildereien von Christensclaven ausgeführt worden sein, doch weist der interessante Umstand, dass auf allen diesen Bildern auch nicht ein Mensch zu sehen ist, eher auf eine muhammedanische Hand hin. Denn bekanntlich hat der Prophet seinen Gläubigen verboten, Menschen abzuconterfeien, mit der paradoxen, aber doch so poesievollen Motivirung, dass sie wohl dem Schöpfer die Leiber nachzubilden vermöchten, aber doch nicht im Stande seien, denselben auch Seelen einzuhauchen.

Erfrischende Kühle und Behaglichkeit durchweht das geräumige, einen Flächenraum von 5609 qm. umfassende Gebäude und dem entzückten Beschauer kommt wohl der Wunsch: Wenn du im Oriente wohnen und dann selbstverständlich mit dem Oriente träumen und nichts thun müsstest, so möchte es hier sein, wo Alles zur Beschaulichkeit, zur Ruhe, zum Geniessen einladet; hier, wo dicht neben dem geräuschvollen Leben, aber durch starke Mauern von demselben geschieden, eine Oase voll süssen Friedens sich aufthut. Mit solchen Empfindungen harmonirt denn auch die charakteristische Inschrift, die an einer Stelle des Palastes angebracht ist, und in deutscher Uebertragung also lautet

„Im Namen Gottes, des Gnädigen und Barmherzigen!

Dem Herrn dieses Palastes Heil und Frieden, ein Leben, welches währt, so lange die Taube girrt, Ruhm ohne Verunglimpfung und Freuden ohne Ende bis zum Tage der Auferstehung!"

Diese frommen Wünsche der arabischen Baumeister Hadsch (das Wort bezeichnet bekanntlich immer Einen, der eine Pilgerfahrt nach Mekka gemacht hat) el Dschabri und el Kettabi (eines Kabylen) sind nun freilich nicht in Erfüllung gegangen, denn der

Siebentes Kapitel. Die Hauptstadt Numidiens.

Herr des Feenschlosses wohnte nur zweimal für kurze Zeit darin, einmal während weniger Jahre in dem letzten Zeitraume vor der Eroberung Constantine's durch die Franzosen und dann 11 Jahre später für wenige Tage als Gefangener des Todfeindes. Und doch hatte er sich dieses Gebäude erst errichten lassen.

Hadsch Achmed, der letzte Bey von Constantine, der 1826 zur Regierung gekommen war, fasste nämlich gleich nach seiner Thronbesteigung den Plan, sich einen Palast zu bauen, und führte seinen Entschluss auch in den nächsten sechs Jahren aus. Mit dieser kurzen Zeitangabe ist das Räthsel des Ganzen gelöst. Die Glanzperiode maurischer Architektur, die übrigens auch in der besten Zeit sich mehr, als man gemeiniglich glaubt, an antik-klassische Muster hielt, — die Höfe im Inneren der maurischen Wohnhäuser mit ihren Fontainen und Gewächsen haben ja entschieden das römische Atrium und Peristylum zum Vorbilde — war damals längst vorüber, die maurische Kunst konnte nunmehr nur noch eine compilatorische sein. Daher die so verschiedenartigen Säulen, die der Bey von überall, aus Stadt und Umgegend, ja selbst aus Tunis und Italien zusammentragen liess, wobei ihn der Genuese Schiaffino mit Rath und That unterstützte. Konnte aber der arabische Herrscher die Früchte seines Schaffens kaum geniessen, so befindet sich dafür der französische Divisionscommandant gegenwärtig um so wohler in dem bequemen Residenzschlosse.

Das tragische Ende des letzten arabischen Herrschers von Constantine legt es uns übrigens nahe, auf die gesammte höchst interessante Geschichte dieses Ortes einen kurzen Blick zu werfen.

Constantine ist eine der ältesten Städte, die es geben kann, fast so alt, wie der altersgraue Fels, auf dem es steht. Es war schon von den Ureinwohnern Nordafrikas, speciell von den Numidiern gegründet und Carta oder Cirta genannt worden. Wenn dieses Wort phönizischen Ursprungs ist, wofür der Umstand spricht, dass dasselbe in dem Namen Carthago wiederkehrt, so hatte Constantine seine erste Benennung von seiner Lage. Denn Carta bedeutet Fels. Auf die grosse Schaubühne der Weltgeschichte tritt die Stadt indess erst im zweiten punischen Kriege. Sie wurde nach dem Berichte des Livius damals von Syphax zur Residenz gewählt und diente als solche auch den späteren Königen von Numidien, unter deren Scepter sie zu einer blühenden, volkreichen und prächtigen Ortschaft heranwuchs. Sallust erwähnt, dass Jugurtha sie nicht mit Waffengewalt bezwingen konnte („neque propter naturam loci Cirtam armis expugnare poterat Jugurtha"). Sie fiel damals nur durch Aushungerung. Auf Einladung des Königs Micipsa hatte sich, wie Strabo erzählt, sogar eine griechische Colonie daselbst niedergelassen, so dass nun auch klassisches Leben innerhalb der Mauern der alten Stadt erblühte.

Auf ihrer Höhe aber stand sie, als Numidien römische Provinz

geworden war. Das kriegstüchtige Volk vom Tiberufer erkannte bald, dass Cirta der Schlüssel des ganzen Gebiets zwischen Küste und Wüste sei. Metellus und Marius benützten es als Stützpunkt für ihre afrikanischen Eroberungszüge. Aber sie beuteten auch die sonstigen Vortheile seiner Lage aus. Die fruchtbaren Gefilde ringsum wurden bebaut, Numidien erhob sich zu einer Kornkammer für Rom und auf dem alten Felsen entstanden Paläste und Theater; und weil die Plattform, auf der die Stadt ursprünglich gebaut war, nicht Platz genug hatte, so wurden die umliegenden Höhen herangezogen. Der Dschebel Mansura im Süden sowie der Dschebel Kudiat Ali im Westen erhielten ausgedehnte Ansiedelungen und es entstand rings um das alte, enge Cirta eine neue, glänzende, äussere Stadt, die durch zahlreiche Brücken über den Abgrund mit jenem verbunden war. Auch fehlte es nicht an vielfachem Zuzug aus dem Reiche drüben in Italien, zumal da die Luft hier so frisch, und der Aufenthalt, was er auch heute noch ist, höchst günstig für die Gesundheit war. Nach altrömischen Inschriften, die man noch jetzt in Constantine lesen kann, waren Leute von 90, 100 und mehr Jahren daselbst keine Seltenheit. Beispielsweise finden sich auf einer Tafel folgende Worte:
D. M.
C. Julius Pacatus
V(ixit) a(nnos)
CXX.
(C. Julius Pacatus lebte 120 Jahre.)

Mit dem Niedergange des römischen Reichs begann auch der Verfall dieser nordwestafrikanischen Provinzialhauptstadt. Ja in dem Kampfe des Kaisers Maxentius gegen den Panonier Alexander, einen kühnen Abenteurer von niedrigster Herkunft, der sich König von Afrika nennen liess, wurde der so glückliche Ort völlig zerstört. Doch kam die Nachblüthe, die das Alterthum durch Ostrom erlebte, auch ihm zu Gute. Derselbe Kaiser, der dort am Bosporus aus dem alten Byzanz die neurömische Residenz Constantinopel machte, liess auch Cirta, das nun gleichfalls und in ähnlicher Weise umgetauft und Constantine genannt wurde, im Jahre 313 wieder aufbauen.

So gross aber war die Unnahbarkeit dieser Naturfestung, dass in der Folgezeit selbst der wilde Strom der Vandalen, der wie eine unaufhaltsame Sturmfluth sich über ganz Nordwest-Afrika ergoss und alle Cultur des Alterthums, alle Werke von Jahrhunderten niederriss, an ihr abprallte. Wie eine Insel blieb sie unberührt mitten in der Ueberschwemmung stehen, und so fand sie der byzantinische Feldherr Belisar, als er kam, um die germanischen Horden aus Afrika zu vertreiben. Nur der arabischen Invasion konnte auch sie, nachdem alles Land ringsum gefallen war, auf die Dauer nicht widerstehen, obwohl sie den Berbern lange als Stützpunkt im Kampfe gegen die Eindringlinge aus dem Osten diente. Die Letzteren aber, die die Benennung des Ortes nach einem christlichen Kaiser nicht kannten oder kennen wollten, erklärten den Namen Constantine, den sie in Kosantina oder Kostantina corrumpirten, von Ksar Tina, d. i. „Burg der Königin Tina" oder „Burg des Feigenbaums", oder von Ksar Tin, „Burg der Töpfer".

Indess war Constantine eine der seltenen Städte, die durch diesen Besitzwechsel im Grunde wenig verloren. Die Araber schonten sie nicht nur, sondern begünstigten sie, so sehr sie konnten, da ihnen das feste Felsennest ganz besonders zusagte. Daher spielte sie auch in jener Zeit und durch das ganze Mittelalter hindurch eine bedeutende Rolle. Der bekannte arabische Geograph Edrisi (12. Jahrhundert) rühmt die grosse Zahl ihrer Bewohner und deren lebhafte Handelsbeziehungen zu den umwohnenden Arabern. Namentlich betont er ihre Wichtigkeit als Kornmagazin und erzählt, dass in den tiefen Felsenkellern, mit denen jedes Haus versehen sei, das Getreide sich vortrefflich halte. Es bleibe dasselbe in diesen unterirdischen Vorrathskammern oft hundert Jahre ohne allen Schaden liegen. Auch erwähnt er eines Gebäudes aus römischer Zeit, das an ein ähnliches Bauwerk in Terma (Taormina) in Sicilien (das dortige Amphitheater) erinnere. Zuletzt schliesst er mit der Bemerkung, dass Constantine einer der festesten Plätze der Erde sei.

Im 16. Jahrhundert erlitt Constantine, das zuvor im Osten gerade so, wie Tlemsen im Westen, als das Centrum der maurischen Klassicität, als Vorort der feinsten Bildung und des schöngeistigen Lebens dagestanden hatte, dasselbe Geschick, das leider damals über ganz Algerien hereinbrach; es fiel nach längerer Gegenwehr und mehreren Revolten innerhalb der eigenen Mauern in die Gewalt der Türken, die wie überall so auch hier bald alle Blüthe in Verfall verkehrten.

Die Stadt stand von da ab sammt dem angrenzenden Gebiete unter einem Bey, der von dem Pascha von Algier ernannt wurde. Doch blieb dem Letzteren nur das Recht, eintretenden Falls gegen die Nachbarn den Krieg zu erklären und die bestehenden Gesetze zu verändern, reservirt, in allem Uebrigen durfte der Bey wie ein Souverain in seiner Provinz schalten. Da indess der Pascha ihn willkürlich absetzen konnte, so sah sich der Bey genöthigt, denselben immer bei guter Laune zu erhalten. Deshalb schickte er ihm alle halbe Jahre seinen ersten Minister (Khralifa) mit reichen Geschenken zu. War der Lehnsherr in Algier mit seinem Vasallen zufrieden, so sandte er ihm mit dem zurückkehrenden Boten einen Kaftan. Kam derselbe aber leer retour, so durfte der Bey seine Absetzung, wenn nicht sein Todesurtheil mit Sicherheit erwarten. Alle drei Jahre aber musste der Bey selbst in der Residenz erscheinen und den Tribut, der für jedes Jahr 180000 Francs betrug, abliefern.

Die Geschichte dieser Herren von Constantine, die in langer Reihe bis zur französischen Invasion regierten, ist von der Geschichte, die alle türkischen Höfe in Asien wie in Europa und Afrika gehabt haben, nicht verschieden. Haremsintriguen, Janitscharenregiment, Erpressung und Blutvergiessen, das Alles war auch hier Jahrhunderte lang an der Tagesordnung. Die Beys wurden oft nach kurzen Jahren oder selbst Monaten von ihren Prätorianern gestürzt oder mittelst der famosen Schnur, die aus Algier herzuflog, strangulirt. Dafür liessen sie auch, so lange sie am Ruder waren, die Köpfe ihrer Unterthanen wie Distelblumen abschlagen. Doch sassen mitunter auch tüchtige und wohlgesinnte Leute auf dem Throne. So Hadsch Mustafa (1797—1803), der el Inglis, der „Engländer", hiess, weil er, von einem britischen Kreuzer aufgegriffen, eine Zeit lang in englischer Gefangenschaft gelebt hatte. Unter ihm war der Reichthum an Getreide im Lande so gross, dass 160 Liter davon nur einen Frank kosteten.

Der letzte und zugleich einer der schlimmsten dieser Beys aber war der schon genannte Hadsch Achmed, der von 1826 bis 1837 regierte. Er war ein tapferer, aber perfider Mensch. In der Schlacht bei Algier 1830 kämpfte er verzweifelt in der Armee seines Lehnsherrn. Nach dem unglücklichen Ausgange des Treffens aber suchte er den Bey vergeblich zu überreden, sich mit ihm unter Mitnahme seiner Schätze nach Constantine zurückzuziehen. Nur dessen Schwiegersohn Hussein folgte ihm, sah sich aber bald von dem treulosen Vasallen ausgeplündert und zurückgeschickt.

Aber die Strafe blieb nicht aus. Als Achmed wieder vor den Thoren seiner Residenz ankam, waren dieselben verschlossen. Die Janitscharen hatten ihn abgesetzt. Doch gelang es ihm unter Aufbietung der Kabylen, sich der Stadt wieder zu bemächtigen. Von nun an nahm er den Titel Pascha an und wüthete ohne alle Rücksicht gegen seine unglücklichen Unterthanen. So liess er einst in einem benachbarten Tribus 400 Köpfe abschlagen und auf den Wällen von Constantine aufstecken.

Zum Glück war die Vergeltung nicht mehr fern. Schon 1836 hatte Clauzel vom Dschebel Mansura aus einen vergeblichen Versuch unternommen, die Stadt zu erobern. Da rückte im nächsten Jahre der tüchtige Damrémont heran. Am 7. October 1837 ward von dem Hügel Kudiat Ali im Westen der Stadt das Feuer auf dieselbe eröffnet. Zwar fiel am 12. October bei Besichtigung der Batterien der Obergeneral und am nämlichen Tage auch sein Generalstabschef Perrégaux, aber dem General Valée, der nun das Commando übernahm, gelang es schon am nächsten Tage, die Stadt im Sturme zu nehmen. Bei dieser Gelegenheit liessen sich viele Hunderte von Einwohnern von der höchsten Stelle des Orts an Stricken über die jähen Felsen in die Schlucht nieder, um nur nicht den verhassten Christen in die Hände zu fallen. Aber die Seile rissen oder waren zu kurz, und so spielte sich in dem finsteren Schlund eine grausige Scene voll Todesröcheln und Wehgeschrei ab.

Der Bey aber entfloh in das Auresgebirge am Rand der Wüste, wo er XI Jahre lebte, bis die geschickten Manipulationen des Generals St. Germain ihn zwangen, sich zu ergeben. Er wurde nach Constantine zurück- und von da nach Algier gebracht, wo er ein kleines Haus und eine Jahresrente von 12000 Frcs. empfing. Aber er sollte diese Grossmuth seiner Feinde nicht lange geniessen. Ein Lungenleiden raffte ihn, dem der furchtbare Name „Bluthund" in Wirklichkeit zukam, schon 1850 hinweg.

Constantine ist so glücklich, die Unterlagen für seine soeben geschilderte, eigenthümliche geschichtliche Entwickelung gerettet und in seinen Mauern aufbewahrt zu sehen. In der Mairie ist eine überaus reichhaltige Sammlung von altphönizischen und römischen Alterthümern. Grössere Stücke sind in dem geräumigen Jardin public (dem „Square Valée") vor dem Westthore der Stadt aufgestellt. Dort liegen sie unter Palmen und Lorbeeren, die Torsos und Kopfstücken antiker Statuen, die Tafeln mit halbverwischten Inschriften und die riesigen Säulenstümpfe, und bilden eine Art Friedhof, ein Riesen-Coenotaphium für das Stück klassische Welt, das einst auf diesem Boden blühte, dann an Altersschwäche und unter dem Sturmeswehen einer neuen Zeit starb und endlich, nachdem seine zerstreuten Gebeine von der pietätvollen Hand der Neuzeit gesammelt worden waren, hier die Ruhe gefunden hat.

Doch wir kehren nach unserem Streifzuge in die Vergangenheit zur Gegenwart zurück! Unweit des Bey-Palastes, am Südende des nämlichen Platzes, steht die Kathedrale von Constantine (Notre-Dame des sept douleurs), eine ehemalige Moschee, welche aber auch ihrerseits wieder aus altrömischem Material 1730 errichtet worden war. Das Mittelschiff wird von 4 m hohen, mächtigen Granitsäulen gebildet. Die Kanzel, die ehemals den Arabern als „minbar" (muselmanische Kanzel) diente, ist von trefflichster maurischer Arbeit. Sonst ist in dem in Folge seiner Metamorphose vielfach verstümmelten Gotteshause nicht viel zu sehen. Und doch steht es unvergesslich da in meiner Reiseerinnerung, und zwar in Folge des Festes, das ich in ihm mitfeiern durfte.

Bekanntlich haben die Katholiken in feiner, poesievoller Empfindung der Maria, der „Jungfräulichen" und „Wonnesamen", den Mai, den Monat der jungen, zarten Blüthenpracht, gewidmet, und der erste Tag desselben wird vielfach als ein Marienfest begangen. So auch hier in der ostalgerischen Hauptstadt. Abends 8 Uhr begann der Gottesdienst. Die weiten Hallen schwammen in einem Meere von Licht. Aber auch an Blüthen und frischem Grün fehlte es nicht. Am Altare, welches die Statuen des heil. Augustin, des Bischofs von Hippo regius (dem heutigen Bona), zu dessen Sprengel Constantine gehörte, und seiner Mutter Monica einrahmen, celebrirte ein höherer Priester in reichem Messgewande, während vom Chore herab eine vorzügliche Sängerin eine alte Arie erklingen liess.

Was mich aber mehr als all Das ergriff, das war die merkwürdige Thatsache, dass mitten unter den feingekleideten Europäern die weissen Mäntel einer Anzahl Araber bemerklich wurden. Da sassen sie, die braunen Söhne Afrikas mit den harten, unbeweglichen Gesichtszügen. Aber in ihrer Brust mochte wohl etwas wie ein Anklang an die grosse Pfingstpredigt Petri laut werden: „Nun erkenne ich in Wahrheit, dass Gott die Person nicht ansieht, sondern unter allerlei Volk, wer ihn fürchtet und rechtthut, der ist ihm angenehm." Christen und Muselmanen in einem Gotteshause, das von den Säulen aus einem altheidnischen Tempel getragen wurde — und das Alles in einer Stadt, die der eigentliche Sitz des islamitischen Fanatismus in Algerien ist, das war doch entschieden eine Illustration zu dem Prophetenworte: „Sie werden aus Saba Alle kommen, Gold und Weihrauch werden sie bringen und des Herrn Lob verkündigen", oder eine Weissagung auf jene ferne Zeit, von der es heisst: „Es wird ein Hirt und eine Herde werden."

III.

Das Leben und Treiben in der ostalgerischen Kapitale.

Inhalt: Ein afrikanisches Elberfeld. — Schuster und Schneider als Löwen des Tages. — Eine reizvolle Stadt, die doch zum guten Theile „ledern" ist. — Ein arabisches Leichenbegängniss. — Islamitische Orden. — Die Jesuiten des Marreb. — Künstliche Tollwuth. — Gespickte Menschen. — Bedenkliche Nervenprobe. — Eine Aufnahmeceremonie, die nicht für Solche ist, welche leicht Ekel empfinden. — Aus religiöser Verzückung zu mehr als realem Genusse. — „Anima naturaliter christiana." —

Haben wir eine christliche Kirche in Constantine besucht, so können wir auch die Moscheen des Orts nicht ganz übergehen. Dieselben, ehemals 95 an Zahl, sind bis auf einige wenige zusammengeschmolzen, die insgesammt nicht viel Bemerkenswerthes haben. Zumeist sind auch sie mit fremden Federn, d. h. mit altrömischen Säulen geschmückt. Ja das grösste dieser arabischen Gotteshäuser, die Dschama Kebir, lässt noch jetzt die Construction über den Fundamenten eines antiken Tempels, des ehemaligen Pantheons, erkennen wie der grosse Archäologe Constantine's, Cherbonneau, nachgewiesen hat.

Als ich diese Moschee, die auf der Rue nationale unweit der Hotels liegt, besuchte, erkannte ich so recht den streng orthodoxen Charakter, den der Islam in dem abgelegenen Felsenneste bewahrt hat. Vorhof und Inneres stellten ein wahres Meer von weissen Burnussen dar. Kaum aber war man des Rumi (Christen) ansichtig geworden, so drängte auch Alles herzu. Hasserfüllte Augen richteten sich auf mich und die Schuhe wurden mir höchst unsanft von den Füssen gerissen, noch ehe ich sie selbst herunterziehen konnte. Trotzdem fürchtete ich mich nicht, sondern trat, wohl wissend, dass dies dem Araber am meisten imponirt, gelassen unter die dichtesten Haufen. Indess wurde mir doch der Aufenthalt bald durch die Priester verleidet, die in einer Art Verschlag in einer Ecke des Schiffes sassen und ohne Unterbrechung mit gellender Stimme Koransuren und Gebete ableierten.

Somit hätten wir denn so ziemlich Alles geschaut, was Constantine bietet. Und doch seine Hauptmerkwürdigkeit haben wir noch übersehen; das ist aber nicht irgend ein vereinzeltes Detail, das ist die Stadt selbst in ihrer Eigenart. Wir betonten schon früher, dass die moderne Cultur sie noch wenig beleckt hat. Das mag in mancher Hinsicht ein Mangel sein, von dem Ethnographen und Freunde des echten, unverfälschten orientalischen Wesens aber wird es als ein Vorzug begrüsst werden. Ja wer noch ein Stück des alten, mit jedem Jahre mehr verschwindenden Algeriens sehen will, der muss hierher wandern.

Wohl hat Frankreich im Norden und Westen der Stadt, in der Gegend der Kasba und der Porte Valée, wo die Sieger 1837 Bresche legten und wo die Verbindung mit dem Lande sich findet, seinen Landsleuten Luft gemacht und unter Aufopferung der arabischen Hütten ein europäisches Quartier mit breiten Gassen und vielfenstrigen Gebäuden geschaffen, auch von da aus zwei schnurgerade Strassen mitten durch die ganze Stadt gebrochen, die Rue de France und die Rue nationale. Südlich davon aber, drei Viertel des gesammten Raumes einnehmend, steht noch die echte, alte maurische Stadt, wie sie vor Jahrhunderten schon beschaffen war und wie sie jeder andere noch intacte orientalische Ort darstellt, ein Häusergewirr mit krummen, gewundenen, engen, düstren und holprigen Gässchen, in denen das Auge des Beschauers von früh bis Abend das bunteste Gewimmel von Eingeborenen wahrnimmt. In den bekannten, in die Häuser eingebauten, nach der Strasse zu offenen Nischen treiben die einheimischen Industriellen ihr Werk. Schuhmacher, Schmiede, Schneider, ja selbst die Bäcker thuen hier vor den Augen aller Welt ungenirt ihre Arbeit.

Wenn das aber Bilder sind, die der Orient auch sonst noch vielfach bietet, so dürfen wir doch die besondere Art der constantinischen Industrie nicht unerwähnt lassen. Ja Constantine ist einer der gewerbfleissigsten Orte des Araberthums, eine afrikanische Fabrikstadt, ein algerisches Elberfeld oder Chemnitz, wenn auch ohne Schornsteine und Dampfmaschinen. Es hat sogar Specialartikel, in denen es „macht". Vor Allem sind seine Burnusse berühmt, mit denen es das halbe Marreb versorgt. Dieselben werden von den Frauen innerhalb der Häuser gefertigt. Ein Webstuhl findet sich nahezu in jeder Wohnung. Die Gesammtlieferung des

III. Das Leben und Treiben in der ostalgerischen Kapitale.

Ortes beläuft sich pro Jahr auf mindestens 25,000 Exemplare dieser Kleidungsstücke, deren Preis je nach der Güte der Wolle zwischen 15 und 30 Francs, variirt. Doch kommen selbst noch theurere Sorten in den Handel, darunter namentlich solche, bei denen das Gewebe auch Seide enthält (die sogenannten Ganduras).

Eine bedeutende Rolle spielt ferner die Fabrikation von Schuhwerk, die etwa 500 Menschen beschäftigt. Dieselben scheiden sich streng in zwei Zünfte, die der Schuhmacher für die Männer und die der Schuhmacher für die Frauen. In jeder der zahlreichen Boutiquen, welche oft ganze Strassen ausschliesslich einnehmen, sind in der Regel zwei Arbeiter beschäftigt, die an einem Tage meist vier Paar der weit ausgeschnittenen, vorn abgerundeten arabischen Schuhe im Werthe von je circa 3 Francs (2$^1/_2$ Mk.) fertigen. Im ganzen Jahre soll Constantine 300,000 bis 500,000 dieser Fussbekleidungen auf den Markt bringen.

Die dritte Hauptklasse der Constantinischen Industriellen bilden die Lohgerber, die ungefähr 200 Köpfe zählen. Sie mussten ehemals für den Hof und die Armee das Leder liefern, durften dafür aber auch für den halben Werth die aus der Küche des Regenten kommenden Felle kaufen. Ja die Juden waren gezwungen, ihnen die Häute aller von ihnen geschlachteten Thiere unentgeltlich zu liefern. Auch sonst besassen sie noch viele Privilegien, die indess seit der französischen Invasion sämmtlich in Wegfall gekommen sind.

In Folge der bedeutenden Lederproduction blüht in Constantine auch das Gewerbe der Sattler und Riemer, die höchst solide und elegante, aber dabei auch theure Artikel liefern.

Nicht weniger grossartig wie die Fabrikation ist der Handel der Stadt mit der Provinz, welch letztere das grosse und so verschiedenartige Gebiet von der Küste bis zur Wüste umfasst. Namentlich ist Constantine ein Hauptplatz für den Getreidehandel, der in einer mächtigen, aus Eisen construirten Halle betrieben wird, welche ihre Stätte vor dem Westthore (Porte Valée) gefunden hat. In den hohen, hellen und luftigen Räumen werden jährlich für etwa 10 Millionen Geschäfte gemacht und die Abgabe, die dabei der städtischen Verwaltung zufällt, beträgt nicht weniger als 250,000 Frcs. Auch auf dem grossen Platze innerhalb des genannten Thores steht eine solche ungeheure Verkaufshalle, in der jeden Morgen Fische und Wildpret, Fleisch von Hausthieren und Geflügel, Kartoffeln und Bataten, Blumen und Gemüse, aber auch andere Artikel feilgeboten werden.

Erwägt man, wie viel verschiedenartige Elemente in Folge dieses industriellen und commerziellen Treibens hier unaufhörlich fluctuiren, wie europäische Colonisten und Kabylen vom Gebirge, Beduinen aus der Wüste und Rheder vom Meeresstrand, Weisse, Braune und Schwarze, Christen, Muhammedaner und Juden (letztere hier in völlig maurischer Tracht incl. Turban, nur an den kurzen, schwarzen Kniehosen kenntlich) sich durch einander bewegen, rechnet man dann noch hinzu, welch' bedeutsame Majorität das eingeborene Element in Constantine hat, und wie verhältnissmässig rein und unverwischt das maurische Blut in jeder Hinsicht sich daselbst gehalten hat, so kann man sich denken, welch ein farbenreiches, orientalisches Bild in dieser Stadt allenthalben dem Auge sich bieten muss. Der maurische Markt, der in den verschiedenen Städten Algeriens sonst nur an gewissen Tagen abgehalten wird und der doch zu dem Interessantesten gehört, was der Orient bieten kann, ist hier in Permanenz erklärt. In den schmalen, oft durch dicke, verräucherte Pfosten überdeckten Strassen, auf den engen Plätzen, überall herrscht ein unglaubliches, sinnbethörendes und doch hochinteressantes Gewühl.

Ganz besonders gern ging ich vor das erwähnte Westthor, wo auf der schmalen Landenge zwischen der Stadt und dem Hügel von Kudiat Ali zur Rechten unter furchtbarem Geschrei die runden, niedrigen, arabischen Brode angeboten und eingehandelt werden, während zur Linken, dicht neben dem Abgrund, die Kabylen und Beduinen, die vom Lande gekommen sind, unter unglaublichem Schmutze ihr Lager aufgeschlagen haben. Zwischen braunschwarzen Zelten, in denen das primitive Strohlager sichtbar wird, und elenden Eseln oder lagernden Kamelen treiben sich nackte Kinder und gravitätisch schreitende Männer umher, während struppige Weiber auf offenen Herden rösten und braten.

Auch ein anderes interessantes Schauspiel liess mich mein guter Stern während meines Aufenthalts in Constantine geniessen. Ich sass auf meinem Zimmer, als plötzlich auf der Strasse unten ein hundertstimmiges Geschrei hörbar wurde. Ich trete auf den Balkon, und was sehe ich? In zwanglosen Haufen geleiten unzählige Araber zwei entseelte Landsleute zum Friedhof. Die Leichen befanden sich in Särgen, die mit verschossenen Teppichen überdeckt waren, und wurden von mehreren Personen auf den Schultern nach unserer Sitte getragen. Das Ganze aber hatte einen wenig feierlichen Charakter, einmal weil die Theilnehmer insgesammt so formlos einherschlenderten und so gleichgiltig ihre Gebete herausbrüllten, sodann aber auch, weil sie ausnahmslos in ihren weissen Mänteln erschienen waren.

Es mag freilich äusserst bequem sein, zur Hochzeit wie zum Begräbniss, am Werkeltag wie beim hohen Feste immer im nämlichen Costüm erscheinen zu können. Ohne die Mühe des Umziehens ist man stets im modischen Gewande und erspart den Kleiderschrank nebst noch so manchem Anderen.

Lange sah ich dem seltsamen Leichenzuge nach, bis er das Thor durchschritt. Und als dann der Abend hereingebrochen war, da dachte ich noch einmal der Beerdigten und daran, wie nach dem Glauben des Islam nun, wenn die Todtenklage verhallt und auf dem Leichenacker wie ringsum Alles still geworden ist, der Engel

III. Das Leben und Treiben in der ostalgerischen Kapitale. 183

Gabriel herniedersteigt, sofort am wiedergeöffneten Grabe mit dem Entschlafenen strenge Abrechnung hält und ihn dann mit sich hinaufführt in die Gefilde voll ewiger Wonne.

Den besten Eindruck aber von der starren Orthodoxie und dem Fanatismus, der in diesem abgelegenen Felsenneste wie innerhalb des Islams überhaupt herrscht, giebt entschieden die eigenartige Aufführung, der ich in der letzten Nacht meines Aufenthalts in Constantine beiwohnte.

Bekanntlich hat nämlich die Religion Muhammed's wie nahezu alle Religionen der Erde eine und zwar höchst beträchtliche Anzahl von Orden, das heisst religiösen Genossenschaften, deren Tendenz es ist, durch erhöhte Frömmigkeit, beziehentlich durch besondere religiöse Uebungen die übrige grosse Masse der Gläubigen zu überbieten. Einige dieser Orden sind nun zwar ihrer speciellen Gründung nach jüngeren Datums, allein es ist kaum zu bezweifeln, dass sie hinsichtlich ihres eigentlichen Wesens im Allgemeinen vormuhammedanischen Ursprungs sind, dass sie der Prophet innerhalb der altarabischen Religion bereits vorfand und sie wie die erstere überhaupt aus Klugheit einfach beibehielt, da es doch als gewiss angenommen werden kann, dass diese religiösen Corporationen schon damals mindestens derselben Achtung beim Volke sich erfreut haben, als heutzutage. Ja man hat bekanntlich behauptet, dass Muhammed sogar mit den Schamanen, diesen altasiatischen religiösen Gauklern, die in der Folgezeit fast bei allen Naturvölkern der Erde sich einbürgerten, in Verbindung gestanden habe.

Wie dem aber auch sein mag, sicher ist das Eine, dass diese Orden des Islam wenigstens altasiatischen Ursprungs sind, und jedenfalls von Indien aus nach Arabien gebracht wurden. Dafür bürgt schon der Umstand, dass Schlangenbändiger und Feueresser noch heute ein gut Theil dieser Corporationen bilden, sowie dass diese Orden überhaupt fast durchgängig asketischer Natur sind. Die Askese, die freiwillige Kasteiung und Misshandlung des Körpers, „um Gott zu gefallen", ist eine echt asiatische Erfindung aus uralter Zeit, die dem praktischeren und nüchterneren Sinne des Abendlandes niemals recht conveniren wollte. Die Askese finden wir ja übrigens auch unter dem Brudervolke der Araber, den Israeliten, bei denen die Nasiräer und Essäer eine bedeutsame, uns leider noch so wenig bekannte Rolle spielten.

Um nun zum Islam zurückzukehren, so haben seine Orden unter den Türken, dem nördlicheren Zweige des grossen islamitischen Baumes, einen milderen Charakter angenommen, wozu der Aufenthalt in Europa das Seine beigetragen haben mag. Die tanzenden Derwische in Stambul beispielsweise zeigen ein überaus zahmes Wesen. Unter den leidenschaftlicheren Arabern dagegen haben die Orden ihren ursprünglich wilden Charakter mehr conservirt. Namentlich in Afrika, wo im Süden die stete Berührung mit uncivilisirten und heissblütigen Nationalitäten ihren Einfluss üben musste, haben diese muhammedanischen Bruderschaften sich ausserordentlich entfaltet. Und hier ist es wieder das der Cultur noch so verschlossene Marokko, welches der eigentliche Herd dieses Unwesens genannt zu werden verdient. Allerdings muss bemerkt werden, dass zumeist kein anständiger Maure einem Orden angehört. Ihm genügt es, ein Glied der grossen islamitischen Glaubensgemeinschaft zu sein, die ihm im Vergleich mit den rohen Orden natürlich hoch und herrlich vorkommt. Die Letzteren rekrutiren sich vielmehr aus den untersten Volksschichten, aus Bettlern und Vagabunden, die nebenbei durch die Spenden der von ihren Productionen gerührten Volksmasse ein verhältnissmässig gutes Leben haben.

Einer der bedeutsamsten islamitischen Orden in Afrika ist nun der der Issaua oder Assaua (auch Jasahúa genannt). Er ist über das ganze Marreb (Nordwestafrika) verbreitet und hat Abtheilungen seiner Anhänger in allen grösseren Ortschaften. Interessant ist, was wir über seine Gründung wissen. Dieselbe erfolgte vor etwa zwei Jahrhunderten in Mekinás, einer nordmarokkanischen Stadt unweit Fez, durch einen Marabut Namens Aïssa,, der ebenso arm wie heilig war. Dieses Wort bedeutet so viel wie Jesus, und Issaua sind also Jesuiten. Ob sie aber mit dem katholischen Orden, der diesen Namen trägt, etwas gemein haben, das überlasse ich dem Leser zu beurtheilen, wenn ich ihm eine Stunde bei den Issaua geschildert haben werde. Dieselben feiern nämlich zu gewissen Zeiten ihre Feste, bei denen sie sich, vertrauend auf die Verheissung ihres Stifters, dass ihnen weder Gift noch Eisen oder Feuer etwas anhaben könne, auf verschiedene Weise Schaden zuzufügen versuchen. Alle Gläubigen und in Algerien, Dank dem französischen Regimente, auch alle Ungläubigen haben Zutritt. Da in Algier diese Schauspiele sehr unregelmässig sind, in Constantine aber jeden Freitag Nachts stattfinden, so hatte ich mir den seltenen Genuss für hier aufgespart.

Wirth und Wirthin im Hotel, obwohl sie schon lange in der Stadt lebten, hatten übrigens einer solchen Vorstellung noch nie beigewohnt und wollten uns bange machen, indem sie darauf hinwiesen, dass der Besuch furchtbar aufregend, wenn nicht gefährlich sei. Trotzdem traten wir, von einem Dolmetscher geführt, Punkt 8 Uhr den Marsch an. Noch zwei Herren und zwei Damen hatten sich uns angeschlossen. Aus dem gaserleuchteten europäischen Viertel traten wir bald in die unheimlich finstere arabische Stadt und standen endlich, nachdem wir uns durch eine Masse enger und krummer Gässchen gewunden, vor einem Hause, aus dem gellende Musik und Geschrei ertönte.

Nach längerer Verhandlung mit dem Pförtner, wobei wir arg hin- und hergestossen wurden, bedeutete man uns, die Schuhe abzulegen, worauf wir mit dem immer mehr sich anstauenden Strom

III. Das Leben und Treiben in der ostalgerischen Kapitale.

von Eingebornen in das Festlocal hineingedrängt wurden. Auf Anordnung eines Arabers nahmen wir in einer Ecke, die den unreinen Rumi's (Christen) reservirt wird, Platz, das heisst, wir verharrten stehend, da Stühle nicht vorhanden waren und das Sitzen mit untergeschlagenen Beinen dem Abendländer bald Beschwerden verursacht. Ausserdem konnten wir auf diese Weise auch Alles am Besten überschauen.

Wir befanden uns in einem verhältnissmässig engen Gemach, das nur kahle, weiss getünchte Wände und als einzigen Schmuck eine grosse Schwarzwälder Uhr aufwies. In diesem Raume aber mochten ein anderthalb Hundert Einheimische Platz genommen haben. Es war ein eigenthümliches Bild, dieses Meer von weiss beburnussten Arabern, die da am Boden kauerten, dicht wie die Heringe aneinander geschichtet. In der Mitte dieser Zuschauermasse sassen sich in langer Reihe etwa 30 bärtige Araber gegenüber, die älteren und höheren Ordensglieder, welche mit fürchterlich gellender Stimme und in völlig isotoner Weise Koransuren herunterleierten, wobei sie mit dem Oberkörper hin und her wackelten. An den beiden Enden dieser Doppelreihe bearbeiteten zwei Individuen mit bedeutendem Kraftaufwande die Tamtams, die flachen, unten offenen arabischen Trommeln. In einer Nische aber sass, abgesondert von den Andern, das Ordensoberhaupt, eine bärtige Patriarchengestalt mit grünem Turban.

Von uns in unserer Ecke nahm man übrigens scheinbar wenig Notiz. Nur däuchte es mir, als ob einzelne der Sänger ahnten, wie wir unter dem unbeschreiblichen Lärm litten, und als ob sie daher nur noch schrecklicher in der Richtung unseres Standorts brüllten. In der That hätte ich es, zumal auch die Hitze und der Dunst im Zimmer gross waren, nicht lange mehr ausgehalten, wenn nicht das Eigenartige des nun beginnenden Schauspiels mit einem Schlage alle Sinne neu belebt hätte. Hinter den Sängern erhoben sich nämlich wie auf Befehl 12—15 meist jüngere Leute, welche eilfertig ihr Gewand abwarfen und so mit völlig nacktem Oberkörper, im Uebrigen nur noch mit kurzen Leinenhosen bekleidet, dastanden.

Hierauf streckten sie insgesammt die Arme hinter sich, um sich mittelst derselben zu einer einzigen Kette zu verschlingen. Und nun hüpften sie, erst langsam, bald aber immer schneller, auf und nieder, wobei sie keuchende, tief aus der Brust kommende Töne ausstiessen. Nach kurzer Weile schon war diese Bewegung zu convulsivischen Zuckungen, das Aechzen zum mark- und beindurchdringenden Stöhnen geworden, das jeden Augenblick die gequälte, furchtbar wogende Brust zersprengen zu wollen schien. Der Schweiss drang den Kerlen aus allen Poren, ihre Gesichter waren bluthroth geworden, die Augen stierten ins Leere und traten aus ihren Höhlen, der ganze Körper wurde, seiner nicht mehr mächtig, wie von einer unsichtbaren Hand geschüttelt, alle Glieder schienen gelöst und zu Bewegungen fähig, die sonst kein Mensch ausführen kann. Namentlich wurden die Köpfe so blitzschnell vorwärts und rückwärts, jetzt weit in den Nacken, dann wieder bis tief auf die Brust geschleudert, dass es schien, als seien sie nur mittelst eines Fadens mit dem Körper verknüpft. Dazu hatten Einige, entgegen der sonstigen arabischen Sitte, die selbst den Knaben schon das Kopfhaar bis auf einen kleinen Bündel am Hinterkopfe (an welchem nach der Sage der Engel Gabriel die Entseelten in den Himmel zieht) abrasirt, jedenfalls in Folge eines Gelübdes ungemein lange Haarsträhnen in den Rücken hinunterhängen, die nun bei der raschen Bewegung des Kopfes vorwärts fielen und den Körper wie in einen schwarzen Schleier hüllten.

Einzelne besonders Begnadigte gelangten bis zu einem solchen Grad wahnwitziger Wuth, dass ihnen weisser Schaum vor den Mund trat und Töne ihrer Kehle sich entrangen, wie ich sie nie aus einer Menschenbrust gehört habe. Ja plötzlich riss sich Einer mit übermenschlicher Kraft los und schien sich, indem er die Zähne fletschte und mit dem Munde wie ein Raubthier um sich schnappte, auf uns stürzen zu wollen. Indess warfen sich sofort Einige auf ihn, bewältigten ihn und brachten ihn wieder in seine Reihe.

Endlich war denn die ganze Schar so weit in dem Paroxismus gediehen, dass nach muhammedanischer Auffassung höhere Wesen und Kräfte in die Leiber eingekehrt sein mussten, welche die letzteren gegen allen Schaden feiten. Mit der Vornahme der Proben begann nach all' dem Schrecklichen, was wir schon gesehen hatten, nunmehr erst das eigentliche Drama. Der Chef der Bande, der in der erwähnten Nische sass, holte aus einem Etuis eine Anzahl dünner, haarscharfer Nadeln von etwa 8 Zoll Länge. Hierauf löste sich Einer aus der hüpfenden Kette los, sprang mit in die Hüfte gestemmten Armen durch die Menge und fiel vor dem Oberen nieder, welcher dem Opferlamm zuerst liebkosend über den nackten Rücken strich. Dann aber zog er mit dem Zeigefinger und Daumen der linken Hand dessen eine Backe nach aussen und stiess mit einer raschen Bewegung der Rechten eine der Nadeln hindurch. Dasselbe that er auch mit der anderen Backe. Hierauf bog er dem nämlichen Jünger den Kopf nach hinten, zog die Halshaut an der Kehle weit in die Höhe und liess auch hier wieder eine Nadel durchfahren. Der so buchstäblich Gespickte rannte dann bluttriefend und mit rollenden Augen zu seinen Genossen zurück, die nun an die Reihe kamen.

Nachdem Jeder seine Anzahl Nadeln erhalten hatte, legte der Oberste eine Anzahl Schwerter, richtiger etwa 15 Zoll lange, dolchartige, zweischneidige Klingen zurecht, die statt des Griffes eine kleine Kugel zeigten, und übergab sie den ächzend und stöhnend Heranhinkenden, die sie sich unter fürchterlichen Grimassen in den Leib stiessen. Diese zweite Probe musste natürlich unser Misstrauen erwecken. Denn hier war ja eine wirklich ernstlichere Verletzung nicht zu umgehen. Ich kann mir nun nach gewissenhafter Prüfung die

Sache nur so erklären: Die Issaua's hatten insgesammt einen Gürtel um ihre nackten Hüften, der den Leib ausserordentlich zusammenpresste. Auf diese Weise mögen Hautfalten entstanden sein, in die sie die scharfen Eisen hineinstachen. Wenigstens staken dieselben dann bei Allen gleich oberhalb dieses Gürtels. Auf alle Fälle waren sie auch nicht tief hineingestossen, denn beim Zurücklaufen fielen mehrmals einige heraus und auf die Diele. Vielleicht haben auch die Abgefeimteren unter den Selbstquälern nur Gaukelei getrieben und die Klingen gar nur in den erwähnten Bund gesteckt. Indess muss man immer festhalten, dass Ernst und Spiel hier sich vereinigen, dass neben dem Betrug auch die Wirklichkeit zur Geltung kommt. Die älteren Ordensglieder machen es sich jedenfalls bequem und simuliren nur, während die jüngeren und fanatischeren wirklich das Schreckliche ausführen. Zum Beweis dieser Behauptung diene, dass häufig nach den Vorstellungen Einzelne an den erlittenen Verletzungen sterben. Die Ansicht mancher Reisenden, dass das Ganze auf Gaukelspiel beruhe, geht also entschieden zu weit und die Wahrheit liegt auch hier in der Mitte. Wenigstens was die Procedur mit den Nadeln angeht, so habe ich mich aufs Genaueste überzeugt, dass dieselben wirklich durch die Haut durchgestossen wurden.

Nach den Nadeln und Schwertern kommt dann die bekannte Schüssel mit Glasscherben, Cactusblättern, Scorpionen und Schlangen, von deren Inhalt die Issaua's so gierig essen, dass ihnen die ekelerregende, mit Blut untermischte Brühe aus dem Munde läuft. Auch lecken sie an glühendes Eisen, und was dergleichen Productionen mehr sind. Gern hätte ich auch diese weiteren Nummern des Programms mit angesehen, allein die Damen, die mit uns waren, drohten in Folge der furchtbaren Nervenaufregung, von der selbst ein starker Mann bei einer solchen Vorstellung nicht ganz verschont bleiben dürfte, in Ohnmacht zu fallen. Der betäubende Lärm, die fürchterliche Hitze, das Eingekeiltsein in den engen Winkel und die gräuelvollen Scenen, das war des Guten für die Repräsentantinnen des schwachen Geschlechts zu viel gewesen. Dazu war noch gekommen, dass die für die gefährlichen Experimente Auserkorenen auf ihrem Marsche nach der Nische jedesmal dicht an uns vorüber- und ebenso wieder zurücklaufen mussten. Hierbei hatte namentlichEiner, der ein wahres Galgengesicht aufwies, die Frechheit, stets vor uns Halt zu machen und uns anzugrinsen, ja bei der Schwertertour sogar mit den scharfen Klingen allerhand Evolutionen gegen uns auszuführen. Wir sagten uns freilich, dass wir unter dem Schutze der französischen Regierung stünden, aber vor der Hand weilten wir allein mitten unter einer fanatisirten, thierisch wüthenden Masse, die zu Allem fähig war. Wäre uns ein Leids geschehen, die französische Justiz hätte blutige Rache genommen, aber was würde Das uns dann hinterher genützt haben, oder wie konnte wohl eine solche Aussicht die Menschen abschrecken, die freiwillig hier vor unsern Augen den Beweis ablegten, wie wenig sie den Tod fürchteten? So gingen wir denn hinweg, nachdem wir für mehrere Francs unsere Schuhe wieder eingelöst hatten, und man wird es uns glauben, dass wir erleichtert aufathmeten, als wir wieder im hellerleuchteten, comfortablen Hotel sassen.

Die Issaua's marterten sich unterdess weiter, wie es einmal ihr ganzes Ordensleben von Anfang an mit sich bringt. Denn die Aufnahme in die Korporation schon geschieht nicht anders als in der Weise, dass die Neueintretenden sich vom Obersten dreimal in den Mund spucken lassen. Dafür erwartet sie aber auch hohe Freude innerhalb der edlen Zunft. Denn nach jeder Vorstellung wird, durch Das, was die Gläubigen gespendet haben, beschafft, das bekannte Leibgericht der Mauren, Kuskussu, eine Masse aus kleinen Mehlkügelchen, mit Fett, Gewürzen, Hammelfleisch und Geflügel untermischt, aufgetragen, und von den aus ihrer Verzückung in die profane Wirklichkeit mit ihren Bedürfnissen und Gelüsten zurückgekehrten Ordensbrüdern in solchen Quantitäten verzehrt, dass daraus oft keine geringere Gefahr für sie erwächst, wie zuvor durch Schwerter und Schlangen.

Nun, wohl bekomm's ihnen! Denn trotz der thierischen Wildheit und Rohheit, die der ganzen Vorstellung anhaftet, hat der Orden der Issaua uns doch von Neuem nur die alte Thatsache bestätigt, dass der religiöse Zug in der Menschenseele, unter welchen Formen er auch auftreten mag, gleichwohl überall vorhanden ist und eine ausserordentliche Macht besitzt.

ACHTES KAPITEL.
UEBER DEN ATLAS IN DIE SAHARA.

I.

Von Constantine bis Batna.

Inhalt: Gedanken bei der Abreise nach der Wüste. — Die Riesen-Glatze der Erde. — Die Sicherheit in der Sahara. — Der jüngste Aufstand im Wüstengebiete. — Im Sandmeer verschmachtet. — Drei Strassen in die algerische Sahara. — Wegweiser für Solche, die in einer Woche in Deutschland Schlittschuh laufen und unter den Palmen der Wüste Mokka schlürfen wollen. — Ein Strassen- und Eisenbahnknotenpunkt im Atlas-Gebirge. — Durch die Hochsteppen. — Salzsee rechts und Salzsee links. — Eine Saline in Algier mit viel Ausbeute und wenig Betriebskosten. — Grausige Fahrt. — Reif und Frost in Africa. — Einfahrt in Batna.

„Ahnungsgrauend, todesmuthig bricht der grosse Morgen an" — dies Dichterwort kennzeichnet die Gefühle, mit denen ich den Tag meiner Abreise von Constantine anbrechen sah. Ich sollte sie ja nun sehen, die langersehnte Wüste, eine Landschaft, die ohne Widerrede eben so reich an originellen Reizen, wie arm an eigentlicher Schönheit, abschreckend und doch anziehend zugleich, voll Oede und Grausen und doch voll des eigenthümlichsten Zaubers ist, eine Fläche, die auf der sonst so reich geschmückten Erdkugel wie eine riesige Glatze oder wie ein ungeheurer Fleck erscheint, den der Schöpfer, als er am grossen Schöpfungsmorgen über die todten Gefilde sein „Werde!" hinrief, vergessen oder in seinem Zorne absichtlich unberücksichtigt gelassen hat, ein Stück unseres Planeten, das auf der einen Seite aller Mühe der Menschen spottet; dessen Flugsand über ihre schönsten Pflanzungen wie eine boshafte, leichtfertige Hand zerstörungssüchtig hinwischt, und das doch hinwiederum die Alles überwindende Macht des menschlichen Geistes in das strahlendste Licht stellt. Dieses merkwürdige Gebiet, eins der grössten geographischen Curiosa, sollte ich mit meinen Augen schauen; musste da nicht in der That Erwartung meine Brust schwellen, und das um so mehr, als dies Stück Erde noch lange nicht so bekannt ist, als man meinen sollte?

Achtes Kapitel. Ueber den Atlas in die Sahara.

So traf also das „ahnungsgrauend" allerdings zu, in geringerem Grade dagegen das Andere, wovon der Dichter redet: „todesmuthig". Zwar war ich stark geneigt, Das, was die Beduinen jetzt von der algerischen Sahara rühmen, nämlich dass eine Königin mit drei güldenen Kronen auf dem Haupte ungefährdet dieselbe durchstreifen könne, für eine der kühnen Hyperbeln zu halten, zu welchen der Orientale so sehr inclinirt; trotzdem hielt ich das Betreten der Wüste, so weit die französischen Waffen reichen, im Allgemeinen doch für ziemlich unbedenklich. Auch jetzt noch bekenne ich mich, wenigstens was den Norden dieses Gebiets, das heisst die Gegend von Larruat oder Biskra und allenfalls auch Tuggurt anbetrifft, zu dieser Ansicht, obwohl die Zeit unmittelbar nach meiner Heimkehr für das Gegentheil blutige Beweise beigebracht hat. Bekanntlich brach ja im Frühsommer 1879 in dem Bereiche des Auresgebirgs ein Aufstand aus, der gerade die Strasse von Batna nach Biskra und selbst diese beiden Städte bedrohte. Namentlich hätten die aufrührerischen Beduinen, die wohl von dem nahen Tunis moralische oder auch physische Unterstützung erhielten, gern Batna, die feste Beherrscherin des östlichen Atlas, in Besitz genommen. Indess gelang ihnen dies nicht; sie wurden in mehreren Treffen, obwohl den Franzosen numerisch zehnmal überlegen, von diesen aufs Haupt geschlagen. Hunderte von Weissmänteln bedeckten blutüberströmt die stille Wahlstatt auf den Steppen des Atlas, und Geier und Hyänen mögen in dunkler Nacht ein leckeres Mahl gehalten haben. Die weitaussehende und langgeplante Revolte fand in Folge dieses ungünstigen Anfangs keinen Anklang bei den umwohnenden Stämmen und erlosch nach wenig Wochen. Die letzten Aufrührer aber, mehrere Hundert an Zahl, wurden, von der Flucht nach Tunis durch die feindlichen Truppen abgeschnitten, in die Wüste versprengt und sind „verschmachtet", wie das „Journal officiel" mit dürren Worten meldete. Dem Menschenfreunde aber wird beim Gedanken an dieses Ende der Unglücklichen ein grausiges Bild vor das geistige Auge treten, ein Bild, auf dem eingefallene und verkommene Gestalten in so grosser Zahl mit brechendem Auge und lechzender Zunge auf dem weiten, glühenden Sandboden in qualvollem Todeskampfe sich winden, bis auch das letzte Röcheln verklungen ist, das letzte krampfhafte Zucken der Todtenstarre Platz gemacht hat.

Möchte doch, dieser Wunsch liegt wohl nahe genug, dieser jüngste Aufstand auch der letzte gewesen sein! Freilich sollte Frankreich, um dies zu erzielen, nicht blos auf seine Waffen sich verlassen, nicht lediglich auf die Defensive sich beschränken, sondern müsste positiv vorgehen. Selbst mit der an sich löblichen Einführung der Civilverwaltung dürften die Männer, die in Paris am Ruder sitzen, nicht glauben, genug gethan zu haben. Wie die Araber diese liberale Massregel zu schätzen wissen, das hat ja der eben erwähnte Aufstand bewiesen, der gewissermassen die höhnische Antwort der Eingeborenen auf das Wohlwollen ihrer europäischen Herren genannt zu werden verdient. Das Uebel muss da drüben tiefer erfasst und behandet werden. Wie wir das verstehen, das wollen wir sagen, wenn wir vom Lande Abschied nehmen und dabei noch einen allgemeinen Blick auf dasselbe werfen werden. Jetzt sei nur noch einmal betont, dass, trotzdem dass im Wüstengebiet Algeriens eine absolute Sicherheit noch nicht erzielt worden ist, doch im Grunde Jeder auf gut Glück die Reise dahin wagen kann. Gerade nach dem letzten so unglücklichen Versuche dürften die Beduinen auf Jahre hinaus wieder einmal Ruhe halten.

So wollen wir denn also ohne Furcht die Wüstenpost besteigen. Doch halt, da will vielleicht zuvor Einer noch wissen, warum wir gerade hier, vom Osten der Provinz aus, unsere Saharatour antreten. Ein Blick auf die Karte lehrt ja, dass man nur die Atlaskette an irgend einer Stelle zu übersteigen braucht, um in das grosse Oasengebiet hinunterzukommen, da ja längs der ganzen Südseite der Provinz die Wüste sich hinzieht.

Nun, es kommen allerdings drei Routen in Betracht, die für einen Besuch der Sahara von Algerien aus eingehalten werden können, da den drei Hauptstädten an der Küste des Landes auch drei Hauptoasen jenseits des Atlas am Nordsaume des Sandmeeres gegenüberliegen. Der wissensdurstige Reisende kann von Oran nach der Oasengruppe der Sidi Scheikh, oder von Algier nach Larruat, oder von Philippeville nach Biskra wandern. Allein die Verhältnisse, die hierbei zu berücksichtigen sind, stellen sich höchst verschieden dar. Am ungünstigsten erscheinen sie bei dem westlichsten dieser Wege. Von Oran nach der östlichen Hauptoase der Sidi Scheikh, el Abiod, beträgt die Entfernung nicht weniger als 386 km. Dazu kommt, dass eine leidliche Militärstrasse, die überdies nicht von Diligencen befahren wird, nur bis nach dem taktischen Stützpunkte im westlichen Atlas, Géryville (326 km), führt, während die letzte Strecke lediglich Karawanenweg ist. Ferner ist zu bedenken, dass das zu durchmessende Steppengebiet hier breiter und fast öder ist, als anderwärts, sowie dass es eine kaum geringere Erhebung (1300 m) aufweist, als die höchsten Atlasübergänge überhaupt. Die landschaftlichen Naturschönheiten aber sind, zumal da der Uebergang der Hochplateaus in die Wüste an dieser Stelle ein sehr allmähliger ist, sehr dünn gesät; dagegen liegen Gefahren bei der Nähe der marokkanischen Grenze eher im Bereich der Möglichkeit als anderswo. Auch sind die Bewohner der genannten Oasen die unruhigsten und fanatischsten unter allen Wüstenstämmen innerhalb des französischen Rayons. Die Bequemlichkeiten, die anderwärts sich dem Reisenden selbst weiter im Innern der Provinz bieten, fehlen; der Verkehr ist äusserst gering, Aufwand und Mühe einer Wüstenreise auf dieser Linie in Folge aller dieser Umstände sehr bedeutend.

Daher wird der angegebene Weg zu einer Excursion in die

Sahara von Fremden nur selten gewählt und ist meines Wissens selbst von unseren grossen deutschen Reisenden in Nordafrika (abgesehen von Rohlfs) kaum betreten worden. Militärische Streifcolonnen bewegen sich nahezu allein in dieser Gegend. Es ist aber zu hoffen, dass der seit etwa Jahresfrist bestehende geographische Verein in Oran dieser noch wenig bekannten westlichen Partie des Landes fruchtbringende Aufmerksamkeit schenken wird.

Viel günstiger schon liegen die Verhältnisse bei der centralen Route, Algier-Larruat, obwohl ihre Länge die bedeutendste ist (466 km). Die Beschaffenheit des Weges ist hier recht zufriedenstellend. Ein geregelter Diligencenverkehr besteht. Der militärische Schutz der Linie verbürgt hinreichende Sicherheit. Gute Karawanserails sorgen für das leibliche Wohl des Reisenden, während manche interessante Landschaft sein Gemüth erquickt. Unter Anderem passirt man ja die schöne Schiffaschlucht, sieht das nette Medea, hat von Borrar aus den ungeheuersten Ueberblick über die Steppe, die namentlich gegen Abend oft in phantastischer Beleuchtung erscheint, und kann den „Salzfelsen" bei Hadschar el Melah, ein geologisches Schaustück aus buntem Gestein und Salzkrystallen, betrachten.

Auch Larruat auf seinem Felsen nimmt sich grossartig aus und bietet ähnliches Oasenleben wie Biskra. Aber selbst hier ist der Eintritt in die eigentliche Sahara nicht effectvoll markirt. Dazu kommt, dass die mehrtägige Hetztour im engen Postwagen, die beiläufig für hin und zurück nicht weniger als 135 Frcs. kostet, nicht nach Jedermanns Geschmack sein dürfte.

Daher bleibt für Den, der verhältnissmässig rasch und bequem die Sahara sehen will, nur die Linie Philippeville-Batna-Biskra. In der That wird durch dieselbe möglich, was man kaum glauben möchte, dass man, um mit Max Hirsch zu reden, in einer Woche auf der Spree in Berlin Schlittschuh laufen und unter den Palmen einer Oase der Sahara seinen Mokka schlürfen kann. Wie nämlich ein Blick auf die Karte zeigt, streicht die Südkette des Atlas, an die doch die Wüste sich anschliesst, nicht ganz parallel mit der Küste des Mittelmeeres, sondern bildet vielmehr mit derselben gegen Tunis hin convergirende Linien. In Folge dessen ist hier im Osten der Zwischenraum zwischen Meer und Wüste am geringsten. Der Weg von Philippeville bis Biskra misst nur 320, ja bis zur ersten Oase, auf die man bei dieser Route trifft, el Kantra, gar nur 265 km. Dieser schon an sich nicht lange Weg aber wird noch dadurch abgekürzt, dass von Philippeville bis Constantine (87 km) die Eisenbahn (in $4^1/_2$ St.) führt, so dass für die Postfahrt, für die noch dazu eine prachtvolle, neue Strasse geschaffen wurde, nur noch 178 km (bis Biskra 233) übrig bleiben, die in 18, beziehentlich 24 Stunden zurückgelegt werden.

Trotz der geringen Mühe und der in Folge davon auch geringen Kosten, die so die ganze Tour verursacht, bietet dieselbe aber gleichwohl die ausserordentlichsten Reize. Die grossartige Bahn von Philippeville nach Constantine, die zur Zeit noch einzige Alpenbahn Algeriens, ja Afrikas, die unvergleichliche Hauptstadt Numidiens auf ihrem Felsblock, das Atlasgebirge mit seinen Cedernwäldern, eine altrömische Stadt in Ruinen, und endlich „der Wüstenmund", dieses grossartigste Entrée in die Sahara, das zugleich einen der sehenswerthesten Punkte der Welt, einen der grössten, fast überwältigenden Contraste der Natur darstellt, das sind die einzelnen Nummern des Programms, das sich für diese Excursion in die Wüste auf der gedachten Route aufstellen lässt. Nach diesen wenigen Worten schon, meine ich, wird der Leser begierig sein, die Reise mit mir im Geiste anzutreten.

Jeden Abend 6 Uhr verlässt die Post nach Batna Constantine. Die bequemen Wagen, die denen der Linie Algier-Setif gleichen, rasseln, von 7 Pferden gezogen, durch den dichten Menschenknäuel auf der Rue nationale, sausen über die el Kantra-Brücke und am Bahnhofe vorbei, und klettern dann im üppig bebauten Thale des Bu Merzug, eines kleinen Flusses, der kurz vor Constantine sich mit dem Rumel vereinigt, aufwärts. Nach reichlich anderthalbstündiger Fahrt erreichen wir Khrub (16 km), ein Dorf, das, obwohl erst 1859 gegründet, doch bereits 4534 Einwohner (darunter nur 471 Europäer) zählt. Diese Blüthe verdankt der Ort neben der grossen Fruchtbarkeit des wasserreichen Thales dem Umstande, dass hier die Strasse in die Wüste mit der nach Bona zusammentrifft. Noch grössere Wichtigkeit aber dürfte ihm die Eisenbahn geben, durch die Khrub einer der bedeutsamsten Knotenpunkte des ganzen algerischen Bahnsystems werden wird. Die Linie nach Tunis östlich, nach Algier westlich, nach Philippeville (über Constantine) nördlich und vielleicht in fernerer Zukunft auch der transsaharische Schienenweg, wenn für denselben der Osten Algeriens und Biskra als Ausgangspunkte gewählt werden sollten, werden sich an diesem Punkte schneiden. Endlich ist der Platz auch das eigentliche Centrum des Viehhandels für die Provinz Constantine. Jeden Sonnabend findet hier ein von Zwei- und Vierfüsslern in Masse besuchter Markt statt. Von den Gebirgsweiden des Atlas kommen die blökenden Schafe und grunzenden Schweine, um von da an das Meer hinunter und nach Europa hinüber zu wandern.

In Folge all' dieser Umstände fanden wir in dem Gasthofe, vor dem die Diligence hielt, eine solche Masse von rauchenden, trinkenden und lärmenden Menschen, dass man nicht im einsamen afrikanischen Gebirge, sondern in einer richtigen deutschen Fuhrmannskneipe zu sein glaubte. Um so grösser ist der Contrast, wenn wir weiterfahren. Die Nacht ist unterdess hereingebrochen. Das Flussthal wird, je höher wir kommen, immer ärmer; ja endlich verlässt die Strasse das kleine Gewässer ganz, um in die Steppenregion aufzusteigen, auf der sie bis nahe an Batna bleibt.

Nackte, langgezogene Höhen begrenzen rechts und links, ferner oder näher, die weite, öde und und todte Fläche, darunter der Nif en Ser, der „Adlerschnabel". Im fahlen Mondenschein erglänzen weiterhin die Spiegel der beiden Salzseen, durch welche die Strasse auf einem schmalen Isthmus mitten hindurchführt, des Schott Tinsilt (rechts) und des Schott Mzuri (links). Diese beiden Gewässer haben einen Flächeninhalt von nicht weniger als 6200 ha und bilden ein Salzbergwerk mit der reichsten Ausbeute und doch dem billigsten Betriebe. Man sammelt einfach die reine, schneeweisse Salzkruste, die zurückbleibt, wenn in der Zeit der Dürre der Wasserspiegel sinkt.

Im Winter werden diese weiten Wasserflächen von ganzen Schwärmen wilder Schwäne und Enten belebt. Jetzt aber sind die munteren Schwimmer längst entflohen. Alles schweigt. Nur das Heulen der beutegierigen Schakale zieht hin und wieder wie eine vielstimmige Wehklage durch die schlafende Landschaft. Unter solcher Scenerie wird der einsame Reisende unwillkürlich an die alte, tiefsinnige Idee von der seufzenden Creatur erinnert, die in „Goethe's Briefwechsel mit einem Kinde" behandelt und schon von Paulus (Röm. 8, 22) in dem Worte ausgesprochen wird: „Wir wissen, dass alle Creatur sehnet sich mit uns und ängstet sich noch immerdar".

Stundenlang fahren wir fast immer unter der nämlichen Staffage dahin. Hinter uns im Fond des Wagens schnarchende Araber, vor uns die schnaubenden Rosse, von den Laternen matt beleuchtet, um uns die todte Landschaft, ohne Baum, ohne Haus, von Sargdeckel ähnlichen Höhen umschlossen. Wahrlich, da kann den Muthigsten ein leises Grauen überkommen, zumal wenn es ihm geht, wie mir. In Khrub war nämlich eine kleine Jüdin mit ins Coupé gestiegen, die mir, zitternd vor Furcht, erzählte, dass vor wenig Tagen die Post auf dieser Strecke von streifenden Beduinen angefallen und ausgeraubt worden sei. Eine Abtheilung Gendarme habe dieselben ins Gebirge verfolgt. Das klang denn freilich nicht sehr erbaulich.

Um das Unbehagliche der Situation aber noch zu vermehren, sank das Thermometer, das in Constantine Abends noch 18° R. gezeigt hatte, immer mehr und stand endlich auf mehrere Grad unter 0. Befanden wir uns doch auch schon über 900 m hoch. Eine schneidende Luft drang in den Wagen und liess uns vor Kälte klappern. Das vegetationslose Erdreich draussen, das die afrikanische Gluth bei Tag geröstet, zeigte sich jetzt hart gefroren; eine weisse Reifdecke lagerte auf den Hügeln, während Rauchfrostnebel über die tieferen Flächen gespensterhaft hinzogen. Eine erregte Phantasie hätte diese streifenden Wolken für flüchtige Beduinen oder für die Geister der alten numidischen Könige ansehen können, die „mit Krone und Schweif" hier den Todtentanz hielten.

Und in der That schlafen sie ja auch in der Nähe, diese alten Herrscher des Landes. Von dem kleinen Weiler Aïn Jacut, den wir nach Mitternacht erreichen, ist das Mausoleum der numidischen Regenten, das den Namen Medrrasen führt und ein Seitenstück zu dem früher besprochenen, sogenannten „Grab der Christin" bei Algier darstellt, nur 8 km entfernt, eine Strecke, die der Tourist, welcher archäologisches Interesse hat, mit einem Maulthier leicht zurücklegen kann. Wahrlich, kein Ort konnte für eine Ruhestätte der Todten besser ausgewählt sein, als die weite, traurige Steppe hier oben im Atlasgebirge.

Freilich haben die alten Herren auch in dieser Einöde nicht immer Ruhe gehabt. Einer der letzten Beys von Constantine (Salah, 1771—93) liess durch einen Kanonenschuss eine Bresche in das alte Grabmonument legen, weil er fabelhafte Schätze in demselben vermuthete.

Selbstverständlich erschien uns in solcher Umgebung jedes der einsamen Karawanserails, das wir auf der nächtlichen Fahrt erreichten, wie ein trautes Daheim, und wir blieben stets um den mächtigen Kamin mit seinem prasselnden Holzfeuer herum sitzen, bis die frischen Pferde durch Wiehern und Stampfen wieder zum Einsteigen mahnten. Noch mehr Freude aber empfanden wir, als endlich das strahlende Tagesgestirn über den Horizont heraufstieg und Wärme und Freudigkeit ins Herz zurückbrachte. $1/_2 7$ Uhr hatten wir schon wieder $+5°$. Auch die Gegend war freundlicher. Einzelne Bäume, Wachholderbüsche und wilde Oliven, zeigten sich. Wir waren von Neuem in ein Thal gekommen, nämlich in das des Uëd el Harrar. Das kleine Gewässer trieb sogar einige Mühlen. Menschen wurden wieder sichtbar. Die Anzeichen, dass wir uns einem grösseren Orte näherten, mehrten sich rasch. Punkt $1/_2 8$ Uhr, nachdem wir in $13 1/_2$ Stunden 119 km zurückgelegt hatten, fuhren wir in Batna ein.

II.

Batna und Umgegend.

Inhalt: Eine Festung auf dem Rücken des Atlas-Gebirges. — Wie man afrikanischen Hochwald sehen muss, um die heimatlichen Forste schätzen zu lernen. — Das Hauptquartier der Rothmäntel. — Die römische Toga und der arabische Burnus. — Grandezza in Afrika. — Der König der Bäume und der König der Thiere. — „Wer ihn trifft, der isst ihn, wer ihn aber nicht trifft, den isst er." — Nur 10 Kilometer ostwärts und doch 2000 Jahre rückwärts. — Das algerische Pompeji. — Hochherzigkeit eines altrömischen Hausbesitzers. — Pferdehandel zwischen Franzosen und Beduinen. — Das Herz für Gold verkauft.

Die Stadt Batna, deren arabischer Name zu deutsch: „Wir haben da geschlafen", d. h. so viel wie „Bivouac" besagen will, ist von grosser Bedeutung. Schon ihre Lage ist nicht unschön. Man denke sich eine Ebene, die von Bergen nahezu ringsum kesselartig eingerahmt wird. Diese Höhen haben zumeist sanfte Formen, mit Ausnahme des isolirt und als stolze Nadel aufragenden Dschebel Tuggurt (2100 m), der eine der schönsten Bergformen Nordafrikas darstellt. Was diese Gebirgszüge aber besonders auszeichnet, das ist die im Atlas zumeist so seltene Bewaldung. Herrliches Nadelholz, darunter die Königin der Forste, die Ceder, bedeckt die Bergmassen bis zum Gipfel. Hier ist auch das eigentliche Hauptquartier des Löwen.

Nur darf man nicht erwarten, dass ein solcher afrikanischer Wald das herrliche Bild eines deutschen oder nordischen Forstes darstellt. Es fehlt allenthalben an deckendem Unterholz und saftigem Moos. Daher schimmert das graue, nackte Erdreich überall durch die Baummassen durch und der bewaldete Hang macht keinen üppigen, frischen Eindruck. Hier reisst's den Beschauer nicht fort zu dem begeisterten Gesang: „Wer hat Dich, Du schöner Wald, aufgebaut so hoch dort oben!"

Inmitten dieser Berge liegt nun auf ziemlich fruchtbarem Plane in einer Höhe von 1021 m ein gewaltiges Viereck, von starken, mit Schiessscharten versehenen Mauern gebildet, welches von geradlinigen, breiten, mit Platanen bepflanzten Strassen durchschnitten wird und in fast durchgängig einstöckigen, mit nordischen Dächern versehenen, sauberen, neuen Häusern, die 3765 meist europäischen Bewohner umschliesst. Das Ganze mit seinen genau nach den Himmelsgegenden gerichteten, mächtigen vier Thoren erscheint wie aus einem Baukasten aufgesetzt oder nach dem Lineal angelegt und giebt sich als eine moderne Gründung zu erkennen. In der That, erst das Jahr 1844 sah den Ort entstehen, ja ein beträchtlicher Theil, der in der Insurrection von 1871 zerstört worden war, ist erst nach diesem letztgenannten Jahre errichtet worden. Der Zweck der Gründung dieser Atlasstadt, die ziemlich in der Mitte zwischen Constantine und Biskra liegt, war natürlich kein anderer als der, die wichtige Strasse zu decken und zugleich auch das Auresgebirge zu überwachen.

Ein kleineres Viereck schliesst sich im Osten an die Stadt an. Es beherbergt die 2000 Mann starke Garnison. Namentlich liegen hier viel Spahis, die bekannten freiwilligen eingeborenen Reiter. Zu allen Tageszeiten, namentlich aber gegen Abend sieht man sie in grossen Mengen auf den Strassen und auf dem mit einem schönen Garten gezierten Marktplatze lustwandeln. Sie geben dabei ein herrliches Bild. Den linken Zipfel des blutrothen Mantels, den sie tragen, so über die Schulter zurückgeworfen, dass das schneeweisse Innere nach Aussen kommt, gleichen sie mit ihrem gravitätischen Schritte und dem scharfgeschnittenen, ernsten Gesichte den alten römischen Senatoren, die einst hier in der Nachbarschaft ihr Wesen hatten. Ueberhaupt zeigt kein Volk mehr natürliche Grandezza, als die Araber. Ihre Haltung ist stets gerade, ihre Miene und ihr ganzes Wesen voll Würde. Ich sah oft Individuen, die etwa auf einem Felsblocke standen, so unbeweglich verharren, als seien sie aus Erz gegossen.

Im Uebrigen bietet das Städtchen nicht viel Interessantes. Trotzdem beschloss ich, nicht mit der bereits nach einer halben Stunde wieder weiterfahrenden Post von dannen zu eilen, sondern einen Tag hier zu bleiben, um mich für die ziemlich anstrengende Fahrt in die Sahara hinunter gehörig auszuruhen. Lässt sich doch auch eine solche Pause mit Besichtigung der Umgegend Batnas recht wohl ausfüllen. Da locken doch zunächst die stolzen Cedern, die man nirgends so bequem erreicht, als von hier aus. In einer guten Stunde mit Maulthier oder zu Fuss kommt man an den Wald auf den Abhängen des Tuggurt, in dem nicht weniger als 4000 ha mit dem ehrwürdigen Baume des alten Testaments bestanden sind. Nur ist zu rathen, dass man vor Eintritt der Dämmerung den Forst wieder verlässt. Denn der gestrenge Gebieter desselben, der Leu, der bei Tage nur in den seltensten Fällen und dann, so lange man ihn nicht reizt, ohne jede Gefährdung dem Wanderer begegnen wird, ist, wenn die Sonne untergegangen, ein ganz anderes Wesen.

Bei Tag zeigt er sich träge und feig; in der Dunkelheit jedoch erwacht in ihm mit dem Bedürfniss nach Nahrung die Blutgier und Tücke und dann ist es nicht gut gethan, ihm in den Weg zu kommen. An der table d'hôte der Gasthäuser und in den Cafés von Batna hört man fast täglich Jagdgeschichten, die den Saïd oder Sba, die arabische Bezeichnung für „Löwe", betreffen, die aber häufig nicht mehr Glaubwürdigkeit verdienen, als Jagdgeschichten in anderen Ländern. Indess geht doch aus solchen Erzählungen insgesammt hervor, dass Alle, Offiziere und Civilisten, Eingeborene und Europäer, vor diesem Thiere gewaltigen Respect haben. Die Jagd auf ihn ist, selbst mit den Explosionskugeln, die man neuerdings dabei verwendet, noch immer ein bedenkliches Wagniss. Ein durch leichte Verwundung oder auch nur Verfolgung rasend gemachter Löwe hat nicht selten schon ein Dutzend Menschen tödtlich verletzt, ehe er selbst sein Leben aushauchte. Der Araber sagt von ihm höchst lakonisch, aber bezeichnend: „Wer ihn trifft, der isst ihn, wer ihn aber nicht trifft, den isst er". Bei dieser Gelegenheit sei übrigens bemerkt, dass nach der Aussage von Kennern das Fleisch des Königs der Thiere nicht zugleich auch der König der Fleische, vielmehr zäh und unschmackhaft ist. Ich für meine Person habe leider weder Gelegenheit gehabt, in dieser Weise den todten Löwen kennen zu lernen, noch das Brüllen des lebenden zu hören, das oft in stiller Nacht aus dem Dunkel der nahen Wälder bis in die friedlichen Strassen von Batna hinein erklingt.

Von ganz anderer Art ist das, was die entgegengesetzte Seite der Umgebung der Stadt, der Osten, bietet. Hier finden sich, 10 km von den Mauern des Ortes entfernt, die Ruinen der Römerstadt Lambaesis. Da ich etwas müde war, benützte ich zum Ausfluge dahin statt eines Reitpferdes den elenden Omnibus, der in höchst weiser Berücksichtigung der grossen Hitze, die hier bei Tag in der wärmeren Jahreszeit herrscht, mit einem Blechdach versehen war, so dass ich während der einstündigen Fahrt die Höllenqualen der Gefangenen in den ehemaligen Bleidächern von Venedig auszustehen hatte. Freilich entschädigt der Genuss, den das endlich erreichte Ziel bietet, für die Strapaze. Lambaesis, im Anfang unserer Zeitrechnung gegründet, lag am Ende eines breiten, von den bewaldeten, terrassenartig aufsteigenden Gehängen des Auresgebirges umschlossenen Thales, südöstlich vom heutigen Batna. Ehemals eine blühende Stadt, wurde es von den Vandalen zerstört und erholte sich später nur kümmerlich. Heute ist es nichts als ein kleines Dörfchen mit einem grossen Zellengefängniss für einheimische Verbrecher. Aber ringsum, wenn auch vereinzelt und überaus fragmentarisch, stehen die Ueberbleibsel einer grossen Vergangenheit.

Am meisten imponirt das noch am Besten erhaltene Prätorium am Eingang des Dorfes, ein stattlicher, 15 m hoher Bau, in dem jetzt eine Art Alterthumsmuseum etablirt ist. Weiterhin findet man noch ein leidlich conservirtes, monumentales Thor, das von einem grösseren, die Mitte des ganzen Bauwerks einnehmenden und von zwei rechts und links sich anlehnenden, kleineren, romanischen Bogen gebildet wird. Zahllose Ziegelsteine mit Inschriften, Mosaiken und ähnliche Dinge liegen überall herum. Eine Marmortafel, um nur Eins zu erwähnen, trägt die sinnigen Worte, die einst über dem Eingange eines Hauses prangten:

    Moenia quisque dolet nova
Condere successori inculto maneat
      Lividus hospitio.
Acilius Clarus sibi et successoribus fecit.

(„Wer beim Bau eines neuen Hauses nur mit Verdruss daran denkt, dass selbiges auch seinem Nachfolger zu Gute kommen wird, eine solche kleine Seele bleibe nur in ihrer alten, schmutzigen Hütte!")

Mit einem freundlichen Colonisten, den ich getroffen, durchschritt ich das dürre Feld, auf dem unter Dornengestrüpp und kümmerlichen Gerstenfeldern, hie und da von Feigenbüschen malerisch überwuchert, solche Trümmer längst vergangener Zeiten dem Wandersmann aus dem 19. Jahrhundert entgegentreten. Jetzt war afrikanischer Sonnenschein darüber gebreitet und behende Eidechsen schlüpften durch die Ritzen. Aber wenn nun die Nacht herabsinkt, wenn von den nahen Auresbergen der König der Thiere niedersteigt und seine Stimme wie eine Todtenklage über den weiten Leichenacker des klassischen Alterthums schallen lässt, während jedes andere Geschöpf vor Schreck verstummt, dann erst ist die Scenerie vervollständigt und der weite Plan mit seinen gespensterhaft zum Nachthimmel aufragenden Säulenstümpfen eine erschütternde Illustration zu dem alten, schwermuthsvollen Bibelworte: „Alles Fleisch ist wie Gras und alle Herrlichkeit des Menschen wie des Grases Blume."

Als ich unter solch ernsten Gedanken wieder meinen Marterkasten von einem Omnibus besteigen wollte, bot sich mir noch ein recht hübsches Schauspiel. Aus dem grossen Thore des Zuchthauses traten mehrere Offiziere, um einen schlanken, überaus spärlich gebauten Eisenschimmel zu besichtigen, bezieh. zu kaufen, mit dem ein Araber eben in kurzem Galopp ansprengte. Nach flüchtiger Inspection lautete ihr Urtheil: „zu schwach". Da — ich werde den Moment nie vergessen — fuhr es wie ein halb zorniger, halb spöttischer Blitz aus dem Auge des Beduinen, mit einem Satz war er wieder auf seinem Renner und ehe Jemand sich dessen versah, flog er, wie ein Raubthier auf demselben hockend, davon, während der weisse Mantel in der Luft flatterte. Nach wenig Minuten war Mann und Ross verschwunden. — Doch siehe, da tönen Hufschläge. Ebenso rasch ist mein Araber wieder zurück; als ob nichts vorgefallen, klopft er sein Thier, das keine Spur von Schweiss zeigte, auf den Nacken und wiederholt nur höhnisch das Urtheil der Offiziere: „zu schwach". Das edle Ross wurde hierauf mit 500 Francs erhandelt. Der Sohn der Steppe aber mag, nachdem er sich von seinem Liebling getrennt hatte, wohl hinweggegangen sein, wie Einer, der für schnödes Gold seinen treuesten Freund, ja sein Herz dahingegeben.

III.

Von Batna bis zur el Kantra-Schlucht.

Inhalt: Eine Postkutsche als Lobredner des französischen Regiments in Algier. — Christ und Muhammedaner im Coupé der Diligence. — Die doppelten Wasserscheiden des Atlasgebirges. — Aehnlichkeit zwischen Asien und Algerien. — Völkermarkt am Judenpass. — Reise im el Kantrathale vor und nach 1879. — Wie die Mittelmeerzone ihren letzten Trumpf ausspielt. — Der Vorhang fällt, die Wüste erscheint. — Die erste Oase in Sicht. — Auf der Grenze zweier Welten; das Abendland im Rücken, der Orient vor uns. — Die afrikanischen „Thermopylen". — Ein Gibraltar mitten im Festlande. — Der „Wüstenmund" als Reiseobject für die Touristen der Zukunft.

„Messagerie du Sahara" (Sahara-Post) — diese Inschrift an einem Hause in Batna ist eine bezeichnendere Lobrede auf Das, was Frankreich in Algier vollbracht hat, als all' die Tafeln, die auf dem Siegeswege der Armee hin durch die Provinz hier und da an den Felsen angebracht sind und den Ruhm der französischen Waffen verkünden. In der That, dass man in die Wüste, in welche von hier aus noch vor wenig Jahren nur mühselige und gefährliche Karawanenwege führten und aus den anderen an die Sahara grenzenden Ländern noch heute führen, jetzt auf trefflicher Strasse im bequemen Postwagen gelangen, ja innerhalb derselben sogar noch 55 km (von el Kantra nach Biskra) auf wenigstens passablem Wege zurücklegen kann, das ist eins der Verdienste des französischen Regiments in Algerien, das ihm Niemand streitig machen kann. Und wenn irgend etwas den Eingeborenen die europäische Vormundschaft, die ihnen aufgedrungen worden ist, angenehm machen kann, so sind es derartige segensreiche Einrichtungen, die bei einem Vergleich der Gegenwart mit den vorigen Zeiten die erstere in so vortheilhaftem Lichte erscheinen lassen müssen.

Aehnliches mochte auch der Maure empfinden, der früher wohl auf schleppfüssigem Kamele langsam über die Steppe gezogen war, heute aber neben mir im behaglichen Coupé Platz nahm. Derselbe wusste übrigens die alte Art des Reisens mit der neuen noch zu vereinen. Er führte nämlich in einem Körbchen, wie ein solches etwa unsere Frauen beim Gange auf den Markt benützen, seinen Proviant mit sich. Vermuthlich verabscheute er als guter Muselman die Speisen der unreinen Christen in den Karawanserails oder vielleicht fürchtete er als guter Geschäftsmann auch nur die Kosten für dieselben. Sicher ist das Eine, dass er äusserst einfach lebte; denn nur Apfelsinen und Brod kamen aus seiner ambulanten Speisekammer zum Vorschein. Und doch war er ein Vornehmer; denn die blaue Tuchjacke, die er unter dem weisswollenen Mantel trug, zeigte sich mit goldener Borte besetzt. Auch sein Benehmen, das äusserst rücksichtsvoll und verbindlich war, verrieth den Mann aus besserem Stande.

Es war ein herrlicher Maimorgen, als ich Punkt 8 Uhr in Gesellschaft dieses Mauren durch die Porte de Biskra in südwestlicher Richtung Batna verliess. Wir brausten, wiederum von 7 Berberhengsten gezogen, auf der wunderschönen, neuen Strasse dahin. Da dieselbe aber in grossen Bogen durch die Ebene läuft, ausserdem auch die im Betrieb befindlichen Karawanserails, bez. die grösseren Ortschaften noch an dem alten Wege liegen, so biegen die Postillone bei gutem Wetter bald hinter Batna von der neuen Linie ab und benützen auch ferner die alte Route, die indess kaum etwas Besseres als eine Art Saumpfad, einen schmalen, festgetretenen Streifen darstellt, an dessen Ursprung die Strassenbaukunst wenig Antheil hat.

Daher müssen wir dafür, dass wir mittelst dieses primitiven Feldwegs die verschiedenen Karawanserails mit ihrer recht guten Verpflegung passiren, auch furchtbare Stösse mit in den Kauf nehmen, die die Unebenheiten des Strassenkörpers verursachen. Die Landschaft bietet übrigens auf dieser Strecke ein viel wohlthuenderes Bild als die Salzsee-Ebene, die wir vor Batna durchschnitten. Es ist hier noch „Tell", das heisst culturfähiges Land im vollsten Sinne des Wortes. Die Gerste stand üppig grün auf den Feldern, und

III. Von Batna bis zur el Kantra-Schlucht.

wenn nicht die ganze weite Fläche ein einziges Getreidefeld war, so trug nicht der Boden, sondern der Menschenmangel die Schuld. Rechts und links begrenzen die hohen, waldigen Rücken aus der Umgebung von Batna stundenlang die ausgedehnte Hochebene. Allmälig aber treten diese Berge zurück und die Strasse steigt aus dem bisher verfolgten Thale auf ein Plateau, das mit ca. 1100 Meter die höchste Stelle dieses ganzen Atlas-Ueberganges, zugleich aber auch ein Stück Erde darstellt, das uns eine Eigenart der Atlas-Kette überhaupt vor Augen führt.

Bei jedem Gebirge, das einen langgestreckten Zug bildet, fliessen ja selbstverständlich die auf der Höhe desselben entspringenden Gewässer entweder nach dieser oder nach jener Seite ab. Diesem allgemeinen Gesetze entspricht auch die mächtige Erhebung, die Algerien durchzieht. Von ihrem Nordabhange strömt das Wasser nach dem mittelländischen Meere, von der Südseite aber hinab in die dort die Stelle des Meeres vertretende Sahara. Aber die Quellen dieser so nach entgegengesetzter Richtung laufenden Rinnsale liegen auf diesem Gebirge nicht nahe bei einander, wie bei den meisten anderen Erhebungen, beispielsweise den Alpen, wo unter Anderem auf dem Brennerpasse die Sill, die in den Inn und so durch die Donau in das Schwarze Meer fliesst, dicht neben der zum Adriatischen Meere hinuntereilenden Eisack entspringt; die Höhe des Atlasgebirges wird ja vielmehr durch breite Hochebenen dargestellt. Diese aber bilden nach ihrer Mitte zu Vertiefungen, um welche die ringsum liegenden Streifen Landes als höhere Ränder sich legen. Von dem letzteren fliesst nun das daselbst entspringende Wasser in diese meist auf allen Seiten geschlossenen Becken nieder, um hier zu verdunsten oder Seen (die früher erwähnten Schotts) zu bilden.

Auf solche Weise haben wir im Atlasgebirge häufig eine doppelte Wasserscheide. Einmal den Nordrand der Erhebung, von dem die Quellen gegen Norden in das Mittelmeer und gegen Süden in die Vertiefungen des Rückens niederströmen, sodann den Südrand, von dem gegen Norden die Gewässer ebenfalls jenen inneren Einsenkungen und gegen Süden der Sahara zufliessen. In Folge dessen kommen drei Mündungsgebiete für Algerien in Betracht, nämlich: 1) das des Mittelmeeres, 2) das der inneratlassischen Becken, 3) das der Sahara. Man wird übrigens leicht erkennen, wie in Folge dieser Eigenart der Bewässerung Algerien ein Miniaturbild des Herzens von Asien darstellt. Denn dort auf den unermesslichen Hochsteppen, die von den gigantischen Randgebirgen des Himalaya, des Thianschan, des Kün-Lün u. s. w. gebildet werden, finden wir ja auch abflusslose Wasserbecken, die von den auf der Innenseite der gedachten Gebirge entspringenden Flüssen gefüllt werden, während die auf der Aussenseite der Abhänge zu Tage tretenden Gewässer strahlenförmig nach allen Seiten den Asien umgebenden Meeren zufliessen. So könnte man also, wie dies der China-Reisende v. Richthofen betreffs jenes Erdtheils gethan, auch rücksichtlich Algeriens von einem centralen und einer peripherischen Partie sprechen.

Auf diese Eigenthümlichkeit des Atlas wurden wir jetzt aufmerksam gemacht, wo wir, nachdem bereits auf dem Wege von Constantine nach Batna eine Wasserscheide, nämlich die zwischen dem in den Rumel mündenden Bu Merzug und den Schotts, passirt worden war, nun eine zweite solche, nämlich die zwischen den Schotts und der Wüste drunten erreichten. Die Abflüsse nach der letzteren machen sich indess jetzt noch kaum bemerklich. Wir rollen scheinbar noch horizontal durch die Ebene weiter und passiren als Hauptort swischen Batna und der Sahara das elsass-lothringische Dorf Aïn-Tuta in fruchtbarer Lage. Die deutschen Gesichter und deutschen Laute, die sich hier geltend machten, heimelten uns eigenthümlich an in der fremdartigen afrikanischen Landschaft.

Wenig später gewinnt die Scenerie einen ganz anderen Charakter. Nachdem lange nur die weite Hochebene den Horizont begrenzt hatte, steigen zunächst hohe, vielgestaltige, blaue Berge vor uns auf, die zur Südkette des Atlas, der letzten Erhebung vor der Wüste, gehören. Sobald wir aber das freundliche Karawanserail les Tamarins (42 km von Batna) inmitten dichter, grüner Gerstenfelder erreicht haben, stehen wir nach der endlosen Fahrt über die monotonen Plateaus unvermittelt vor einer Art Abgrund. Die Strasse steigt von dem „Col des Juifs"*) genannten Punkte in steilen Windungen in ein enges Thal hinunter, in welchem mit schmutziggelbem Wasser, von Oleanderbüschen und üppigen Grasflächen eingerahmt, der Uëd Kantra dahin rauscht. Zu beiden Seiten aber steigen mit schroffen, kahlen, vielfach verwitterten Felszacken der Dschebel Tilatu (rechts) und der Dschebel Gaüs (links) empor.

Das malerische Gebirgsbild gewann noch dadurch an Reiz, dass über den ganzen Abhang Massen von Arbeitern zerstreut waren, die, aus aller Herren Länder stammend, an der neuen Strasse arbeiteten. Spanier und Italiener, Berber und Neger, sie stellten hier mitten in der Einöde einen wahren Völkermarkt dar.

Aber kaum sind wir an den Fluss hinunter gelangt, so liegt der Schauplatz dieses bunten Lebens mit seinen in grossen Bretterbuden improvisirten Schänken und Werkstätten auch schon hinter uns und die alte Stille umgiebt uns wieder. Nur hier und da weiden auf grasreichen Uferstellen vereinzelte Kamele oder es werden wohl auch höher am Berghang zerstreute Nomadenzelte sichtbar.

Unter solcher Scenerie gleiten wir am Flusse hin, der nunmehr unser Führer bis an die Wüste, ja in diese hinein und bis nach Biskra hinunter werden wird. Alle Berichte aber, die wir bislang

---

*) Diese in Algerien öfter vorkommende Benennung führen immer Pässe, die durch Raubanfälle auf reisende Händler (Juden) berüchtigt waren.

III. Von Batna bis zur el Kantra-Schlucht.

über diese Thalfahrt besassen, sind durch die Fürsorge der algerischen Strassenverwaltung seit vorigem Jahre wenigstens bezüglich der ersten Strecke (bis el Kantra, 17 km) veraltet. Denn ehemals war die Passage hier höchst unangenehm, wenn nicht lebensgefährlich. Der elende Karren weglief bald auf diesem, bald auf jenem Flussufer. Diese oftmalige Ueberquerung des schon an sich nicht unbedeutenden Gewässers aber musste, namentlich wenn dasselbe in Folge von Regen oder Thauwetter im schneereichen Auresgebirge hochangeschwollen war, die Reisenden oft in bedenkliche Lagen bringen. Ein Reiter mit einem gesattelten Pferde an der Hand begleitete dann die Diligence und brachte die Passagiere hinüber. Nicht selten kamen hierbei Unglücksfälle vor, ja manchmal musste die Fahrt für längere Zeit überhaupt eingestellt werden. Seit 1879 aber läuft, hoch aufgemauert und mit starker Brustwehr versehen, die herrlichste Kunststrasse neben dem unruhigen Wasser.

In Folge dessen rücken wir wie im Fluge vorwärts und erreichen bald einen viel beschriebenen und selbst besungenen, allerdings auch einzigartigen Punkt. Wir biegen, nachdem wir auf schöner, steinerner Brücke den Fluss übersetzt haben, um eine Felszacke und — vor uns liegt ein Stück Erde, dessen zauberhafte Herrlichkeit nach einer beiläufig siebenstündigen Steppenfahrt und in Rücksicht auf die Abgeschiedenheit, in dem es sich findet, doppelt überwältigend wirken muss. Ein jubelvolles „Ah!" entfährt hier gewiss jeder Brust, die noch nicht ganz für die Schönheit der Erde abgestumpft ist.

Man denke sich einen engen Kessel, der rings von hohen, völlig kahlen Bergen, ja nach Süden zu sogar von nahezu senkrechten, gigantischen Felswänden umschlossen ist, der aber im Gegensatz zu dieser starren, öden Umrahmung ganz von einem einzigen riesigen Bosquet, einem einzigen Blätter- und Blüthenstrauss ausgefüllt wird. Laubreiche Orangenbäume mit ihren goldenen Früchten und gleichzeitig duftenden Blüthen, Granatbüsche mit ihren feuerrothen Blumen, Feigen und Mandeln, Lorbeeren und Myrthen, namentlich aber prachtvolle Rosen bilden hier in der kahlen Wildniss einen köstlichen Garten, ein kleines, aber reizvolles Paradies. Und das Alles dicht vor dem Beginn der Sandwüste! Es ist eben, als ob an dieser ihrer äussersten Südgrenze die Mittelmeer-Zone, die Zone der immergrünen Laubhölzer, der Goldäpfel und Südfrüchte, noch einmal Alles, dessen sie fähig ist, in engem Rahmen habe zusammenfassen wollen, ehe sie ihre Herrschaft an die Wüste, ein so ganz und gar verschiedenes Gebiet, abgiebt.

Unter diesem üppigen Blätterdach erhebt sich das Hotel Bertrand (auch Hôtel d'el-Kantra genannt, 58 km von Batna), ein kleines, einstöckiges Gasthaus, in welchem nach dem eben Gesagten sicher „gut sein" ist. Mir liess es indess hier keine Ruhe. Ich musste dem die Pferde wechselnden Postwagen vorauseilen, um eine noch erhabenere Scenerie, der seit Langem schon meine ganze Sehnsucht galt, mit Musse betrachten zu können. Wenig Schritte hinter dem Hotel nämlich ist die ungeheure Felswand, die gegen Süden das eben geschilderte, zauberische Stück Erde abschliesst, wie durch den Schwertstreich eines Titanen mitten durch getheilt, so dass ein düsterer Spalt entstanden ist, in dem nur der schäumende Fluss und die in den Felsen gesprengte Strasse Raum haben. Die Staffage in dieser wilden, durch nackte, schwarze Wände eingeengten, von angenehmer Kühle erfüllten Schlucht erinnert an ähnlich groteske Stellen in den Alpen. Aber hier ist die wilde Passage nicht wie dort auch schon der eigentliche Glanzpunkt der Landschaft, sondern nur der grosse Rahmen zu einem noch grossartigeren Bilde.

Kaum haben wir nämlich einige Schritte in dem engen Schlunde vorwärts gethan, so liegt mit einem Male auch das Ziel unserer Wünsche, die Wüste, vor uns. Im grellen Gegensatze zu dem Düster, das uns in der Schlucht umgiebt, breitet sich draussen vor uns eine gelb schimmernde, ebene, völlig nackte Fläche aus; das ist die Sahara. Zwar stellt sie hier noch nicht das unermessliche Sandmeer dar, als welches man sie gewöhnlich sich denkt; denn wenige Kilometer weiter gegen Süden wird die Partie, die wir hier übersehen, wieder von einem Gebirgszuge, dem eine röthliche, melancholische Färbung eignet, abgeschlossen; und doch ist es schon die echte Sahara, die uns jetzt entgegentritt, dieselbe sonnenverbrannte, schauerliche Einöde, die weiter drunten im Süden das grosse „Sandmeer" zeigt.

Es ist die echte Sahara, nicht nur nach Seite des Schrecklichen und Abstossenden, das derselben eignet, sondern auch hinsichtlich ihrer hohen, wenn auch spärlich genug gesäten Reize, der Oasen, die sich über den breiten Steppengürtel, der sich durch das ganze Massiv von Afrika zieht, legen, wie der dünne Myrthenkranz über die bleiche Stirn eines abgeschiedenen Mägdleins oder wie vereinzelte Wasserlilien über die weite, stille Fläche eines Sees. Siehe doch die Masse hochragender Palmenwipfel, dicht wie ein Urwald, die dort zur Rechten sich hinzieht und einzelne ihrer mächtigsten Stämme gleichsam als Vorposten sogar bis auf den kleinen Abhang, der von der Schlucht in die Ebene hinunterleitet, und bis nahe an unseren Standpunkt heran entsendet. Das ist die erste Oase, die wir auf dieser Fahrt erreichen, die Oase el Kantra, die nördlichste der afrikanischen Oasen überhaupt, die, weil die Wüste dem an dieser Stelle am Weitesten nördlich zurückweichenden Atlasgebirge dicht auf den Fersen bleibt, so hoch im Norden ihren Platz gefunden hat, dass sie mit der Meeresküste bei Nemours im Westen Algeriens, ferner mit Malta, Kandia und Cypern auf nahezu gleicher Breite und noch nördlicher als Damascus liegt.

Nimmt man die Südgrenze der gesammten Sahara etwa mit dem 15. Breitengrade an, so erstreckt sich dann dieses wüste Gebiet, da el Kantra, ihr nördlichster Zipfel, noch diesseits des 35. liegt,

III. Von Batna bis zur el Kantra-Schlucht.

über mehr als 20 Grade in der Breite, das ist über 300 geographische Meilen hinweg.

Sicher aber bleibt das Eine, dass man nirgends dieses ungeheure Stück Erde, das Sahara heisst, wieder in solch überraschender, ja fast berückender Weise betreten kann, als von diesem unseren Standpunkte aus. Wir brauchen uns nur umzudrehen, so übersehen wir noch einmal die kleine Collection der Mittelmeer-Flora, in deren Schosse das Hotel Bertrand sich befindet, während vor uns unvermittelt die Region der Dattelpalme beginnt. Man steht hier, so zu sagen, auf der Grenze zweier Welten. Hinter uns noch das Abendland, denn dazu darf man geschichtlich und geographisch das Küstenland Nordafrikas einschliesslich des Atlas-Gebirges rechnen; vor uns aber erst der eigentliche Orient, der „schwarze Erdtheil". Die Natur, die sonst schroffe Uebergänge so wenig liebt, hat hier eine Ausnahme gemacht. Auf allen meinen Reisen durch einen grossen Theil der alten Welt habe ich Nichts so Frappantes, so Effectvolles, eine so unvorbereitete Metamorphose gefunden als hier. Der gerühmte Eintritt in italienische Landschaft bei Ueberschreitung der Alpen, der aber doch eben nur ein successiver ist, will dagegen nichts bedeuten. Immer und immer wieder fragte ich mich, während ich dahinaus starrte, ist es denn auch die langersehnte Wüste, diese gelbe, dürre Ebene da draussen mit ihrem Palmenmeer, in die man durch die dunkle Felsenpforte wie durch einen Tubus hinausschaut, und nicht blos ein Traum oder eine Fata morgana?

Mit vollem Rechte hat daher die bilderreiche Sprache des Morgenländers dieses merkwürdige Wüstenentrée Fum es Sahara, „Mund der Sahara", benannt. Es liegt übrigens auf der Hand, dass diese so reizvolle Passage auch politisch hochbedeutsam ist. Sie beherrscht die wichtige Strasse von der Küste und dem Gebirge in die Wüste. Man könnte sie „die afrikanischen Thermopylen" nennen. Mit leichter Mühe dürfte hier einem ganzen Heere der Eintritt verlegt werden.

Daher hatten sich auch schon die Römer, vermöge des ihnen eigenen tactischen Scharfblickes, dieses Engpasses bemächtigt, den sie calceus Herculis, „Schuh des Herkules", nannten. Dem Herkules, dem übermächtigen Halbgott, dem sie so manche groteske Bildung der Natur widmeten, dessen Name im Alterthum Wände und Zacken zierte, etwa we unser modernes „Kieselack", ihm mussten auch die beiden natürlichen Thorpfeiler hier geweiht sein, die aus dem Atlas in die unübersehbare Wüste in ähnlicher Weise führten, wie die „Säulen des Herkules" an der Strasse von Gibraltar aus dem bekannteren Mittelmeer in den unermesslichen und unbekannten Atlantischen Ocean.

Eine antike Inschrift in der Oase el Kantra trägt die Worte:

Mercurio
et Herculi
et Marti
Sacravit
Julius
Rufus
Leg. 3. Aug.

(„dem Merkur, Herkules und Mars gewidmet von Julius Rufus von der 3. Legion", beiläufig derselben, die in Lambaesis stationirt war, wo ihr Name noch auf zahllosen Ziegelsteinen zu lesen ist). Am Eingange der Schlucht hatten die Römer auch eine Brücke über den Fluss geschlagen, die noch vorhanden, indess ganz modern umgebaut ist. Da die neue Strasse schon vorher das Gewässer übersetzt, so ist sie gegenwärtig völlig ausser Dienst.

Die Stelle hier ist übrigens auch hydrographisch hochinteressant. Der el Kantra-Fluss, der auf dem Nordabhang des Auresgebirges (nicht auf der Südseite, wie man dies von einem Saharaflusse erwarten sollte) in der Nähe von Lambessa entspringt, durchbricht ja an diesem Punkte die sich ihm entgegenstellende Felsbarrière und liefert so ein Beispiel zu der auch anderwärts beobachteten Thatsache (Indus im Himalaya, Aluta in Siebenbürgen), dass Gebirge nicht immer die Richtung eines Stromes bestimmen resp. verändern, (wie dies zum Exempel die Donau schon so nahe am Meere bei Rassowa, der Rhein bei Basel erfahren muss), sondern oft auch ihrerseits von einem Wasserlaufe bestimmt, bez. getheilt werden. Dabei hat unser Fluss hier noch die Eigenthümlichkeit, dass er nicht dem Centralwasserbassin der Erde, dem Ocean, zuströmt, sondern sich in die Wüste ergiesst, um sich daselbst zu verlieren, ähnlich wie so manches Menschenleben reich beanlagt und hoffnungsvoll seinen Anfang nimmt, um schliesslich gleichwohl unrühmlich zu enden.

Doch die plätschernden Fluthen rufen uns zur Wirklichkeit zurück; sie, die rastlos der grossen Wüste da draussen zueilen, sie mahnen daran, dass auch wir nun die kühle, zauberreiche Schlucht verlassen sollen, um weiter in das unermessliche Gebiet da vor uns einzudringen. Und richtig, da rollt auch der Postwagen heran, uns zu entführen. Aber begreifen können wir es, dass hier mancher Wandersmann einen Tag rastet, ehe er weiterzieht; und wenn wir eine Prophezeiung aussprechen dürfen, so ist es die, dass einst eine Zeit erscheinen wird, wo an diesem Punkte grosse Hotels stehen, Schwärme von Menschen sich durcheinander bewegen und der „Wüstenmund" eine Favoritpartie der Touristenwelt geworden ist. —

IV.
Von der el Kantra-Schlucht nach Biskra.

Inhalt: Die Dattelpalme in ihrer Heimath. — Die Oase el Kantra, ihr Reichthum und ihre Armuth. — Die Steuererhebung in der Wüste. — "Lateinische Zeilen" auf einer Postfahrt in der Sahara. — Künstliche Blumen im Sandmeere. — Ein Wüstenfluss mit Rosenufern. — Der Tod am Wege. — Die rastlose Thätigkeit der Sahara hinter der Maske träger Ruhe. — Ein pensionirter Telegraph. — Herkulesbad in der Wüste. — Ein Palmendorf ohne Palmen. — Kamele en masse. — Ein Saharapostillon in Verlegenheit. — Der Wüstenblick vom Löwenjoch. — Ein klassisches Pantherfell. — Einfahrt in das "Paris" der Sahara.

Von der el Kantra-Schlucht, die den Wanderer aus dem Norden zum ersten Male die Sahara sehen lässt, führen wenige Schritte in dieses so interessante Gebiet selbst hinunter. Und einer boshaften Sirene gleich, die erst ihre Reize enthüllt, um dann um so sicherer den Fremdling ins Verderben zu stürzen, erschliesst uns die Wüste auch gleich beim Eintritt ihre Schönheit, während sie ihre Schrecken uns noch aufspart.

Wir fahren zwischen niedrigen, halbverfallenen Lehmmauern dahin, über die stacheliger Cactus mit seinen eben in vollster Blüthe stehenden gelben Röschen neugierig herüberschaut, während, den armseligen Proletarier am Boden verachtend, die Dattelpalme königlichen Wuchses und mit dichter Krone aufwärts ragt. Hier, in seiner Heimath, wo er nach dem Sprichworte des Arabers "mit dem Fusse im Wasser, mit dem Haupte aber im Feuer" steht, muss man den stolzen Baum sehen, um zu begreifen, warum er mit so unentrinnbarem Zauber das Herz des Naturfreundes umstrickt.

15,000 solcher die edle Dattelfrucht erzeugender Stämme füllen an dieser Stelle eine breite, vom el Kantra-Fluss durchströmte Mulde und bilden die gleichnamige Oase, die von etwa 1800 Arabern bewohnt wird. Freilich nur wollen die elenden Häuser der Letzteren zu dem unvergleichlichen Palmenwalde, den im Rücken die colossalen, schwarzen Thorpfeiler der el Kantra-Schlucht, der Dschebel Gaus und der Dschebel Essor, umschliessen, will das Werk aus Menschenhand zu der Naturpracht hier schlecht stimmen. Niedrige, ruinöse, fensterlose Lehmhütten, vier kahle Wände mit einigen rohen Balken aus Dattelholz als Dach darüber dienen den Menschen, die hier "unter Palmen wandeln", als Wohnung. Und so elend, wie ihre Behausung, ist auch ihr Leben. Ein wenig Gerste, die an einzelnen Uferstellen gebaut wird, und die Früchte der Palmen müssen sie ernähren. Dabei vermögen sie der staatlichen Steuer sich nicht nur nicht zu entziehen, sondern sind gezwungen, deren Anforderungen genauer nachzukommen, als es bei uns selbst durch die peinlichste Abschätzung möglich wäre. Denn in den Oasen besteht eine Art Kopf-

oder richtiger Stammsteuer. Die Palmen werden gezählt und darnach dann die Abgabe (beiläufig $^1/_2$—1 Frc. pro Stamm) erhoben. Daher kommt es denn, dass bei Erwähnung einer Oase immer die Zahl der Palmen so genau angegeben werden kann.

Einen einzigen Luxusartikel bemerkte ich in dieser Wüstenansiedelung, ein Kaffeehaus, ebenfalls nur von vier elenden Lehmwänden gebildet, vor dem mehrere Araber rauchend auf dem Boden kauerten oder, in ihre weissen Mäntel gewickelt, dem Schlafe huldigten.

Doch so rasch, wie wir in diese Oase hereingekommen, hat uns unser Postwagen auch schon wieder aus derselben hinweggetragen, und nun folgt nach dem Angenehmen, das die Wüste besitzt, unverweilt auch schon das Unangenehme. Mit der el Kantra-Schlucht hat die neue, treffliche Strasse ihr Ende erreicht. Die Weiterführung derselben dürfte auch, bei den bedeutenden Schwierigkeiten, die sich einem solchen Bau von hier ab bis nahe an Biskra (53 km) entgegenstellen, noch eine geraume Zeit auf sich warten lassen. Es hat nämlich allerdings der sogenannte „grosse Atlas", die Südkette des algerischen Gebirgsgürtels, mit dem el Kantra-Schlund ihr Ende gefunden und die Wüste begonnen, indess die gewaltige Hebung, die einst das Hauptgebirge des Landes schuf, gab sich mit einem so jähen Abschluss nicht zufrieden; sie sandte noch weit in die Sahara hinaus mehr oder minder hohe, schmale Aeste, Querketten, durch die dieser Theil der Wüste ein überaus unebener, hügelreicher, coupirter wird.

Man kann sich denken, was auf solchem Terrain eine Fahrt auf einem „Karawanenweg" bedeuten will. Jetzt brausen wir dahin über eine mit zahllosen kleinen Steinen besäte Hochfläche, auf der der Kutscher beliebig, je nach dem Wetter und der geringeren oder grösseren Erweichung des brökligen Bodens, zwischen einem halben Hundert ausgefahrener Geleise wählen kann, die oft über eine Breite von 1 km zerstreut neben einander hinlaufen. Dann aber gehts unvermittelt auf abschüssiger Uferlehne zum Flusse hinunter, durch seine hochaufspritzenden Wogen hindurch und ebenso steil wieder auf das entgegengesetzte Ufer hinauf. Kaum aber sind wir, nach dem wilden Galopp, der die Schwierigkeiten eines solchen Flussüberganges überwinden helfen musste, freier aufathmend drüben angekommen, so zwingen uns bis ans Wasser vortretende Bergmassen, wieder hinüber zu flüchten. Auf diese Weise wird das Gewässer, dem die Strasse im Allgemeinen bis Biskra folgt, sehr häufig überschritten.

Als besondere Schwierigkeiten gesellen sich noch hinzu tiefe Sandmassen, die hier und da eine Einsenkung des Bodens ausfüllen und durch die der schwere Wagen nur mühsam sich Bahn bricht, oder grosse Steine, über die er schwankend hinwegstolpert.

So wird es begreiflich, dass ein Umfallen des Gefährtes hier

Die Wüste mit der Strasse nach Biskra vom „Löwenjoche" aus.

nicht zu den Seltenheiten gehört, ja dass selbst ein glattes Verlaufen der Tour doch die Gliedmassen wie die Nerven der Insassen in nicht geringem Grade anstrengt.

Obwohl die Landschaft aber noch in so hohem Masse gebirgig ist, trägt sie gleichwohl schon vollständigsten Wüstencharakter. Nicht nur, dass die Temperatur, die im Atlas-Gebirge in der Mittagszeit $14°$ R. betrug, jetzt am Spätnachmittag auf 22 gestiegen ist, wobei die Sonne bleich vom matt-blauen Himmel niederscheint, auch sonst erscheint die Scenerie echt saharisch. Die Berge sind absolut nackt und haben eine helle, weiss-graue Färbung, die sie vom Horizonte wie scharfe Ausschnitte aus Papier oder wie helle Wolkengebilde sich abheben lässt. Kahl ist auch die an manchen Stellen mit schmutzig-weisser Salzkruste überzogene Niederung. Wohl erhebt sich hier und da ein dornartiger Strauch, der, von Weitem gesehen, mit Blumen in blauer, rother, weisser und grüner Farbe geziert erscheint. Aber sobald wir näher kommen, entpuppen sich die bunten Blüthenkelche als Zeugfetzen, die wohl ehemals einem Turban oder einem Weibergewande angehörten, dann aber von dem Winde, vielleicht aus ungeheuren Entfernungen, über die kahlen Flächen gefegt wurden, bis sie an den scharfen Stacheln dieser Büsche hängen blieben.

Nur dicht am Flusse grüsst uns üppige Vegetation, auch hier wieder allein repräsentirt durch den unvermeidlichen Oleander, die „Lorbeerrose" (laurier-rose), wie ihn die Franzosen so poetisch nennen. Er ist uns so recht ein Beweis für die höhere Temperatur dieses gegen die kühleren Seewinde des Nordens durch die Atlaskette abgeschlossenen und den Gluthwinden aus dem Süden preisgegebenen Terrains. Denn die zahllosen Blüthen an diesen Sträuchern, die jenseits der el Kantra-Schlucht noch geschlossen erschienen, haben sich hier längst entfaltet und umrahmen das plätschernde Gewässer wie eine endlose Guirlande, gleich als wollten sie dem in diesen dürren Regionen so überaus werthvollen Elemente damit seine Ehre anthun.

Diese blumenreichen Flussufer sind aber auch das Einzige, was in dem meilenweiten Hügelgewirr das Herz des Wanderers erfreuen kann. Kein Haus, kein lebendes Wesen wird sichtbar, kein Lüftchen regt sich. Das Melancholische der Staffage zu vermehren, zeigt sich an einer Stelle des Weges ein gebleichtes Skelett, wie es scheint von einem Kamele herrührend, ein „Memento mori" eindringlichster Art.

Gleichwohl aber ist die Starrheit und Leblosigkeit der Natur auch hier, ebenso wie in der gleich todten Region des ewigen Schnee's im Hochgebirge, nur eine scheinbare. Wie dort, so vollzieht sich auch in der Wüste unmerklich fast, aber unaufhaltsam, in Werk der Zerstörung. Mehrfach passiren wir Hügel, die, augenscheinlich unter dem Einflusse von Sonne, Wind und Wasser, von äquatorialer Hitze und polarischer Kälte, förmlich zerbröckelt sind. Hier und da zeigen sich selbst wahre „Gletschertische", mächtige Blöcke aus festerem Gestein, die, nachdem ihre Unterlage sich grösstentheils aufgelöst hat, pilzartig nur noch auf einem schwachen Fundamente balanciren.

Nachdem für längere Zeit ein hellblinkendes, festungsartiges Gebäude, das ehemals den Zwecken optischer Telegraphie diente, jetzt aber, seitdem der fernsprechende Draht selbst bis in die Wüste hinunter seinen Weg gefunden hat, verlassen auf seiner steilen Anhöhe thront, das einzige Werk von Menschenhand weit und breit gewesen, thut sich bei einer Biegung des Weges plötzlich wieder ein kleines Paradies vor uns auf. Ueppige Gerstenfelder, im saftigsten Grün prangend, breiten sich aus, und in ihrer Mitte erhebt sich unter einigen Dutzend hochstämmiger Palmen eine anmuthige Villa, in deren schattenreichem Garten elegant gekleidete Damen lustwandeln.

Das Räthsel löst sich uns, wenn wir hören, dass die kleine Ansiedelung ein Bad ist (el Hammam, das antike „aquae Herculis", 196 km von Constantine, 18 km von el Kantra). Das heilkräftige Wasser, das von dem Dschebel Khrubset, einem ansehnlichen Tafelberge unmittelbar hinter der Ortschaft, herabkommt, hat hier noch eine Temperatur von 36° C. Indess dürfte seine Benutzung zur Zeit wohl nur noch eine schwache sein. Möglich jedoch, dass eine spätere Bahnlinie nach Biskra auch diesem Orte einen Aufschwung verleiht. — Dadurch, dass ein kleiner Schaden am Wagen reparirt werden musste, gewannen wir etwas Zeit, die wir benutzten, um den kleinen, halbnackten Kindern, die neugierig und doch furchtsam aus den wenigen erbärmlichen Hütten der Eingeborenen, welche hier Platz gefunden haben, hervorkamen, Kupfermünzen zu reichen, was sie bald zuthunlicher werden liess. Es waren recht hübsche Gesichter unter ihnen; namentlich gefielen uns ihre grossen, dunklen Augen, aus denen das Kindesgemüth, das unter allen Zonen dasselbe ist, voll und ganz redete. Nur der Schmutz, der diese armen Wesen bedeckte, musste abstossend wirken.

Wenig später erreichen wir die zweite der Oasen, el Utaia, 198 km von Constantine, aber noch immer 266 m über dem Meere gelegen. Doch was ist das? Wo sind hier die hochragenden Palmen, die einer Oase erst ihren Reiz verleihen? Keine buschigen Wedel überschatten die Lehmhütten, die den nicht unbedeutenden Ort bilden. — Die Erklärung hierzu giebt die Geschichte des Kampfes der französischen Truppen um die Sahara, in dessen Verlauf das unglückliche Dorf niedergebrannt und sein herrlicher Dattelwald vernichtet wurde. Das Fehlen der schönsten Zierde der Wüste verleiht der ganzen Niederlassung einen überaus trübseligen Anstrich. Ja es will uns dünken, als ob auch auf dem Antlitze der Eingeborenen, die in grosser Masse bei Ankunft des Wagens vor ihren elenden Hütten kauern, Trauer und verhaltene Wuth läge. Indess, wenn

IV. Von der el Kantra-Schlucht nach Biskra.

wir über die niedrigen Mauern blicken, die die ehemaligen Palmengärten umschliessen, so sehen wir schon wieder „Saat auf Hoffnung". Die neu angepflanzten Bäume haben bereits etwa Manneshöhe erreicht, und bei der grossen Fruchtbarkeit gerade des hiesigen Bodens wird die unverwüstliche Natur bald wieder ersetzt haben, was Menschenhand so schnöde zerstörte.

In Utaia, wo wir nach 6 Uhr Abends ankamen, erhielten wir das letzte Mal vor Biskra frische Pferde, die wir von da ab allerdings doppelt nothwendig haben sollten. Während des Umspannens trat ich in das französische Karawanserail, dessen weiter Hof mit seinen landwirthschaftlichen Geräthen, seinen Hunden und Hühnern einen überaus anheimelnden, an die ferne, traute Heimath erinnernden Eindruck machte. Und doch konnte man gerade in dieser freundlichen Umgebung „das Gruseln lernen". Denn siehe, da sass auf einer Bank eine lange, von elenden Lumpen umhüllte Männergestalt, unbeweglich, wie aus Erz gegossen. Nur die grossen, dunklen Augen bekundeten, dass Leben in der Statue sei. Gleich zweien Stücken schwarzer Kohle rollten sie hin und her, genau jeder Bewegung folgend, die wir machten. Ich vermuthe, dass der Mensch ein Tuareg war, einer von jenen nicht mit Unrecht so gefürchteten Bewohnern des Nordwestrandes der grossen Sahara, die der Cultur den hartnäckigsten Widerstand entgegensetzen und auch dem Bau der transsaharischen Bahn nicht geringe Schwierigkeiten bereiten dürften. Sie sind die eigentlichen Seeräuber des grossen Sahara-Meeres.

Da das unverwandte Fixirtwerden mir nachgerade unheimlich wurde, flüchtete ich mich in das Innere des Karawanserails, wo eine flinke Wirthin schaltete. Nie ist mir der Muth einer der zahlreichen Weiber, die in dieser Weise oft ganz allein mitten unter Eingeborenen hausen, grösser erschienen, als hier, wo noch Alles von der verheerenden Macht des Hasses redet, der den Afrikaner von dem Europäer scheidet.

Nicht unerwähnt will ich lassen, dass ich in dem gastlichen Gemache eine frisch geschossene Beccassine entdeckte. Die traurige Einöde, die wir passiren, scheint also doch wenigstens eine Art gefiederte Bewohner zu enthalten.

Sobald wir Utaia verlassen, stellt sich uns die Landschaft in einer ganz anderen Beschaffenheit dar als bisher. Das Hügelmeer, das wir zuvor durchkreuzten, ist verschwunden. Eine weite Ebene, durch die der el Kantra sich schlängelt, liegt vor uns. Sie ist es, die dem Orte den Namen gab, denn „Utaia" bedeutet: kleine Ebene. Diese Fläche, der es ja an dem Einzigen, was nöthig ist, um die Wüste in ein Eden zu verwandeln, an Wasser nicht fehlt, wurde ob ihrer Fruchtbarkeit schon von den Römern hochgehalten, wie die noch heutzutage sichtbaren Reste einer grossartigen Wasserleitung und eines Amphitheaters beweisen. Auch die französische Regierung verkennt die Bedeutung dieses schönen Stückes Erde nicht. Sie hat in Erfahrung gebracht, dass hier ein überaus günstiges Terrain für die Baumwollencultur sein würde, und daher den Plan gefasst, an diesem Punkte eine grosse Ansiedelung ins Leben zu rufen. Die Abdämmung des Flusses nach dem früher besprochenen Systeme der „barrages" würde hier mitten in der Wüste in der That Wunder bewirken. Freilich nächst dem Wasser ist zu solcher Entwickelung Ruhe nöthig, und ach, gerade daran fehlt es in Algerien und besonders in dieser Gegend so sehr.

Dennoch wird der reiche Boden auch jetzt schon möglichst ausgenützt. Stundenweit dehnen sich die Gerstenfelder aus. Die Wärme dieser Ebene aber ist eine so grosse, dass die Ernte jetzt, Anfang Mai, bereits vorüber war. Auf den Stoppeln weideten Hunderte von Kamelen, eine Masse, wie ich sie bisher, wenigstens in Algerien, noch nicht gesehen hatte. Ein Theil der Thiere lag emsig dem Geschäfte des Abweidens der niederen Strohstumpfe ob. Andere wieder reckten den langen, schlangenartigen Hals hoch in die Luft und stierten mit dem ihnen eigenen blöden Blicke ins Leere hinaus, wobei wiederholt dumpfes Gebrüll der Tiefe ihrer Brust entquoll.

Beiläufig wird gerade dieser stupide Blick des Kamels den Reisenden bei einem längeren Ritte oft lästig, denn das Thier pflegt häufig den Hals zu drehen und dem Reiter auf seinem Rücken ins Gesicht zu schauen. Dieses oft minutenlang währende starre Anglotzen soll empfindsame Naturen rein zur Verzweiflung bringen können. Mit Recht weisen übrigens die Araber, die wie alle Naturvölker scharfe Beobachter des Lebens der Thierwelt sind, auf die eigenthümliche Aehnlichkeit zwischen Kamel und Strauss, den hauptsächlichsten Bewohnern der Wüste, hin. Beide haben den gleichen schlangenartigen Hals, das starre Auge, das blöde Gesicht, beide auch das gleiche plumpe und dumme Wesen. Die Monotonie und Armuth der weiten Sahara spiegelt sich selbst an diesen beiden Thieren wieder. Sie gehören zur Wüste und die Wüste zu ihnen.

Vor Allem aber war die unübersehbare Kamelsherde auf der Ebene von Utaia angethan, das echt afrikanische Bild, das die Landschaft bot, zu vervollständigen. Es war nämlich Abend geworden. Die ersten Schatten der Dämmerung senkten sich auf die Erde nieder. Indess am Himmel droben wirkte die untergegangene Sonne noch fort. Orangefarbene, theilweise in grellstes Blutroth übergehende Tinten nahmen das weite Firmament ein, in einer Pracht, wie sie nur in der dünnen, an Feuchtigkeit so armen Luft der Wüste möglich ist. Wenn nun in der Ferne einzelne Kamele ihre Hälse emporhoben, so zeichneten sich die Umrisse nicht nur scharf am hellen Himmel ab, sondern schienen zu riesenhaften Dimensionen anzuwachsen.

Indess mit der südlichen Breiten eigenen Raschheit des Uebergangs erloschen die flammenden Feuergarben am Himmel und die

Eingeborene vor einem arabischen Café in der Oase el Kantra.

IV. Von der el Kantra-Schlucht nach Biskra.

Nacht, die erste in der Wüste, senkte sich hernieder, und nun wurde der Eindruck der Stille und Oede, den die Landschaft schon im hellen Tageslichte machte, ausserordentlich verstärkt. So konnte es denn nicht fehlen, dass auch die Stimmung in meinem Innern eine erhöhte Beeinflussung erfuhr. Ich weiss nicht, wie es kam, mit einem Male waren meine Gedanken in der fernen Heimath.

Ich dachte daran, wie dort nun jetzt wohl die Abendglocken läuteten und die fleissigen Bewohner von Stadt und Dorf nach der Arbeit der Ruhe und Erholung zueilten; wie dort auch über Berg und Thal Ruhe sich breitete, aber eine Ruhe voll süssen Friedens während hier in der Wüste die Ruhe einen so unheimlichen Charakter hatte. Eine Art Heimweh erfasste mich, ein Gefühl des unendlichen Verlassenseins, eine Empfindung, als sei ich dem warmen Leben entführt und in ein grosses Grab gelegt worden. Ich fürchtete mich und wusste doch nicht, wovor. Ich hätte weinen können und hatte doch keinen Grund dazu.

In solchen Augenblicken, wie sie wohl jedem Wüstenreisenden einmal kommen, ist es recht gut, wenn Dinge von aussen her unsere Aufmerksamkeit in Anspruch nehmen. So geschah es auch jetzt. Der Wagen, der uns anfangs rasch dahingetragen, verfiel urplötzlich in ein langsames Tempo und begann auf und ab, rechts und links zu schwanken, wie ein Fahrzeug auf bewegter See. Zum ersten Male sind wir nämlich in eine ausgedehnte Partie gekommen, die den Namen „Sandmeer", der so oft fälschlich auf die ganze Wüste angewandt wird, rechtfertigt. Bis an die Kniee sinken die Rosse in die zähe Masse ein und keuchen und schwitzen, nachdem sie eben noch feurigsten Muthes dahinstürmten.

Der Kutscher versucht es jetzt mit dem, dann mit jenem Gleise und macht weite Umwege, aber wenn auch einmal für Augenblicke das Erdreich fester wird, in der nächsten Minute sinkt doch bald dieses, bald jenes Rad wieder tief ein. Nicht selten legt sich das Gefährte so weit auf die Seite, dass das Umstürzen unvermeidlich erscheint. Rosselenker und Conducteur schreien und schlagen aus Leibeskräften auf die sich bäumenden Pferde ein und ich in meinem Coupé taste einem Trunkenen gleich nach einem Anhalte. Ein Gefühl des Unbehagens im Magen, der Seekrankheit ähnlich, überkommt mich. Ich meine es in dem engen Kasten nicht mehr aushalten zu können. Doch da schlägt endlich, nachdem solche wahrhaft qualvolle Fahrt wohl eine Stunde gewährt, der Huf der Rosse fest auf, wir hören die Räder wieder rollen. Ohne das Missgeschick eines Reisenden gehabt zu haben, der es erleben musste, dass auf dieser kurzen Strecke der Wagen vierzehn Mal umfiel, haben wir wieder festen Boden, ja Felsen erreicht. Der Grund für eine solche plötzliche Veränderung ist leicht zu finden.

Die oben geschilderte Ebene von Utaia wird nämlich gegen Süden durch eine niedrige, aber langgestreckte Bergkette abgeschlossen, welche die ausgedehnte Fläche in einem weiten Bogen umspannt. Dieser „Dschebel bu Rrezal" genannte Höhenzug schiebt sich mit steilem Absturz so dicht an den Fluss vor, dass die Strasse noch einmal den Thalweg verlassen und das Gebirge aufsuchen muss. Mittelst steiler Windungen klimmt der Wagen aufwärts, rechts und links von kahlen Wänden umgeben. Ich steige aus und eile ihm voran. Bald habe ich die Höhe des Col de Sfa (zu deutsch: Löwenjoch) und damit wieder einen der merkwürdigsten Punkte Algeriens, ja einen der interessantesten Standorte auf allen meinen Reisen überhaupt erreicht.

Der Blick von hier oben kann sich freilich an malerischer Schönheit mit der Ausschau durch die el Kantra-Schlucht nicht messen, dafür aber übertrifft er jene weit durch das unermessliche Gebiet, das er dem Auge erschliesst. Erst von dieser Passhöhe aus präsentirt sich die Sahara so, wie man sie sich gewöhnlich in seinen Träumen ausmalt, als eine ebene, unübersehbare Fläche, die in enormer Ferne mit dem Horizont verschwimmt. Kein Berg, kein Hügel, keine Einsenkung unterbricht nunmehr noch den unermesslichen Raum.

Um diese Erscheinung begreifen zu können, muss man sich die Eigenart dieses Theiles der algerischen Wüste vergegenwärtigen. Im Allgemeinen ist ja die Sahara etwas ganz anderes, als wofür sie zumeist gilt. Es geht ihr, wie dem Leipziger Rosenthal, welches erstens kein Thal und zweitens keine Rosen hat. Auch das afrikanische „Sandmeer" ist alles das nicht, für das man es früher gehalten, weder ein „Meer" noch „Sand". Zunächst stellt es keine ebene Fläche, sondern ein vom Mittelmeer bei Tripolis an allmälig aufsteigendes Hochland dar, das im Plateau von Tibesti nach Nachtigall's Forschungen die beträchtliche Höhe von rund 2500 m erreicht. Auch sonst fehlt es an gebirgigen Bildungen, mächtigen, den Hochebenen aufgesetzten Gipfeln und Ketten sowie tiefen Einsenkungen nicht. Was ferner den so viel gefürchteten Flugsand anlangt, so tritt derselbe nur sporadisch und auch dann bei Weitem nicht mit so akuter, momentan wirkender Heftigkeit auf, wie die Fabeln von verschütteten Karawanen u. dergl. glauben lassen möchten. Endlich ist die Wüste auch nicht absolut unfruchtbar, sondern vielmehr theilweise sehr wohl culturfähig. Ihr eigentliches Wesen machen daher im Grunde nur die relative Wasserarmuth und die damit in Verbindung stehenden Uebelstände aus.

Alles dies sehen wir auch an der algerischen Sahara, die ja einen integrirenden Theil der grossen Sahara bildet. Auch sie ist vielfach coupirt, hat ihre Berge und Thäler. Wenn wir trotzdem bei der Aussicht vom Löwenjoch von einer unermesslichen Ebene reden, so kommt dies daher, dass von diesem letzten Gebirgspasse aus das Terrain sich zu einer ungeheuren Depression, dem Bassin von Melrrirr, absenkt, und in Folge dessen als eine so ununterbrochene Ebene erscheint.

IV. Von der el Kantra-Schlucht nach Biskra.

Nach diesen erklärenden Worten aber möchte ich die Feder weglegen, weil ich mich ausser Stand fühle, den geradezu ungeheuerlichen Eindruck, den man hier oben empfängt, zu schildern. Die französischen Soldaten riefen, als sie nach dem Zuge über das Atlasgebirge zum ersten Male von hier in die Sahara hinabblickten, aus: „Das Meer, das Meer", und glaubten im vollen Ernst, sie hätten die See auf der anderen Seite von Afrika erreicht. So ausserordentlich ist die Täuschung. Auch mir erging es nicht anders. Zum Glück war eben die grosse, blutrothe Mondscheibe aufgestiegen und goss Tageshelle über die unermessliche Fläche aus. In solchem milden Lichte schien in der That da drunten, mehrere hundert Meter tiefer, ein sanft wogendes Meer sich auszubreiten. Und ich stand allein auf meiner Warte. Der Wagen bewegte sich noch in grosser Tiefe auf der anderen Seite. Lautlose, feierliche Stille ringsum in den zackigen Felsgebilden, lautlose, feierliche Stille auch drunten auf der unendlichen Wüstenstrecke.

Da war es mir, als seien mir Schwingen gewachsen, als sei ich hinausentführt in den unermesslichen Weltenraum, als blickte ich von einem fernen Sterne nieder auf die im nächtlichen Aether schwebende Erde. Ja Raum und Schranken verschwinden hier oben, der Hauch der Unendlichkeit weht den Wandrer an.

Wenn wir uns endlich aus solchen Träumen losreissen und die Aussicht genauer prüfen, so vermögen wir bald in dem hellen Mondlichte hier und da lange, schwarze Streifen auf dem lichten Grunde drunten zu entdecken. Das sind die Oasen, speciell die Siban-Gruppe, unser Ziel. Der berühmte alexandrinische Geograph Ptolomäus (im 2. Jahrhundert n. Chr.) verglich daher diese Partie der Sahara, von hier oben betrachtet, mit einem gestreiften Pantherfell.

Der Araber aber hat viel poetischer den Namen des Löwen mit diesem einzigartigen Aussichtspunkte verknüpft. Und in der That, es giebt ein grosses Bild, wenn man sich in stiller Nacht jenes gewaltige Thier, den „Wüstenkönig", hier oben stehend, von hier sein Streifgebiet, die Wüste, überschauend denkt, während der Donner seiner Stimme hinhallt über ihre stille Fläche.

Doch da kommen wir in bedenkliches Träumen. Denn bekanntlich ist die Wüste, von ihrem Nordrande abgesehen, gar nicht die Heimath des Löwen, sondern das Atlas-Gebirge hinter uns. Darum hinein in den Wagen, der uns nun in sausendem Galopp die steile Höhe hinunter und hinaus in das noch eben bewunderte Gebiet trägt.

Noch eine lange Stunde müssen wir die schrecklichsten Püffe und Stösse abhalten. Dann aber dringt statt des lästigen Staubes, der uns zuvor quälte, plötzlich der wunderbarste Wohlgeruch von Tausenden von Blumen in unsere Nase; bald trifft auch der Schein von Strassenlaternen unser Auge; bunte Trachten, schillernde Uniformen werden sichtbar, Schwärme lustwandelnder Menschen ziehen vorüber, freundliche Häuser begrenzen rechts und links den Weg. Warmes Leben umfängt uns nach der nächtlichen Fahrt durch die Todtenstille der Wüste, neuer Muth, neue Freudigkeit kehrt nach aller bangen Beklommenheit wieder in unsere Brust zurück.

Wir sind in Biskra (233 km von Constantine), der dritten Oase von Norden her, dem Hauptquartier für unseren Wüstenaufenthalt; nach zwölfstündiger Fahrt haben wir Abends 10 Uhr dies „Paris" der Araber erreicht. Doch die Besichtigung seiner Reize sei für morgen verspart! Nach der ganz ausserordentlichen Strapaze dieser Wüstenfahrt wollen Körper und Geist ihre Ruhe, die ihnen in dem nahen Hotel auch gewährt werden soll.

Zeltansiedlung nördlich hinter Biskra.

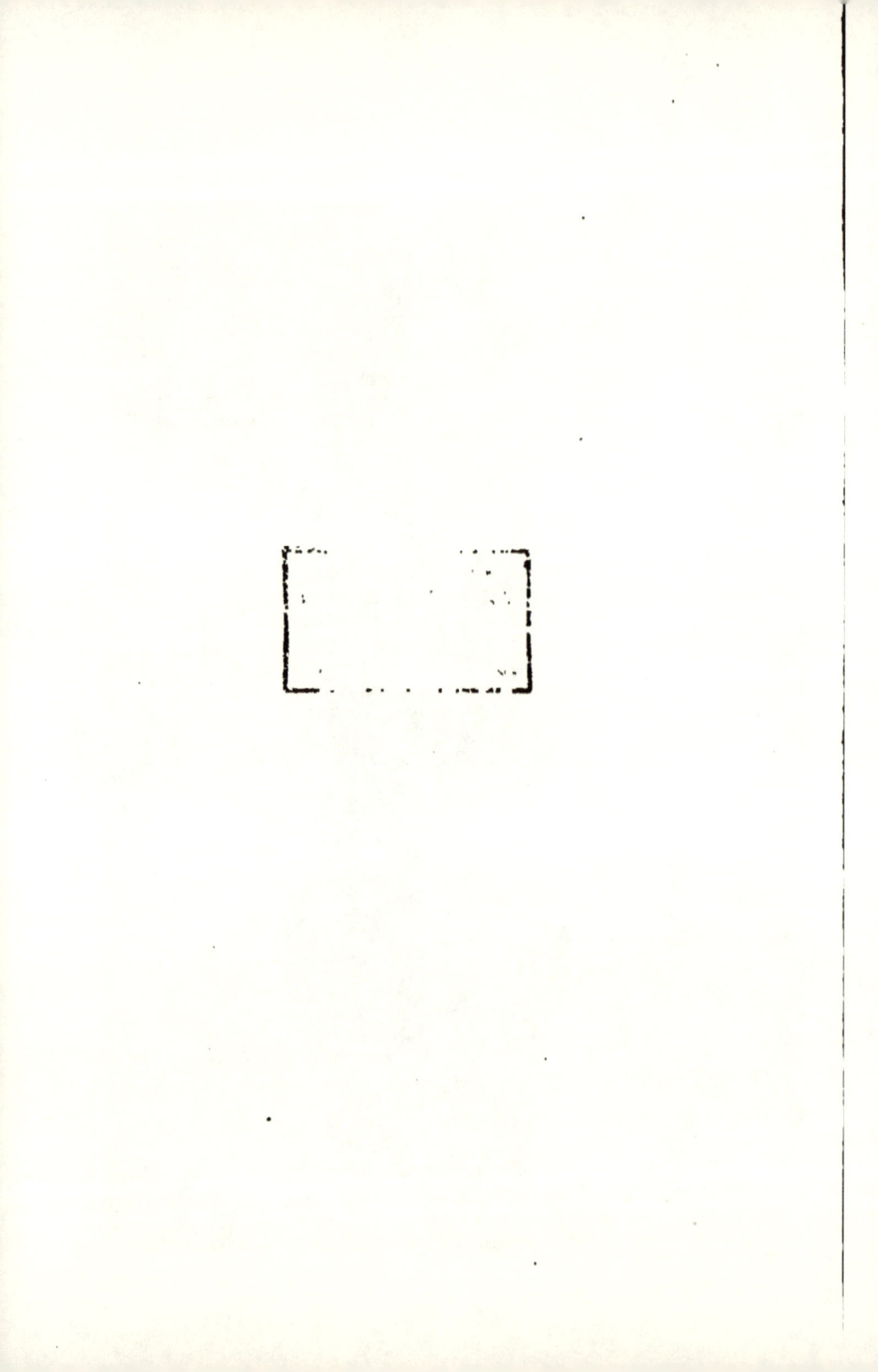

NEUNTES KAPITEL.
IN DER WÜSTE.

I.
Biskra bei Tag.

Inhalt: Ein Wüstenhotel. — Arabische Kellner. — Weinreisende in der Sahara. — Strassenleben in einer Oasenstadt. — Das Bier unter den Palmen. — Exil für französische Krieger und Paradies für arabische Stiefelwichser zugleich. — Der Producent von Gummi arabicum. — Orgelton und Glockenklang in der Wüste. — Eine Festung aus Lehm. — Eine Getreidebörse in der Sahara. — Eidechsen als Verkaufsobject. — Wer das Wasser hat, hat die Oase. — Aus der französischen Stadt in ein Oasendorf. — Ein Feenschloss im Sandmeere. — Das Heim eines Beduinen. — Ein Polygamist, dem schon eine Frau zu viel ist. — Die „heiligen Hallen" in der Wüste. — Ein Sonnenuntergang unter Palmen.

Wenn die Neugier oder, um einen besseren Namen zu gebrauchen, die Wissbegierde uns auf der Reise schon an einem weniger interessanten Punkte früher erwachen lässt als gewöhnlich, so muss sich diese Wirkung doch besonders geltend machen in der Wüste, wo eine so ganz andere Scenerie als sonst irgendwo uns umgiebt. So war ich denn nach der ersten Nacht in Biskra schon mit dem frühesten Sonnenstrahl auf den Beinen, um Umschau zu halten. Wir dürfen aber hier, wo Alles interessant ist, auch gleich mit dem Nächstliegenden, dem Quartier, in dem wir wohnen, beginnen.

Aus unserem einfach aber gut möblirten Zimmer treten wir unmittelbar in einen Hof heraus, in welchem hochstämmige Palmen, rothblühende Granaten und selbst ein Spalier mit Wein einen kleinen Garten darstellen, in dessen Schatten man Siesta halten kann, wenn die Wüstensonne das Ausgehen verbietet. Um dieses Plätzchen herum laufen die einstöckigen, ausschliesslich aus Lehm errichteten Gebäude, die unser Karawanserail bilden. Auf diese Weise stellt selbst dies Hauptquartier der Fremdlinge aus dem Norden, das übrigens in echt französischer Weise, die auch dem Unscheinbaren einen wohlklingenden Namen zu geben versteht, die Bezeichnung: Hôtel du Sahara führt, eine maurische, von der Aussenwelt abgeschlossene Wohnung dar, was auch für den Europäer in diesen Breiten das Angenehmste und Gesündeste zugleich ist.

In dem Flügel, der die Fronte nach der Strasse zu bildet, liegt die Wohnung der Wirthin mit ihrer Tochter, die sich übrigens beide um die Gäste so gut wie gar nicht kümmern, und der ziemlich geräumige Speisesal, in welchem, im angenehmsten Gegensatze zu der blendenden Tageshelle und der Sonnengluth, die in Biskra einen grossen Theil des Jahres über sich geltend machen, ein Halbdüster und ziemliche Kühle herrscht. Nicht weniger wohlthuend wirkt hier die Art der Bedienung. Denn die verdrossenen Kellner im abgetragenen Frack, die im civilisirten Abendland so oft dem Gast das Mahl verleiden, sind in diesem Hause durch zumeist bildhübsche, sauber in weisse Gewänder mit rothem Leibgurt und Turban gekleidete arabische Jünglinge vertreten, die kaum hörbar um die Tische huschen und lautlos jeden Wunsch des Fremdlings sofort erfüllen. Auch die Kost, die sie auftragen, ist im Allgemeinen recht gut. Nur die Datteln, die das Dessert bilden, sind kaum geeignet für europäische Zähne. Denn sie sind nicht, wie die, welche bei uns in den Handel kommen, eingemacht, sondern einfach an der Sonne getrocknet und steinhart. Für den Eingeborenen aber bilden sie in dieser Weise die beliebteste, oft die einzige Speise, ja selbst den Pferden müssen sie zur Nahrung dienen. Die Gesellschaft besteht in diesem Sale in der Regel nur aus zwei bis drei Civilisten, darunter nicht selten Engländer und einzelne Exemplare der unvermeidlichsten und unermüdlichsten aller Gattungen von Reisenden, nämlich der der Weinreisenden, gewiss ein deutlicher Beweis für das machtvolle Fortschreiten der Cultur! Im Uebrigen nehmen nur noch zahlreiche Offiziere der Garnison am Tische Platz.

Doch wir gehen nun weiter und treten auf die Strasse heraus. Auch hier finden wir nahezu ausschliesslich Häuser der eben geschilderten Art, an einander gereihte Carrés, ohne Fenster, einstöckig, aus Lehm, doch sind dieselben meist sauber mit weisser Farbe gestrichen. Auch ziehen sich längs der Hauptstrassen des Ortes Colonnaden an den Strassenfronten hin, die die Passanten gegen die sengenden Sonnenstrahlen schützen. Unter diesen Arkaden pulsirt stets ein reges Leben. Soldaten in den verschiedensten Uniformen, Kabylen aus den Gebirgen und Beduinen aus den Oasen, nicht selten auch Tuaregs aus dem fernen Süden, ja selbst Neger aus dem Sudan, dazwischen modern gekleidete Französinnen oder englische Damen mit leinenen Gesichtsmasken gegen den Sonnenbrand wandeln in der angenehmen Kühle. Die Arbeit scheint unter diesem heissen Himmelsstrich abgeschafft, der Feiertag in Permanenz erklärt zu sein. Nur selten passirt man Nischen von Handwerkern, die doch in anderen orientalischen Städten die stehende Garnitur der Strassen bilden.

I. Biskra bei Tag.

Dafür präsentiren sich hier vielmehr Läden mit allerhand Luxusartikeln, Tabak und buntem Tand mancherlei Art, sowie die unvermeidlichen Cafés, europäische, wie arabische.

Vor einem der ersteren, welches zahlreiche Tische und Stühle unter die Arkaden auf der Hauptstrasse heraus gestellt hatte, sah ich zu meiner Verwunderung Offiziere bei einem Glase schäumenden Bieres sitzen. Weniger vielleicht um des Durstes als um der Merkwürdigkeit willen liess ich mich gleichfalls daselbst nieder. Vom heimathlichen Getränk in der Wüste kosten zu können, das musste doch reizen! Aber statt mich zu bedienen, verschwand der Kellner im Hause und sandte den Wirth, einen kleinen, geschmeidigen Franzosen, der mir mit grösster Höflichkeit erklärte, dass er ohne Empfehlung seitens eines Offiziers Fremden Nichts verabreichen dürfe. So hatte ich durch Zufall zwar nicht das Bier, aber doch das Casino, den „Cercle militaire" von Biskra kennen gelernt und liess mir durch das kleine Begegniss nur bestätigen, was ich bereits auch aus anderen Anzeichen geschlossen, dass der Ort neben Dem, dass er das Elysium der Eingeborenen bildet, auch den Charakter einer Soldatenstadt trägt, wie solcher allen tactisch wichtigeren Punkten Algeriens eigen ist.

Zu den letzteren zählt allerdings Biskra im vollsten Masse. Als eigentlicher Endpunkt der Route Constantine-Batna-Wüste beherrscht es diese bei der Seltenheit der fahrbaren Uebergänge über den Atlas doppelt wichtige Verbindungslinie und bildet den Stützpunkt für die Niederhaltung der östlichen Sahara, der bei der Nähe des unruhigen Tunis von erhöhter Bedeutung ist. Daher liegt hier immer eine ziemlich starke Garnison. Aber die Herren Offiziere sind in dieser abgelegenen Stadt schlimm daran. Es fehlen ihnen nahezu all' die kleinen Zeitvertreibe, an die sie in den Quartieren im Mutterlande oder in Algerien diesseits des Atlas gewöhnt sind. Zu ernsterer Arbeit aber mangelt unter der heissen Sonne nur zu oft alle Kraft.

Daher führen die armen Herren im Grunde hier ein recht erbärmliches Leben, in das nur ein plötzlich ausbrechender Aufstand, die Theilnahme an der Expedition einer Streifcolonne in den fernen, kaum dem Namen nach bezwungenen Süden, oder eine Straussen- und Antilopenjagd einmal etwas Abwechselung bringt. Da ist denn freilich der Aufenthalt in dem einfachen Casino auf offener, stets belebter Strasse noch ein recht leidliches Amüsement.

Es wurde mir erzählt, es sei schon vorgekommen, dass ein Offizier, den mitten in den Genüssen einer grösseren, französischen Garnisonstadt die Ordre, nach Biskra abzugehen, getroffen habe, statt sich zur Abreise zu rüsten, durch einen Schuss seinem Leben ein Ende gemacht habe. Und doch wird die Dauer des Aufenthalts in der Wüste vom Kriegsministerium immer nur kurz, in der Regel nicht länger als auf ein Jahr bemessen.

Mit wie ganz anderen Augen pflegen dagegen Araber und Berber die Wüstenstadt zu betrachten! Sie nennen dieselbe häufig „das Paradies der Sahara". Nur ungern ziehen sie aus ihren Mauern fort und kehren so bald als möglich dahin zurück. Massenhaft wenden sich die Söhne dieses Orts und der Umgegend nach Algier und in andere Küstenplätze, wo sie als Hausknechte, Stiefelputzer, Badediener, Kofferträger und dergleichen jahrelang in grösster Dürftigkeit leben, bis sie glauben, genug zu haben, um in dem geliebten Biskra in Saus und Braus ihre Tage beschliessen und mit süssem Nichtsthun bei Tage auf der Strasse oder unter den Palmen, zur Nachtzeit im Kaffeehause bei Tanz und Musik die Zeit todtschlagen zu können. Von weit und breit strömen die Wüstenbewohner, angelockt durch die Genüsse, die hier geboten werden, herbei. Biskra ist eine Art nordafrikanisches Pensionopolis, ein „Dresden" oder „Graz" der Sahara, eine schon vorläufige, irdische Erfüllung der Verheissungen des Propheten, der den Gläubigen ein Paradies mit kühlem Schatten und rauschenden Gewässern, köstlichen Speisen und wunderlieblichen Fee'n für das Jenseits in Aussicht stellte.

Unter diesen Reizen von Biskra, die freilich nicht durchgängig nach europäischem Geschmack sind, steht in erster Linie der jardin d'acclimatation, der, 1851 auf Staatskosten angelegt, jetzt als Stadtpark dient. Er füllt den grossen Platz aus, der, von der Häuserreihe der Hauptstrasse begrenzt, recht eigentlich das Herz des Ortes bildet. Zahlreiche Wassergräben durchziehen die weite Fläche, auf der in Folge dessen ein wahrhaft tropischer Reichthum von Gewächsen aller Art wuchert. Die mächtigen Dattelpalmen würden wir schon gar nicht mehr erwähnen, wenn nicht unter ihnen einige Raritäten wären, so ein Stamm, auf dem sieben selbständige Kronen sich entwickelt haben. Viel interessanter als Derartiges aber sind die verschiedensten Bäume aus der nord- und mittelafrikanischen Region, die man sonst seltener im Lande sieht. Besonders gut nimmt sich die berühmte Akazie (Acacia nilotica Del.) aus, die uns das werthvolle Gummi arabicum liefert. Das letztere Product entfliesst dem hohen, gekrümmten, feinblättrigen, braunrindigen, mit citronengelben, lieblich duftenden Blüthen versehenen Baume, dessen Frucht lang zugespitzte Hülsen sind, auch ohne Einschnitte als eine dem von unserem Kirschbaume ausgeschwitzten Harze ähnliche Masse. Die Heimath der Pflanze ist Aegypten, und zwar besonders Kordofan und Senaar, dann Abessinien und Asien bis Ostindien.[*])

Am meisten aber erfreute das Auge in diesem herrlichen Parke, der unserem Hotel vis-à-vis sich ausbreitet und von da mit zwei Schritten zu erreichen ist, der Oleander, den wir allerdings nahezu an jedem Flusse im Lande fanden, der aber erst hier in seiner gan-

---

[*]) Uebrigens enthalten noch eine ganze Menge anderer Akazienarten den bekannten Klebstoff (so acacia Ehrenbergiana H., a. gummifera W., beide in Marokko und Aegypten wachsend, und namentlich a. Verek Guil. Per. und a. Adansonii Guil. Per., die in Senegambien ganze Wälder bilden).

zen Glorie sich zeigte. Die hohen, buschigen, umfangreichen Sträucher tragen in diesem kleinen Paradies ganze Büschel gefüllter Blüthen in der Grösse eines Kopfes, so dass die schlanken Aeste unter der schönen Last sich tief gegen den Boden neigen.

Zu jeder Tageszeit finden wir Eingeborene in diesem Eldorado, von dessen frischem Grün die weissen Mäntel sich malerisch abheben. Die Söhne der Wüste, welche in der entsetzlichen Oede der Sahara eine solche Promenade noch ganz anders als andere Erdbewohner schätzen lernen, auch wenn sie nicht, was doch wenigstens von den Arabern gilt, geborene Gartenfreunde wären, liegen hier unter dem kühlen Blätterdach auf der Erde, oder sitzen auf den häufig angebrachten Bänken, bis der Abend sie in ihre Café's zu noch höheren Freuden ruft.

Auf einem freien Platze dieses Parks steht auch die kleine, aber würdige Kirche des Ortes, aus der sonntäglich Orgelklang und Gesang in die verwundert lauschende Wüste hinaus erschallt. Denn der muhammedanische Gottesdienst kennt beides bekanntlich ebenso wenig, wie das Geläute der Glocken. Die rauhe Kehle und die harte Sprache des Arabers eignen sich nicht für die edelste Kunst der Welt. In dieser Beziehung ist ihm sein Stiefbruder, der gesangeskundige Jude, unendlich überlegen.

Gen Osten grenzt das Fort St. Germain (so genannt nach einem 1849 gefallenen Commandanten) an den Garten an, ein umfangreiches Viereck, das gleichfalls nur von fensterlosen Lehmmauern gebildet wird, indess für einen etwaigen Kampf mit den der Kanonen entbehrenden Arabern als fest genug erscheint. Auch ein kleiner Versuchsgarten befindet sich in der Nähe, der von einem staatlichen Director geleitet wird und der Agricultur der Wüstenbewohner dienen soll, ein Beweis, dass die guten Absichten Frankreichs sich selbst bis hier herunter erstrecken.

Doch wir wenden uns nun wieder in die Stadt zurück und erreichen durch die „Strasse der Almeh's", in welcher die am Abend so unermüdlichen Tänzerinnen bei Tage vor ihren kleinen Lehmhäusern träg am Boden liegen, den Marktplatz, einen engen Raum, der ebenso ungepflastert ist wie die Strassen. Auf ihm erhebt sich die luftige Verkaufshalle, in welcher Vormittags das bunteste Treiben herrscht. In der That sind auch die Geschäfte, die hier abgeschlossen werden, nicht unbedeutend. Der Landmann aus dem Tell tauscht daselbst vom Oasenbewohner die Früchte der Palme gegen die Körner der Halme ein. Wie fast in ganz Algerien, kommt von Getreide auch hier nur Gerste in Betracht, von der, wie man mir auf meine Frage mittheilte, 100 kg an dieser Stelle mit 33 Francs bezahlt werden. Im Uebrigen hat nur noch das Holz als Handelsartikel Bedeutung. Rings um die Halle stehen oder liegen zahlreiche Kamele, die mit grossen Bündeln dieser in der baumarmen Wüste so kostbaren Ware beladen sind.

Ausser den genannten Lebensbedürfnissen einfachster Art, zu denen noch Schuhe und verschiedene andere Lederwaren, sowie wollene Stoffe für die Burnusse der Männer und bunte Kattune für die Weiber kommen, werden hier nur einige wenige eigentliche Luxusartikel, darunter namentlich Spiegel, feilgeboten, welch letztere der Maure und Araber ausserordentlich liebt. Vielleicht findet er in ihnen einen Ersatz für die bekanntlich vom Koran verbotenen Bilder.

Indess sah ich doch in der Markthalle noch ein Verkaufsobject, das ich seiner Merkwürdigkeit halber nicht unerwähnt lassen darf. Es waren dies etwa $1/2 - 3/4$ m lange Eidechsen (Varanus niloticus L.), jener Gattung Thiere angehörig, in denen die alten Aegypter die Todfeinde des Krokodils sahen und die sie daher dankbar auf ihren Denkmälern verewigten. Dieselben leben in den meisten afrikanischen Flüssen und ihr Fleisch wird von den Eingeborenen gern gegessen. Die Bewohner von Biskra benutzen aber auch den Balg dieser Thiere. Sie stopfen ihn mit Gerste aus und verkaufen dann das Ganze für einige Franken an die Reisenden. Leider versäumte ich bei meinem ersten Besuche des Marktes, dem am Boden sitzenden und die todten Leiber eben mit Geschick füllenden Händler ein Exemplar abzukaufen. Denn als ich später wiederkam, war der Mann nicht mehr zugegen.

Mit dem Wenigen, welches wir bisher beschrieben haben, hätten wir nun aber auch schon alles Sehenswerthe, das Biskra bei Tage bietet, erschöpft. Aber der Leser wird sich damit nicht begnügen. Er wird verwundert nach Dem fragen, was die Hauptsache in einer Oase ist, dem Palmenwalde. Darum müssen wir denn nun erklären, dass die Stadt, in der wir bisher weilten, noch gar nicht die eigentliche Oase Biskra, vielmehr nur die europäische Ansiedelung darstellt, welche sich allmälig um das französische Fort herumgebildet hat. Zwar dehnt sich auch hier schon, wenige Schritte vom Marktplatze nordwärts, im Rücken der Stadt, eine ansehnliche Palmenpflanzung aus, neben welcher auf einer ausgedehnten, sandigen Fläche sogar ein kleines Zeltdorf zu sehen ist; desgleichen haben wir schon erwähnt, dass, angelockt von den Genüssen dieses französischen Ortes, immer neue Eingeborene sich dahin wenden, so dass der ursprünglich europäische Ort je länger je mehr den Character einer Oase erhalten muss. Trotzdem führt derselbe den Namen Biskra (früher wurde er in der Regel St. Germain genannt) mit Unrecht. Diese Bezeichnung gebührt vielmehr einer Gruppe von sieben Dörfern oder Häuser- und Zeltcomplexen, welche nach allen Himmelsrichtungen hin näher oder weiter um die französische Stadt liegen. Diese Ortschaften weisen im Ganzen die Summe von 140,000 Dattelpalmen nebst 6000 Oliven auf und werden von 7367 Menschen bewohnt, unter denen sich nur 283 Europäer befinden.

Dieser Oasencomplex ist übrigens uralt. Bereits zu den Zeiten der Römer existirte er und zwar unter dem Namen ad piscinam

I. Biskra bei Tag.

„am Wasserbassin"), woraus wohl der heutige Gesammtname der Dörfergruppe entstanden sein mag. Zur Zeit der arabischen Invasion war die Ansiedelung schon der Mittelpunkt der grossen Oasengruppe, die noch heute den Namen Ziban (plural von zab, das Dorf) führt. Nachdem sie dann lange ein Zankapfel der verschiedensten Scheikhs gewesen, fiel auch sie trotz ihrer grossen Abgelegenheit den habgierigen Türken in die Hände, die hier sogleich ein Fort anlegten, durch welches sie das Wasser des Flusses und damit die Lebensader der ganzen Niederlassung in die Hand bekamen, so dass sie jegliche Erpressung sich erlauben durften.

Am 4. März 1844 endlich wurde Biskra vom Herzog von Aumale eingenommen. Indess so gross war die Vertrauensseligkeit dieses Generals, dass er nur eine Compagnie eingeborener Soldaten unter dem Commando von fünf französischen Offizieren zurückliess. Nach wenig Tagen schon wurde diese kleine Besatzung von Rebellen niedergemacht, und das sauer erworbene Besitzthum war den Franzosen wieder verloren. In Folge dessen musste Biskra noch einmal erobert werden, was am 18. Mai desselben Jahres geschah.

Das Land ringsum ist äusserst fruchtbar, und wenn erst eine entsprechende Bewässerung durch „Barrages" und artesische Brunnen durchgeführt sein wird, dürfte auch hier hohe Blüthe zu erwarten sein. Für jetzt reicht der magere, im Sommer meist trocken liegende Uëd Biskra (so heisst der El Kantra, nachdem er kurz vor dem „Löwenjoch" den Uëd Abdi aufgenommen hat) gerade nur zur Unterhaltung der Palmenpflanzungen hin, die längs seines rechten Ufers einen nahezu ununterbrochen fortlaufenden Wald von mehreren Kilometern Länge und Breite bilden.

Es wird natürlich für den Nordländer immer hochinteressant sein, in diesem Palmenmeer, das ausserdem hier nicht wie häufig anderwärts durch Lehmmauern abgeschlossen, sondern überall zugänglich ist, umherzuschlendern. Trotzdem wird kaum Jemand sämmtliche 7 Weiler der Oase besuchen wollen, da sich immer und immer wieder dasselbe Bild bietet, elende Hütten und hochragende Dattelbäume. Es genügt, wenn man eines dieser Oasendörfer aufsucht. Hierzu empfiehlt sich am meisten das Hauptdorf, das sich als solches durch den Besitz einer Moschee kennzeichnet. Wir lernen dabei zugleich noch eine andere Merkwürdigkeit kennen, die unser besonderes Interesse erwecken muss.

Gleich am ersten Morgen meines Aufenthaltes in Biskra nämlich war einer der immer vor dem Hotel herumlungernden Araber, ein finsterer, einäugiger Geselle, an mich mit der Frage herangetreten, ob ich nicht das „Chateau" sehen wolle. Ein „Schloss" in dieser Region, wo nur noch der Lehm regiert, das musste ich doch in Augenschein nehmen, umsomehr, als kein Reisehandbuch ebenso wenig wie eins der anderen Werke über Algier, selbst die französischen Arbeiten nicht ausgenommen, irgendwie dieses Bauwerkes

Erwähnung gethan hatte. Da der Mann gut französisch sprach*), so bestellte ich ihn denn für den Spätnachmittag, wenn die Hitze etwas nachgelassen haben würde.

Der Weg nach dem von uns ins Auge gefassten Dorfe (2 Kil. von St. Germain) führt, nachdem man die französische Stadt in südwestlicher Richtung verlassen hat, über eine sandige Fläche, wobei man rechts ganz nahe den mächtigen Palmenwald hat, während man links stets in die unermessliche Wüste hinaussieht, in der verschiedene näher oder entfernter gelegene Oasen sichtbar werden. Endlich, nachdem wir unser Ziel schon lange von Weitem erblickt haben, stehen wir vor einem monumentalen, eisernen Thore, das uns von einem reichgalonnirten Diener geöffnet wird. Wir treten ein und finden uns nun wie mit Zauberschlag aus der dürren, heissen Wüste in den schattigsten, mit aller Herrlichkeit tropischer Vegetation ausgestatteten Park versetzt. Gewaltige Bambusse lassen ihre Blattfasern im Winde säusseln, Fächerpalmen senken ihre massigen Zweige zum Boden nieder, selbst verschiedene Coniferen stecken ihre dunkeln Nadeln durch das saftige Laubdach. Hier und da aber erheben sich in diesem trefflich gehaltenen Garten zierliche Pavillons im edelsten maurischen Style, deren feine, innere Ausstattung man von aussen durch die Fenster wohl zu erkennen vermag. Als Hauptgebäude fungirt ein ziemlich grosses Haus dicht neben dem Eingang, das gegen die Wüste hin sich nur als ein fensterloses, weissgetünchtes Viereck präsentirt, vom Garten aus aber betrachtet, sich als ein kleines Seitenstück zu den schönsten Bauten auf dem Alhambrahügel entpuppt. Nicht wahr, das hätten wir in der Sahara nicht gesucht? Ehemals, in der besten arabischen Periode, da gab es ja in dem „Dattelland" (Biledulscherid) auch Schlösser und Burgen. Aber diese Glanzzeit ist doch längst vorüber und nur die Lehmhütten sind geblieben.

Unser Araber löst uns das Räthsel. Er berichtet, dass dies „Schloss" einem Herrn Landon gehöre, der nicht weniger als 1800 Francs täglich zu verzehren habe. Zufolge arabischer Begriffe musste er nun allerdings als der reichste Mann der Erde erscheinen. Wer aber war dieser Herr Landon? Ein Franzose oder ein Engländer? Die bizarre Idee, hier in der Wüste, und zwar noch dazu fern von der europäischen Ansiedlung, mitten unter den „Wilden" sich eine solche luxuriöse Villa zu bauen, sprach entschieden mehr für die britische Nationalität.**) Seltsam in der That erschien die Wahl dieses Ortes. Denn mochte der Besitzer sich selbst an die Hitze und Oede

---

*) Die Araber sind äusserst gelehrig, namentlich auch betreffs der Erlernung fremder Sprachen; ihre Kinder machen beispielsweise in den französischen Schulen, namentlich im Anfang, so rasch Fortschritte, dass unsere Kleinen dadurch weit in den Schatten gestellt werden.

**) Wie ich später in Erfahrung gebracht habe, ist Herr Landon doch ein Franzose und ehemaliger Director des botanischen Gartens in Biskra.

der Wüste nicht kehren, so musste ihm doch der Umstand, dass von einer absoluten Sicherheit in dieser Gegend durchaus nicht zu reden ist, den Aufenthalt verleiden. Und besonders der Ruf seines grossen Reichthums konnte bei den habgierigen Arabern leicht sein Leben gefährden. Gerade mein Führer war seiner Aussage nach einer der Begleiter der unglücklichen Alexine Tinné gewesen, der im Grunde nichts Anderes, als das in ganz Nordafrika verbreitete Gerücht von ihren unermesslichen Schätzen den Tod in der Wüste brachte.

Ich für meine Person wenigstens werde das märchenhafte Wüstenschloss mit seinem ausgesuchten Luxus, seiner maurischen Stuccatur, seinen goldenen Sesseln, seinen Teppichen und Mosaiken und — dem winzigen, niedlichen, furchtsamen Zwergäffchen (Hapale Jll.), das in einem eleganten Käfig inmitten des Gartens seine Wohnung hatte, als eins der grössten Curiosa von Allem, was ich auf meinen Reisen gesehen, niemals vergessen. Aber auch der Schlossherr ist in den Stand gesetzt, den Namen seines Gastes im Gedächtniss zu behalten. Denn als ich das kleine Eden wieder verlassen wollte, forderte der Pförtner eine Visitenkarte von mir mit dem Bemerken, dass sein Herr dieselbe sammt den gleichen Spenden von allen anderen Besuchern aufbewahren werde.

Unmittelbar hinter dem feenartigen Schlosse beginnt das Oasendorf, aber welch ein Contrast, der damit geschaffen ist! Der Ort besteht im Grunde nur aus einer Strasse, die sich vielfach gewunden und geschlängelt mitten durch den Palmenwald hinzieht. Dazu ist diese Strasse nur ein schmaler, holpriger Fusssteig, der auf der einen Seite von dem der Bewässerung dienenden, mit schlammigem Inhalt erfüllten Graben und den Palmenpflanzungen dahinter, auf der anderen Seite aber von den Häusern, das heisst niedrigen, ruinösen, schmutzigbraunen Lehmwänden, begrenzt wird. Auch unser Führer hatte hier seine Wohnung und lud uns ein, dieselbe zu besehen.

Nun, etwas Primitiveres war mir noch nicht vorgekommen. Nachdem wir den niedrigen Eingang durchschritten hatten, standen wir inmitten eines nur mässig grossen Vierecks, das von kahlen, traurigen Wänden umschlossen wurde. In einer Ecke war eine Art Herd hergestellt, während rings um das Gemach schmutzige Matten und Gewänder lagen. So diente ein einziger Raum als Küche, Wohn- und Schlafzimmer. Oben darüber aber fehlte jegliche Bedachung, und blauer Himmel und grüne Palmenwipfel schauten ungenirt herein. Nicht wahr, eine poetische Behausung? Wie aber, wenn die Temperatur bis nahe an den Nullpunkt sich erniedrigt und strömender Regen, der in diesem den Bergen noch so nahen Theile der Sahara nichts allzu Seltenes ist, herniederfällt? So bewies mir auch dieser Besuch in einer Wüstenwohnung nur wieder, ein wie abgehärtetes und einfaches, bedürfnissloses Volk diese Araber sind.

Uebrigens sahen wir in dem Gemache auch die Frau unseres

Cicerone, ein junges, nicht unschönes Geschöpf, das aber etwas überaus Scheues und Furchtsames hatte. Sie trug ein kleines Kind auf dem Arme, das ihr indess nur zur Pflege übergeben war. Eigene Kinder hatte sie nicht. Auf meine Frage an den mürrischen Ehegatten, ob er noch mehr Frauen besitze, antwortete er lakonisch, er habe schon an der Einen mehr als genug. Und doch waren sie erst $^3/_4$ Jahr verheirathet.

Tritt man aus einer solchen elenden Hütte, deren Beschaffenheit das bei uns oft so vielsagende Prädicat „Hausbesitzer" hier in einem zweifelhaften Lichte erscheinen lassen dürfte, wieder heraus, so erfreuen im Gegensatz zu dem kümmerlichen Bau von Menschenhand nur um so mehr die Tausende von dicken und schlanken Säulen mit den breiten, grünen Kapitälern, diese wirkungsvollsten „heiligen Hallen", die die Natur mit den Palmen hier aufgerichtet hat. Auch eine Cypresse sah ich in einer Art Garten von solcher Stärke und Höhe, wie ich selbst auf den berühmten Friedhöfen von Stambul keine gefunden habe. Sie ragte gewiss weit über hundert Fuss in die Lüfte.

Nachdem ich noch auf elenden Lehmstufen das etwa 50 m hohe Minaret bestiegen und einen herrlichen Blick über die Palmenwipfel gethan, die, von hier oben gesehen, eine einzige, dichte, grüne Masse darstellten, trat ich den Rückweg an. Vor dem Orte aber, da, wo das niedrige Plateau, auf dem derselbe mit seinen Palmen steht, steil zum Flusse abfällt, nahm ich neben einem kleinen arabischen Café Platz. Zwar konnte uns der Wirth, da ihm gerade der Zucker ausgegangen war, nicht mit Mokka regaliren. Trotzdem hatten wir hier einen kostbaren Genuss. Hinter uns die leise rauschenden Palmenwipfel, die häufig auf Stämmen sich wiegten, welche so hoch und dünn waren, dass man meinen konnte, sie müssten umbrechen. In der Ferne links die modischen Häuser von St. Germain-Biskra. Vor uns zu Füssen der Fluss, in einzelne rieselnde Bäche zertheilt, und jenseits bis an den fernen Horizont die unermessliche Wüste mit den dunklen Streifen der Oasen. Ueber dem Ganzen aber der Abendhimmel, der unter den letzten Strahlen der Sonne wie eine glühende Erzmasse niederleuchtete und dem grossen Bilde eine fast überirdische Färbung verlieh. Wer da doch ein Maler gewesen wäre!

Bald aber erlöschen die brennenden Tinten; die der Wüste so eigene Todtenstille und Erstarrung legt sich über die unabsehbare Fläche und nur die hohen Palmen rauschen noch gespenstig im Abendwinde. Da eilen wir denn rasch dem trauten französischen Städtchen wieder zu, um so mehr, da sich uns nun dort „die Wunder Biskra's bei Nacht" erschliessen sollen.

II.
Biskra bei Nacht.

Inhalt: Ein Ballhaus in der Oase. — Der Wüstensand als Waschwasser. — Arabische Tanzmusik. — Die Tanzweise der Naïlijah's. — Ihr Kostüm. — Die heimgekehrten Tänzerinnen als ehrbare Hausfrauen. — Warum ein Heirathscandidat bei dem Stamme der Naïl nicht wählerisch sein darf. — Die Naïlijah's als lebende Beweise für die Stammesverwandtschaft der alten Aegypter und Berber. — Warum die Araberinnen nicht schön sind. — „O weh, ein Mädchen!" — Die Strassen von Biskra bei Nacht. — Ein plattes Dach als Schlafzimmer. — Der Scorpion und John Bull in Blechstiefeln.

Als wir nach unserem Spaziergange durch den Palmenwald wieder in die Nähe der französischen Stadt kamen, tönte uns bereits lärmende Musik entgegen. Das Nachtfest, das hier in Scene gesetzt wird, so oft die Dämmerung niedersinkt, war also bereits im vollen Gange. Darum folgen wir denn unverweilt unserem Führer in eins der arabischen Caféhäuser, welche dabei eine Hauptrolle zu spielen pflegen. Dies Local stellte im Gegensatze zu seinen anderen Collegen im Oriente, die in der Regel klein und eng sind, ein ziemlich geräumiges Gemach dar, das indess gleichfalls aller und jeglicher Möbel entbehrte. Die Eingeborenen, die seine Gäste bildeten, selbstverständlich nur Männer, kauerten auf Matten am Boden oder hockten auf niedrigen Lehmsitzen. Ihre Zahl war übrigens höchst beträchtlich und mochte wohl Hundert übersteigen. Nur mit Mühe erhielten wir für uns und die kleinen Sessel, die unser Begleiter aus irgend einem Winkel geholt, ein Plätzchen. Man kann sich denken, was für eine Atmosphäre in Folge dieser Ueberfüllung des Zimmers in demselben herrschte, zumal wenn man erwägt, dass diese biederen Wüstenbewohner, um das so kostbare Nass zu schonen, sich in der Regel gar nicht oder höchstens mit dem Sande waschen, den der nächtliche Thau angefeuchtet hat.

Was den Aufenthalt aber besonders unbehaglich machte, das war die Musik, die sonst wohl angethan ist, das Menschenherz zu erheben, hier aber die Ohren zu zerreissen bestimmt schien. Dieselbe wurde freilich nur von vier Mann unterhalten, von denen zwei mit blechernen Trompeten bewaffnet waren, während den beiden Anderen Trommeln zu Gebote standen. Diese wackeren Musici, Vollblutneger aus dem fernen Sudan, bearbeiteten aber, auf einer Art von erhöhtem Podium stehend, ihre schon an sich rohen und misstönenden Instrumente mit einem so anerkennenswerthen Kraftaufwande, einem so vollkommenen Ignoriren aller Melodie, alles Tactes und Zusammenspiels, dass ich nur mit grösster Mühe einmal ein Wort mit meinem Führer wechseln konnte und am liebsten sofort wieder verschwunden wäre.

Die Wüstensöhne aber schienen sich in dieser Sphäre des Dunstes und Spektakels höchst behaglich zu fühlen. Sie schlürften ihren Kaffee, den der Wirth auf einem kleinen Herde in der Ecke des Zimmers bereitete, und schienen kaum noch auf höhere Genüsse zu warten. Und doch sollten diese nicht ausbleiben., Denn siehe, mit einem Male erscheint in der offenen, niedrigen Thür ein weibliches Wesen! — Nachdem ein Blick in das überfüllte Gemach ihr gezeigt, dass es ihr hier für ihre Kunst an Bewunderern nicht fehlen wird, tritt sie näher und beginnt nun die Production.

Man hat dieselbe „Tanz" genannt. Aber sie hat mit dem, was man unter diesem Worte versteht, im Grunde gar Nichts gemein. Auch das, als was sie noch Maltzan schildert, ist sie nicht. Das Mädchen breitet vielmehr einfach ihre Hände in der Weise aus, dass die eine mit der inneren Handfläche etwa in Schulterhöhe nach oben, die andere, tief gegen das Knie hinabgesenkt, nach unten weist. Und nun schreitet sie ganz langsam, das Auge starr und theilnahmlos vor sich hingerichtet, durch die enge Gasse, die die Zuschauer in der ganzen Länge des Gemachs frei gelassen haben, wobei sie sich unaufhörlich in Viertelswendungen nach rechts und links dreht.

Ebenso verhält sich selbst Das, was sonst Berichterstatter über diese „Tänzerinnen" der Sahara berichtet haben, ganz anders. Es muss sich hier im Laufe der Zeit Vieles geändert haben oder jene Gewährsmänner liessen, um interessant zu erscheinen, ihrer Phantasie die Zügel schiessen. Ich habe beispielsweise nichts davon gesehen, dass einzelne der Zuschauer, hingerissen von der Kunst oder der Schönheit eines dieser Mädchen, ein Geldstück hervorgezogen, darauf gespuckt und es ihr an die Stirn geklebt hätten.*) Die anwesenden Beduinen verhielten sich vielmehr, wie dies ihre Art selbst bei innerer Bewegung ist, still und scheinbar theilnahmlos. Ferner waren die Frauenzimmer insgesammt — denn in kurzen, unregelmässigen Pausen nahmen immer wieder Andere die Stelle der Abgetretenen ein — höchst anständig bekleidet. Sie trugen weite, bauschige, bunte Gewänder und zeichneten sich im Grunde nur durch den massenhaften Schmuck aus, den sie zur Schau stellten. Dicke, goldene und silberne Ketten zierten ihren Hals, dünne Spangen, vielfach mit Schellen und Glöckchen versehen**), legten sich um ihre Handgelenke und um die Knöchel der Füsse. Man sagt, dass sie derlei Dinge, die oft einen grossen Werth darstellen, leihweise

---

*) Ein Reisender, der vor wenigen Jahren Algerien besuchte, schreibt mir, dass er bei Productionen von Tänzerinnen in der Residenz allerdings wiederholt einen solchen Vorgang beobachtet habe.

**) Durch das Klappern mit diesen Schellen pflegen die Mädchen, während sie bei Tag vor ihren Häusern liegen, die Aufmerksamkeit der Vorübergehenden auf sich zu ziehen.

von Anderen entnähmen, dass aber dabei niemals etwas veruntreut werde.

Interessanter als solch glitzernder Tand war mir natürlich die Beobachtung des ganzen Vorgangs überhaupt. Vertreterinnen des schwächeren Geschlechts allein unter Männern, noch dazu durch solche Productionen aller Augen auf sich ziehend, das ist ja im Orient, wo das Weib sonst so ängstlich hinter die geheiligten Mauern des Frauengemachs gebannt wird, an sich schon eine grosse Rarität. Noch vielmehr aber läuft allen morgenländischen, speciell allen muhammedanischen Anschauungen zuwider die Art, wie jene Mädchen hierher kommen und wie sie wieder in ihre Heimath zurückkehren. Denn sie sind keineswegs Abkömmlinge der Bewohner von Biskra oder noch südlicher gelegener Oasen. Ein einziger Stamm, nordwärts von hier, liefert sie, der Stamm der Ulad (dies Wort bedeutet immer so viel als Tribus) Naïl, der seine Zelte bei Bu Sada, auf der Steppenebene des Hodna, südlich vom Schott von Saïda, hat. Die armen Geschöpfe werden, sobald sie leidlich erwachsen sind, herunter in die Oasen gebracht. Von Dem, was ihnen hier die Bewunderung ihrer Schönheit und Grazie einbringt, führen ihre trägen Väter, die ohnedies schon reich an Kamelen und Herden sind, ein sorgenfreies, schwelgerisches Leben. Wenn aber mit der dem glutherfüllten Süden eigenen Raschheit Jugend und Schönheit geschwunden sind, so kehren die Tänzerinnen heim und finden dann immer noch einen Lebensgefährten an einem ihrer Stammesgenossen. Das Letztere müsste an der ganzen Sache wohl am meisten Wunder nehmen, wenn es nicht einigermassen dadurch erklärlich würde, dass einmal bei der Vielweiberei, die der Islam gestattet, ein verhältnissmässiger Mangel an unverheiratheten jungen Damen zu herrschen pflegt, dass sodann aber ein Heirathscandidat, wenigstens was die nomadische Bevölkerung angeht, in der Regel nur innerhalb seines Stammes zu wählen pflegt. Er darf also nicht zu scrupulös sein. Endlich ist ja auch die Art der Erlangung einer Frau bei den Eingeborenen die, dass der Bräutigam die Braut von ihrem Vater kauft. Er kann also bei dem „Geschäfte" auch handeln, bezieh. unter Hinweis auf den ehemaligen Aufenthalt des Mädchens in Biskra einen niedrigen Preis bieten.

Gleichwohl ist doch die ganze Erscheinung dieser Naïlijah's (so werden sie nach ihrer Stammesangehörigkeit kurzweg genannt) eine für orientalische Begriffe so auffallende und namentlich unter dem arabischen Volke, soweit die Sitten desselben in seiner uns noch so wenig zugänglichen Urheimath bekannt sind, so einzig dastehende, dass manche Ethnographen das ganze Unwesen als ein modernes, erst in der Zeit nach der französischen Invasion entstandenes bezeichnet haben, das aus der in Folge davon und namentlich durch die Anhäufung von Militär in den betreffenden Ortschaften eingetretenen Lockerung der altsemitischen patriarchalischen Sittenstrenge hervorgegangen sei. Diese Erklärung wird indess durch die Thatsache hinfällig, dass derartige Tänzerinnen auch in Ortschaften gefunden werden, wo keine französische Garnison liegt, ja wo überhaupt, bis vor Kurzem wenigstens, Europäer nicht anzutreffen waren, so z. B. in Tuggurt, wo sie unweit der Vorstadt el Balusch auf einem Platze, der den bezeichnenden Namen Dra el Gemel (französisch: mamelon des poux) führt, unter Zelten wohnen. Man wird daher weiter zurückgreifen müssen, um den Ursprung dieses sonderbaren Stückes afrikanischen Oasenlebens zu finden. Ja wenn ich nicht irre, müssen wir dabei selbst über die Zeit der arabischen Invasion hinaufgehen. Es ist bekannt, dass solche Tänzerinnen („Almehs") schon in grauester Vorzeit bei den Aegyptern existirten, wo sie auch heute noch gefunden werden.

Von den Unterthanen der Pharaonen mag dann wohl dies Institut zu den jedenfalls mit dem Volke im Nilthale stammverwandten Berbern gekommen sein. Wir hätten also hier wieder einen, wenn auch schwachen Beleg für die sei es äusseren oder nur inneren Beziehungen zwischen den genannten beiden Nationen. Diese Tänzerinnen aber mögen in alter Zeit vornehmlich in den Oasen Posto gefasst haben, die grosse Stapelplätze des Karawanenverkehrs waren.

Bei der Vermischung, die in der Folgezeit zwischen Berbern und Arabern eintrat, und bei der Armuth, in der die nomadisirenden Stämme der Steppen sich oft genug befunden haben mögen, ist es leicht erklärlich, dass auch die sonst im Bezug auf das Weib so peniblen Söhne Muhammed's jene immer reichlich fliessende und dabei doch so bequeme Erwerbsquelle beibehielten.

Uebrigens sind diese Tänzerinnen zumeist nichts weniger als schön. Obwohl sie durchschnittlich noch in den jugendlichsten Jahren stehen, haben doch ihre Züge meist etwas auffallend Hartes und Altes, was wohl daher kommen mag, dass im Gegensatz zu der rücksichtsvollen Erziehung, die den Söhnen zu Theil wird, die Töchter bei den Arabern von ihrem ersten Tage an schlimmer fast wie die Hunde behandelt werden. Obwohl sie für den Vater, wenn sie heirathsfähig geworden sind, dadurch eine grosse Einnahmequelle abgeben, dass er sie an ihre zukünftigen Männer verkauft, bricht derselbe doch in Verwünschungen und Klagen aus, wenn er hört, dass ein ihm neugeborenes Kind eine Tochter ist. Er beachtet die Mädchen niemals, während er die Knaben liebkost. Während Diese auf des Vaters Rossen reiten und mit seinen Waffen spielen, müssen die Ersteren sich ängstlich und scheu in die Zeltecken verkriechen. Nur die dürftigen Brocken, die übrig geblieben sind, wenn der gestrenge Hausherr gespeist hat, dienen ihnen und ihren Müttern zur Nahrung, während sie doch schon frühzeitig mit diesen die härtesten Arbeiten verrichten müssen.

Wirklich hübsch, von weichen, milden Zügen, sind in Algerien nahezu nur die maurischen Weiber, die sich in Folge der verhältnissmässigen Civilisation, zu der sich das maurische, an der Küste und in den Städten sesshafte Element aufgeschwungen hat, auch einer viel zarteren Behandlung erfreuen. Die arabischen Frauen dagegen sind in Folge aller oben angegebenen Umstände mehr oder minder verkümmert, auch wenn der eigenthümliche arabische Typus nicht schon an sich wenig Schönes hätte. Die dicken, schwarzen, nicht selten durch eingeflochtene Wolle noch wulstiger und schwerfälliger gemachten Haarzöpfe, die an den Wangen herabhängen, geben dem ovalen, schmutzigbraunen, stumpf oder mürrisch dreinschauenden, runzligen Antlitz einen noch besonders melancholischen und monotonen Ausdruck. Obwohl bei keinem Naturvolke die Individualität scharf ausgeprägt ist, so sah ich doch in keinem Lande so viele einander bis zum Verwechseln ähnliche Gesichter als hier.

Nachdem etwa vier oder fünf dieser biskraischen Künstlerinnen aufgetreten waren, hatten wir genug an den im Grunde herzlich langweiligen Productionen und traten, ohne uns noch vom Führer in eines der anderen Cafés locken zu lassen, in denen sich das nämliche Schauspiel wiederholt, den Rückzug ins Hotel an. Die engen, holprigen Strassen boten jetzt aber einen anderen Anblick als bei Tage. Die Massen von Menschen, die auf und ab wandelten, versperrten fast die Passage. Aber ein echt morgenländisches Nachtstück ergab es doch, dieses Durcheinanderwogen von Weissmänteln und Rothhosen, aus welchem hier und da einmal die phantastisch aufgeputzte Figur einer Naïlijah auftauchte, während durch hohe Palmenwipfel hindurch, die kleinen rothen Laternen, die vor den Häuschen der Tänzerinnen hingen, überstrahlend, der grosse, klare Mond sein helles Licht herniedersandte.

Plötzlich liess mich eine eigenthümliche Beobachtung Halt machen. Auf einer angelegten Leiter stiegen nämlich eine Anzahl Araber auf das platte Dach eines Hauses hinauf. Was konnten Die jetzt da oben zu suchen haben? Nun, wie unser Führer uns erklärte, so suchten sie auch gar nichts, wollten vielmehr da droben etwas nicht finden, was drunten in ihrer Behausung zu reichlich vertreten war, nämlich allerhand Ungeziefer, unter welchem auch der in Biskra ziemlich häufige und nicht ungefährliche Scorpion (Scorpio occitanus Am.) sich zu befinden pflegt. Beiläufig braucht kein Besucher von Biskra vor dem letztgenannten Thiere Furcht zu haben und etwa, wie einst ein Engländer, in Blechstiefeln hierher zu reisen, um, mit solchem Schutze versehen, die Nächte zuzubringen, denn in den europäischen Häusern kommt der unangenehme Geselle nicht vor. Auch würde ein trotzdem auf irgend eine Weise erlittener Stich durch ein Medicament aus der Apotheke des Ortes (Ammoniak) bald ohne weitere Folgen geheilt sein. Wenigstens wurde mir glaubhaft versichert, dass seit undenklichen Zeiten hier Niemand durch einen Scorpion getödtet worden sei. Ich für meine Person habe das Thier nur in dem Aushängekasten des biskraischen Photographen, in natürlicher Grösse abkonterfeit, gesehen und schloss aus seiner Länge (7—8 cm), dass es die erwähnte Species sei.

Doch lassen wir nun die Araber auf der luftigen Höhe ihre Nachtruhe halten, um auch unsrerseits endlich das Lager aufzusuchen; denn wir brauchen Kräfte für morgen.

III.
Ritt durch die Wüste bis Sidi Okba.

Inhalt: Ein Seitenstück zu dem alttestamentlichen Berichte von Moses, als er mit dem Stabe den Felsen schlug, dass Wasser daraus sprang. — Fingerzeige für eine Reise nach der Oase Tuggurt. — Das südlichste aller französisch-algerischen Gasthäuser. — Die Ausrüstung für eine Wüstentour. — Das Angenehme und Unangenehme eines Kamelsrittes. — Bodenbeschaffenheit der Wüste. — Schneewehen ohne Schnee und Maulwurfshügel ohne Maulwürfe. — Friedliche und kriegerische Begegnungen. — Improvisirte Sättel und ihre Mängel. — Ein Todtenacker als Entrée von Sidi Okba. — Ein zerbrochener Sonnenschirm als wirksame Waffe im Kampfe mit der arabischen Schuljugend. —

Der Tag nach dem Besuch in der Villa Landon sollte mir eine grössere Wüstentour bringen. Denn wenn auch bei dem monotonen Charakter, der dem ganzen grossen Saharagebiete in vielfacher Beziehung eignet, ein weiteres Eindringen in dasselbe viel neue Bilder kaum liefern kann, so wird sich dennoch, wer irgend kann, nicht damit begnügen, in Biskra, so zu sagen erst am Rande des unermesslichen Sandmeeres, sitzen zu bleiben, sondern wird eine, wenn auch kleine Karawanentour, eine Wanderung innerhalb der Wüste selbst unternehmen, sei es auch nur, um einmal Europa und seinen Comfort in Gestalt der französischen Postwagen und Hotels ganz hinter sich zu lassen, ganz in Afrika zu sein.

Zu einer solchen Tour aber bietet sich gerade von hier aus die beste Gelegenheit, da die erste grössere Oase innerhalb der Wüste selbst, Tuggurt, Biskra am nächsten liegt. Die Entfernung zwischen beiden Orten beträgt nämlich nur 206 km, während der Wüstenweg nach Uargla, der Oase, die für eine Tour von Larruat aus in Betracht kommen könnte, eine Länge von nicht weniger als 334 km hat. Dazu ist die letztere Reise in Folge des tiefen Flugsandes, der theilweise die Strasse bedeckt, höchst unbequem, und, weil die Pferde zu tief in die weiche Masse einsinken würden, nur mit dem langsamen Kamel zurückzulegen. Der Weg nach Tuggurt dagegen ist viel leichter, ausserdem aber auch fast interessanter. Denn er führt einmal an dem ungeheuren Salzsee von Melrrirr vorbei, an dessen Gestaden der Reisende häufiger denn sonstwo in der ganzen Sahara die bekannten Luftspiegelungen sehen kann, sodann aber lernt man auf dieser Tour auch zahlreiche artesische Brunnen kennen, durch die die französische Regierung gerade hier im Osten so glückliche Anfänge zu einer theilweisen Bebauung der Sahara gemacht hat.

Die älteste dieser „Bohrungen auf Wasser" wurde auf Anregung des Generals Desvaux im Jahre 1856 unter Leitung des Ingenieurs Jus in der kleinen Oase Tamerna Dschedida (154 km von Biskra) unternommen. Die Arbeiten begannen Anfang Mai und schon am 19. Juni drang ein Strahl Wassers, der in der Minute 4020 Liter der kostbaren Flüssigkeit lieferte, aus der dunklen Tiefe, ein modernes Seitenstück zu dem schönen alttestamentlichen Berichte von Moses, der mit seinem Stabe in der Wüste die Felsen schlug, dass Wasser daraus sprang und das verschmachtende Israel erquickte. Gross war denn auch hier, in der algerischen Sahara, damals die Freude. Die Nachricht von diesem Wunder europäischer Cultur verbreitete sich wie ein Lauffeuer von Oase zu Oase bis tief in den Süden. Von Weitem kamen sie herzu, die braunen Wüstensöhne, das Unglaubliche zu schauen, und manches Auge, das sonst nur voll tödtlichen Hasses auf die fremden Eindringlinge geschaut hatte, blickte jetzt mit Dankbarkeit zu ihnen auf. Die alten bärtigen Marabuts aber hoben ihre Hände und segneten den neugeschaffenen Brunnen und nannten seinen Namen „Brunnen des Friedens".

Man macht die Reise nach Tuggurt gewöhnlich zu Pferd mit Führer und braucht dann in der Regel vier Tage für die Hinreise und eben so viel für die Rückkehr, so dass die ganze Excursion, einschliesslich zweier Tage, die für eine Besichtigung von Tuggurt nothwendig sind, das ja mit 12,000 Einwohnern, 20 Moscheen und 400,000 Dattelpalmen eine recht ansehnliche Niederlassung darstellt, zehn Tage beanspruchen dürfte.

Uebrigens findet man jetzt in Tuggurt sogar ein kleines, von einem Franzosen gehaltenes Hotel, eine Annehmlichkeit, die, wenn man die Widerwärtigkeiten liest, welche seiner Zeit Maltzan als Gast des Kaïd in diesem Orte erdulden musste, für das zwar langsame aber unaufhaltsame Fortschreiten der Cultur gegen das Innere der Sahara hin einen bedeutsamen Beweis beibringt.

Leider vermochte ich bei meiner kurz bemessenen Zeit diese interessante und ziemlich ungefährliche, wenn gleich immerhin anstrengende Reise nicht auszuführen und musste mir für meine Wüstentour ein näheres Ziel ersehen. Auch an solchen ist in der Umgegend kein Mangel. Biskra stellt ja, wie schon erwähnt, nur den Hauptort der Oasengruppe Ziban dar, deren einzelne Ortschaften, an Zahl gegen 30, sich in bald grösserer, bald geringerer Entfernung um ihr Centrum herumgruppirt haben. Die grösste Distanz, die sich hierbei in einem Falle ergiebt, ist 107 km. Der Reisende hat also in Biskra Gelegenheit genug, Touren nach benachbarten Oasen auszuführen. Am meisten aber verdient einen solchen Ausflug entschieden Sidi Okba, das afrikanische Mekka, das nur 20 km von Biskra entfernt ist. Daher setzten wir diese Oase auch auf unser Programm.

Bereits vor Sonnenaufgang brachen wir auf, um möglichst zu Mittag vor Eintritt der grossen Hitze zurücksein zu können. Gegen die letztere hatten wir uns übrigens durch den nöthigen Schutz, leinene Handschuhe und einen „Wüstenhut", der bereits in Algier erworben worden war, vorgesehen. Eine solche Kopfbedeckung ist nicht etwa ein Strohhut, wie wir ihn zur Sommerszeit tragen, sondern eine Art Helm mit breiter, niederwärts gerichteter Krämpe und doppeltem Korkboden, über den ein dünner Stoff gezogen ist. Nur ein solcher für den ersten Augenblick schwerer, aber bald höchst angenehmer Hut schützt vor Sonnenstich, der hier den Europäer nicht selten schon im ersten Frühjahr trifft. Unser Araber freilich ritt bloss unter dem Schutze der Kapuze seines Burnusses dahin. Diese Leute scheinen eben aus einem andern Holze geschnitzt zu sein als wir. Sie frieren nicht in der Kälte und schwitzen nicht in der Sonne.

Als Reitthiere benützten wir Maulthiere, da Kamele in der Stunde kaum mehr als 3 km zurücklegen und eigentlich nur weiter im Süden am Platze sind, wo die grössere Hitze und der Wassermangel die Verwendung anderer Thiere ausschliesst. Hätte ich aber nur der Curiosität halber einen Kamelsritt machen wollen, so hätte ja eine kurze Stunde genügt. Ich hatte indess schon früher im Orient dies nützliche Thier bestiegen, war damals, als es seiner Gewohnheit gemäss mit einem Ruck hinten sich aufrichtete, fast wieder heruntergefallen und hatte auch die eigenthümliche Empfindung im Magen gehabt, die der Passgang eines solchen Ungethüms mit sich bringt. Abgesehen davon musste auch ich freilich den so bequemen Sitz auf seinem Rücken rühmen, der beliebig Veränderung der Lage der Glieder gestattet.

Zur Noth könnte man übrigens selbst mit einem leichten Wagen nach Sidi Okba fahren. Denn der Karawanenweg dahin ist ziemlich eben. Er verlässt Biskra in der Richtung des „Chateau", überschreitet dann das breite, steinige, aber wasserarme Bett des Uëd Biskra und läuft hierauf ununterbrochen in südöstlicher Richtung durch die ungeheure Ebene. Diese letztere giebt uns schon auf der kurzen Strecke, die wir bis Sidi Okba zu durchmessen haben, ein klares Bild von der Bodenbeschaffenheit der Sahara im Allgemeinen.

Eigentlicher Sand nämlich tritt uns erst kurz vor unserem Ziele entgegen. Dort ist die feinkörnige, weisslichgelbe Masse, die also auch schon durch ihre Färbung an unsere schmutzig-weissen Schneeüberreste im Frühjahr erinnert, in der Form von Windwehen angehäuft, in welche die Maulthiere tief einsinken. Im Uebrigen bedecken

III. Ritt durch die Wüste bis Sidi Okba.

Thonmassen, die meisst fast zu Stein verhärtet sind, die Fläche. Nur selten ist dieser Untergrund zerbröckelt und dann hat der Wind häufig die Masse stellenweise in kleine, maulwurfsartige Häufchen zusammengeführt, die, zu Hunderten dicht neben einander und von ganz gleicher Höhe und Gestalt, die Ebene einnehmen. Auf diesen Miniatur-Hügeln wachsen Steppengräser, die den Antilopen, welche die Einöde bevölkern, zur Nahrung dienen.

Abgesehen davon aber erscheint die unermessliche Fläche, die sich immer weiter vor uns aufthut, absolut nackt und todt. Alles Pflanzen- und Thierleben, das uns doch sonst, wenn auch zuletzt nur noch in den dürftigsten Formen, selbst bis in die starren Regionen der Firnmeere auf den Hochgebirgen folgt, ist hier erstorben. Auch Menschen kreuzen nur selten unsere einsame Bahn. Es sind Oasenbewohner, die hoch auf dem trägen Kamel oder von einem feurigen Rosse getragen, ja selbst zu Fuss daherziehen, zumeist um den Markt in der französischen Stadt hinter uns zu besuchen. Sie grüssen uns fast ausnahmslos mit freundlichem Zuruf. Und in dieser ungeheuren Einöde ist ein Gruss doppelt wohlthuend. Auch die kleinen Oasen, die, ohne dass wir sie jedoch berühren, bald rechts bald links mit ihren dichten Palmenhainen sichtbar werden, erheben das Herz, den Inseln gleich, die auf der unermesslichen Salzfluth dem Schiffer neue Freudigkeit einflössen.

Selbst die ferne, endlos lange Kette des Atlasgebirges, über deren kahle, hellgraue Zacken und Zinken der erste Hauch des Morgenrothes sich lagert, ist uns ein liebes Bild. Hinter ihr liegt ja europäische Cultur, hinter ihr, wenn auch noch so weit, die traute Heimath. Nur einmal wäre es uns fast bange geworden. Denn siehe, da jagt auf schnaubendem Rosse, vor sich auf dem Sattelknopfe das lange arabische Gewehr, ein Beduine heran, der den in der Morgensonne funkelnden Krummsäbel hoch in den Lüften schwingt. In dieser Weise wurde wohl früher mancher marode Nachzügler der französischen Armee auf ihrem Wüstenzuge vom heimtückischen Feinde überrascht. Ein rascher Hieb, der wie ein Wetterleuchten die Luft durchzuckte, und der Kopf des unglücklichen Kriegers rollte in den Sand, während das windschnelle Thier den wilden Reiter wieder wie im Fluge über die Ebene davontrug. Solche blutige Bilder weckte der Anblick des heransausenden Arabers in mir und unwillkürlich griff ich nach einer Waffe. Aber o weh, ein harmloser Sonnenschirm ist das Einzige, womit ich bewehrt bin. Zum Glück war meine Sorge unbegründet. Denn der Reiter, der eine Art Uniform trug und wohl der einheimischen Miliz oder Gendarmerie angehörte, brauste vorüber, ohne von uns auf unseren trägen Maulthieren Notiz zu nehmen.

Gleichwohl waren wir recht froh, als endlich nach etwa $2^{1}/_{2}$ stündigem Ritte das schon lange vorher sichtbare Sidi Okba dicht vor uns lag. Denn die Hitze fing bereits an, sich fühlbar zu machen.

Auch die blendende Helle, die die weite Ebene mehr und mehr in eine blitzende Metallfläche verwandelt hatte, liess uns eine Rast im Schatten begehrenswerth erscheinen. Endlich war auch das Reiten uns nachgerade fast unerträglich geworden. Den Luxus der Sättel scheint man nämlich in Biskra noch nicht zu kennen. Es wird dem Thiere einfach eine wollene Decke aufgeschnallt und diese vorn breit übergeschlagen. In die so entstandene Oese steckt man dann die Fussspitze wie in einen Steigbügel. Anfangs erscheint dieser improvisirte Sattel recht angenehm. Aber meist nur zu bald verschiebt sich die Decke und schliesslich bleibt dem Reiter nichts Anderes übrig, als seine Beine frei herabhängen zu lassen. Unserem Führer war dies ein Leichtes. Er nahm überhaupt ununterbrochen alle möglichen und unmöglichen Stellungen auf seiner Rosinante ein. Uns aber wurde das Sitzen auf den mageren, hartknochigen Thieren bald eine Tortur. So sei denn gegrüsst, o heiliges Sidi Okba mit deinen rauschenden Palmenwedeln, in deren Schatten wir nun von den mit einem Male gleich uns zu neuem Leben erwachten Mulis rasch hineingetragen werden.

Aber die altehrwürdige Oase tritt uns nicht freundlich, sondern ernst entgegen. Denn das Erste, was unserem Blicke sich zeigt, ist der Todtenacker, ein sandiges Feld, in welchem kleine Palmenaststumpfe die Stätte bezeichnen, wo da oder dort Einer in die grosse Oase eingegangen, die nach der Pilgerfahrt durch die heisse und öde Steppe des Lebens unser Aller wartet. Die Farbe unserer Haut, die Wohnungen, die wir uns bauen, die Kleider, die wir tragen, die Anschauungen, die wir haben, Sitten, Gebräuche und Einrichtungen, wie zeigt das Alles doch mit der wechselnden Zone, oft schon auf engem Raume, eine so grosse Mannigfaltigkeit; nur Eins ist unter allen Nationen auf dem weiten Erdenrunde gleich, gleich dunkel, gleich unvermeidlich, in gleicher Weise von den Glücklichen gefürchtet, von den Elenden ersehnt, das ist das Grab.

Doch wir werden bald schon aus solchen ernsten Betrachtungen gerissen. Denn das lustige Völkchen, welches Kinderschar heisst, hat sich, von irgend Einem aus ihrer Mitte benachrichtigt, in Kurzem angesammelt, um die seltenen Fremdlinge zu schauen. In dieser Oase wohnt ja kein Europäer mehr. Und wie viel Reisende aus dem Norden mögen denn im Jahre bis hierher sich verirren?

Kein Wunder daher, dass die Kleinen immer mehr Zuzug, bald selbst von Erwachsenen, erhielten und ein wahrer Menschenstrom vor und hinter uns die Passage zu versperren drohte. Da verfiel ich denn auf ein einfaches Mittel, uns eine Gasse zu machen. Bei den Versuchen, mein träges Maulthier anzutreiben, war während des Rittes der Stab des schon erwähnten Sonnenschirms mitten entzwei gebrochen. So oft nun die Kinder gar nicht Platz machen wollten, zog ich mit wüthender Geberde die eine Hälfte des Stockes wie ein Schwert aus der blanken Glocke heraus, worauf stets der Haufe entsetzt auseinanderstob. Auf diese Weise gelangten wir zuletzt, wenn auch langsam, bis in die eigentliche Hauptstrasse des Ortes, wo wir vor einem Café abstiegen, um zunächst dem Leibe Ruhe nnd Erfrischung zu gönnen, ehe wir die berühmten Wunder von Sidi Okba in Augenschein nehmen.

IV.
In der Oase Sidi Okba.

Inhalt: Das Innere eines Wüstencafés. — Ein Meublement aus Lehm. — Ein arabischer Burnuss als Speisekammer. — Strassburger Gänseleberpastete in der Sahara. — Wanderung und Apotheose einer Conservenbüchse. — Die grösste Delice für eine arabische Zunge. — Die Neugier der Oasenbewohner. — Einfache Art, Jemandem eine Brille zu beschreiben. — Eine Beobachtung aus der Wüste, die dem Menschenfreund das Herz zerreissen könnte. — Sidi Okba als das Mekka Afrikas. — Tragischer Untergang eines arabischen Granden. — Schöpsblut als Haarstärkemittel. — Ein Wüstenkirchlein aus Lehm, das 1200 Jahre alt ist. — Der Wüstenblick vom Minaret in Sidi Okba. — Eine verfehlte französische Speculation. — Ein arabisches Fremdenbuch. — Beduinen, die sich selbst heilig sprechen. — Durchgeschlagen! —

Das Café, das in Sidi Okba für uns die Stelle eines Hotels oder Restaurants vertreten musste, war, wie alle Etablissements gleicher Gattung in der Wüste, nichts als ein von vier rohen Lehmwänden umschlossener Raum, der nur theilweise eine Art Schutzdach hatte. In der Mitte dieses Gemachs befand sich ein grosser Klumpen des eben erwähnten Materials, auf welchem wir neben einigen rauchenden oder „Dame" spielenden Arabern Platz nahmen. Der Wirth bereitete sofort auf dem kleinen Herde mit glühenden Kohlen einen recht delikaten Kaffee, den er uns in Tassen, die längst schon den Henkel verloren hatten, zugleich mit einer trüben, badewarmen Flüssigkeit, welche Trinkwasser vorstellen sollte, servirte. Etwas Anderes war in diesem Absteigequartier nicht zu haben. Wie gut darum, dass unser weiser Cicerone für ein Weiteres gesorgt hatte. Wie aus der Tasche eines Magiers kamen aus einem Leinwandsacke, den er unter seinem weiten Mantel getragen hatte, ein langes Brod, eine Flasche Burgunder, eine dergleichen mit einem angenehmen, moussirenden französischen Säuerling, der in Biskra viel getrunken wird, und Casse-croûte, d. h. Gänseleberpastete als Conserve, zum Vorschein. Bald war das improvisirte Déjeuner im vollen Gange. Denn auch dies scheint die Wüste mit ihrem Gegenstück, dem Meere, gemeinsam zu haben, dass ihre Luft den Appetit des Reisenden weckt. Zu meinem Erstaunen bemerkte ich dabei, dass unser Araber, ohne sich im Mindesten vor seinen anwesenden Glaubensgenossen zu geniren, dem

Weine zusprach und doch beobachteten diese Letzteren unser Thun ganz genau. Namentlich erregte die geheimnissvolle Conservenbüchse ihr Interesse. Als dieselbe bis auf die geronnene, hellgelbe Buttermasse geleert war, nahm sie zuerst der Wirth und unterwarf sie einer genauen Besichtigung, bez. Beschnoberung. Dann ging sie von Hand zu Hand, bis sie der Letzte der Anwesenden, jedenfalls in der Meinung, dass die gelbe Masse drinnen Fett von dem für die Muselmanen verächtlichsten aller Geschöpfe, dem Schweine, sei, mit einer Geberde des Ekels zu Boden warf. Bald aber nahm sie Einer wieder auf und wagte mit einem Span etwas herauszustechen und zu kosten. Nun hätte man aber sein Gesicht sehen sollen! Ein Strahl reinsten Glücks, als ob er eine Goldgrube entdeckt, glitt darüber hin. Denn man muss wissen, dass für den Araber ranzige Butter — und zwar je älter je besser — die grösste Delicatesse ist. Und nun gings dem Blechkasten wie dem wandernden Teller in dem bekannten Gesellschaftsspiele. Einer riss ihn dem Andern aus der Hand; Alles kostete und leckte, bis es nichts mehr zu lecken gab. Zum Dank wurde hierauf der mit so geringem Aufwande mustergiltig reingescheuerten Dose die grösste Ehre zu Theil, die in diesem Hause möglich war, sie wurde in den Glasschrank, will sagen auf ein hoch oben an der Wand angebrachtes Brett, neben einige Porzellanscherben gestellt, die den „Hausrath" des Wirthes bildeten. Dort prangt sie nun zur Augenweide der Gäste und zum ewigen Gedächtniss unserer Anwesenheit.

Kaum weniger ergötzlich, als dieser kleine Zwischenfall im Innern des Cafés, stellten sich die Scenen dar, die sich vor demselben abspielten. Hier war die Schar der Neugierigen, die uns von unserem Eintritte in die Oase an gefolgt war, wie das Treibeis auf einem Flusse „zum Stehen" gekommen. Männer und Weiber, Greise und Kinder waren hier zusammengepresst, und Jeder suchte, oft unter Beeinträchtigung der Freiheit des Nachbars, durch das Loch, das an unserm Hauptquartiere die Pforte vertrat, einen Blick auf die „Rumis" (Christen) drinnen zu erhaschen. Unsere Tracht, die Art und Weise, wie wir die ihnen unbekannten Messer und Gabeln handhabten, kurz Alles an uns erregte ihr Interesse. Am meisten aber ergötzte sie meine Brille. Ein kecker Bursche, der sich am Weitesten vorgedrängt hatte, beschrieb dieselbe den hinten Stehenden, die nichts sehen konnten, dadurch, dass er mit seinen Zeigefingern im Kreise um seine Augen fuhr, eine Geberde, die der ganze Janhagel sofort unter nicht endenwollendem Gelächter wiederholte. Ebenso wurde unser Essen und Trinken von der Schar draussen mit wahrhaft affenartiger Possirlichkeit nachgeahmt, was wieder bei uns die Heiterkeit erweckte. Wagten sich aber einmal Einige zu weit vor, so war sofort der Wirth mit einem grossen Palmenwedel oder einer Wasserspritze zur Hand, worauf die Eindringlinge so energisch sich auf ihre Hintermänner zurückwarfen, dass dadurch das Gedränge noch schlimmer wurde.

Leider nur hatte der Anblick dieser harmlosen Naturmenschen da draussen auch eine recht ernste Seite. Es befand sich nämlich eine nicht geringe Anzahl Blinder unter ihnen, und zwar waren das häufig ganz junge Leute. Der feine, oft salzhaltige Staub und die blendende, durch kein Grün von Blättern und Pflanzen gemilderte, wohl aber durch die dünne, trockene Luft in ihrer nachtheiligen Wirkung noch verstärkte Sonnengluth der Wüste, verbunden mit der Indolenz und Ignoranz, mit welcher die Mütter der aus den eben erwähnten Gründen hier besonders häufigen sogenannten Augenentzündung von Neugeborenen gegenüberstehen, tragen die Schuld an solchen grässlichen Uebeln, die bekanntlich auch auf dem Hochplateau von Centralasien, durch gleiche Ursachen bedingt, zu Tage treten. In allen Oasendörfern, die ich besuchte, war sicherlich jeder fünfte Mensch einäugig. Den entsetzlichsten Anblick aber boten doch überall die Kinder. Mochten sie auch insgesammt vor Schmutz starren und in der Regel kaum mit etwas Anderem als einem durchlöcherten, ekelerregenden Hemde bekleidet sein, alles Das hätte sich noch ertragen lassen, wenn man nur nicht immer und immer wieder an den Augenlidern der armen Wesen die grossen Eitertropfen hätte hängen sehen, die dem Kundigen vor Schreck das Blut im Leibe gerinnen lassen könnten.

Möchte doch, diesen Wunsch wird kein Menschenfreund beim Besuche der Wüste zu unterdrücken vermögen die französische Regierung die ohne Widerrede schon so viel Gutes für die Eingeborenen gethan hat, auch hier, wo für so Viele, die ja fühlende Menschen sind wie wir, das höchste Gut, das der Mensch hat, das Augenlicht, gefährdet ist, Abhilfe schaffen. Möchte die christliche Barmherzigkeit, die auf der anderen Seite des Atlas der arabischen Kinder in ihrer Noth so engelmild sich angenommen, ihre linde Hand auch bis hier herunter ausstrecken, wo mit wenig Mitteln auf dem beregten Gebiete so grosser Segen geschaffen werden könnte. Ich meine wenigstens, es würde schon viel erreicht werden, wenn man nur eine Anzahl junge Araber in einer medicinischen Klinik mit den Elementen der Augenheil- oder richtiger nur der Augenbewahrkunde vertraut machte und dann in dieses Gebiet entsendete, bez. mit einem Staatsgehalte ausstattete. Selbst eine kurze diesbezügliche Instruction der eingebornen Hebammen müsste schon gute Früchte tragen.

Doch meine schwache Stimme dürfte kaum bis zu den leitenden Staatsmännern in Paris dringen. Daher wollen wir denn dies traurige Kapitel abbrechen und uns nun der bereits in Aussicht gestellten Besichtigung der Merkwürdigkeiten von Sidi Okba zuwenden. Diese Letzteren umfassen im Grunde nur ein einziges Stück, das ist die berühmte Moschee, das älteste arabische Heiligthum in Algerien, welches zugleich eins der ehrwürdigsten muselmanischen Denkmäler überhaupt darstellt. Dieses Gotteshaus ist mit der einfachen Geschichte des Orts aufs Engste verknüpft.

Okba Ben Nafi, ein arabischer Grande aus der Umgebung des Propheten, war im Jahre 60 der Hedschra (670 n. Chr.) unter dem Kalifat Moauïa zum Emir (Gouverneur) von Ifrikia ernannt worden und hatte in jener seiner Eigenschaft dem Islam grosse Länderstrecken in dieser Gegend und bis an's Meer hinauf erobert. Indess im Uebermuth des Siegers reizte er Einen der Berber-Häuptlinge, indem er ihn zwang, mit eigener Hand einen Schöps auszuschlachten. Bei diesem Acte hatte der so Gekränkte wiederholt seine blutigen Hände an seinem mächtigen Barte abgerieben und dabei gerufen: „o wie wohl thut dies meinen Haaren!" Der Emir aber achtete der in diesen Worten versteckten Drohung nicht und entliess seine Truppen. Da fiel der Berberfürst mit grosser Uebermacht über die wenigen Streiter, die allein als Gefolge bei Okba geblieben waren, her. Diese, als sie ihre Stunde gekommen sahen, zogen ihre Degen aus der Scheide, zerbrachen die letzteren und wehrten sich mit den ersteren so lange hartnäckig, bis sie Alle sammt ihrem Führer die Wahlstatt deckten. Der Leib des Lezteren aber wurde in der nach ihm benannten Oase beigesetzt und dazu eine eigene Moschee gebaut. Kostbare Seidenstoffe bedecken die Gruft, über welcher geschrieben steht: Hada Kobr Okba Ibn Nafe Rhamaho Allah, das ist verdeutscht: „Dies ist die Gruft Okba's, des Sohnes von Nafe, Gott sei ihm gnädig!" Die Buchstaben, die zu diesen Worten verwendet wurden, gehören beiläufig der sogenannten „Kufischen Schrift", einer der ältesten Formen der arabischen Schreibweise, an, die späterhin nur noch für Münzen und Inschriften Verwendung fand.

Dies im Jahre 682 n. Chr. errichtete Mausoleum des grossen Heiligen steht noch jetzt und ist darum schon um seines Alters willen sehenswerth. Denn im Gegensatz zu den stolzen Marmorbauten Europas, die einen solchen Zeitraum von nunmehr fast 1200 Jahren schwerlich überdauert haben würden, ist dies Wüstenkirchlein nur aus weiss getünchtem Lehm aufgerichtet, den die Sahara-Sonne indess wie ein Schmiedefeuer gehärtet hat.

Obwohl aber von so geringem Material, ist doch dies uralte Bauwerk nicht ohne architektonischen Schmuck. Ein Porticus und 24 Säulen zieren die eigentliche, von einer Kuppel gekrönte Moschee, während das Minaret einen mächtigen, viereckigen, nach oben sich verjüngenden Thurm darstellt, dessen Mauerflächen durch zierliche Rundbogen in Felder getheilt werden. Unter der mit einer ausgezackten Brustwehr versehenen Plattform wurden sogar sehr zierliche romanische Fensteröffnungen angebracht, die bis zur halben Höhe mit durchbrochener Füllung versehen sind.

Den grössten Reiz dieses Bauwerks bildet freilich Etwas, wozu nicht Menschenhände beigetragen haben — es ist das ungeheure Panorama, das sich von der nicht unbedeutenden Höhe erschliesst.

IV. In der Oase Sidi Okba.

Das Minaret von Sidi Okba geniesst durch seinen Wüstenanblick bereits eine gewisse Berühmtheit. Darum wollen wir denn auch hinaufklimmen. Die Aussicht von droben soll den würdigen Abschluss unserer Wanderungen in der Sahara bilden.

Durch das auf unser Klopfen geöffnete hölzerne Thor der Moschee traten wir, nachdem die Riegel wieder vorgelegt waren und wir unsere Schuhe abgezogen hatten, in den kleinen Moscheenhof, aus welchem man in das Minaret gelangt. Unser Führer war hierbei ein junger Araber, da unser Cicerone, jedenfalls um unserem Beutel zu einem doppelten Aderlass zu verhelfen, vor dem Thore geblieben war. Es war dies um so unangenehmer, weil der neue Begleiter kein Wort französisch verstand. Aber die Sache sollte noch besser kommen.

In dem Minaret, auf dessen ausgetretenen Stufen wir nun aufwärts kletterten, war es stockfinster. Glücklicher Weise währte das Steigen nicht allzulange. Wieder von hellem Lichte umfluthet, treten wir bald aus der unheimlichen Nacht im Innern auf die Plattform des Thurmes heraus. Aber wir waren nicht die Ersten. Eine Anzahl junge Bursche, die nun einmal so viel Interesse an uns gewonnen hatten, dass sie uns auch jetzt nicht von den Fersen gehen wollten, waren, nachdem man ihnen das Moscheenthor vor der Nase zugeschlagen hatte, über die niedrigen Mauern des Hofes gestiegen und hierauf wie die Katzen an der Aussenseite des Minarets emporgeklettert, um uns auf dieser luftigen Höhe mit siegesfreudigem Jubel, wie der Igel den Hasen in der bekannten Fabel, begrüssen zu können.

Wir liessen uns indess von dem wilden Tross nicht stören, sondern genossen der unvergleichlichen Aussicht. Ueber die Masse ruinöser Lehmhütten, die Sidi Okba bilden und die mich, von hier oben gesehen, lebhaft an die Strassenfragmente erinnerten, welche durch die pompejanischen Ausgrabungen am Fuss des Vesuv blossgelegt worden sind, sowie über den mächtigen Palmenwald hinweg, der hinter diesem elenden Gewinkel sich ausdehnt, durchmassen unsere Blicke die ungeheure Sahara. Nur gegen Norden, wo die endlose Atlas-Kette sich ausdehnt, den riesigen Wellen einer heranbrausenden Sturmfluth vergleichbar, die mitten in ihrem Laufe plötzlich zu Stein erstarrt sind, bot sich dem Auge eine Schranke. Sonst breitete sich die gelblich schimmernde, ebene Fläche nach allen Seiten ungehemmt aus, um am fernen Horizonte mit dem Himmel zu verschmelzen.

Ein solches Panorama ist gewiss nicht schön, es kann sich mit dem Blick von einem unserer Thürme in dieser Hinsicht nicht messen. Hier fehlen die Farben, die Wärme, das Leben, das bei uns ein solch grosses Tableau durch Berge und Thäler, Häuser und Fluren, Bäume und Flüsse erhält. Hier ist Alles öde, einfarbig und einförmig, arm und tödt. Aber gerade in dieser ungeheuren Monotonie liegt das unsagbar Grosse eines solchen Anblicks. Fast mehr noch als das eigentliche Meer ist dieses Sandmeer ein Bild der Unendlichkeit, eine Illustration zu dem gewaltigen Liede: „O Ewigkeit, du Donnerwort, o Schwert, das durch die Seele bohrt, o Anfang sonder Ende!" —

Um indess über der Poesie die Prosa nicht zu vergessen, so muss darauf hingewiesen werden, dass der Blick von hier oben auch geographisch instructiv ist. Man übersieht ja einen grossen Theil der ungeheuren Mulde, die den östlichen Theil der algerischen Sahara einnimmt und südlich von hier in einigen Salzseen, unter denen der Schott Melrrir hinsichtlich der Lage unter dem Meeresniveau in erster, in Bezug auf seine Ausdehnung in zweiter Linie steht, ihre tiefste Einsenkung erreicht. Bekanntlich gründeten die Franzosen vor einiger Zeit auf diese Depression das Project einer theilweisen Inundation der Sahara. Ein Meer von etwa 500 Quadratmeilen, d. h. fast doppelt so gross als Sachsen, in dieser Gegend, in der That, das musste unberechenbare Vortheile verheissen! Schon sah man das kahle Auresgebirge mit dichtem Wald bestanden, die Fluren im weiten Kreis um die neugeschaffene Wasserfläche in einen üppigen Garten verwandelt, diese letztere aber selbst mit Schiffen bedeckt, einen neuen, bequemen Zugang zum Inneren von Algerien und bezieh. von Afrika geschaffen und den Saharahandel sammt dem umgangenen Tunis in Frankreichs Hände gelegt.

Und die Ausführung schien ja so leicht. Man brauchte nur die schmale und niedrige Dünenkette, die den Golf von Gabes von den erwähnten Salzseen trennt, zu durchstechen, und das Meer fluthete herein und vollendete das grosse Werk. Indess man hatte bei dem ganzen Project zu viel geträumt und zu wenig die Realität berücksichtigt. Ein nochmaliges genaues und weiter ausgedehntes Nivellement ergab, dass nur ein verhältnissmässig kleiner und überdies vom Meere ziemlich entfernter Theil dieser Seenplatte (etwa 300 Quadratmeilen) wirklich unter dem Spiegel des Meeres liegt, dessen Umwandlung in Meer im Verhältniss zu den immensen Schwierigkeiten, welche die Ausführung finden dürfte, von nur geringem Nutzen sein könnte. In Folge dessen ist denn der ganze stolze Plan im Grunde als aufgegeben zu betrachten, und die seiner Zeit vielfach laut gewordene Befürchtung, dass das an die Stelle der Sahara tretende Meer eine Abkühlung resp. Vereisung Europa's zur Folge haben würde, hat allen Boden verloren. Ein derartiger Gedanke konnte übrigens auch nur aufkommen, wo man weder die Grösse des inundationsfähigen Gebietes, noch die Hochland-Natur der Sahara überhaupt kannte.

Doch wiederholtes Rufen und Zupfen seitens der mitanwesenden Araber reisst uns endlich aus unseren geographischen Betrachtungen. Sie wollen uns auf die Mauer des kleinen Kegels aufmerksam machen, welcher der Plattform unseres Thurmes aufgesetzt ist. Auf derselben präsentiren sich nämlich Tausende von Namen, denn die Moschee des Sida Okba wurde bald schon zum Wallfahrtspunkte und die herzuströmenden Pilger mochten meinen, dass ihr Name auch im Himmel eingeschrieben werde, wenn sie sich hier verewigten. Dieser Brauch ist darum seit Jahrhunderten innegehalten worden und auch mir wurde unter den lebhaftesten Gesten bedeutet, ein Gleiches zu thun. So zog ich denn meine Bleifeder und schrieb. Aber nie wohl hat ein Lehrer solche aufmerksame Schüler gehabt, wie ich bei diesem Thun. Jeder Zug, den ich ausführte, wurde aufs Eifrigste verfolgt, jeder Buchstabe als ein Triumph betrachtet und endlich die fertige Inschrift mit unendlichem Jubel begrüsst. Namentlich schien die abendländische Methode, von links nach rechts zu schreiben, allgemeines Erstaunen hervorzurufen.

So steht denn nun mein Name da oben unter Arabern und Türken, Franzosen und Engländern, und wird dort in der Wüste mit ihrer trockenen Wärme, die auch die Leichen von Menschen und Thieren gleich dem geschicktesten Custos eines zoologischen Museums präparirt und conservirt, stehen bleiben, wenn die Hand, die ihn geschrieben, längst in Staub zerfallen ist. Ueberhaupt beschlichen mich nun, wo ich die erhabene Warte verlassen sollte, trübe Gedanken. Der Standort da oben bezeichnete ja den südlichsten Punkt meiner ganzen Reise. Wenn man auf einer grossen Tour an einem so entlegenen Ziele die Rückkehr antritt, so ist es immer eine Art vorläufiges Sterben, welches das Herz durchzukosten hat. Man muss sich da ja sagen, dass man dies Stück Erde voraussichtlich nicht wieder betreten wird. Die Endpunkte einer grossen Reise gewinnt man lieb wie heiss umworbene und sauer erworbene Freunde. Und doch, wenn man sie endlich hat, gilt es auch schon Abschied zu nehmen von ihnen, voraussichtlich auf ewig. So schweife denn, mein Auge, noch einmal über die unermessliche Sahara da draussen, die schon vor Jahrtausenden so da lag wie heute, während die übrige Erdoberfläche so vielfach sich gehäutet hat und Städte und Reiche erstehen und vergehen sah, die Sahara, die ebenso aber auch nach Jahrtausenden, wenn wir und endlose Generationen nach uns vergangen sein werden, noch immer, gleich der bekannten Riesensphinx, die an einer Stelle ihren Boden ziert, dasselbe Antlitz zeigen wird, das Antlitz voll Starrheit und Oede und doch voll Majestät und stolzer Ruhe.

Nun aber hinunter und fort aus der Oase! Aber so rasch ging Das nicht. Im Hofe der Moschee hielt mich zuerst der Führer an und forderte seinen Lohn. Als er ihn erhalten und ich dafür nun meine Stiefeln zurücknehmen wollte, sah ich, dass zwei andere Bursche sich in dieselben brüderlich getheilt hatten, indem Jeder einen davon erfasst hatte und nur gegen Trinkgeld herauszugeben entschlossen schien. Zum Unglück trat aber auch noch ein alter, bärtiger Mann aus der Moschee, der mit dem Rufe „Marabut!" seine Hand nach mir ausstreckte. Einem „Heiligen" konnte ich doch eine Gabe nicht verweigern. Aber kaum hatte ich diesen befriedigt, so langten wohl ein Dutzend Hände nach mir und aus eben so vielen Kehlen tönte es: „Marabut! Marabut!" Diese wilden Rangen hatten sich also in der Eile selbst heiliggesprochen.

Da riss mir denn zuletzt der Faden der Geduld. Was wollte ich auch machen! Alles einzelne Geld war verausgabt und die Goldfüchse mochte ich doch auch nicht noch austheilen. So verschafften mir denn einige kräftige Püffe zunächst meine Stiefel, einige weitere Raum bis ans Thor, während ich mir endlich auch die Oeffnung dieses letzteren selbst, die mir wieder von neuen Wegelagerern verweigert wurde, auf ähnliche Weise erzwang. Draussen aber standen schon die Reitthiere. Meine Stiefel anziehen, in den Sattel springen und den ganz verblüfften und kreischenden Janhagel weit hinter mir lassen, war das Werk eines Augenblicks.

Schon gegen 1 Uhr Mittags waren wir wieder in Biskra, freilich nicht, ohne dass wir während des Rittes über die glutherfüllte Ebene furchtbar von der wahrhaft sinnverwirrenden Hitze gelitten hatten. Wie wohl that uns darauf die Kühle in unserem Hotel! Leider mussten wir nur aus diesem lieben Hause schon am nächsten Morgen ausziehen.

Heimwärts.

Inhalt: Eine Eigenschaft, die arabische Hausknechte mit europäischen gemein haben. — Regen in der „ewig trockenen" Wüste. — Biskra als projectirter Kurort für Brustkranke. — Die Sahara in Nebeln. — Das Nachtquartier eines arabischen Sträflings. — Die Wüste droht uns festzuhalten. — Eine afrikanische Eisenbahn mit alpiner Scenerie. — Das „Thal der weissen Pappeln". — Heuernte in Algerien. — Philippeville und Umgebung. — Nachtigallen in Afrika. — Ungezogenheiten des Mittelmeeres. — Hagelwetter zur See. — Ein trauriger Sonntag. — Der Tod in Sicht. — Flucht an die Gestade Sardiniens. — Ein grossartiges aber todtes Inselland. — Nach sechstägiger Irrfahrt wieder angesichts der Notre-Dame de la garde von Marseille. —

Die Post retour nach Constantine verlässt Biskra bereits früh 2 Uhr. Der arabische Hausknecht, der mich zu wecken versprochen hatte, lag noch im besten Schlummer in der Hausflur, so dass ich über ihn wegsteigen musste. Draussen aber war es stockfinster, und um den trüben Eindruck, den ich so zu guter Letzt von der freundlichen Oasenstadt mit hinwegnehmen musste, noch zu verstärken, geschah das Unerhörte, es regnete. Also auch dies Charakteristicum der Wüste, dass ihr die Niederschläge fehlen, traf nicht zu. Freilich wird man dabei berücksichtigen müssen, dass die Verhältnisse für Biskra, welches noch so nahe am Atlas-Gebirge seinen Platz hat, wesentlich anders liegen, als tiefer im Süden des grossen Sahara-Gebiets. Die Nachbarschaft der Berge bedingt ja überhaupt für den Nordrand des algerischen Theils der grossen Wüste die verhältnissmässig bedeutende Zahl und die beträchtliche Blüthe der Oasen, speciell für Biskra aber ein recht günstiges Klima. Unter dem 36. Breitengrade in einer Meereshöhe von CXI m gelegen, hat es eine mittlere Jahrestemperatur von 22,9° Cels. Die Maximaltemperatur betrug daselbst in den Jahren 1853—55 46° (einmal, im Juli des letztgenannten Jahres), während das Minimum (im Februar 1854 und im Januar 1855) + 3° aufwies. Leichter Reif auf den Fluren und dünne Eisschichten auf den stehenden Gewässern sind dabei nichts Seltenes.

Immerhin aber ist doch das Klima kein excessives und eher noch ein oceanisches zu nennen, so dass Biskra' unter Hinweis auf seine trockene Luft von einzelnen Aerzten selbst als Kurort für Brustkranke empfohlen worden ist. Bereits sprach man auch von Erbauung eines grossen Kurhauses unter den Palmen. Allein mit dem Inundationsproject ist auch dieser Plan wieder in Vergessenheit gerathen.

Was die Zeit meines Aufenthaltes anbetrifft, so habe ich mehrmals Wind und bedeckten Himmel gehabt. Die grösste Hitze, die ich beobachtete, war 28° R. im Schatten. Einmal zeigte das Thermometer früh 6 Uhr schon 18, ein andermal aber auch nur XI, bei der Abreise 15°. Im kühlen Hofe unseres Hotels variirte Nachmittags zwischen 4 und 5 die Temperatur mehrmals zwischen 20 und 22°. Viel ungünstigere Resultate liefern die Beobachtungen in südlicheren Oasen. Namentlich dürfte hier Tuggurt Extreme aufweisen, die zu dem Ausserordentlichsten gehören, was man in dieser Hinsicht auf der Erde wahrgenommen hat. Unter 33° 23' nördl. Br. in einer Seehöhe von 51 m gelegen, hat dieser Ort nicht selten Kälte bis zu 7° unter Null und Wärme bis zu 56° C.

Doch die muthigen Rosse wollen sich nicht länger zurückhalten lassen. Wir steigen darum ein und nach wenigen Minuten schon liegen Häuser und Palmen hinter uns; die weite Steppe umfängt uns wieder, die jetzt, wo Nacht auf ihr liegt und kühler Regen niederthaut, eher an die norddeutschen Tiefebenen an einem Herbsttage, denn an Afrika im Frühling erinnert.

Auf dem „Löwenjoch" brach der Tag an, aber unter den dichten, wogenden Nebeln, die nach dem Regen gekommen waren, erschien die unabsehbare Fläche zu unseren Füssen erst recht wie ein weites Meer. Auf der Ebene von Utaia passirten wir eine seltsame Gruppe. Zwei Spahis, die einen Gefangenen transportirten, aber auf dem Marsche von der Nacht überrascht worden waren, campirten hier auf dem nassen, kalten Erdboden unter freiem Himmel, die abgezäumten Pferde neben sich. Einen noch grossartigeren Beweis von der unendlichen Zähigkeit des arabischen Naturells aber lieferte uns ein barfüssiger Mann, der stundenlang in scharfem Trabe mit unserem Wagen Schritt hielt.

Freilich auch an unsere Kräfte wurden heute grosse Anforderungen gestellt. Durch den Regen war der Sand weich geworden und hing sich nun wie eine zähe Schlammmasse an die Räder. In Folge Dessen war auf weiten Strecken die Fahrt eine schreckliche. Der Wagen sank bald hier bald da ein, rutschte jetzt gleich einem Schlitten auf dem Eise und drohte dann wieder ganz stecken zu bleiben. Wäre der Regen noch etwas derber gekommen, hätte leicht die Fahrt für mehrere Tage eingestellt werden können. Doch das Schicksal zeigte sich uns noch gnädig. Denn siehe, da kommen schon die mächtigen Berge, die den „Wüstenmund" bilden, zum Vorschein, schon von Weitem daran kenntlich, dass zahllose tiefe Rinnen, die durch Verwitterung entstanden sind, wie mathematisch genau angeordnete Falten parallel nebeneinander von der höchsten Spitze bis an den Fuss sich niederziehen. Ich habe nie an einem Gebirge wieder eine ähnliche Regelmässigkeit der Bildung bemerkt.

Um 10 Uhr Vormittags hatten wir die Wüste und damit den schlechten Weg hinter uns. Auf der neuen Strasse rückten wir von da ab so schnell vorwärts, dass wir schon Abends 6 Uhr in Batna und, da wir uns diesmal hier gar nicht aufhielten, den anderen Morgen um 5 in Constantine ankamen, das uns nach der Wüstenreise wie eine traute Heimath vorkam.

Trotzdem war unseres Bleibens auch da nicht. Unverweilt bestieg ich die Bahn, um so bald wie möglich am Strande des länderverbindenden Meeres anlangen und das erste Schiff, das nach Europa absegelte, besteigen zu können. Eine gewisse Hast überkommt ja selbst einen alten Reisenden nach jeder längeren Tour. Trotzdem war ich für die Schönheiten der Bahnlinie, die mich zur Küste hinunterführte, nicht unempfänglich. Dieselben sind in der That auch bedeutend genug, obwohl die ganze Strecke nur 87 km misst, welche man in $3^1/_2$ Stunde durchfährt.

Muss doch der Schienenweg auf eine verhältnissmässig so kurze Distanz 640 m abwärts steigen. Da waren Kunstbauten aller Art nicht zu umgehen. Und mit der meisterhaften Technik der Bahnanlage rivalisirt die Landschaft, die bald die Wildniss des Gebirges mit seinen schroffen Wänden und tiefen Schluchten, bald wieder die freundlichsten Thalebenen, angethan mit allem Zauber der südlichen Natur, erfüllt von Palmen, Oliven, Orangen u. A. m., unserem Blicke erschliesst. Auch schöne, volkreiche Ortschaften, in deren einer sogar schon eine Fabrik mit Dampfesse, für die Gewinnung des Olivenöls bestimmt, zu finden ist, passiren wir. Die bedeutendsten dieser Ansiedelungen sind Bizot (14 km) mit 3290 und Condé Smendu (27 km von Constantine) mit gar 5047 Einw. In dieser Weise ist die Fahrt stets hochinteressant.

Sobald der Zug aus dem Tunnel wieder herausgetreten ist, mittelst dessen der Dschebel Mesid durchbrochen wurde, hat man zuerst noch einmal in voller grotesker Schönheit Constantine mit seinen senkrechten Wänden, seiner hochragenden Kasba und den schauerlich tiefen Schluchten am Fusse seines Piedestals sich gerade gegenüber. Dann öffnet sich der Ausblick in die weite Thalebene des Rumel und auf die blaue Bergkette, die dem Auge den Anblick des Oceans entzieht. Weiter nehmen zwei Zwillingsberge unsere Aufmerksamkeit in Anspruch, die nach ihrer merkwürdigen Form den bezeichnenden Namen les deux Mamelles (Tumiet) erhalten haben (894 m hoch). Zuletzt steigt die Bahn mittelst mächtiger Kurven von dem Gebirge, das sie bis dahin durchschnitten hat, in das Thal des Saf-Saf (zu deutsch: „Fluss der weissen Pappeln", nach einem Baum, der von da an vielfach zu finden ist) nieder. Dasselbe stellt eine der lieblichsten Gegenden von Algerien dar, ist von sanften, schön bewachsenen Gehängen eingeschlossen und überreich an Wein, Feigen, Mandeln, Gerste, Hafer, Bohnen, Rosen und blühenden Akazien. Nichts ist hier mehr von der in Algerien so häufigen Dürre der Landschaft zu bemerken. Hier erquicken — eine grosse Rarität in Afrika und dem Süden überhaupt — sogar saftige Wiesen das Auge. Es wurde gerade Heu gemacht, ein wunderbar anheimelnder Anblick für Einen, der aus der Wüste kommt, um so mehr, als man dabei braune Araber mit der Mähmaschine hantiren sah. Immer üppiger wird die Niederung, bis man endlich in Philippeville einfährt.

Mein erster Gang war natürlich an den Hafen. Aber von den Schiffen der Compagnie Valéry, die den Verkehr mit Marseille von diesem Punkte aus vermittelt, ging vor Dienstag keins ab, und wir schrieben erst Freitag. Nur von der Société générale des Transports maritimes wurde für den nächsten Tag ein Dampfer gerüstet. Da man mir nun auf der Agentur versicherte, das Fahrzeug werde in 40 Stunden die Ueberfahrt bewerkstelligen, so entschloss ich mich kurz, nahm ein Billet für diese Gelegenheit, und füllte die Zeit bis dahin mit Besichtigung der Stadt und ihrer Umgebung aus.

Die erstere bietet freilich nicht viel. Sie ist, obwohl auf der Stelle des römischen Rusicada (phönizisch Rus Cicar oder Rus Sadeh, d. h. Cap der Ebene) gelegen, doch eine ganz moderne, erst 1838 gegründete, von regelmässigen Strassen mit eleganten Häusern durchschnittene Stadt, die 12274 Einwohner zählt, von denen indess nur 1957 Muselmanen sind. Um so köstlicher sind die Spaziergänge in der von hohen Küstengebirgen erfüllten Umgegend, namentlich die Promenade nach Stora (5 km), einem kleinen Küstenort mit 1046 Einwohnern, unter denen nur 16 Muhammedaner sich befinden. Der Weg dahin läuft immer dicht über dem brandenden Meere an steilen Abhängen entlang, die mit wohlgepflegten Gärten, aus denen zierliche Villen schimmern, oder mit dem üppigsten Buschwerk von Lorbeer, Korkeiche, Myrthe, Rosen, Winden, Feigen u. dergl. bedeckt sind. In diesem undurchdringlichen Blätterdickicht aber musiciren und trillern Nachtigallen in solcher Zahl, wie ich sie nirgends wieder beobachtet habe. Sie sangen uns den Abschiedsgesang, der freilich bald zu einem Leichengesang geworden wäre.

Als wir nämlich am nächsten Morgen an Bord gehen wollten, war das vorher so freundliche Wetter dermassen stürmisch geworden, dass das Boot, das uns durch den leider nicht recht sicheren Hafen zum Dampfer führte, nur nach langem Kampfe mit den Wellen uns am Schiffe absetzen konnte und der Kapitän bis Nachmittags 4 Uhr wartete, ehe er sich entschloss, auszulaufen. Hatte er aber gehofft, draussen auf hoher See werde es besser sein, so hatte er sich getäuscht. Das Barometer fiel rasch, dunkles Gewölk verwandelte den lichten Tag in grausige Nacht, und Wogen, die mit jeder Stunde schwerer wurden, warfen sich über das zwar lange aber leider nur zu schmale Schiff. Es war eine fürchterliche Nacht, wie ich eine solche trotz mancher schlimmen Seefahrt, die ich gemacht, noch nicht erlebt hatte.

Gegen Morgen brach sogar ein Gewitter los, das durch zuckende Blitze, betäubenden Donner und heftigsten Hagelschlag, der sich von der Kajüte aus anhörte, als ob auf dem Decke gedroschen würde, die Todesangst der jammernden Passagiere, unter denen selbst kleine Kinder waren, noch vermehrte. Wohl brach endlich der Tag an, aber es war ein bleicher Geselle, voll Regen, Windesbrausen und dichtem Nebel. Die Feuer in der Küche waren schon von dem grimmen Sturme gelöscht worden. Mehr und mehr wurden auch die Kesselfeuer bedroht und dann waren wir verloren. Niemand deckte die Tafel, Niemand ass, selbst die Offiziere und der muntere Kapitän waren verzagt. So verging der traurige Sonntag, der den Leuten auf dem Festlande draussen ein Tag der Freude war. Und mit der von Neuem niedersinkenden Nacht wurde unsere Lage nun wirklich verzweifelt. In der Kajüte stand das Wasser zollhoch, man konnte nicht mehr stehen und doch auch nicht liegen. Der bleiche Tod grinste uns ins Angesicht. Da plötzlich bringt der Steward, wie ein Hund auf allen Vieren kriechend, die Kunde, dass wir in einer Stunde in einem schützenden Hafen Sardiniens sein werden. So weit also waren wir durch den furchtbaren Mistral vom Curs abgekommen.

Wir waren gerettet! Aber die besagte Stunde sollte noch schlimm sein. Bei der Einfahrt in den Hafen wären wir, rabenschwarz wie die Nacht war, an einem mitten im Wasser stehenden nackten Fels angerannt, hätte nicht ein Matrose kurz vor der Karambolage noch die Gefahr bemerkt. „Monsieur", sagte der Kapitän zu mir, als wir dann, nachdem wir sicher vor Anker lagen, einen Freudenschoppen mit einander tranken, „noch 3 Minuten, und wir lagen Hundert Faden tief und aller Streit zwischen Preussen und Franzosen (wir hatten uns in der langen Wartezeit im Hafen von Philippeville mehrfach geneckt) hätte für immer ein Ende gehabt."

In diesem Hafen, nach dem Apostel, welcher einst über's Meer wandelte, San Pietro genannt, einer weiten stillen Bucht, welche Gebirge mit grossen Conturen, aber fast ohne alle Zeichen des Lebens einschlossen, blieben wir, noch 12 km vom Lande entfernt, vom Sonntag Abend bis Dienstag früh liegen. Dann versuchten wir, da inzwischen das Barometer etwas gestiegen war, unser Glück nochmals. Indess den ganzen Tag, während dem wir ziemlich dicht an der gebirgigen Westküste Sardiniens hinliefen, war das Wetter auf der See noch so ungünstig, dass der Kapitän Abends wieder einen Hafen aufsuchen wollte, als plötzlich wie auf Zauberschlag der Wind abfiel und die See so absolut ruhig wurde, wie ich sie nur noch in den tiefen Fjorden von Norwegen gesehen. Nach einer nunmehr zauberisch schönen Fahrt liefen wir Donnerstag früh, nachdem wir im Ganzen 6 Tage lang auf der tückischen Salzfluth umhergeirrt waren, im Hafen von Marseille ein.

O, als ich sie im rosigen Frühschimmer wieder aufblitzen sah, die „heilige Jungfrau von der Huth" (Notre-Dame de la garde), deren goldene Kolossalstatue den isolirten Kreidefelsen an der schützenden Bucht dort ziert, da begriff ich, mit welchen Gefühlen der wetterharte Schiffsmann, wenn er der gähnenden Tiefe entrann, sein Auge zu dieser seiner Patronin emporhebt, da pries auch ich die Hand der Vorsehung, die für uns „Wind und Meer bedrohte, dass es ganz stille ward".

ZEHNTES KAPITEL.

ANHANG.
DIE GEOGRAPHIE ALGIERS
IN SYSTEMATISCHER ORDNUNG.

I. Vorbemerkung.

Obgleich die bisher gegebene Reiseschilderung bereits ein ungefähres Bild von Land und Leuten in Algerien liefern dürfte, so wollen wir doch, um die Darlegung zu einer möglichst vollständigen zu erheben, in den nachstehenden Zeilen noch eine Anzahl Bemerkungen folgen lassen, die wir theils der Literatur über das Land, namentlich den zahlreichen Werken französischer Autoren entnommen, theils in Folge unserer Bereisung des Terrains selbst gesammelt haben. Wenn hierbei Einzelnes, das wir schon in den Vorstehenden 9 Kapiteln gebracht haben, wiederkehren sollte, so wird man dies im Hinblick auf die systematische Anordnung, die wir nun einhalten wollen und durch die dieser Anhang zu einer Art kurzgefasster „Geographie von Algerien" werden soll, gewiss gern ertragen.

Ehe wir aber zur Sache selbst übergehen, muss noch eine formelle Bemerkung Platz finden. Dieselbe betrifft zuerst die unserem Buche beigegebene Karte. Es ist schon früher bemerkt worden, dass es mit der Literatur über Algerien hinsichtlich kartographischer Darstellung, wenigstens des ganzen Territoriums, überaus schlecht bestellt ist. Auch das der neuen (2.) Auflage von Piesse, „Itinéraire" beigegebene Uebersichtsblatt hat hierin keine Aenderung gebracht, zumal in Folge der ungenügenden Ausführung der Arbeit die Bodenerhebungen höchst verschwommen erscheinen. Einen bedeutsamen Anlauf zum Besseren bezeichnet erst das im Sommer dieses Jahres ausgegebene 1. Ergänzungsheft zum Stiehler'schen Handatlas, das auf Blatt 5 (J. Perthes, Gotha, 1880) eine im Allgemeinen höchst subtile Karte von Algerien bringt. Doch hat es der Zweck der ganzen Arbeit (Mittelmeerkarte) bedingt, dass wiederum nur ein Theil, wenn auch der weitaus grösste des gesammten Territoriums, immerhin aber

Vorbemerkung.

doch eben nur ein Bruchstück geboten wird. Auch fehlt leider trotz der trefflichen Gebirgszeichnung eine plastische Markirung der eigenthümlichen Bodenverhältnisse des Landes, wie eine solche auf dem freilich nur zu kleinen Blatt 5 desselben Atlas (1876, westliche Hälfte des Mittelmeeres) zu finden ist.

Daher haben wir uns entschlossen, unserem Buche eine eigens für dasselbe entworfene Karte beizugeben, deren Hauptzweck es ist, das Relief der Provinz klar zum Ausdruck zu bringen. Es wurde deshalb neben der Terrainzeichnung auch noch farbige Ausführung in Anwendung gebracht, so dass die 3 Hauptformen algerischen Landes, Küste, Hochplateau und Wüste, nunmehr deutlich genug heraustreten dürften. Ausserdem wurden, um das Bild von der vertikalen Gliederung des Terrains noch bestimmter werden zu lassen, Höhenzahlen an vielen Punkten beigegeben.

Wenn in dieser Weise aber auch das physikalische und speziell das orographische Element beim Entwurf unserer Karte die Hauptrolle spielte, so dürfte das Blatt, auch ohne dass es Anspruch darauf macht, in topographischer Hinsicht erschöpfend zu sein — was schon bei den im Verhältniss zu dem ungeheuren Territorium (12—14000 ☐ M.) doch immer noch kleinen Massstabe eine Unmöglichkeit war — dennoch selbst für den Touristen wie überhaupt für practische Zwecke von Werth sein.

Eine zweite formelle Bemerkung betrifft die von uns im Texte sowohl wie auf der Karte eingehaltene Schreibweise arabischer Namen. Es ist ja bekannt, dass der Werth der arabischen Schriftzeichen sich nicht immer völlig entsprechend mit abendländischen, bez. lateinischen Buchstaben wiedergeben lässt. Namentlich gilt dies von dem den semitischen Sprachen so charakteristischen ح (hebräisch ח). Dies Zeichen wird in der Regel durch ein ch (ch) oder auch ein gh wiedergegeben, während es in der That ganz anders, nämlich mehr wie ein scharf asperirtes, tief aus dem Gaumen geholtes rr klingt. Mit einem ähnlichen Klang sprechen wir im Hochdeutschen das ch nur am Ende der Silben, namentlich in dem Worte: „auch", das sich im Grunde doch auch immer wie „aurr" anhört. Nur im Alemanischen ist die Aussprache des ch am Anfang und in der Mitte der Silbe ähnlich. So sagt der Schweizer bekanntlich statt „nicht" „nirrt", und im Elsässischen lautet z. B. Kinder wie Rrinder. Im Uebrigen findet sich dieser originelle Laut unter allen europäischen Sprachen nur noch im Spanischen, wohin er (als j) aus dem Arabischen gekommen sein mag. Das Wort Alpujarras wird z. B. dort wie Alpurrarras, Mejico wie Merrico ausgesprochen.

Will man also ohne Weiteres für jenen originellen semitischen Buchstaben ein ch oder gh substituiren, so erhält man einen anderen als den wahren Klang des Wortes, ja läuft Gefahr, dass das letztere bis zur Unkenntlichkeit entstellt wird. Um nur eins der prägnantesten Beispiele anzuführen, so lautet die Benennung des südlich von Biskra gelegenen Wüstensalzsee's im Arabischen Melrrir, während, wenn die betreffenden arabischen Schriftzeichen durch gh ersetzt werden, das Wort die kaum dem Original noch ähnelnde Form Melghigh erhält.

Es ist nach Alledem höchlichst zu verwundern, dass man, namentlich deutscher Seits, noch heutigen Tags die soeben gekennzeichnete unzureichende Schreibweise arabischer Namen beibehält. Selbst die obenerwähnte neueste Stiehler'sche Karte hat noch Laghuat u. s. w. Gleichzeitig ist das sonst so trefflich gearbeitete Blatt in dieser Beziehung höchst inconsequent. Denn es bequemt sich gelegentlich auch wieder der Aussprache an und schreibt Wadi Rirh (statt Righ), während gleich daneben noch Schott Melghigh prangt.

Die in vielen Dingen so practischen Franzosen haben auch hier das einzig Richtige erkannt, und schon lange das phonetische Prinzip angenommen, nach welchem der r-Laut des arabischen auch durch den Dem entsprechenden Buchstaben unserer Schrift wiedergegeben wird. In der Regel thun sie dies allerdings durch ein apostrophirtes r (z. B. Zar'ez), während wir, wie es doch entschieden am Einfachsten ist, ein Doppel-r verwenden. Ist dasselbe auch als wort- oder silbenanfangend in der europäischen Schreibweise sonst nicht gebräuchlich, so wird doch in diesem Falle der beabsichtigte Zweck dadurch am besten erreicht, und gerade weil ungewöhnlich, wird es sich dem Leser immer sofort als Ersatz des bewussten arabischen Schriftzeichens kenntlich machen. Dass freilich auch dies Doppel-r dem eigenthümlichen semitischen Kehllaut nicht völlig entspricht, ist ein Uebelstand, dem nicht weiter abgeholfen werden kann. Indess ist die Nüance eine überaus feine und nur für das sprachgeübte Ohr bemerklich.

II. Die horizontale Gliederung des algerischen Terrains. Seine politischen und natürlichen Grenzen. Die Chancen für zukünftige weitere Ausdehnung.

Algerien (der Name Algier soll, der gewöhnlichsten Erklärung zufolge, aus el Dschesaïr, „die Inseln", entstanden sein, welche Benennung die Araber der von ihnen auf der Stelle des alten Icosium im 10. Jahrhundert gegründeten Stadt nach den kleinen, heutzutage vollständig verbauten Inseln im Hafen von Algier gegeben hätten), das ungefähr die Mitte des weit in das Westbecken des Mittelmeeres vorgeschobenen, durch die tiefe Einbuchtung der Syrten vom Massiv seines Continentes sich abhebenden Nordwestflügels von Afrika einnimmt, liegt zwischen dem 7. östl. und dem 5°. westl. Länge von

II. Die horizontale Gliederung des algerischen Terrains. 253

Paris und dem 38. und 30.° n. Breite; es reicht also in letzterer Hinsicht, da sein nördlichster Punkt mit den südlichsten Theilen von Spanien, Italien (Sicilien) und Griechenland auf gleicher Höhe sich befindet, aus dem Gebiete der südeuropäischen Zone bis nahe an die Tropen hinan, womit schon vorläufig seine Vegetationsverhältnisse gekennzeichnet sind. Obwohl in Folge des Mangels einer festen Grenze gegen Süden die gesammte Ausdehnung des Territoriums nicht absolut genau angegeben werden kann, so darf man doch sagen, dass dieselbe etwa 12150 □M. (= 669000 km 66 Mill. Hectar) beträgt, also die des Königreichs Preussen (nach 1866) nahezu um das Doppelte übertrifft. Würde die französische Herrschaft nach der grossen Sahara hin aber bis zu der natürlichen Grenze ausgedehnt, so möchte der gesammte Flächeninhalt dann mindestens 15000 □M. betragen. Und sollte dazu einst das ganze Gebiet kommen, für welches die transsaharische Bahn projectirt ist, sollte es Frankreich gelingen, den gesammten nordwestlichen Theil Afrikas von Tunis bis zur Bai von Guinea und vom atlantischen Ocean bis zum Golf von Gabes in Besitz zu nehmen, so würde das Ganze dann einen Colonialbesitz darstellen, der eine Ausdehnung von wenigstens 150000 □M. hätte und das englische Territorium in Indien (70930 □M.) um mindestens das Doppelte überträfe.

Das Mutterland Frankreich (nach 1870 noch 9599,82 □M.) wird von dem gegenwärtigen Algerien um ca. 2500 □M. überragt, das heisst, Algerien stellt ein Stück Landes dar, das etwa der Grösse von Frankreich, Belgien, Holland und der Schweiz zusammen gleichkommt.

Anlangend seine Form, so bildet es ein ungefähres Parallelogramm, das seit der Occupation der Schaanba-Oasen (el Golea) bereits nahezu ein Quadrat geworden ist. Die Grenzen dieses gewaltigen Vierecks sind theils natürliche, theils nur politische. Das erstere gilt für den Norden, wo das Mittelmeer die eine Seite der genannten geometrischen Figur abgiebt. Die auf diese Weise gebildete Küstenlinie ist nicht weniger als reichlich 1000 km lang, eine Zahl, die ungefähr der Entfernung zwischen Calais und Marseille, oder zwischen Bayonne und Genua, oder dem doppelten Wege von Berlin nach Danzig gleichkommt.

Die für die mittelländische, das heisst, da das Gebiet nur auf einer Seite vom Meere bespült wird, einzige Küste Algeriens angegebenen 1000 km bezeichnen übrigens gleichzeitig die grösste Breite der Provinz, während ihre grösste Länge, vom Meere bis el Golea, etwas weniger, nämlich nur etwa 900 km betragen mag.

Die bedeutende Ausdehnung am Mittelmeere bringt es mit sich, dass Algerien nicht weniger als 3 Ländern auf der Nordseite dieses Meeres gegenüberliegt, nämlich Spanien, Frankreich und theilweise wenigstens Italien, indem es sich von vis-à-vis dem Cap de Gata bei

Almeria bis gegenüber dem Cap Teulada auf Sardinien erstreckt. Von dem gesammten südlichen Gestade der Westhälfte des Mittelmeeres, von der Küstenlinie Ceuta-Tunis nimmt demnach die französische Besitzung nicht weniger als etwa $^2/_3$ ein.

Dieser bedeutenden Länge entspricht indess nicht der Werth dieses Gestades. Denn obwohl selten Flachküste, obwohl nahezu allenthalben gebirgig, ist dasselbe doch verhältnissmässig wenig gegliedert. Es ähnelt eben Algerien auch in dieser Beziehung dem ganzen afrikanischen Continent, von dem es in so vielfacher Hinsicht ein Abbild im Kleinen darstellt. Mit Ausnahme einiger weniger, winziger, unbewohnter Eilande und Klippen, die dicht beim Lande liegen, findet sich nicht eine einzige Insel im Bereiche Algeriens, ebenso wie tiefere Einbuchtungen oder mächtige vorspringende Landzungen von der Grossartigkeit, wie das gegenüberliegende europäische Gestade dergleichen aufweist, nirgends angetroffen werden. Die Baien von Oran, Arzeu-Mostaganem, Algier, Bougie und Philippeville wollen nichts bedeuten im Vergleich mit einem Golf du Lion oder Golf von Genua. Aber auch die wenigen vorhandenen Naturhäfen sind mit geringen Ausnahmen, zu denen namentlich der treffliche Hafen von Mers el Kebir bei Oran, der entschieden beste Hafen im Lande, gehört, unsicher, und erst durch kostspielige Bauten brauchbar gemacht worden, bezieh. selbst nach diesen noch nicht absolut sicher. Man darf sich indess trotz Alledem die algerische Küste nicht als geradlinig verlaufend denken, dieselbe ist vielmehr im Kleinen unendlich gezackt und ausgesägt.

Was die Richtung dieser Küstenlinie anlangt, so verläuft dieselbe in einem schwach nach Norden ausgreifenden Halbbogen von WSW. nach ONO. in der Weise, dass der südlichste Punkt, der zugleich das westliche Ende des algerischen Gestades gegen Marokko hin darstellt, die Gegend an der Muluja-Mündung, welche den tiefsten südlichen Küstenpunkt des westlichen Nordafrika überhaupt bezeichnet, zwei volle Grade südlicher liegt, als der nördlichste Punkt des algerischen Meeresufers, das Cap Bougiarone (35—37 n. Br.), welch letzteres ausserdem noch als das entwickeltste, am weitesten ins Meer vorspringende Vorgebirge Algeriens erscheint.

Die Tiefe des Meeres ist beiläufig an der ganzen algerischen Küste bedeutend und unterscheidet sich in dieser Hinsicht das französische Besitzthum äusserst vortheilhaft von seinem Nachbar Tunis, welches namentlich an seiner Ostseite eine äusserst seichte See hat, deren Wasserstand beispielsweise in dem Golf von Gabes oft nur 1—2 Faden und selbst in grossen Entfernungen vom Lande nur 50 bis 100 Faden beträgt. Dagegen zeigt das Meer an dem algerischen Gestade durchgehends schon nahe am Lande 100 Faden Tiefe, die ausserdem nur wenige Meilen weiter bis auf durchschnittlich 1500 Faden sinkt.

Was die übrigen Grenzen anlangt, so lehnen sich dieselben im

II. Die horizontale Gliederung des algerischen Terrains.

Allgemeinen an die schon von den früheren Besitzern getroffenen Bestimmungen an. Die Ostgrenze, welche zunächst das Territorium von Tunis abtrennt, läuft, wenig östlich von la Calle anhebend, bis an die Wüste ziemlich genau auf dem 6. Grade östl. von Paris, dann aber weicht sie in einem tiefen Bogen derartig gegen Westen zurück, dass dadurch noch der ganze Schott Kebir auf tunisisches Gebiet kommt, während sie bald darauf wieder ostwärts und zwar bis nahe an den 8. Grad ausbiegt. Indess zieht sie sich alsbald, auf diese Weise eine scharfe, nach dem nahen Meere der Syrte hinzeigende Spitze bildend, wieder westwärts zurück, nunmehr Frankreichs Besitz von Tripolis abscheidend, bis sie, etwa auf dem 7. Grade, dicht vor dem wichtigen Rradames ihr Ende findet.

Diese ganze Ostgrenze ist indess nur zum geringsten Theile eine natürliche, nämlich nur in ihrer ersten, nördlichsten Partie, wo sie wenigstens im Allgemeinen auf den Höhen hinläuft, von denen die tunisischen Flüsse niederströmen. Oft aber und namentlich bezüglich der hauptsächlichsten dieser Gewässer, des Medscherda und des Mellek, greift Frankreich schon hier über die Wasserscheide hinüber und hat so, unterstützt durch die im Thale des ersteren laufende neugebaute Bahn, thatsächlich bereits einen Fuss in Tunis.

Noch unhaltbarer erscheint die Sachlage tiefer gegen Süden, wo der Mitbesitz der grossen, bis dicht an den Golf von Gabes ausgedehnten Depression die Ausdehnung der Herrschaft bis ans Meer so nahe legt, selbst wenn die projectirte Inundation dieser Einsenkungen wirklich für immer Project bleiben sollte. Beachtet man dann ferner die erwähnte, von da so weit gegen Osten vorgestossene Spitze, so erscheint Tunis durch den weiten Bogen der Grenzlinie allein schon wie von einem mächtigen Arm umfasst.

Die südlichste Partie dieser Ostgrenze Algeriens endlich, die Tripolis abscheidet, legt ein Vorrücken insofern gleichfalls nahe, als die Quellhöhen der hier in die algerische Sahara hereinströmenden Flüsse noch auf dem Gebiete jenes Staates, etwa unter dem 9. ö. L. v. P. liegen.

Namentlich fiele, wenn hier die natürliche Grenze angenommen würde, selbst das so wichtige Rradames noch in französischen Bereich.

Ungleich wichtiger sind aber natürlich die Verhältnisse im Süden. Hier hat Frankreich, seitdem es im Jahre 1844 mit der Eroberung von Biskra seinen Fuss zum ersten Mal in die Sahara gesetzt hat, seine Grenze immer weiter vorwärts geschoben. Schon 1852 war Uargla und seit 1873 ist el Golea der äusserste Punkt seines Besitzes. Aber auch diese Acquisition kann als definitiver Abschluss der Ausdehnung französischen Regimes noch nicht betrachtet werden. Hält doch an diesem Punkte keine hochragende Gebirgsmauer die kühnen Pioniere Europas auf, vielmehr dehnt sich von dort die unermessliche Sahara noch mindestens über 15 Breitengrade hinweg weiter gegen den Aequator hin aus. Dazu ist dieses ungeheure Gebiet so zu sagen herrenloses Gut, da es noch von keinem bestimmten Staatswesen bis jetzt als Eigenthum in Anspruch genommen worden ist. In dieser Hinsicht hat Frankreich in Afrika viel leichteres Spiel, als das in Asien in ähnlicher Weise in das Herz des Continents eindringende Russland, das durch jede neue Quadratmeile, die es occupirt, auch neue Feinde sich erwirbt. Während Chinesen, Engländer und Perser das Vorrücken dieser Eroberer schon seit Jahren mit missgünstigen Blicken betrachten, hat von den afrikanischen Annexionen Frankreichs kaum Jemand Notiz genommen.

Indess ist dieses Vordringen nicht lediglich auf Rechnung der Eroberungssucht zu setzen. Die bittere Nothwendigkeit hat die französischen Eindringlinge immer weiter getrieben. Um den Besitz der einen Oase zu sichern, musste die unruhige Bevölkerung der nächst belegenen bezwungen werden. Und so ergab sich eine Kette von Wüstenexpeditionen ohne Ende. Auch el Golea treibt bereits weiter südlich. Einmal ist ja dieser Besitz selbst mit seiner vorläufig kaum dem Namen nach unterworfenen Bevölkerung ein unsicherer, andererseits aber muss auch die Verbindung Algeriens mit der westlich centralen Sahara und dem Sudan, die im merkantilen Interesse so erwünscht erscheint und durch die projectirte Saharabahn eine besondere Pflege erfahren soll, geradezu unmöglich genannt werden, wenn nicht die beiden Oasengruppen Tuat und Tidikelt, die so zu sagen die Thore der gesammten südwestlichen Wüste sind, in Frankreichs Hände gelangen. Nun bezeichnen zwar unsere Karten dieselben noch als marokkanischen Besitz, allein es steht fest, dass sie, wie auch schon die nördlicher gelegenen Territorien auf der Südseite des hohen Atlas, namentlich Tafilelt, nur noch nominell mit jenem überdies in Zerfall begriffenen maurischen Reiche in Zusammenhang stehen.

Aber auch vom Gesichtspunkt natürlicher Abgrenzung erscheint eine derartige, noch weiter nach Süden gehende Ausdehnung des algerischen Gebiets gerechtfertigt. In das tiefe Becken von Uargla strömen noch Gewässer von Süden her, unter denen der Ued Mia (von Südwesten) und der Ued Irrarrar (nahezu direct von Süden) die bedeutendsten sind, wenn gleich auch sie nur periodische Wasseradern darstellen.

So weit nun, als diese Gewässer führen, so weit darf und muss auch Frankreich seine Grenzen ausdehnen. Verfolgen wir nun diese zwei Flüsse bis zu ihrer Quelle, so ergeben sich in der That auch treffliche Naturgrenzen. Beide Gewässer verdanken ihren Ursprung einem ganzen System von Plateaus, die sich ungefähr auf dem $27°$. n. Br., zwischen den 27. u. 17. ö. von Ferro, das heisst etwa parallel der ganzen Südseite Algeriens, ausdehnen.

Wenn wir auf das Nähere eingehen, so entspringt der Irrarrar, der längste der beiden, auf dem grossen Plateau von Ahaggar, durch dessen Centrum gerade der Wendekreis läuft. Die ungefähre Höhe dieses Berglandes beträgt 1300 m, indess steigen seine bedeutendsten Gipfel (darunter der Uatellen südlich von Ideles, und noch weiter südwestlich der Tahat) gewiss bis über 2000 m empor.

Diese gewaltige Erhebung ist in der That geeignet, eine feste Südgrenze für Algerien abzugeben. Denn ein breiter, felsiger unbewohnter Gürtel scheidet dieselbe von den nächsten grösseren Wüstenansiedelungen im Süden, dem Air oder Asben (Hauptoase Tin Tellust), welches bereits unter dem 19. Breitengrade liegt. Das Plateau von Ahaggar, von dem die Gewässer nördlich bis nach Uargla, bis nahe an die grossen Depressionsseen im Osten Algeriens, das heisst also fast bis ins Mittelmeer (Golf von Gabes), südlich aber bereits gegen den Niger hinunter sich ergiessen, ist recht eigentlich die Hauptwasserscheide der westlichen Sahara, die es so in eine nördliche und südliche zerlegt.

Die Oase Ideles auf dem genannten Plateau, unter dem 24.° n. Br. und dem 23. ö. L. von Ferro, würde also der den natürlichen Verhältnissen am Meisten entsprechende südliche Endpunkt des französischen Territoriums sein.

Diese natürliche Südgrenze lässt sich aber auch noch genauer ziehen. Dem Irrarrar fliessen von Osten aus dem Plateau von Tasili, das nordöstlich vom Ahaggar sich erstreckt und etwa bis 1300 m (Hochland der Asgar) ansteigt, mehrere Nebenflüsse zu. Dieses Gebirgsland würde also als der östliche Theil der Südgrenze zu bezeichnen sein.

Endlich strömt der zweite der beiden grossen Wüstenströme Uargla's, der Ued Mia, von dem Plateau von Tademait nieder, das sich im Dschebel von Tidikelt auf seinem Südrande bis etwa zu 600 m erhebt. Da indess die Oase Insalah, die Frankreich, wie wir sagten, nicht entbehren kann, erst am jenseitigen Abhang dieses Plateaus liegt, so dürfte als die westliche Partie der Südgrenze Algeriens erst das Plateau von Muidir anzusehen sein, das Insalah südlich gegenüber sich erstreckt, das ferner auch noch einen Zufluss zum Irrarrar entsendet und die Quellen des Akaraba und anderer Flüsse trägt, die sich westlich und südlich in die öde Wüste verlieren.

Ob Frankreich freilich an diesen südlichen Naturgrenzen auch wirklich stehen bleiben wird und angesichts der so sehr wünschenswerthen Landverbindung Algeriens mit seinen Besitzungen am Senegal auch stehen bleiben darf, das ist eine andere Frage, auf die seine neuesten Bestrebungen im Betreff einer transsaharischen Eisenbahn eine, wie ich meinen sollte, kaum misszuverstehende Antwort gegeben haben.

Wir haben nun nur noch einen kurzen Blick auf die Westseite des Parallelogramms zu werfen, das Algier bildet. Hier grenzt es in seiner ganzen Ausdehnung an Marokko. Die Trennungslinie, die auch auf dieser Seite wieder die alte Grenze adoptirt hat, läuft vom Meere ab mehrfach gezackt in der Richtung von NW. nach SO., d. h. etwa vom 16.° bis zum 18.° ö. L.

Auf natürlichen Verhältnissen beruht auch diese Grenze Algeriens nicht, obwohl sie vom Meere an bis zu den Fidschidsch-Oasen, das heisst etwa auf der Hälfte ihrer ganzen Länge Gebirge berührt, die indess zumeist in der Richtung des Breitengrades laufen. Geradezu unnatürlich ist die Grenze beim Schott el Rrarbi, indem sie mitten durch denselben hindurchgeht. In der That sind auch die Franzosen mit dieser Grenzlinie nicht recht einverstanden und namentlich richten sich Aller Blicke verlangend nach der fruchtbaren und grossen Oase von Fidschidsch (Hauptort Senaga), die den etwas dürftigen Oasen der Sidi Scheikh erst Werth verleihen, gegen die unruhigen Bewohner derselben einen durch seine prächtige Gebirgslage und reiche Wasserfülle starken Stützpunkt abgeben und vor Allem den Weg zu der grossen Oasengruppe von Tafilet (Hauptort Abuam), einer der wichtigsten, besonders durch Dattelreichthum ausgezeichneten Oasen der ganzen westlichen Sahara, die nebenbei wiederum die Strasse nach dem atlantischen Ocean in der Richtung des Cap Nun durch das Thal des Draa und Nun beherrscht, öffnen würde.

Ueberhaupt dürfte die Nachbarschaft Marokkos Frankreich zur Action drängen, auch wenn es nicht von selbst dazu neigte. Die wilden, von der Regierung in der kaiserlichen Residenz nahezu völlig unabhängigen Stämme, die namentlich die Gebirgsgegenden des Landes bewohnen, sind eine stete Gefahr für Algerien. Dazu kommt, dass bei dem totalen Verfall aller Verhältnisse in diesem letzten selbständigen Maurenstaate eine Katastrophe mit der Zeit unabwendbar werden dürfte. Unter die Reihe Derer, die dann als berechtigte Erben auftreten können, muss aber in Folge seiner algerischen Nachbarschaft auch Frankreich gerechnet werden. Und wem auch immer das Gebiet nordwärts vom hohen Atlas zufallen möge, ob Spanien, das nach Lage der Sache dazu vor Allem berufen scheint, oder England, das zweifelsohne von seinem Besitze Gibraltar aus die Hand über die Meerenge strecken wird, sicher wird und muss Frankreich den Anspruch auf die südlich von dem genannten Scheidegebirge gelegenen Landstriche, auf die sogenannte marokkanische Sahara erheben. Ebenso würde es gezwungen sein, auf der Ostseite des marokkanischen Reichs eine Ausdehnung seines Gebiets bis zu den Quellen der Muluja am Knotenpunkte des hohen Atlas, dem Dschebel Aïaschin (siehe das orographische Exposé weiter unten), der zugleich die Wasserscheide zwischen Mittelmeer, atlantischem Ocean und der abflusslosen Sahara bildet, zu fordern. Erst dann hätte Algerien auch auf der Westseite eine bestimmte natürliche Grenze.

II. Die horizontale Gliederung des algerischen Terrains.

Hierbei sei nur noch bemerkt, dass in ähnlicher Weise, wie der zukünftige Zerfall des marokkanischen Reiches Frankreichs Expansionsbestrebungen gegen Westen hin entgegen kommen wird, so auch der Untergang der Türkenherrschaft, der doch gleichfalls nur noch eine Frage der Zeit genannt werden muss, für eine östliche Erweiterung des algerischen Territoriums bedeutsam werden dürfte. Denn von dem Zerfall des Mutterstaates in Europa werden sicher auch die Vasallenstaaten des Osmanenthums in Asien wie in Afrika mehr oder minder berührt werden und Besitzveränderungen auch hier nicht ausbleiben. Die orientalische Frage kann leichtiglich in Nordafrika ein überaus ernstes Nachspiel haben. Dass dann aber Frankreich die so schöne und bequem gelegene Hinterlassenschaft des Bey von Tunis nicht so leicht einem Anderen gönnen wird, das bedarf keines weiteren Beweises. Erscheint doch schon jetzt das schmale tunisische Gebiet im Grunde nur als Küstenstrich zu dem von Frankreich beherrschten Hinterlande, aus dem seine Gewässer herabströmen.

Man sieht, dass Algerien, selbst wenn Frankreich nicht dahin zielende Gedanken hätte, doch im Laufe der Zeit zu einem rechten Keil im nordafrikanischen Gebiete werden und dass die immer mehr vorschreitende Erschliessung des schwarzen Erdtheils nicht nur merkantile sondern auch politische Fragen genug bringen wird.

Doch wenden wir uns nun von solchen Zukunftsgedanken wieder zu den realen Thatsachen zurück, so bleibt uns für dieses Kapitel nur noch übrig zu erwähnen, dass das eben von uns im Geiste umschrittene gesammte Gebiet der Provinz Algerien wieder in drei spezielle Provinzen oder Departements geschieden ist, die im Allgemeinen gleichfalls auf alten Eintheilungen basiren. Denn dem heutigen Departement von Konstantine entsprach die römische Provinz Numidien, dem von Algier Mauritania sitifiensis, dem von Oran Mauritania caesariensis. Hierbei sei gleich noch bemerkt, dass von den beiden Nachbarstaaten Tunis und Marokko jenes von den Römern Zeugitania und dieses Mauritania tingitana (nach der marokkanischen Stadt Tanger) genannt wurde, während die Araber das ganze Gebiet vom Cap Bon bis zum Cap Espartel, das sie unter dem Gesammtnamen Marreb, d. h. Abendland (von Arabien aus betrachtet) zusammenfassten, nur in drei Theile schieden, nämlich in Marreb el Adna, d. h. näheres Abendland (dem heutigen Tunis entsprechend, für das sie übrigens auch den Namen Afrikia oder Ifrikia gebrauchten), ferner in Marreb el Ust, d. h. mittleres Abendland (das heutige Algerien), und in Marreb el Aksa, das entferntere Abendland (das heutige Marokko).

Die genannten drei algerischen Departements sind sich aber an Ausdehnung nicht gleich. Das von Algier ist kaum halb so gross als jedes der beiden anderen. Namentlich nimmt die Provinz Oran fast die Hälfte des gesammten Gebiets ein. Auch reicht Algier nicht bis an die Südgrenze des ganzen Landes, sondern nur bis zur Oase Uargla, von wo an Oran und Konstantine sich in das übrige Gebiet theilen, so dass die Provinz Algier nur wie ein zwischen die beiden grossen Departements eingeschobener Keil erscheint.

Ihren Namen tragen diese Provinzen nach ihren Hauptstädten, von denen zwei, Oran und Algier, direct am Meere liegen, während die dritte, Konstantine, nur 87 km vom Strande ihren Platz gefunden hat. Es versteht sich von selbst, dass bei einer so weiten Entfernung der Provinzialhauptstädte vom Inneren des Landes die Handhabung der Staatsgewalt eine sehr erschwerte ist und die Schaffung grösserer Stützpunkte weiter im Süden mit der Zeit nicht zu umgehen sein wird. Namentlich müssen, da das Atlasgebirge das Land in zwei Hälften scheidet, für den transsaharischen Theil bedeutendere Centren geschaffen werden, als welche sich Biskra, Larruat und etwa eine der Oasen von Sidi Scheikh empfehlen, von denen die beiden ersteren in der That auch schon zu einem solchen Rang annähernd sich emporgearbeitet haben, bezieh. nach Durchführung des transsaharischen Bahnprojectes sich bald emporarbeiten dürften.

Doch berührt dies bereits die orographischen Verhältnisse des Landes, zu denen wir nun übergehen wollen.

III. Die vertikale Gliederung des Landes. Hydrographie. Die geologischen Verhältnisse. Mineralische und Mineralogische Producte. Thermen.

Wenn wir die richtige Darstellung algerischer Gebirgsart schon bei Abfassung unserer Karte als Hauptzweck im Auge hatten, so ist dies nicht weniger auch bei diesem Anhang der Fall, in welchem das vorliegende Kapitel, welches das Relief von Algerien behandeln soll, den Schwerpunkt unserer ganzen Schilderung zu bilden bestimmt ist.

Und Das zwar darum, weil kaum über ein anderes Erhebungsgebiet der ganzen Erde noch eine solche Unklarheit selbst innerhalb wissenschaftlicher Kreise herrscht, als über das des nordwestlichen Afrika's. Die Bezeichnungen „grosser", „hoher" und „kleiner Atlas" werden nicht selten in ganz verworrener oder absolut falscher Weise angewandt. Und was speziell Algerien betrifft, so begreift man unter dem hier so viel gebrauchten Namen „Tell" bald das Küstengebiet, bald nur die Atlaslandschaften, bald aber auch wieder beides zusammen, ohne doch damit das Richtige zu treffen.

Allerdings sind auch die Verhältnisse dieses ausgedehnten Gebirgssystems ziemlich complicirte und es hat der Atlas mancherlei Eigenarten aufzuweisen, für die die bekannteren Gebirge anderer

III. Die vertikale Gliederung des Landes.

Erdtheile, namentlich Europa's, nahezu keine Analoga liefern und die nur etwa in den merkwürdigen oro- und hydrographischen Verhältnissen von Centralasien Seitenstücke finden. Dazu kommt, dass die eine Hälfte der ganzen Linie, die zudem in Hinsicht der Höhe und Massigkeit des Aufbaues die bedeutendere ist und als eigentlicher Hauptstock bezeichnet werden kann, nämlich der marokkanische Atlas, bis auf die neueste Zeit noch fast ganz unerforscht war. Erst in diesem Jahre sind die vormals von Rohlfs bei seiner mühseligen Uebersteigung dieses Hochgebirgs gesammelten nothdürftigen Notizen von Dr. Lenz nach Autopsie bestätigt und erweitert worden, obwohl noch immer viel daran fehlt, dass wir diesen Theil des Gesammtatlas nun auch bis in die Details klar überschauen.

Versuchen wir nun einmal, wenigstens in allgemeinen Umrissen, das System des gesammten und speziell des algerischen Atlas klar zu legen.

Bekanntlich hat Ritter von einem „Klein-Afrika" geredet. Er meinte damit das von uns im Verlauf unserer Darstellung schon mehrfach erwähnte Stück von Nordwestafrika, welches zwischen der Syrte des Mittelmeeres und dem Cap Nun am atlantischen Ocean gelagert ist, und das allerdings vielfach an den „Klein-Asien" genannten Theil des grossen asiatischen Continents erinnert. Denn geradeso wie Kleinasien auf drei Seiten vom Meere umgeben wird, während auf der vierten die Wüsten Mesopotamiens und Persiens es vom Massiv Asiens abscheiden, ist auch dieser nordwestliche Ansatz des afrikanischen Continents inselartig von Wasser- und Sandmeer umschlossen. Ja man kann noch weiter gehen und sagen, dass, wie die gegen Europa ausgestreckte Zunge Asiens landwärts durch eine fortlaufende Gebirgskette abgeschlossen ist, welche von Taurus, Antitaurus und den Gebirgen Armeniens von Meer zu Meer gebildet wird, so auch der in Frage kommende Ansatz von Afrika gegen den Erdtheil hin, zu dem er gehört, durch eine einzige, wenn auch nicht absolut ununterbrochene Erhebung umrandet erscheint; und diese letztere ist eben der Atlas.

Wenn wir den „schwarzen Erdtheil" flüchtig auf der Karte betrachten, so bemerken wir schon, dass seine Gestalt, entsprechend der ganzen Eigenart des Landes, eine ziemlich einfache ist. Im Allgemeinen würde Afrika die Form eines riesigen Ohres haben. Der gewaltige Kreisbogen aber, in welchen man dementsprechend im Allmeinen das ganze kolossale Stück Festland, vom Capland anfangend und ostwärts durch den indischen Ocean, das rothe und mittelländische Meer und den atlandischen Ocean bis zur Bai von Guinea fortschreitend, hineinlegen kann, erfährt nur zwei Mal grössere Unterbrechungen, nämlich ostwärts durch das Somaliland und nordwärts durch den tunisisch-algerisch-marokkanischen Ansatz. Der durch den letzteren unterbrochene Theil des erwähnten Kreisbogens nun wird im Allgemeinen von der Atlaskette gebildet.

Das auf diese Weise abgetrennte Stück Afrika, das auch in mannigfacher anderer Beziehung, wie schon früher erwähnt, gar unafrikanisch erscheint und eher noch als zum Abendlande gehörig zu bezeichnen ist, hat beiläufig von Osten nach Westen eine Länge von 300, von Norden nach Süden eine Breite von 70 Meilen, und einen Flächeninhalt von nicht weniger als 21,000 □ M.

Die mit so scharfem Auge hinsichtlich der Betrachtung natürlich gegebener Verhältnisse der Erdoberfläche begabten arabischen Geographen nannten dies Atlasland auch ganz treffend: „Insel des Westens."

Eine Insel würde es auch sein, wenn der Wasserstand des atlantischen Oceans sich so erhöhte, dass er, die marokkanische, algerische und tunisische Sahara überfluthend, dem Meere der Syrten die Hand reichte.

Mit der eben genannten Länge dieses interessanten, gegen Europa vorgebauten Balkons am grossen afrikanischen Kolosse, zu dem, gleichfalls im Norden, das Plateau von Barka ein jedoch zehnmal kleineres Pendant liefert, ist selbstverständlich auch schon die gesammte Länge des Scheidegebirges des Atlas gegeben, die, in Kilometern ausgedrückt, die Zahl 2300, das ist mehr als das Doppelte der Alpen (1063 km) erreicht, welch' letztere in ähnlicher Weise das Wunderland Italien vom übrigen Europa trennen. Von diesen 2300 km kommen beiläufig auf Marokko 1050, auf Algerien 950 und auf Tunis 300.

Es wäre indess grundfalsch, wollte man sich dieses Gebirge nun aber auch als eine einzige, ununterbrochene Kette denken. Vielmehr zerlegt sich dasselbe zunächst in zwei grosse, nahezu gleich lange Theile, nämlich in den marokkanischen und in den algerisch-tunisischen Atlas. Und zwar wird diese Scheidung ganz scharf und bestimmt markirt durch den schon genannten Knotenpunkt unter dem 4.°—5.° w. Lg. v. Gr. und 32.° 15'—33.° n. Br., der die gleichfalls bereits erwähnte dreifache Wasserscheide, nämlich zwischen atlantischem Ocean, Mittelmeer und Sahara bildet.

Die westliche Hälfte des ganzen Systems hebt sich aber auch durch mancherlei Eigenthümlichkeiten von dem anderen Theile ab. Sie ist im vollkomneren Sinne Hochgebirge mit einer höchsten Erhebung von mindestens 3900 m, während der östliche Theil kaum 2300 m und auch diese Höhe nur mehr ausnahmsweise erreicht. Mit Recht wird daher der westliche Atlas auch der „hohe" genannt.

Einen weiteren Unterschied ergiebt die Richtung, die zwar im Allgemeinen für das ganze Gebirge die Richtung von Südwesten nach Nordosten ist, jedoch genauer betrachtet keineswegs eine gerade Linie darstellt. Es ist aber eben wieder jener Knotenpunkt, mit dem für die Fortsetzung des Zuges eine in Etwas wenigstens veränderte Direction gegeben wird.

III. Die vertikale Gliederung des Landes.

Endlich aber zeigt sich auch die Formation bei beiden Theilen als eine grundverschiedene. In Wahrheit ist es ein ganz anderes Gebirge, das von jener Gabelung an weiter läuft. Es hat mit der vorhergehenden Erhebung nicht viel mehr als die allgemeine Richtung gemein.

Versuchen wir einmal, dies im Einzelnen klarzulegen. Der hohe oder marokkanische Atlas (im Arabischen Idrar n Deren, d. h. Deren- oder Darangebirge, genannt) beginnt mit dem Cap Gir am atlantischen Ocean und streicht von da in der angegebenen Richtung als völlig ausgeprägtes Kammgebirge, das namentlich südlich von der Stadt Marokko eine mächtige, 50 km lange, ununterbrochene, steile Mauer von 3650 m Höhe bildet, aus welcher die höchsten Gipfel des Systems (etwa ein halbes Dutzend) noch 2—300 m höher emporragen.

Aber schon diese mächtige, mindestens durch $5/6$ des Jahres mit reichlicher Schneedecke versehene Kette zeigt die Eigenthümlichkeit des ganzen Systems, die freilich erst in der Ostkette zur umfassendsten Erscheinung kommt. In überaus consequenter Weise, wie es derartig wohl nur noch bei den Gebirgen Central-Asiens gefunden wird, offenbart nämlich der Atlas die Neigung zur Parallelkettenbildung. Genauer dürfte man freilich nicht von diesen Parallelketten als verschiedenen, selbständigen und nur in der gleichen Richtung laufenden Gebirgen reden. Denn diese Parallellinien sind im Atlas mehr oder minder immer durch hohe Plateaus verbunden, nicht aber durch tiefe Längsthäler getrennt. In Wahrheit bilden daher solche Parallelen nur ein einziges Gebirge, dessen beide Abhänge indess auf seiner Höhe nicht in eine dachartige Schneide zusammenlaufen, sondern durch die erwähnten Plateaus auseinander gehalten bleiben. Und die an den beiden Rändern dieser Hochebene häufig noch aufsteigenden höheren Erhebungen sind dann nicht eigentlich verschiedene Gebirge, sondern nur selbständige Aufbaue auf einem und demselben Fundamente, einer und derselben Gesammterhebung.

Eine solche Gebirgsbildung macht den Eindruck des Unfertigen, Unvollkommenen. Eine derartige Erhebung gleicht einem Steinklumpen, den der Bildhauer aufgestellt, aber an dem er die ersten das Antlitz des Abzubildenden ergebenden scharfen Erhöhungen und Vertiefungen noch nicht ausgemeisselt hat.

In dieser Hinsicht entspricht der Atlas sammt den zahlreichen anderen Plateaus des afrikanischen Continents der gesammten Eigenart des so kolossalen, aber vielfach so monotonen Erdtheils.

Bekanntlich ist auch Asien von dieser unfertigen Gebirgsbildung nicht verschont geblieben, während das überhaupt in jeder Hinsicht so reich geartete Europa auch in seinen Gebirgen im Allgemeinen die Gratbildung, das heisst die Erhebungsform zeigt, bei welcher die beiderseitigen Anstiegsflächen sich endlich schneiden, eine Erhebungsform, die, genau betrachtet, doch die vollkommenste, der Grundidee, dem

Bauplan oder dem einfachsten geometrischen Aufriss eines Gebirges am Meisten entsprechende genannt werden muss. Ist dieselbe doch auch die Grundform des Einzelberges, die durch zwei in einem Winkel von 45° sich schneidende Linien dargestellt wird.

Wie erwähnt, eignet auch dem hohen Atlas schon diese Plateaubildung. Denn es streicht neben der geschilderten Hauptkette vom Cap Nun anhebend eine zweite Kette in gleicher Richtung, die im Dschebel Aulus noch immer die respectable Höhe von 2500 m erreicht. Die zwischen diesem sogenannten Antiatlas und der Hauptkette sich ausdehnende Hochfläche führt in ihrem letzten Theile die Benennung Ued Sus (mit dem Hauptorte Tarudant, von Dr. Lenz 1880 besucht).

Ja es findet sich noch weiter südlich selbst eine dritte, wenn gleich niedrige Kette, der Dschebel Tisintit, der mit dem vorgenannten Zuge das Thal des Ued Nun einrahmt.

Indess gehen einmal die von diesen Bergzügen umschlossenen Hochflächen gar bald, namentlich das Sus, in gegen das Meer hin sich absenkende Tiefebenen über. Sodann aber ist auch im hohen Atlas der Abstand der Parallelketten von einander, also die Breite der Plateaus, eine geringe, die häufig nicht mehr als 50 km beträgt.

Man kann also den hohen Atlas ein verhältnissmässig noch durchgebildetes Gebirge nennen. Anders aber wird die Sache von dem wiederholt genannten Brennpunkte des Dschebel Aïaschin ab. Das Gebirge, das im letzteren Gipfel noch immer über 3000 m Seehöhe ansteigt, sinkt zunächst so ab, dass es im Durchschnitt kaum die halbe Ziffer behauptet und auf der ganzen langen Linie bis Cap Box nur in vereinzelten Fällen 2000 m um ein Weniges überragt.

Weiter spaltet sich die bis dahin einheitliche Erhebung in zwei Hauptäste. Einmal geht nämlich von dem Aiaschin-Stocke ein wilder, noch immer vielfach über 2500 m hoher Zug nahezu direct nördlich, theils um im Cap von Mlila (Ras ed Deir) zu enden, theils um einen Zweig noch kurz vor dem Absturz ins Meer als Riff-Gebirge nordwestlich bis zum Cap Spartel und von da als Steilküste südwärts bis zum Ued Sebu zu entsenden.

Der zweite Ast aber behält im Allgemeinen die bisherige Richtung des Hauptstockes, jedoch mit etwas schärferer östlicher Inclination bei, so dass sich für diesen östlichen Theil des Atlas, der wenig später algerisches Gebiet erreicht, die Richtung WSW. — ONO. ergiebt.

Wie der „hohe" Atlas, so bildet auch diese Osthälfte des ganzen Gebirgs zwei Parallelketten, aber dieselben laufen von nun an nicht mehr nahe neben einander, sondern liegen für die ganze Fortsetzung des Zuges mit alleiniger Ausnahme des letzten Theiles dicht vor dem Meere bei Tunis, wo sie sich (im Unterlaufe des Medscherda) wieder bis auf etwa 50 km nähern, im Durchschnitt um das

Dreifache, nämlich bis zu 150 (mehrfach selbst bis 190) km auseinander.

Mit anderen Worten: Der östliche, algerische Atlas ist ein 50 km breiter, 1500 m hoher, oben abgeplatteter Gebirgswall oder -gürtel, dessen beiderseitige Abfallsränder noch höhere Erhebungen tragen.

Von diesen aufgeworfenen Plateaurändern führt nun der nördliche den Namen „kleiner" Atlas, während der südliche Zug, weil sein höchster Gipfel (Dschebel Schelia im Auresgebirge, 2328 m) den Culminationspunkt des ersteren (Dscherdschera-Stock, 2308 m), wenn auch nur wenig überragt, „grosser" Atlas genannt wird. Diese einmal allgemein und namentlich von Frankreich acceptirte Bezeichnung werden wir wohl oder übel nunmehr beibehalten müssen, wenngleich sie in mancher Hinsicht eine unglückliche genannt zu werden verdient.

Namentlich ist weder der eine noch der andere dieser Ränder des algerischen Plateaugürtels in der Weise, wie der hohe Atlas es ist und wie die eben angegebene Benennung leicht glauben machen möchte, eine zusammenhängende Kette mit fortlaufendem Grate, vielmehr bestehen beide nur aus isolirten, inselartigen Gruppen, die als ein Gebirge höchstens in Rücksicht auf die allgemeine Richtung, die sie einhalten, bezeichnet werden können.

Werfen wir nun, nachdem wir so in·allgemeinen Zügen ein Gerippe des gesammten Systems gegeben haben, noch einmal einen Blick auf das Ganze, so möchten wir den Atlas mit einer riesigen Gabel vergleichen, für die der hohe Atlas mit seinen beiden dicht neben einander gelagerten Ketten das Heft bildet, während das auf dem linken Ufer der Muluja hinlaufende, allerdings ebenfalls, genau besehen, keine einheitliche Kette bildende Nordgebirge, die linke, kurze, abgebrochene Zinke, der sogenannte kleine Atlas aber die mittlere, und der „grosse" Atlas endlich die rechte Zinke abgiebt.

Indess war auch mit dieser Verästelung die dem Atlas einmal so eigene Neigung zur Parallelbildung noch nicht erschöpft. Auch der kleine Atlas hat nordwärts noch einmal eine Parallele, die im Allgemeinen dicht an der Küste sich hinzieht. Aber noch weniger, wie die beiden Hauptketten, ist dieses Riffgebirge ein fortlaufender Rücken, es wird vielmehr ebenfalls nur von einzelnen, in weiten Abständen von einander auferbauten, meist zusammenhangslosen, oft sogar durch Niederungen geschiedenen Gruppen gebildet.

Geradeso aber wie der kleine Atlas mit dem grossen Atlas, ist auch der erstere wieder mit dieser Küstenkette mehrfach durch Querriegel verbunden, eine Eigenthümlichkeit, die beiläufig auch schon der hohe Atlas aufweist.

Da indess das algerische Gebirge nicht völlig parallel mit der Mittelmeerküste läuft, sondern sich ihr je weiter gegen Osten um so mehr nähert, so verschmilzt zuletzt der kleine Atlas mit seiner

Küstenparallele ganz, indem er selbst mehr und mehr Küstengebirge wird. Es entsteht so, während im Westen des Landes, in der Provinz Oran und Algier, noch eine ziemlich klare Uebersicht der einzelnen Gebirgsglieder möglich war, in der Nordhälfte der Provinz Constantine ein wahres Labyrinth von Erhebungsmassen, die nur schwer noch in eine bestimmte Ordnung zu bringen sind.

Eine weitere Eigenthümlichkeit des östlichen Atlas besteht darin, dass die breite Abplattung auf dem Rücken der ganzen Erhebung meist nicht eine ebene, horizontale Fläche bildet, sondern muldenförmig in der Richtung der Längenaxe des Gebirgs vertieft ist. Es ergiebt sich hieraus schon eine für die Hydrographie Algeriens hochbedeutsame Thatsache. Es werden nämlich — wie leicht begreiflich — durch diese Aushohlung des breiten Gebirgsrückens doppelte Wasserscheiden geschaffen, indem von den beiderseitigen Rändern des Gebirgs nicht nur nach aussen — gegen Meer oder Wüste hin — sondern auch nach innen in die tiefsten Stellen jener Gipfelmulden Wasser abfliesst, so dass wir ein dreifaches Mündungsgebiet für die Atlasgewässer erhalten, eine Erscheinung, die lebhaft an die so ähnlichen Verhältnisse von Centralasien erinnert.

Leider vermögen nur auch hier die von den inneren Abhängen der beiden Randgebirge abfliessenden und in der meist abflusslosen Gipfelmulde zu stehenden Gewässern sich ansammelnden Rinnsale den ausgedehnten Plateaus, die aller Wahrscheinlichkeit nach, gleich der weiter südwärts gelagerten Wüste, ehemaliger Meeresboden sind, der nur später hoch gehoben wurde, keine Fruchtbarkeit zu verleihen. Die bei Weitem grösste Fläche dieser Hochebenen bleibt zumal bei ihrem reichen Salzgehalte eine öde, baumlose Steppe, die nur von trübseligen Salsolaceen oder nach der Regenzeit vorübergehend von einem dürftigen Steppengrasüberzug bedeckt wird; und doch hat diese Partie des Landes eine Ausdehnung von nicht weniger als 10 Millionen Hectar.

Indess liefert der vielfach absolut culturunfähige Boden doch wenigstens ein schätzbares Gut. Die gleichfalls in der regenreichen Winterszeit anschwellenden Seen laugen im Verein mit den zahllosen, ihnen zufliessenden Wasseradern aus dem pliocänen Boden das reichlich in demselben vorhandene Salz aus, das bei dem bald darauf eintretenden Sinken des Seeniveaus als reine, leicht abnehmbare Salzkruste zurückbleibt.

Diese relative Unfruchtbarkeit des algerischen Atlas erstreckt sich übrigens natürlich nur auf die eigentlich horizontalen Partien, während die Abhänge sowohl auf der inneren wie äusseren Abfallsseite, längst in gutes Land umgewandelt, sehr wohl ergiebig, theilweise sogar äusserst fruchtbar sind und den in dieser Beziehung renommirtesten Landschaften des Erdbodens nicht nachstehen. Nur in der Südkette, dem hohen Atlas, der den Einwirkungen des Meeres entrückt, dagegen denen der nahen Sahara preisgegeben ist, bleibt die

Vegetation auch auf den Gehängen mehr oder minder arm, ja namentlich die Südseite dieser Kette zeigt zumeist nur das absolut kahle Gestein.

Somit beschränkt sich das anbaufähige Gebiet Algeriens — von den Oasen der Wüste wollen wir hier vorläufig noch absehen — auf das Littorale und das nördliche Randgebirge. Dieser vom Meer im Norden und den Hochplateaus im Süden begrenzte Gebietsstreifen ist das vielgenannte „Tell", das Culturland Algeriens. Der Name stammt entweder aus dem Lateinischen (tellus, Erde, Land) oder wahrscheinlicher aus dem Arabischen, in welchem das Wort: tell, Plural tellun, so viel wie Erdhaufen, Hügel bedeutet. Wir haben die Ausdehnung dieser Zone, die schon für Rom einst eine Kornkammer war und eine ähnliche Bedeutung später auch wieder erlangen kann, auf unserer Karte angegeben. Man ersieht daraus, dass dieselbe von Westen gegen Osten an Breite zunimmt, indem sie im ersteren Theil gegen 121 km (von Norden nach Süden gemessen), im letzteren aber über das Doppelte, gegen 250 km beträgt. Der Grund für diese Erscheinung liegt einmal darin, dass, wie schon erwähnt, gegen Osten die beiden Parallelketten sich näher rücken und dadurch das Plateau, das sie trennt, schmäler werden lassen, sodann aber auch darin, dass die inneren Gebirgspartien im Osten niedriger liegen als im Westen. Es bildet nämlich das ganze Gebiet Algeriens (einschliesslich der Wüste) eine langsam gegen Osten, gegen das Meer der kleinen Syrte, geneigte Ebene. In Folge dessen haben die Hochebenen, die in der Provinz Oran durchschnittlich 1100, in der Provinz Algier noch 900 m hoch lagen, in der Provinz Constantine nur noch 580 m durchschnittliche Seehöhe, wodurch hier ein viel milderes Klima bedingt wird, als dort.

Wie leicht einzusehen, sichert diese grössere Ausdehnung des Tell der Provinz Constantine eine agrarische Präponderanz vor den beiden anderen Landestheilen. Ein etwaiger Zuzug von ackerbautreibenden Colonisten hätte sich namentlich dorthin zu wenden. Der Flächeninhalt des Tell für alle 3 Departements aber zusammen beträgt nicht weniger als 15 Millionen Hectar, das ist nahezu der vierte Theil des ganzen Gebiets. Natürlich sind die Grenzen dieses Fruchtbodens nicht absolut unverrückbar. Die sich immer mehr vervollkommnende Agricultur überhaupt und die allmälig ebenfalls wachsende Besiedelung Algeriens im Besonderen werden natürlich noch manches Stück Boden der Bebauung zugänglich machen, das zur Zeit als nicht bearbeitungsfähig gilt (vgl. unten die Bemerkungen über das Hodnabassin).

Wir haben nunmehr mit der bestimmten Fixirung des Begriffs „Tell" auch eine neue Eintheilung des gesammten algerischen Territoriums gewonnen. Statt der mehr formellen Unterscheidung von Küste, Gebirge und Wüste erscheint eine mehr reale Zweitheilung in Tell und Sahara am Platze.

Das Gebirge fällt ja einmal betreffs seiner fruchtbaren Theile mit dem Küstenlande zusammen, während es andrerseits durch seine öden Hochplateaus, die in der That auch an verschiedenen Stellen, wo das südliche Randgebirge grosse Lücken lässt, unmerklich in die Sahara übergehen, auch wieder in die Kategorie der letzteren gehört, wie denn auf jenen Hochflächen selbst einzelne wirkliche Oasen mit der unvermeidlichen Dattelpalme vorkommen. Eine solche ist beispielsweise Msila im Süden von Setif.

Versuchen wir nun einmal nach dieser allgemeinen Charakterisirung des algerischen Gebirges die einzelnen Glieder desselben näher zu fixiren. Zu ihrer Bezeichnung haben die Franzosen häufig die Namen acceptirt, welche die arabische Bevölkerung anwendet, die den Gesammtnamen „Atlas" nicht kennt, sondern den einzelnen Gruppen, aus denen derselbe sich zusammensetzt, auch einzelne Namen gegeben hat. Nur Das sei noch vorausbemerkt, dass wie die Hochebenen des östlichen Atlas gegen Osten an Höhe und Breite abnehmen, so bei der damit Hand in Hand gehenden grösseren Durchbildung des Gebirgs die Gipfel der Ränder an Höhe und Zahl zunehmen, womit dem Osten des Landes auch höhere landschaftliche Schönheit vor dem Westen verliehen wird.

Wir beginnen mit dem

„kleinen Atlas",

dem nördlichen Randgebirge, und zwar im äussersten Osten. Hier finden wir als den eigentlichen Ausläufer der ganzen Linie

das „afrikanische Gebirge",

einen langgestreckten Zug, der, von der Seybuse und dem Ued Scherf anhebend, Anfangs in der bisherigen Richtung des ganzen östlichen Atlas läuft, dann aber scharf nach Nord-Osten umgebogen, das linke Ufer des Medscherda bis zu dessen Mündung ins Meer begleitet. Somit liegt diese Gruppe theils auf algerischem, theils auf tunisischem Gebiet. Ihr Culminationspunkt (etwa in der Mitte des gesammten Rückens) ist der Dschebel Rrorra, der äusserste östliche Gipfel des kleinen Atlas, dessen Höhe jedoch kaum 1000 m übersteigt.

An diese erste Gruppe schliesst sich eine zweite,

das numidische Gebirge,

das keinen geschlossenen Zug, sondern ein ganzes Gewirr von bald mit der Küste parallel, bald in rechtem Winkel gegen sie hin streichenden Erhebungen darstellt. Es wird von der Seybuse, dem Bu Merzug, dem Rumel und dem Ued el Kebir umschlossen. Diese Gruppe hat übrigens zum ersten Mal eine Art Küstenparallele, wenn gleich diese letztere nur eine ganz kurze Kette bildet. Es ist dies der Dschebel Edur zwischen der Seybuse-Mündung und dem

III. Die vertikale Gliederung des Landes.

Cap de Fer, der zugleich mit 1004 m als der höchste Punkt dieses ganzen wilden und schroffen Gebirgswinkels dasteht. Erst mit dem eben genannten Gipfel ist der kleine Atlas in die Reihe der Hochgebirge eingetreten.

Es folgt nun als dritte Gruppe

das Gebirge von Setif,

zwischen dem Kebir und dem Ued Sahel. Auch diese Partie ist nicht ein einziger Rücken, sondern umfasst mehrere selbständige, oft kaum lose mit einander verbundene Stöcke, unter denen der Babur (nördlich von Setif) der bedeutendste ist (1990 m).

War bisher eine scharfe Gliederung kaum möglich, so wird nun von Setif ab eine solche erleichtert durch die von da an klarere Entfaltung des Gebirgs. Namentlich tritt von jetzt ab die Scheidung zwischen der Küstenparallele und dem Hauptzug zum ersten Mal bestimmt hervor. Wir haben nämlich als vierte Gruppe

den Zug des Uënnurra und Dira,

zwei langgestreckte, schmale, lose mit einander verknüpfte Rücken, zu nennen, die, in grösserer Entfernung vom Meere, zwischen dem Ued Sahel und dem Isser, zwischen Bordsch bu Areridsch und Fort Aumale in der Richtung O.—W. hinlaufen und eine ungefähre Höhe von 1800 m erreichen.

Diesem Zuge nun lagert eine nur durch einen niedrigen Querriegel zwischen dem Sahel und Isser mit demselben verbundene Parallele mächtigster Art vor, der Dschebel Dschurdschura oder Dscherdschera. Derselbe bildet einen gegen Süden stark gekrümmten Bogen, der in ununterbrochener Linie vom Sahel bis zum Isser reicht. Dieses ausgedehnte, gewaltige Gebirge, das übrigens nordwärts dicht an der Küste selbst wieder Parallelketten hat, unter denen der Dschebel Tamgut noch fast bis 1300 m aufsteigt, ist, obwohl seiner Höhe nach innerhalb des gesammten östlichen Atlas erst in zweiter Linie stehend (das Auresgebirge im grossen Atlas ist noch um wenige Meter höher), doch das durchgebildetste, sowie auch landschaftlich schönste Stück des ganzen algerisch-tunisischen Gebirgs, durch und durch machtvolles Hochgebirge, das vielfach an alpine Formen und Gestaltungen erinnert. Mehrere seiner Gipfel übersteigen 2000 m Höhe und der Kulminationspunkt des Ganzen, der ungefähr an der tiefsten Stelle des Bogens aufsteigende Tamgut Lella Kredidscha, ragt selbst bis 2318 m empor, was etwa der Höhe der mächtigen Kalkgebirge an der Nordseite von Insbruck (Solstein) gleichkommt. Fast das ganze Jahr hindurch bedeckt massiger Schnee die Gehänge und Gipfel, ja in den Schluchten namentlich der Nordseite findet sich selbst ewiger Schnee in Menge. In Folge dessen sind auch Wasserreichthum und Fruchtbarkeit im Gebiete dieses Gebirges immens. Auch den Römern imponirte dieses gewaltige Hochgebirge, das sie unter dem Namen Mons ferratus kannten.

Als 5. Abtheilung kommt dann

das Gebirge von Algier,

zwischen Isser und Scheliff. Auch diese Gruppe scheidet sich wieder in zwei Theile; zunächst haben wir wieder die Hauptkette, zwischen dem oberen Isser und dem Mittellauf des Scheliff, die die Südumrandung der Metidscha bildet und im Allgemeinen (Dschebel Musaïa auf dem linken Ufer des Schiffa) bis zu 1600 m ansteigt. Zum ersten Male halten hier die Nord-Abhänge des kleinen Atlas eine verhältnissmässig gerade Linie ein, so dass die Kette nunmehr von der genannten Ebene aus den Eindruck einer Mauer und eines zusammenhängenden Kammes macht.

Dieser Gruppe ist eine Küstenkette als Parallele vorgelagert, von solcher Ausdehnung, dass sie auch noch der nächsten Partie gegenüberliegt. Sie reicht von dem Golf von Algier bis zur Mündung des Scheliff, ist aber in mehrere Glieder zerlegt. Zuerst streicht von Algier westlich bis an den Ued Nador das milde Sahelgebirge, das kaum 400 m Höhe erreicht, ja in seinem westlichen Ende nur noch ein Hügelland darstellt.

Jenseits des genannten kleinen Gewässers aber steigt das Gebirge im Dschebel Schenua bei Scherschell bis 900, im Zakkar-Zuge sogar bis fast auf 1600 m an, während das schluchtenreiche Dahragebirge, das letzte Glied der ganzen Gruppe, noch nicht die Hälfte davon erreicht (ca. 700 m).

Diese Parallelkette ist durch einen niedrigen Querriegel, der die Wasserscheide zwischen der Scheliffebene und der Metidscha abgiebt, und der von der Bahn von Oran nach Algier durchbrochen wird, mit der Hauptkette verbunden. Zuvor aber ist diese Parallelkette, namentlich auf ihrer ersten Hälfte (Sahel von Algier), durch einen weiten, gebirgsfreien, ebenen Zwischenraum von der Hauptkette geschieden, so dass sich hier die erste grössere Tiefebene des Landes, die berühmte Metidscha, bildet.

Es folgt nun als 6. Gruppe

der Zug des Uaransenis,

zwischen dem Scheliff und dem Ued Mina, einem der bedeutendsten Nebenflüsse des ersteren. Dieses Gebirge hat eine eigenthümliche Form. Es bildet eine Art Klammer oder Hufeisen. Von einem in der Längenaxe des ganzen Atlas liegenden Hauptstocke gehen, parallel mit mehreren zum Scheliff eilenden Zuflüssen, mehrere Arme aus, die schliesslich in die Scheliffebene abfallen. Wie so oft bei Gebirgen (z. B. bei der Ortlergruppe) liegt auch hier die höchste Erhebung (1987 m) in einer der Nebenketten. Dass das schon der vorigen Gruppe gegenüberliegende Küstengebirge (namentlich die

III. Die vertikale Gliederung des Landes.

Dahrakette) auch noch mit dem Uaransenis parallel läuft, ist bereits erwähnt.

Als 7. Gruppe haben wir zu nennen

das Gebirge von Saïda,

eine Anzahl nur lose aneinander gereihter, wirr durcheinander laufender, kleinerer Stöcke, die den Raum zwischen dem Ued Mina und dem Ued Sig ausfüllen. Dieser Gruppe finden wir die einzige grössere Küstenpartie im ganzen Lande vorgelagert, die nicht von Parallelen ausgefüllt ist, sondern als Tiefland sich bis an's Meer zieht. Es ist dies die zweite (und letzte) grössere Tiefebene des Landes, die Scheliffebene, die sich von dem Flusse, nach dem sie benannt ist, bis gegen Oran hin ausdehnt.

Die 8. Gruppe umfasst

die Gebirge von Tlemsen,

die sich zwischen dem Ued Sig, dem Ued Tafna und (südlich) dem Oberlauf des Muluja ausbreiten. Noch mehr als die vorher genannte Partie bilden diese Berge ein Gewirr von bald meridionalen, bald in der Richtung des Breitengrades streichenden, höheren und niedrigeren Zügen, unter denen der Tessala (1059 m) bei Sidi bel Abbes, der Dschebel Assas (1620 m) im Centrum, und der Dschebel Labed und Mkaïdu im Süden (jener westlich von diesem) genannt sein mögen. Eine Küsten-Parallelkette lässt sich hier, wie überhaupt im ganzen westlichen Ende des kleinen Atlas, nicht mehr unterscheiden. Aehnlich wie in der östlichsten Partie füllt die Erhebung auch hier in einem unentwirrbaren Durcheinander von Bergen den ganzen Zwischenraum von der Hochebene bis zum Meere. Nur die nördliche Grenzlinie dieser letzteren, d. h. also der Südfuss des Randgebirges, wo dieses sich zum Plateau verflacht, markirt noch die allgemeine westöstliche Richtung des ganzen Zuges.

Die 9. und letzte Gruppe ist

das Muluja-Gebirge,

das sich zwischen dem Tafna und dem Muluja ausbreitet. Die höchsten Gipfel mögen hier kaum noch 1500 m erreichen.

Werfen wir nun noch einen zusammenfassenden Blick auf das Ganze, so müssen wir sagen, der kleine Atlas ist der Nordrand des centralalgerischen Tafellandes, der, im Durchschnitt 150 km von der Küste entfernt, im Allgemeinen und namentlich in Folge seiner Abgrenzung durch die südliche Hochebene die Richtung WSW. — ONO. einhält, im Einzelnen jedoch nicht einen fortlaufenden Kamm bildet, sondern aus zahlreichen, in der Regel nur lose verbundenen, öfter noch durch tiefe Flussthäler geschiedenen oder isolirt auf gemeinsame hohe Unterlage aufgesetzten Gruppen besteht, deren Kamm zumeist in der Längenaxe des ganzen Systems steht, oft aber auch senkrecht zu derselben gestellt ist, und die theils den ganzen Raum zwischen den Hochplateaus und dem Meere ausfüllen, oder nach einem mehr oder minder breiten Intervall die Küste durch eine Parallelkette säumen, die häufig mit steilen Klippen ins Meer abstürzt, oder endlich auch jenen Raum nach dem Absturz in die Tiefebene ganz der letzteren überlassen.

Viel leichter als der Nordrand lässt sich der Südrand der Hochebene, der sogenannte

„grosse Atlas"

überschauen. Derselbe zeigt schon einen so zu sagen viel afrikanischeren, monotoneren Charakter, während jener in seiner Mannigfaltigkeit mehr die Art mediterraneischen Küstenlandes hat. Er bildet einen dreimal schmäleren (also nur 50 km breiten) Gebirgsgürtel, hält mit fast allen seinen einzelnen Gliedern viel schärfer die allgemeine Richtung des ganzen Systems ein, zeigt sogar verhältnissmässig ausgeprägte Kammbildung, zerlegt sich aber trotzdem in bei Weitem leichter abzugrenzende Partien. Seine einzelnen Theile sind eben in meist klar von den niedrigeren Bindegliedern sich abhebende und weit von einander entlegene Gruppen zusammengedrängt. Dieselben sind zuerst

das tunisische Gebirge.

Dasselbe ist der östlichste Flügel des ganzen Zuges, eine Art niedriger Ansatz, der sich an das kurz zuvor noch zur höchsten Höhe (2328 m) des ganzen Ostatlas sich aufgipfelnde Auresgebirge anschliesst und, durchschnittlich kaum über 1000 m sich erhebend, erst in der alten Richtung, dann aber in scharf nördlicher Biegung, ganz Tunis durchquerend, dem Meere zuläuft, in das er, wenig südlich von der Hauptstadt jenes Landes und in kurzer Distance von dem nördlich der Residenz endenden kleinen Altas abstürzt. Eine natürliche Theilungslinie des tunisischen Gebietes, durch welches dasselbe in eine Nord- und Südhälfte geschieden wird, bildet es die Wasserscheide für die dem Medscherda zufliessenden, also nördlich in die Bai von Tunis mündenden und für die südlich nach dem Golf von Hammamet, bez. von Gabes oder in den Salzsee von Sidi el Heni sich ergiessenden Gewässer. Auch dieses Gebirge ist kein absolut zusammenhängender Rücken und hat mehrere kleine Parallelen. Höchster Theil der Dschebel Merrila, 1945 m, der zugleich der Scheitelpunkt des stumpfen Winkels ist, den der ganze Zug beschreibt.

Es folgt nun

das Auresgebirge,

der sowohl an Ausdehnung wie an Höhe gewaltigste Stock des gesammten östlichen Atlas. Im Allgemeinen wird diese Gruppe von den Flüssen umschrieben, die von Norden her den Depressionen der östlichen algerischen Sahara zufliessen, namentlich von dem Ued Mahana im Osten und dem Ued Biskra im Westen.

Das Auresgebirge hat es allein von allen Gruppen des grossen

III. Die vertikale Gliederung des Landes.

Atlas zu einer bedeutenden Breitenentwicklung gebracht. Weit entfernt davon, ein einziger Rücken zu sein, setzt es sich aus einer Masse kurzer Parallelketten zusammen, die in der Richtung SW.—NO. (also im spitzen Winkel zur Hauptkette) in merkwürdiger Regelmässigkeit dicht nebeneinander liegen und nur durch die engen Thäler der erwähnten, in die Depression des Melrrirr abfliessenden Gewässer auseinandergehalten werden. Ungefähr in der Mitte des Stockes erheben sich seine beiden höchsten Gipfel, die zugleich die Culminationspunkte des gesammten Ostatlas bilden, der Scheliah, 2328 m, und der Mahmel, 2306 m (letzterer 2 m niedriger als der Dscherdschera und daher, genau genommen, nur erst der dritte Gipfel des ganzen Systems). Durch den Auresstock tritt der grosse Atlas in die Reihe der Hochgebirge. Selbst auf seinen, doch der Gluthhitze der Sahara ausgesetzten Südabhängen erhält sich der Schnee wenigstens während des eigentlichen Winterviertlejahres. Auch ist nur bei diesem Stock der Randgebirgscharakter völlig ausgeprägt. Denn die Niveaudifferenz zwischen dem Plateau auf seiner Nordseite und dem Centrum der Sibanoasen unmittelbar an seiner Südseite beträgt gegen 700 m. Weiterhin ist der Rand des Plateaus oft so niedrig und die höchste Terrasse der Wüste so hoch, dass sie oft sogar in einander verschwimmen.

Die 3. Gruppe ist

der Dschebel bu Kahil,

vom Aures ziemlich weit entfernt gelegen und nur durch einige niedrige Ketten mit ihm verbunden, die der Ued Biskra durchbricht, während der Ued Dscheddi ihren Südfuss begleitet. Der Bu Kahil ist ein Gebirge, das nach Süden steil abfällt, das aber auf seinem 1400 m hohen Gipfel wiederum ein Plateau bildet, welches sich nordwärts in das tiefer gelegene Hauptplateau absenkt.

Als 4. Gruppe folgt dann

der Dschebel Amur,

etwa im Centrum des ganzen Südrandes belegen, von der vorhergehenden Partie durch die relativ bedeutende Einsenkung von Makhluf (900 m) getrennt, durch welche die Strasse nach Larruat zieht, einer der Hauptstöcke der ganzen Kette, im Pic von Gada bis 1800 m ansteigend und besonders hydrographisch als Wasserscheide für die divergirendsten und längsten Gewässer des Atlas, als die einzige wirkliche, directe Wasserscheide für Wüste und Meer interessant. Die Niveaudifferenz zwischen dem Nord- und Südfuss des Stockes beträgt aber kaum die Hälfte der beim Aures gefundenen Zahl.

Die 5. Gruppe bildet

der Dschebel Ksel (oder Kessel),

1937 m hoch, eingefasst durch den Ued Sergun (ö.) und den Benut (w.), eine ganze Gruppe vielverzweigter Parallelen, in dieser Hinsicht ganz ähnlich der letzten (6.) Gruppe auf algerischem Boden, dem

Dschebel Ksan,

zwischen dem Ued Namus und dem die schon marokkanische Oasengruppe von Fidschidsch bewässernden Susfana, die Rückwand für die Oasen der Sidi Scheikh bildend, ein Complex von vereinzelten, wenig ausgeprägten und wenig hohen Erhebungen. Wie zum Ersatz dafür ist aber das Terrain auf beiden Seiten dieses Zuges, sowohl die Hochebene im Norden, wie die Wüstenterrasse im Süden, höher als sonstwo, jene bis über 1300 m, diese bis gegen 750 m ansteigend. Es ist also auch hier wie beim nördlichen Randgebirge; je gehobener das Plateau, um so unbedeutender die eigentliche Erhebung auf dem Rande.

Verfolgen wir der Vollständigkeit wegen den grossen Atlas noch bis zu seinem westlichen Ende, so haben wir als 7. Gruppe nur noch den

Dschebel bu Grus

hinzuzufügen, der zwischen dem Susfana und Ued Rrir streicht. Durch den letzteren, der in der Nähe der Muluja, welche den Anfang des kleinen Atlas bezeichnet, an dem oben von uns oft genannten Gabelungspunkte des gesammten Atlassystems, dem Dschebel Aïaschin, entspringt und dann, zum Susfana und gen Tuat fliessend, die südliche Parallelkette durchbricht, wird diese letztere in ein westliches und ein östliches Glied, in die Parallele zum hohen und die Parallele zum kleinen Atlas getheilt, welch letztere ja eben der „grosse Atlas" heisst. Derselbe ist beiläufig vom Cap Bon bis zu diesem Durchbruch nicht weniger als 1600 m lang. —

Noch aber haben wir die rein orographische Charakterisirung des östlichen Atlas nicht erschöpft. Die beiden Randgebirge mit ihren vereinzelten Parallelen sind nicht seine einzigen Theile. Hierzu gehören auch die Querriegel, die einmal zwischen dem Nord- und Südrand streichen, sodann aber auch die Rippen und Vorberge, die sich von dem letzteren noch in die Wüste hinabziehen.

Die Bindeglieder zwischen kleinem und grossem Atlas sind namentlich auch für die schon früher erwähnte Mulde auf dem Rücken des Plateaugürtels von grosser Wichtigkeit, indem dieselbe durch sie in eine Anzahl allerdings höchst ungleicher, geschlossener Bassins getheilt wird, welche dann von den gleichfalls schon erwähnten Hochgebirgsseen ausgefüllt werden. Dieser Bassins sind im Ganzen vier, die ihre von der modernen Geographie acceptirten Namen gleichfalls von den Eingeborenen, jedenfalls schon in alter Zeit, erhalten haben.

Das erste (östlichste) dieser Bassins führt die Bezeichnung:

Die Sbakr (arab. Plural von Sebkra, Salzsee).

Dasselbe, das kleinste und verhältnissmässig noch culturfähigste von allen, wird im Osten von dem Querriegel umschlossen, der, nahe an und parallel mit der Landesgrenze, etwa zwischen Suk

Arras und Tebessa, die Wasserscheide abgebend für Seybuse und Medscherda, bezieh. Mellek, die Nord- und Südkette, das „afrikanische" mit dem „tunisischen" Gebirge verbindet. Doch darf man sich unter diesem Querriegel wiederum keinen zusammenhängenden Rücken denken. Auch er ist nur eine fortlaufende Reihe von Erhebungsmassen, die theilweise selbst nur plateauartig sich darstellen.

Auf der Westseite aber wird das Sbakr-Bassin geschlossen von einer mehr diagonal, das heisst in der Richtung NW.—SO. die Hochfläche durchsetzenden Serie von Erhebungen, die, etwa von der Gruppe des Dira und Uennurra anhebend, gegen Batna und Lambessa streichen und südöstlich von diesen Städten an den Aures stossen. Diese Verbindung der beiden Randgebirge ist die ausgeprägteste im ganzen System. Obwohl ebenfalls kein fortlaufender Kamm, zeigt sie doch keine grösseren Lücken und bringt es auch zu bedeutender Gipfelentwickelung. So hat der Dschebel Neschar (im westl. Theile des Zuges) 1741 m Höhe, während die spitze Nadel des Dschebel Tuggurt bei Batna sogar bis zu 2100 m ansteigt.

Die auf diese Weise umschlossene Fläche des Hochplateaus wird aber durch eine niedrige Hügelkette, die von Constantine ausgeht, am Ued Bu Merzug und der Strasse nach Batna hinläuft und bei letzterer Stadt auf den eben beschriebenen Querriegel stösst, der beiläufig auch die „Kette von Metlili" heisst, in zwei Theile zerlegt, von denen der westliche die sogenannte Medschana-Ebene bildet, die etwa 1000—1100 m durchschnittliche Höhe hat und mit der später zu nennenden Sersu-Ebene die beiden überaus fruchtbaren Hochebenen bildet, welche Algerien, entsprechend seinen beiden Tiefebenen im Küstenlande, der Scheliff-Ebene und der Metidscha, auf dem Rücken seines Hochlandes aufzuweisen hat. Der in der eben erwähnten Weise abgetrennte östliche Theil aber bildet das eigentliche Sbakr-Becken, eine relative Depression, die von etwa einem halben Dutzend dicht neben einander belegenen Salzseen ausgefüllt wird, unter denen der Tarf-See (20 000 ha) der grösste ist.

Das zweite der beregten Bassins ist

das Hodna,

auch das Plateau von Saïda (nach dem in seinem südwestlichen Theile gelegenen Orte, dem römischen „Salinae Tubonenses",) genannt, eine nach Ausdehnung wie Einsenkung bedeutende Depression, welche im Osten von der vorher beschriebenen Kette umrandet, gegen Westen aber nur durch zusammenhangslose, niedrige Züge, von denen ihr zahlreiche Gewässer zufliessen, von dem nächsten Bassin abgetrennt wird.

Diese mächtige Einsenkung ist von einem einzigen Salzsee ausgefüllt, der „Schott von Saïda" oder „von Msila" (nach dem nördlich gelegenen Orte) heisst. Er ist 70 km lang und 10—25 km breit. Sein Flächeninhalt beträgt 84 000 ha. Indess ist auch er häufig trocken und füllt sich nur in der Winterszeit, wo ihm, namentlich von der Gruppe des Dira und Uennurra, zahlreiche Wasseradern zuströmen. Sein Niveau hat aber auch nur ca. 500 m Seehöhe.

Es gehört indess gerade die traurig-öde Umgebung dieses Sees zu den Partien der Hochlandssteppe, die eine Zukunft haben. Durch artesische Brunnen, von denen bereits eine Anzahl fertig gestellt ist, könnten hier 100000 ha dem Tell gewonnen werden. Das Klima dieser Gegend, das an Hitze dem von Senegambien kaum nachsteht, würde bei entsprechender Wassermenge Unglaubliches leisten. Man sieht, Frankreich hat noch genug zu thun, auch wenn es sich innerhalb der jetzigen Grenzen der Provinz hält.

An das Hodna schliesst sich drittens

das Zarrez.

Diese überaus schmale Depression wird im Westen (die Ostgrenze ist schon beim Hodna genannt) durch den Scheliff, der hier das ganze Hochplateau durchschneidet, abgegrenzt. Aber sie erreicht ausserdem auch das nördliche und südliche Randgebirge nicht, sondern wird in beiden Richtungen von isolirten Parallelzügen eingeengt, nämlich im Norden durch den Dschebel Tebergin, Dschebel Gada (beide östlich) und Dschebel Ukeït (westlich), im Süden aber durch den Dschebel Sahari (östlich, 1500 m) und Dschebel Senalba (westlich, 1618 m). Die so umgrenzte Depression nun wird durch zwei kleinere Seen, die Sebkra Zarrez Rrarbi (d. h. das westliche) und die Sebkra Zarrez Schergui (d. h. das östliche Zarrez) ausgefüllt, von denen die erstere 32000, die letztere 50000 ha umfasst.

Nordwestlich von dieser Depression, von ihr durch den Dschebel Ben Ammad (östl.) und den Dschebel Nador (westl.) abgeschnitten, breitet sich das schon genannte fruchtbare Plateau von Sersu aus (Hauptstadt Tiaret, das alte Tingartia, 1083 m hoch), wo der Wein noch trefflich gedeiht.

An das Zarrez schliesst sich, von diesem nur durch den Scheliff getrennt, als viertes Bassin

die „Hochebene der Schotts",

auch „kleine Wüste" oder „die Hochplateaus" im engeren Sinne genannt, im Westen erst durch die das rechte Ufer der oberen Muluja begleitenden Höhenzüge weit drinnen im Gebiet von Marokko abgeschlossen, eine ungeheure, mehrere hundert qm umfassende Hochfläche, die grösste und — zugleich höchstgelegenste relative Depression auf dem Atlasrücken (durchschnittlich 11—1200 m hoch). Sie wird ausgefüllt durch zwei ziemlich weit von einander gelegene, im Verhältniss zu ihrer ausserordentlichen Länge sehr schmale Salzseen, von denen der eine (der „östliche") Schott esch Schergui, der andere (der „westliche") Schott el Rrarbi genannt wird. Sie haben einen Flächeninhalt von 200000 ha, liegen indess den grössten Theil des Jahres über ganz trocken. Der östliche besteht genau genommen aus zwei, durch eine schmale Landzunge getrennten Theilen. Er ist der weitaus grössere. Den westlichen schneidet die marokkanische Grenze ziemlich in der Mitte. Die Landschaft ringsum ist nahezu absolut wasserlos und daher die dürftigste im ganzen Atlas. Sie bietet das vollkommenste Hochsteppenbild. Doch wird sie noch nützlich durch das Halfa, das hier sein ausgedehntestes Gebiet hat. Die Société Franco-Algérienne erhielt die Erlaubniss zur Ausbeutung einer 300 000 ha grossen, mit diesem Producte bestandenen Fläche.

Schliesslich sei nur nochmals darauf hingewiesen, dass dieses Plateau mit dem geringsten Abfall in die Wüste sich absenkt, ja theilweise ohne besondere Markirung und Höhendifferenz sich in dieselbe verliert. Beispielsweise liegt der Hauptort dieser Hochebene Géryville 1295 m hoch, während die Oase Aïn Sfisifa noch 1252 m erreicht.

Das hängt mit einer bereits angedeuteten Eigenthümlichkeit der Wüste, bezieh. der ganzen Bodengestaltung Algeriens zusammen, die uns von Neuem entgegentritt, wenn wir nun die von dem „grossen" Atlas südwärts vorgeschobenen Gebirgs-Zweige betrachten.

Unbeschadet der Einzelgipfelbildung, die gerade im Osten Algeriens ihre höchsten Triumphe feiert, stellt ja namentlich das gesammte Gebiet des östlichen Atlas inclus. des südlich an ihn angelehnten Terrains, der „algerischen Sahara", eine von Westen gegen Osten, nach dem Meere der Syrten zu langsam sich abdachende Fläche, also eine schiefe Ebene dar. Wenn in Folge dessen schon die Hochebenen im Osten niedriger sind als im Westen, so culminirt diese Erscheinung in der Wüste, die es von ihrer Höhe im Westen (ca. 800 m, in den Oasen der Sidi Scheikh) bis zur Einsenkung unter das Meeresniveau, bis zur absoluten Depression bringt.

Indess ist diese schiefe Wüstenebene ebensowenig wie die Hochplateau-Mulde eine ununterbrochene. Vielmehr wird auch sie, analog der letzteren, durch Ausläufer bezieh. Parallelen des grossen Atlasrückgrats zerspalten.

Da nun die algerische Sahara, neben der Absenkung in der Richtung von W. nach O., als ein den Südabhang des Atlas einnehmendes Gebiet, noch eine zweite Abdachung, nämlich die von N. nach S. zeigt und da sie weiter, nachdem sie so ihre tiefste Stelle erreicht hat, gegen die grosse Sahara hin wieder ansteigt, so bilden sich auch auf dem Boden dieses Wüstentheils, ganz ähnlich den einzelnen Depressionsmulden auf dem Rücken des Hochgebirgs, die wir zuvor beschrieben, geschlossene Bassins, so dass die Sahara von Algerien so zu sagen in der Niederung eine Copie zu dem Bilde des Atlas-Hochlandes liefert.

Dieser Bassins, in die sich die algerische Wüste zerlegt, sind drei; erstens

das Bassin des Melrrirr.

Dasselbe wird umschlossen im Norden von den Abhängen des Auresgebirges, im Osten von dem allmälig wieder sich hebenden (höchste Höhe vor dem Golf von Gabes ca. $+$ 40 m), und wieder von einzelnen kleinen Hügelketten durchsetzten Terrain, auf welchem die beiden Nachbarseen, der Schott Rrarnis und der Schott Kebir liegen, im Süden von dem gleichfalls und zwar viel rascher ansteigenden, mit Sanddünen („el Areg") besetzten Gebiet, durch das der Irrarrar herabströmt, und in welchem (südöstlich) die Oase Ued Suf (el Ued $+$ 72) und (südwestlich) die von Ued Rrir (Tuggurt $+$ 51) liegen, im Westen endlich von einem niedrigen Zuge, der dem Bu Kahil gegenüber auf dem rechten Ufer des Ued Dscheddi sich erhebt und von dem mehrere (periodische) Gewässer in die Senke und gegen Tuggurt hin niederfliessen.

Das also umgrenzte Terrain nun, das zum grössten Theile von einem vielverzweigten Salzsee, dem Schott Melrrirr (200 000 ha Flächeninhalt), ausgefüllt ist, stellt eine so tiefe, absolute Depression dar, dass das Niveau des oben genannten Wasserbeckens, das, weil von einer dichten, stark gewellten Salzkruste gebildet, an verschiedenen Stellen verschieden hoch ist, theilweise 30 m unter dem Meeresspiegel liegt.

Ueber dieses Salzmeer, das, im Verein mit seinen beiden grossen östlichen Nachbarn, ein von der Art der Atlas-Hochlandsseen etwas abweichendes Phänomen darstellt, seien gleich an dieser Stelle noch einige kurze Notizen angefügt.

Diese Seen, Reste von ehemaligen, viel bedeutenderen Binnenseen (denn nach dem von Pomel, „le Sahara", Algier 1872, geführten Beweise stand in der jüngsten geologischen Periode, d. h. in historischer und selbst prähistorischer Zeit diese Depression keinesfalls mit dem Golf von Gabes in Verbindung, und ist also nicht, wie auch philologisch nachgewiesen werden kann, mit dem „lacus Tritonis" der Alten, wie noch Daniel in seinem Handbuch, 1. Bd., will, identisch) sind heutzutage vielfach durch Sandmassen (aus der südlich so nahen Areg-Region herbeigeweht) gefüllt und haben häufig nur noch gegen ihre Mitte hin Wasser, das allerdings bei dem ungeheuren Flächeninhalt aller drei Seen zusammen (20 000 qkm, was fast der doppelten Ausdehnung des Königreichs Sachsen entspricht) eine noch immer beträchtliche Masse genannt werden muss. Dieses Wasser wird indess meist durch eine Salzkruste verdeckt, die eine durchschnittliche Dicke von 15—20 cm hat. Diese Decke ist stellenweise hart und durchsichtig wie Flaschenglas und klingt bei jedem Schritte eigenthümlich hohl. Sie stellt keine Ebene, sondern, wie schon erwähnt, eine vielfach gewellte Fläche dar, welche Hügel bis zu 31 m Höhe bildet. Bei starkem Winde geräth sie sogar in wahrnehmbare Schwingungen und das Wasser quillt dann mächtig aus einzelnen Oeffnungen.

Das Letztere findet sich unter dieser dünnen Decke oft erst nach einem Hohlraume, und ist grün, dickflüssig und ungleich salziger als das Meerwasser. Unter der 50—80 cm tiefen Wasserschicht endlich lagert eine Masse flüssigen, beweglichen Sandes, das Product jahrtausendlanger Sandverwehungen, erzeugt durch den Samum. Obwohl noch nie genau gemessen, mag die Tiefe eines solchen Salzbreies doch 50 m nirgends überschreiten. Immerhin dürfte so die gesammte Tiefe der Melrrirrsenke (30 der Spiegel + 50 m bis zum Grund) doch gegen 100 m betragen und damit wohl die tiefste Depression des Saharagebiets (Oase Siuah in der libyschen Wüste nur 28 m) abgeben.

Die von der Salzkruste gebildete Oberfläche dieser Seen, die, wenn nicht mit Flugsand überdeckt, etwa der Oberfläche geschmolzenen Metalls (diesen Vergleich gebrauchten schon alte arabische Schriftsteller) ähnelt, ist nur an vereinzelten Stellen ohne Lebensgefahr zu betreten. „Wehe dem, der sich auch nur eine Handbreit von dem schmalen Pfade abseits wagt; die Kruste giebt nach und der Abgrund verschlingt sein Opfer; unmittelbar über dem Kopfe des letzteren schliesst sich die biegsame Decke wieder und nach 1—2 Stunden ist die Unglücksstelle nicht mehr zu finden."*)

In dieser Weise versanken vor 50 Jahren im Dscherid (so wird der Kebir auch genannt) 1000 Kamele und 2000 Menschen. Und doch ist der Verkehr über diese heimtückischen Flächen sehr bedeutend. Denn sie liegen ja mitten auf dem Wege von Tunis nach dem Biledulscherid, dem „Dattelland", und würden nur mit ungeheurem Zeitverlust zu umgehen sein. Daher giebt es hier, ähnlich wie in der Nähe der gefährlichen Gletscher der Alpen, förmlich geschulte Führer, welche die umwohnenden Stämme liefern „Wie ein auf der Kriegsfährte befindlicher Indianerstamm marschirt dann, unter eines solchen Lotsen Leitung, Einer hinter dem Andern; selbst die Pferde scheinen die Gefahr zu wittern und beschnuppern mit weitaufgeblasenen Nüstern von Zeit zu Zeit den Boden." Ist die gefährliche Furth aber überschritten, so neigt sich die Karawane tiefer gen Osten als sonst und bringt Allah inbrünstigen Dank dar.

Endlich sind die bläulich-grün glitzernden Salzflächen auch noch der Ort der häufigsten Fata morgana's, jener wunderbaren Luftspiegelungen, die das Unheimliche der Scenerie nur noch vermehren. Ein kühler, leicht gewellter See, Palmenwälder, Citronen- und Orangenhaine, goldglänzende Kuppeln und Minarets — ein alle Augenblicke wechselndes, farbiges Bild — erscheinen vor dem Auge des sinnverwirrten Reisenden, bis nach 10—15 Minuten das Zaubergemälde, immer weiter zurückweichend, verschwunden ist.

Das zweite Bassin, das die algerische Sahara bildet, ist das von

Uargla (oder Wargla).

Dasselbe liegt bedeutend südlicher als das erstgenannte. Denn

---

*) Vgl. Artikel: „Das alger.-tunes. Binnenmeer", von Dr. J. Chavanne, in der Deutschen Rundschau für Geographie etc., II. Jahrgang, 6. Heft.

einmal beginnt die Wüste in dieser Gegend (von Larruat an) in Folge des daselbst südlicher herabreichenden Atlas auch tiefer im Süden, als bei Biskra, ausserdem aber fällt sie hier auch langsamer ab als dort.

Dieses Bassin nun wird umrandet im Osten von niedrigen Erhebungen, welche die Wasserscheide zwischen Irrarar und Mia bilden, und im Süden von der gegen el Golea hin ansteigenden Sandregion. Am Schärfsten aber ist seine Abgrenzung gegen Westen und Nordwesten. Dieselbe geschieht hier durch das Hochland der Beni Mzab (sprich Mĕsab), das sogar noch mit mehreren Gipfelaufsätzen, unter denen der Dschebel Khala bei Metlili mit 653 m die höchste Stelle einnimmt, versehen ist.

Von diesem Hochland, der im Mittel 400 m hohen, zweiten Terrasse des Atlasabhanges (Larruat mit 686 m bildet die erste), strömen zahlreiche Flüsse, die später zu nennen sein werden, in die Senke von Uargla in der Richtung von NW. nach SO. nieder. Das Bassin selbst aber wird von keinem See ausgefüllt, sondern trägt auf ihrem Boden, der eine grösste Tiefe von nur $+$ 96 m (Oase Ngussa) erreicht (Uargla ist also nur relative Depression), fruchtbare und volkreiche Oasen, unter denen Uargla selbst (115 m) die bedeutendste ist.

Das dritte und letzte der Bassins, in welche die algerische Sahara zerfällt, ist das der

Ulad Sidi Scheikh.

Den Nordrand desselben bildet die hohe (durchschnittlich 740 m) Vorwüste, auf welcher die Oasen des eben genannten Stammes liegen. Von da senkt sich das Terrain südlich langsam bis auf etwa 3—400 m ab. Hier finden sich unweit von einander mehrere kleinere Salzseen, die durch eine Anzahl Flüsse gefüllt werden, welche vom grossen Atlas niederströmen. Dieses Becken wird im Osten durch das oben geschilderte Hochland der Beni Mzab, im Westen durch die niedrigen, das linke Ufer des Susfana begleitenden Züge gebildet, während im Süden wiederum die Sanddünen-Region den Abschluss macht. Dieses dritte Bassin liegt übrigens, entsprechend eben der ganzen Richtung des Ost-Atlas, der ja im Westen am weitesten südlich hinabreicht, noch etwas südlicher als das von Uargla. —

Um das Relief-Bild von Algerien vollständig zu machen, müssen wir nun auch den hohlen Bodenformen, soweit dieselben nicht schon mit berührt worden sind, noch einige Worte widmen. Hierbei ist zuerst im Allgemeinen nochmals zu betonen, dass Algerien auch in hydrographischer Beziehung ein getreues Abbild von dem ganzen grossen Körper Afrikas darstellt. Wasserarmuth ist auch sein Characteristikum und Mangel. Dieselbe wird aber im Allgemeinen bedingt einmal durch das Fehlen von eigentlichen Schneegebirgen, diesen natürlichen Hochreservoirs der Erde, sodann aber durch die besondere Form der vorhandenen Erhebungen, die durch ihre Plateaus im Allgemeinen und mehr noch durch die auf denselben befindlichen

Senken einer ausgedehnteren Wassercirculation hemmend in den Weg treten. Im Allgemeinen gelangt eben nur das von den äusseren Abhängen der beiden grossen Randgebirge Algeriens abfliessende Wasser in die beiderseitigen Niederungen, bezieh. bis zum Meer, während die auf den Innenseiten entspringenden Rinnsale die erwähnten, abflusslosen Hochlandsmulden füllen.

Dadurch wird auch ein weiterer Uebelstand bedingt. Es fehlt an Flüssen mit längerem Laufe. Die vorhandenen sind fast ausnahmslos zu kurz, um einmal ausgedehntere Strecken bewässern, und andrerseits der Schifffahrt ausgiebiger dienstbar werden zu können. In letzterer Beziehung wird auch durch das von dem raschen Abfalle des kleinen Atlas zum Meer bedingte starke Gefälle dieser Gewässer ein Hinderniss geschaffen. Die Flüsse Algeriens sind fast durchgängig sogenannte Küstenflüsse.

Endlich kommt noch hinzu, dass ein gut Theil des vorhandenen fliessenden Wassers, nämlich nahezu alles, was die Südkette liefert, nicht dem Meere, sondern der Sandwüste zuströmt, wo es rasch vom Erdboden absorbirt wird.

Auf das Einzelne eingehend, müssen wir sagen, dass allerdings mehrere, indess doch immer im Verhältniss zum Ganzen nur wenige der vorhandenen Flüsse, die auf der Innenseite eines der grossen Randgebirge entspringen, nach Durchbrechung des Walles der letzteren nach aussen abfliessen. Von der Innenseite des grossen Atlas aber geht nur ein einziger Strom, und zwar ziemlich in der Mitte des Landes, die Hochplateaus durchschneidend und den kleinen Atlas durchbrechend, nach dem Meere, der Scheliff, während in derselben Weise auch nicht ein Fluss vom kleinen Atlas aus die Wüste erreicht.

Der ebengenannte Scheliff und sein Gegenstück, der Dscheddi, welcher der grösste Fluss für die algerische Sahara ist, sind übrigens die einzigen Wasseradern des Landes, die theilweise auch in der Richtung des Breitengrades fliessen und dadurch einen längeren Lauf ermöglichen, als die übrigen, im Allgemeinen nur die nordsüdliche Richtung einhaltenden und daher bald an ihrem Ende ankommenden Flüsse.

Von den beiden in Betracht kommenden Quellgebieten ist übrigens der kleine Atlas bei weitem wasserreicher, als das südliche Randgebirge, wozu die Nähe des Meeres bei jenem wesentlich beitragen mag.

Zählen wir nun einmal die bedeutenderen der Flüsse Algeriens und zwar zuerst die gegen Norden ins Meer fliessenden auf. Im äussersten Osten macht den Anfang der Ued Medscherda, der Bagradas der Alten, mit seinem bedeutenden Nebenflusse, dem Mellek, welch letzterer am Nordabhang der Südkette entspringt, während jener seine Nahrung von der Südseite des „afrikanischen" Gebirges empfängt. Ihre Vereinigung geschieht nach längerem Parallellaufe erst weit drinnen im Gebiet von Tunis. Nachdem darauf das Gewässer noch mehrere Nebenflüsse von Süden aufgenommen und die ganze Breite des tunisischen Gebiets durchschnitten hat, mündet es bei Porto Farina nördlich von Tunis in das Meer der Sizilischen Strasse. Seine Gesammtlänge beträgt 300 km, seine Breite im Unterlauf 90 m.

Da nur die Quellen des Medscherda auf algerischem Boden liegen und der Fluss sonst immer auf dem Gebiete von Tunis fliesst, würden wir ihn hier kaum zu nennen haben, wenn er nicht für Algerien und seine östlichen Expansionsprojecte so wichtig wäre. Denn wenngleich auch er für eine Befahrung noch zu wasserarm ist, so bildet doch sein im unteren Theile breites und die besten Gegenden von Tunis durchziehendes Thal eine natürliche Einbruchspforte für Frankreich, wie denn die durch dasselbe von Suk Arras nach der Hauptstadt Tunis laufende Eisenbahn bereits eine in das Gebiet des Deys ausgestreckte Hand genannt werden muss. Die jüngsten Ereignisse dortselbst (August 1880), das interessante Intriguenspiel einer italienischen gegen eine französische Actiengesellschaft, zum Zwecke der Occupation der Bahnstrecke Tunis-Goletta, hinter welchem unverkennbar die italienische Regierung stand, hat ja auch bewiesen, dass die letztere bereits die Pläne Frankreichs durchschaut.

Durch das „afrikanische" Gebirge von dem nördlich so nahen Meere abgedrängt und nach dem entfernteren östlichen Meer gewiesen, wird der Medscherda, ähnlich wie der in seinem Unterlaufe in der gerade entgegengesetzten Richtung fliessende Scheliff, der Bewässerung eines ausgedehnten Gebiets dienstbar.

Der zu zweit zu nennende grössere der Flüsse des kleinen Atlas ist die Seybuse, eines der wichtigsten Gewässer des Landes, und zwar nicht wegen ihrer nur geringen Länge, sondern wegen der breiten, überaus fruchtbaren Thalebene, die sie in ihrem Unterlaufe bewässert. Dieser Fluss entspringt unweit der Medscherdaquelle am Südabhang des kleinen Atlas, macht aber dann, in diesem seinen Oberlauf noch Ued Scherf genannt, eine westliche Ausbiegung, während welcher sein zweiter, von Südwesten kommender Quellfluss, der Bu Hamdan, herzuströmt, bis er darauf nach Durchbrechung des Gebirges bei Bona, einer der bedeutendsten Städte des Landes, in die geräumige, nach der letzteren benannte Bucht fällt.

Weiter mündet bei Philippeville der kleine, aber ebenfalls durch eine reiche Fruchtebene im Unterlaufe ausgezeichnete, von der Aussenseite des kleinen Atlas abfliessende Saf-Saf.

Es folgt hierauf gegen Westen der Kebir. Derselbe heisst in seinem Oberlaufe Rumel, entspringt der Südseite des Nordgebirges östlich von Setif, nimmt bei Constantine, dessen Felsen er mittelst düsterer Schluchten umströmt, den aus der Sbakr-Region kommenden Bu Merzug, weiterhin noch den aus der Baborgruppe einmündenden Ued Endscha auf und ergiesst sich zuletzt zwischen Dschidschelli und Kollo ins Meer.

Der nächst grössere Fluss ist der Sahel, der aus dem Dira-

Gebirge bei Aumale entspringt, dann aber durch die Dscherdschera-Kette, die er in weitem Bogen umfliesst, ostwärts gedrängt wird, bis er nahe bei Bougie an der Westseite des grossen, nach dieser Stadt benannten Golfes ins Meer einmündet. Sein Thal ist zum grössten Theil wild und pittoresk und gewinnt erst gegen das Ende einen sanfteren Charakter und entsprechende Breite.

Noch mehr berührt das Herz der Kabylie der Sebau (dreisilbig zu sprechen), der auf der Nordseite des Dscherdschera entspringt und nach einem nur kurzen Laufe (115 km) 6 km westlich von Dellis ins Meer fällt. Gleichwohl ist er sehr wasserreich, da ihm durch eine ganze Anzahl von Nebenflüssen die Schneewässer des mächtigen Dscherdscherastocks zugehen.

Hierauf folgt der Isser, der auf dem Hochlande zwischen Aumale und Medea entspringt, dann den nördlichen Gebirgsrand durchbricht und hierauf parallel mit dem vorhergenannten läuft, bis er ebenfalls das Meer erreicht.

Unter den von da bis Algier mündenden Gewässern ist nur der Harrach zu erwähnen, der, aus den Gebirgen ostwärts von Blida kommend, bald schon, nachdem er die bekannten Bäder von Hammam Meluan und Rovigo passirt hat, in die östliche Metidscha eintritt, aus der er sich an der tiefsten Stelle des Golfs von Algier in diesen letzteren ergiesst.

Das Sahelgebirge hinter der Hauptstadt entsendet nur wenige unbedeutende Rinnsale über seine Hänge. Indess wird es selbst von dem Mazafran durchbrochen und so in eine östliche (höhere), das Sahel von Algier, und eine westliche (niederere) Partie, das Sahel von Kolea (mit dem „Grabmal der Christin" auf seinem Rücken) geschieden. Der erwähnte Fluss wird von zwei Armen gebildet, von denen der eine der Schiffa ist, der von rechts aus dem Gebirge hinter Medea herzuströmt und, nachdem er den Muzaiastock mittelst der berühmten Schlucht, die nach ihm benannt ist, durchbrochen hat, die centrale Metidscha durchschneidet. Der andere Zufluss des Mazafran ist der Ued Dscher, der von dem Gebirgsquerriegel bei Miliana herabkommt und, durch mehrere Nebenflüsse vermehrt, die westliche Metidscha durchströmt, um sich mit dem Schiffa südwestlich von Kolea zu vereinigen. Wenige Kilometer hinter Cap Sidi Ferrudsch endlich fällt die ansehnliche Wassermasse ins Meer.

Nach einer grossen Anzahl ganz kurzer und unbedeutender Wasseradern, die der Küstenkette zwischen Mostaganem und Scherschell (westlicher Theil das Dahragebirge) enteilen, kommt nun der Hauptfluss Algeriens, welcher hinsichtlich seiner Länge zugleich einer der bedeutendsten Flüsse Nordwestafrikas ist, der Scheliff. Trotzdem steht er in dieser Beziehung beispielsweise noch um rund 450 km hinter der Elbe, deren Gesammtlänge 1165 km beträgt, zurück. Denn er erreicht kaum 700 km (der Nil, der Hauptfluss der östlichen Hälfte von Nordafrika, mindestens 6200 km).

Der Scheliff entspringt, wie schon erwähnt, auf der Innenseite des grossen Atlas, und zwar am Dschebel Amur bei Tedmena, in einer Höhe von sicher 1400 m. Nachdem er mehrere Quellzuflüsse mit sich vereinigt, steigt er auf die Hochplateaus herab, die er in ziemlich direct nördlicher Richtung durchströmt, wobei er von links mehrere Nebenflüsse empfängt, darunter namentlich den **Sakeni** und den **Nahr-Uassel**, welcher die Sersu-Ebene durchschneidet. Von der Einmündung des ersteren in noch etwa 850 m Seehöhe ist er bis da, wo er den letzteren aufnimmt, schon bis auf 650 m niedergegangen. Die von ihm auf diese Weise so rasch durcheilten Hochflächen gehörten zu den unfruchtbarsten des ganzen Landes.

Bei Borrar (an der Strasse nach Larruat) bricht er durch das nördliche Randgebirge, schwenkt in scharfer Kehre nach links und fliesst nun noch ca. 300 km weit durch die Niederung, die nach ihm benannte Scheliffebene, die zweite der beiden algerischen Küstenebenen, die zu den gesegnetsten Partien des Landes gehört. Er empfängt auf diesem seinen Unterlaufe eine grössere Anzahl Nebenflüsse, die ihm, zumeist von links, aus dem Massiv des Uaransenis, zuströmen. Unter ihnen sind der Ued **Fodda** (östlich von Orléansville), der Ued **Isly** (westl. von genannter Stadt), der Ued **Riu** und am Westlichsten, nicht mehr zu fern von der Mündung, der Ued **Mina**, die verhältnissmässig bedeutendsten.

Zuletzt auf seinem rechten Ufer von dem schroffen Dahragebirge begleitet, fällt er zwischen dem Cap Ivi und Mostaganem in den mächtigen Golf von Arzeu. — Weit davon entfernt, schiffbar zu sein, ist auch er im Sommer fast wasserlos.

Der westlichste Theil der nördlichen Hälfte von Algerien von da ab ist, was auch für die gleiche Partie der Südhälfte gilt, noch wasserärmer als der östliche. Es sind durchgängig kurze und dürftige Rinnsale, die nun noch folgen.

Die allenfalls noch nennenswerthen sind der **Habra** und der **Sig**, die dem Mactasumpf, südlich vom Golf von Arzeu, zuströmen, indess jetzt durch Barrage-Anlagen absorbirt werden, dann der **Tafna**, der aus den Bergen hinter Tlemsen kommt und, verstärkt durch den **Isly** (von links) und den **Isser** (von rechts), der Insel Raschgun gegenüber ins Meer fällt.

Der **Muluja** aber, die allerdings bedeutender ist, fliessen aus algerischem Gebiet nur einige kleine Nebenflüsschen zu, während ihr Hauptstrang im hohen Atlas entspringt.

Viel kümmerlicher noch als in der Nordhälfte liegen die Verhältnisse auf der Südseite. Hier eilen zunächst eine Anzahl spärlicher Gewässer vom Südabhang des Aures dem Melrrirrbassin zu, unter denen der Ued **Mahana** noch das ansehnlichste ist. Sie sind, wie alle in die algerische Sahara sich ergiessenden Flüsse, nur periodische Wasserläufe, die ausser der Regenzeit lediglich dürre, steinige Betten darstellen.

III. Die vertikale Gliederung des Landes. 285

An zweiter Stelle ist dann zu nennen der Ued Biskra (auch Ued el Kantara genannt), der aus den Bergen bei Batna entspringt, dann die Mauer des Auresgebirges mittelst der „Wüstenmund" genannten, berühmten Schlucht durchbricht und in die Sahara hinausströmt, nachdem er noch am Löwenjoch den aus dem Aures kommenden Ued Abdi aufgenommen. Südlich von der Oase Biskra vereinigt er sich mit dem Dscheddi.

Dieser letztere ist der eigentliche Hauptfluss des grossen Atlas, das südliche Gegenstück zum Scheliff. Denn während dieser im Mittel- und Unterlauf ziemlich direct westlich fliesst, schlägt der Dscheddi die östliche Richtung ein, und doch entspringen sie beide am Amur, wenn auch auf den entgegengesetzten Abhängen. Die Amurgruppe erscheint demnach als Mutter der beiden bedeutendsten Gewässer Algeriens und als der Hauptquellenstock des Landes überhaupt.

Die Gesammtlänge des Dscheddi beträgt mindestens 400 km, doch ist auch er nur periodisch, obwohl er all die Wasseradern aufnimmt, die zwischen Amur und Aures (namentlich vom Bu Kahil herab) aus der Südkette kommen.

Während Ued Biskra und Dscheddi, die Hauptgewässer der östl. Hälfte des grossen Atlas, dem Melrrirr-Bassin zufliessen, gehören die Gewässer aus der westlichen Partie dieses Gebirges ausschliesslich dem Sidi Scheikh-Becken an. Es sind dies eine Anzahl kleiner Flüsse, die dem Dschebel Kessel und Ksan entströmen und in südlicher Richtung parallel neben einander laufen, bis sie in die früher beschriebenen kleinen „Daïas" (Seen) dieser Gegend münden. Unter ihnen sind der Sergun, der Benut und der Namus allenfalls erwähnenswerth.

Der Susfana, der bedeutende, bis Tuat hinunter rinnende Wüstenfluss, der vom Dschebel Grus kommt, liegt seiner Quelle wie seinem gesammten Laufe nach, welch letzterer an Länge dem des Scheliff kaum nachstehen dürfte, völlig auf marrokanischem Terrain und erhält nur einige kleine Quellzuflüsse aus algerischem Gebiet.

Das dritte Saharabassin, das von Uargla, wird von den Gewässern des grossen Atlas nicht mehr erreicht. Die vielen demselben zuströmenden Flüsse kommen insgesammt aus dem Mzab-Bergen. Sie laufen, zumeist nur von geringer Länge, parallel neben einander, und zwar im Gegensatz zu den meisten Atlasflüssen, in der Richtung von West nach Ost, der in der gleichen Richtung sich vollziehenden Abdachung der Wüste folgend. Die nennenswerthesten unter ihnen sind der Segerir, der Nsa, der Msab, der Massek und der Gaa.

Eine dritte Klasse der Wüstenflüsse sind die von Süden aus höher gelegenen Partien der grossen Wüste in das Becken der algerischen Sahara herzuströmenden Gewässer. Es sind deren nur zwei, die unweit von einander im Centrum der algerischen Sahara hinlaufen. Der eine ist der Irrarrar, einer der längsten Wüstenflüsse, der mindestens 1000 km misst. Er kommt, wie schon früher bei den Grenzen Algeriens erwähnt worden, von dem Ahaggar-Plateau im Tuareg-Gebiete, und mündet in das Melrrirr-Bassin (Oase Tuggurt). Unter seinen vielfachen Zuflüssen sind die rechts aus dem Tasili-Plateau kommenden die bedeutendsten.

Der andere, mehrere hundert Kilometer kürzere Wüstenfluss ist der Mia, der aus dem Tedmait-Plateau, an dessen Südfuss die Oasen von Tidikelt liegen, kommt und bis nahe an Uargla, in dessen Bassin er sich ergiesst, von links eine Masse Zuflüsse aufnimmt.

Endlich müssen wir noch einer vierten Classe von Flüssen der algerischen Sahara gedenken, die zugleich eine der merkwürdigsten Eigenthümlichkeiten der gesammten Sahara überhaupt zur Erscheinung bringen. Nicht genug nämlich, dass verschiedene Rinnsale anstatt, wie die ungeheure Majorität der Wasseradern der Erde, in das Wassermeer sich zu ergiessen, in das Sandmeer sich verlieren, so giebt es in dem letzteren auch zahlreiche Flüsse, die unterirdisch dahinströmen. An dieser weisen Einrichtung der Natur, durch welche die Riesensteppe im Herzen Afrikas Wasser erhält, das der verzehrenden Einwirkung der Sonnengluth nicht ausgesetzt ist, participirt auch der algerische Theil der Sahara mit einer Anzahl Wasserläufe.

Die nennenswerthesten derselben sind der Ued Rirr unter der gleichnamigen Oasengruppe (Tuggurt) und der Ued Suf (gleichfalls unter den nach ihm benannten Oasen). Die Tiefe, in welcher derartige unterirdische Flüsse unter dem Boden liegen, ist verschieden. Im Allgemeinen scheint sie zwischen 40 und 80 m zu schwanken.

Ihnen verdanken nicht nur zahlreiche Brunnen, Gärten, Felder und Ansiedelungen, die noch aus der vorfranzösischen Zeit stammen, ihr Dasein, sondern auf sie gründen sich auch die Pläne der jetzigen Regierung, immer mehr von dem ungeheuren Gebiete culturfähig zu machen.

Die Anlegung von artesischen Brunnen, mit der schon die Araber vertraut waren, wird natürlich mit den ungleich vollkommneren Mitteln moderner Technik aufs Eifrigste betrieben und hat schon an vielen Stellen wahre Wunder bewirkt.

Es hat sich dabei auch gezeigt, dass der Wasserreichthum dieser unterirdischen Rinnsale theilweise ein ungeheurer sein muss. Liefert doch ein solcher in einer der Oasen von Ued Rirr, woselbst bis jetzt überhaupt die meisten dieser Bohrungen ausgeführt wurden, vollendeter Brunnen in einer Minute die enorme Quantität von 4800 Liter.

Wir hätten nun, um eine vollständige Aufzählung aller fliessenden Gewässer Algeriens zu geben, noch jene Wasseradern zu erwähnen, welche von den Innenseiten der beiden Randgebirge in die erwähnten Plateaumulden niederfliessen. Dieselben sind aber insgesammt nur ganz unbedeutende und zumeist periodische Rinnsale.

Die meisten und verhältnissmässig noch wasserreichsten derselben finden sich, wie sich Das nach früheren Ausführungen nicht anders erwarten lässt, im Osten des Landes, und hier wieder, wie bereits erwähnt, vorzugsweise im Hodna-Bassin. Dagegen nehmen sie nach Westen hin, wo die Erhebung der Ränder am Niedrigsten, die der Plateaus dagegen am Bedeutendsten ist, auch immer mehr ab. —

Aus dem, was wir bisher über die Flüsse des Landes gesagt haben, dürfte sich auch bereits der allgemeine Charakter der Thäler im algerischen Atlas ergeben. Dieselben sind nahezu ausschliesslich Querthäler, das heisst, sie haben, da das Gebirge im Allgemeinen westöstlich streicht, eine südnördliche oder, was den Südrand betrifft, nordöstliche Richtung. Längsthäler giebt es, von kürzeren und unansehnlichen Bildungen abgesehen, nur zwei im Lande, nämlich eins in der Nordhälfte, vom Unterlauf des Scheliff gebildet, mit der Richtung nach Westen, und eins in der Wüste mit der gerade entgegengesetzten Richtung, welches von dem Dscheddi in seinem ganzen Laufe dargestellt wird.

Durch diesen Mangel an Längsthälern erscheint der östliche Atlas wiederum als eins der wenig durchgebildeten Gebirge. Denn je mehr Längsthälerbildung, um so grösser die Mannigfaltigkeit im Inneren einer Erhebung, um so weniger Hochebenen. Durch Plateaus werden, wie wir sahen, zwei Parallelketten zu einem Gebirge verbunden, während sie durch lange und tiefe Längsthäler als zwei Gebirge erscheinen. Der Atlas präsentirt sich in dieser Hinsicht als das Gegenstück zu dem Mustergebirge der Erde, den Alpen, die so reich an Längsthälern sind. Man könnte darum Atlas und Alpen, die sich ja auch, nur durch das Mittelmeer getrennt, räumlich gegenüberliegen, als Typen ihrer beiderseitigen Erdtheile, jenen als Typus des in vieler Hinsicht so monotonen Afrikas, diese als Typus des dagegen in jeder Beziehung so mannigfaltigen Europas, ansehen.

Im Einzelnen bringt der Mangel an Längsthälern für Algerien mancherlei Nachtheile mit sich. Zunächst erscheint die Communication im Inneren dadurch erschwert, wenngleich nicht übersehen werden darf, dass die das Herz des Gebirges bildenden ebenen Hochflächen diesen Uebelstand wieder etwas begleichen.

In zweiter Linie hängt die Fruchtbarkeit des Bodens mit der Längsthalbildung zusammen. Denn durch eine in der Richtung des Gebirges durch dessen Inneres sich hinziehende Thalfurche wird ja schon an sich ein grösserer Theil der Erhebung, als dies bei einem das Gebirge nur in seiner Breite durchsetzenden Thale der Fall sein kann, geniedrigt und dadurch für die Cultur geeigneter gemacht. Sodann aber ist ja das Längsthal hinsichtlich der Bewässerung ungleich günstiger, als das Querthal. Nur durch das erstere kann sich ein bedeutenderes Stromsystem entwickeln. Denn ein Längsthal giebt gleichsam ein gemeinsames Sammelbeken ab für die aus den Querthälern hervorbrechenden Einzelgewässer. In der Regel hat nur ein Längsthäler durchziehender Strom ein bedeutenderes Netz von Nebenflüssen aufzuweisen. Dies zeigt sich auch in Algerien. Nur der Scheliff, der einzige Fluss der Nordhälfte, der ein Längsthal bildet, hat auch zahlreichere und bedeutendere Zuflüsse. Aber auch die Querthäler in Algerien verlieren viel von ihrem Werthe dadurch, dass der Zwischenraum zwischen Quellgebiet und Mündungsgebiet, sei es im Norden oder im Süden, ein viel zu geringer ist, wodurch die vorhandenen Thäler aussergewöhnlich kurz werden. Aber auch so werden dieselben noch werthloser dadurch gemacht, dass sie häufig nur als enge Spalten, als der Bebauung nicht zugängliche Schluchten auftreten. Die bekanntesten und grossartigsten der letzteren sind (im kleinen Atlas): 1) die Schabet el Akra, 10 km lang, von einem kleinen, in den Golf von Bougie fliessenden, aus den Setif-Gebirgen kommenden Gewässer, dem Ued el Agriun durchströmt, das grossartigste aller derartigen Naturwunder des Landes; 2) die Isser-Schlucht, das vom Flusse gleichen Namens durchströmte, 3 km lange Defilé bei Palaestro; 3) die Schiffa-Schlucht bei Blida, 6 km lang; dann (im grossen Atlas): 4) die el Kantra-Schlucht, genannt Fum es Sahara („Wüstenmund"), vermittelst deren der Ued Biskra das Auresgebirge durchbricht, um in die Wüste hinauszuströmen, noch nicht einen Kilometer lang, aber dafür von um so schauerlicherer Grossartigkeit; 5) die vom Seggar durchströmte Enge zwischen Géryville und Brezina, welche die Araber Khreneg el Aruïa nennen, während die Franzosen ihr den Namen Porte du désert beilegten.

Wir haben nun der Vollständigkeit halber nur noch einen Blick auf die stehenden Gewässer Algeriens zu werfen. Es wird uns Dies um so weniger lang aufhalten, als schon die Wasserarmuth der Provinz im Allgemeinen uns sagen dürfte, dass es auch mit den Seen im Lande schlecht bestellt sein muss.

Allerdings sahen wir, dass der Rücken des Atlasgebirges eine ganze Anzahl von Schotts und Sebkras enthält, aber wir erwähnten auch, dass dieselben durchgehends nur periodische Seen sind, deren flüssiger Inhalt selbst zur Regenzeit kaum etwas Anderes als eine salzige Schlammmasse darstellt.

Auch die grossen Depressionsbecken der Wüste zeigten uns einen von Dem, was man sonst mit dem Namen „See" zu belegen gewohnt ist, gänzlich abweichenden, mehr sumpfartigen Charakter.

So bleibt für eigentliche stehende Gewässer blos noch das Tellgebiet. Aber auch auf diesem langgestreckten Landgürtel finden wir nur zwei nennenswerthe Wasseransammlungen, nämlich den Fetsara-See im Osten (bei Bona) und die grosse Sebkra von Oran im Westen. Doch sind auch sie keine süssen, sonden im Gegentheil sehr stark salzhaltige Wässer (obgleich beispielsweise mitten im Fetsara eine süsse Quelle sprudelt). So enthält das Liter

III. Die vertikale Gliederung des Landes.

Wasser aus diesem letzteren 6—7 Gramm Salz. Obgleich diese Seen ferner selbst im Hochsommer niemals ganz austrocknen, so ist doch ihre Tiefe eine äusserst geringe. Beim Fetsara schwankt dieselbe zwischen 2 und $2^1/_2$ m.
Der letztgenannte hat einen Flächenraum von 12700 ha. Lange ist er ein Räthsel für die Historiker gewesen, da seiner in den Schriften der Alten und selbst bei Augustin, der bekanntlich in der Nähe (in Hippo) Bischof war, keinerlei Erwähnung geschieht. Erst in den Werken mittelalterlich-arabischer Geographen finden wir ihn. Dadurch, dass im Jahre 1857 beträchtliche römische Ruinen auf seinem Grunde entdeckt wurden, ist die Lösung des Problems leicht gemacht. Es hat jedenfalls eine in Folge eines Erdbebens, das erst in nachrömischer Zeit stattfand, entstandene Senkung des Bodens dem See das Leben gegeben. Die Meereshöhe dieses Gewässers beträgt nur 15 m.

Nahezu dreimal grösser ist die Sebkra von Oran, die namentlich eine bedeutende Längenentwickelung (53 km gegen 8—12 km Breite) aufweist. Ihre Meereshöhe beträgt 80 m. Obwohl beide Seen durch die Ausbeute an Salz und Fischen einigen Nutzen ergeben (der Fetsara enthält eine Art grosser Barben, die theils eingesalzen werden, theils Thran und Hausenblase liefern), so würde doch ihre Trockenlegung, die für den einen wie den andern bereits längst geplant ist, ungleich werthvoller sein. Beispielsweise würden die 32 000 ha des Sees von Oran, die nachgewiesener Massen trefflichstes Culturland liefern könnten, den Hectar zu nur 200 Frcs. veranschlagt, einen Gesammtwerth von 6 400 000 Frcs. darstellen, von denen selbst nach Abzug von 4 000 000 Frcs. für die erwachsenden Kosten, die übrigens durch die leicht mögliche Ableitung des Wassers in den nahen, viel tiefer gelegenen, und nur durch einen Rücken von 13 m Höhe getrennten Küstenfluss Rio salado jedenfalls niedriger werden würden, noch immer netto $2^1/_2$ Millionen Frcs. als Reingewinn blieben, ein Beweis mehr, wie viel lohnende Arbeit Frankreich noch innerhalb Algeriens, ja selbst so nahe an der Küste finden kann.

Uebrigens hat die Regierung in ähnlicher Weise bereits kleinere Sümpfe im Küstengebiet trocken gelegt, beispielsweise schon im Jahre 1855 den See von Hallula (1500 ha) zwischen Kolea und Blida. Freilich haben derartige verdienstliche Unternehmungen nicht nur bedeutende Opfer an Geld, sondern immer auch an Menschenleben gefordert, weil die Trockenlegung jedesmal verheerende Fieber unter den Arbeitern hervorrief.

Nachdem wir nun ein ungefähres Bild von der äusseren Gestaltung des Atlas-Gebirges gegeben haben, erübrigt nur noch, auch seinem Innern, dem Inhalt seines Bodens ein kurzes Wort zu schenken. Die wesentlichsten Bildungsglieder des Atlas sind die silurische und devonische Formation, Jura, Kreide, Nummulitengebirge und die jüngere Tertiärformation. Das krystallinische Gebirge tritt nur am Nord- und Südrand und vereinzelt inselförmig im Innern auf.

Bedeutend ist der Reichthum des Atlas an mineralischen Producten. Nur wird derselbe zur Zeit verhältnissmässig noch zu wenig ausgebeutet. Doch ist es auch in dieser Hinsicht in den letzten Jahren in Algerien besser geworden, wie folgende Zahlen beweisen mögen:

Es arbeiteten als Bergleute in den dortigen Gruben im Jahre 1867:1292, im Jahre 1876:4108, mithin hat sich die Zahl des Betriebspersonals in 10 Jahren nahezu vervierfacht. Diese Mannschaft vertheilt sich auf 37 Eisengruben und 25 andere Erzbergwerke. Ausserdem sind aber noch 121 nachgewiesene Erzlagerstätten vorhanden, die noch nicht unter Abbau stehen.

Schon aus den obigen Zahlen wird man entnehmen können, welches Metall im algerischen Boden die Hauptrolle spielt. Das Gebiet des östlichen Atlas ist in der That eine rechte Fundgrube für Eisen. Dasselbe kommt vorzugsweise als Magneteisenstein (Eisenoxyduloxyd) vor, also als reichstes und trefflichstes aller Eisenerze, wie es auch Schweden, Norwegen, Russland (Ural), Finnland und Lappland liefern. Ausserdem finden sich Hämatit (Eisenoxyd) in der Modifikation des Rotheisensteins, und Brauneisenstein (Eisenoxydhydrat). Auch ist die Begleitung von Mangan häufig.

Von anderen Metallen kommen vor: Kupfer (in silber- und bleihaltigen Kiesen), Blei (silberhaltiger Bleiglanz), Antimon (als Oxyd, Antimonblüthe, und mit Schwefel verbunden, Antimonglanz), Quecksilber (in Merkurblende, sowie als Oxyd), und Zink (Zinkspat und Zinkblende).

In Verbindung mit anderen Metallen, jedoch nur in geringer Menge und selten auftretend, finden sich noch Arsenik, Kobalt und Nickel.

Die jährliche Ausfuhr von Erzen aus Algerien seit dem Jahre 1874 stellt sich also:

Eisen . . 460 000 Tonnen, im Werthe von etwa 5 000 000 Frcs.
Kupfer . 5 000 „ „ „ „ „ 500 000 „
Blei . . . 2 500 „ „ „ „ „ 500 000 „

Demnach ergiebt sich für die jährliche Gesammtausfuhr ein Werth von . . . . 6 000 000 Frcs.

Was die Fundorte dieser Metalle betrifft, so vertheilen sich dieselben ziemlich gleichmässig auf alle drei Provinzen, doch ist zu beachten, dass sie, vorläufig wenigstens, nur im kleinen Atlas, und hier wieder vorzugsweise im Küstengebiet (bezieh. in der Küstenparallelkette) ihre Stätte haben. Die Nähe des Meeres und die dadurch gegebene bequeme Abfuhr mag an diesem Umstand freilich wohl den Hauptantheil haben und der jedenfalls auch erzhaltige grosse Atlas aus dem nämlichen Grunde bisher vernachlässigt worden sein.

III. Die vertikale Gliederung des Landes.

Die bedeutendsten dieser Gruben sind folgende: Mokhra el Hadid (zu deutsch: Eisengrube), die grösste aller algerischen Gruben, 1 km von Ain Mokhra, einem bedeutsamen Ort (2215 Einw.) an der Strasse von Bona nach Philippeville unweit des Fetsara-Sees in der Provinz Constantine, welcher zugleich Endpunkt der, der betreffenden Bergbaugesellschaft (Comp. de Mokhra el Hadid) gehörigen, seit 1862 in Betrieb befindlichen Bahn von Bona nach Ain Mokhra ist. Es wird hier namentlich Magneteisenstein gewonnen (62 $^0/_0$ Eisengehalt). Der Export erstreckt sich bis nach Amerika. Das Werk liefert aber auch nahezu $^5/_6$ der sämmtlichen Eisenausbeute in Algerien (jährlich 400 000 Tonnen). Der Abbau geschieht theils über Tag, theils in Stollen. Acht Eisenbahnzüge sind täglich beschäftigt, 1600 Tonnen Mineral dem Hafen von Bona zuzuführen, wo es auf besonders dazu gebauten Schiffen verladen wird.

Die Provinz Constantine besitzt übrigens ganz in der Nähe (im Dschebel Filfila, südlich vom Cap de Fer) und dann unweit Duvivier, im Dschebel Nador, Eisenbahn Bona-Guelma) noch bedeutsame Lagerstätten.

Die nächstwichtigsten Gruben hat die Provinz Oran. Hier sind die bedeutendsten Werke die Eisengrube von Beni Saf, dicht am Meer zwischen Oran und Nemours sowie der Insel Raschgun gegenüber an der Tafna-Mündung gelegen. Die beiden Hauptgruben (Besitzerin: Société de la Tafna) sind durch 2, je 3 km lange Bahnen mit dem gleichnamigen Hafen verbunden. Der Betrieb im Grossen wird angebahnt. Doch sind zur Zeit immerhin schon 1050 Arbeiter in Thätigkeit.

Etwas weiter östlich liegen die Eisengruben von Camarata (Co. Barrelier) mit 210 Mann Belegschaft.

Ferner ist zu nennen die Grube Rrar Rubban, nur 4 km südöstlich von der bereits marokkanischen Stadt Udschda; der bedeutendste Fundort von Kupfer und silberhaltigem Blei auf algerischem Boden (Société Guerin de Cayla), schon seit 1856 im Abbau begriffen. Die silberhaltige Ader soll 3 km lang sein. Auf 100 kg reines Blei kommen 20—130 Gramm Silber. Der Bleigehalt der Erze beträgt 70 $^0/_0$. Drei Viertel der Einwohner des Ortes sind übrigens Europäer und unter den Bergarbeitern besteht sogar eine Hilfs- und Unterstützungskasse.

Endlich sind noch einige kleinere Gruben in der Nähe von Arzeu in Betrieb, nämlich die Grube Ain Tasut (Campanillo und Levy aus Oran), 4 km von St. Cloud, und die Gruben des Dschebel Orus beim Cap Ferrat und die des Cap Ferrat selbst, erstere einem Herrn Champenois, letztere der Hüttenwerksgesellschaft von Châtillon gehörig.

Was zuletzt die Provinz Algier betrifft, so finden wir Eisengruben bei Ued Ruina (3 km entfernt), an der Eisenbahn von Algier nach Oran (Scheliff-Thal), betrieben von den Gebrüd. Gaguin

(55% Eisengehalt), ferner bei **Dschebel Tomulga**, 22 km weiter westlich, an derselben Bahnlinie belegen und denselben Besitzern gehörig (54%), und endlich an der Strasse von Orléansville nach Tenes die Grube **Village des mines**, 2 km von Montenotte und nur noch 6 km vom Meere entfernt. Die Küstenkette dieser Gegend, namentlich das schroffe Bergland zwischen Tenes und Scherschell, scheint überhaupt besonders reich an Metallen, namentlich an Eisen und Kupfer zu sein und die stete Nähe des Meeres dürfte einem zukünftigen Abbau derselben sehr förderlich werden. — Ein kleines Eisenbergwerk, der Cie. de la Tafna gehörig (50 M. Belegschaft), findet sich endlich noch bei **Suma** an der Strasse von Blida nach Alma.

Indess enthält der Boden Algeriens auch noch andere Schätze. Besonders ist er reich an werthvollen **Marmorarten**. So findet sich sogenannter Statuenmarmor in einer Qualität, die dem carrarischen wenig nachsteht, im **Dschebel Filfila** (südlich vom Cap Fer, Provinz Constantine). Ebendaselbst werden auch andere Arten Marmor, hell- und türkischblauer, schwarzer mit weissen Adern u. s. w. gebrochen. Die Lager sind hier sehr mächtig und erstrecken sich auf eine Fläche von 68 ha. Beiläufig holten schon die Römer hier das werthvolle Material. Die Umgebung von Bona hat übrigens noch mehr Marmorbrüche aufzuweisen (z. B. beim Genuesenfort). Andere finden sich am **Dschebel Schenua** (bei Scherschell), bei **Fonduk** (unweit Algier), am Cap Falcon (westl. von Oran, grüner Marmor) und am **Dschebel Orus** bei Arzeu. Auch **Serpentine** und **Onyxe** kommen vor.

Das Sahelgebirge (besonders in der Nähe der Buzarea-Spitze) liefert trefflichen **Kalk**, der indess ebenso wie **Gyps** auch anderwärts häufig anzutreffen ist. Im Littorale kommt auch **Granit** und namentlich bei Stora **Porphyr**, **Diorit** und **Jaspis** vor.

Die Felsen der el Kantra-Schlucht liefern einen für die Zwecke der **Lithographie** geeigneten Stein. Auch **Thon** für die Fabrikation von Ziegeln und Topfwaren ist in Menge allenthalben vorhanden und selbst **Porzellanerde** in der Provinz Oran bei Lella Marnia nachgewiesen worden. In dem gleichen Landestheile hat man auch **Petroleum** gefunden. Endlich fehlt es selbst an **Braunkohlen** nicht. Dergleichen werden in Smendu (an der Bahnlinie Philippeville-Constantine) bereits gefördert, während an anderen Orten wenigstens ihr Vorhandensein constatirt wurde, so z. B. in Fonduk bei Algier, in Dellis und bei Aumale. In einem verhältnissmässig holzarmen Lande dürfte dieses Brennmaterial namentlich für ein künftiges Aufblühen der Industrie von hoher Bedeutung sein.

Noch aber haben wir unter den, wie man sieht, zahlreichen Schätzen des algerischen Bodens einen zu nennen vergessen, der doch zu den kostbarsten unter denselben zählen dürfte, das ist das **Salz**. Ausserordentlich ist der Reichthum des Landes an diesem edlen Gute, das namentlich auch für den durch die transsaharische

III. Die vertikale Gliederung des Landes. 293

Bahn neu zu belebenden Transithandel durch die Wüste wichtig werden dürfte. Denn in dem grossen Gebiete jenseits der letzteren, im Sudan, ist es bekanntlich ein überaus gesuchter Artikel, der einen hohen Preis hat und darum leicht als Object für den Tauschhandel benutzt werden könnte.

Algerien liefert übrigens das Salz auf allen drei Wegen, die überhaupt möglich sind (von der noch nicht geübten Gewinnung aus dem Meereswasser abgesehen), nämlich als Steinsalz, ferner durch das Mittel der Salzquellen und endlich aus den Salzseen. Von den letzteren und der bequemen Art, wie vermöge dieser Natur-Salinen der edle Stoff gewonnen wird, (einfaches Abbrechen der reinen, beim Sinken des Wasserspiegels in der dürren Zeit zurückbleibenden Salzkruste), ist schon gesprochen worden. Es giebt solcher Salzseen im Ganzen 26, und zwar ist die Provinz Constantine, in der ja auch der grösste derselben, das Melrrirr-Bassin, liegt, am stärksten vertreten. Sie besitzt allein 16 von der ganzen Summe. Insgesammt mögen diese Bassins einen Flächenraum von über 600 000 ha einnehmen, d. h. nahezu den 100ten Theil der ganzen Oberfläche des Landes.

Durch diese Salzproduction gewährt, wie man sieht, auch die sonst so elende Hochsteppenregion, deren tristeste Partie diese Seen bezeichnen, einen gewissen Nutzen, und Das muss uns einigermassen mit jener abnormen Bodenfiguration versöhnen.

Was die Salzquellen betrifft, so sind bis jetzt bereits 21 dergleichen bekannt, unter denen die ausgiebigsten bei Aumale, bei Borrar (an der Strasse Medea-Larruat), und bei Dellis sich finden.

Anlangend endlich das Steinsalz, so ist dasselbe in Algerien durch ganze Felsen über Tag vertreten. Dieselben finden sich aber nur in der Südkette (und zwar hier bis in die Wüste hinein). Statt des Metalles, das der kleine Atlas so reichlich hat, scheint der grosse Atlas wenigstens durch diese Gabe sich auszuzeichnen.

Namentlich die Gegend um Dschelfa (an der Strasse Medea-Larruat) hat prächtige Exemplare dieser „Salzsäulen" aufzuweisen. Sie sind als wahre Schaustücke algerischen Landes wie als Raritäten überhaupt anzusehen. In der That bieten sie in der kahlen, einfarbigen Steppe einen prächtigen Anblick. Sie erreichen eine Höhe bis zu 35 m, sind mit mannigfachen krystallenen Zacken und Ecken, sowie andrerseits mit Spalten und trichterförmigen Löchern, die durch Auswaschungen entstanden sind, versehen und schillern in allen möglichen Farben, in Gelb, Roth, Grün, Violett u. s. w. Denn das an sich bläulich-graue Salz, das ihren Hauptbestandtheil bildet, ist mit allerlei thonigen Substanzen durchsetzt.

Von dem an der genannten grossen Wüstenstrasse in der Nähe des gleichnamigen Karawanserails stehenden Exemplar (Hadschra el Mel, „Fels des Salzes") fliessen mehrere Quellen ab, die von der Regierung in Thongruben geleitet werden, wo sie reichliches und reines

Salz absetzen. Dies ist die einfachste Ausbeutung des Salzberges. Die Araber gehen dem letzteren auch selbst zu Leib, indem sie mit der Säge Stücke loslösen. Frankreich dagegen hat bisher den Abbau, der jahrelang noch über Tag betrieben werden könnte, wie überhaupt die umfangreichere Ausbeutung der reichen Salzschätze Algeriens noch nicht in Angriff genommen, wieder ein Beweis, was für Reichthümer hier noch zu heben sind.

Dies letztere gilt endlich auch von den Heilquellen, an denen das Atlasgebiet (auch die Südkette, wenngleich in beschränkterem Massstabe, und die erste Saharaterrasse) so ausserordentlich reich ist, wie wenig andere Gegenden der Erde. Es sind ihrer bisher 143 aufgefunden worden, doch dürften noch hunderte unbekannt sein. Eigenthümlich ist es, dass die meisten dieser Quellen in der Provinz Constantine liegen.

Sie treten theils in kaltem, theils in warmem Zustande aus dem Boden. In letzterer Hinsicht stehen sie mit obenan unter allen derartigen Naturerscheinungen der Erde. Beispielsweise haben die Thermen von Hammam Meskhrutin (die heissesten Algeriens) eine Temperatur von $95°$ Cels. (nur 14 weniger als der Geysir auf Island), so das die Eingeborenen bequem darin Eier, Geflügel und dergl. zu kochen vermögen.

Ihrer Art nach sind diese Quellen theils indifferente Thermen (37), theils Schwefelthermen (52), theils Eisensäuerlinge (37), theils Solquellen (21). Die renommirtesten Badeorte Algeriens haben häufig Quellen aller vier oder doch wenigstens mehrerer Arten zugleich aufzuweisen. Der Gehalt an den genannten Substanzen ist durchgängig ein äusserst starker sowie ihre Ausgiebigkeit eine ausserordentliche, so dass sie in jeder Hinsicht mit den renommirtesten Heilbrunnen der Erde concurriren können.

Die gefeiertsten dieser algerischen Quellen sind:

1) Hammam Rirra, an der Bahn Algier-Oran, 600 m hoch gelegen und dadurch zugleich Luftkurort (Näheres über dasselbe siehe vorn in der Reiseschilderung).

2) Die Bains de la reine bei Oran.

3) Hammam Meluan bei Rovigo, unweit Algier. Der Salzgehalt dieser Quelle ist beiläufig dem des Mittelmeeres ziemlich gleich. Spezifisches Gewicht 1,0225. Die Temperatur beträgt 39 bis $40°$ Cels. Hammam Meluan steht mit den weltberühmten Thermalsolbädern von Nauheim nahezu auf gleicher Stufe. Dort 31, 434 gr, hier 29, 128 gr Salze.

4) Hammam Meskhrutin (350 m hoch). Die Hauptquellen geben 100 000 Liter in der Stunde. Die Temperatur der Solquellen ist oben angegeben. Selbst die der Eisenquelle beträgt noch $78°$. Hinsichtlich der letzteren ist Hammam Meskhrutin mit Spa und Pyrmont zu vergleichen. Dass es daneben noch überaus bedeutsame Sol- und Schwefelquellen hat und in einer höcht gebirgigen Gegend

(Gipfel in der Umgegend bis 1300 m) liegt, sichern ihm in der Zukunft noch den Rang eines Weltbades.

Diese vier Kurorte haben sich übrigens bereits eines ziemlich starken Besuchs zu erfreuen und sind mit verhältnissmässigem Comfort versehen, während alle übrigen Quellen des Landes zur Zeit mehr oder minder nur von Eingeborenen besucht werden. Rirra und Meskhrutin (ersteres als aquae calidae, letzteres als aquae tibilitanae) waren übrigens auch schon den Römern bekannt.

Der Merkwürdigkeit halber, als Wüstenbad, sei nur noch Hammam es Salehin („Bad der Heiligen") unweit Biskra genannt, eine Schwefelquelle von 46° C. Wärme und einer Wasserfülle von 150000 Liter in der Stunde.

IV. Klima, Flora und Fauna.

Das Klima und die dadurch bedingte Vegetation Algeriens würden in allgemeinen Zügen wenigstens leicht zu characterisiren sein, wenn lediglich die geographische Breite zu berücksichtigen wäre. Liegt es doch mit seinen nördlichsten Partien noch auf gleicher Höhe mit den Südspitzen der Halbinseln an der Nordküste des Mittelmeeres, während seine Südgrenze noch bei Weitem nicht den Wendekreis erreicht. Somit würde es als ein Land von halb mediterraneischer, halb subtropischer Art zu bezeichnen sein, also im Allgemeinen einen höchst glücklichen Character haben, wenn eben nicht noch ein anderer Factor mit in Betracht zu ziehen wäre, der, wie man weiss, selbst die südlichste Breitenlage völlig zu paralysiren und z. B. am Kilimandscharo unter dem Aequator polarische Verhältnisse zu erzeugen vermag. Dieser Factor ist die vertikale Gliederung eines Landes.

Sie macht auch in Algerien ihren Einfluss geltend und zwar wird auch hier durch Erhebungen, die bis nahe an die Schneegrenze reichen (Dschurdschura), die subtropische Wärme bis zu arctischer Kälte herabgedrückt. Der Einfluss der Erhebung kann aber bei Algerien nicht nur ein partieller, auf die einzelnen Hochgipfel beschränkter bleiben, sondern muss, da ja die Erhebung sich durch das ganze Land in seiner Länge zieht und ausserdem einen verhältnissmässig breiten Gebietsstreifen in Anspruch nimmt, ein eben durch das gesammte Territorium und auf grössere Strecken ausgedehnter sein. Kurz es wird bei der eigenthümlichen Beschaffenheit und Richtung des algerischen Gebirges das Land in 3 Zonen zu theilen sein, die in der Richtung West-Osten parallel laufen, nämlich 1) Nordabhang des Gebirgszugs bis ans Meer; 2) der breite Plateaurücken desselben; 3) sein Südabfall bis in die tiefsten Wüstenpartien.

In Wirklichkeit aber fallen 2 und 3 zusammen. Zwar ist im Einzelnen die Temperatur beider ziemlich verschieden, die Sommerwärme der Plateaus reicht nicht an die der Wüste, und wieder kommt deren tiefste Temperatur nicht der starken Winterkälte jener gleich; dort· gedeihen Nadelhölzer, während hier die Region der Dattelpalme ist. Gleich wohl haben beide Gebiete etwas gemeinsam, nämlich das excessive, continentale Klima, während der Nordabhang des Gebirges mehr oceanisches Klima aufzuweisen hat. Es ist also auch in dieser Hinsicht wieder die durch die orographischen Verhältnisse schon gegebene Zweitheilung des algerischen Landes in eine Nordhälfte und eine Südhälfte gerechtfertigt.

Die erstere erscheint in jeder Hinsicht als der am Günstigsten angelegte Theil des Landes. Sie ähnelt durchaus den glücklichen Gestaden auf der Nordseite des Mittelmeeres, namentlich der ja auch gerade vis-à-vis gelagerten Riviera.

Freilich liegt sie um reichlich 6 Grad südlicher denn die letztere, allein diese Differenz in der horizontalen Gliederung wird durch die Art des vertikalen Elements nahezu völlig ausgeglichen.

Das provençalische und das algerische Littorale bilden ja, wie leicht ersichtlich, so zu sagen Gegenstücke, Kehrseiten. Dort steht das Gebirge im Norden und dacht sich nach Süden ab, hier erhebt es sich im Süden und kehrt seinen Abhang nach Norden. Daher werden dort die kalten Winde aus dem europäischen Continente abgeschlossen, während die warmen Winde Afrika's über das Meer herüber ungehindert Zutritt haben. Hier aber erscheinen die heissen Wüstenwinde aus dem Centrum Afrika's abgehalten, während die kälteren Lüfte Europa's bez. der Alpen über's Meer herüber anzudringen vermögen. So wird dort das Plus von Kälte, hier das Plus von Wärme ausgeglichen.

Immerhin bleibt das algerische Gestade noch um einige Grad wärmer, als die Riviera. Es zeigt nämlich beispielsweise Nizza eine mittlere Jahrestemperatur von 15,30 C., Algier dagegen von 20,63 (das doch viel südlicher [33 n. Br.] gelegene Madeira dagegen nur 18,38).

Es beruht aber diese Differenz nicht etwa darauf, dass Algier eine grössere Sommerwärme hat. Im Gegentheil beträgt das daselbst beobachtete Maximum über 1 Grad weniger (30,10) als das von Nizza. Wohl aber ist der Winter wärmer als dort. Es beträgt nämlich das Minimum von Nizza 3,60, das von Algier aber 7,50. Im Einzelnen sind in Nizza wiederholt — 3° und mehr beobachtet worden, während auch in den strengsten Wintern das Thermometer in Algier meist nicht unter + 4, und in einem langen Zeitraum nur einmal bis + 0,40 gefallen ist.

Das Klima von Algier ist also noch in höherem Grade Seeklima wie das von Nizza, und darauf bassirt seine grössere Qualifikation zum Curort für Brustkranke und dergl., als welcher es den in dieser Hinsicht renommirtesten Punkten der Erde zur Seite, wenn nicht über sie zu stellen ist.

An diesen höchst günstigen Bedingungen participiren neben der Hauptstadt mehr oder minder auch alle anderen Punkte der langgestreckten Küste. Doch gestaltet sich das Klima bereits wenige Kilometer landeinwärts excessiver. Hier, beispielsweise in den Ebenen der Metidscha und am Fusse des Atlas, sinkt die Skala im Winter schon regelmässig bis auf 0, während im Sommer die am Strande nur selten erreichte Höhe von 40° nicht ungewöhnlich ist, ja häufig sich bis 45° steigert.

Was die Verhältnisse der einzelnen Monate zu einander sowie die Niederschläge anlangt, so spiegelt sich auch in dieser Beziehung noch Südeuropa hier wieder. Juni, Juli, August und September bilden wie bei uns den eigentlichen Sommer. Der Regen gehört während dieser Zeit zur Ausnahme. Ein wolkenloser Himmel ist die Regel. Die bedeutende Hitze wird dann oft noch unangenehmer gemacht durch den Sirocco, jenen berüchtigten Wüstenwind, der indess durch seinen Uebergang über das Gebirge schon viel von seiner ursprünglichen dörrenden Gluth verloren hat, und überhaupt hier im Littorale meist nicht länger als 3 Tage anhält. Trotzdem hüllt dieser Südostwind, wenn er kommt, noch immer Himmel und Erde in einen bleichen, gelben Schein und lässt die Atmosphäre bleiern auf Menschen und Thieren lasten.

October und November sind die eigentlichen Regenmonate. Doch fällt das erquickende Nass an der ganzen Küste durchschnittlich nicht anhaltend, wenn auch oft mit wolkenbruchartiger Heftigkeit. Meist nach wenig Stunden schon dringt die Sonne wieder durch und der Kalkboden ist bald wieder abgetrocknet.

Ausserordentlich ist dann das Wachsthum. Das Erdreich · hat durch die Sommerhitze auf trocknem Wege eine ähnliche Präparation zu neuer Production erfahren, wie unsere Fluren im Winter durch die lange Schneebedeckung auf nassem Wege. Unter den sengenden Sonnenstrahlen sind vegetabilische und mineralische Stoffe verbrannt und in einen feinen Staub verwandelt worden, der, durch den Regen angefeuchtet, eine ausserordentliche Triebkraft besitzt.

Die Monate December bis Mai sind die eigentlichen Winter-, richtiger Frühlingsmonate. Der Schluss des bürgerlichen Jahres sieht die ersten Blätter und Blüthen. Doch bezeichnet der Januar vorerst noch die kälteste Zeit des Jahreskreislaufs, ehe im Februar, März und April die Ernte sich anbahnt, für die der Mai den eigentlichen Einsammlungsmonat darstellt.

Während dieser kühleren Jahreshälfte wehen durchgängig West-Nord-Westwinde, die Wärme und Feuchtigkeit zugleich mit sich führen.

Nach Alledem wird es begreiflich, dass das algerische Küstenland ein äusserst gesundes Terrain darstellt, was auch dadurch bestätigt wird, dass hier auffallend viele Menschen ein ungewöhnlich hohes Alter, bis 100 Jahre und darüber, erreichen.

Trotzdem hat man noch vor wenig Jahrzehnten in Frankreich und anderwärts der Ansicht gelebt, dass Algerien sich wegen seines Fieberklimas zur Colonisation nicht wohl eigne. Die Sache ist indess leicht zu erklären. Der Alluvialboden der Niederungen, wie z. B. der Metidscha, der ausserdem noch viele vegetabilische Fäulnissstoffe in sich barg, hauchte, als er zum ersten Male vom Pfluge aufgerissen wurde, höchst schädliche Miasmen aus.

Daher die grossen Verheerungen unter den Einwanderern, die sich überdies oft aus mehr oder minder herabgekommenen Elementen recrutirten und auch in der neuen Heimath den zügellosesten Wandel führten.

Natürlich giebt es selbst jetzt noch auf sumpfendem Boden solche Fieberheerde und zwar sogar in hoher Lage, beispielsweise auf den Hochplateaus, immer aber ist diese Erscheinung nur lokal, und das Klima des Littorale im Ganzen ein höchst günstiges zu nennen. Durch Entsumpfung und Anpflanzung von australischen Fieberheilbäumen schwinden auch jene gefährlichen Striche immer mehr zusammen.

Nach Alledem, was wir bisher über das Klima des algerischen Littorale gesagt haben, werden wir uns auch schon ein Bild von seiner Vegetation machen können. Ein Landstrich, dessen Jahresmittel noch in die für die tropische Zone characteristische Mitteltemperatur ($27 - 20°$ C.) fällt, muss auch eine mindestens reichlich subtropische, ja annäherungsweise tropische Flora haben.

Diese Vermuthung finden wir denn auch bestätigt. Auf den Küstenebenen und in den breiten Flussthälern bis an den Fuss der Atlaskette gedeihen nahezu alle Gewächse der Tropen. Selbst die verwöhntesten Kinder der letzteren, wie Kaffee, Vanille, Indigo, Thee, Pfeffer und dergl. scheinen gut fortzukommen, obwohl die Versuche damit noch nicht endgiltig abgeschlossen sind. Dagegen haben Zuckerrohr, Baumwolle, Bananen und die verschiedensten Palmen die auf sie und ihr Gedeihen gesetzten Hoffnungen bereits völlig gerechtfertigt.

Eine zweite, schon bis über 500 m die Abhänge des kleinen Atlas hinanreichende Stufe umfasst noch die Vegetation aus der Region der immer grünen Laubhölzer und theilweise selbst aus der subtropischen Zone, nämlich Orangen, Granaten, Mandeln, Feigen, Oliven, Jasmin, Myrthen, Lorbeeren und dergl. Zu betonen ist hierbei ausserdem, dass, ebenso wie die vorige Stufe, auch diese noch reich ist an den mannigfaltigsten, wild wachsenden Blumen, unter denen das Geranium eine Hauptrolle spielt.

Eine dritte Stufe erstreckt sich bis über 1000 m, sie entspricht etwa den mitteleuropäischen Verhältnissen. Hier ist das Terrain, das schon im Alterthum Algerien zur Kornkammer Roms machte und wo noch jetzt das Getreide trefflich gedeiht, wo aber auch alle unsere Obstbäume und namentlich der Weinstock ausserordentlich prosperiren.

Die letzte und höchste Stufe (bis über 2000 m) nimmt das Geschlecht der Koniferen ein, doch macht sich die südliche Lage auch hier noch dadurch bemerklich, dass vorzugsweise nur südliche bez. orientalische Nadelhölzer (Aleppokiefer, Ceder etc.) vertreten sind.

Die zweite Zone Algeriens bezeichnet der Plateaugürtel, der, wie wir sahen, in Hinsicht des gemeinsamen excessiven, continentalen Klima's mit der Wüste zusammenfällt. Trotzdem sind sie beide im Einzelnen mannigfach verschieden. Auf dem durchschnittlich 11—1200 m hohen, ungeheuren Ebenen des Atlasrückens fällt im Winter nicht selten fusshoher Schnee, der in der Wüste drunten überhaupt unbekannt ist. Ferner ist hier oben nicht bloss die Wasserarmuth, sondern auch häufig der Salzreichthum des Bodens ein Hinderniss für die Bebauung. Während in der Wüste selbst im reinsten Sande Wasser gar bald eine Vegetation erzeugt, giebt es hier wirklich absolut unfruchtbare Strecken.

Andrerseits aber wuchert auf diesen Höhen, namentlich im Westen, ungeheure Flächen einnehmend, eine Pflanze, die in der Wüste verschwindet und überhaupt ausser auf den so ähnlichen Hochebenen Spaniens nur noch in den Atlasländern zu Hause ist und die das Verdienst hat, dass die traurigen Plateaus, ausser dem schon genannten Salze, doch wenigstens noch einen nicht zu unterschätzenden Gewinn geben, das ist das bekannte Halfa (s. unten).

Diese Zone wird auch nach Süden hin theilweise wieder durch Wald abgeschlossen, der die Nordabhänge des grossen Atlas, jedoch bei Weitem nicht in der verhältnissmässigen Ueppigkeit der nördlichen, ungleich wasserreicheren Kette bedeckt.

Die Südseite des ersteren, die das Thor zu der dritten Zone Algeriens, der Wüste, bildet, ist dagegen nahezu ausnahmslos absolut nackt. Trotzdem verdankt es der nördliche Saum des grossen „Sandmeeres" doch dieser Kette, dass sein Klima verhältnissmässig äusserst günstig ist. Denn wenn auch diese hohe Gebirgsmauer auf der einen Seite die feuchten Meereswinde vom Norden abhält, so bleiben doch auch wieder an ihr die Dunstmassen von Süden und namentlich von Osten, wo das Meer so nahe ist, hängen, und daher gelangen dann feuchte Winde und selbst noch verhältnissmässig zahlreiche Niederschläge auf die oberste Terrasse dieses Wüstentheils herab. Das Klima dieses Nordrandes der Wüste ist in Folge davon ein sehr gemässigtes, und Pflanzen und Menschen zuträglich. Hier sind die Oasen am dichtesten gesäet, hier überzieht sich im Frühjahr wenigstens der Boden mit einem ziemlich üppigen Graswuchse, und selbst an Projecten für Errichtung grosser Sanatorien für Brustkranke hat es nicht gefehlt.

Aber wenig weiter südlich schon wird das Klima ein ungünstiges. Die Temperatur-Maxima und Minima, die dort + 46 und

+ 3 betrugen, zeigen hier schon die Zahlen + 56 und − 7, und zwar letzteres, obwohl doch der am Nordrand noch durchschnittlich mehrere hundert Meter hohe Boden bis zur Depression sich absenkt.

Neben der Wasserarmuth wird in dieser Region der Bebauung auch der Flugsand hinderlich, der durchschnittlich vom 32.° n. Br. (im Osten schon früher) beginnt (die Sanddünenregion „el Areg").

Dennoch gedeiht allenthalben in diesem unermesslichen Gebiete, aber freilich auch nahezu als einziger Repräsentant der Vegetation, von ein wenig Gerste, einigen Fruchtbäumen, dornigem Akaziengebüsch, Oleander und Antilopenflechten abgesehen, die so nutzbare Dattelpalme, die, wenn auch hier nicht ursprünglich zu Hause, doch sich so eingebürgert hat, dass dieser Wüstentheil (namentlich das Depressionsgebiet inclus. Uargla) „Biledulscherid", d. h. Dattelland genannt werden konnte. Die Anzahl der Palmenstämme in den einzelnen Oasen ist natürlich sehr verschieden, sie schwankt zwischen wenigen Tausend und nahezu einer halben Million (Tuggurt).

Nach diesen allgemeinen Angaben über die Art der algerischen Vegetation wollen wir nun noch etwas eingehender die Hauptgattungen derselben betrachten.

Wir halten hierbei die umgekehrte Ordnung ein und beginnen mit den höchsten Partien des Landes. Haben dieselben doch, wie wir sahen, noch in keinem Falle eigentlichen „ewigen" Schnee. Ja sie steigen nicht einmal über die Baumgrenze empor. Denn auf dem höchsten Gipfel des Dschurdschura (2318 m) finden sich noch einige Cedern. Es kann sonach hier nicht einmal von einer ausgedehnteren Alpenflora, wie sie andere Gebirge oberhalb der Baumregion aufweisen, die Rede sein. Vielmehr beansprucht der Wald noch die hochgelegensten Theile des algerischen Bodens. Daher sei auch vom Walde zuerst die Rede.

Da muss denn nun freilich zunächst constatirt werden, dass derselbe auch hier, wie in so vielen Ländern der alten und neuen Welt, nicht mehr Das ist, was er ehemals gewesen. Unter den furchtbaren Stürmen, die über Algerien dahinbrausten, sowie auch in Folge des Leichtsinns der Eingeborenen überhaupt, wie der Zerstörungswuth der Araber insbesondere, die auch in anderen Ländern namentlich gegen den Wald gerichtet gewesen ist — was wohl mit dem bei einem Nomadenvolke erklärlichen Bestreben, ihrem Vieh immer ausgedehntere Weide zu verschaffen, zusammenhängen mag — ist der Holzbestand, der in Algerien gerade bei dessen massigen, ausgedehnten Erhebungen ein weites Gebiet haben könnte, sehr zurückgegangen. Damit ist aber natürlich auch die Walderzeugungsfähigkeit des Bodens theilweise wenigstens vernichtet worden, indem die nackten Gehänge unter dem Einflusse der in diesen Breiten schon an und für sich sehr akuten, nunmehr aber noch viel ungestümer auftretenden Niederschläge ihren Humus verloren haben.

IV. Klima, Flora und Fauna.

Was aber der Waldmangel, der schon anderwärts ein grosses Unglück ist, erst in einem schon an sich so dürren Lande bedeuten will, das liegt auf der Hand. Ist doch der Wald ebenfalls wenn auch in viel geringerem Grade wie ein Schneegebirge ein natürliches Hochreservoir zu nennen. Eine strenge Beaufsichtigung des Waldes, bezieh. eine ebendahin zielende Gesetzgebung und energische Bemühungen zur Wiederaufforstung der Höhen, soweit Dies noch möglich ist, das sind wiederum Punkte, in denen die „grosse" Nation recht würdige Ziele für civilisatorische Bestrebungen finden könnte. Um aber unserer späteren Besprechung Dessen, was Frankreich in seiner bisherigen Administration Algeriens wird ändern müssen, nicht vorzugreifen, soll hierbei nur angedeutet werden, wie eine Beschränkung des Nomadenwesens auch aus forstlichen Gründen geboten erscheint.

Trotz der erwähnten Waldverwüstung ist indess noch immer ein höchst ansehnlicher Holzbestand in Algerien vorhanden. Derselbe bedeckt nämlich einen Flächenraum von nicht weniger als 2 280 087 ha, das heisst etwa den 32. Theil des ganzen Gebiets (nahezu 4 Proc.). Es rangirt die Provinz dadurch etwa neben Grossbritannien-Irland, von dessen Gesammtareal (31 566 392 ha, was nahezu der Hälfte des algerischen Gebiets gleichkommt) ebenfalls 4 Procent (1 262 656 ha) bewaldet sind. Nach europäischen Verhältnissen ist dieser Procentsatz freilich ein sehr ungünstiger. Denn in unserem Erdtheil beträgt der durchschnittliche Procentsatz der Waldfläche im Verhältniss zur Gesammtfläche nicht weniger als 27—28 $\%$ (mehr als ein Viertel). Von den einzelnen Ländern erreichen aber nur noch 3, nämlich Portugal (5$\%$), Dänemark (6$\%$) und die Niederlande (7$\%$) eine annähernd so kleine Ziffer, wie Algerien, während dann sofort beträchtlich höhere Zahlen folgen (Niederlande 10, Schweiz 17, Spanien 20, europ. Türkei 24, Deutschland 25,7, Schweden 29, europ. Russland 38, Norwegen gar 66$\%$).

Die Algerien an Grösse annähernd gleichkommende österreich.-ungar. Monarchie zeigt eine etwa 7 Mal grössere Waldfläche (29,5$\%$, nämlich 18 343 810 auf 62 254 000 ha Gesammtareal), das Mutterland Frankreich dagegen eine nur 4 Mal höhere Ziffer (15,8$\%$, nämlich 8 353 238 auf 52 789 874 ha Totalflächeninhalt).

Allein man wird einmal überhaupt den Massstab des so wasserreichen und so nördlich gelegenen, das heisst für die Bewaldung verhältnissmässig mehr geeigneten Europas nicht an ein afrikanisches Land anlegen dürfen, sodann wird man aber auch die eigenartigen Verhältnisse Algeriens berücksichtigen müssen. Sind doch 41 000 000 ha, also nahezu zwei Drittheile seines Gebiets, Wüste, das heisst bewaldungsunfähiges Land, und der angegebene Holzbestand beschränkt sich im Grunde nur auf die 15 000 000 ha des Tell. Von diesem Gesichtspunkte aus ergiebt sich ein viel günstigerer Prozentsatz (14$\%$). Es steht nun Algerien wenigstens nicht schlechter da, als zwei andere Mittelmeerländer, Italien und Griechenland, die beide ebenfalls 14% Wald haben, und bleibt nur hinter der 3. mediterraneischen Halbinsel, Spanien, und zwar um 6% zurück. Was die Vertheilung des angegebenen Waldbestandes innerhalb Algeriens selbst betrifft, so ist dieselbe eine höchst ungleiche. Die Provinz Constantine besitzt von dem gesammten anstehenden Holze allein etwa so viel, wie die beiden anderen Provinzen zusammen, die sich nahezu die Wage halten. Nachdem was früher über die oro- und hydrographischen Verhältnisse jener Ostprovinz erwähnt worden ist, wird das eben Gesagte nicht Wunder nehmen.

Den Besitzer anlangend, gehören 2 025 276 ha des algerischen Waldes dem Staate, während der Rest theils an Gemeinden theils an Private (an diese namentlich Korkeichenbestände zum Zwecke der Ausbeutung der Rinde) überlassen worden ist.

Was weiter die Bestandtheile des algerischen Waldes betrifft, so sind dieselben je nach der Höhenlage des Terrains verschiedene. Denn wenn wir auch bemerkt haben, dass der Hochwald die höchsten Partien des algerischen Bodens einnimmt, so soll damit nicht gesagt sein, dass er nur dort vorkäme. Vielmehr bekleidet er vielfach auch die Abhänge des Gebirges und steigt an einzelnen Stellen bis zur Niederung und ans Meer hinunter.

Nach den verschiedenen Zonen, die der algerische Wald so durchläuft, müssen auch seine Vertreter verschiedenartig sein. Die Ceder aus dem Morgenlande und der Lebensbaum aus Amerika, die Kiefer der kälteren Zone und der Fieberheilbaum Australiens, die Eiche und der Oelbaum, all' diese und andere Kinder des Waldes, nach Standort und Art sonst so verschieden, und von Haus aus in alle Himmelsgegenden zerstreut, finden sich hier auf verhältnissmässig engem Raume vereinigt.

Auf den höchsten Höhen (zwischen 1100 und 2300 m) thront die königliche Ceder. Im Libanon, der nahezu den gleichen Breitengrad wie der kleine Atlas behauptet, steht das weltberühmte „heilige" Cedernwäldchen, am Fuss des Dar el Kodib, in einer Höhe von 1925 m Dieser Baum bedeckt in Algerien einen Flächenraum von 76 549 ha. Davon fallen auf die Provinz Constantine allein 74 411, den geringen Rest besitzt die Provinz Algier, während in der Provinz Oran der herrliche Baum gar nicht vorkommt.

Man kann also sagen, dass Algerien, nachdem die Ceder in ihrer eigentlichen Heimath nahezu ausgerottet ist (der genannte Salomonshain zählt nur noch 370 Stämme), gegenwärtig auf der Erde fast allein das Domicil dieses altehrwürdigen Baumes in ausgedehnterer Weise darstellt. — Die schönsten Cedernwälder finden sich hier (gegen 3000 ha mit mehreren vielhundertjährigen, ungeheuren Stämmen, darunter namentlich die „Sultanin" mit einem grössten Durchmesser von 2 m 50 cm; der noch mächtigere „Sultan" ist abgeschlagen worden) bei Teniet el Had, 80 km südwestlich von

Affreville in der Provinz Algier, in einer Höhe von ca. 1300 m — und bei Batna in der Provinz Constantine an den Abhängen des Dschebel Tuggurt, 2100 m. Der letztgenannte Cedernwald bedeckt eine Fläche von 4000 ha und birgt gleichfalls mächtige Exemplare.

Der Art nach ist die in Algerien wachsende Ceder die sogenannte Libanonceder (pinus cedrus L.) und zwar sowohl die grossfrüchtige, eine schirmartige Krone bildende (die einzige Unterart, die im Libanon vorkommt), als auch die kleinfrüchtige, mit pyramidenförmigem Gipfel versehene (cedrus atlantica Manetti), die sich dort nicht findet.

Nicht viel niedriger als die Ceder wächst in Algerien die Aleppokiefer (pinus halepensis), zugleich derjenige Waldbaum des Landes, der unter allen das grösste Areal (769 406 ha) einnimmt, von denen der Löwenantheil (273 747 ha) auf die Provinz Oran, das wasserärmste der 3 Departements, kommt.

Die nächstfolgende algerische Waldzone bis etwa 1700 m umfasst bereits eine grosse Masse der verschiedensten Bäume, darunte auch schon zahlreiche Laubhölzer. Denn wenn auch, wie wir vorher betonten, geradeso, wie überall, die Art der den Wald bildenden Bäume durch die Seehöhe des Bodens beeinflusst wird, so müssen wir doch andererseits wieder constatiren, dass bei dem geschilderten, höchst günstigen Klima des Nordabhanges des kleinen Atlas verschiedene Baumarten auch weit höher hinansteigen, als anderwärts. Was kann man in dieser Hinsicht nicht von einem Lande erwarten, wo der Weinstock noch in einer Höhe von 11 bis 1200 m gedeiht?

Der Hauptrepräsentant dieser Region, zugleich der nach der Kiefer am Stärksten vertretene Baum (541 412 ha), ist die immergrüne Eiche (quercus ilex L.). Nahezu ebenso verbreitet ist dann die Korkeiche (quercus suber L.), die ca. 400 000 ha, vorzugsweise in der Provinz Constantine, wo sie ⁴/₅ des gesammten Waldbestandes ausmacht, occupirt. Der prächtigste Wald aus diesen Bäumen steht auf dem Dschebel Edur bei Bona (1004 m hoch). Doch finden wir einzelne Exemplare selbst noch auf dem Gipfel des Muzaïa (1608 m) bei Medea.

Beiläufig sei bemerkt, dass noch eine ganze Anzahl anderer Eichenarten, wenn auch nur in geringen Beständen, in Algerien anzutreffen ist, so die „Kermeseiche" (quercus coccifera L.), die Trägerin der die sogenannten „Kermesbeeren" ergebenden Schildlaus (coccus ilicis Fabr.), ferner die Zerreiche (quercus cerris L.), mit dem berühmten, ausserordentlich harten Holze und essbaren Früchten, u. a. m.

Weitere Baumarten, die ebenfalls, nur in geringerem Massstabe, im algerischen Walde auftreten, sind der „Mastixbaum" (pistacia lentiscus L.), dessen Blätter einen trefflichen Gerbstoff liefern, ferner der „Wachholder" (juniperus communis, der gemeine Wachholder, wie auch j. oxycedrus [der „spanische" Wachholder]), die Esche (fraxinus excelsior L.), die Strandkiefer (pin. marit.), die Rüster (ulmus L.), die ja überhaupt nicht en masse aufzutreten liebt, der Lebensbaum (thuja L.), besonders aber der wilde Oelbaum (oleaster Plin.), der beiläufig hier über noch einmal so hoch hinaufreicht, als bei Nizza, wo er nur bis 750 m gelangt; ferner der Johannisbrodbaum (ceratonia siliqua L.), und endlich der australische Fieberheilbaum („blauer Gummibaum", eucalyptus globulus Labill.), der zugleich die tiefste algerische Waldzone vertritt. Denn er gedeiht am Besten in den Niederungen zwischen dem Meere und dem Fusse der Atlaskette. Obwohl im fernen Australien und Tasmanien zu Hause, hat er doch hier in Algerien so zu sagen eine zweite Heimath gefunden. In der Metidscha und Scheliffebene bildet er, namentlich auf etwas sumpfendem Terrain, ganze Wälder. Daneben wird seine Anpflanzung von Regierung und Colonisten mit jedem Jahre eifriger betrieben. Er ist ja auch ein wahrer Wohlthäter für das Land, und für dessen Zukunft von höchster Bedeutung. Die Zahl der in Algerien bis jetzt angepflanzten Vertreter dieser segensreichen Baumart beträgt über 2 Millionen.

Der Nutzen all' dieser bisher aufgezählten algerischen Waldbäume ist, wie theilweise bereits deren blosse Namensnennung dem Leser klar gemacht haben wird, ein höchst bedeutsamer. Die Holzindustrie Algeriens hat sich bereits zu einer ansehnlichen Höhe aufgeschwungen. Sie liefert dem Schiffsbau wie der Stellmacherei, dem Zimmerhandwerk wie dem Kunsttischlergewerbe, dem Eisenbahn- wie dem Wasserbau, dem Gerber wie dem Färber Material.

Besonders werthvoll und so zu sagen algerische Specialitäten sind die Producte der Korkeiche und des Fieberheilbaums.

Neben Spanien ist gegenwärtig bereits Algerien das Hauptland der Korkproduction für die ganze Erde. Die ungeheuren Wälder, die der werthvolle Baum hier bildet, repräsentiren einen Werth von über 100 Mill. Frcs. Nahezu $^3/_4$ der ganzen Masse ist Staatseigenthum, eine Thatsache, die wieder beweist, dass Algerien doch kein so werthloses Object ist, als welches es von Vielen angesehen wird.

Auch die Korkindustrie Algeriens legt Zeugniss ab für das von Manchen noch so hartnäckig geleugnete, immer machtvollere Aufblühen der afrikanischen Provinz. Die Ausfuhr des werthvollen Artikels, für den die Erde bekanntlich (von dem noch nicht genügend erprobten sogenannten Korkholz abgesehen) keinen auch nur irgendwie brauchbaren Ersatz besitzt, betrug nämlich im Jahre 1867 nur erst 896 Tonnen (à 1000 kgr), die einen Werth von ca. einer Million hatten. Dagegen wurden schon 1876 nicht weniger als 4350 Tonnen, etwa der 10. Theil der spanischen Ausbeute, mit einem Werth von 5 Mill. Frcs. exportirt. Und seitdem ist noch immer ein bedeutendes Steigen der Ziffern zu constatiren.

Daneben ist der Kork, den Algerien so massenhaft liefert, auch von vortrefflicher Qualität, da das Material bekanntlich immer besser wird, je südlicher es wächst.

Nicht weniger werthvoll für Algerien ist der **Eucalyptus (glob.)**, der in der verschiedensten Hinsicht einen der lohnendsten Bäume des ganzen Erdbodens darstellt. Die Ausdünstungen desselben benehmen dem sumpfigsten Boden seine verderbenbringende Eigenschaften. Ebenso antifebrisch wirkt auch das feine ätherische Oel, das seine Blätter (und zwar in grosser Menge, 1,2 lit. auf 36 kg) geben. Desgleichen der aus ihnen dargestellte Likör (namentlich bei Wechselfieber) und sogar noch die Rinde des Baumes, die nebenbei auch Gerbmaterial liefert. Selbst gegen andere Krankheiten, wie die der Athmungsorgane und gegen sexuelle Uebel soll das ätherische Oel des Eucalyptus wirksam sein. Endlich wird es auch in der Technik und zwar zur Firnissfabrikation verwandt.

Das Holz des Baumes aber, das der Eiche an Härte und Festigkeit nahezu gleichkommt, eignet sich vorzüglich für die Schiffszimmerei, ferner zu Eisenbahnschwellen, zu Rostpfählen bei Wasserbauten, zu Telegraphenstangen, sowie für Stellmacher, Böttcher und Kunsttischler.

Und dieser wahre Wunderbaum hat bei Alledem noch die Eigenschaft, dass er überaus rasch wächst. Sein Holz hat schon vom 10. Jahre an die eben gerühmten Tugenden. Auch erreicht er mit diesem Alter bereits eine Höhe von 25—30 m und einen Umfang von ca. 2 m.

Für die Zwecke der feinen Tischlerei sind unter den genannten Hölzern noch besonders bemerkenswerth der **Oelbaum**, die **Pistazie**, der **Wachholder**, der **Johannisbrodbaum** und von den später zu nennenden Fruchtbäumen der **Orangenbaum**.

Auch der Gerberei liefert Algerien werthvolles Material, namentlich durch den Bast der **Korkeiche**, der zu diesem Zwecke besonders von England und Italien ausgeführt wird. In den Jahren 1873 bis 1876 betrug der jährliche Export dieses Artikels 13 000 Tonnen, die einen Werth von 2 500 000 Frcs. darstellten.

Farbstoffe geben von den algerischen Waldbäumen namentlich der **Johannisbrodbaum**, dessen Fruchtkerne eine gelbe Farbe liefern. Die anderen, Farbstoffe liefernden Gewächse Algeriens kommen unten zur Besprechung.

Eine weitere wichtige Rolle spielen in Algerien die **Fruchtbäume**. Auch sie, bilden so zu sagen wieder verschiedene Zonen, je nach der Höhe des Bodens und der dadurch bedingten Art der Bäume. Die Obstcultur Algeriens zeigt auf engem Terrain ebenfalls eine Klimax, die alle Repräsentanten der Fruchtbäume von nahe den Tropen bis an die mitteleuropäische Zone heran, von der Banane bis zum Apfelbaum, von der Dattelpalme bis zum Weinstock umfasst, und von der Meeresküste und den glutherfüllten Niederungen am Fusse des kleinen Atlas, bezieh. den Depressionsgebieten südlich vom grossen Atlas bis zu einer Höhe von 1100 bis 2000 m auf dem Rücken der centralen Plateaus reicht.

Die wichtigsten dieser so verschiedenartigen Fruchtbäume sind für die Nordhälfte, für das cisatlassische Algerien, die Olive, die Orange und der Weinstock.

Was die erstere anlangt, so wächst sie, wie erwähnt, wild im Lande, doch wird sie erst durch Veredelung (Oculiren) zu dem so wichtigen Baume (olea europaea L.), der übrigens hier bereits anfängt, ein dem vortrefflichen Producte der Provence nahekommendes Oel zu liefern. Es hat nur bis vor Kurzem an der rechten, bekanntlich sehr peniblen Extractionsweise gefehlt. Doch geben neuerdings die Eingeborenen mehr und mehr ihr früheres rohes Verfahren auf und accommodiren sich den europäischen Methoden; namentlich gilt dies von den überhaupt so gelehrigen und willigen Kabylen.

Auch Europäer haben, beispielsweise in Tlemsen und im Saf-Saf-Thale südlich von Philippeville, Fabriken für die Oelgewinnung errichtet. So kann es denn nicht Wunder nehmen, dass der Export des werthvollen Erzeugnisses immer mehr zunimmt und für die Zukunft des Landes verheissungsvoll ist. Er betrug für den zehnjährigen Zeitraum von 1867 bis 1876 im Ganzen 34 255 589 kg im Werthe von 43 906 446 Frcs. Freilich steht dieser hohen Zahl auch noch immer eine nicht unbedeutende Einfuhr (10 545 497 kg im gleichen Zeitraum, im Werthe von 8 336 380 Frcs.) gegenüber.

An zweiter Stelle nannten wir die Orange (citrus L.), die bis jetzt freilich erst in der Metidscha und namentlich bei Blida (50 000 Bäume mit einem jährlichen Export von 5—6 Millionen Stück) eine ausgedehntere Anpflanzung erfahren hat. Die Vorzüglichkeit der erzielten Früchte und das vortreffliche Gedeihen der Bäume eröffnen indess auch dieser Cultur in Algerien noch ein weites Feld. Der mit Orangen bepflanzte Hectar Boden bringt hier nach Abzug der Kosten beiläufig ein Erträgniss von über 2000 Frcs. pro anno.

Ein dritter Zweig der algerischen Horticultur, der verhältnissmässig am Jüngsten ist, — war er doch den Muselmanen durch den Koran verwehrt, während die europäischen Ansiedler erst mit der Zeit sich dazu entschlossen — der indess gleichfalls viel Chancen für die Zukunft bietet, ist der Weinbau, der, wie schon mehrfach betont wurde, hier bis auf bedeutende Höhen (11—1200 m) hinauf betrieben werden kann.

Er hat zur Zeit seine Hauptpflege in der Provinz Oran. Hinsichtlich des Erträgnisses ist zu sagen, dass der Hectar durchschnittlich 50 Hectoliter Wein giebt und dass der Preis des letzteren im Lande zwischen 25 und 35 Frcs. schwankt, so dass also der Hectar Weinacker jährlich etwa 12—1500 Frcs. abwirft.

Am besten gedeihen die Weinsorten von Languedoc (Mourastel, Carignane und Espar), ferner noch Alikante und Aramon.

Im Allgemeinen haben die Gewächse Algeriens 11—13 Grad. Leider halten sie sich im Ganzen nicht lange und müssen meist innerhalb Jahresfrist consumirt werden. Diejenigen aber, die sich halten lassen, werden mit der Zeit hochfein.

Man baut rothe (sehr geschätzt die von Oran, Maskara und Tlemsen) und weisse Sorten (bei Medea, Pelissier, Duera und Bona). Die bis jetzt im Lande mit Wein bepflanzte Fläche umfasst 12 868 ha.

Der Reichthum dieses auf so südlichem Boden gewachsenen Traubenblutes an Alkohol eröffnet übrigens auch für die Destillation ein weites Feld.

Für die Südhälfte Algeriens, die Wüste, kommt nur ein Baum und zwar dieser noch dazu als im Grunde einziger Vertreter der Vegetation in jener Gegend überhaupt in Betracht, dies ist, die Dattelpalme (phoenix dactylifera L.), aber diese Pflanze ist dafür auch überaus segensreich. So ist es ja mit Allem in der Wüste. Sie besitzt nahezu nur einen Vierfüssler, das Kamel, aber welchen Werth hat dasselbe nicht, und nahezu nur einen gefiederten Bewohner, den Strauss, indess welchen Nutzen bietet dieser! Und das nämliche Verhältniss zeigt auch ihre Vegetation. Die Dattelpalme ist ein wahrer Wunderbaum.

Freilich ist auch sie, wie schon früher erwähnt, hier ursprünglich nicht heimisch, wenigstens nicht im engeren Sinne. Ihr Vaterland scheint Südwest-Asien, vielleicht das untere Euphrat- und Tigristhal gewesen zu sein. Wenigstens ist sie dort jedenfalls zum Fruchtbaum geworden, was sie in der ältesten Zeit, aus welcher wir Nachrichten über diese Palme haben, noch nicht war. Gleich dem Kamel ist auch sie so recht ein Eigenthum des Nomaden- und Wüstenstammes der Semiten. Diese haben beide Wohlthäter, Kamel und Dattel, nach Afrika gebracht und durch beide ist ein ungeheures Gebiet, die Sahara, so zu sagen erst nutzbar geworden.

Obwohl der genannte Baum also in dieser letzteren ursprünglich ein Fremdling ist, so kann man doch auch wieder behaupten, dass er daselbst oder richtiger in dem grossen Wüstengürtel, der, von Spanien anhebend, durch Nordafrika bis ins Herz von Asien hinüberreicht, zu Hause ist.

Die Dattelpalme ist eben, wie das Kamel, ein echtes Wüstenkind. Sie nimmt, wie jener Vierfüssler, mit der schlechtesten Nahrung fürlieb, das heisst: sie gedeiht im elendesten Sandboden und zwar da am Besten; sie braucht nur Eins, ohne welches auch das Kamel nicht leben kann, das ist das Wasser.

Sie erträgt ferner, gerade wie jenes Thier, die Launen des Wüstenklimas, seine sengende Gluth (die bis $50°$ C. und weiter geht), wie seine oft nordische Kälte ($6-10°$ C.).

Sie hat endlich auch gleich dem Kamel ein ziemlich verwildertes Aussehen, und zwar dadurch, dass diejenigen ihrer Blätter, welche verdorrt sind, nicht abfallen, sondern von oben gegen den Boden niederhängen; und doch eignet ihr mit ihrer mächtigen Krone, die von den bis 3 m langen Zweigen gebildet wird, und ihrem schlanken Stamme, der eine Höhe bis zu 25 m erreicht, auch wieder, gleich dem mit erhobenen Schlangenhalse in überlegener Ruhe dahin ziehenden „Schiff der Wüste", etwas Imponirendes, Majestätisches.

Wir finden sie allerdings auch im cisatlassischen Algerien, ja selbst in Südeuropa längs der Mittelmeergestade, allein sie ist dort nur Zierpflanze; Fruchtbaum wird sie nicht eher als in der Wüste. Die Datteln reifen erst bei einer mittleren Jahrestemperatur von 21—23° C. Ihre Blüthen kommen im Frühjahr bei einer Durchschnittswärme von 18° zum Vorschein. Zur Befruchtung derselben aber gehören schon einige Grad mehr (20—25). Etwa Ende October, wenn die Temperatur wieder auf 18° zurückgeht, ist die Frucht gereift.

Man pflanzt ungefähr 100 Palmen auf den Hectar. Für die gleiche Fläche sind zur Bewässerung der Bäume während des Sommers etwa 10 000, das heisst für das Exemplar ca. 100 cbm Wasser nöthig.

Diese Bewässerung geschieht in der Weise, dass jeder einzelne Baum davon getroffen wird. Man zieht dazu nahe am Stamme einen Graben ziemlich kreisförmig. Die ausgeworfene Erde wird über den Wurzeln des Baumes aufgehäufelt. Jeder dieser Ringgräben fasst ungefähr 2 cbm Wasser. Sie werden mittelst schmaler Furchen, welche die Verbindung des ganzen Systems herstellen, gefüllt.

Was den Ertrag einer so bewässerten Palme anlangt, so beläuft sich derselbe für die beste Zeit der letzteren, das will sagen, wenn sie 8—10 Zweige hat, auf 6—10 kg für jeden derselben, das heisst also für den ganzen Baum auf 72 kg, oder für den Hectar auf 7200 kg, das ist 12 mal so viel, als der Hectar Land im Tell an Getreide bringt (600 kg). Da nun der Marktpreis für Datteln und Halmfrucht im Lande ungefähr gleich ist, so ergiebt sich die interessante Thatsache, dass der an sich werthlos scheinende Wüstenboden, wenn mit Palmen bepflanzt, zwölf mal besser rentirt, als das vielgerühmte Tellgebiet.

Die Dattelpalme ist eben ein wahrer Wunderbaum und ihre Früchte (85 Theile Fleisch, 10 Theile Kern und 5 Theile Schale) das echte Wüstenbrod. Sie werden an der Sonne getrocknet und dienen dann den Wüstenbewohnern, sesshaften wie nomadischen, als nahezu einzige Speise, ja selbst als Futter für die Thiere, wenigstens die Kerne, die gestossen oder gemahlen werden; diese letzteren finden übrigens auch als Kaffeesurrogat Verwendung. Ausserdem gewinnt man aus den reifen Datteln auch noch einen trefflichen Spiritus, Syrup und in Aegypten selbst Essig. Ferner werden die jungen Schösslinge von den Eingeborenen gern gegessen. Endlich wird aus alten Exemplaren (der Baum erreicht ca. 100 Jahre) Palmenwein gewonnen, indem man die innersten Blätter ausschneidet, worauf bald ein trüber, süsslicher Saft austritt, der schnell gährt und dann berauschend wirkt.

Auch sonst ist Nichts an dem kostbaren Baume, das nicht

Nutzen brächte. Aus den Blättern macht man Besen und Bürsten, aus den Mittelrippen der Zweige Spazierstöcke, aus den Fasern, welche die Blattstiele verbinden, Tauwerk; das Holz endlich dient als Brennmaterial wie als Bauholz, doch ist es sehr biegsam, so dass es also keine starke Belastung verträgt.

Bei Alledem ist diese edle Palme leicht fortzupflanzen. Es geschieht Dies durch Wurzelschösslinge, die nur in der ersten Jugend der Bewässerung bedürfen. Es werden übrigens nicht weniger als 72 verschiedene Arten des Baumes gezogen.

Die Gesammtzahl der Dattel-Palmen in der algerischen Sahara mag etwa 3 Millionen betragen (die Oasengruppe von Siban besitzt davon allein 513 137). Sonach wäre ein Gesammtareal von etwa 30 000 ha, das heisst ungefähr der 1400ste Theil der ganzen ungeheuren algerischen Sahara, mit diesen Bäumen bestanden, die eine jährliche Gesammternte von ca. 216 Millionen kg Datteln liefern.

Man sieht daraus, dass selbst das verrufenste Stück der französischen Provinz einen recht ansehnlichen Ertrag ergiebt, der durch die fortschreitende Cultur und speciell durch reichliche Brunnenanlage leicht noch bedeutend gesteigert werden könnte. —

Wir wenden uns nun zu den Gewächsen der eigentlichen Agricultur und den Industriepflanzen. Was zunächst die ersteren angeht, so war Algerien bekanntlich schon für das alte Rom eine Kornkammer. Jedenfalls war die Getreidecultur hierher aber auch schon früher, wahrscheinlich aus Aegypten, gekommen, wo unter Anderem der Weizenbau (mehrere Varietäten) schon 3000 Jahre v. Chr. in hoher Blüthe stand. Auch unter den Arabern lieferte der Boden Algeriens Körner genug, und zwar ebenfalls Weizen, sodann Gerste (die Getreideart, die auch hier am Höchsten, bis auf die Hochplateaus hinaufgeht, und die zugleich doch auch allein bis in die Wüste niedersteigt), Mais und Hirse. Dazu ist durch die Europäer, doch nur in schwachem Anbau, Roggen und Hafer gekommen.

Die mit Getreide bestandene Fläche des Landes betrug im Jahre 1876 2 959 069 ha (d. i. etwa der 22. Theil des Gesammtareals). Die Ernte ergab für jenes Jahr 18 319 707 metrische Centner (d. h. à 100 kg), in den 5 Jahren von 1872—76 im Ganzen 78 561 682 metr. Centner.

Diese Masse ernährt nicht nur Algerien (gegen 3 Mill. Menschen), sondern wirft auch noch für den Export viel ab. Es wurden nämlich in den beregten 5 Jahren ausgeführt:

an Weizen 4 908 853 metr. Centner,
an Gerste 3 404 904 „   „
an Hafer   615 935 „   „
also im Ganzen: 8 929 692 metr. Centner,

eine Summe, die einen Werth von 207 178 692 Frcs. repräsentirt. Diese Zahlen aber dürften gewiss wieder alles Andere predigen als Dies, dass die Erwerbung Algeriens „eine verfehlte Speculation" war.

Der Weizen erscheint nach der obigen Tabelle als das gesuchteste Getreide Algeriens, und zwar deshalb, weil derselbe zumeist sogenannter „harter" afrikanischer Weizen ist, der besonders für die Nudelfabrikation sich eignet.

Auch mit dem anderen Hauptzweige der Landwirthschaft, mit dem Futterbau, ist es in Algerien gut bestellt. Freilich darf man hier nicht den Massstab unserer Verhältnisse anlegen. Es ist ja bekannt, dass die saftigen, grünen Wiesen der mittel- und selbst noch nordeuropäischen Region schon im Süden unseres Erdtheils unter der gesteigerten Wärme und dadurch verminderten Feuchtigkeit kaum mehr angetroffen werden. Dies gilt in noch erhöhtem Grade von Algerien, wo allenfalls noch in einigen Flussthälern ausgedehntere Grasflächen in unserem Sinne sich finden.

Und doch fehlt es an Futter nicht, nur erzeugt sich dies in ganz anderer, man kann sagen, umgekehrter Weise, als bei uns. Während in einer mehr nördlichen Landschaft die hochstämmigen Bäume ihr Laub wechseln, dagegen die niederen Gräser das eigentlich perennirende Element darstellen, indem sie fast ein halbes Jahr lang grünen und blühen und selbst im Winter noch ein verhältnissmässig frisches Aussehen haben, sind es unter dem Himmelsstriche Algeriens die Bäume, welche ihr Laub beibehalten und dagegen die Gräser, welche nur periodisch leben.

Sobald nämlich nach der Sommersgluth, unter der häufig auch der kleinste Halm erstarb, im October oder November die ersten Regen gefallen sind, schiessen hier allenthalben aus dem Boden, von der Meeresküste bis hinauf auf die höchsten Hochplateaus und selbst noch bis zur ersten Wüstenterrasse hinunter, Futterpflanzen jeder Art in einer wahrhaft tropischen Ueppigkeit bis zur Höhe von 2, ja selbst 3 m empor, die indess auch ein ihrem excentrischen Wachsthum entsprechendes, acutes Vergehen haben, indem sie schon im Mai oder doch Juni unter den ersten Strahlen der Sommersonne wieder verdorren. Es ist also in Algerien auch die Jahreszeit umgekehrt. Bei uns ist der Sommer, hier dagegen der Winter die Periode des Futterwuchses.

In Hinsicht auf die Art dieser algerischen Futterpflanzen sei erwähnt, dass unter ihnen vor Allem vertreten sind das später noch eingehender (unter den Industriepflanzen) zu behandelnde **Espartogras** (stipa tenacissima L., arabisch Halfa), ferner das 60—90 cm hohe, nahrhafte **Hundsgras** (dactylis glomerata L.), die **Futtertrespe** (bromus giganteus L.), die bis über einen Meter hoch wird, das **Schwingelgras** (festuca L.), **Hirse** (panicum L.), **Hafer** (avena L.), sodann das sogenannte „**spanische Rohr**" (arundo Donax L.), das grösste europäische Gras, das sogar noch über 3 m hoch wird, der **Wiesenlolch** (englisches Raigras, Lolium perenne L.), das 30 cm Höhe erreicht und sehr nahrhaft ist, und andere mehr. Alle diese der Gattung der Gramineen angehörigen Pflanzen bevorzugen einen mehr feuchten Erdboden.

Von den dagegen mehr auf dürrem Erdreich wachsenden Leguminosen, die indess zumeist noch höher und massiger werden, als jene, finden sich vorzüglich folgende: Der „Hahnenkopfklee" (hedysarum coronarium und h. flexuosum L.), der eine Höhe von mehreren Metern erreicht, ferner die Vogel-Wicke (vicia cracca L.), die Gartenlupine (lupinus hirsutus L.), dann die gemeine Linse (ervum Lens L.), mehrere Kleearten (trifolium resupinatum L. etc.), die Platterbse (lathyrus sativus L.), und von allen wohl als das trefflichste Futterkraut die fast einen Meter hoch werdende Esparsette (hedysarum onobrychis L., „Esper").

Der Agricultur gehören auch, in Algerien wenigstens, die Gemüse an; denn hier, wo ungeheure Flächen, wie die Metidscha, die Scheliffebene, das Thal der Seybuse und dergl., wahres, bestes Gartenland vorstellen, wachsen sie eben, ihre feinsten Sorten nicht ausgenommen, auf freiem Felde, wie im nördlichen Europa Kraut und Rüben, und zwar nahezu ohne Pflege und doch in grösster Ueppigkeit und vorzüglichster Qualität. Ja eine ganze Anzahl kommen auf Algeriens Boden sogar wild vor.

„Algerische Gemüse", das ist ein Kapitel, von dem wir hier kaum noch eingehender zu handeln brauchen. Reden doch davon viel überzeugender die riesigen Blumenkohlköpfe, die zarten grünen Erbsen, die fusslangen Gurken und dergleichen andere Leckerbissen, welche die Tafeln Europas von Paris bis Petersburg in einer Zeit zieren, wo unsere Fluren noch tief unter Eis und Schnee liegen und selbst die Treibhäuser noch Nichts für den begehrlichen Gaumen der Gemüsefreunde liefern können. Ja wer sonst Nichts weiter von Algier weiss, der hat doch von diesen seinen Producten gehört und — gegessen. Denn dieselben bilden für die Wintermonate bereits einen förmlichen Handelsartikel auf den deutschen Märkten und werden zur Zeit schon zu verhältnissmässig so niedrigen Preisen geliefert, dass sie selbst den unbemittelteren Ständen zu gute kommen.

Und doch wird der Gemüsebau in Algerien nur erst noch ganz schwach betrieben; er beschränkt sich, wenigstens was die feineren Sorten anbetrifft, zumeist auf die Metidscha, und zwar deren der Hauptstadt am Nächsten gelegenen Theile. Der gerade für diesen Zweig der Agricultur höchst geeignete Boden des Landes, wenigstens des Littorale im weitesten Sinne des Wortes, vermöchte aber unendlich mehr zu produziren und könnte die halbe Welt mit Wintergemüse versehen. Man hat gar keinen Begriff, wie ungemein fruchtbar der Boden Algeriens gerade in dieser Hinsicht ist. Beispielsweise sind hier die Radieschen schon 2—3 Wochen nach der Aussaat und zwar als schönste, grösste und zarteste Waare verkäuflich. Die Zwiebeln wachsen gleich Pilzen aus dem Erdreich. Die Kartoffeln geben in einem Jahre zwei und sogar drei Ernten. In drei Monaten, nachdem die Bestellung geschehen, kann schon die neue Frucht eingesammelt werden.

Manche Gemüse sind schon im December zu verwenden, während doch noch der November von den Winterregen beansprucht war.

Ausser den schon genannten Arten gedeihen noch besonders Spargel, grüne Bohnen, Buffbohnen, alle möglichen Sorten von Kohl, namentlich auch Sauerampfer, Rüben, Möhren, Pastinake, die verschiedensten Salate, Artischoken, Kürbisse, Melonen (auch treffliche riesenhafte Wassermelonen), Erdbeeren u. A. mehr.

Der Export umfasst grüne und trockene Gemüse und warf für die ersteren 1 223 860 Frcs. und für die letzteren 11 443 296 in einem fünfjährigen Zeitraum (von 1872—76) ab.

Wenn wir nun zu den Industriepflanzen übergehen, so müssen wir in erster Linie das berühmte Halfa nennen, das nahezu ein Specificum Algeriens darstellt. Denn nachdem es in dem hinsichtlich der Plateauformation den Ländern des östlichen Atlas so ähnlichen Spanien in Folge der ungeheuren Ausfuhr durch die Engländer beinahe ausgerottet worden ist, wächst es zur Zeit fast nur noch in Algerien und dem geographisch bereits zu diesem gehörigen Tunis. Hier aber findet es sich noch in geradezu enormer Masse. Von allen Producten des algerischen Bodens hat es weitaus den allergrössten Raum occupirt. Es nimmt von den Hochplateaus des Atlas (10 Mill. ha), auf denen es seinen Hauptstandort hat, ungefähr die Hälfte (4—5 Mill. ha), oder ca. den 13. Theil des ganzen unermesslichen Gebiets von Algerien (66 Mill. ha) ein.

Dieses Gras (stipa tenacissima L., macrochloa tenacissima Kunth), von den Eingeborenen Halfa, in Europa Espartogras genannt, ist 30—50 cm lang und 1,5 mm dick, halmähnlich und von grünlicher Farbe, die bei längerem Liegen in Gelb übergeht.

Es zeichnet sich namentlich durch seine grosse Zähigkeit, bezieh. durch die in ihm enthaltene Faser aus. Daher wurde es schon seit alter Zeit zu allerhand Flechtarbeiten, Körben, Matten, Sandalen u. dergl., verarbeitet. Nachdem aber die Lumpen so hohe Preise erreicht hatten, dass die Papierfabrikation sich nach Surrogatstoffen umsehen musste, wurde man auch auf das Halfa aufmerksam und schon seit einer Reihe von Jahren wird es von den Engländern in gedachter Branche mit vielem Erfolg verwandt. Neuerdings haben auch die Franzosen selbst sich an eine Ausbeutung des werthvollen Materials in grösserem Massstabe gemacht und dazu die 2012 km lange Bahn von dem Hafen von Mostaganem bis Aïn Hadschar (noch 10 km südl. von Saida) in das Herz der halfareichsten Hochplateaus gebaut, während ein zweiter Schienenstrang zu gleichem Zwecke von demselben Hafenplatze nach Tiaret geplant ist. Auch hat die Compagnie Franco-Algérienne, die Erbauerin der erstgenannten Linie, die Concession zur Ausbeutung von 300 000 ha Halfa-Bestand in der Gegend von Saida erhalten.

Der Export geht indess noch immer vorzugsweise nach

England, resp. Amerika oder Spanien, während auf Frankreich und Belgien nur ca. 4% kommen. In Deutschland findet das Halfa so gut wie keine Verwendung, während Oesterreich es nur als Durchzugsstroh für seine Virginia-Cigarren benützt.

Die Ausfuhr geschieht jetzt in der Weise, dass die Ballen des trockenen Grases durch Maschinen-Pressung auf ein möglichst geringes Volumen gebracht werden, eine Manipulation, die besonders in dem erwähnten Aïn Hadschar ausgeführt wird. Das auf diese Weise zur Verschiffung fertige Rohmaterial hat dann im Lande einen Preis von 6—7 Frcs. und in den Häfen von 12 Frcs. pro Centner (120 pro Tonne).

Die Gesammtausfuhr der zehn Jahre von 1867—76 betrug 400 000 Tonnen (im Gesammtwerth von über 50 Millionen). Dass von dieser Summe $^4/_5$ auf die letzten fünf Jahre dieses Zeitraums entfallen, beweist, wie sehr dieser Zweig der algerischen Production im Zunehmen begriffen ist.

An das Halfa müssen wir die Zwergpalme (chamaerops humilis L.) anschliessen, da dieselbe eine ganz ähnliche, kaum weniger werthvolle und noch vielseitigere Verwendung gestattet. Neben Dem, dass man auch aus ihren, von stachligen Stielen getragenen, fächerförmigen, steifen Blättern allerhand Flechtwerk, als Hüte, Sitze für Rohrstühle, Decken u. dergl. fertigt, macht man auch Seilerwaren aus der Faser der Pflanze und verspinnt dieselbe sogar mit Kamelshaaren zu Zeltdecken. Vor Allem aber wird aus ihr das unechte Rosshaar (Seegras, „crin vegetal") gewonnen, das einen gar nicht unbedeutenden Handelsartikel ausmacht. So wurden von dem letzteren im Jahre 1876 aus Algerien 8400 Centner ausgeführt, die einen Werth von ca. 2 Millionen Francs repräsentirten.

Das Rohmaterial (d. h. die noch unbearbeiteten Palmenblätter verkauft man in Algerien mit 2—2$^1/_2$ Frcs. den Centner.

Haben wir das Halfa unter den Industriepflanzen zuerst genannt, weil es eine Art algerischer Specialität darstellt, so müssen wir, wenn es sich um den Werth des Erzeugnisses und um die Bedeutung desselben für die Zukunft der Provinz handelt, ein anderes Gewächs voranstellen, das zwar auch anderwärts, ja nahezu in der ganzen Welt cultivirt wird, in Algerien aber bereits eine Pflegestätte gewonnen hat, die wenigstens neben den anderen grossen Productionsgebieten dieser Pflanze genannt werden darf. Dies ist der Tabak.

Es wurden nämlich in Algerien im Jahre 1876 von demselben im Ganzen geerntet 5 105 929 kg oder rund 100 000 Centner. Die Provinz steht damit ungefähr in achter Linie unter den Tabak erzeugenden Ländern der Erde; sie erreicht etwa die Höhe der Production Oestreichs und übertrifft die Italiens (93 263 Centner).

Dass auch die Qualität dieses Gewächses nicht schlecht ist, beweist unter Anderem das höchst günstige Urtheil, welches die Wiener Welt-Ausstellung von 1873 über dasselbe gefällt hat.

Und doch ist auch dieser Industriezweig Algeriens noch in der Entwicklung begriffen. Denn er wurde erst 1844 von Colonisten eingeführt und zwar durch Bebauung einer Fläche von nur 1 Hectar 42 Ar, die indess gleich eine Ernte von rund 40 Centnern ergab. Schon 1856 belief sich indess diese letztere auf 60 000 Centner und hat sich seitdem wieder fast verdoppelt.

In ähnlicher Weise hat sich auch der Export gehoben. Derselbe belief sich 1867 nur erst auf 350 000, stieg aber schon 1873 auf 776 000. Freilich sank er auch 1875 bereits, jedenfalls in Folge der von da ab eintretenden ungünstigen Conjuncturen, wieder auf 471 000 kg. Immerhin aber belief er sich innerhalb des 10jähr. Zeitraums von 1867—76 auf 5 Mill. kg (präparirte Ware) im Werthe von 32 300 000 Frcs.

Allerdings kommt dem so wichtigen Industriezweige zu Statten, dass der Anbau und die Herstellung völlig freigegeben und nicht durch das Monopol, das in Frankreich bekanntlich besteht, beschränkt sind. Die Producenten kommen mit der Regie nur insoweit in Berührung, als der Staat bei ihnen Einkäufe macht. Diese letzteren belaufen sich jährlich durchschnittlich auf 3—4 000 000 kg (etwa $^2/_3$ des Gesammtertrages) im Werthe von etwa 3 000 000 Frcs.

Die hier vorzugsweise gebaute Sorte ist der sogenannte Schebli. Die gesammte gegenwärtig mit Tabak bestandene Fläche beträgt 7141 ha. Der Hectar ergiebt ungefähr 6—8 Centner feineren, oder 11—12 Centner geringeren Gewächses und rentirt sich damit nach Abzug aller Kosten auf 8—900 Frcs.

Ist der Tabak eine der jüngsten Culturpflanzen der Provinz, so verdient dagegen ein anderes, für den Welthandel nicht weniger wichtiges Gewächs der ältesten eins genannt zu werden, das ist die Baumwolle. Schon die alten arabischen Geographen (u. A. Edrissi, † um 1180) reden von den prachtvollen Baumwollenplantagen, die sich damals im Lande und besonders im Hodna-Bassin fanden. Auch in der türkischen Periode blieb die Cultur jenes werthvollen Gewächses noch auf ihrer Höhe und wurde daher auch auf die jetzigen Besitzer des Landes vererbt.

Aus diesem hohen Alter des Baumwollenbaues in Algerien geht hervor, dass, wenn dieser Industriezweig des Landes, wie es in der That der Fall ist, nicht recht prosperiren will, der Boden nicht die Schuld tragen kann. Ist doch auch Algerien weit davon entfernt, etwa das nördlichste Gebiet, wo die wichtige Pflanze cultivirt wird, darzustellen, da dieselbe noch bei Astrachan unter $46°$ n. Br. gedeiht.

Freilich kann für den Baumwollenbau bei Weitem nicht das ganze Territorium der Provinz in Anspruch genommen werden, da der Character des Bodens im Allgemeinen ein trockner ist, während die Baumwolle feuchte Wärme verlangt. Dennoch entsprechen diesen Bedingungen nicht weniger als etwa 400 000 ha. des gesammten Areals (der 165. Theil des Ganzen). Es sind dies namentlich die

Tiefländereien in der Nähe des Meeres oder der Salzseen, vorzugsweise die Scheliffebene und zwar in ihrer grössten Ausdehnung bis gegen Oran hin, ferner das Thal des Unterlaufs des Tafna (alle diese in der Provinz Oran, die überhaupt den weitaus grössten Theil des Baumwollenbodens Algeriens besitzt), dann in der Provinz Constantine das untere Seybuse-Thal, die Landschaften am Fetsara-See, die Ebene von Guelma und die Niederung des Ued Rirr (Tuggurt). Die Provinz Algier dagegen scheint, soweit man in dieser Hinsicht bis jetzt Beobachtungen angestellt hat, gar kein für die Baumwollencultur geeignetes Terrain zu haben.

Wenn nun trotz dieser nicht unbeträchtlichen Flächen, auf denen die Pflanze einen sogar höchst geeigneten Standort findet, gleichwohl die Baumwollenindustrie der Provinz, wie erwähnt, nicht gedeiht, so muss ein anderer Grund dafür vorhanden sein. Denselben macht uns der Umstand klar, dass während des amerikanischen Krieges der algerische Baumwollenexport einen ausserordentlichen Aufschwung erfuhr, dass er aber, nachdem jenseits des atlantischen Oceans wieder Ruhe geworden war, langsam aber unaufhaltsam zurückging. So betrug er noch 1870 347 000 kg im Werthe von 700 000 Frcs., 1876 aber nur noch 75 300 kg im Werthe von 150 000 Frcs.

Es hatte also allein der ungeheure Ausfall, der durch jenen Krieg herbeigeführt wurde, auch Algerien geradeso wie verschiedenen anderen Baumwollenversuchstationen eine vorübergehende Blüthe verliehen. Mit dem Wiedererstarken der Vereinigten Staaten, die hinsichtlich der Qualität wie Quantität weitaus die erste Stelle behaupten (schon 1849 über 1600 Mill. Pfund Ausfuhr), vermochten wohl Länder wie Aegypten, Ostindien und Brasilien bei ihrer quantitativ bedeutenden und theilweise billigeren Ware (Ostindien) sich zu halten, nicht aber eine Provinz mit verhältnissmässig so kleinen und schon darum theuren Mengen des Erbauten, wie Algerien.

Trotzdem würde auch hier diese Cultur sich recht wohl einer gewissen Blüthe erfreuen können, wenn man sich ausschliesslich auf Production von Luxusware, der sogenannten langstapeligen Baumwolle (long staple, coton longue soie), verlegte und dabei auf besonders reines und gutes Satgut sähe. Es bietet also auch dieser Industriezweig dem französischen Regime Gelegenheit genug, seine Colonisationstalente zu bekunden.

Besser als mit der Baumwolle steht es in Algerien mit anderen Theilen der Textilbranche, namentlich mit Flachs, Hanf und Khinagras, wenngleich es auch hier noch an gesicherten Absatzgebieten und überhaupt an planmässigem, einheitlichem und rationellem Betriebe fehlt. Das wäre also wieder ein Gebiet, auf welchem es für Frankreich noch viele und zwar durchweg lohnende Arbeit gäbe. Denn der Boden ist auch für den Anbau der genannten Textilpflanzen theilweise wenigstens höchst geeignet.

Was zuerst den **Flachs** (linum L.) betrifft, so hatte er in Algerien 1867 3000 ha, nach 10 Jahren aber schon 5555 ha Boden occupirt, die 16200 kg Werg und 3700000 kg sogenannten Schlaglein (für die Oelgewinnung) lieferten. Die Ausfuhr des letzteren hat die des ersteren, die besonders nach Frankreich geht, weitaus überholt und ist zur Zeit noch Dasjenige, was an dem ganzen Anbau den sichersten Gewinn giebt (Oelgehalt 22 $°/_0$). Sie zeigt für einen 10jährigen Zeitraum folgende erfreuliche Ziffern:

    1867 1140000 kg im Werthe von 825000 Frcs.
    1873 3600000 „ „ „ „ 2250000 „
    1875 4400000 „ „ „ „ 3300000 „

Noch mehr für das Land geeignet ist der Hanf, der im Gegensatz zu dem Flachs und das von demselben bevorzugte kühlere und trocknere Klima einen mehr feuchten und warmen Standort liebt.

Auch wird er schon von den Eingeborenen, indess fast nur seiner berauschenden Eigenschaften (Haschisch) willen, gezogen.

Die Culturvarietäten anlangend, so baut man seitens der Colonisten in Algerien vor Allem den sogenannten chinesischen Riesenhanf, der hier die erstaunliche Länge von 6—7 m Höhe erreicht und $1^1/_2$ m lange Zweige treibt, die an ihrer Basis noch 15 cm Umfang haben.

Sein ziemlich festes Holz wird als Brennmaterial sowie zur Gewinnung einer leichten, namentlich für die Schiesspulverfabrikation geeigneten Kohle verwendet.

Ausserdem wird noch „piemontesischer" und gemeiner Hanf cultivirt, von denen der erstere etwa 1250, der letztere etwa 1025 kg Werg auf den Hektar ergiebt.

Eine nicht nur in Algerien, sondern überhaupt auf dem Weltmarkte noch neue, aber hochinteressante und bedeutungsvolle Industriepflanze ist das Chinagras, bekanntlich ein unseren Nesseln sehr ähnliches Gewächs (boehmeria tenacissima Gaud.), das besonders anderen Gespinnsten, mit denen es vermischt wird, einen feineren Glanz zu verleihen vermag.

Die kleine, strauchartige, 1—2 m hohe, und mit 16 cm langen, und 10 cm breiten, langgestielten, schneeweissen Blättern versehene Pflanze erträgt in Algerien einen viermaligen Schnitt, während eine nur dreimalige Ernte sonst die Regel ist. Der Gewinn von einem Hektar pro anno stellt sich auf etwa 800 Frcs. (netto).

In Folge der Eroberung des Landes durch Frankreich musste auch ein Industriegewächs dahin mit verpflanzt werden, das im Mutterlande drüben so zu sagen seine Hauptpflegestätte gefunden hatte, der bekannte Krapp (rubia peregrina L.).

Es ist indess bekannt, dass durch die Ende der 60er Jahre aufgekommene Herstellung des in jener Pflanze enthaltenen Alizarin aus Steinkohlen der Krappbau einen schweren Schlag erhalten hat. Immerhin aber kann man zu verschiedenen Färbeprozeduren (namentlich zum Rothfärben der Baumwolle) des Krapps nicht entbehren und daher wird auch sein Anbau nicht ganz verschwinden, wenngleich Algerien dabei in Folge der grossen Concurrenz des Mutterlandes, namentlich Avignons, für immer nur eine bescheidene Rolle spielen dürfte.

Ist der Krapp neu im Lande, so gehört dagegen ein anderes Färbekraut zu seinen ältesten und eigenthümlichsten Gewächsen, das Henna (Lawsonia alba Lam.), ein vielästiger, 2—4 m hoher, dorniger, mit eiförmigen, etwa 1 cm langen, 5—6 mm breiten Blättern versehener Strauch. Schon seine Wurzel enthält Farbstoff, vor Allem aber sind seine Blätter wichtig, mit denen sich seit den ältesten Zeiten im Orient die Weiber (selbst die altägyptischen thaten Dies schon, wie man noch heute an den Mumien sehen kann) die Nägel, die Fingerspitzen, die äussere wie die innere Fläche der Hand, die Fusssohle und die Zehen, ja häufig selbst die Lippen und das Zahnfleisch, die Männer aber den Bart, die Kinder die Haare färben. Diese Manie dehnte sich übrigens selbst bis auf die Pferde, auf deren Mähnen, Schweife und nicht selten selbst Rücken und Beine, aus.

Der Orientale und besonders der Araber hat nun einmal eine ausserordentliche Vorliebe für grelles Roth. Ist doch auch rothes Haar von Natur, das unter ihnen übrigens selten genug vorkommt, nach ihrer Meinung einer der höchsten Reize eines Menschen.

Man kann sich denken, welch ein gesuchter Artikel demnach das Henna ist. Es wird in Algerien mit 150—200 Frcs. pro Centner bezahlt. Die Form, in der es in den Handel kommt, ist die des Pulvers, das aus den getrockneten Blättern hergestellt wird. Zum Gebrauche wird es dann nur noch mit Wasser gemischt.

Erst neuerdings hat man entdeckt, dass sich dieser Farbstoff auch zu praktischeren Zwecken verwenden lässt. Man hat in Lyon angefangen, Seide damit zu färben. Doch müsste er billiger geliefert werden können, wenn seine Benutzung allgemeiner werden soll. Namentlich wäre es nöthig, die Pflanze in grösserem Massstabe zu bauen. Denn gegenwärtig wird sie vorzugsweise nur in der Gegend von Mostaganem und Blida, sowie im Süden bei Biskra und in den Oasen der Sidi Scheikh gezogen.

Ein ungleich werthvollerer Farbstoff, als das Henna, ist der Saflor (Karthamin), die pulverisirte, orangegelbe Blüthe der Färberdistel (carthamus tinctorius L., „wilder Safran"), die auch auf dem Weltmarkte (als spanisches, portugiesisches, oder chinesisches Roth) einen Platz hat, wenngleich die Anilinfarben auch ihm grosse Concurrenz machen. Das etwa einen Meter hohe, den Disteln ähnliche Gewächs, das bei uns in den Gärten als Zierpflanze gezogen wird, gedeiht wie in Aegypten so auch in Algerien vortrefflich. Doch steht seine Cultur erst im Anfangsstadium.

In noch viel höherem Masse ist dies Letztere vom Indigo und dem Sumach (rhus coriaria L. und rhus cotinus L.) zu sagen, die sich indess jedenfalls auch für den Boden des Landes eignen würden.

Wenn wir von dem wilden Safran erwähnten, dass er bei uns als Zierpflanze heimisch sei, so gilt dies auch von einem anderen algerischen Gewächs, dem Ricinus (r. commun. L.), der indess unter den in Algier gedeihenden Pflanzen viel höher steht, als jener. Kaum eine andere Pflanze gedeiht hier so, wie diese. Ein zweijähriger Strauch liefert schon 900 Gramm, ein 5—6-jähriger aber 3 kg, ein Hektar ca. 3500 kg Kerne, die mit 18 Frcs. ungeschält und mit 28—30 Frcs. pr. Centner in geschältem Zustande verkauft werden, so dass also der Hektar Landes einen Ertrag von 1200—2000 Frcs. giebt. Die Ware enthält von dem so wichtigen Ricinusöl 30—52$^0/_0$.

Aehnlich günstig stellt sich die Erdnuss (arachis hypogaea L.), deren eigentliche Heimath bekanntlich das mittlere Afrika ist, die aber auch hier so gut gedeiht, dass sich der Hectar mit 1000 Frcs. rentirt und der Procentsatz an Oel 40 erreicht.

Auch Raps (32$^0/_0$) und Sesam (Sesamum orientale L., bis 70$^0/_0$) geben guten Ertrag.

Endlich werden in Algerien noch als ebenfalls wohl gedeihende und guten Ertrag liefernde Industriepflanzen gebaut: die Zuckermoorhirse (sorghum saccharatum Pers.), Asphodill (asphodelus albus Willd.), Zuckerrohr (diese drei für die Zuckergewinnung), ferner für Arzneizwecke Mohn, Sassaparille (smilax aspera L.), Senf (sinapis juncea L., der auch in Centralafrika cultivirt wird), Safran (crocus sativus L.), Cassia (namentlich c. lenitiva Bisch., welche die sogenannten Sennesblätter liefert), Haschisch u. A. m., endlich für Parfümerie Jasmin (jasminum officinale L., wie auch j. grandiflorum L.), Akazie (robinia pseudacacia L.), Tuberose (polianthes tuberosa L., die „Nachthyacinthe"), Pfefferminze (mentha piperita L.), Rosen, Wermut (artemisia absinthium L.), Myrthe, Rosmarin, Fenchel, Salbei, Thymian, Majoran und ganz besonders Muskatkraut (pelargonium odoratissimum Ait.) und Rosengeranium (pelargonium roseum Willd.), aus welchen beiden (und nicht, wie man meinen könnte, aus dem eigentlichen Geranium) das berühmte, dem Rosenöl so nahe kommende „Geraniumöl" gewonnen wird.

Die Parfümfabrikation stellt überhaupt einen bereits ganz beträchtlichen Theil der algerischen Industrie dar. Findet sie doch ihr Rohmaterial hier, wo die Mehrzahl der eben genannten Gewächse mit tausend anderen Blumen wild wachsen und ungeheure Flächen Landes in einen Riesengarten verwandeln, wo ausserdem die Orangen so üppig blühen und herrlich gedeihen, so bequem.

Die Hauptplätze dieser duftreichen Branche sind Blida, Bu Farik, Scheraga, Mostaganem, Bona und Philippeville.

Möge der tausendfache Wohlgeruch, den die afrikanische Provinz so bereits in alle Lande ausströmt, ein gutes Omen dafür sein,

IV. Klima, Flora und Fauna.

dass sie bald auch in den guten Geruch höchsten Gedeihens und vollendetster Civilisation bei aller Welt kommen wird!

Die **Fauna** Algeriens ist im Verhältniss zu der, wie wir eben gesehen haben, ziemlich mannigfaltigen Vegetation nicht besonders reich. Es müsste das Wunder nehmen, da doch die Thierwelt des afrikanischen Continents sonst eine grosse Fülle zeigt, wenn nicht die Wüste uns Alles erklärte. Dieser ungeheuer breite Steppenstreifen scheidet eben wie ein wirkliches Meer Nordafrika inselartig von dem Massiv seines Erdtheils ab, so dass wir hier im Ganzen eine verhältnissmässig mehr eigenartige oder aber — bei der Nähe Europas — eine noch an diesen Erdtheil erinnernde Thierwelt finden. Es beginnt auch in dieser Hinsicht Afrika im Grunde erst mit dem Sudan. Indess finden sich immerhin auch einige specifisch afrikanische Thiere in Algerien.

Wenden wir uns zuerst den Vierfüsslern zu, so finden wir von europäischen (wildlebenden) Arten: das Wildschwein (die sogenannte europäische Art, S. europ. Pall.), den Fuchs (der „Rothfuchs", canis vulpes L.), den Schakal (canis aureus Briss, der sogenannte Goldwolf), letzteren in ausserordentlichen Mengen, den Igel, die Ratte, das Kaninchen, den Hasen (die langohrige, südeuropäische Art) und das Frettchen.

Mit dem übrigen Afrika hat Algerien nur die grossen Katzenarten gemeinsam, nämlich den Panther (richtiger wohl felis leopardus Cuv., den Leopard oder Parder, der nicht ganz so gross als jenes asiatische Thier wird), den Löwen, diesen jedoch, wie wir unten sehen werden, in einer nur dem Norden des Erdtheils eigenen Abart, den Karakal (Wüstenluchs, felis caracal Schreb.), den Sumpfluchs (felis chaus Temm.), die Falbkatze (felis maniculata Ruepp, die „nubische Katze"), und die Hyäne, die wegen ihrer Feigheit und Unreinlichkeit von den Eingeborenen ausserordentlich verachtet und nur mit Stöcken getödtet wird. Mit dem übrigen Nordafrika besitzt es nur die Gazelle (gazella dorcas Licht.), das Ichneumon und das Stachelschwein. Letzteres ist bekanntlich auch nach Europa übergegangen, hat aber seine eigentliche Heimath nur hier.

Am meisten interessiren uns natürlich die Algerien, bezieh. den Atlasländern, Nordwestafrika, eigenthümlichen Thiere. Es sind dies:

1) der Berberlöwe (leo barbarus Cuv.), die ausgezeichnetste Abart des Löwen, namentlich hervorragend durch seinen gewaltigen Bau, seine fahlgelbe, stark mit Schwarz gemischte Mähne, und seine lange, intensive Behaarung, die sich selbst bis auf den Bauch und die Ellbogen sowie die Vorderseite der Schenkel erstreckt. Ursprünglich in ganz Nordafrika zu Hause, findet er sich jetzt nur noch im Westen, ist aber auch hier durch die langjährigen Kriege Frankreichs mit den Eingeborenen, die Anstrengungen grosser

Jäger (namentlich des berühmten Jules Gérard) sowie durch das Vorrücken der Cultur überhaupt schon zurückgedrängt und dem Aussterben nahe. Es hat deshalb neuerlich ein unternehmender Industrieller eine Anstalt zur Züchtung von Löwen, nach denen seitens der Menagerien und zoologischen Gärten Europas eine rege Nachfrage ist, in Bona angelegt.

2) Die Steppen- oder Berberkuh (Algazelle, oryx leucoryx Rüpp.), der „Begehr el Uahasch" der Araber, in der Südkette des Atlas lebend, eine Antilopenart, die 1,9 m lang und 1,25 m hoch wird, 1,1 m lange, gerippte, spiessartige, wenig gekrümmte sowie weit zurückgelegte Hörner trägt, einen kurzen, mit einem Büschel schwarzer Haare gezierten Schwanz und eine ziemlich gleichmässig röthlichgraue Färbung hat.

3) Das „wilde Mähnenschaf" (ovis tragelaphus Desm.), das auf den Hochplateaus und in der Südkette in kleinen Rudeln lebt, bis zum Widerrist 1 m hoch wird, sehr scheu und wild ist und sich besonders durch seine mächtige Mähne (aus 15—20 cm langen Haaren) an der Unterseite des Halses, welche sich bis zur Brust und zwischen die Vorderseite zieht, und durch eine dergleichen indess viel kürzere, die sich bis über den Widerrist erstreckt, sowie durch dichte Kniebüschel auszeichnet. Die Hörner sind an der Basis vierkantig, dann werden sie flacher und ziehen sich in scharfem, sichelförmigem Bogen nach hinten, in ihrer ganzen Länge (gegen 50 cm) von einer tiefen Furche durchsetzt. Der Schwanz ist 18—20 cm lang und endigt in einem Haarbüschel. Ihre Hautfarbe variirt zwischen röthlichgelb, braunroth und selbst dunkelbraun. Der Bauch und die Innenseiten der Beine sind weiss.

4) Der „gemeine türkische oder berberische Affe" (inuus ecaudatus Geoffr.), der bekanntlich ausser den Atlasländern auch noch, als der einzige europäische Affe, den Felsen von Gibraltar bewohnt. Beiläufig neigen sich neuerdings viele Gelehrte der Ansicht zu, dass er an letzteren Ort einfach durch Einführung seitens eines Engländers gekommen sei, zumal erst in verhältnissmässig jüngerer Zeit, seit etwa 150 Jahren, seiner dort Erwähnung gethan wird. Bisher sah man bekanntlich die Affen Gibraltars häufig als lebende Beweise dafür an, dass Europa und Afrika, jetzt durch die Strasse von Gibraltar getrennt, in vorgeschichtlicher Zeit zusammenhingen. Wie Dem aber auch sei, immerhin ist jener Affe in Europa ein Unicum und ein eigentliches Atlas-Thier.

Wir haben nun, um die Aufzählung der algerischen Vierfüssler abzuschliessen, nur noch einen Blick auf die Haus- oder Zuchtthiere der Provinz zu werfen. Im Allgemeinen ist hierbei zu sagen, dass zwar auch auf diesem Gebiete das Anfangsstadium einer gedeihlichen Entwicklung vielfach noch nicht überschritten ist, dass indess die Bürgschaften für eine bedeutsame zukünftige Blüthe auch hier vorhanden sind. Das milde Klima, welches gestattet, die Thiere das

IV. Klima, Flora und Fauna.

ganze Jahr hindurch im Freien zu belassen — wodurch einerseits ihre Unterhaltung billiger und bequemer gemacht, sowie andererseits ihre Gesundheit und ihr Gedeihen gefördert wird — und der reiche Pflanzenwuchs, das sind Eigenschaften, die Algerien, die „zukünftige Kornkammer Europas", auch zu dessen grossem Schlachtviehhof zu machen angethan sind. Colonisten rühmen, um noch einen besonderen Vorzug des Landes zu erwähnen, die ausserordentliche Fruchtbarkeit und Vermehrungsfähigkeit, welche die Haus-Thiere hier an den Tag legen.

Der Art nach sind diese letzteren bis auf das Kamel unsere gewöhnlichen europäischen, bezieh. (was das Maulthier angeht) südeuropäischen Thiere.

Beginnen wir mit dem Pferde, dem edelsten von allen. Dasselbe gehört, soweit es sich um das einheimische Element handelt, der sogenannten Berberrace an, die an der ganzen nordafrikanischen Küste gezogen wird und dem echten Araberross nahe verwandt ist. Sie unterscheidet sich von diesem letzteren nur durch einen in der Nase mehr convexen Kopf und eine gesenktere, ovale Kruppe.

Frankreich hat diese von den Eingeborenen schon seit Jahrhunderten gezüchtete treffliche Race noch zu veredeln verstanden durch die im Jahre 1844 erfolgte Anlegung von Zuchthengstställen, welche, wenn anfangs auch nur durch militärische Rücksichten geboten, doch allmälich auch der gesammten Pferdezucht des Landes zu gute gekommen sind.

Gegenwärtig hat jede der drei Provinzen dergleichen Institute und die Zahl der in ihnen unterhaltenen Hengste beträgt gegen 650.

Im ganzen Lande fanden sich im Jahre 1876 = 159058 Pferde, von denen 142160 auf die Eingeborenen, 16898 auf die Europäer kamen. Bei dem immensen Verbrauch an diesen Thieren in dem ausgedehnten Territorium selbst und bei der gewaltigen Consumtion durch das Militär (es werden algerische Pferde selbst für die Cavallerieregimenter im Mutterlande geliefert) hat sich indess ein nennenswerther Export für den Welthandel noch nicht entwickeln können.

Nahezu erreicht, wird die Pferdezahl Algeriens von seinen Maulthieren (124265 bei den Eingeborenen, 13102 in den Händen von Europäern), ja von der Masse der Esel, welche im Tell das unentbehrlichste Hausthier der Eingeborenen darstellen, selbst übertroffen (169360 bei Arabern, 6418 bei Europäern).

Von nicht geringerer Bedeutung als das Ross, ja für die Wüste ganz unersetzlich ist das Kamel (richtiger, weil hier nur das einhöckerige Thier vorkommt, das Dromedar, camelus dromedarius Erxl.), das ja jedenfalls auch das Wüstenland Arabien zur Heimath hat. Es findet sich indess zur Zeit nirgends mehr wild. Obwohl auch in Westasien und bis zur Bucharei hin anzutreffen, wird es gegenwärtig doch in Ost- und Nordafrika am Meisten und in ganz unglaublichen Massen gezüchtet. Es erreicht ein Alter von 30 bis 40 Jahren, kann aber vom 25. Jahre ab nicht gut mehr als Lastthier benutzt werden. Es wird dann gemästet und als Schlachtthier um 25—40 Frcs. verkauft.

Das Fleisch ist wohlschmeckend und ähnelt dem Rindfleisch, hat indess einen leichten Beigeschmack von Moschus. Die Haut wird mit etwa 20 Frcs. gehandelt und dient zur Anfertigung von Schläuchen für Flüssigkeiten. Sie giebt aber auch ein schönes, starkes Leder, aus dem selbst Chagrin gemacht wird. Noch werthvoller ist sein Haar, das von den Arabern zu Zelttuch, Filzdecken, Burnusstoff u. dergl., neuerdings aber in Europa auch zur Herstellung von starken, warmen Stoffen und — wenngleich erst versuchsweise, aber bereits mit gutem Erfolg — selbst von Sammt verwendet wird. Das Rückenhaar ist das beste.

Ungleich nützlicher als das todte ist indess das lebende Thier. Zwar will die Milch, weil zu dick und zu fett, nicht viel bedeuten, umsomehr aber die Leistung des Thieres als Lastträger. Man unterscheidet in dieser Hinsicht zwei Arten, das eigentliche Lastthier und das Reitkamel, die sich etwa so von einander unterscheiden, wie bei uns der plumbe Ackergaul von dem eleganten Kutschpferd.

Das schwere Lastkamel legt in einem Tage 8, das leichtere Reitkamel aber bis 24 Meilen zurück, und mit einem einzigen Thiere der letzteren Art kann man in 4 Tagen 80 Meilen durchreisen.

Dagegen trägt das erstere auf weiteren Touren 3, auf kleineren 4, ja selbst 6 Centner.

In der Regel wird ein Thier aber nicht vor seinem 5. Lebensjahre zu solch schwerem Dienste verwendet. Auch muss es während des letzteren mindestens alle 4 Tage 30—40 Stunden ruhen. Dagegen ist es bekanntlich hinsichtlich seiner Nahrung in seinen Ansprüchen äusserst bescheiden. Es nimmt mit den dürftigsten, dürrsten, saftlosesten Pflanzen fürlieb.

Um indess wochenlang das Wasser entbehren zu können, muss es saftige Pflanzennahrung erhalten. In der Regel füttert man es mit Gerste, Bohnen, Datteln oder Dattelkernen.

Die angenehmste und fördernste Gangart des Thieres ist der (lange) Trab, den es sehr gut verträgt (leicht 12 Stunden lang). Der Passgang dagegen schleudert den Reisenden furchtbar hin und her und beim Galopp fällt er sofort aus dem Sattel.

Der grösste Theil Algeriens, vom kleinen Atlas bis in die unübersehbare Wüste hinunter, gehört dem Kamel, während das Pferd mit Nutzen fast nur in dem schmalen Tellstreifen zu verwerthen ist. Daher ist das Kamel auch ungleich stärker als jenes vertreten. Es fanden sich im Jahre 1876 innerhalb Algeriens 185 843 dieser Thiere, von denen nur 29 in den Händen von Europäern waren. Was das Meer ohne Schiffe, das wäre die Wüste ohne Kamel. Für das Pferd giebt es innerhalb seines Gebietes allenfalls noch Ersatz. Maulthiere, Esel, selbst Rinder und andere Vierfüssler können dort unter Umständen ebenso gut verwendet werden. Aber das Kamel findet in seinem unermesslichen Reiche keinen Nebenbuhler. Ja es repräsentirt dort das Hausthier ganz allein, wie die Dattelpalme allein die Nutzpflanzen. Je ärmer die Wüste an Mannigfaltigkeit ist, um so reicher erscheint die Qualität des ihr verbleibenden Materials, um so intensiver wird die Ausnützung des letzteren möglich. Welch vielseitigen Nutzen gewähren nicht die beiden nahezu einzig in der Wüste übrig gebliebenen Vertreter von Pflanzen- und Thierwelt, Dattelpalme und Kamel! Und diese höchste Leistungsfähigkeit bei den niedrigsten Ansprüchen, die möglich sind! Jene gedeiht im Sande, dieses begnügt sich mit den zähesten Steppengräsern. Wahrlich, es ist schwer, hier kein providentielles Wirken zu erkennen!

Ist das Kamel dasjenige Hausthier, durch welches Algerien als ein echtes Stück Orient erscheint, so haben wir nun nur noch solche Gattungen zu nennen, durch deren Pflege es wiederum dem Abendlande sich nähert, Rind, Schaf und Ziege, alle drei fast ausschliesslich nur im Tell vertreten, alle drei, im Gegensatz zu den beiden, durch active Leistungen so hervorragenden Thieren, zu Pferd und Kamel, mehr nur durch passive Verdienste, als Milch- oder Schlachtthiere werthvoll.

Der Besitzstand an Rindern in Algerien belief sich 1876 auf 1 157 983 Stück, von denen sich 122 882 in europäischen, 1 035 101 in eingeborenen Händen befanden. Die Ausfuhr belief sich 1877 auf 12 345 Stück, hatte aber im Jahre 1867 auch schon einmal die Zahl 30 000 erreicht.

Im Allgemeinen fanden die Franzosen zwei Racen vor, die eine vorzugsweise in der Provinz Constantine, die andere in der Provinz Oran. Die erstere ist höher (1,25—1,35 m) und stärker, von grauer oder gelblicher Farbe, und ergiebt für ein fünfjähriges Exemplar ein Gewicht von 8—10 Centner. Etwas kleiner (nur 1,15—1,20 hoch) ist das gleichfalls dieser Race angehörige Bergvieh der Kabylen.

Die andere Gattung ist graugelb oder rothgelb, und etwa 1,40 m hoch, erreicht aber im gedachten Alter nur ein Gewicht von 7—8 Centner.

Beide Arten liefern keine guten Milchkühe. Daher hat man gar bald schon an eine Racenveredelung gedacht und dazu auf die Hochebene der Medschana (bei Setif), die bei ihrer Höhe von 1000 m ein den Hochweiden der Alpen verwandtes Klima besitzt, Schweizer Zuchtstiere importirt. Diese Versuche haben die besten Resultate ergeben. Man hat nicht nur Thiere erhalten, die pro Tag bis zu 20 Liter Milch liefern, sondern auch ein Gewicht von 10—12 Centner erreichen.

Für die Niederungen hat man die Bretagnische und andere Racen gleichfalls meist mit gutem Erfolg eingeführt.

In ähnlicher Weise stellte man auch mit den Schafen, für welche die ausgedehnten Steppen des Landes ein besonders günstiger Boden sind, Ameliorationsversuche an. Man gründete grosse Stammschäfereien, von denen die bedeutendste sich gegenwärtig in Berruaguïa bei Borrar (an der Strasse Medea-Larruat, mitten in den richtigen Hochsteppen) befindet, wo ihr ein Areal von 600 ha zugewiesen worden ist. Unter Anderem hat man Merinos und Rambouillets mit bestem Erfolg eingeführt.

Die Schafe stellen gegenwärtig das grösste Contingent zu den algerischen Hausthieren. · Sie zählen ungefähr 10 Millionen, von denen nur etwa 180 000 auf die Europäer kommen.

Die Ausfuhr, die mit jedem Jahre gestiegen ist, belief sich 1877 auf 387 000 Stück.

Der Export von Wolle betrug 1876 rund 100 000 Centner, in der 5 jährigen Periode von 1872 bis einschliesslich 1876 = 426 000 Centner im Gesammtwerth von 64 Mill. Frcs.

Auch die Ziege ist den Veredelungsmanipulationen nicht entgangen. Denn das einheimische Thier dieser Gattung war hinsichtlich seiner Milch sowohl, als auch seiner Haare äusserst geringwerthig und lieferte nur ein vortreffliches Leder, aus welchem das sogenannte „Maroquin" bereitet wird. Man hat nun die Maltesische Ziege eingeführt, die treffliche Milch giebt. Selbst mit der Angoraziege hat man, und zwar mit sehr gutem Erfolge, Acclimatisirungsversuche gemacht, während dieselben bekanntlich in Spanien und Frankreich nicht geglückt sind.

Die Zahl der Ziegen im Lande betrug 1876 = 3 653 547, von denen ebenfalls nur verhältnissmässig wenige, nämlich 54 954, in europäischem Besitz waren.

Wir haben dieser Besprechung der algerischen Hausthiere nur noch hinzuzufügen, dass der Export an Häuten in den Jahren 1867 und 1869 = 9 953 391 Stück im Werthe von 16 243 788 Frcs. betrug.

Ausserdem wäre höchstens noch zu erwähnen, dass die Eingeborenen, namentlich im Süden, auch einen vortrefflichen Hund von der Windhundrace züchten, der von gelblicher Farbe ist und glattes Fell, kurze Ohren, lange Schnauze, merkwürdigerweise aber niedrige, dachshundartige Beine besitzt. Die Hunde der Ulad Naïl, der Ulad Sidi Scheikh u. a. geniessen das meiste Renommée. — Sie werden von den Eingeborenen besonders zur Jagd benützt und ihr Stammbaum findet eine kaum weniger pedantische Pflege, wie der der edlen Araberrosse. —

Wenden wir uns nun zu den gefiederten Bewohnern Algeriens, so haben wir auch hier wieder zu unterscheiden zwischen solchen, welche es mit Europa gemein hat, und solchen, welche specifisch afrikanisch, bez. algerisch sind. Nach Dem, was wir schon früher über die Art des Landes sagten, wird es nicht Wunder nehmen, dass auch hier wiederum die ersteren die weitaus grösste Majorität haben.

IV. Klima, Flora und Fauna.

Doch ist wohl zu bedenken, dass diese europäischen Vögel eben auch fast ausnahmslos nur den europäischen Theil Algeriens, das heisst das Gebiet des kleinen Atlas bewohnen. Es sind dies namentlich die zahlreichen Singvögel, welche, wie bei uns, Wälder und Büsche mit ihren lieblichen Liedern erfüllen. Von diesen sind besonders hervorzuheben: Die **Nachtigall**, der **Staar**, die **Lerche**, die **Drossel**, der **Stieglitz** und die **Wachtel**.

Dazu kommt das gewöhnlichere, überhaupt nicht oder doch nicht mit schöner Stimme begabte Volk der **Sperlinge** (einer von den wenigen Vögeln, die selbst in den Oasen noch zu finden sind), der **Goldamseln**, der **Gartenammern** (Ortolane), der **Kibitze**, der **Tauben**, der **Flussregenpfeifer** (aegialites minor L.), der **Eichelhäher**, der **Schnepfen** und der **Rebhühner**.

Im eigentlichen Hochgebirge, einschliesslich der Südkette, sind auch die grossen Raubvögel, **Adler**, **Geier** und **Falken** vertreten. Letztere, und zwar vorzugsweise der **Wanderfalke** (falco peregrinus, „der Taubenstösser"), werden von den Arabern auch zur Jagd verwendet und ein gutes Exemplar nicht selten mit einem Kamel bezahlt. (Aehnlich wurden in Deutschland einst häufig 800 holländ. Gulden für einen Jagdfalken gegeben.) Doch gestattet die Sitte diese Art Jagd auch hier, wie einst in Europa, nur den Abkömmlingen alter Geschlechter.

Neben jenen grösseren Fleischfressern finden sich noch **Eulen**, **Raben** und **Krähen**.

Endlich sind die zahlreichen Seen der Hochebenen wie der Niederungen der Tummelplatz vieler Arten von Sumpf- und Wasservögeln, namentlich der **Enten**, **Schwäne**, **Flammingos**, **Möven**, **Störche** und **Kraniche**.

Als Hausthier wird neben allen anderen, auch bei uns zu diesem Zwecke gezüchteten Vögeln namentlich auch das **Perlhuhn** gehalten, das ja im „schwarzen Erdtheil" (im Westen) seine Heimath hat.

Von der Vogelwelt, die specifisch afrikanisch ist, besitzt Algerien im Grunde nur eine Gattung, das ist der **Strauss** (struthio camelus L.), und zwar bewohnt derselbe, im Gegensatz zu den eben genannten Flügelträgern, ausschliesslich den Süden des Landes, die Wüste, mit deren einzigem Vierfüssler, dem Kamel, er hinsichtlich des blöden Gesichts, des langen, schlangenartigen Halses, des schleppenden Ganges, aber auch der ausserordentlichen Genügsamkeit in der Nahrung eine so grosse Aehnlichkeit hat, dass die Araber behaupten konnten, er sei ein Bastard von einem Vogel und einem Kamel.

Doch hat der Strauss mit Palme und Kamel auch das gemein, dass er den vielfachsten Nutzen gewährt. Fleisch und Eier sind essbar, die herrlichen Federn aber bilden seit den ältesten Zeiten bis heute einen der kostbarsten und gesuchtesten Luxusartikel des Weltmarktes.

Um so mehr ist es zu beklagen, dass der werthvolle Vogel, der ursprünglich nahezu in ganz Afrika, sodann in Arabien, Syrien, Mesopotamien und vielleicht selbst in Centralasien vorkam, in Folge der schonungslosen Hetzjagd, die man gegen ihn unterhalten hat, in Asien, Aegypten und eben auch in Algerien nahezu gänzlich ausgerottet ist und sich jetzt nur noch im oberen Senegambien, in der Sahara südlich von Tuat und Rradames, in Kordofan und Darfur, an den Ufern der Aequatorialseen, im Somalilande sowie in Transvalien und den angrenzenden Gebieten findet.

Glücklicherweise ist man aber auf die künstliche Zucht des nützlichen Vogels gekommen. Dieselbe wurde übrigens jedenfalls schon seit langer Zeit von Negern in Kordofan betrieben, von denen erzählt wird, dass sie Strausse in der Nähe ihrer Hütten hielten. Auch vom Cap wird aus dem vorigen Jahrhundert von zahmen Straussen berichtet.

Die Sache kam indess erst in Fluss, als ein Franzose im Jahre 1857 einen Preis von 2000 Frcs. für die glückliche Lösung der Frage, ob sich der Strauss züchten lasse, ausgesetzt hatte. Zahlreiche Versuche wurden in Folge dessen angestellt und schon 1859 glückte es dem bekannten Director des „Versuchsgartens" von Algier, durch ein Straussenpaar von 8 Eiern wenigstens eins glücklich ausgebrütet zu erhalten. Die Möglichkeit der Züchtung des Strausses war eine Thatsache.

Doch wie so oft, kam dieselbe auch, vorläufig wenigstens, dem Volke, von dem sie festgestellt worden war, noch nicht zu gute. Vielmehr waren es die practischen Engländer, die die wichtige Entdeckung in ihrer Cap-Colonie verwertheten. Sie thaten dies mit so gutem Erfolge, dass aus den 80 Exemplaren, mit denen sie im Jahre 1865 begannen, 30 000 geworden sind.

Freilich wäre ein so immenses Resultat nicht möglich gewesen, wenn man nicht die künstliche Ausbrütung angewandt hätte, durch welche man von 30 Eiern, welche das Weibchen jedesmal legt, auch fast 30 junge Strausse erhielt, während, wenn die Vögel selbst brüteten, nur der dritte Theil auch wirklich zum Auskriechen gelangte, abgesehen davon, dass dabei auch die werthvollen Federn der Alten vielfach beschädigt und beschmutzt wurden.

Man kann sich denken, wie in Folge dieser glücklichen Manipulationen auch der Export der Cap-Colonie an Straussenfedern zunahm. Er belief sich 1858 auf nur 1852 Pfund (noch von wilden Straussen herrührend), stieg aber schon 1869 auf 18 900, 1870 auf 29 800, 1874 auf 36 829 Pfund, und ist seitdem noch immer im Wachsen begriffen.

Die Summe, welche durch diese Ware der Colonie alljährlich zufliesst, beträgt nicht weniger als ca. 16 Mill. Frcs., das heisst, etwa drei Fünftel des gesammten Gewinns (25 Mill. Frcs.), welchen die Production von Straussenfedern auf der ganzen Erde in der gleichen Zeit abwirft.

IV. Klima, Flora und Fauna.

Beiläufig participiren an dieser Summe die übrigen Producenten in folgender Weise:

Aegypten	mit 6 000 000	Frcs.
Tripolis	„ 2 500 000	„
Marokko	„ 500 000	„
Syrien	„ 150 000	„
Senegambien „	87 500	„
und Algerien	„ 12 500	„

Der letztgenannte, verhältnissmässig so geringfügige Betrag erklärt sich daraus, dass Algerien der energischen Thätigkeit der Cap-Colonie auf dem beregten Gebiete gegenüber bis in die neueste Zeit herein völlig unthätig blieb. Nur der Jardin d'essai unterhielt eine geringe Anzahl (acht Paare) der werthvollen Vögel, deren Junge er an zoologische Gärten verhandelte.

Erst 1879 gründeten mehrere Pariser Kaufleute eine „Gesellschaft zur Aufzucht von Straussen in Algerien", welche denn auch bereits muthig an's Werk gegangen ist.

Sie erwarb bei Aïn Marmora, 32 km von Algier, ein 200 ha grosses Grundstück, das dicht am Meere liegt, aber gegen dessen rauhere Winde durch hohe Dünen geschützt wird. Der auf diese Weise gewonnene, sandige Boden, der für das Gedeihen der Strausse nothwendig erscheint, ist ausserdem auch mittelst des unweit vorbeifliessenden Mazafran leicht zu bewässern, um so die Luzerne bauen zu können, die von den Thieren besonders gern gefressen wird.

Gegenwärtig werden auf diesem Grundstück bereits 51 Strausse gehalten, während weitere 79 bereits unterwegs sind. Die Herbeischaffung dieses Zuchtstammes hat übrigens nicht geringe Schwierigkeiten verursacht, da man bis in den Sudan hinuntergehen musste, um wilde Strausse in lebendem Zustande zu erhalten.

Was die Behandlung der so wichtigen Thiere in der Gefangenschaft betrifft, so bedarf es nicht eines besonders grossen Raumes zu ihrem Gedeihen, sofern sie nur genügende Nahrung haben. Nun sind zwar die Strausse im Allgemeinen in dieser Beziehung nicht allzu wählerisch. Sie fressen bekanntlich alles Mögliche und Unmögliche, wie Körner, Gräser, Kerbthiere, kleine Wirbelthiere, Steine, Scherben u. dergl. Indess ist es doch nothwendig, dass man ihrem besonderen Appetit nach alkalischen Substanzen möglichst gerecht wird.

Am Besten reicht man ihnen Luzerne, Klee, die Blätter von cactus opunt., Gerste, Hafer und Mais, sowie einige Knochenstücke. Ein Strauss braucht täglich im Mittel 10 kg Grünfutter und 1 kg Körner.

Die Paarung anlangend, so ist der Vogel in der Freiheit Polygamist, indem er in der Regel mit 2 bis 3 Weibchen zusammenlebt. In der Cap-Colonie sperrt man während der Zeit des Eierlegens meist einen Hahn mit zwei Hennen in eine kleine Einfriedigung zusammen. Eine algerische Autorität ersten Ranges auf diesem Gebiete empfiehlt dagegen, nur je ein weibliches Thier dem männlichen beizugeben.

Die Henne leg in der Saison 20—30 Eier, an jedem Tage eins. Die Brütezeit, die etwa Mitte September zu beginnen pflegt, währt ca. 45 Tage. Hahn und Henne brüten abwechselnd, letztere meist während der Nachtzeit, jedenfalls weil die dann vermehrte Gefahr die ungetheilte Aufmerksamkeit des Hausherrn beansprucht.

Wenn die Ablösung stattfindet, so wendet der nun das Geschäft des Brütens übernehmende Theil jedesmal mit wunderbarer Geschicklichkeit alle Eier um, ohne Zweifel, um dadurch eine gleichmässigere Vertheilung der Wärme zu erzielen.

Ist die Zeit zum Auskriechen für den jungen Weltbürger gekommen, so zerbricht er entweder selbst von innen die Schale, die ihn noch vom Licht des Lebens trennt, oder die Alten kommen ihm von aussen mit dem Schnabel zu Hilfe.

Der Preis eines neugeborenen Strausses beträgt nach unserem Gelde etwa 100 Mark; nach wenigen Monaten gilt er bereits das Doppelte, ein ausgewachsenes Exemplar aber wird mit 600—800 Mark bezahlt.

Wir haben schon erwähnt, dass bei der natürlichen Brütung in der Regel nur ein Drittel der gelegten Eier das Ziel erreicht und dass man daher zur künstlichen Ausbrütung seine Zuflucht genommen hat. Nach längeren, angestrengten Versuchen ist endlich das einzig zweckmässige Verfahren festgestellt und seit 1873 zur Anwendung gebracht worden. Es kommt dabei namentlich auf die rechte Temperatur an und es gilt im Allgemeinen als Regel, dass während der ersten 18 Tage die Wärme 39,85° C., während der nächsten 14 Tage 38,70 und von da ab 36,60 zu betragen hat.

Dank der durch einen sinnreichen Brüteapparat erleichterten Handhabung dieser der Natur abgelauschten Grundsätze, werden von 15 Eiern zumeist wenigstens 14 glücklich dem erwünschten Ziele zugeführt.

Die jungen Strausse bedecken sich nach 8 Monaten mit Federn, die indess noch ohne Werth sind. Das Gleiche gilt annähernd auch selbst noch von deren Nachfolgern — die Thiere wechseln nämlich ihr Gefieder jedes Jahr. Erst mit dem 3. Lebensjahre hat ihr Kleid seine höchste Schönheit erreicht.

Die Federn der Henne sind weniger schön als die von einem Hahne. Und auch bei diesem liefern im Grunde nur der Schwanz und in noch höherem Grade die Flügel die edle Ware. Die Federn aus dem Schwanze sind weniger graziös geformt und auch nicht so schneeweiss, wie die der Flügel. Dafür sind sie meist etwas zahlreicher vertreten als jene (50—60 gegen 48).

Die vollendetsten Straussen-Federn haben eine Länge von 2 Fuss und eine Breite von 9 Zoll. Bemerkenswerth ist noch, dass der Schaft sie ihrer ganzen Länge nach in zwei gleich breite Theile theilt, was bei den Federn anderer Vögel bekanntlich nicht der Fall ist und selbst auch beim Strauss nur bei den Federn von den gedachten Partien vorkommt.

Eine grosse Schwierigkeit bietet indess das Ausziehen dieser kostbaren Artikel. Denn man darf ihr freiwilliges Ausfallen (im Juni oder Juli) nicht abwarten, will man nicht riskiren, dass sie dabei viel verlieren, indem sie zertreten, beschmutzt oder verstreut werden können.

In der Cap-Colonie hält man hierbei ein doppeltes Verfahren ein. Entweder man schneidet die Feder möglichst nahe am Körper des Thieres ab und lässt den Stumpf in der Haut stecken, bis er von selbst ausfällt, oder man zieht die Feder einfach gewaltsam heraus, wenn sie ziemlich zum Ausfallen reif ist.

Beide Methoden verträgt das Thier nur ungern, namentlich die letztgenannte, bei der es einen gewissen Hautreiz erleidet. Es fängt nur zu häufig an, zu seiner Vertheidigung mit seinen starken Füssen auszuschlagen, was den Wärtern oft schwere Verletzungen zuzieht. Am Besten verfährt man wohl, wenn man das Thier, ehe man an das Ausziehen der Federn geht, in einen engen Verschlag treibt, der es am Gebrauch seiner Füsse hindert.

Die Federn, die ein Strauss während eines Jahres liefert, bringen etwa 200 Frcs. ein. Der Durchschnittspreis beträgt nämlich für ein Pfund der feinsten Ware nicht weniger als 35—50 Pfd. St., während selbst noch die gleiche Quantität Mischware mit 3 Pfd. St. 9 sh. bis 5 Pfd. St. 6 sh. bezahlt wird.

Nach Alledem ist es nicht im Geringsten zweifelhaft, dass auch hier wieder ein weites und lohnendes Gebiet der Entwickelung Algeriens vor uns liegt.

Wir haben nun weiter einen flüchtigen Blick zu werfen auf das Reich Dessen, was da „schleicht und kreucht, bezieh. auch fleugt". Es kann dasselbe aber, wie uns schon die südliche Lage des Landes und sein warmes Klima sagen muss, kein unbedeutendes sein.

Wir sehen auch hierbei wieder von einer Schilderung der Gattungen von Thieren ab, welche die Provinz mit Europa gemein hat und die daher bekannter sind, und beschränken uns — wie das bei diesem so detaillirten Gebiete um so mehr geboten ist — nur auf die mehr oder minder specifisch algerischen oder doch nordafrikanischen Arten.

Was zunächst die Reptilien angeht, so kommen, um von den Schildkröten (Süsswasser- und Landsch.), den Chamaeleons (die bekanntlich auch in Europa, nämlich in Südspanien leben), den Kröten, die hier eine erstaunliche Grösse erlangen, den gewöhnlicheren Eidechsen und Geckonen (namentlich ascalabotes fascicularis, der in allen Mittelmeerländern lebt) abzusehen, zuerst zwei Vipernarten in Betracht, die ausschliesslich Nordafrika und Arabien, namentlich den Wüstenstrichen angehören, nämlich:

Die Hornviper (cerastes aegyptiacus Dum. et Bibr.), so

genannt nach zwei hornartigen Fortsätzen über den Augen. Sie wird 50—70 cm lang und ist gelb mit dunkleren Querflecken. Bei Tag verbirgt sie sich in Löchern, die sie in den Sand gräbt und geht erst Nachts auf Raub aus. Auf der Wanderung bildet sie 5 oder 6 eng an einander gerückte Windungen. Ist sie aber ihrem Ziele nahe gekommen, so schnellt sie sich wie durch Federkraft zu ihrer ganzen Länge aus. Ihr Biss ist äusserst gefährlich und soll unter Umständen selbst den Tod nach sich ziehen. Die Eingeborenen wenden gegen denselben neben den gewöhnlichen Mitteln (Unterbinden etc.) noch Sandbäder und zerstossene Ginsterstengel an.

Ist dieses Thier ein längst bekanntes, das nach Herodot schon den alten Aegyptern heilig war und das oft in deren heiligen Schriften abgebildet ist, so haben wir dagegen von der anderen in Algerien, namentlich in der Provinz Oran, vorkommenden Vipernart, der „kurzschwänzigen" Viper (vipera brachyura Cuv.) nur erst eine dürftige Kenntniss. Ihr Biss soll noch gefährlicher sein, als der der vorher genannten.

Vom Krokodil, das früher wenigstens, so lange es nicht auch, wie manche andere Monstra der Natur, durch die modernen Feuerwaffen auf den Aussterbeetat gesetzt wurde, recht eigentlich ein Merkmal des östlichen Nordafrikas bildete, kommt hier im Westen so zu sagen nur ein Miniaturbild vor. Es ist dies das Landkrokodil des Herodot, die Nileidechse (varanus niloticus L., zur Familie der Warans, monitores, gehörig, welche die grösste aller Schuppenechsen umfasst). Dieses Thier, welches, wie es scheint, an und in den meisten Flüssen Afrikas lebt, ist ein 1,5—1,9 langes, düster gelbgrünes, schwarz geflecktes Thier mit doppelter Rückenkante auf dem Schwanz. Es frisst kleine Säugethiere, Vögel und deren Eier, Frösche und Fische, Krokodileier und soll sich selbst an junge Krokodile machen. Letztgenannter Verdienste wegen wurde diese Lazerte von den alten Aegyptern auf ihren Denkmälern verherrlicht. Uebrigens nimmt sie, in die Enge getrieben, selbst den Kampf mit dem Menschen auf und springt ihm ins Gesicht. Ihr Fleisch wird viel gegessen und aus ihrem Balge verfertigen die Araber Geldbörsen und Tabaksbeutel.

Ausserordentlich zahlreich sind auch die Insecten, von denen indess die weitaus meisten gleichfalls Europa oder doch den Mittelmeerländern angehören. Erwähnt seien hier nur Scorpion und Heuschrecke, und neben diesen schadenbringenden Thieren als nützliche, ja der Industrie dienende die Kermesschildlaus (coccus ilicis Fabr., die auf der deshalb quercus coccifera genannten Stecheiche haust), und die Cochenille-Schildlaus (coccus cacti L., weil auf c. opuntia coccinellifera lebend), welche bekanntlich beide in ihren Eiern treffliche, rothe Farbstoffe liefern und deshalb früher vielfach (erstere in den Mittelmeerländern, letztere ausserdem noch in Westindien und auf Teneriffa und Java) gezüchtet wurden, jetzt indess in Folge der siegreichen Concurrenz der Anilinfarben nur noch wenig geschätzt werden.

Besser steht es mit dem Seidenwurm, dessen Producte ja noch immer einen der begehrtesten Luxusstoffe der Welt liefern. Indess hatte der flaue Geschäftsgang, der in den letzten Jahren auch in der Seidenbranche sich fühlbar machte, sowie die bösartige Krankheit, die in den Mittelmeerländern über jenes nützliche Thier hereinbrach (die Pebrine, durch den Schmarotzerpilz nosema bombycis Naeg. hervorgerufen), auch in Algerien ihre Wirkungen fühlbar werden lassen und die daselbst noch junge, verheissungsvolle Zucht des Insects schwer geschädigt. Doch haben staatliche Prämien und Subventionen einerseits sowie Schutzmassregeln gegen jene Seuche andrerseits bereits eine wesentliche Besserung bewirkt. Und so belief sich denn 1876 die Zahl der algerischen Seidenwurmzüchter wieder auf 150 und die Masse der erzielten Cocons auf 6156 kg, die (das Kilogramm zu 3 Frcs. 89 Cts. angenommen) einen Werth von immerhin rund 25000 Frcs. darstellten.

Ausser dem gewöhnlichen Seidenspinner (bombyx mori) wurden auch Acclimatisirungsversuche mit der sogenannten Fagararaupe (saturnia cynthia) angestellt, wozu das prächtige Gedeihen des Ricinus, auf welchem dieser Seidenspinner lebt, den Anstoss gegeben haben mag. Doch sind bis jetzt noch keine besonders günstigen Resultate erzielt worden.

Einen bedeutenden Aufschwung hat dagegen die Bienenzucht zu verzeichnen, indem der Wachsexport, der 1867 bereits 43 000 kg betrug, schon 1875 auf nahezu das Doppelte (84 000 kg, im Werthe von ca. 250 000 Frcs.) stieg. Das Terrain ist aber auch gerade für das Gedeihen jenes so nützlichen Insects äusserst günstig. Man denke nur an die Millionen der herrlichsten Blumen und duftenden Sträucher, die das algerische Tell aufzuweisen hat, in Verbindung mit dem milden Klima, das hier anstatt unseres harten, honigconsumirenden und die Stöcke nicht selten schädigenden Winters herrscht.

Eine Art algerischer Specialität bildet der sogenannte Dragoneregel (hirudinea interrupta Moq. Tand.), ein Blutegel, der kleiner und zahnärmer ist, als die gewöhnlich in der Heilkunde gebrauchte Art dieses Thieres (h. medicinalis Sav. oder h. officinalis Sav.), der indess viel gehandelt wird. Er kommt ausser in Italien und Spanien namentlich eben in Algerien vor und wird besonders nach Frankreich, England und Südamerika ausgeführt.

Von den Mollusken besitzt das Festland namentlich die auch bei uns so häufige Weinbergsschnecke, nur sind die dort vorkommenden Arten andere als die mitteleuropäische (nicht helix pomatia L., sondern h. vermiculata Muell. u. a).

Wir haben nun, um mit dem Thierreiche Algeriens abzuschliessen, nur noch einen Blick auf seine Wasserbewohner zu werfen. Hierbei wird sich freilich, was die Binnengewässer anbetrifft, nur eine geringe Ausbeute ergeben, eine Erscheinung, die bei der Wasserarmuth des Landes und dem periodischen Charakter seiner Flüsse und selbst seiner Seen nicht Wunder nehmen wird. Es finden sich im Grunde nur zwei Arten Fische, nämlich die Barbe (vorzugsweise im Fetsara-See), und der Aal. Nur der Ued Zhur (östlich von Collo), ein richtiges perennirendes Gebirgswasser, beherbergt Forellen.

Viel reichere Ergebnisse liefert dagegen der Fischerei das Meer an Algiers Gestaden. Doch darf man hier weniger specifisch algerische, als vielmehr nur allgemein mediterraneïsche Verhältnisse erwarten.

Drei Kategorien von Fischen sind an der langgestreckten Küstenlinie des Landes Object des Fischergewerbes: 1) Zug- oder Wanderfische, namentlich der Tun, der Bonito, die Makrele, die Sardine, und der Anchovis. 2) Die Fische, bez. Krebse, welche die Küstengewässer bewohnen oder sich in geringeren oder grösseren Tiefen weiter ab von der Küste aufhalten, namentlich der „Knurrbahn" (trigla cucūlus Ac., französ.: rouget), dann der „Weissling" oder „Wittling" (eine Gadusart, vielleicht gadus putassa No. 1, französ.: merlan), ferner die „Zunge" (solea vulgaris No. 2, französ.: sole), der „Seehahn" (trigla Ac., französ.: galinette), der „Pagel" (pagellus erythrinus Ac. 2, französ.: pageot), der gemeine „Tintenfisch" (sepia officinalis L., französ.: seiche oder sèche), der „Rochen" (raja Bon., französ.: raie), der „Cephalopod" oder „Seespinne" (octopus vulgaris, französ.: poulpe), Haifische (squalidae, französ.: chiens de mer), die „Languste" (palinurus vulgaris Edw. französ.: langouste, kaum kleiner als der Hummer, ohne Scheeren, aber mit riesigen, dicken und stachligen Fühlhörnern versehen), der „Hummer" (homarus vulgaris Edw., französ.: homard), die „Garneele" (auch „Garnate" oder „Granate" genannt, crangon vulgaris Fab., französ.: crevette, englisch shrimp), dann der „Palaemön (palaemon serratus Fab., französ.: palémon), und andere kleine Krebse. 3) Die Fische bez. Muscheln, welche die kleinen Teiche neben den Küsten, die Felsbänke, Algen und Sände bewohnen und die man im Handel unter dem Namen Felsenfische, Schwarzfische, weisse und blaue Fische kennt.

Die wichtigsten der Felsenfische sind: der „Barsch: (serranus gigas Ac., französ.: le méreau oder mer), die „Muräne" (muraena helena Phs., französ.: la murène), der „Meeraal" (conger vulgaris Phs., französ.: le congre), und der „Drachenkopf" (scorpaena Ac., französ.: la racasse).

Die „weissen" Fische sind besonders: der „Pilchard" (clupea pilchardus Cuv., französ.: le sard), der „Seebarsch" (labrax lupus Cuv. od. Ac. 1, französ.: le loup), die „Seebarbe" (mugia Ac., französ.: le mulet, eine Harderart), der „Blöker", auch „Boga" genannt (box vulgaris Ac. 2., französ.: le bogue), die „Salpe" (box salpa Ac. 2., französ.: la salpe), der „Drachenfisch" (trachinus Ac., französ.: l'araignée), die „Goldbrasse" (chrysophrys aurata Ac. 2., französ.: la dorade), die „Brasse" (oblata melanurus Ac. 2., französ.: l'oblade), dentex vulgaris Ac. 2. (französ.: le dinti), und endlich eine Anzahl Muscheln, namentlich die bekannte „Miesmuschel" (mytilus edulis L., die an den französischen, italienischen und deutschen Küsten bereits künstlich gezogen wird, französ.: la moule) namentlich häufig westlich von Nemours, und der „Seeigel" (echīnus esculentus L., französ.: oursin), letzterer überaus zahlreich in allen algenreichen Golfen. —

Dagegen kommen Austern nur selten vor.

Als die hinsichtlich ihres Charakters als Nahrungsmittel wichtigsten dieser sämmtlich geniessbaren Meeresproducte sind zu bezeichnen: Der Knurrhahn, der Merlan, der Anchovis, die Sardine, der Bonito, die Makrele, der Tunfisch und sämmtliche Felsenfische.

Die algerische Küstenfischerei erlangte erst mit dem Jahre 1856, in welchem ein Gesetz, das den Betrieb regelte, erlassen wurde, Bedeutung, hat sich aber von da ab stetig gehoben, wie folgende Zahlen beweisen. Es betrieben nämlich den Frischfischfang

1866 = 453 Fahrzeuge.
1873 = 836 „
1875 = 1055 „

Die mit diesen Schiffen hantirenden Fischer beliefen sich
1865 auf 1352,
1877 „ 4330.

Die Menge der Fischereierzeugnisse betrug:
1865   3 193 400 kg,
1877   6 839 000 „

Die letzteren repräsentirten im erstgenannten Jahre einen Werth von 1 261 800, 1877 aber von 2 558 000 Frcs. Die Ausfuhr an gesalzenen oder in Oel conservirten Fischen stieg von 1 256 344 kg im Jahre 1870 auf 5 289 829 kg im Jahre 1876.

1877 zählte man bereits 50 „fricasseries", d. h. Anstalten zur Bereitung der Sardinen für den Versandt, mit 386 Arbeitern, wobei noch zu berücksichtigen ist, dass die Italiener ihre Sardinen an Bord ihrer Fahrzeuge einsalzen und sie dann erst in die algerischen Häfen einführen.

Charakteristisch aber ist es gewiss für die theilweise noch so wenig entwickelten Verhältnisse des Landes, dass an der, wie wir sahen, doch so lohnenden Ausübung der See-Fischerei längs der algerischen Küste Franzosen und Eingeborene fast gar nicht, sondern nahezu ausschliesslich nur Italiener und Spanier sich betheiligen.

Auch die sogar fast allein in den Händen der Ersteren befindliche Korallenfischerei (es kommt Dies daher, dass alle anderen fremden Fahrzeuge für die Befugniss zum Betriebe derselben 800 Frcs. zu zahlen haben, während die Italiener kraft vertragsmässiger Rechte nur 40 Frcs. entrichten) giebt guten Ertrag. Die bei der Zollbehörde declarirte Menge der Ausbeute belief sich während des Zeitraums von 1869 bis 76 auf 30—40000 kg jährlich. Doch mag sie in Wahrheit ungleich höher gewesen sein. Gut Unterrichtete behaupten, dass die Korallenfischerei an den algerischen und tunisischen Küsten ein jährliches Erträgniss von etwa $2^1/_2$ Mill. Frcs. ergiebt. — Man unterscheidet im Handel 4 Qualitäten, von denen die theuerste (corail de choix) mit 4—500 Frcs. pr. Kilogr. bezahlt wird.

Die Hauptplätze für die Korallengewinnung an der algerischen Küste befinden sich bei la Calle, im Golf von Bona, am Cap de Fer, bei Dschidschelli, bei Bougie, am Cap Matifu, bei Tenes, am Cap Ferrat, Cap Falcon, bei den Inseln Habibas und am Cap Figalo, und zwar auf Felsenbänken in der Tiefe von 25—200 m. Die Zahl der diesem Gewerbe gewidmeten Böte betrug in den Jahren 1868—76 202 bis 388.

V. Die Bevölkerung Algeriens. Die Armee. Die Verwaltung. Das Schulwesen. Die Verkehrsmittel (transsaharische Bahn). Der Handel. Blicke in die Zukunft und Winke für die Gegenwart.

In noch höherem Grade, als Pflanzen- und Thierwelt, führt uns das menschliche Element in Algerien Beides vor Augen, einmal den ungeheuren Aufschwung, den das Land in den letzten 50 Jahren erfahren hat, und doch auch wieder das Unfertige, das noch immer dem Ganzen anklebt.

Lassen wir zunächst die Zahlen reden! Was zeigen sie uns nicht in ersterer Hinsicht! Beim Einbruch der Franzosen im Jahre 1830 lebten in Algerien nur 600 Europäer, 1840 fanden sich deren schon 27000, 1850 nicht weniger als 125000, 1860 stieg die Zahl auf 200000, 1871 erreichte sie 271000, 1876 sogar 323000 und in diesem Jahre dürfte die 400000 voll sein. Da nun europäische Bevölkerung auch europäische Cultur bedeutet, so ist schon mit den angegebenen Zahlen auch der ausserordentliche Fortschritt der letzteren bewiesen.

Dieses verhältnissmässig rasche Anwachsen des europäischen Elements verdankt man übrigens nicht blos dem Zuzug von aussen her, sondern auch der raschen Vermehrung im Lande selbst.

V. Die Bevölkerung Algeriens.

Während es nämlich noch während der ersten zwanzig Jahre nach der Besitzergreifung seitens Frankreichs als ausgemacht galt, dass europäische Kinder im Lande nicht gross werden könnten, hat sich später gar bald herausgestellt, dass die Ehen in Algerien fruchtbarer sind, als im französischen Mutterlande, indem dort 3,67, hier dagegen nur 3,07 Kinder auf jede Ehe entfallen. Bis jetzt sind schon 64 512 Franzosen im Lande geboren.

Auch die Sterblichkeitsverhältnisse sind in Algerien höchst günstig. Es waren nämlich im Jahre 1878 unter der europäischen Bevölkerung des Landes 11 883 Geburten und nur 9 798 Todesfälle zu verzeichnen, so dass sich ein Ueberschuss der Geborenen über die Gestorbenen von 2085 ergab. Es kamen also auf 100 Geborene nur 82,45 Gestorbene.

Auch die Eheschliessungen unter Europäern in Algerien haben stetig zugenommen. Dieselben betrugen im genannten Jahre 2708, das ist 241 mehr als im Vorjahre.

Diese Vermehrung hat sich dabei auf alle Theile erstreckt, aus denen das europäische Element besteht, wie folgende Tabelle zeigen mag:

Es betrugen im gesammten Gebiete von Algerien:				Es ergiebt sich also für sie eine Vermehrung von
die Franzosen	1872 = 129 601.	1876 =	155 727.	26 126.
„ Spanier	„ = 71 366.	„ =	92 510.	21 144.
„ Italiener	„ = 18 351.	„ =	25 759.	7 408.
„ Malteser	„ = 11 511.	„ =	14 220.	2 708.
„ Deutschen	„ = 4 933.	„ =	5 722.	798.
Andere Nationen	„ = 9 354.	„ =	17 524.	8 170.

Zu beachten ist ausserdem, dass unter französischer Regierung selbst das eingeborene Element und zwar in einem ganz bedeutenden Procentsatz sich vermehrt hat.

Es betrugen nämlich: die Muhamedaner 1872 = 2 125 052, 1876 = 2 462 936. Es ergiebt sich also ein Zuwachs von nicht weniger als 337 884 Köpfen in nur 4 Jahren.

Eine Abnahme erlitten allein die naturalisirten Israeliten, welche 1872 = 34 574, 1876 aber nur noch 33 287 zählten, mithin eine Abnahme von 1287 zu verzeichnen hatten.

Im Ganzen erfuhr Algerien im gedachten vierjährigen Zeitraum eine totale Vermehrung seiner Bevölkerung um 404 229 Köpfe, von denen 66 345 Europäer (rund 15%) und 337 884 Muselmanen (85%) waren.

Auch der Zudrang zur Erlangung des französischen Bürgerrechts war nicht unbedeutend. Es erhielten das letztere vom 14. Juli 1865 bis zum 31. December 1878 nicht weniger als 4029 Leute, nämlich 1068 Italiener, 838 Deutsche (!), 642 Spanier, 428 eingeborene Muhamedaner, 237 Marokkaner, 200 Juden (vor der allgemeinen Naturalisation derselben), 152 Tunisier, 144 Belgier, 124 Schweizer, 82 Malteser, 37 Russen und Polen, 21 Oestreicher und Ungarn, 11 Luxemburger, 10 Holländer, 10 Aegypter, 7 Türken, 5 Griechen, 4 Schweden, 3 Syrier, 2 Nordamerikaner, 2 Mexikaner und 2 Tripolitanier.

Man sieht schon aus diesen Zahlen, dass sich bereits nahezu alle Nationen Europas, wenn auch theilweise nur sehr schwach, an dem Culturwerk in Algerien betheiligen.

Die Vertheilung der verschiedenen europäischen Nationen auf die Gesammtheit des europäischen Elements in Algerien nach dem Präsenzbestand zeigt überhaupt folgende Verhältnisse:

Franzosen (und naturalisirte Israeliten) . . . 57%
Spanier 25%
Italiener 6%
Anglo-Maltesen 4%
Deutsche, Schweizer, Portugiesen, Belgier etc. 8%

Der Gesammtbestand an ausserfranzösischem europäischen Element erreicht also immer fast die französische Zahl. Ja wenn wir die naturalisirten Juden abrechnen, so überragen die Ausländer die Franzosen. Bei der letzten Volkszählung (1876) waren nämlich von Ersteren im Ganzen 157072, von Letzteren dagegen nur 156365 zu verzeichnen.

Was die Vertheilung der beiden Elemente auf die einzelnen Provinzen anlangt, so ergaben sich folgende interessante Data: In der Provinz Oran lebten die meisten Ausländer (71341, vorzugsweise, wie Dies durch die Nähe ihrer Heimath und die geschichtliche Tradition bedingt ist, Spanier), dagegen am Wenigsten von allen 3 Provinzen Franzosen (45320). In der Provinz Constantine dagegen war das Verhältniss umgekehrt (46204 Franzosen, aber nur 35798 Ausländer). Im Departement Algier endlich lebten — hier finden sie ja verhältnissmässig die treueste Copie des geliebten Mutterlandes — die grösste Zahl Franzosen (64841) und nur 47933 Ausländer.

Die Eingeborenen vertheilen sich ebenfalls gerade umgekehrt, wie die Ausländer. Es kommen von ihnen nämlich am Wenigsten auf Oran (nur 456687), mehr schon auf Algier (923689), am Meisten aber auf das bergige, weidereiche, unzugänglichere und noch am Unzulänglichsten cultivirte Constantine (1092560).

Wir haben damit schon das Bevölkerungsverhältniss der 3 Provinzen überhaupt gewonnen.

Die menschenreichste ist Constantine mit 1123462 Einwohnern,
dann folgt Algier mit . . . . . . 1048463 „
und endlich Oran mit . . . . . . 635760 „

Nach dem Flächeninhalt dagegen steht Oran in erster, Algier aber in letzter Linie. Die geringe Bevölkerung Orans erklärt sich leicht aus Dem, was wir früher über die Natur des Bodens dort angegeben haben.

Die Gesammtbevölkerung des Landes belief sich demnach 1876

(unter Ausschluss von 51 051 Mann Militär, dagegen mit eingerechnet 8890 Köpfe, die sich auf allerhand Institute, Lyceen, Hospize, Schulen, Seminare, Gefängnisse u. s. w. vertheilten), auf 2 816 575, von denen 353 639 Europäer (rund 14 %) und 2 462 936 Eingeborene (86 %) waren.

All' die bisher angeführten Zahlen sind aber ebenso wie günstige auch wiederum ungünstige Zeugnisse für die Entwickelung des Landes unter französischem Regime. Wir wollen dabei noch gar nicht an die Eingebornen denken, deren angeführte bedeutende Zunahme von allem Anderen, als davon redet, wovon bereits so manche eifrige Freunde der Colonie träumten, nämlich dass die wilden Elemente, die den Franzosen so viele Noth gemacht haben, im Aussterben begriffen seien.

Denn die angegebene Vermehrung ist in Wirklichkeit doch nur eine scheinbare, wenigstens eine solche, die mit der der Europäer nicht Schritt hält. Sie zeigt einen ungefähren Procentsatz von 7, die letztere aber von 20. Da nun die immer völliger werdende Pacification des Landes und das damit wachsende Vertrauen in den nächsten Jahrzehnten noch ungleich mehr Leute aus dem Abendlande hierher locken dürften, als bisher kamen, so ist auch das numerische Uebergewicht der Europäer über das eingeborene Element nur noch eine Frage der Zeit. Uebrigens wird auch die Vermehrung des letzteren, zumal weil, wie wir sehen werden, ein bedeutender Bruchtheil davon culturfähig ist, gern hinzunehmen sein, da einmal manche Landestheile, wie vor Allem die Wüste, kaum von Europäern wird ausgebeutet werden können und da sodann arbeitende Hände in Algerien auf alle Fälle ein Gewinn sind. Denn der Menschenmangel steht unter den zahlreichen Uebelständen im Lande obenan.

Und Das ist es, wovon die angegebenen Zahlen am Lautesten reden. Denn was wollen die drei Millionen Einwohner, an denen übrigens zur Zeit noch 1—200 000 fehlen, besagen in einem Lande, das über 12 000 ☐Meilen zählt! Hat doch das preussische Reich auf einem nur halb so grossen Gebiete gegen 26 000 000 Menschen, obwohl es hinsichtlich beträchtlicher Strecken verhältnissmässig nur schwach bevölkert ist.

Wenn nun allerdings auch der grössere Theil des algerischen Gebiets (vielleicht 8000 ☐M., Plateau und Wüste) für alle Zeiten relativ unbewohnbar genannt werden muss, so bleibt doch mindestens $^1/_3$ des ganzen Terrains (4—5000 ☐M.), das voll bewohnbar ist und bequem zehnmal so viel Menschen ertrüge, als gegenwärtig das ganze Territorium aufweist. Beispielsweise hat Italien (mit Ausschluss der Inseln) etwa so viel Areal, als das beregte Drittel des algerischen Gebiets und darauf (obwohl es ebenfalls im Allgemeinen nur mittelmässig dicht bevölkert ist) eine Menschenmasse von über 25 000 000.

Wie erbärmlich steht das Anwachsen der abendländischen Bevölkerung in Algerien dem gleichen Entwicklungsprozess in den Vereinigten Staaten von Nordamerika gegenüber! Dort stieg die Zahl der europäischen Einwohner in 100 Jahren (von 1780—1880) bis auf 45 Millionen, hier erreicht sie nach 50 Jahren noch nicht eine halbe Million, und doch lag das Land so unendlich bequemer für eine Auswanderung und bot kaum weniger günstige Chancen als jenes.

Auf alle Fälle aber sagen uns die angegebenen Zahlen, dass, mag man auch Umständen, die ausserhalb der Berechnung lagen, wie klimatischen Fiebern, den steten Empörungen der Eingeborenen und dergl., noch so sehr Rechnung tragen, Frankreich doch an der so auffällig ungünstigen Entwicklung nicht ganz ohne Schuld sein kann.

Dies bestätigt auch die angeführte Zahl der Franzosen im Lande, die nach 50 Jahren kaum 150000, mithin noch nicht halb so viel erreicht hat, wie die Einwohnerzahl Marseille's, der erst drittgrössten Stadt Frankreichs, beträgt, während doch das nur durch ein schmales, leicht befahrbares Meer getrennte Mutterland circa 35 Millionen Köpfe zählt, und obwohl die Auswanderer namentlich aus dem Süden des Stammlandes im Allgemeinen in Algerien die Verhältnisse der Heimath wiederfanden.

Mag man da auch noch sehr auf die Liebe zum Vaterland im französischen Wesen oder auf die demselben gleichfalls angeborene Reise- und Auswanderungsunlust oder aber auf die lange Zeit hindurch so misslichen Verhältnisse in der Provinz hinweisen, immer wird sich die Thatsache nicht hinwegleugnen lassen, die auch sonst vielfach zu constatiren ist, dass die Franzosen bisher kein rechtes Herz, keine rechte Begeisterung für die afrikanische Provinz gehabt haben.

Endlich werden wir durch die angegebenen Zahlen auch auf das auffallend geringe Vertretensein des deutschen Elements in Algerien (noch nicht 6000) aufmerksam gemacht, das um so unerklärlicher erscheinen muss, als sonst doch Deutsche überall sich zahlreich eingefunden haben, wo ein Terrain mit lohnender Arbeit erschlossen wurde.

Man mag nun zwar sagen, dass nachweisslich das germanische Element bei der Auswanderung vorzugsweise Länder mit einem dem kühlen Heimathlande ähnlichen Klima und einer bereits germanischen Stammbevölkerung bevorzugt. Allein es finden sich doch immerhin allenthalben im Oriente (in Klein-Asien, Aegypten, Constantinopel etc.) Deutsche in solcher Masse, dass die kleine Zahl, Derer, welche den Weg nach Algerien fanden, anders zu erklären sein wird, nämlich aus den vielfachen Vexationen, denen die Deutschen auch vor 1870 schon seitens der Franzosen im Allgemeinen stets ausgesetzt wären. (Vgl. auch, was wir im 3. Kapitel über die deutschen Colonien bei Oran berichtet haben.) Dass verhältnissmässig so viele Deutsche sich haben naturalisiren lassen, ändert an unserm Urtheile Nichts, sondern bestätigt dasselbe eher, da Jene den betreffenden Schritt jedenfalls nur gethan haben, um den endlosen Insulten enthoben zu werden.

Ueberhaupt muss man die dem Franzmann eigene Geringschätzung anderer Nationen als einen Hauptgrund dafür ansehen, dass sich im Allgemeinen so wenig Ausländer zu dem Weg nach Algier entschlossen haben.

Doch werfen wir nun nach dem todten Zahlenwerk, das wir über die Nationen in Algerien beibrachten, einen eingehenderen Blick auf diese selbst.

Die Bevölkerung der Provinz besteht, wie Dies die Invasion mit sich brachte, aus dem eingebrochenen Element, den Europäern, und dem bereits vorher vorhandenen, eingeborenen Material. Dass diese beiden geschichtlich gegebenen Theile aber noch immer nach einem halben Jahrhundert eine Verschmelzung nicht zeigen, daran ist theils die Uncultur und noch mehr der durch die starre Religion des Islam bedingte Fanatismus der Eingeborenen, theils aber auch die falsche Behandlung der Letzteren seitens der Eingewanderten schuld, wie wir weiter unten sehen werden.

Vorläufig sei nur constatirt, dass Uebertritte zum Christenthum, Verheirathungen mit Europäerinnen (beziehentlich. Europäern), Aufgeben der Muttersprache und Annehmen der Zunge des Eroberers, Adoptiren europäischer Kleidung und Sitte, soweit nicht das Gesetz dazu zwingt, unter den Eingeborenen zu den grössten Seltenheiten gehören. Und doch ist eine völlige Pacification und umfassend gedeihliche Entwicklung des Landes ohne Dies nicht möglich.

Was nun zunächst das europäische Element betrifft, so brauchen wir über dasselbe nicht viel zu sagen, da es ja eben „Fleisch von unserem Fleisch und Bein von unserem Bein" ist. Nur Das sei betont, dass an dem Aufschwung der Provinz die Elsass-Lothringer, die nach 1870 in grossen Mengen dahin gelockt wurden, ein nicht geringes Verdienst haben, welches indess doch auf die allgemein germanische Nationalität, die für eine Verpflanzung entschieden geeignetste, so zu sagen accomodationsfähigste und kosmopolitischste, zurückfällt.

Einen numerisch zwar geringen aber ebenfalls in seiner Bedeutung nicht zu unterschätzenden Bruchtheil der algerischen Bevölkerung bilden die Malteser, die intelligent, nüchtern und fleissig sind. Sie schämen sich keiner Arbeit und dienen als Packträger, Fischer, Botsleute, Caf́etiers und vor Allem als Fleischer und Viehhändler, wobei ihnen die arabische Sprache, die sie leicht erlernen, falls sie nicht die Kenntniss derselben — was das Gewöhnlichste ist — schon von ihrer Afrika so nahe gelegenen Insel mitbringen, grosse Dienste leistet.

Sie behalten übrigens, obwohl sie je nach Bedürfniss öfters das französische Bürgerrecht erwerben, doch ihre Tracht bei, die in einer braunwollenen Mütze, unter welchen die schraubenförmigen Locken bis auf die Wangen herunterwallen, und weiten Beinkleidern besteht, die um die Hüften herum zusammengeschnürt sind.

Auch die Spanier, die zumeist von den Balearen oder aus Andalusien kommen und die, wie wir sahen, auch numerisch ins Gewicht fallen, sind lobend zu nennen. Sie sind es, die namentlich den Gemüsebau und die Gärtnerei betreiben, während die Weiber als Dienstboten oder Ammen fungiren. Auch sie haben noch ihre heimathliche Tracht, nämlich, was die Männer angeht, Hanfsandalen, weite Beinkleider mit breitem, in die Augen fallenden Gürtel, ein Kopftuch (oder einen Hut), eine mit blanken Metallknöpfen besetzte Jacke und vor Allem die in der bekannten malerischen Art um die Schultern geschlungene Decke. Die Weiber dagegen sind namentlich an dem zierlich um das Haupt gewundenen Kopftuch kenntlich und zeichnen sich, besonders was die Balearinnen anlangt, häufig durch grosse Schönheit aus.

Ungleich mehr Interesse erregen natürlich die Eingeborenen. Auch sie bilden ebensowenig wie die Gesammtbevölkerung ein einziges Ganze. Sie bestehen vielmehr ebenfalls aus einem eingewanderten und einem einheimischen Theil, den Arabern und den Berbern. Indess sind diese beiden Elemente längst nahezu in Eins verschmolzen, wenngleich ein geübtes Auge sie noch beide leicht zu unterscheiden vermag.

Was zunächst die Araber betrifft, so ist über Dieselben nicht viel zu sagen, da sie hier im Grunde die Nämlichen geblieben sind, die sie in der Heimath waren. Sie sind ja die Eroberer, das stärkere Element, sie haben den Berbern ihre Religion, ihre Sprache und theilweise selbst ihre Sitten zu octroyiren verstanden, nicht umgekehrt.

Im Grunde ist Alles, was man über die Araber vorbringen kann, mit einem Worte zusammengefasst. Sie sind durch und durch Nomaden. Darin liegt ihre Stärke, aber auch ihre Schwäche. Die Beweglichkeit, mit der sie sich in wenig Jahrhunderten, ja oft nur Jahrzehnten über immense Ländermassen ergossen haben, sie erklärt sich aus ihrer heimathlichen Gewohnheit, ohne feste Wohnsitze weit umherzuschweifen. Daher kommt ferner aber auch ihre Abhärtung, ihre Bedürfnisslosigkeit, ihr Schachersinn und merkantile Gewandtheit, ihre geographischen Fähigkeiten, die Leichtigkeit im Verkehr mit Fremden, aber ebenso auch ihr unstetes Wesen, die Unlust, an einem Punkte festen Fuss zu fassen, ihre Abneigung gegen das Gebirge und ihre Vorliebe für die Ebene, ihre Trägheit, ihre Verachtung dem Handwerk und Ackerbau gegenüber, ja ihre Unfähigkeit für die Cultur überhaupt. Das ihnen zur andern Natur gewordene Nomadenwesen wird ihnen, wie es ehedem der Grundstein zu ihrer transitorischen Grösse war, dereinstens auch das Grab graben.

Ihr Gang über die halbe Welt war ein nomadischer Streifzug, der wohl gegenüber halbleeren Ländern und uncultivirten Völkern Erfolg haben, aber selbstverständlich an den Grenzen der Cultur stehen bleiben, ja, je weiter diese letztere vorrückt, zum immer rapideren Rückgang werden musste. Nomadenleben und Culturleben sind Widersprüche.

Die penible Ausmessung, Vertheilung und Ausbeutung jedes Quadratfusses von Land, die festen Wohnsitze, abgegrenzten Felder und Wälder und bestimmten Verkehrsbahnen, der klare Ueberblick über das Ganze, das Registriren, Controliren, Besteuern und event. Bestrafen jedes Einzelnen, die Handhabung der obersten Staatsgewalt, die ganze Centralisation unseres Staatswesens, mit der doch wieder die freieste Entfaltung des Individuums einhergeht, kurz, die gesammte moderne Lebensordnung, ja eine Ordnung überhaupt sind unverträglich mit dem vagen Hirtenthum, das für wenig Menschen ausserordentlichen Platz beansprucht, das Alles von der Natur erwartet, aber selber Nichts baut und pflanzt, vielmehr durch das Umherziehen noch mehr vergeudet als es braucht, Feld- oder Waldcultur hasst und unmöglich macht, und heute da und morgen da ist, niemals fassbar und haltbar.

Daher hat es denn auch das Araberthum von der ältesten Zeit bis heute zu keinem eigentlichen Staatswesen zu bringen vermocht. Nicht ein politischer, sondern ein religiöser Gedanke allein, der Islam, vermochte aus ihnen eine in gewissem Sinne compacte Masse zu machen.

Abgesehen von diesem Factor, herrschte unter ihnen nur der Familienbegriff. Vater, Mutter und Kinder, das waren für sie die unentbehrlichen, aber auch genügenden Bedingungen des Gemeinwesens. Und dieses von der Natur geordnete Zusammenleben musste durch das Nomadenthum noch eine besondere Verkittung und Ausprägung erfahren. Das Reisen bringt ja auch sonst die Menschen einander näher. Die Weltverlassenheit auf den endlosen Steppenweiden, die mancherlei Gefahren, das waren Dinge, die das einfache väterliche Zelt als trautes Heim erscheinen liessen und das Band, das die Natur geschlungen, noch verstärkten.

Ganz besonders aber wurde die Stellung des Vaters durch das Nomadenleben gehoben. Doppelt nothwendig musste ja in einem so unstäten Dasein eine feste, leitende Hand, eine einheitliche Führung erscheinen. So wurde der Hausvater zum Hausherrn, zum unumschränkten Herrscher, dem gegenüber alle Familienglieder nur Unterthanen, Diener, willenlose Individuen waren.

Wenn man nun auch dieses Unterwürfigkeits-Verhältniss den Söhnen im unwillkürlichen Vorgefühl davon, dass sie ja auch einst zu ähnlicher Machtstellung berufen sein würden, weniger fühlen liess, wenn diese gewissermassen als Erbprinzen vom Vater gehätschelt wurden, so mussten es dafür um so mehr die weiblichen Familienglieder empfinden, die ja niemals eine andere Geltung als die absolut Untergebener erlangen konnten.

Daher die charakteristische Stellung der arabischen Frau, und zwar der Mutter wie der Töchter. Daher die Freiheit des Familienoberhauptes, der Ersteren beliebige Nebenbuhlerinnen zur Seite zu stellen und die Letzteren an beliebige Männer zu verkaufen. Die naturgegebene Gleichheit der Geschlechter war völlig verschoben, der Mann zum Halbgott, die Frau zur Sache geworden.

Indess bedingte gerade diese exceptionelle Stellung des Familienoberhauptes gar bald auch eine Erweiterung des kleinen Familienkreises. Die Autokratie des Vaters dehnte sich unwillkürlich auch über andere als die nächsten Familienglieder, über Schwiegersöhne, Enkel, Schwäger aus. Sein Zelt wurde der Mittelpunkt eines ganzen Kreises von Zelten, der den Namen Duar erhielt. Es bildete sich die Sippe; das Familienoberhaupt wurde so zu sagen Geschlechts-Senior, „Scheikh".

Von der Sippe aber war nur ein Schritt bis zum Stamme (ursprünglich „Ul", später mit der Präposition „ad" oder „ed", die nothwendig ist, wenn der Name des Stammes beigefügt werden soll, z. B. Ul ad Nail, in ein Wort verschmolzen, Ulad). Denn wenn auch das vagirende Weiden der Herden ein Zusammenleben grösserer Menschenmassen verbot (vgl. 1. Mos. 13, 6), so musste doch auch wieder eine erfolgreiche Abwehr von Feinden und Gefahren eine gewisse grössere Vereinigung wünschenswerth erscheinen lassen.

Solche Stämme zählten oft nur 5—600 Köpfe, wuchsen aber in einzelnen Fällen selbst bis auf 40 000 an. Immer aber blieb der patriarchalische Charakter dem Ganzen gewahrt. Der Stamm war im Grunde eben nur eine erweiterte Familie, der Häuptling („Kaïd") nur ein einflussreicherer Vater. Ja so wenig war auch jetzt noch das Volksbewusstsein ausgeprägt, dass die zahlreichen Kriege eines Stammes gegen einen anderen nicht als Bürgerkriege betrachtet und dementsprechend beklagt, sondern wie Feldzüge gegen Fremde angesehen, resp. in Liedern gefeiert wurden.

Mit dem patriarchalischen Charakter war, wie leicht ersichtlich, dem Araberthum auch ein gewisser aristokratischer Zug aufgeprägt. Sein Grundtypus, die Familie mit der hausherrlichen Despotie, eine absolute Monarchie von reinstem Wasser, war ja doch auch das vollkommenste Gegentheil einer Republik, die naturgegebene Stellung des Hausvaters, der gegenüber es keine Gleichberechtigung, kein Parvenüthum, keine erworbenen Rechte gab, ein rechter Geburts- und Erbadel.

Kein Wunder, dass auf einem so vorbereiteten Boden die Adelsidee besonders gedieh. In der That, kaum ein anderes Volk kann sich eines solchen Adelscultus' rühmen, als das arabische. Charakteristisch genug erbt in seinen Augen selbst die Autorität auf einem Gebiete fort, auf welchem sie sonst in der ganzen Welt wohl nur erworben werden kann, auf dem religiösen. Die Nachkommen eines „Heiligen" (Marabut) behalten bis in die spätesten Geschlechter hinein das höchste Ansehen, auch wenn sie selbst alles Heilige längst verloren hätten. Daneben existirt noch ein militärischer Adel („Dschaud", zweisilbig zu sprechen), die Abkömmlinge alter, durch Waffenthaten berühmt gewordener Geschlechter, namentlich der

„Mehhal", der Kampfgenossen Muhammeds, umfassend, denen noch heute die Anführung in Kriegsfällen zufällt; — und endlich der eigentliche Geschlechtsadel, der allein denjenigen, „Scheriff" genannten, Volksgenossen eignet, welche von Fatma Zohra, der Tochter des Propheten, und von Sidi Ali Abi Taleb, seinem Oheim, abstammen.

Ausserdem giebt es bekanntlich unter den Arabern selbst einen Pferde- und Hundeadel, indem auch hier die Stammbäume verfolgt und unter Umständen bis auf die Pferde und Hunde des Propheten zurückgeführt werden.

Wir haben diese arabische Verfassung, wenn man diesen legislativen Ausdruck brauchen darf für ein Institut, das nur traditionellen Charakter hat, ausführlicher behandelt, weil sich daraus so Manches ergiebt, was für Algerien wichtig ist. Namentlich muss von da aus die napoleonische Idee von einem freien arabischen Königreiche höchst komisch erscheinen. Auch erhellt daraus, wie wenig übereilte liberale Massregeln bei den Arabern verfangen müssen. Endlich aber — und das ist das Wichtigste, vielleicht der bedeutsamste Fingerzeig, den man Frankreich geben kann — wird daraus klar, dass das Araberthum so, wie es ist, nicht in den Rahmen der französischen Colonie hineinpasst. Die patriarchalische Autokratie des Familien- bezieh. Stammeshauptes verträgt sich nicht mit der modernen Suprematie des Gesetzes und dem modernen Staatsbegriff.

Dieser allgemeinen Charakteristik seien nun noch die Namen der hervorragendsten arabischen Stämme in Algerien beigefügt. Es sind dies in der Provinz Algier und zwar im Tell: die Attafs, die Kseïr, die Khruïden, die Sbeah, die Arib, die Beni Dschaad, die Beni Sliman, die Beni Khrelifa, die Khraschna, die Beni Mussa, die Beni Hassen, die Moktar und die Stämme der Titri; in der Sahara: die Zenakra, die Schaïb, die Rahman, die Naïl-Rraraba, die Larba und die Arazlia.

In der Provinz Constantine, im Tell: die Hanenscha, die Nememscha, die Haracta, die Si Jahaïa ben Taleb, die Sellaua, die Senja, die Telarrma, die Ulad abd el Nur, die Elma, die Amer Rraraba, die Selem, die Sultan und die Ulad abi ben Sabor; in der Sahara: die Naïl Scheraga, die Rahman, die Zekri, die Mulat und die Saïah.

In der Provinz Oran, im Tell: die Flita, die Haschem, die Sdama, die Stämme der Jacubïa, die Dschafra, die Beni Amer und die Rrossel; in der Sahara: die Stämme des Dschebel Amur, die Harar, die Hamian und die Sidi Scheikh.

Was endlich das Aeussere des Arabers betrifft, so hat er helle Haut, schwarze Haupt- und Barthaare, dünne Lippen, gebogene Nase, schwarze, lebhafte Augen, eine zurücktretende Stirn, ovales Gesicht und hohe, schlanke aber kräftige Gestalt. Die Weiber sind in Folge des Haremslebens und ihrer elenden Lage körperlich zurückgeblieben.

Die Tracht des Mannes ist der weite, wollene, meist weisse, ärmellose Mantel, der „Burnus" und der „Haïk" (letzterer von geringerer Qualität). Ueber den glattrasirten Kopf, der stets bedeckt ist, wird häufig zuerst ein kleines, gestricktes Mützchen, das etwa einem Kinderhäubchen ähnelt, gezogen und darüber dann der Turban gelegt.

Was die Frauen anlangt, so ist die bekannte Verhüllung derselben nicht überall durchgeführt. Dieselbe wird vielmehr bei den Mauren oder da gefunden, wo eine häufige Berührung mit Europäern stattfindet, und scheint, obwohl ursprünglich jedenfalls aus Rücksicht auf die sengende Sonnenhitze hervorgegangen (bei den Tuareggs verhüllen sich bekanntlich selbst die Männer), doch jetzt zumeist nur von der Eifersucht dictirt zu werden.

Schliesslich sei nur noch auf die grosse Aehnlichkeit des Charakters zwischen Araber und Israeliten hingewiesen, welche das beste Zeugniss des gemeinsamen semitischen Ursprungs ist. Zwar ist das jüdische Element im Allgemeinen etwas weicher, schmieg- und biegsamer, muthloser und scheuer als das arabische — ein Unterschied, wie er ja auch unter leiblichen Brüdern nicht selten ist — sonst aber theilen sie fast alle Vorzüge und Mängel. Beide kennzeichnet zäheste Energie, ausserordentliche Opferfähigkeit beim Streben nach einem Ziele, Nüchternheit, Enthaltsamkeit, glühende Fantasie, schwärmerischer Hang mit Neigung zu Fanatismus und Intoleranz, hochpoetische Anlage neben der Fähigkeit, die lebhafteste Empfindung hinter der Maske der Gleichgiltigkeit zu verbergen, Abneigung vor den Geschäften der Industrie (die algerischen Araber verfertigen höchstens Sättel, Geschirre und Zaumzeug oder — was die Weiber betrifft — Gewebe) und des Ackerbaues, und dagegen Neigung und grösste Befähigung zum Handel sowie zu den Naturwissenschaften, Eitelkeit, Hochmuth, eine gewisse Grausamkeit und Härte, höchste Sinnlichkeit und nicht am Wenigsten Geiz. Die Araber in Algerien vergraben beispielsweise nicht selten ihr Geld und man hat behauptet, dass auf diese Weise mindestens 300 Mill. Frcs. dem Verkehr entzogen würden. —

In jeder Beziehung vom Araber verschieden ist der Berber, der den andern Theil des einheimischen Elements bildet. Er ist es zuerst schon nach seinem Ursprung und seiner Geschichte. Denn während der Araber ein Immigrirter ist, ist der Berber, wenigstens scheinbar, Autochthone. Wir haben darüber schon im 5. Kapitel gehandelt, wollen aber hier — ohne das dort Gesagte zu wiederholen — die wichtige Frage nur noch etwas wissenschaftlicher beleuchten. Dazu bedarf es eines kurzen Blickes auf die ethnologischen Verhältnisse Afrikas überhaupt.

Dieselben erschienen in alter Zeit als sehr einfache. Man dachte sich den ganzen Erdtheil mit Ausnahme des allein gekannten Aegyptens, bezieh. des Nordrandes überhaupt, von „Schwarzen" bewohnt. Noch bei Cuvier finden wir den alten Collectivnamen der „Aethiopier" und zwar zur Bezeichnung der gesammten Bewohnerschaft Mittel- und Südafrikas.

In dem Masse aber, als man tiefer und nachhaltiger in den verschlossenen Continent eindrang, wandelte sich auch die Anschauung. Man fand vielfache Nüancen in Hautfarbe und Körperbau und entdeckte Sprachen, die mit den Idiomen der Nachbarn keinerlei Zusammenhang hatten.

Die ursprünglich für so einfach gehaltene Ethnologie Afrikas gestaltete sich nun vor den Augen der Gelehrten zu einem verworrenen Chaos, zu einem Problem, dessen Lösung nahezu unmöglich schien. Indess ist doch neuerdings, obwohl noch viele Räthsel bleiben oder kühne Hypothesen die Stelle von sicheren Beweisführungen vertreten müssen, eine gewisse klare Sichtung des Ganzen erreicht worden.

Namentlich wurde dabei auch das bisher über den Berbervölkern schwebende Dunkel in einer Weise gelichtet, die als eine für alle Zeiten endgiltige anzusehen ist.

Die Resultate dieses grossen wissenschaftlichen Klärungsprozesses sind nun kurz folgende:

Abgesehen von den nicht vor dem Mittelalter eingewanderten Arabern und den Semiten Abessiniens, die ebenfalls erst in verhältnissmässig junger Zeit eindrangen, bleiben etwa noch fünf anscheinend mit einander gar nicht verwandte Stämme, in die sich die Gesammtbewohnerschaft Afrikas zerlegen lässt. Im Norden beginnend, finden wir zuerst eine Anzahl gleichzeitig auch noch über östliche Theile des Continents ausgedehnte Völkerschaften, die einmal durch Farbe, Körperbau und Sprache sich von den übrigen Bewohnern Afrikas unterscheiden, sodann aber auch durch diese und noch andere Merkmale unter sich als zu einer Race gehörig gekennzeichnet werden. Sie wohnen vom Mittelmeer theilweise bis zum Aequator und besitzen namentlich die grossen Wüsten des nördlichen Afrika.

Südlich von ihnen erscheinen dann vereinzelte Völker, deren Typus mit den Vorgenannten mehr oder weniger übereinstimmt, deren Sprachen jedoch eigenartig sind. Hierher gehören die Fellata (Pul) im Westen, die Nube im Osten u. a.

Nach diesen Stämmen, theilweise schon mitten unter ihnen, macht sich ein Gemisch von Völkern geltend, deren Sprachen zwar nur in seltenen Fällen Verwandtschaft zeigen, die aber in Körperbau und Farbe insgesammt den ausgeprägtesten Negertypus erkennen lassen.

Hierauf folgen dann vom Herzen des Erdtheils bis nahe an seine Südspitze Stämme, die nicht nur durch eine negerhafte Erscheinung, sondern auch durch die Verwandtschaft ihrer Sprachen, die man Bantusprachen nennt, als zusammengehörig sich documentiren, die einzig grössere verhältnissmässig einheitliche Bevölkerungsmasse Afrikas.

Die Südspitze endlich nehmen Hottentotten und Buschmänner ein, die in ihrer Erscheinung manche Anklänge an die Negerrace zeigen, aber völlig verschiedene Sprachen reden.

Diese 5 Gruppen belegt man mit folgenden Collectivnamen:
1) Die mittelländische Race.
2) Die Fulahrace.
3) Die Negerrace.
4) Die Bantuvölker (oder Kaffern).
5) Die hottentottische Race.

Indess selbst wenn man diese Fünftheilung nicht gelten lassen, sondern mehr oder weniger Gruppen machen will (Peschel nimmt nur drei Racen an: Mittelländer, Neger, Hottentotten und Buschmänner, er kehrt also in gewissem Sinne zur älteren Gliederung: Nord-, Mittel- und Südafrika zurück; Robert Hartmann [die Völker Afrika's 1879] hat ebenfalls die Dreitheilung acceptirt, aber von seinem eigenthümlichen, unificirenden Standpunkte aus; er nimmt an: 1) Berber, 2) Bedschah-Völker in Abessinien, 3) Nigritier), immer doch wird die Selbständigkeit der Mittelmeerrace — und das ist ja für unseren Zweck die Hauptsache, nicht bestritten werden können.

Desgleichen geben bereits fast alle Forscher zu, dass diese Race im Gegensatz zu den übrigen Völkern Afrikas nicht autochthon ist auf afrikanischem Boden. Eine Ausnahme macht nur Hartmann, der das Letztere, indess mit wenig Glück, behauptet. Sonst besteht jetzt über den asiatischen Ursprung dieses Stammes kein Zweifel mehr. Vielmehr bezeichnet man die Nordostafrikaner allgemein als Hamiten, das heisst als nahe Verwandte des semitischen Stammes, die ursprünglich in den Euphrat-Tigrisländern zu Hause waren, dann nach dem Nilthal übergingen und von da sowohl die südlich gelegenen Küstenstriche als auch die nordwestlichen Gestade sammt den kanarischen Inseln occupirten.

Durch diese Annahme erklärt sich dann auch das ganze Gewirr der afrikanischen Völker, das allerdings, wie Hartmann richtig bemerkt, zu dem sonst hinsichtlich der Bodengestaltung und seiner über ungeheure Gebiete gleichmässig sich erstreckenden Pflanzen- und Thierformen so monotonen Afrika in grellstem Gegensatze steht.

Man muss sich nämlich mit Richard Lepsius („nubische Grammatik") allerdings die Bevölkerung Afrikas ursprünglich als eine einheitliche, in Körperbau und Sprache etwa der einzigen, noch jetzt vorhandenen, grösseren compacten Masse, den Bantuvölkern, ähnliche denken. In der Folgezeit aber brachen die asiatischen Hamiten, und zwar der ägyptisch-libysche Zweig über die Landenge von Suez, der kuschitische über die Meerenge von Bab el Mandeb, in das Land ein und nahmen die Ostküste und das Nilthal einerseits wie den Norden bis zum Niger und atlantischen Ocean andrerseits in Beschlag.

Die vertriebenen, südwärts zurückprallenden Völker verdrängten wieder andere, und so entstand, ähnlich unserer Völkerwanderung, eine durchgreifende Verschiebung aller ursprünglichen ethnologischen Verhältnisse, wodurch gar bald auch die Sprache eine Veränderung in der Weise erfuhr, dass die bis dahin nur leicht differirenden Dialecte mehr und mehr zu selbständigen Idiomen sich umbildeten, die schliesslich Nichts mehr von dem gemeinsamen Urstamm verriethen, aus dem sie erwachsen waren.

Das so entstandene Chaos noch zu vermehren, bildeten sich an den Berührungspunkten von Hamiten und Negern Mischlingsvölker. Nur die tief im Süden wohnenden und darum von der Sturmfluth nicht berührten Stämme bewahrten ihre Einheit. Und dies sind die Bantuvölker.

Die einzige Schwierigkeit, die hierbei noch bleibt, bilden die hottentottischen Völkerschaften des äussersten Südens, die Lepsius indess, auf sprachliche Analogieen gestützt, als von den später wieder vordringenden Bantuvölkern abgeschnittene, vielfach vermischte und auch sonst degenerirte Reste aegypto-semitischen Elements ansieht.

Sonach wäre denn die berberische Race die einflussreichste für die Entwicklung des grossen Erdtheils gewesen, was ihr einen gewissen Nimbus in unseren Augen verleihen muss.

Wie der autochthonische, asiatische Charakter, so steht aber auch die Einheit dieser ost- und nordafrikanischen Bevölkerung fest. Sie ist, von anderen gemeinsamen Merkmalen abgesehen, namentlich linguistisch zu beweisen. Zwar hat der bedeutendste Theil dieser Einwanderer, welchem das herrliche untere Nilthal zufiel und der in diesem gesegneten Landstrich allein von allen übrigen Theilen, die bis heute noch in Uncultur verharren, eine hohe Culturstufe und zwar schon in frühester Zeit erklomm, unter dem Druck geschichtlicher Verhältnisse eine fremde Sprache angenommen, aber ihre Stammesgenossen an der Ostküste und im Nordwesten des Erdtheils haben die gemeinsame heimathliche Zunge treu bewahrt, trotzdem dass sicherlich wenigstens 6000 Jahre seit ihrem Auszug aus Asien verflossen sind. Namentlich die Sprache der Tuareks, die in der Abgeschlossenheit der Wüste verhältnissmässig am Wenigsten der Beeinflussung von aussen und der sonst im Laufe geschichtlicher Entwicklung unwillkürlich sich vollziehenden inneren Umwandlung ausgesetzt waren, zeigt noch einen ganz alterthümlichen Charakter und enthält selbst manche Formen der ägypto-semitischen Ursprache, die das Altägyptische schon im dritten Jahrtausend vor Christo verloren hat.

Diese gemeinsame Ursprache der ost- und nordafrikanischen Bevölkerung zerfällt, soweit als es sich zur Zeit übersehen lässt, in drei Gruppen, nämlich:

1) in das Altaegyptische,
2) in die kuschitischen Sprachen (wie Galla, Somali, Bedscha) und
3) in die lybischen Sprachen (Kabylisch, Tuarek u. s. w.),

Dem entsprechend theilt man nun auch die ganze hamitische Immigrantenmasse in drei grosse Familien, 1) die aegyptische, 2) die aethiopische oder ostafrikanische, und 3) die libysche (berberische). Die erstere umfasst die alten Aegypter und ihre Nachkommen, die Kopten; die zweite die Galla, Somali, Agau, Saso, Bedscha, Bogo, Falascha und andere in Ostafrika; die dritte die heutigen Berber, als da sind die Kabylen, die Tuareks u. s. f.

Mit der libyschen Familie haben wir es nun, nachdem wir ihr so im Allgemeinen ihren Platz unter den Völkern Afrikas, sowie unter den semitischen Stammgenossen angewiesen haben, noch im Besonderen zu thun. Sie hat sich im Allgemeinen von den Grenzen Aegyptens bis zum atlantischen Ocean und den kanarischen Inseln (wenn nicht, wie Fr. v. Löher will, die Guanchen dortselbst, Nachkömmlinge der afrikanischen Vandalen sind) und von der Mittelmeerküste bis zum Niger verbreitet.

Ein verhältnissmässig nur kleiner Theil, wenigstens soweit das reine, unvermischte Blut in Betracht kommt (etwa 100 000), findet sich in Algerien, und zwar, versprengt und zerstreut, nahezu in allen Theilen des Landes. Es erklärt sich diese Diaspora aus der Geschichte der arabischen Invasion. Die Berber waren nämlich anfangs weit entfernt, ohne Weiteres den asiatischen Eindringlingen sich in die Arme zu werfen. Zwar das Christenthum, für das sie sich sehr bald hatten gewinnen lassen, war ihnen durch die vielen Streitigkeiten und Spaltungen, die gerade in der afrikanischen Kirche an der Tagesordnung waren, äusserst verleidet worden. War doch kaum ein Marktflecken so klein, dass er nicht mehrere Bischöfe hatte, die sich gegenseitig excommunicirten. Diese Zwistigkeiten erstreckten sich aber selbsverständlich auch bis in die Familien. Nicht selten gehörte der eine Bruder dieser, der andre jener Secte an. Daher musste den Berbern die neue Religion, die die Araber brachten und deren in die augenfallendsten Vorzüge gerade die Einheit und Einigkeit waren, sehr zusagen. Trotzdem liess sie der ihnen angeborene Freiheitssinn, namentlich unter der streitbaren Damia la Kahena („die Zauberin"), sich lange wehren, ja es gelang ihnen sogar, die Muselmanen für mehrere Jahre bis in das Gebiet von Barka zurückzudrängen. Aber als die muthige Anführerin 698 von dem Emir Hassan ebn Ninan geschlagen worden und gefallen war, nahmen sie sammt den beiden Söhnen der Kahena den Islam endgiltig an. Dennoch suchten sie die Separation von den fremden Eindringlingen aufrecht zu erhalten. Nur ein Theil von ihnen vermischte sich mit jenen, ein anderer aber zog sich in die Berge zurück und bildete die heutigen Kabylen, ein letzter Theil endlich wandte sich südwärts in die Sahara. Dies sind die Sonafa und vor Allem die Beni Mzab (sprich Mĕsab). Da drunten in den Einöden der Wüste, in den inselartig abgeschiedenen Oasen, gelang es ihnen, eine von Rom und Karthago überkommene Cultur und zugleich auch, geradeso wie die Kabylen, ihre alte demokratische Verfassung zu bewahren.

V. Die Bevölkerung Algeriens.

Die hauptsächlichsten Stämme der so noch heute im Lande befindlichen Berber sind:

In der Provinz Algier und zwar im Tell: die Zuaua, die Flissa, die Geschtula, die Nesliua, die Beni Aïdel (in der Gegend von Aumale), die Musaïa und die Sumata (nördlich und südlich von Medea), die Stämme in den Bergen von Scherschel und Tenes, die Stämme des Uaransenis-Gebirges, und vor Allem die Beni Raten, welche die Bergwelt zwischen Ued Isser und Ued Sahel, die sogenannte „grosse Kabylie", bewohnen; in der Sahara: die Uargla, die Tuarek und besonders die Beni Mzab.

In der Provinz Constantine und zwar im Tell (zwischen Sahel und Seybuse, dem Landstrich, der die „kleine Kabylie" heisst): die Beni Mehenna, die Beni Tifut, die Ferdschiua, die Zerdesa, die Zuarra, die Stämme bei Dschidschelli, die Stämme vom Babor und Gergur, die Beni Abbes im Sahel-Thale, die Mzaïa, die Tudscha und die Fenaïa, die Aït Amehr bei Bougie und die Schauia im Auresgebirge; in der Sahara: die Sibarf und die Ruarra.

In der Provinz Oran: die Stämme des Dahra-Gebirgs, die Beni Urarr, die Flita, die Ulhasa, die Trara, die Msirda und die Beni Snus.

Die numerisch stärksten, sowie auch hinsichtlich ihrer sonstigen Bedeutung wichtigsten aber sind, wie schon angedeutet, für das Tell die Bewohner der grossen Kabylie (Dschurdschura-Gebirg) und für die Wüste die Beni Mzab. Sie sind der echte Typus, nicht nur des algerischen, sondern überhaupt des nordwestafrikanischen Berberthums. Ihrer Schilderung sollen daher noch einige Worte gewidmet sein.

Der Berber, obwohl er sich vielfach von arabischem Einfluss nicht frei erhalten, obwohl er die Religion und theilweise auch die Sprache der Eindringlinge angenommen, oder — was von den Kabylen gilt, wenigstens seine ursprüngliche Mundart mit vielen arabischen Bestandtheilen verquickt hat, dieselbe wohl auch — was Alle mit alleiniger Ausnahme der Tuareks trifft — mit arabischen Lettern schreibt, der Berber ist, sage ich, trotz Alledem nahezu in allen Dingen das gerade Gegentheil vom Araber.

Der Berber bevorzugt zur Wohnung, wenigstens wo es die Verhältnisse gestatten, die Berge, während der Araber die Ebenen liebt.

Der Berber hat einen durchaus demokratischen Zug, während der Araber ein Aristokrat vom reinsten Wasser ist.

Der Berber neigt zum praktischen Leben und hat wenig Sinn für die Wissenschaft, während der Araber hohe wissenschaftliche Befähigung zeigt. Der Araber pflegt die Medizinkunde und zwar schon seit ältester Zeit, während der Berber die Arznei hasst und sich nur mit einigen selbstgebrauten Kräutertränken oder für Wunden mit einem Pflaster aus Schwefel, Harz und Olivenöl begnügt. Der Araber ist Nomade, der Berber baut sich möglichst Stein- und Lehmhäuser, und selbst wo er, von den Verhältnissen gezwungen, Hirte wird, da zieht er mit den Herden immer nur in geringe Entfernung vom Hause. Er treibt im Gegensatz zum Araber Ackerbau, sowie eine äusserst vielseitige Industrie. Er ist Weber, Fabrikarbeiter (namentlich in der Oelbranche, auch ist die Belegschaft der algerischen Bergwerke nahezu ausschliesslich berberisch), Töpfer, Korbflechter, Oelpressenerbauer, vornehmlich aber Schmied und zwar zunächst Grob- und Waffenschmied, indem er Pflugscharen, Spaten, Sensen, Hacken und dergleichen, sowie Feuerwaffen nebst Pulver und Blei wie nicht minder blanke Waffen, namentlich die bekannten Yatarrans („Flissa" genannt, von dem Stamme, der sich besonders mit dieser Fabrikation beschäftigt) anfertigt. Sodann pflegt der Berber mit ganz besonderer Vorliebe und ebenso besonderem Geschick auch die Kunst des Gold- und Silberschmieds, und namentlich die silbernen Armspangen aus den Werkstätten der Kabylie werden selbst von Europäern viel gekauft und behaupten einen ziemlich hohen Preis. Endlich verwendet der Berber seine Kunstfertigkeit in der Behandlung der Metalle selbst auf verbotenem Gebiete, indem er mit vielem Erfolg falsches Geld herstellt.

Mit dem Araber hat er zwar die Gastfreundlichkeit sowie die Abhärtung und Nüchternheit gemein, indess ist diese letztere bei ihm mehr Folge seines ausserordentlichen Geizes als einer Naturanlage. Der Berber lebt äusserst karg, so lange es aus seinem Beutel geht, wird er aber freigehalten, so verschlingt er wahrhaft unglaubliche Massen von Speisen. Ebenso ist er im Gegensatze zum Araber bieder und offen.

Sein eben erwähnter Geiz äussert sich auch in seiner Kleidung, die, im Gegensatze zu dem fast immer sauberen und intacten Gewande des Arabers, stets schmutzig und lumpenhaft ist. Auf das Habit des Kabylen kann man passend das alte Witzwort anwenden von dem Rock, der aus Löchern besteht, die hie und da mit Zeug umgeben sind.

Auch trägt der Berber ausser dem Burnus oder Haïk, welch letzterer meist von schwarzer Farbe ist, noch ein bis über die Kniee hinabreichendes wollenes Hemd (die „Schelukha") und bei der Arbeit ein breites ledernes Schurzfell (die „Tabenta"). Sein Haupt bleibt meist unbedeckt, dagegen trägt er an den Beinen fusslose Gamaschen, die aus Wolle gestrickt sind (die „Burrerus").

Auch sein Körperbau ist von dem des Arabers verschieden. Der Berber ist von nur mittlerer Grösse, doch stark angelegt. Sein Kopf ist gross, das Antlitz mehr von viereckiger Form, die Stirn breit und gerade gestellt, Nase und Lippen sind dick, die Augen blau und die Haare in der Regel roth; die Hautfarbe endlich erscheint ziemlich hell. Man sieht, dass der Berber in seinem Aeusseren mehr an einen Nordländer, namentlich einen Germanen, als an ein Kind des heissen Südens erinnert.

Beim Kabylen finden wir auch die Vendetta, das heisst die

Blutrache, die event. vom Vater auf den Sohn forterbt und ihren Grund hat in der Naturvölkern im Allgemeinen eigenen Liebe zu den Blutsverwandten als den Jedem von Haus aus am Nächsten Stehenden. Bekanntlich treffen wir diese wilde und doch ihrer Wurzel nach so edle Sitte auch noch bei vielen mittel- und westasiatischen Stämmen, namentlich in Korsika, dessen Bevölkerung und selbst Landschaft überhaupt eine gewisse Aehnlichkeit mit der Kabylie offenbart. Merkwürdiger Weise berichtet auch Pausanias in seiner phokischen Geographie, dass die eingeborenen (will sagen: vor den Griechen angekommenen) Bewohner Korsika's „Libyer" gewesen seien. Doch scheint er damit im Grunde nur Phönizier gemeint zu haben. Für die Bezeichnung: „kleine Kabylie" aber, welche ein Theil Korsika's (der Nordwesten, von Calvi bis Ajaccio) erhalten hat, dürfte das tertium comparationis lediglich in der noch wenig bekannten Wildniss beider Landstriche liegen.

Noch aber haben wir zweier Seiten des berberischen Wesens nicht gedacht, die von der grössten Wichtigkeit namentlich auch für die Zukunft dieses Volkes wie der Provinz überhaupt sein möchten. Der Berber ist nämlich zwar gleich dem Araber auch religiös und ebenso wie Dieser selbst zu Fanatismus geneigt; er ist auch abergläubisch, trägt wie der Araber Amulete und hat, wenigstens was den Kabylen angeht, nicht nur Marabuts sondern auch Marabutinnen. Desgleichen fehlt es ihm nicht an Vaterlandsliebe, obschon er für die blinde Hingabe an die Interessen etwa eines Sultan nicht den Sinn hat, wie der so zum Autoritätsglauben erzogene Araber. Indess weder Religion noch Patriotismus hindern den Berber, seiner praktischen Anlage nachgebend, mit dem Europäer in engere Verbindung zu treten.

Dies ist, so meinen wir, der grösste und bedeutsamste Unterschied zwischen Araber und Berber. Durch diesen wichtigen Vorzug erscheint der Berber civilisationsfähig und mitberufen zur Arbeit an der grossen Provinz, was vom Araber nicht gesagt werden kann. Dass der Berber daneben auch positive Talente für eine solche Zukunft mitbringt, ist bereits erwähnt. Nur Das sei noch besonders betont, dass seine geschickte und zu jeder Arbeit bereite Hand ihm namentlich für die Fabriken, die dereinst im Lande sich erheben werden, werthvoll machen dürfte.

Ein zweiter Hauptunterschied des Berber vom Araber ist seine nahezu christliche Behandlung des Weibes. Denn nicht nur, dass der Berber Monogamist ist, diese eine Lebensgefährtin wird ihm auch in Wirklichkeit eine gleichberechtigte Gehilfin, eine wahre Genossin für Freude und Leid. Ja dieses schöne Verhältniss währt selbst noch bis über den Tod hinaus. Denn wenn der Gatte gefallen, ergreift die Gattin sein Gewehr, um ihn zu rächen, sollte sie das Wagniss selbst mit dem eigenen Blute bezahlen.

Das kabylische Weib spielt sogar in der Oeffentlichkeit eine

Rolle, indem sie nicht selten für entzweite Parteien den Schieds- und Friedensrichter abgiebt. Wie wäre Solches, oder gar Das, was wir schon erwähnten, eine Frau als „Heilige", bei den Arabern möglich! Auch diese Seite im berberischen Wesen aber bedeutet wieder eine Qualification zur Cultur. Denn lediglich eine solche geklärte Anschauung vom Weibe ist mit dem modernen Leben vereinbar.

Dieser allgemeinen Charakteristik seien nun nur noch einige Angaben über besondere Erscheinungen bei den beiden Hauptrepräsentanten der Berberrace in Algier, den Kabylen des Gebirgs und den Mzabiten der Wüste, beigegeben.

Was zunächst die Ersteren angeht, so krönen ihre Dörfer der leichtern Vertheidigung wegen, in der Regel die Höhen steiler Hügel. Im Gegensatz zu den zerstreuten Nomadenzelten der Araber, sind die meist aus Stein oder doch Lehm erbauten und mit rothen Ziegeln gedeckten Häuschen eng aneinander gerückt, so dass sich nur schmale, bergige Gässchen bilden.

Die Gebäude selbst stehen meist innerhalb eines Hofes, der von der Aussenwelt durch eine mit einer Thür versehene Mauer abgeschieden ist. Auf einem solchen Hofraume finden sich nicht selten mehrere Häuser, in der Regel von Verwandten, oft aber auch nur von Bekannten bewohnt. Vor jedem Hause lagert der Düngerhaufen von dem mit im Hause befindlichen Vieh. Die Gebäude haben meist nur eine Thüre und ganz kleine Fensteröffnungen, durch die man wohl von drinnen heraus, aber nicht von aussen hinein schauen kann. Im Innern der Wohnungen sieht es meist sehr einfach aus. In der Regel sind ausser dem Raum für das Vieh nur noch zwei Piècen vorhanden, in der einen schlafen die Männer, in der anderen, die sich nicht selten unter dem Dache befindet, die Weiber und Kinder. Das Hausgeräth und zugleich den einzigen Schmuck bilden aller Art Töpfe und Krüge von meist recht zierlichen Formen, zwei Steinbänke von etwa 2 Fuss Höhe, einige Matten und Decken, eine primitive Handmühle, die im Wesentlichsten aus zwei über einander lagernden Steinen besteht, und vor Allem die für Aufbewahrung des Oels bestimmten Bottiche. Es sind dies kolossale, urnenartige Gefässe, die aus einer Mischung von Lehm und Mist bestehen und von den Frauen an Ort und Stelle über einer Art Holzgerüst angefertigt werden und dann niemals ihren Platz wechseln. Sie stehen auf einer der erwähnten Steinbänke wie auf einem Büffet, und wenn man sich auf einer der ersteren niedersetzt, dienen sie zugleich als Rückenlehne. Sie haben eine viereckige, nach unten meist verjüngte Gestalt und sind nicht selten mit zierlichen Arabesken bedeckt. An der Vorderseite befinden sich ein oder mehrere Löcher, die durch Holz- oder Lehmpfropfen geschlossen werden. Die Füllung des Gefässes geschieht durch eine oben befindliche, verschliessbare Oeffnung. Nach der Grösse und Anzahl dieser Bottiche („Aschufi") lässt sich die Wohlhabenheit der Familie beurtheilen.

V. Die Bevölkerung Algeriens.

Eine Feuerstätte existirt nicht, da meist im Hofe gekocht wird. Das Vieh befindet sich in einem etwas tieferen Loche der Stube, zu welchem einige Stufen oder auch nur ein Absatz hinabführt. Je nach dem Handwerk, das der Hausvater etwa treibt, enthält das Gemach noch einen Ambos, einen Webstuhl oder dergl.

In jedem Dorfe treffen wir auch zwei öffentliche Gebäude, nämlich zuerst die Moschee, einen einfachen Bau, der im Erdgeschoss die Wohnung des Imam, in der ersten Etage aber den für die Gottesdienste bestimmten Raum enthält. Das Ganze krönt ein viereckiges Minaret. Das andere öffentliche Gebäude ist das Rathhaus, das charakteristische Merkmal der Kabylendörfer. Dasselbe enthält nur einen grossen Raum, den Sitzungssaal, in welchem Nichts als Steinbänke und Steintische sich befinden.

Dies Gebäude erinnert uns an eine hochinteressante Eigenart der Berber, ihre demokratische Verfassung, durch die sie abermals als dem Volke auf Corsika, das bekanntlich ein uraltes, aber treffliches Repräsentationssystem besitzt, ähnlich erscheinen.

Die kabylischen Dörfer nämlich, die beiläufig oft mehrere Tausend Einwohner haben (das durch seine ausgezeichneten Waffen und Geschmeide berühmte Aït l'Hassen, 10 km südlich vom Fort Napoléon, zählt ihrer gegen 5000), zerfallen in Kharubas, das heisst Vereinigungen von mehreren, einer Sippe gehörigen Häusern. Eine solche Kharuba nun wird in einer Art Gemeinderath durch Dahmans, das heisst stehende Repräsentanten, ständige Beamte, vertreten. Daneben entsendet sie zu demselben, je nach ihrer Kopfzahl, einen oder mehrere, durch Erfahrung und Intelligenz ausgezeichnete Mitglieder, die Euquals, die eigentlichen Räthe.

Das so gebildete Collegium weist ausserdem noch einen Vorsitzenden (den Amin) und einen Ukil, das heisst Kassirer, auf. Der Erstere bildet sammt dem Finanzier und den Dahmans die eigentliche Executive, während das Gros der Räthe die beschliessende Gewalt darstellt.

Der Vorsitzende kann aus eigener Machtvollkommenheit nur Geldstrafen auflegen, die indess ebenfalls schon gesetzlich normirt sind. Im Uebrigen ist er lediglich der Arm des Gemeinderaths, der Dschemâa. Der Ukil führt vor Allem das Register, in welches die Einnahmen und Ausgaben unter Controle der Dschemâa eingetragen werden. Die Dahmans sind die Adjuncten des Vorsitzenden. Sie bilden die Mittelspersonen zwischen ihm und der Versammlung und sind derselben für die genaue Ausführung ihrer Beschlüsse verantwortlich.

Die Dschemâa versammelt sich einmal in jeder Woche, gewöhnlich am Freitag, dem muhammedanischen Sonntag, und zwar am Abend. Doch werden je nach dem Bedürfniss auch ausserordentliche Sitzungen gehalten. Diese Versammlungen tragen zwar, entsprechend dem heissen Blute dieser Kinder des Südens und je nach der mehr oder minder aufregenden Natur des Berathungsgegenstandes, nicht selten einen stürmischen Charakter, gleichwohl aber wird stets eine wunderbare Ordnung aufrecht erhalten.

Die richterlichen und administrativen Befugnisse sind übrigens sowohl durch geschriebenes, wie mündlich überliefertes Recht bestimmt, welches sich eine ziemliche Unabhängigkeit vom Koran gewahrt hat.

Diese parlamentarischen Formen, die uralt sind unter den Berbern, hat Frankreich respectirt, soweit dies mit seinen Gesetzen verträglich war. Nur müssen die Vorsitzenden der Gemeinderäthe über die gefassten Beschlüsse Rapport erstatten.

Um mit den Kabylen abzuschliessen, sei nur noch erwähnt, dass das arabische Wort Kabila (plur. Kabaïl) ursprünglich „Stamm" im allgemeinsten Sinne bedeutete, dass die einbrechenden Araber aber, die in den ersten Jahrhunderten in Algerien sich ihrer Sicherheit wegen noch nicht dem vagen Nomadenthum ergeben durften, vielmehr „Gewehr bei Fuss" stehen mussten, damit bald nur die Eingeborenen, also die Berber, bezeichneten. Alte arabische Schriftsteller dagegen unterscheiden nicht selten: Kabaïl el Arab und Kabaïl el Berber. —

Noch viel interessanter stellt sich das Leben der Mzabiten dar, die ja in der fernen Wüste vor allen fremden Einflüssen bewahrt blieben. In Folge dessen bilden sie ein fast klosterartig abgeschlossenes Gemeinwesen, einen Staat im Staate, der nicht einmal mit den eigenen Volksgenossen im Norden, geschweige denn mit den Arabern im Lande eine mehr als geschäftliche Verbindung unterhält.

Die Mzabiten (auch Mosabiten oder Beni Mzab — entweder nach dem das Terrain durchziehenden Ued Mzab oder auch, „weil das Land dem des Zab ähnlich war" [arabisch: am Zab] — genannt) bewohnen, etwa 60 000 Köpfe stark, die wasserreiche, ca. 400 m hohe Wüstenterrasse, welche unweit südöstlich sich in die Niederung von Uargla absenkt, nördlich aber zu der fast noch einmal so hohen Sahara-Vorstufe von Larruat sich erhebt. Sie haben hier, 600 km von der Mittelmeerküste entfernt und bereits nahe an der gegenwärtigen Südgrenze des algerischen Territoriums, vier Oasen inne, von denen die erste den Namen Berrian (d. h. Wasserüberfluss) führt. Sie ist die nördlichste von allen, 128 km südöstlich von Larruat belegen, und hat 3500 Einwohner sowie 28 000 Palmen, die die besten Datteln des Mzab liefern. Die zweite Oase, el Gerâra (65 km von der vorigen, die östlichste und vom Centrum entfernteste), mit 6—7000 Einwohnern, malerisch auf einem isolirten Berge, zu oberst die Moschee, postirt und von einem Wald von 20 000 Palmen umgeben, hat ihren Namen („Reisenachtquartier") von einem vierstöckigen, mit Arkaden versehenen Hause („Bit el Diaf"), das zur Beherbergung von Reisenden dient.

Die südlichste der Oasen ist el Atef („der Winkel") mit 5000 Einwohnern. Sie besitzt viele Brunnen und einen Damm zur Ausnutzung der Wasser des Mzab, an dem sie liegt. In Folge dessen finden sich hier die blühendsten Gefilde des Miniatur-Staates.

In der ungefähren Mitte dieser drei kleineren Oasen liegt nun die Hauptoase Rrardaja, 36 km südlich von Berrian, die allein reichlich die Hälfte aller Mzabiten enthält. Dieselben wohnen hier in vier Städten („Quecar" oder arab. „Ksor"), welche immer nur etwa ein Stündchen auseinander liegen. Diese Ortschaften sind 1) Beni Isgen („die Leute der Mitte"), die westlichste, mit 8—9000 Einwohnern. Sie rechtfertigt ihren Namen, indem sie in der That das eigentliche Centrum des ganzen Mzab ist. Schon ihr Aeusseres erscheint imponirend. Sie liegt auf einem Hügel über dem Ued Mzab und ist mit einer Mauer aus Quadersteinen umgeben, die mit Thürmen und Brustwehren versehen ist. Im Thorthurm befindet sich ein Gemach für die Wache und das Versammlungslocal der Aeltesten. Zwischen der Ringmauer und den Häusern ist ein etwa 20 m breiter Raum gelassen, um hier bei einer Belagerung die Vertheidiger zu sammeln. Die Häuser selbst sind regelmässig und mit einer gewissen Opulenz erbaut. Die Bauplätze sind in Folge der hohen Blüthe der Stadt so theuer, dass der qm mit 600 Frcs. bezahlt wird.

Mitten im Orte befindet sich ein grosser, freier Platz, wo die Fremden unter Zelten campiren dürfen. Hingegen enthält die Stadt nicht einen einzigen Grundbesitzer, der kein Mzabite wäre, während Solche sonst in allen anderen Orten des Bundes, in Rrardaja z. B. an 5000, zu treffen sind. Diese auffallende Erscheinung erklärt sich daher, dass der Gemeinderath von Beni Isgen, um die immer wiederkehrenden Reibungen zwischen Mzabiten und Nicht-Mzabiten zu vermeiden, diese Letzteren unter Zahlung hoher Entschädigungen bewog, die Stadt zu verlassen.

Ausserordentlich ist die Handelsbewegung im Orte. Namentlich besteht ein reger Verkehr mit den bedeutsamen Centren der westlichen Sahara, mit Tidikelt, Tuat und Gurâra, der durch die benachbarten Schaanba vermittelt wird, da die mzabitischen Kaufleute nicht selbst die Reisen in den Süden unternehmen. Ganz besonders blüht der Sclavenhandel in Beni Isguen. Neger und Negerinnen, aus dem fernen Sudan über die genannten Etappen herbeigeführt, sind hier immer in grosser Menge auf Lager. Sie werden, bis sich Käufer finden, was die Männer anlangt, in den Gärten beschäftigt, während die Weiber auf Rechnung der Besitzer der Prostitution dienen müssen. Merkwürdig ist hierbei, dass trotz des französischen Regimes, für das selbstverständlich die Sclaverei als aufgehoben gilt und obwohl die Neger davon auch wohl unterrichtet sind, doch das Unwesen nach wie vor fortbesteht und selten ein Sclave seinen Herrn verlässt, um den Schutz der Gesetze anzurufen.

Weniger bedeutend, aber noch volkreicher (15 000 Einwohner)

ist Rrardaja, das beiläufig sogar eine Anzahl Juden, etwa 90 Familien, zählt, die auch hier in einer Art Ghetto beisammen wohnen. Die Stadt ist, wie noch einige andere der mzabitischen Ortschaften, pyramidenförmig an einem Abhang aufwärts gebaut. Die höchste Höhe (525 m ü. M.) krönt eine Moschee. Auch diese Stadt ist mit einer Mauer umgeben, die eine Höhe von 3 m und 6 Thore, sowie eine Anzahl Thürme hat, von denen jeder 50 Krieger aufnehmen kann. Die Strassen sind breit. Der Marktplatz liegt in der Ebene beim Südthor. Der Ort zählt 6 Moscheen. Es ist aber bemerkenswerth, dass seit 1876 einige „Sahara-Missionare" hier weilen, die die Kranken pflegen und sich bemühen, eingeborene Kinder für ihren Unterricht zu gewinnen.

Im Südwesten des Oasen-Complexes liegt Melika („die Königliche"), das Rom der Mzabiten, wo das geistige Oberhaupt seine Residenz hat. Der Ort zählt indess nur etwa 5000 Einwohner, unter denen viele Schaanba sich befinden.

Die letzte Stadt der Rrardaïa-Gruppe (im Süden) ist Bu-Nura („Vater des Lichts"), die einzige mzabitische Ortschaft, die einen traurigen Eindruck macht, denn sie ist in Folge innerer Zerwürfnisse in Ruinen gesunken. Gegenwärtig zählt sie kaum 2000 Einwohner, die sich zumeist aus Verbannten rekrutiren.

Die sämmtlichen genannten 7 mzabitischen Städte nun sind zu einem Bund mit hierarchischer Regierungsform vereinigt. Die Centralbehörde bildet die gesammte Geistlichkeit des Staates, die „Tolba" (plur. von Taleb, Studienleiter, theologischer Gelehrter), oder „Dschema" (d. h. eigentl. „Moschee"). An der Spitze derselben steht der Scheikh el Baba („der Vater", Papst), der von den Oberhäuptern der Einzel-Priesterschaft jeder der 7 Städte aus ihrer Mitte, gerade wie der Papst durch die Cardinäle, und zwar ebenfalls auf Lebenszeit gewählt wird.

Die Tolba handhabt die ganze richterliche Macht ohne Zulassung einer Berufung. Die Strafen, die sie dictirt, sind Verbannung auf Zeit oder für immer, bei geringeren Vergehen Bastonnade. Die Todes- oder Gefängnissstrafe wird nicht in Anwendung gebracht. Geldstrafen werden allein von der weltlichen Regierung für irgend eine Verletzung der Gemeindeordnung auferlegt.

So autokratisch, wie im Ganzen diese Regierungsform ist, so tritt doch überall auch wieder der demokratische Charakter heraus. So muss z. B. der Scheikh el Baba in unbestimmten Zwischenräumen die Generalversammlung berufen, um hier über alle religiösen oder den Bund betreffenden Angelegenheiten berathen zu lassen. Die Mitglieder dieses Parlaments bilden Vertreter der Einzelpriesterschaften und Abgeordnete der Gemeinderäthe. Denn jede der Städte verwaltet sich in der bereits bei Besprechung der Kabylen näher angegebenen Weise selbst mittelst der Dschemâa, die sich aus den Häuptern der ältesten Familien zusammensetzt. Jeder dieser Gemeinderäthe wählt drei Mokadems („Wächter"), die speciell die Verwaltung der Stadt zu übernehmen haben. Ihnen liegt die Fürsorge für die Wege und Strassen, die Beaufsichtigung des Marktwesens und die Handhabung der Polizei ob. Auch müssen sie die Dschemâa berufen, derselben Vortrag über wichtige Angelegenheiten erstatten und ihre Beschlüsse ausführen.

Die Mzabiten haben auch eine Armee, welche ihre isolirte Lage in der öden Wüste und die Nachbarschaft der auf ihre Reichthümer neidischen Stämme, namentlich der Tuareks, nothwendig machte. In jeder Moschee ist eine Stelle, auf der alle waffenfähigen Mannschaften verzeichnet stehen, sammt Bemerkungen darüber, ob sie im Mzab anwesend oder auf Reisen sind und ob sie ein Pferd oder Maulthier besitzen. Ferner muss jeder Mzabite eine Flinte, eine Pistole, einen Säbel und eine bestimmte Quantität Pulver und Kugeln haben. Die Thürme der Stadtmauer werden stets von einer bewaffneten Wachmannschaft bezogen.

Was das Aeussere der Mzabiten betrifft, die übrigens noch viele Traditionen besitzen, durch die sie ihren Ursprung auf den fernen Orient zurückleiten, während wiederum alte Sagen auch auf Karthago hinweisen — so unterscheiden sie sich von anderen Berbern nur dadurch, dass unter ihnen viel weniger blondes Haar vorkommt. Mit den Arabern verglichen, fallen ihre weit mehr entwickelten Hände und Füsse und ihre untersetzte, stämmige Gestalt auf. Die Weiber sind in den Jugendjahren meist hübsch und anmuthig. Sie haben grosse, lebhafte Augen und regelmässige Züge. Ihre Kleidung entspricht der der anderen Wüstenmädchen: roth oder blaues Wollkleid, das mit Metallagraffen befestigt und um die Taille durch einen Gürtel zusammengehalten wird. Der Kopf bleibt unbedeckt. Die Haare werden bizarr geordnet und bilden auf dem Scheitel eine Art Krone, an den Schläfen aber mehr eine Muschel. Die Nasenspitze bestreicht man mit Theer, was vor dem bösen Blicke bewahren soll.

Grosse Sorgfalt wird auf die Erziehung der Jugend, namentlich des männlichen Geschlechts, verwandt. Die dabei eingehaltene Methode hat fast etwas Altspartanisches an sich. Die Knaben müssen täglich mehrere Stunden lang die von der Priesterschaft geleiteten Schulen besuchen, wo ihnen Religion, Lesen, Schreiben, Rechnen und Landesgesetzkunde gelehrt wird. Die Unterrichtssprache ist dabei die arabische, während im allgemeinen Verkehr das Berberische zur Verwendung kommt. Einzelne Kinder erhalten auf Veranlassung ihrer Eltern auch Unterricht im Französischen, das die jüngere Generation fast allgemein versteht, spricht und theilweise selbst schon schreibt.

Ausserdem werden die Knaben genöthigt, früh aufzustehen, und mehrere Stunden in den Gärten Wasser zu schöpfen, ehe sie zum Unterricht gehen. Nach demselben finden sie in den Gewerben Verwendung. Spielende Kinder sind eine Seltenheit.

Haben sie das erwachsene Alter erreicht, so treiben sie alle ohne Ausnahme Handel. Derselbe erstreckt sich von Tuat und Tidikelt, von wo sie, ausser den schon genannten Sclaven, Henna, Salpeter, Häute, Maroquinleder und Straussfedern beziehen, und wohin sie Kaffee, Zucker, Seife, Zündhölzer und Kerzen liefern, bis zum Tell hinauf, woselbst sie grosse Niederlagen und selbst Wechselgeschäfte unterhalten.

Hat nämlich ein Mzabite in Algier oder Tunis droben die Ware, die er brachte, verkauft, so errichtet er dort mit dem Gewinn einen Kramladen, eine Fleischerei oder auch (mit Vorliebe) eine Müllerei. Nach mehreren Jahren kehrt er heim, sendet aber einen Anderen, der bis dahin sein Haus und seinen Palmengarten verwaltete. Dieser führt nun das Geschäft im Tell weiter.

Der Heimgekehrte aber legt im Mzab einen Kramladen an, für den ihm Jener aus dem Tell die Waren liefert. Auf diese Weise entstehen die mzabitischen Handelshäuser mit ihren zahlreichen Filialen, die oft in ganz Nordafrika bekannt und deren Inhaber nicht selten Millionäre sind, die indess ehemals meist von solchen kleinen Anfängen ausgingen.

Hoch entwickelt erscheint auch die mzabitische Industrie. Sehr ausgedehnt ist zuerst die Pulverfabrikation. Daneben blüht besonders die Weberei. Man zählt im Mzab an 5000 Webstühle, die von Frauen bedient werden und die ein zwar ordinäres, aber festes und überaus gesuchtes Gewebe ergeben. Namentlich werden mzabitische Burnusse und Teppiche sehr begehrt, zumal sie einen durch geringe Arbeitslöhne bedingten niedrigen Preis haben. In Folge dieser Blüthe der Weberei ist Wolle im Mzab natürlich ein äusserst gangbarer Artikel.

Endlich wird auch die Hortikultur eifrig gepflegt. Jede Stadt ist von einer grösseren, trefflich bebauten Huërta umgeben. Namentlich wird für reichliche Bewässerung gesorgt. Wo es an fliessendem Wasser fehlt, legt man tiefe Brunnen an, von denen Gräben nach allen Seiten hin laufen. Diese letzteren werden durch Schöpf-Eimer aus Ochsenhaut gefüllt, welche mittelst eines über eine Winde laufenden Seiles von Kindern, Negern oder Maulthieren auf- und abbewegt werden.

Charakteristisch für die Mildherzigkeit der Mzabiten ist es, dass die dabei verwendeten Thiere nach jedem heraufgezogenen Eimer eine Rübe, ein Stück Kürbis oder dergl. erhalten.

Sehr interessant sind auch die ehelichen Verhältnisse im Mzab. Die Verheirathung wird hier unter allen Umständen als ein sehr ernster Act betrachtet. Wie bei den Kabylen, so herrscht nicht minder unter diesen Berbern ausnahmslos Monogamie. Und auch die Erlangung der einen erlaubten Frau ist eine von den arabischen Gebräuchen völlig abweichende. Sie wird nicht gekauft, sondern bringt im Gegentheil dem Bräutigam noch Mitgift zu. Die Ehescheidung kommt äusserst selten vor und wird von der Tolba nur in ganz besonders ernsten Fällen gestattet. Ebenso ist es einem Mzabiten streng verwehrt, eine Fremde heimzuführen, wie denn auch Frauen und Mädchen unter keinerlei Vorwand das Mzab verlassen dürfen. Die Uebertretung dieses Gebotes wird für Männer wie Weiber mit ewiger Verbannung belegt. Auch darf ein Mzabite nicht eher eine Reise unternehmen, als bis er verheirathet ist. Und hat er noch keine Kinder, so muss er vor Antritt der Reise schwören, dass seine Ehehälfte in gesegneten Umständen sei.

Die Ehefrauen sind übrigens trotz der Monogamie an das Haus gefesselt und namentlich an den Webstuhl gebannt, da das Hauswesen die jungen Mädchen besorgen müssen. Gleichwohl hat die Gattin grossen Einfluss auf die Familie und darf sich auch vor Verwandten und Freunden, die zum Besuche kommen, sehen lassen. Das Verhältniss der einzelnen Glieder zu einander zeigt überhaupt einen modern und christlich innigen Anstrich.

Ganz besonders anziehend endlich, namentlich auch für den Kirchenhistoriker, erscheinen die religiösen Verhältnisse in dem Duodezstaat.

Die Mzabiten sind nämlich zwar wie alle Berber Muhammedaner, indess gehören sie keiner der vier grossen Riten des Islam, sondern den Ketzern („Kamfia") an. Sie halten am Buchstaben des Koran fest und dulden keinen Commentar daneben. Auch lassen sie den religiösen Adel der Marabuts nicht gelten. Um so grösser ist die Achtung vor der Priesterschaft. Die Moscheen besitzen insgesammt grosses Vermögen, das durch die Abgabe, die jeder Bürger an sie zu leisten hat, geschaffen und erhalten wird. Dass in den Händen der Geistlichkeit die oberste Staatsleitung liegt, ist schon gesagt worden. Ausserdem aber führen die Moscheenverwaltungen auch noch förmliche Civilstandsregister, in welche die Geburten, Trauungen und Todesfälle eingetragen werden.

Endlich schreiben die Priester die Chronik mit allen interessanten Begebenheiten, die sich im Mzab zutragen, wie sie gleicher Weise auch die Protokolle über die Generalversammlungen zu verfertigen und aufzubewahren haben.

Die Ausübung der Religion enthält noch manche Ueberbleibsel aus Judenthum und Christenthum. So befinden sich in allen Moscheen kleine Kabinen mit Badewannen wie einst unter Israel. Sodann vereinigen sich die Mzabiten öfters im Jahre, um auf den Friedhöfen zu beten und darauf in einem eigens dazu bestimmten Hause ein Mahl einzunehmen, eine uralte Sitte der afrikanischen Christen, gegen die bekanntlich schon der heilige Augustin zu Felde zog.

Ferner kennen und verwerthen sie die Excommunication. Der Gebannte wird ein ganz Fremder, ein Todter, seine Habe zum Besten der Moschee eingezogen oder im günstigen Falle an seine Erben vertheilt. Er darf ausserdem in keine mzabitische Stadt wieder treten, kein Mitbürger mit ihm unter einem Dache wohnen, Niemand ihm einen Bissen Brod oder auch nur einen Trunk Wassers reichen, ja wer ihn selbst nur mit dem Burnus aus Versehen streift, muss eine Busse bezahlen.

Noch ein auffälliges Fragment aus alt-christlicher Sitte ist dies, dass ein Mzabite, wenn er Etwas auf dem Gewissen hat, am Freitag zur Gebetsstunde in die Moschee geht und nun, nach Befragung durch den Priester, vor der ganzen Versammlung mit der Bitte um Vergebung seine Vergehen aufzählt. Es wird dann über ihn der kleine Bann verhängt, das heisst, er muss für eine gewisse Zeit sich freiwillig des Umgangs mit seinen Mitbürgern enthalten, obwohl er unter ihnen wohnen bleibt.

Endlich ist noch zu erwähnen, dass die Mzabiten auch das Sonnenjahr beibehalten haben und statt der arabischen Namen die Monate also benennen: Jenuair, Fefrair, Mars, Abril, Mais, Junis, Rush, Stembre, Ktobr, Noembr, Dsembr.

Aus allem bisher über das Mzab Angeführten ergiebt sich, dass das kleine Oasenreich für die Zukunft Algeriens und namentlich für die beabsichtigte merkantile Verbindung mit dem Süden, also auch für das transsaharische Bahnproject von ausserordentlicher Bedeutung sein wird.

Es musste daher Frankreich sehr erwünscht kommen, dass im Jahre 1852 die 7 Städte je ein Gada-Pferd, das Zeichen, dass man sich als Vasall unterwirft, nach Algier schickten, entsprechend einem unter dem Eindruck der Eroberung Larruats durch die französische Armee gefassten Beschlusse der grossen Generalversammlung, in der übrigens auch der Nutzen eines Anschlusses an die französische Provinz für den Handel erwogen und namentlich das Wegfallen der Durchzugsgebühren an die nördlich wohnenden Nomadenstämme betont wurde.

So kam der Suzeränitätsvertrag zwischen Frankreich und dem Mzab von 1854 zu Stande, in welchem das letztere 60 000 Frcs. jährlichen Tribut und das freie Durchzugsrecht für die Truppen (von denen indess nur die Officiere das Innere der Städte betreten dürfen) bewilligte, sowie das Versprechen gab, Rebellen oder Feinde Frankreichs in keiner Weise, auch nicht durch Verkauf von Waffen, Munition oder Proviant, zu unterstützen.

Dieser Pact wurde bisher von beiden Seiten gewissenhaft beobachtet und die kleine Wüstenrepublik entwickelt sich seitdem immer schöner. —

Ungleich weniger anziehend als die Berber erscheint das dritte Element der einheimischen Bevölkerung Algeriens, die Mauren (arab. Hadar), zumal sich dieselben gegen Berber und Araber in der grossen Minderheit befinden und im Aussterben oder doch im Aufgehen in die europäischen Elemente begriffen sind.

Die Mauren, die sich bekanntlich auch in Marokko und Tunis

V. Die Bevölkerung Algeriens.

aufhalten und dort geradeso wie in Algerien die Städte bewohnen, sind nachgewiesenermassen Mischlinge und zwar, wie Einer richtig gesagt hat, von allen Völkerschaften, die seit der Zeit der Argonauten bis zur französischen Invasion an die Gestade des Marreb geworfen wurden. In ihnen fliesst hamitisches und semitisches, griechisches und römisches, jüdisches und christliches, weisses und schwarzes, germanisches und romanisches Blut.

Daher auch ihre Art, die nach der Analogie aller Mischlingsvölker nicht besonders ist. Sie haben von all' den Nationen, denen sie das Dasein verdanken, mehr das Schlechte als das Gute angenommen. Ihr Aeusseres freilich erscheint vielversprechend. Der Maure ist im Allgemeinen von hohem Wuchse und nur leicht gebräunter, zarter Haut. Er hat eine schöne, römische Nase, vollen Mund, grosse, feurige, schwarze Augen, und volles Haupt- und Barthaar von der gleichen Farbe. Doch neigt er auch zur Fettleibigkeit, die namentlich im Alter hervortritt. Besonders anziehend erscheinen die Frauen, doch nur in der ersten Jugend, die ihnen eine ausserordentliche Frühreife bringt. Heirathen sie doch mit 12—13, oft sogar schon mit 9—10 Jahren.

Dies anmuthige Aeussere wissen Männer wie Weiber noch durch eine reiche, farbige Tracht zu heben. Das Haupt der Ersteren bedeckt ein rothes Fez, das bei den „Hadsch" (d. h. Solchen, die eine Pilgerfahrt nach Mekka gemacht haben) noch mit einem Turban von weissem Musselin umwunden ist. Gold- und seidegestickte, kurze Jacken, hellfarbiger Kaftan und ein Mantel von röthlicher Baumwolle bekleiden den Rumpf, während kurze, weite Beinkleider die Unterschenkel frei lassen.

Die Weiber tragen auf dem blossen Leib ein weites, feinleinenes Hemd und darüber einen umfangreichen Kaftan von golddurchwirktem Sammt oder Tuch. Der Kopf wird mit ein oder mehreren Streifen einer seidenen oder goldbrokatenen Hülle umwunden. Dazu kommen noch zahlreiche Ringe und Spangen und, wenn die Dame ausgeht, eine Masse Ueberwürfe und Kopftücher, so dass sie dann — zumal auch das Gesicht stets ängstlich durch einen Schleier verhüllt wird, — mehr einem dicken, wandelnden Sacke denn einem Menschen ähnlich sieht.

Mit solcher glänzenden Aussenseite harmonirt indess, wie schon angedeutet, nicht das Innere dieser Race. Die Mauren sind im Allgemeinen weichlich, treulos, lügnerisch, ehrgeizig, rachsüchtig, habgierig und sinnlich. Bei den Weibern kommt noch eine unmässige Gefallsucht, Koketterie und Anlage zu Intriguen hinzu. Gastfreundschaft und eine gewisse Resignation gegenüber hartem Schicksale sind vielleicht ihre einzigen guten Anlagen.

So gering, wie ihre angeborene Intelligenz, sind auch ihre Kenntnisse in Wissenschaften und Künsten, sowie ihre Fertigkeiten auf dem Gebiete der Industrie. Etwas Töpferwaren, Korduanleder, seidene Tücher, schöne Gürtel und die bekannten rothen Mützen (Fez's) sind nahezu das Einzige, was sie produziren. Indess treiben sie mit verhältnissmässig viel Geschick Handel.

Obwohl politisch und religiös sehr fanatisch angelegt, haben sie doch in dem immerwährenden Umgang mit Europäern vielfach schon den Sitten derselben sich accommodirt und namentlich an die schlechteren unter denselben sich rasch gewöhnt. Selbst Ehen zwischen Europäern und Mauren sind nicht selten und so werden sie denn in nicht allzu ferner Zeit ganz verschwinden, wozu sie ja als Mischlingsvolk an und für sich schon die Anlage in sich tragen.

Wie die Mauren so sind auch die Juden keine spezifisch algerische, sondern eine dem ganzen Marreb eigene Erscheinung, nur mit dem Unterschiede, dass dieser Stamm auf dem Boden Algeriens seit der französischen Herrschaft ein sehr angenehmes Leben hat, während er in Tunis und ganz besonders in Marokko noch immer ein höchst trauriges Dasein führt.

Ehemals war das freilich in Algerien nicht minder der Fall. Es wurde auch hier seitens der Eingeborenen und namentlich seitens der Araber, die auf den semitischen Bruderstamm mit dem unter Stiefgeschwistern nicht seltenen erbitterten Hasse blickten, jene bekannte, wahrhaft raffinirte verächtliche Behandlung des jüdischen Elements, zur Anwendung gebracht, die unter Anderem forderte, dass der Jude, der zum Islam übertreten wollte, zuerst Christ geworden sein musste. Und nannte man den Letzteren „Hund", so musste sich der Israelit gar den Namen „Aas, Sohn vom Aas" (Dschifa ben Dschifa, nach einer Sage, welche die Juden von bereits im Grabe Gelegenen erzeugt sein liess) gefallen lassen.

Dem gegenüber müsste es unerklärlich erscheinen, dass die Muselmanen die Juden überhaupt in ihrem Lande, noch dazu in verhältnissmässig grosser Anzahl duldeten, wenn man nicht wüsste, dass schon damals die Letzteren den Welthandel und namentlich den Geldmarkt beherrschten und darum den Nomaden als Abnehmer ihrer Producte oder den Piraten als Hehler von grossem Werthe waren.

Aus jener Zeit der Verachtung stammt auch noch die heutige Tracht der Juden in Algier, soweit dieselbe nicht schon dem Pariser Modeanzug Platz gemacht hat. Es war ihnen nämlich verboten, helle Farben zu tragen. Schwarz galt als das Einzige, was sich für sie schickte. Darum sehen wir noch heute die Juden in Algier mit schwarzen Turbans. Ausserdem kleiden sie sich, wenn man noch von den Stiefeln und Strümpfen, die sie tragen, absieht, wie die Mauren.

Uebrigens sind auch die algerischen Juden, wie alle ihre Stammesgenossen im Marreb, hoch und gut gewachsen, sowie, namentlich was die Frauen angeht, sehr schön.

V. Die Bevölkerung Algeriens. 363

Die Kulurrlis, das heisst die Nachkommen von Türken und maurischen Frauen, haben sich allmälig ganz unter der Masse der Mauren verloren.

Auch die Neger, welche früher zahlreich aus dem Sudan nach Algerien gebracht wurden, und hier geradeso wie eine Anzahl andere „Berranis" (Ausländer) eine eigene, von einem Vorstand („Amin") geleitete Corporation bildeten, sind seit dem französischen Regime und der Aufhebung der Sclaverei immer weniger geworden.

Die noch Vorhandenen dienen als Anstreicher, Korbflechter, Strassen- und Eisenbahnarbeiter, Handlanger, Lastträger und dergl. und, was das weibliche Geschlecht angeht, als Badedienerinnen, Herumträgerinnen, Dienstboten u. s. w.

Sie haben sich hier noch eine Anzahl alter Gebräuche aus der fernen Heimath bis heute erhalten. Namentlich in der Woche nach dem Nizam feiern sie vor den Thoren der Residenz eine Anzahl durch wilde, abergläubische Manipulationen, durch Tänze, betäubende Musik und blutige Thieropfer ausgezeichnete Feste. —

Wir haben nun weiter auch einen flüchtigen Blick auf die Verwaltung zu werfen, die bekanntlich mit 1879 einen anscheinend wenigstens dauernden Abschluss gewonnen hat. Freilich bedurfte es vieler Experimente, ehe der letztere erreicht worden ist. Suchen wir uns diese durch ein halbes Jahrhundert hindurchgehende politische Entwicklung noch einmal zu vergegenwärtigen!

In der ersten Zeit nach der Invasion lag die Centralgewalt in der Hand des jeweiligen Commandanten der Occupationsarmee. Ihm war indess bereits ein Berathungskörper an die Seite gestellt. Durch Verordnung vom 22. Juli 1834 wurde ein „Generalgouvernement der französischen Besitzungen in Nordafrika" geschaffen.

Eine Verordnung vom 15. April 1845 theilte das Territorium in drei Provinzen, jede derselben aber nach der vorherrschend europäischen oder eingeborenen Bevölkerung in Civil-, arabische und gemischte Territorien, und gründete eine Generaldirection der Civilverwaltung, einen obersten Administrationsrath und ein Tribunal für Streitsachen.

Das Decret vom 9. Dezember 1848 hob die Civildirection wieder auf und errichtete in jeder Provinz ein Departement mit einem Präfecten und einem Präfecturrath.

Im Jahre 1858 (24. Juni) wurde — ein gewiss höchst glücklicher Gedanke — für die Colonie, die bis dahin dem Kriegsministerium unterstellt gewesen war, ein eigenes Ministerium geschaffen und das Generalgouvernement als unnöthig aufgelassen. Leider nur hob man dieses so nothwendige algerische Ministerium bereits 1860 wieder auf (24. November und 12. Dezember). Seitdem war das militärische Commando mit der Civilverwaltung wieder in einem Generalgouvernement vereinigt. Ein Untergouverneur versah die Geschäfte der Militär- (arabischen) Territorien (territoires du commandement) durch Vermittelung der „arabischen Bureaux" und ein Director für Civilangelegenheiten stand den Civilterritorien vor, deren Präfecte ihm referirten.

1864 wurden die Civilautoritäten den militärischen (durch Decret vom 7. Juli) unterstellt.

Die bekannte, während des deutsch-französischen Krieges erwachsene Delegation von Tours führte mittelst Decret vom 24. October 1870 das Civil-Gouvernat ein. Durch Verordnung vom 10. Juni 1873 erhielt der jeweilige Träger dieses Amtes ausserdem den Titel: „Oberbefehlshaber der Streitkräfte zu Land und zu Wasser", den er auch heute noch führt.

Durch Decret vom 12. October 1871 wurde diesem Civilgouverneur ein Conseil zur Seite gestellt, das nach den Modifikationen, die ein Decret vom 1. September 1873 brachte, zur Zeit noch besteht.

Indess gestattete der furchtbare Aufstand von 1870 und 71 vorläufig noch nicht die Durchführung des wichtigen Beschlusses der Delegation. Wiederum musste, wenn auch nur interimistisch, das Militärregime eintreten, bis endlich durch Decret vom 25. März 1879 die Colonie in der Person Albert Grévy's ihren ersten Civilgouverneur erhielt.

Neben diesem fungirt zunächst der schon genannte Gouvernementsrath, der aus folgenden Mitgliedern besteht:
1) dem Generaldirector der civilen und finanziellen Angelegenheiten, 2) dem ersten Präsidenten, 3) dem Generalprocurator, 4) dem Obercommandanten der Marine, 5) dem Generalstabschef des Gouverneurs, 6) dem Generalinspector der Civilarbeiten, 7) dem Generalfinanzinspector, 8) dem Obercommandanten der algerischen Armee und 9) — der erste Anfang zu der so nothwendigen Hebung des algerischen Schulwesens — dem Rector der Akademie von Algier.

Ausserdem hat noch der Erzbischof von Algier Zutritt zu den Sitzungen; auch können zu denselben die Departementspräfecten und die Territorial-Divisionsgeneräle zugezogen werden.

Desgleichen sind zur Theilnahme an den Budgetberathungen noch fünf Delegirte von jedem Departement zu laden. Diese ausserordentlichen Mitglieder des hohen Raths werden von den ordentlichen Mitgliedern desselben, die Letzteren aber von dem Civilgouverneur allein gewählt.

Durch Decret vom 12. Mai endlich hat man auch die Führung der Angelegenheiten der Eingeborenen, die früher dem Generalstabschef des Militärgouverneurs unterstellt war, dem Militär entzogen und direct in die Hände des Statthalters gelegt, wodurch die „45 arabischen Bureaux", die zuvor die Organe des Generalstabschefs in seiner Eigenschaft als Leiter der Eingeborenen waren, hinfällig geworden sind. Doch ist dem Militär durch die oben erwähnte Mitgliedschaft des Obercommandanten im Gouvernementsrath der nothwendige Einfluss in der Provinzialverwaltung gewahrt.

Dies die Organisation der Oberbehörden der Colonie, welche sämmtlich in Algier ihren Sitz haben.

Was nun die Unterbehörden betrifft, so besteht zwar zur Zeit noch die Eintheilung der drei Departements, welche durch die drei algerischen Provinzen (Algier, Constantine und Oran) gebildet werden, in je ein **Civil-** und ein **Militärterritorium**, von denen das erstere im Allgemeinen immer das cultivirtere und mehr von Europäern bewohnte Tellgebiet, das letztere die südlicheren Partien, die vorzugsweise von Eingeborenen bewohnten Hoch-Steppen und Wüstenregionen, umfasst. Indess nehmen die Civilbezirke auf Kosten der Militärdistricte in dem Masse, als die Pacification und Cultivirung des Landes fortschreitet, immer mehr zu. Die darüber nöthig werdenden Bestimmungen, Beschränkungen oder Erweiterungen des einen oder anderen Gebiets, für immer oder nur auf Zeit, je nach Bedürfniss, hat der Civilgouverneur zu treffen.

Die ersteren, die **territoires civils**, haben an ihrer Spitze je einen **Civilpräfecten**, dem wieder je ein **Generalrath** mit einem Präsidenten an die Seite gestellt ist.

Diese Civildepartements zerfallen weiter wieder in **Arrondissements**, die wie im Mutterlande von einem **Souspräfect** geleitet werden. Die Arrondissements aber umfassen die **Gemeinden** (communes), welche ihrerseits wieder aus den einzelnen **Ortschaften** (annexes oder sections de commune) bestehen, die sich um den Hauptort (chef-lieu) gruppiren. Auch arabische „Duars" befinden sich oft unter denselben.

Das Merkmal dieser Art Gemeinden ist das Vorherrschen der europäischen Bevölkerung. Sie werden durch einen **Maire** mit dem **Municipalrath** verwaltet. Die communes mixtes dagegen sind solche, in welchen noch das eingeborene Element dominirt. Sie haben an ihrer Spitze einen **Regierungscommissar** (fonctionnaire civil). Es giebt indess auch in den Militärterritorien schon solche „Mischgemeinden". In diesen bildet dann eine **Municipalcommission** unter Vorsitz des betreffenden Militärcommandanten, welchem zur Leitung der speciell bürgerlichen Geschäfte noch ein Civiladjunct beigegeben ist, die Behörde.

Die Militärterritorien haben zum obersten Leiter den betreffenden **Divisionscommandeur**, der jedoch auch seinerseits dem General-Civilgouverneur in Algier unterstellt ist.

Neben dieser trefflichen, rein europäischen, bez. französischen Staatsorganisation, die, wie man sieht, darauf angelegt ist, mit der Zeit eine völlig bürgerliche zu werden, hatte man einst aber auch für gut befunden, für die Eingeborenen die arabische Organisation beizubehalten. Einmal wollte man dadurch die Gefühle dieser grossen Majorität der Bevölkerung des Landes schonen, sodann aber glaubte man auch gewisser Mittelspersonen zwischen den arabischen Bureaux und dem Gros der Bevölkerung zu bedürfen.

Zehntes Kapitel. Anhang.

Diese von den Eingeborenen entlehnte und durch die europäische Regierung autorisirte, übrigens den concentrischen Kreisen der Organisation in Frankreich vielfach bereits von Haus aus entsprechende oder doch entsprechend gemachte Ordnung ist folgende:

Mehrere **Duars** (kleinere Ortschaften) bilden ein **Ferka** (Gemeinde) mit einem **Scheikh** an der Spitze. Mehrere Ferka's ergeben einen **Ul** (Stamm), dessen Haupt ein **Kaïd** ist. Mehrere Stämme wieder vereinigen sich zu einem **Gross-Kaïdat** oder **Arralik** (gewöhnlich Aghalik geschrieben) unter der Leitung eines **Kaïd el Kiad** (d. h. Kaïd der Kaïde = Oberkaïd) oder **Arra** (Agha). Mehrere Arraliks wieder bilden nicht selten einen Complex, dem ein **Basch-arra** (Ober-Arra) oder **Khralifa** vorsteht.

Der **Scheikh** wird auf Präsentation durch den Kaïd von dem Subdivisionscommandanten ernannt. Er hat alle die Obliegenheiten eines französischen Maire's, namentlich handhabt er die Polizei in seinem Bezirke, schlichtet Streitigkeiten, hilft bei der Ausschreibung und Eintreibung der Steuern und dergleichen. Ihm zur Seite steht die **Dschema**, ein Rath aus den Vornehmsten der einzelnen Ortschaften.

Der **Kaïd**, der von den einflussreichsten Mitgliedern des Stammes gewählt wird, erhält auf Präsentation des Subdivisionscommandanten seine Bestätigung vom Divisionscommandanten. Er hat vor Allem die Ausführung der Anordnungen der arabischen Bureaux zu überwachen und unter Assistenz der Scheikhs die Steuern seines Stammes einzutreiben. Auch beruft er die eingeborenen Reitercontingente ein, die zur Heeresfolge für die Expeditionen der französischen Truppen befohlen werden Selbst Geldstrafen bis zu 25 Frcs. kann er auferlegen.

Er erhält zwar noch keinen Gehalt, aber einen gewissen Procentsatz von den Steuern.

Die **Arra's** werden auf Proposition des Divisionscommandanten vom Kriegsministerium ernannt. Sie dürfen bereits Geldstrafen bis zu 50 Frcs. dictiren und commandiren die eingeborenen Contingente. Es giebt drei Classen dieser Beamten, für welche ein Jahresgehalt von 1200, 1800 und 3000 Frcs. ausgeworfen ist.

Gleichfalls vom Kriegsministerium werden die **Khralifa's** oder **Basch-Arra's** ernannt. Sie haben in den meisten Fällen eine Abtheilung einheimisches Militär, das von Frankreich Sold erhält, zu ihrer Disposition, um die Ruhe im Bezirke aufrecht zu erhalten. Doch können sie Nichts ohne Genehmigung des Subdivisionscommandanten thun. Die Höhe der Geldstrafen, die sie auflegen dürfen, beträgt 100 Frcs. Dieselben sollen namentlich gegen Solche zur Anwendung kommen, welche irgendwie in geringerer Weise, durch Verkauf von Waffen, Proviant und dergl., die Aufstände unterstützen. Das Gehalt, das diese Beamten neben einer Tantième an den Steuern und Geldstrafen beziehen, kann bis zu 12 000 Frcs. betragen.

Neben dieser eingeborenen Verwaltung besteht auch noch eine ebensolche Justiz. An der Seite jedes Kaïds fungirt nämlich ein Kadi („Richter"), der auf ein Zeugniss der Oberinstanz über seine juristische Befähigung hin vom Subdivisionscommandanten ernannt wird. Dieser Justizbeamte entscheidet über Civilklagen, leitet die Ehescheidung-Prozesse, führt die Eheschliessungsregister und ordnet die Nachlasssachen. Auch neben jedem Bureau arabe und unter Controle der Officiere, die dasselbe bilden, fungirt ein solcher „Richter". Insgesammt aber können sie ohne höhere Genehmigung keine Gefängniss- oder andere schwere Strafen auferlegen. Auch kann man von ihnen an die eingeborene Oberbehörde („midschles"), die in dem Hauptgarnisonsorte der Subdivision zusammentritt, appelliren. Die Einnahmen dieser Kadis bestehen in den Gebühren, die sie befugt sind für Acteneinträge und dergl. zu erheben und — was die Kadis in den Städten und bei den arabischen Bureaux anlangt, auch in einem Gehalte.

Diese complicirte eingeborene Organisation muss selbstverständlich durch die fortschreitende Vereuropäisirung Algeriens ganz von selbst mehr und mehr in den Hintergrund geschoben werden, wie sie durch das Ausserkrafttreten der arabischen Bureaux bereits eigentlich ihren Hauptzweck verloren hat.

Abgesehen übrigens von dieser doch immerhin nur schwachen Participation des eingeborenen Elements an der Regierung des Landes, sind für alle übrigen Zweige der letzteren, für Criminaljustiz, für die Steuerverwaltung, für die Verkehrsregelung u. s. w., europäische Instanzen mit europäischen, bez. französischen Gesetzen und Beamten geschaffen worden.

Schliesslich haben wir nur noch des Verhältnisses der Colonialregierung zur Regierung im Mutterlande zu gedenken. In dieser Beziehung ist zu erwähnen, dass in Angelegenheiten der politischen Verwaltung das Civilgouvernement gegenwärtig (früher war natürlich das Kriegsministerium einzig und allein die Oberbehörde) vom Ministerium des Innern, in den übrigen Verwaltungszweigen, den Militär- und Marineangelegenheiten, dem Unterrichts-, dem Cultus-, dem Finanz-, dem Communications- und Handelswesen, der Justiz und den öffentlichen Arbeiten, von den betreffenden Ministerien in Paris abhängt. In den parlamentarischen Köperschaften Frankreichs aber wird Algerien von drei Senatoren und drei Deputirten vertreten, welche die Colonie wählt.

In einer noch immer nicht völlig pacificirten, überseeischen Colonie sind begreillicherweise auch die Militärverhältnisse von höchster Wichtigkeit. Daher müssen wir auch ihnen noch ein kurzes Wort widmen.

Die Besatzung Algeriens bildet gegenwärtig das XIX. Armeecorps, welches nach den drei Provinzen in drei Divisionen getheilt ist. Diese wieder zerfallen in zwölf Subdivisionen (je unter einem

Brigadegeneral), nämlich die Division von Algier in fünf (Algier, Dellis, Aumale, Medea, Orléansville), die von Constantine in vier (Constantine, Bona, Setif, Batna), und die von Oran in drei (Oran, Maskara, Tlemsen).

Ihrer Zusammensetzung nach besteht diese Truppenmasse zunächst aus Regimentern aller Waffen, die aus Frankreich herüberdirigirt und nach 5 bis 6 Jahren durch andere Regimenter ersetzt werden. Man will so die ganze französische Armee die rauhe Schule des algerischen Dienstes durchmachen lassen. Und gewiss mögen Soldaten und Officiere in Algier auch viel lernen. Indess verlernen sie daselbst ebenso wieder Manches. Sie gewöhnen sich an den sogenannten kleinen Krieg, während sie Nichts für die grosse Kriegführung mit europäisch geschulten Feinden mitbringen, wohl gar in dieser letzteren Hinsicht an Tüchtigkeit verlieren. Namentlich vermag das Soldatenleben in Algier keine Strategen zu bilden, wie die Kriegsjahre 1870/71 gezeigt haben. Wohl aber haben die über undisciplinirte und schlecht armirte Haufen von Eingeborenen errungenen Siege wesentlich mit zum Emporwuchern des militärischen Chauvinismus in Frankreich beigetragen, der so viel Schuld an dem unglaublichen Misserfolg gegen Deutschland in den gedachten Jahren hatte.

Den anderen Theil der algerischen Besatzung bilden einheimische Soldaten, nämlich vier Regimenter Zuaven, drei Regimenter „algerische Tirailleurs" (Turcos), ein Regiment Fremdenlegion, drei afrikanische Bataillone, vier Regimenter Chasseurs d'Afrique und drei Spahis-Regimenter.

Aus eigentlichen Eingeborenen (Muhamedanern) bestehen indess nur die Turco-Regimenter und die Spahis. Dieselben dienen als Freiwillige unter gewissen Bedingungen. Ihr Zufluss wird durch ein variables Handgeld geregelt. Die Turcos sind namentlich an dem Turban, die Spahis am rothen Mantel kenntlich.

Der Effectivbestand der gesammten algerischen Truppenmacht beträgt 55 149 Mann und umfasst 43 Bataillone Fuss- und technische Truppen, 52 Escadrons Reiterei und 14 Batterien mit zusammen 84 Feldgeschützen.

Die Wehrpflicht dauert hier wie in Frankreich 20 Jahre, wovon jedoch nur ein Jahr Präsenzdienstzeit.

Daneben hat Algerien auch noch eine Art Miliz, die sogenannten Gum's. Es sind dies Aufgebote von eingeborenen Reitern, die von den Stammesoberhäuptern auf Befehl der Commandanten der regulären Armee zusammgezogen werden, um an Expeditionen, Recognoscirungen und dergleichen theilzunehmen.

Sie haben auf Lastthieren ihren Proviant und ihr Gepäck selbst zu befördern und werden, wenn man ihrer nicht mehr bedarf, wieder nach Hause entlassen.

Was die Marine angeht, so sind in Algier eine Dampffregatte, eine Segelfregatte und ein Transportdampfer stationirt. Der Befehlshaber ist ebenfalls dem Civilgouverneur unterstellt. Auch ist in der Residenz ein Seearsenal mit den nöthigen Werkstätten und Magazinen errichtet worden, dem ein Fregattencapitän vorsteht.

Hafenämter besitzen alle Häfen Algeriens mit Ausnahme von Collo, Philippeville und la Calle.

Das Schulwesen, für das die Franzosen bekanntlich überhaupt nicht einen so regen Sinn besitzen, wie beispielsweise die germanischen Racen, fand in Algerien, wie leicht begreiflich, besonders schwierige Verhältnisse. Trotzdem bietet sein gegenwärtiger Zustand im Allgemeinen ein recht erfreuliches Bild, welches nicht am Wenigsten dem Emporstreben zu danken sein dürfte, das in einer Colonie leicht nach allen Seiten hin sich geltend zu machen pflegt.

Natürlich haben wir dabei vorläufig nur die europäische Bevölkerung im Auge. Der Schulbesuch betrug unter ihr bereits 1850, wo doch die Zahl der Geburten noch kaum die der Sterbefälle erreichte, nicht weniger als $10°/_0$, ist aber seitdem bis auf $22°/_0$ der gesammten Kopfzahl gestiegen, ein so günstiger Procentsatz, wie er kaum in einem europäischen Staate angetroffen werden wird.

Es findet sich gegenwärtig wenigstens eine Volksschule in allen Gemeinden. Im Ganzen aber giebt es deren 662, nämlich 232 Knabenschulen, 229 Mädchenschulen, und 201 Anstalten, die für beide Geschlechter berechnet sind. Die Zahl der Schüler, die diese Bildungsstätten besuchen, beträgt 51592, welche sich auf 1260 Lehrer vertheilen. Kinderbewahranstalten zählt man 156, von denen 31 von Laien, 125 aber von geistlichen Bruderschaften geleitet werden. Ihre Kinderzahl belief sich auf 17000.

Selbst für Erwachsene ist noch gesorgt, indem von 180 Lehrern unentgeltliche Abendcurse abgehalten werden, die 1876/77 von ca. 3700 Personen besucht wurden. Es giebt auch 122 Schulbibliotheken im Lande, die zusammen 14632 Bände umfassen.

Was den höheren Unterricht angeht, so besitzt Algier zur Zeit elf dahin gehörige Anstalten, nämlich 2 Lyceen (in Algier und Constantine) und 9 Progymnasien, die zusammen von 31847 Schülern besucht werden.

Von Hochschulen hat das Land nur eine medicinisch-pharmaceutische Vorschule (in Algier) mit etwa 80 Schülern und drei Lehranstalten für das Arabische (in Algier, Oran und Constantine) mit etwa 60 Hörern aufzuweisen.

Als sonstige wissenschaftliche Institute bezieh. Sammlungen seien nur noch das Observatorium und die Bibliothek in Algier genannt. Die letztere, gegründet 1838, besitzt gegenwärtig 25000 Bände, darunter eine Anzahl schöner arabischer Handschriften.

Ungleich schlechter steht es natürlich mit dem Schulwesen bei den Eingeborenen. Nur ein besonderer Stamm Derselben, die Mzabiten, haben einen eigenen, geregelten Unterricht. Sonst lernen bei Berbern und Arabern die Knaben nur die nöthigen Gebete und allenfalls etwas Rechnen und Schreiben in den sogenannten Koranschulen, die bei den Moscheen bestehen, häufig aber auch Das nicht. Die Mädchen wachsen überall ohne Unterricht auf. Eine Ausdehnung europäischer Erziehungsweise auf die eingeborenen Kinder hat mit Ausnahme der Pfleglinge in den wenigen Waisenhäusern mindestens noch nicht in weiterem Umfang durchgeführt werden können, so schöne Früchte auch die hohe Begabung der jungen Araber dafür in Aussicht stellt. Nur bezüglich des höheren Schulwesens hat man auf die eingeborene Bevölkerung Rücksicht genommen.

Es wurden nämlich in Algier und Constantine arabische Gymnasien errichtet, die indess später mit den daselbst bestehenden französischen Lyceen verschmolzen.

Ausserdem bestehen noch drei vom Staat unterhaltene Hochschulen in Algier, Constantine und Tlemsen, in welchen junge Eingeborene zur Verwendung für allgemeine Unterrichts- und Verwaltungszwecke herangebildet werden sollen.

Schliesslich dürfen die Freischulen, welche die Missionare an manchen Orten, wenn auch bisher noch mit wenig Erfolg, zu unterhalten sich bemüht haben und die dagegen trefflich gedeihenden Arbeitsschulen für junge maurische Mädchen, welche hier und da von Damen etablirt wurden, um Dieselben in weiblichen Handarbeiten zu unterrichten, nicht unerwähnt bleiben.

In einem viel glänzenderen Lichte als der Fortschritt auf dem pädagogischen Gebiete wird sich uns die Entwicklung des algerischen Verkehrswesens zeigen, obgleich auch hier die Colonie häufig mit nicht geringen Schwierigkeiten zu kämpfen hatte. Was zuerst die Verbindung mit dem Mutterlande bez. der Aussenwelt betrifft, so wird dieselbe gegenwärtig namentlich von Marseille, aber auch von Cette aus direct oder über die Zwischenstationen Ajaccio einer- und Carthagena und Malaga andrerseits von fünf grösseren Gesellschaften, nämlich der Messageries maritimes, der Co. Valéry frères et fils, der Co. de navigation mixte, der Société générale des transports und neuerdings auch der Co. transatlantique unterhalten, so dass nahezu tägliche Gelegenheit von Frankreich nach Algerien und zwar nach allen seinen Hauptplätzen sich bietet. Durch die grosse Concurrenz sind Passagierpreise und Frachttarife sehr herabgegangen. Ausserdem fahren noch einige spanische Rheder nach Algerien, beispielsweise mit Valencia oder Alicante als Ausgangspunkt, während eine italienische Gesellschaft (Société Rubattino) von Marseille aus über Genua, Livorno und Cagliari (Sardinien) mit Tunis verkehrt und so auch der Verbindung Algeriens mit der Aussenwelt (von Tunis Bahn und Dampfschiff nach algerischem Terrain) dient. Auch einige englische, durch die Strasse von Gibraltar ostwärts laufende Dampfer berühren regelmässig algerische Häfen. Daneben besteht eine unterseeische Telegraphenlinie, welche von Port Vendres nach der Hauptstadt der Kolonie führt.

V. Die Bevölkerung Algeriens.

Im Jahre 1869 belief sich der Schiffsverkehr in den algerischen Häfen (Ausgang und Eingang) auf 6232 Fahrzeuge mit 1 125 343 Tonnen, wovon auf den Verkehr mit Frankreich 209 Schiffe mit 723 985 Tonnen kamen. Die algerische Handelsflotte, die sich indess meist nur mit Küstenschifffahrt beschäftigt, bestand 1869 aus 152 Segelschiffen mit 4609 Tonnen.

Betrachten wir die Verbindungs- und Verkehrsanstalten innerhalb des Landes selbst, so ist schon mit der zuletzt gegebenen Notiz gesagt, dass der Küstendienst ein verhältnissmässig flotter ist. Derselbe wird auch durch Dampfschiffe (Co. mixte und Co. Valéry) in der ganzen Ausdehnung des Marreb-Gestades, von Tunis bis Tanger, allwöchentlich (theilweise noch öfter) unterhalten.

Weiter sind alle Standorte von Subdivisionen mit der Divisionshauptstadt und diese Centren der Provinzen wieder mit Algier durch Telegraphenlinien verbunden.

Die Landstrassen der Colonie haben eine Gesammtlänge von 7267 km, für ein so ungeheures Territorium freilich eine noch immer zu geringe Zahl. Selbstverständlich kommt davon der Löwentheil wieder auf das Tell, beziehentlich gar nur auf das Küstengebiet, wo alle irgendwie nennbaren Ortschaften in dieser Weise verbunden sind, so dass hier ziemlich viel Routen sowohl in der Längen- als in der Breitenrichtung das Land durchkreuzen. Fast auf allen diesen Verkehrswegen fahren verhältnissmässig billige Diligencen, von denen viele zugleich den Postdienst vermitteln. Die Hochplateaus werden dagegen nur in der Richtung von Nord nach Süd von Strassen durchschnitten, von denen auch nur eine auf je eine Provinz kommt, nämlich im Westen Oran-Géryville, im Centrum Algier-Larruat und im Osten Constantine-Biskra (sowie die Seitenlinien Constantine-Tebessa). . Ein Wagenverkehr in der Längenaxe der Hochsteppenregion ist also noch nicht möglich. Von den genannten nordsüdlichen Heerstrassen aber haben wenigstens zwei, nämlich Algier-Larruat und Constantine-Biskra, einen regelmässigen Diligencendienst.

Die Sahara besitzt mit Ausnahme der eben erwähnten bis auf ihre Nordterrasse führenden Hochplateaulinien noch keine fahrbaren Strassen, sondern nur elende Karawanenreitwege.

Ein ganz anderes Gesicht zeigt das algerische Verkehrswesen seit dem Eisenbahnbau. Denn so wichtig auch der Schienenweg schon für civilisirte, volkreiche Länder sein mag, für wüste, unwegsame, ausgedehnte und gefahrdrohende Territorien ist er doch noch viel bedeutsamer. Dort dient er nur der Cultur, hier aber schafft er sie, dort ist er nur einer ihrer Hebel, hier geradezu die Bedingung.

Die Belege für diese Behauptung liefert namentlich Amerika, wo die Anlegung von Bahnen nicht, wie bei uns, die Ansiedlungen von Menschen nur verbunden, sondern solche in noch jungfräulicher Gegend geradezu aus dem Boden gezaubert hat.

Für Algerien aber musste das Dampfross von ganz besonderer Wichtigkeit sein. Denn die unermesslichen öden Strecken des Innern sind so zu sagen das Haupthinderniss für die Ausdehnung der Cultur. Wenn diese kolossalen Entfernungen reducirt, wenn die Küste, die Basis für alle Entwicklung der Colonie, dem Herzen des Landes näher gerückt wird, so sind damit alle anderen Uebelstände abgeschwächt. Die wilden Thiere werden verscheucht, die wilden Menschen leichter überwunden, bez. an die Cultur gewöhnt, die in Folge der Abgeschiedenheit vom Weltmarkte werthlosen Producte des Innern aber werthvoll gemacht und was dergleichen Vortheile mehr sind. Pacifikation und Civilisation der Provinz dürften dann erst umfassend und dabei zugleich auf raschere und billigere Weise möglich werden.

Selbst die verhältnissmässig noch dürftigen Anläufe, die bisher der algerische Bahnbau genommen hat und die sich immer erst auf das Tell erstrecken, haben schon Wunder gewirkt. Elende Dörfer, wie z. B. Affreville in der Scheliffebene, sind in wahrhaft unglaublich kurzer Zeit zu lebhaften Verkehrscentren emporgediehen und alte Trutzburgen des Araberthums, wie besonders Constantine, erscheinen von dem Hauche eines neuen Geistes schon halb modernisirt.

Die Länge der in Algerien bereits im Betrieb befindlichen Bahnen beträgt 1148 km. An dieser Zahl participiren die einzelnen Linien in folgender Weise:

1) **Algier-Oran**, 426 km, nach Eröffnung der Theilstrecke Algier-Blida im Jahre 1862, dem Verkehr in ganzer Länge 1871 übergeben. Sie gehört der französischen Eisenbahngesellschaft Paris-Lyon-Mittelmeer.

2) Von **Maison-Carrée** (an der vorgenannten Linie und am Golf von Algier gelegen) nach **Col des Beni Aïscha** (Knotenpunkt der Strassen nach Fort national und nach Constantine), 42 km lang. Eröffnet 1879. Erbauerin: die Co. de l'Est-Algérien.

3) **Tlelat-Sidi bel Abbes** (Zweigbahn der Linie Algier-Oran), 52 km. Eröffnet 1877. Erbauerin: Co. de l'Ouest-Algérien.

4) **Arzeu-Saïda**, 212 km. Eröffnet 1879. Erbauerin: Co. Franco-Algérienne.

5) **Philippeville-Constantine**, 87 km. Eröffnet 1870. Erbauerin die unter Nr. 1 genannte Gesellschaft.

6) **Constantine-Setif** (Theilstrecke der Linie Constantine-Algier), 156 km. Eröffnet 1879. Erbaut von der bei Nr. 2 genannten Compagnie.

7) **Bona-Aïn Mokhra**, 32 km. Eröffnet 1862. Erbauerin: Co. de Mokhra el Hadid.

8) **Bona-Guelma** (Theilstrecke der Linie Bona-Constantine), 90 km. Eröffnet 1877. Co. de Bône-Guelma et prolongements.

Im Jahre 1879 wurde auch bereits eine weitere Verlängerung dieser letzteren, nämlich bis Hammam-Meskhrutin, 19 km, dem Verkehr übergeben.

9) Bona-Suk Arras (mit Anschluss nach Tunis), 110 km, eröffnet 1879. Erbauerin die vorgenannte Gesellschaft. Die Fortsetzung bis Tunis, im selben Jahre dem Betrieb übergeben, ist beiläufig noch 195 km lang. Sie verkürzt die Seefahrt von Europa nach Algerien wesentlich. Reisende können nunmehr leicht über Carthagena-Oran eintreten und über Tunis-Palermo das Land wieder verlassen, oder umgekehrt.

Die noch unausgeführten Projecte sollen vorläufig die Gesammtlänge der algerischen Bahnen auf 3000 km bringen und zu den eben genannten Strängen, die im Allgemeinen (nach der nahe bevorstehenden Vollendung der Strecke Setif-Algier) eine fortlaufende Küstenlinie von Tunis bis an die marokkanische Grenze darstellen werden, Flügelbahnen nach den Hochplateaus und der Wüste (Constantine-Biskra, Medea-Larruat, Saïda-Géryville hinzufügen.

Trotzdem, dass auch die obengenannten Bahnen, wie Alles, was an Algerien gethan wird, in der Hauptsache noch nur „Saat auf Hoffnung" sind, so rentiren sie doch zumeist bereits befriedigend. Beispielsweise betrug für die Hauptlinie Algier-Oran 1875 die Einnahme 3 970 279 Frcs., die Ausgabe 3 215 930 Frcs. Es ergab sich also ein Ueberschuss von 754 349 Frcs. (81 % der Ausgaben).

Bei der Linie Philippeville-Constantine bezifferte sich der letztere sogar auf 875 427 Frcs.

In ein ganz neues Stadium ist der Bahnbau der Provinz durch das Project der transsaharischen Bahn getreten. Durch die Ausführung dieses grossartigen Gedankens würde ja das Ziel der algerischen Bahnen theilweise verändert werden. Sie würden nicht mehr nur Wege nach dem Meere sein, sondern auch Wege ins Innere Afrika's abgeben, würden aufhören, Sackbahnen vom Mittelmeer in die Wüste darzustellen und sich in Durchgangsbahnen von jenem hochwichtigen (relat.) Binnenmeere zum atlantischen Ozean verwandeln. Man sieht schon aus diesen wenigen Worten, wie ihnen und damit der ganzen Colonie eine ganz neue Perspective eröffnet wird. Wir müssen daher das grosse Project, zumal dasselbe jetzt einen Gegenstand des allgemeinen Interesses bildet, noch etwas eingehender besprechen.

Der Plan, von Algier aus eine Bahn in die Sahara und weiter zu führen, verdankt seinen Ursprung verschiedenen Umständen. Einmal hat ja Frankreich seit den Niederlagen von 1870/71 immer, wenn auch in aller Stille, das Verlangen gehegt, seine verblichene Gloire durch irgend eine Grossthat wieder aufzufrischen. Dann musste auch das stete Vorrücken Englands, sein bekannter Handstreich im Betreff des Suezkanals, sein wachsender Einfluss in Aegypten und sein gleichzeitiges Avanciren vom Cap her, bezieh. seine Pläne hinsichtlich des Unterlaufs des Niger zu Thaten reizen.

Dazu kam die rasch vorschreitende Erschliessung Asiens und die viel ventilirte Frage der Anlegung von Bahnen dortselbst, die ja auch diesem Landkoloss erst Leben geben würden, sowie die immer intensivere Erforschung Afrikas auch von Westen her; der je länger je mehr drohende Verfall Marokkos und die damit wachsende schlimme Aussicht, dass auf dessen Terrain eine andere Macht Einfluss gewinnen, den Saharahandel, der von den Arabern seit der Invasion der verhassten Christen in Algerien überhaupt von diesem seinen uralten Markte mehr westwärts und nach dem atlantischen Ocean zu geleitet und damit theilweise den Engländern in die Hände gespielt worden ist, an sich reissen und Algerien umgehen könne.

Auch macht sich ja schon seit einiger Zeit innerhalb Frankreichs, documentirt durch das rapide Steigen der Staatspapiere, sowie durch die fünfzig- und hundertfachen Ueberzeichnungen der Staatsanleihen, die keineswegs Symptome des Gedeihens, sondern eher des Rückgangs sind, ein Stagniren der Grosscapitalien bemerkbar, welches neue Wege, auf denen diese so zu sagen todten Gelder wieder zu Leben und Thätigkeit kämen, höchst wünschenswerth erscheinen lässt.

Weiter konnte natürlich das plötzlich allgemein gewordene, namentlich auch in Deutschland immer mächtiger auftauchende Verlangen nach Colonien in Frankreich nicht ungehört verhallen und musste wieder einmal die Frage, was zur grösseren Belebung der Besitzungen in Algerien wie am Senegal zu thun sei, in den Vordergrund stellen.

Solchen Erwägungen kam ja auch die in den letzten Jahrzehnten gerade durch französische Reisende, namentlich Duveyrier, so geförderte Kenntniss der Sahara, in Folge dessen dieselbe nahezu alle ihre alten Schrecken eingebüsst hatte, entgegen.

Auf diese Weise war denn also der Boden der öffentlichen Meinung in Frankreich wohl vorbereitet, als um die Mitte der 70er Jahre der schon früher aufgetauchte Gedanke einer transsaharischen Bahn zum ersten Male ernstlicher ins Auge gefasst wurde. Es geschah Dies durch Duponchel, einen in seinem Fache äusserst tüchtigen Ingenieur, der daneben auch mit den algerischen Verhältnissen wohl vertraut war.

Sehen wir einmal zu, wie derselbe seine Ansichten in einem grösseren und mehreren kleineren Werken, die er der Sache gewidmet hat, darlegt! Zuerst versucht er den ungeheuren Nutzen einer solchen Bahn zu beweisen.

Jedes Jahr zur nämlichen Zeit, heisst es da, gehen von den Grenzen der Provinz Oran Karawanen ab, die mitunter bis 20 000 Kamele zählen, um die Oasen von Gurâra mit Gerste zu versehen und von da im Tausch Datteln zurückzubringen. Es werden dabei in den Oasen gewöhnlich auf ein Mass Gerste 3 Mass Datteln gegeben, während bei der Rückkehr auf die Plateaus das umgekehrte Verhältniss waltet.

Sonach bewirkt also der blosse Transport nahezu eine Verzehnfachung des Verkaufspreises der betreffenden Tauschobjecte. Indess vertheilt sich dieser bedeutende Gewinn bei der vielen auf die Reise verwendeten Zeit derartig, dass der Lohn für ein Lastthier sammt Führer auf den Tag nicht mehr als 1 Frc. 50 Cents. beträgt und der Tarif pro Kilometer Tonne 0,50 Cents. nicht übersteigt. Bei solchen Verhältnissen könnte den Eingeborenen auf keinem anderen Wege als durch eine Eisenbahn Concurrenz gemacht werden.

Wird eine solche aber selbst auch nur erst für die 1000 km lange Strecke bis zu den Oasen von Tuat fertig gestellt, so würde dieser Dattel- und Getreidehandel, den man auf mindestens 100 000 metr. Centner schätzen darf, selbst nach Abzug von 80 % für den Transport, gleichwohl noch eine sichere Einnahme von 10 000 Frc. auf den Kilometer ergeben, eine Summe, die nahezu allein schon hinreichte, um die Zinsen des Baukapitals dieser Theilstrecke der transsaharischen Bahn zu decken.

Noch viel günstiger aber liegen die Verhältnisse für eine Fortsetzung derselben nach dem Sudan. Gegenwärtig bezieht nämlich die Sahara von dort Sclaven, Goldsand, Straussenfedern, Elephantenzähne, Wachs und Rauchwaren. Dagegen importirt sie dorthin nur einen, aber dafür um so kostbareren Artikel, das Salz, das sie in Masse besitzt, während es dem Lande der Schwarzen gänzlich fehlt. Es ist deshalb den ärmeren Classen dort völlig unzugänglich und wird vielfach durch Pflanzenaschenlauge ersetzt.

Gleichwohl beläuft sich die Zahl der Kamele, die alljährlich in den verschiedenen Salinen der Sahara mit Salz belastet werden, auf nicht weniger als 20—30 000, das heisst, es beträgt, die Belastung eines Kamels im Durchschnitt nur auf 150—200 kg veranschlagt, die totale Ausfuhr an diesem Artikel ca. 15—20 000 Tonnen. Schon diese Höhe des Salzexports eröffnet für die transsaharische Bahn eine günstige Perspective. Und doch ist es nach dem oben Angeführten gar nicht fraglich, dass der Consum in diesem Artikel sich bei einer Herabminderung der Preise noch immens heben wird. Müssten doch nach dem Massstab europäischen Salzverbrauchs auf die 50 Millionen Menschen, die wir für den Sudan annehmen können, jährlich 500 000 Tonnen (10 Pfund pro Kopf) kommen.

Und welchen Gewinn verheisst daneben nicht der Export, da im Sudan Reis, Baumwolle, Indigo wild wachsen und Sesam, Erdnuss und unzähliges Andere in Fülle gedeiht, gar nicht zu reden von dem famosen Butterbaum, von welchem Caillé Wälder in einer Länge von 200 franz. Meilen sah, oder von dem Zuckerrohr, das Barth in Bornu fand, oder dem Kaffee, der im Gebiet der äquatorialen Seen wächst.

Gewiss, eine Eisenbahn in dieses beiläufig an Ausdehnung Frankreich 7 mal (400 Mill. ha) übertreffende, Hindostan aber mindestens erreichende Gebiet würde wahrhaft wunderbare Resultate erzielen.

Dazu hat ja der Sudan den Vorzug, eine für die härtesten Arbeiten des Ackerbaues unter den Tropen geeignete einheimische

Negerbevölkerung zu besitzen, die gegenwärtig, wie schon erwähnt, sicher mindestens 50 Mill. Köpfe umfasst, eine Zahl, die sich in einem halben Jahrhundert verdoppeln würde, wenn nur die furchtbare Abzugsquelle des Sclavenhandels versiegte, die in diesen Gegenden noch immer unterhalten wird und jährlich an 50 000 Menschen entführt, während dem ganzen elenden Treiben mindestens 500 000 Opfer jedes Alters und Geschlechts zur Last fallen.

Ausserdem würde Frankreich, wenn es diesem schändlichen Handel im Sudan ein Ziel setzte, auch diese grosse schwarze Bevölkerung für sich gewonnen und schon damit festen Fuss daselbst gefasst haben.

Duponchel berechnet den Umsatz, der sich dann unter Ausbeutung der agrarischen und commerciellen Vortheile des Sudan auch nur durch 60 000 Franzosen nach dem Massstabe des in Algerien und am Senegal Erreichten ergeben würde, auf rund eine Milliarde.

Erinnern wir uns neben diesen mercantilen Verheissungen an die kolossale politische Bedeutung, die nach unseren, in der Reisebeschreibung (2. Kap.) gegebenen Andeutungen die transsaharische Bahn haben würde, daran, wie durch sie — um es noch einmal kurz zu sagen, im Grunde der ganze ungeheure Nordwestflügel Afrikas in Frankreichs Gewalt käme, so kann über die Zweckmässigkeit einer solchen Anlage kein Zweifel mehr aufkommen, selbst wenn man Duponchel's Hoffnungen in manchen Punkten für zu sanguinisch hielte.

Ein Anderes ist es mit der Möglichkeit ihrer Ausführung, die von Vielen absolut verneint wird. Indess auch hierüber beruhigt uns unser Gewährsmann, und zwar mit grosser Sachkenntniss und Nüchternheit.

Zunächst weist er, um auch Kleinmüthigere wenigstens zu einer Discussion zu bewegen, auf die amerikanische Pacificbahn hin, die von Ocean zu Ocean eine Gesammtlänge von 5616 km hat, auf eine Strecke von 2700 km ein überaus ungünstiges Terrain durchzieht, vier hohe Gebirgsrücken überschreitet, von denen der bedeutendste bis 2300 m ansteigt, Plateaus von 1800 m Seehöhe durchschneidet, auf denen der Schnee monatelang liegt, und durch Schluchten eilt, in denen nur Galerien aus starkem Balkenwerk, welche in der Sierra Nevada beiläufig bis 70 km lang sind, vor Lawinen schützen. Trotz Alledem aber überstiegen die Baukosten nicht 200 000 Frcs. per Kilometer.

Und vom ersten Jahre an gab die Bahn, die im Ganzen einen Aufwand von 515 000 000 Frcs. (250 000 000 Actiencapital, das Uebrige Staatssubvention) erfordert hatte, 72 000 000 Frcs. Bruttoertrag, der die Betriebskosten und Zinsen des Anlagecapitals völlig deckt.

Die Länge der transsaharischen Linie aber würde von Larruat bis zum Niger nur 1920 km betragen, das ist ein Drittel weniger, als die eigentliche Pacificbahn (Omaha—San-Francisco, 3080 km). Ferner wären bei ihr keinerlei Kunstbauten, wie Tunnels, Dämme etc. nöthig.

Freilich scheint dafür das Klima, der Wassermangel, der Flugsand und die Feindseligkeit der Eingeborenen Schwierigkeiten zu bereiten. Allein was das Erstere anlangt, so würde der gesundheitsschädliche Einfluss der Sahara im geschützten Waggon, in welchem man im Fluge ihre Fläche durcheilt, ungleich geringer sein, als auf dem Rücken des trägen Kamels. Auch wirkt weniger die Tageshitze als die Nachtkälte der Wüste, die oft eine Differenz von 40 Grad bewirkt, störend auf den menschlichen Körper. Im Eisenbahnwagen aber kann man sich gegen die Kühle hinreichend schützen.

Die Furcht vor dem Wassermangel sodann wird hinfällig durch den bekannten unterirdischen Wasserreichthum der Sahara. Colomieu behauptete, dass man in ihrer ganzen Ausdehnung keine 50 km übersteigende Entfernung zu finden vermöge, nach der man nicht wieder durch Bohrungen das erquickende Nass gewänne. Im schlimmsten Falle könnte durch Röhrenleitungen geholfen werden. Duponchel veranschlagt übrigens das für den Betrieb einer 2000 km langen Eisenbahn auf 24 Stunden nöthige Wasser (drei Züge nach jeder Richtung gerechnet) auf nicht mehr als 4000 cbm. Die Kosten der Reservoiranlagen, Leitungen und Maschinen würden 50 Mill. Frcs. nicht überschreiten; dazu käme eine jährliche Unterhaltungssumme von 400 000 Frcs., so dass sich für dieses Bedürfniss eine Ausgabe von 25 000 Frcs. per Kilometer ergäbe, d. h. etwa so viel, als der Ankaufspreis des Terrains zu den französischen Bahnen beträgt.

Auch der Flugsand ist nicht so schrecklich, als man meint. Die Dünen, von denen man früher glaubte, dass sie die ganze Wüste einnähmen, bedecken nur etwa ihren neunten Theil. Unter dem dörrenden Einfluss dieser treibenden Sandmassen können wohl die Schläuche der Reisenden vertrocknen und dadurch der Tod der Letzteren herbeigeführt werden, doch vermögen die Staubwirbel nicht einen einzigen Cadaver, geschweige denn, wie man früher fabelte, eine ganze Karawane zu bedecken. Im Gegentheil würde der Wind die Sandmassen von dem ebenen Bahnkörper nur um so leichter wegfegen. Unterwaschungen bei Dammbauten können durch eine gute Steingrundlage und durch Anpflanzung von Halfa oder Quecken auf den Böschungen verhindert werden. Bei der Passage durch die hohen Sanddünen der Centralsahara endlich würde man Schutzwände (parasables) bez. gewölbte Gallerien anbringen müssen. Vielleicht bietet gerade dieses Gebiet grössere, sicher aber nicht unüberwindliche Schwierigkeiten.

Dagegen kann die Feindseligkeit der Eingeborenen nicht bange machen. Denn diese Letzteren sind ja Händler und werden, wie dies die Mzabiten gethan, bald ihren Vortheil begreifen. Auch dürften im Nothfall einige Kanonenschüsse viel nützen. Sogar die Tuaregs dürften, als Bahnwächter angestellt, bald ihr bisheriges Räubermetier aufgeben.

Was die Ausführung selbst betrifft, so werden Marokkaner,

Spanier, Neger, Berber u. s. w. bald eine ganze Armee bilden, die in Sectionen den Bau ausführt. Das Material müsste von Algier und Frankreich in solcher Beschaffenheit herzuführt werden, dass es sofort verwendbar ist. Der Schienenstrang würde eingleisig sein, nur die Kunstbauten wären auf zwei Gleise zu berechnen.

Für die Richtung der Linie sind drei Wege möglich, erstens der westliche, über Igeli und durch das Thal des Gir, mit der Provinz Oran correspondirend, nicht zu empfehlen, weil auf marokkanischem Boden laufend und daher Unruhen ausgesetzt; zweitens der östliche, über Uargla und längs des Thales des Mia, mit der Provinz Constantine correspondirend, ebenfalls nicht anzurathen, weil ungesunde Gegenden zu durchschneiden und Höhendifferenzen von 1400 m auszugleichen wären; drittens der mittlere, über Larruat und an den Ufern des Lua entlang, mit der Provinz Algier correspondirend.

Dieser letztere wird von Duponchel am Meisten empfohlen und zwar hauptsächlich, weil der Abstieg auf der Südseite des Atlas dort wenig steil ist, der Aufstieg auf die Atlasplateaus aber durch Benutzung des Scheliffthales, das auch bis an den Südrand der Hochebenen verfolgt werden könnte, gleichfalls leicht sein würde. Weiter käme diese Trace, die gerade in das Herz des algerischen Landes führt, auch den militärischen Interessen am Meisten entgegen, endlich aber müsste sie auch vom commerciellen Gesichtspunkt aus die Günstigste genannt werden, da sie einmal die reichen, handeltreibenden Oasen der Mzabiten berühren, sodann aber auch die Ausbeutung des ungeheuren Halfa-Gebietes, das sich von Borrar bis in die Gegend von Larruat erstreckt, in grossem Massstabe möglich machen würde. Man könnte von letzterem Artikel per Jahr leicht 4 000 000 Tonnen ausführen. Da die Tonne in den Ausfuhrhäfen mit 130—135 Frcs. bezahlt wird, die Kosten für Einernten und andere Spesen 60 Frcs. aber kaum erreichen würden, so blieben noch ca. 80 Frcs. pro Tonne oder im Ganzen 32 000 000 Frcs. übrig. Veranschlagt man die Betriebskosten der Bahn zu 10 000 Frcs. per km, so würde, da die Bahn von Affreville bis Larruat eine Länge von 373 km hätte, bereits eine Ausbeute von 100 000 Tonnen zur Deckung der Betriebskosten und Verinteressirung des Anlagekapitals dieser ersten Theilstrecke (ca. 82 000 000 Frcs.) genügen.

Die zweite Section, von Larruat bis zum Niger, hätte über Golea zunächst nach Bugemma, der ersten der Oasen von Augerut, zu laufen. Auf dieser 660 km langen Strecke würden die Schienen fast auf den Boden selbst gelegt werden können und nur einige Vorkehrungen wegen Versandungen und eine Wasserleitung von 300 km Länge nöthig sein. Die Kosten des Baues der ganzen Strecke würden sich auf etwa 32 750 000 Frcs. belaufen.

Von Bugemma bis Taurirt, der letzten Augerut-Oase, würde die Bahn 360 km messen und 14 400 000 Frcs. Kosten verursachen.

Es blieben von da bis zum Niger noch 900 km zu überwinden, doch weiss man freilich über diese Strecke noch sehr wenig. Der Boden südlich von Tuat soll zunächst kreidehaltig oder steinig sein und eine unermessliche, vegetationslose Ebene (Tangeruft genannt) darstellen, durch welche die Karawanen 10 Tage lang einen Weg an bleichen Gebeinen vorbei zu machen haben.

Vom 21. Breitengrade an hebt sich das Terrain. Largeau erwähnt hier drei grosse Süsswasserseen. Im Allgemeinen aber werden die Schwierigkeiten auf dem ebenen Boden nicht gross sein. Die Wasserversorgung allein würde 9 000 000 Frcs., der gesammte Bau bis Bamba aber nicht mehr als 30 000 000 Frcs. verschlingen.

Von Bamba aus würde ein Strang nach Burrum und einer desgleichen nach Timbuktu führen. Beide würden 300 km messen und einen Aufwand von 46 900 000 Frcs. verursachen.

Ueberblicken wir nun einmal das Gesammtresultat der Voranschläge Duponchel's, so würde der Schienenstrang von Affreville bis zum Niger 2574 km lang sein und folgende Ausgaben nöthig machen:

für die Anlage des Bahnkörpers	237 800 000	Frcs.
„ „ „ der Wasserstationen	20 214 000	„
„ „ „ von Doppelgleisen etc. . . .	7 722 000	„
„ „ „ „ Sandschützern	16 000 000	„
„ „ „ „ Telegraph.(pro km 4000 Frcs.)	10 296 000	„
„ „ „ „ Bahnhöfen und Stationen .	5 000 000	„
„ „ „ „ Lagerhöfen und Remisen .	5 000 000	„
„ Zinsen des Baukapitals auf 2 Jahre . . .	20 000 000	„
„ Wagen und Locomotiven (à 15000 Frcs. pr. km).	30 620 000	„
Verschiedene und unvorhergesehene Ausgaben .	47 348 000	„
	Sm. Sa. 400 000 000	Frcs.

Um über diese allerdings hohe Ziffer zu beruhigen, weist Duponchel nun noch eingehender auf die commerciellen Chancen der Bahn hin. Der Import des Auslands nach Frankreich beträgt 1 000 000 Tonnen. Wenn nun Centralafrika nur den 10. Theil davon liefert, so ist das genug, um den Importbetrieb der Bahn nach dem Mutterland zu unterhalten. Vor Allem wird der Sudan Oelfrüchte und Palmöl, Baumwolle, Rohhäute, Indigo, Reis und Gummi, späterhin Zucker, Seide, Tabak, Kaffee und Cacao geben, dafür aber Gewebe, verarbeitete Metalle, Luxusartikel und Salz beziehen.

Namentlich würde die betreffende Eisenbahncompagnie, wenn sie sich das Monopol des Verkaufs des letzteren auf den Märkten am Niger ertheilen liesse, einen jährlichen Gewinn von wenigstens 20 000 000 Frcs. erzielen, der die Zinsen des Kapitals für die erste Anlage deckte.

Um zu zeigen, wie der Handel der Linie beschaffen sein müsste, wenn er die Betriebskosten und die Zinsen des Anlagekapitals von 400 000 000 Frcs. decken soll, stellt Duponchel folgende interessante Tabelle auf:

Name der Waren.	Tonnenzahl.	Zahl der beim Transport zu durchlauf'km	Tarif à km	Tarif Total.
			Frcs.	Frcs.
I. Import nach Frankreich od. Algerien:				
Halfa von den algerischen Hochebenen	50 000	400	0,05	1 000 000
Datteln aus den Oasen	1 500	1 500	0,10	2 250 000
Verschiedene Producte von ebendaher	5 000	1 500	0,10	750 000
Oelkörner und Oelfrüchte aus dem Sudan	50 000	2 500	0,03	3 750 000
Diverse Erzeugnisse, Felle, Gummi, Indigo, Baumwolle	20 000	2 500	0,10	5 000 000
II. Export aus Frankreich bez. Algerien:				
Verproviantirung der Militäretablissements in Algerien	10 000	400	0,10	400 000
Verproviantirung des Sudans und der Sahara	20 000	2000	0,10	4 000 000
Verproviantirung der Oasen mit Getreide	30 000	1 500	0,10	4 500 000
Versorgung des Sudans mit Salz (Nettogewinn)	50 000	200	0,10	10 000 000
Manufacturwaren und verschiedene Producte	30 000	2 500	0,10	7 500 000
III. Passagiere.				
Civil und Militär, 50 000 pro anno		2500	0,05	6 250 000
Sa. Sm.	266 500			45 400 000

Trotz dieser günstigen Chancen fürchtet Duponchel doch, dass das immer misstrauische Kapital sich nicht zur Zeichnung bewegen lassen wird, wenn nicht der Staat eine Zinsengarantie gewährt. Ja er will, dass dieser noch mehr thue, nämlich unter seiner Aegide eine Actiengesellschaft mit höchstens 100 bis 150 000 000 Frcs. sich bilden lasse, dass er sodann eine Anleihe ausgebe, mittels deren er durch jährliche Vorschüsse zu 4 % den Ueberschuss der Baukosten decke und je nach Bedürfniss auch die Unzulänglichkeit der Betriebseinnahmen, die übrigens durch die 5 procentigen Zinsen des Actienkapitals vermehrt werden würden, übertrage.

Sobald die Einnahmen nicht nur die Betriebskosten und die Zinsen für die Actionaire aufwögen, sondern noch einen Ueberschuss ergäben, würde auf Amortisation der Staatsdarlehen Bedacht genommen werden. Sei diese beendigt, so würde der Haupttheil des Ueberschusses der Gesellschaft, der Rest aber dem Staate zufallen.

Duponchel bleibt aber bei diesen Aufstellungen für eine Bahn Algier-Niger nicht stehen, er denkt auch bereits an die Weiterführung derselben, nämlich östlich nach dem Tsadsee und westlich nach dem Senegal mittelst der Naturwege des Benue und des Niger.

Auch über die Art und Weise der Ausführung des Baues giebt er schätzbare Winke. Er will, dass man mit 3000 Arbeitern, die sich für das erste Jahr leicht auftreiben lassen werden, anfangen solle. Man würde damit 300 km pro Jahr vorzurücken vermögen. Mit der zunehmenden Kopfzahl eines solchen Arbeiterheeres würde diese Schnelligkeit beträchtlich erhöht werden, so dass man in 4—5 Jahren den Niger erreicht haben könnte. Hätte man dann eine Arbeiterzahl von 15 000, so könne der Weiterbau in das Herz des afrikanischen Continents hinein mit einer jährlichen Schnelligkeit von 12—1500 km betrieben werden.

Endlich sucht Duponchel unter Hinweis auf Das, was England in ähnlicher Hinsicht bezüglich Australiens erreicht hat, noch die Möglichkeit einer theilweisen Beholzung der Steppen der Sahara nachzuweisen, was ihm auch bei allen Denen geglückt sein dürfte, die die wahre Natur des grossen Wüstengebiets, seinen verborgenen Reichthum an Wasser und die wenn auch vereinzelten Wälder, die es hier und da jetzt schon trägt, kennen.

Es konnte natürlich nicht fehlen, dass derartige, wenn vielleicht auch im Einzelnen übertriebene, so doch im Allgemeinen gewiss überzeugende Ausführungen Anklang im französischen Volke finden mussten. Bald sprach alle Welt nur noch von der transsaharischen Bahn. Ja die Bewegung verpflanzte ihre Wellen sogar bis in die Mitte der parlamentarischen Körperschaften und selbst bis in die Kreise der Regierung hinein.

Am Besten kennzeichnet diese ganze Entwicklung das Schriftstück, welches in der so wichtigen Sache von dem Minister der öffentlichen Arbeiten an den Präsidenten der Republik gerichtet wurde und das daneben den officiellen Anfang des grossartigen Unternehmens, seinen eigentlichen Grundstein, bildet. Da dasselbe zugleich auch noch in anderer Hinsicht interessant ist, sei es hier im Wortlaut mitgetheilt:

Paris, den 12. Juli 1879.

Herr Präsident,

Die Entdeckungen der Reisenden in den letzten Jahren haben bewiesen, dass Central-Afrika weit entfernt ist, Das zu sein, was man vermuthete.

Da, wo man nur unermessliche Wüste und unfruchtbare Landstriche annehmen zu müssen glaubte, leben im Gegentheil erwiesener Massen grosse Massen von Menschen in einem Zustande, der mehr oder weniger einer Halbcivilisation gleichkommt. Städte, die durch die Zahl ihrer Einwohner in Wirklichkeit bedeutungsvoll sind, erheben sich an den Ufern von Seen und längs der fliessenden Gewässer. Selbst die Sahara ist nicht so beschaffen, wie sie nach unvollständigen und oberflächlichen Beobachtungen geschildert wurde. Der Flugsand, den man auf weite Strecken hin für ein unüberwindliches Hinderniss hielt, ist in Wahrheit nur eine locale Erscheinung, und fast überall zeigt der Boden eine feste Beschaffenheit, so dass er sich in keiner Weise von europäischem Terrain unterscheidet.

Das Sudân dürfte wohl der ansehnlichste Theil dieses ungeheuren Terrains sein. Seine Bevölkerung wird von glaubwürdigen Reisenden auf mehr als 100 Millionen Seelen geschätzt. Ein grosser Fluss, der Niger, durchfliesst die Hälfte seines Gebiets. Die Bewohner sind arbeitsam und die Grundbedingungen für einen internationalen Handel scheinen in hohem Grade vorhanden zu sein. Von zwei Seiten, von Algerien aus und mittelst des Senegal, kann dieses Land erreicht werden, allerdings nicht ohne dass vorher mehr oder minder beträchtliche Schwierigkeiten überwunden worden sind. Das Problem hat bereits seit 20 Jahren eine Masse Köpfe beschäftigt, jetzt aber scheint der Augenblick gekommen, seine endgiltige Lösung herbeizuführen.

Schon sind es zwei Jahre, dass ein Oberingenieur der öffentlichen Wege, Duponchel, von der Regierung ermächtigt wurde, sich nach Algerien zu begeben, um daselbst die Informationen, in deren Besitz man bereits war, sowohl hinsichtlich der Beschaffenheit des Sudans, wie derjenigen der Sahara, zu erweitern. In der That hat nun auch dieser Mann, indem er sich auf verschiedene bedeutsame Berichte, namentlich Duveyrier's stützte, indem er ferner Ergänzungen dazu seitens der Führer von Karawanen sich verschaffte, sowie mannigfache Aufklärung bei altbewährten Officieren, denen reiche Erfahrung aus den militärischen Streifzügen im Süden von Algerien zu Gebote stand, einholte, und endlich auch für seine eigne Person eine Erforschungstour am Nordrande der grossen Wüste ausführte, ein sehr interessantes Schriftstück zu liefern vermocht, welches die Möglichkeit einer Verbindung mit dem Niger mittelst einer Eisenbahn von einer Gesammtlänge von 2000 km klar erkennen lässt.

Wie kühn auch ein solcher Gedanke erscheinen mag, so darf man ihn dennoch nicht für unausführbar halten, angesichts der wunderbaren Resultate, die der menschliche Geist erreicht hat, angesichts besonders des grossen Schienenstranges, der San Francisco mit New-York, trotz Hindernisse aller Art, auf eine Strecke von 6000 km verbindet. Eine Eisenbahn von Algerien an den Niger, so sie zu Stande kommt, wird sicher weniger Kosten verursachen, als die Durchstechung des Isthmus von Panama, in der Gestalt wenigstens, wie sie vor Kurzem von dem internationalen Congress, der unlängst in Paris tagte, beschlossen wurde.

In Folge des Duponchel'schen Berichts glaubte auch ich nicht unthätig bleiben zu dürfen. Ich bildete vielmehr aus einigen hervorragenden Gliedern meines Personals eine vorläufige Commission, und forderte ihr Urtheil über den Werth der von Duponchel entwickelten Ideen ein. Nach einer eingehenden Berathung hat diese Commission am 12. Juni ein motivirtes Gutachten abgegeben, dessen Schlussthesen ich hiermit vorlege:

„1) Die Commission ist der Ansicht, dass im Sudan die Bevölkerung eine zahlreiche, der Boden ein fruchtbarer ist und Natur-Reichthümer vorhanden sind, die der Ausbeutung werth erscheinen. Es ist von ausserordentlicher Wichtigkeit, dass für die letzteren commercielle Abzugscanäle eröffnet werden, mit der Richtung auf die französischen Besitzungen, welche dafür die günstigste Lage haben.

„Gut wäre es auch, wenn Frankreich, nach dem Vorbild von England, im Innern von Afrika so viel als möglich dem Sclavenhandel entgegenzuarbeiten suchte, der durch die Karawanen an der Grenze seines unbestrittenen Territoriums und inmitten der Lande ausgeübt wird, die anerkanntermassen von der Macht der Paschas von Algier abhängig waren und über die nun Frankreich alle Rechte in der Hand hat.

„2) Um dieses doppelte Resultat zu erreichen, ist die Eröffnung einer Eisenbahn nothwendig, die unsere algerischen Besitzungen mit dem Sudan verbände.

„3) Ebenso dringend scheint es geboten, den Senegal mit dem Niger in Communication zu bringen.

„4) Die Erörterungen oder Vorarbeiten, die dazu ins Werk gesetzt werden müssen, haben gleichzeitig vom Senegal und von Algerien auszugehen und die betreffenden Gesetzentwürfe müssen sich auf beide Linien erstrecken.

„5) Im Süden von Algerien erfordert die Ungewissheit, welche in Hinsicht auf Topographie, Klima, natürliche Beschaffenheit, Hilfsquellen und Bewohner gewisser Theile der Sahara besteht, mit Vorsicht vorzugehen, um Fehlgriffe und militärische Verwickelungen zu vermeiden.

„6) Geboten erscheint es zu gleicher Zeit, zur Anbahnung des Hauptprojects Vorstudien über eine Linie zwischen Biskra und Uargla vornehmen zu lassen, deren Länge 300 km betragen würde. Diese Bahn könnte das Hodna durchschneiden und so an die Linie Algier-Constantine angeschlossen werden. Bis nach Uargla dürften die gewöhnlichen militärischen Escorten von geringer Stärke zum Schutz der Operationen genügen.

„7) Jenseits Uargla gegen den Niger und nach allen anderen in Betracht kommenden Richtungen hin müssen die Erörterungen durch einzelne Persönlichkeiten ausgeführt werden. Die mit solcher Untersuchung beauftragten Männer werden auf eigne Verantwortlichkeit handeln, jedoch von der Regierung Instructionen und die nothwendigen Mittel erhalten.

„8) Es ist ein Credit von 200 000 Frcs. zu fordern, um damit sowohl die Kosten für die Vorarbeiten, als auch die Subventionen für Die, welche das Terrain zu sondiren haben, zu bestreiten."

Hätte ich nun auch nach diesem bedeutsamen Gutachten noch irgend ein Bedenken haben können, so würde doch selbst der letzte Zweifel überwunden worden sein durch den Strom der Begeisterung, der im Betreff dieser Frage gleichzeitig in den beiden Kammern sich bemerklich machte.

Im Abgeordnetenhause hat die Budgetcommission, die über ein Amendement von Paul Bert zu beschliessen hatte, durch den Mund ihres Berichterstatters Rouvier in folgenden Worten ihre Ansicht geäussert:

„Ihre Commission, meine Herren, kommt Dem, worauf sich dieses Amendement bezieht, mit grosser Sympathie entgegen. Afrika zieht mehr und mehr die Aufmerksamkeit der civilisirten Völker auf sich. Vor Allem aber muss Frankreich, das dem afrikanischen Continent viel näher liegt, als die meisten anderen Nationen, das ferner durch seine Besitzungen in Algerien, am Senegal und am Gabun sowie durch die zahlreichen französischen Handelsfactoreien, die sich längs der Westküste befinden, viel directer, als alle anderen Völker, an der Zukunft dieses Continents interessirt ist, auf alle Fälle Theil an der Bewegung nehmen, die Europa nach den afrikanischen Ländereien, deren Reichthümer man zu ahnen anfängt, hinzieht. Erheischt es nicht in der That die Sorge um die Grösse und das Wohl unseres Vaterlandes, dass wir uns an die Spitze dieser Bewegung stellen?"

Im Senat hat sich die Commission für das Eisenbahnwesen Algeriens kaum weniger deutlich ausgelassen. Ihr Berichterstatter Pomel schloss sein Referat über ein Amendement von Caillaux mit folgenden Sätzen:

„Die Majorität der Commission glaubte aus den eben angegebenen Gründen das Amendement Caillaux's ablehnen zu müssen. Indess erklärt sich die Commission einstimmig für die Vornahme von Vorarbeiten, die, wenn irgend möglich, die Ausführung der transsaharischen Linie anbahnen sollen. Sie ist durchdrungen von der Ueberzeugung, dass ein grosses patriotisches und nationales Interesse uns gebietet, zu eigenem Vortheil das Problem eines Zugangs zum Nigerbecken zu lösen und uns zum Vorkämpfer der Civilisation in den Gegenden zu machen, zu denen uns unser algerisches Frankreich die Wege ebnet."

Die Commission hatte sogar gewünscht, dass ein oberflächlicher Voranschlag für die Linie von Algerien nach dem Sudan aufgestellt würde. Wenn sie dann auf diese Idee verzichtet hat, so geschah es in Folge eines Versprechens, welches der Minister der öffentlichen Arbeiten von der Tribüne herab (Sitzung vom 5. Juli 1879) gab, nämlich dass er eingehendere Vorstudien veranlassen werde.

Gegenüber dieser Sachlage hat die Regierung also die Pflicht, mit aller Energie, wenn auch zugleich mit der nöthigen Vorsicht, auf der Bahn, die ihr vorgezeichnet ist, vorzugehen.

Ich habe dem zu Folge die Ehre, Ihnen, Herr Präsident, vorzuschlagen, dass Sie eine erweiterte Commission ernennen möchten, in welcher die verschiedensten Fachmänner vertreten sein müssten und zu der auch Mitglieder des Parlaments heranzuziehen wären. Diese Commission hätte als ihre Aufgabe den Entwurf eines Planes für die zu unternehmenden Vorarbeiten zu betrachten. Sie würde das Programm, das durch die vorberathende Commission bereits entworfen worden ist, weiter auszuführen haben. Sie würde sodann die Instructionen für Die, die mit der Untersuchung des Terrains betraut werden, verfassen. Sie würde weiter die Bedingungen bestimmen, unter welchen diese Untersuchungen angestellt werden müssen, um genügendes Material zu liefern, ohne jedoch das Vorgehen Frankreichs blosszustellen oder Menschenleben zu gefährden. Sie würde endlich alle erreichten Resultate zusammenfassen und von dem Ganzen eine entscheidende Darlegung zu geben suchen, die einen Schluss auf die praktische Ausführbarkeit einer Verbindung Algeriens und des Senegal mit dem Sudan vermittelst eines Schienenwegs ziehen liesse.

Was aber auch das Resultat eines solchen Unternehmens sein mag, immerhin würde schon der Versuch Frankreich zur Ehre gereichen. Derselbe dürfte aber auch insofern von wirklichem Nutzen sein, als dadurch in der bedeutsamsten Weise die Grundlagen für eine zukünftige Ausführung gegeben sein würden.

Wenn sie diese Ansicht theilen, Herr Präsident, so bitte ich, gegenwärtigen Bericht, gleicher Weise wie das beigegebene Decret, mit Ihrer Unterschrift versehen zu wollen.

Genehmigen Sie u. s. w.

Der Minister der öffentlichen Arbeiten.
Genehmigt. C. de Freycinet.
Paris, den 13. Juli 1879.
Der Präsident der Republik.
Gez.: Jules Grévy.

Von da ab hat die wichtige Angelegenheit einen immer energischer dem grossen Ziele zusteuernden Verlauf genommen. Die Kammern bewilligten einen, schliesslich noch mit 20 000 Frcs. überschrittenen, Credit von 480 000 Frcs. für die Aussendung einer „Sahara-Expedition" zur Vornahme von Untersuchungen und Vorarbeiten, und diese letztere ging denn auch bereits gegen Ende des Jahres 1879 nach Afrika ab. Sie war in drei Sectionen getheilt, mit je einem routinirten Reisenden an der Spitze. Die erste, welche das Terrain zwischen Südatlas und el Golea zu untersuchen hatte, wurde von Choisy geführt, die zweite, welche von der algerischen Südgrenze gegen den Nil vorgehen sollte, stand unter dem Befehl des Oberst Flatters, die dritte, mit der Bestimmung, vom Senegal über Timbuktu gegen Algier vorzurücken, hatte Soleillet zum Leiter.

Zwar erreichten diese Expeditionen in Folge von Anfeindungen durch die betreffenden Stämme ihre weitesten Ziele beim ersten Anlauf noch nicht. Indess lieferten sie dennoch schon wichtige Resultate. So untersuchte Choisy zwei Linien, nämlich Biskra — el Golea und Larruat — el Golea, und constatirte, dass sie beide keine besonderen Schwierigkeiten bieten. Namentlich bestätigte er auch die geringe Bedeutung des Flugsandes in diesen Gegenden.

Flatters, der am 5. März 1880 mit 9 Officieren und Ingenieuren, 12 französischen Soldaten, 16 Eingeborenen, 68 in Uargla gemietheten Kameltreibern, 15 Pferden und 250 Kamelen letztgenannte Oase verliess, fand, dass die Bahn auf 200 km südlich von el Golea ebenfalls leicht zu bauen sei. Auf dieser ganzen Strecke blieb die Expedition niemals länger als 3 Tage ohne Wasser. Man entdeckte einen fischreichen See mit viel Vegetation an den Ufern. Die Tamarisken, die man traf, hatten bis zu 3 m im Umfang. Das sandige Terrain war sehr hart und auf einer Strecke von 80 km kalkhaltig und ohne alle Vegetation. Eidechsen und Schlangen gab es in Masse, ebenso Antilopen, Hasen, Mufflons u. dergl. Das Salz war in dieser Gegend sehr theuer. Hundert Kilo wurden mit vier Sclaven, das heisst, da jeder Sclave 900 Frcs. gilt, mit 3600, oder das Kilo mit 36 Frcs. bezahlt.

Soleillet endlich wurde leider in Adrar ausgeplündert und musste sich zurückziehen. Indess ist er sowohl wie Flatters, nachdem die Kammern einen neuen Credit von 600 000 Frcs. bewilligt haben, schon wieder auf der Reise.

Weiter schob Frankreich seine Grenze am obern Senegal, die bisher Medina (etwa 1000 km landeinwärts) bildete, ca. 200 km vor, indem es in Bafulabe ein Fort errichtete. Der erstgenannte Ort soll mit diesem neuen Posten durch eine Eisenbahn verbunden und dieselbe bis an den oberen Niger verlängert werden. Zugleich wurde die Anlegung eines Schienenstranges von Medina an die Küste und von St. Louis nach Dakar geplant.

Wie es scheint, sind übrigens (nach einer Depesche aus Paris vom 20. Mai 1880) die Aussichten für die Provinz Constantine als Ausgangspunkt der grossen Bahnanlage neuerdings sehr günstig. Möglicherweise aber baut man selbst zwei Kopflinien, eine durch die Ostprovinz und eine durch das Centrum.

Dahin deutet vielleicht auch die letzte Nachricht, die uns über die ganze Sache zugegangen. Dieselbe besagte, dass auf Vorschlag von Choisy und Soleillet der sofortige Bau einer doppelten Telegraphenlinie, nämlich von Larruat über die Mzab-Oasen nach Uargla und von Biskra über Tuggurt nach dem nämlichen Zielpunkte beschlossen worden sei. Dieselbe soll als Vorläufer einer Eisenbahn die Bewohner der algerischen Sahara mit der französischen Cultur in Verbindung bringen und sie an dieselbe gewöhnen. —

Viel ungünstiger verlief, wie wir bereits sahen, das andere Project, das eine Inundation der grossen Depressionen im Nordosten der algerischen Sahara anstrebte. Es zeigte sich, dass nur ein verhältnissmässig geringer und nebenbei auch vom Golf von Gabes schon entfernterer Theil des betreffenden Gebiets absolute Depression ist und dass daher nur durch ein künstliches Kanal- und Verschleussungssystem ein Resultat zu erreichen sein würde, welches in keinem Vergleich zu dem enormen Aufwande stünde, den die Ausführung erheischt. —

Alles in Allem aber sehen wir doch, dass es Frankreich neuerdings an Opfern und Opferwilligkeit für Algerien nicht fehlen lässt. Gab es doch, wie man berechnet hat, daselbst in den letzten zehn Jahren ca. 100 Millionen für Strassen, Hafenbauten, Leuchtthürme, Ent- und Bewässerungen und Aufforstungen aus.

Wenn nun auch, wie schon erwähnt, eine eigentliche Ernte für solche Aussaat erst von der Zukunft zu erhoffen ist, so beweist doch Nichts besser als die Statistik über den algerischen Handel, dass auch jetzt bereits Grosses erreicht ist. Ein Blick auf dieses Gebiet ist darum das Letzte, was wir noch zu thun haben.

Nach amtlichen Aufstellungen betrug nämlich in den Jahren

	die Ausfuhr:	die Einfuhr:	zusammen:
1831	6 504 000 Frcs.,	1 479 600 Frcs.,	7 983 600 Frcs.
1835	16 778 737 „	2 597 866 „	19 376 603 „
1845	94 642 605 „	10 491 059 „	105 133 664 „
1855	105 452 027 „	49 320 029 „	154 772 056 „
1865	175 275 763 „	100 538 461 „	275 814 224 „
1876	213 352 396 „	166 538 580 „	380 062 977 „

Und doch sind das eben nur die amtlichen Angaben. In Wahrheit mögen alle diese Zahlen viel grösser sein.

Wer dürfte Dem gegenüber noch immer von Algerien als einer verfehlten Speculation reden! Freilich kann nicht geleugnet werden, dass die Colonie zur Zeit dem Mutterlande immer noch mehr kostet, als sie einbringt. Zwar wies schon das Budget von 1866 eine Einnahme von 27 235 037 Frcs., und dagegen nur eine Ausgabe von 26 101 261 Frcs. auf, so dass sich ein Ueberschuss von 1 133 776 Frcs. ergeben haben würde. Allein dieses Plus verwandelt sich doch in ein Minus, wenn man erwägt, dass die sehr bedeutenden Kosten für die zahlreiche Armee, für die Justiz, die Finanz- und Cultusverwaltung mit auf das allgemein französische Budget gebracht sind. Im Durchschnitt musste Frankreich, je nach der in Algerien unterhaltenen Truppenmasse, bis vor Kurzem immerhin noch jährlich 40 bis 60 000 000 Frcs. zur Verwaltung der Provinz zuschiessen.

Indess sind ja solche Summen nicht ganz verloren gegangen, sondern indirect immer dem Mutterlande, wenn nicht dem Staate, so doch den Einzelnen, wieder zu gute gekommen. Schon allein die jährliche Einfuhr von rund 200 000 000, wenn diese auch nicht ausschliesslich auf das Mutterland entfällt, dürfte für Frankreichs Handel und Industrie eine nicht zu unterschätzende Bedeutung haben.

Aber selbst wenn man davon absehen wollte, so kann es nach Allem, was wir mitgetheilt haben, nicht zweifelhaft sein, dass, wenn die Gegenwart der Colonie noch nicht befriedigt, doch eine verheissungsvolle Zukunft in Aussicht steht. Mag die Provinz zur Zeit noch eine Kuh sein, die nur gefüttert wird — das reiche Frankreich kann sich ja diesen Luxus leicht gestatten — einst wird sie auch eine gute Milchkuh abgeben.

Algerien wird nach all' den blutigen Kämpfen und mühseligen Experimenten, nach allem Aufwand an Geld und Kraft, späterhin doch ein werthvolles Besitzthum darstellen; es wird ein Markt der eigenen Producte und zugleich eine Transitstrasse werden, mittelst deren die natürlichen Schätze Centralafrikas nordwärts fliessen; es wird Bedeutung erlangen, an sich, wie als Theil des ganzen, grossen Continents, der immer mehr in den Vordergrund der Beachtung tritt und der sich einst zum Proviantmagazin der ganzen alten Welt emporschwingen dürfte; es wird merkantil und politisch auszubeuten sein, wird — bei seiner geringen Entfernung von Frankreichs Boden fast noch ein Theil Europas — ein Absatzgebiet für die Fabrikate des Mutterlandes und eine Bezugsquelle für dessen Bedürfnisse, zugleich aber auch einen wirksamen Keil im grossen, unbekannten Erdtheil darstellen, wird Frankreichs Seeherrschaft und zugleich seine Expansionsbestrebungen auf dem Festlande im Wettstreit der Nationen stützen, und dabei doch sein Gold sowie — um noch Eins hinzuzufügen, an das wohl niemand sogleich denkt — auch sein Blut vermehren. Nimmt doch bekanntlich im Mutterlande die französische Bevölkerung so wenig zu, dass man für ihre Zukunft fürchten könnte. Nun die Colonie, in der, wie wir sahen, die Fruchtbarkeit sich bis auf die Menschen erstreckt, kann auch in dieser Beziehung werthvoll werden und durch eine rasch sich vermehrende Bevölkerung die Kopfzahl Derer, die sich Franzosen nennen, erhöhen helfen. Kurz, nur durch einen schmalen Wasserstreifen getrennt, wird sich drüben einst ein junges Frankreich entfalten, die Tochter wird der alten Mutter Stütze werden.

Freilich wird es da nicht allein der Zeit, sondern auch der Anstrengungen, und zwar alter, wie neuer, bedürfen. Und ich meine, unsere bisherigen Darlegungen werden in dieser Hinsicht bereits einige Fingerzeige gegeben haben.

Ein allgemeines Colonisationsrecept lässt sich freilich so wenig geben, wie etwa im gewöhnlichen Leben ein allgemeines Erziehungsrecept. Es gilt hinsichtlich des Einzelnen wie der Nationen, die herangebildet werden sollen: Individualisiren! Auch darf Nichts über das Knie gebrochen werden. Vielmehr ist nach dem vielfachen Wechsel, der bisher so oft die ruhige Entwicklung der Provinz gestört hat, endlich einmal eine gewisse Stabilität, namentlich bezüglich des eingeführten Civilregimes, zu wünschen.

Aber einige nicht neue und contraire, sondern nur erweiternde Massregeln dürften doch jetzt schon am Platze sein. Zunächst erscheinen zwei die Verbindung mit dem Mutterlande betreffende Schritte nothwendig, nämlich

1) Schaffung eines besonderen Ministeriums für Algerien, das der Provinz seine volle Thätigkeit und — seine volle Liebe zuwenden kann.

2) Vermehrung der Armee, die in Algerien steht, um

mindestens 25 000 Combattanten, damit eine Stärke von 70—80 000 Mann erreicht wird, die nach dem Urtheil der Fachleute nöthig ist, um die eingeborene Bevölkerung völlig im Zaume zu halten. Eine solche ansehnliche Militärmacht widerspricht durchaus nicht dem republikanischen, bezieh. civilen Regime, sondern wird vielmehr dazu beitragen, dass die bürgerliche Verwaltung bald auf das ganze Land ausgedehnt werden kann.

3) Das europäische Element im Lande anlangend, ist mehr als bisher auf Zuzug von Colonisten zu denken. Erst wenn die europäische Bevölkerung wenigstens ungefähr der eingeborenen die Waage hält und sich auf alle Theile des Landes vertheilt, wird volle Pacification und Entwicklung möglich sein, ja von selbst kommen. Eine entsprechende Vermehrung der Colonisten wird späterhin eine entsprechende Verminderung des Militärs und somit des Aufwandes für das Land herbeiführen. Namentlich wäre eine Heranziehung germanischen Elements wünschenswerth, welches sich für die schwere Arbeit der Bodenurbarmachung unstreitig besser eignet, als das romanische. Freilich müsste da Frankreich wie seinen Chauvinismus fremden Völkern überhaupt gegenüber, so seinen Hass gegen Deutschland insbesondere fahren lassen, ein pium desiderium, das vielleicht für immer ein solches bleiben wird.

4) In Hinsicht auf die Eingeborenen ist weder, wie die Einen wollen, ein unbedingtes, hartes Ausrottungs- oder Verdrängungssystem noch ohne Weiteres ein unbedingter Assimilationsversuch am Platze. Es ist hier rein sachlich vorzugehen und nur Das zu bekämpfen, was der Civilisation schnurstracks entgegenläuft. Dies ist vorzugsweise das Nomadenthum. Feste Wohnsitze, abgegrenzter Besitz, Vertheilung des dem ganzen Stamme in corpore noch gehörigen Grund und Bodens an die Individuen, das ist nöthig. Schon eine solche sachliche Massregel wird eine Scheidung des culturunfähigen von dem culturfähigen Element bewirken. Das erstere (vorzugsweise das arabische) wird sich nicht fügen und auswandern, sei es nach Tunis, Marokko oder in die Wüste, so das man also ohne persönliches, gewaltthätiges Einschreiten eine Räumung des Terrains erwirkt hätte.

5) Zur weiteren Europäisirung des eingeborenen (verbleibenden und sich fügenden) Elements wäre neben der allgemeinen militärischen Dienstpflicht, die für 1881 bereits angeordnet ist, ganz besonders noch der allgemeine obligatorische Schulunterricht und nicht am Wenigsten die Hebung des weiblichen Geschlechts nöthig, wozu die strenge Durchführung der Monogamie sowie die Zuziehung der jungen Mädchenwelt zum öffentlichen Unterrichte viel beitragen dürfte.

6) Das Religionswesen, dessen rechte Stellung für das Gedeihen jedes Staates so wichtig ist, muss in Algerien die Aufmerksamkeit der leitenden Kreise um so mehr beanspruchen, als die

Majorität der Bevölkerung nicht nur einem von der Religion des Mutterlandes verschiedenen, sondern derselben auch principiell feindselig gegenüberstehenden und in vieler Hinsicht mit der modernen Civilisation unvereinbaren Cultus huldigt. Selbstverständlich erwachsen daraus mehrfach nicht geringe Schwierigkeiten und es bedarf natürlich möglichster Toleranz und namentlich einer zarten Schonung der muselmanischen Gefühle. Andrerseits aber hat doch das Christenthum als das Bekenntniss der Eroberer und Besitzer des Landes (vorherrschend die römisch-katholische Confession mit einem Erzbischof, der in Algier residirt, wo auch zwei Priesterseminare sich befinden, und vier Generalvikaren an der Spitze. Protestanten giebts nur etwa 15 000 mit einem Consistorium in Algier) ein Anrecht darauf, als eigentliche Staatsreligion angesehen und dementsprechend bevorzugt zu werden. Wird dasselbe doch auch, freilich nicht durch Uebertritte der Muselmanen, unter denen alles Missioniren noch lange erfolglos bleiben dürfte, wohl aber durch allmäliges Ueberwuchern der europäischen Bevölkerung, mit der Zeit zum Cultus der Majorität in der Colonie werden. Daneben wird unbeschadet aller humanen Rücksichtnahme der Islam doch eben nur als geduldet zu betrachten und zu behandeln sein. Ja die Pflicht der Selbsterhaltung macht Frankreich ebensowohl wie Toleranz so auch wieder nöthigen Falls energische Strenge zur Pflicht. Dies gilt namentlich hinsichtlich der **geistlichen Corporationen der Muselmanen**, deren Aufhebung eine unerlässliche Massnahme sein dürfte.

Denn nicht nur, dass durch diese Orden der Hass gegen das Christenthum und damit auch die politische Opposition sowie gleichzeitig der Widerstand gegen alles Neue und Europäische am Eifrigsten genährt, bezieh. immer wieder aufgefrischt wird, jene Vereinigungen sind auch principiell gefährlich und unvereinbar mit dem modernen Begriff von der Suprematie des bürgerlichen Gesetzes und der Souveränität des Staates. In dieser Hinsicht überbieten die muhammedanisch-algerischen Orden noch die Corporationen innerhalb der römischen Kirche. Nicht nur, dass auch sie ihre oberste Behörde meist ausserhalb Landes (in Marokko) haben, so ist auch der unbedingte Gehorsam, den sie ihren Gliedern auferlegen, ein solcher, wie ihn selbst die Statuten der Jesuiten nicht zu fordern wagen. Denn der Vorsteher des Ordens pflegt den neu Eintretenden mit den Worten in den Verband aufzunehmen: „Sei in den Händen Deines Oberen, was der Leichnam in den Händen des Todtenwäschers ist, der denselben nach Belieben hin- und herwendet!"

Es konnte bei solchen Grundsätzen nicht fehlen, dass diese Orden schon mit dem ehemaligen Regime zusammenstiessen, obwohl dasselbe doch ein muselmanisches, also legitimes war. Araber und Türken haben Noth mit ihnen gehabt. Was Wunder, dass sie gegen das französische Regiment ebenfalls und da erst recht Front machten! Zahlreiche Aufstände haben sie auf ihrem Gewissen.

Geniessen sie doch auch, namentlich in den untersten Volksschichten, ungeheures Ansehen und erfreuen sich, theilweise wenigstens, eines sehr starken Zuzugs. Es sind ihrer, soweit sie für Algerien in Betracht kommen, sieben, nämlich der Orden (arab. Khuan, d. h. Brüder) des Abdel Kader el Dschilani, des Mulei Taïeb, des Sidi Muhammed Ben Aïssa (die sogen. Assaua's), des Sidi Muhammed Ben Abder Rahman, des Sidi Ahmed Tedschani, des Sidi Jusef el Hamsali (die „Hamsala") und die Derkua.

Obwohl die Idee der Vereinigung Mehrerer zu besonderer Frömmigkeit, einer ecclesiola in ecclesia, uralt ist und bereits in der ersten Periode des Islam, sei es aus dem Christenthum oder schon aus dem heidnischen Asien ererbt, ihre Verwirklichung gefunden hatte, so sind doch die für Algerien in Betracht kommenden Orden meist jüngeren Datums. Ihre Gründer waren immer Marabuts, grosse Heilige und noch grössere Bettler und Gauner, meist in Marokko, dieser Trutzburg des Islams im Westen, heimisch. Dieselben genossen nicht selten den Ruf eines „Rrut", d. h. eines besonderen göttlichen Werkzeugs, bestimmt, von den 380 000 Uebeln, die die Welt besitzt, Krankheiten, Wunden etc. drei Viertel = 285 000 auf sich zu nehmen, eine Idee, die jedenfalls mit dem altasiatischen Erlösungs-Verlangen zusammenhängt.

An der Spitze jedes solchen Ordens steht der Ordensgeneral (Khralifa), häufig ein Nachkomme des Gründers, mit der Residenz in der Gründungsstadt. Nach dem General kommen die Provinzials (Scheik oder Mokkadem), die die Filialen des Ordens in den Provinzen leiten. Unter diesen stehen wieder die Nekil's und die Rekka's. Es giebt übrigens auch weibliche Ordensmitglieder („Schwestern"), die dann einer Vorsteherin unterstellt sind.

In einen Orden eintreten, heisst „die Rose nehmen". (Bekanntlich wàr diese Blume schon im ältesten Asien ein verbreitetes Symbol, bei den Christen Sinnbild des Martyriums und im Mittelalter sowie heute noch das Zeichen für manche Geheimbände.)

Die Ordenspflichten sind: Contemplation, Gebet, Enthaltsamkeit, theilweise auch Almosen und Glaubenseifer. Der Versammlungstag ist meist der Freitag und zwar finden die Zusammenkünfte entweder in der Moschee oder in der Schule neben dieser oder auch beim Scheikh statt.

In·denselben wird gemeinschaftlich gebetet und gesungen. Auch werden häufig allerhand ascetische Gebräuche geübt, für die der durch das Rauchen von Haschisch erzeugte Taumel nicht selten die nöthige Begeisterung bringen muss.

Der älteste algerische Orden ist der des Abdel Kader el Dschilani, gegründet um das Jahr 1000 zu Bagdad. Der Heilige, nach welchem er genannt ist, that bei Lebzeiten viele Wunder, die einen grossen Theil der arabischen Tradition ausmachen, und ist auch noch jetzt der Hauptschutzpatron aller Gläubigen, denen er erscheint, sobald sie ihn anrufen. Er besitzt unzählige Kubbas in allen Theilen des Landes.

Der Orden des Mulei Taïeb ist marokkanischen Ursprungs und stammt noch aus diesem Jahrhundert. Innerhalb dieses Ordens wird die Hoffnung auf Vertreibung der Franzosen aus Algier, gestützt auf eine dementsprechende Verheissung des Gründers, eifrig gepflegt. Dieser Corporation pflegen auch die Mitglieder der kaiserlichen Dynastie von Marokko beizutreten.

Ueber den Orden des Muhammed Ben Aïssa ist bereits bei Constantine ausführlicher gesprochen worden.

Auch der Gründer der oben zu dritt genannten Congregation, Muhammed Ben Abder Rahman, gehörte noch diesem Jahrhundert an.

Er lebte lange in Kairo, dann aber in der grossen Kabylie. Sein Orden zählt in Algerien sehr viele Mitglieder. Ihre Hauptaufgabe ist, des Tages mindestens 3000 mal das muhammedanische Glaubensbekenntniss zu beten: „La illah alla Allah Mohammed rassul Allah!"

In der algerischen Sahara ist namentlich der Orden des Ahmed Tedschani verbreitet, der von dem Letzteren († 1797) auch ebendort, nämlich in Aïn Madhi gegründet wurde.

Nur schwach und ausschliesslich in der Umgegend von Constantine vertreten ist der unter sechs genannte Orden des Jusef el Hamsali, eines Marabut, der vor 200 Jahren in dem kabylischen Orte Zamura bei Setif lebte.

Dagegen steht der Verein der Derkua, der vor etwa 100 Jahren von Ali Dschemal in Marokko gegründet wurde, an Mitgliederzahl und Gefährlichkeit allen anderen voran. Er ist fast in sämmtliche Aufstände verflochten gewesen, die den Franzosen so viel Geld und Blut gekostet haben. Namentlich war, wie leicht erklärlich, der Westen der Provinz stets das Feld seiner Thätigkeit. Der Name wird von Derka, einer kleinen marokkanischen Stadt, hergeleitet. Anderen zufolge soll er „die Verschleierten" oder auch die „Zerlumpten" bedeuten.

Nach all dem über diese Orden Gesagten müssen wir hinsichtlich derselben immer wieder das „ceterum censeo" des Cato aussprechen, selbst auf die Gefahr hin, dass Frankreich dadurch auch in seiner afrikanischen Provinz einen „Culturkampf" erlebt. —

Dies nur einige der hauptsächlichsten Erfordernisse für eine gedeihliche Entwicklung des schönen Landes. Dass daneben noch eine ganze Masse Einzelmassnahmen nöthig sein werden, die sich unter Anderem auf eine Erweiterung des Strassen- und Eisenbahnnetzes, auf umfassende Aufforstung der Gebirge und dergl. zu beziehen hätten, versteht sich von selbst.

V. Die Bevölkerung Algeriens.

Und so könnten wir schliessen, wenn wir nicht glauben müssten, dem Leser in unserem eigenen Interesse noch eine Erklärung schuldig zu sein. Die vielfachen Lobsprüche, die wir Frankreich im vorliegendem Buche gespendet haben, die glänzenden Aussichten, die wir ihm namentlich auch in politischer Hinsicht von Algier aus eröffneten, die Fingerzeige, die wir hier und da ihm zu geben wagten, sie scheinen vielleicht Manchem unvereinbar mit deutschem Patriotismus.

Indess einmal war ja der Zweck unseres Werkes zunächst nur eine objective Darlegung der Verhältnisse Algeriens, bei der gerade dem unparteiischen Betrachter von selbst Lob und Tadel kommen mussten. Sodann aber giebt es doch bei einer Schilderung, die es mit einem weltcivilisatorischen Objecte zu thun hat, auch noch einen anderen als den patriotischen, nämlich einen kosmopolitischen Standpunkt, der sich des Sieges der Cultur freut, auch wenn ihn eine fremde Nation errang.

Endlich aber hatten wir bei Abfassung unseres Berichtes in der That auch einen patriotischen Zweck, wenngleich eben nur als Nebenzweck. Oder sollte denn die Ueberzeugung, die wir mit unserer Arbeit wecken wollten, dass nämlich selbst ein bisher so zweifelhafter, mit allen möglichen Schwierigkeiten kämpfender Colonialbesitz einen hohen Werth habe, nicht auch unter uns die Neigung zum Colonialerwerb zu wecken und die alten, immer wiederkehrenden Vorurtheile gegen einen solchen zu zerstören im Stande sein?

Gewiss hat Deutschland nach den ungeheuren Erfolgen von 1870 Veranlassung, sich mit seinem gegenwärtigen Territorialbesitz zu begnügen, und soll und wird, wenigstens was europäisches Terrain angeht, nicht weiter nach fremdem Boden trachten; indess darf es da, wo es sich um die Vertheilung der übrigen, grossen, mehr oder minder herrenlosen Continente der Erde, dieser reichen Gottesgaben für die europäische Welt, handelt, schon um seiner allgemeincivilisatorischen Mission willen, auch nicht zurückbleiben, sondern ist verpflichtet, auch seinerseits die Hand auszustrecken. In diesem Sinne gilt es noch immer: „Mein Vaterland muss grösser sein!"

Möchte dieses Dichterwort im Interesse unseres Handels, der neue und grössere Absatzgebiete braucht, im Interesse unserer jährlich wachsenden Volksmassen, die die alte Heimath nicht mehr ernähren kann, und endlich im Interesse der grossen, physischen und moralischen Urbarmachung, deren der Erdkreis noch bedarf, nicht ungehört verhallen!

REGISTER.

Abdi (Ued) 223. 285.
Abiod (el) 191.
Abuam 258.
Affreville 68. 378.
Affrun (el) 81.
Afrikanisches Gebirge 268.
Agriun (Ued el) 288.
Ahaggar (Plateau von) 257. 286.
Aïaschin (Dschebel) 258. 264. 274.
Aïn Hadschar 312.
Aïn Jacut 194.
Aïn Marmora 327.
Aïn Mokhra 291. 372.
Aïn Sfisifa (Oase) 277.
Aïn Tasut (Grube) 291.
Aïn Tuta 202.
Air 257.
Aït l'Hassen 353.
Akaraba (U.) 257.
Albères (Monts) 11. 12.
Algier 5. 201 ff.
Amadrror (Sebkra) 54.
Ammazirr (Stamm) 114.
Amur (Dsch.) 273. 284. 285.
Araber 340.
Arzeu 128. 372. 292.
„ (Golf von) 284.
Asben 257.
Asgar (Hochland der) 257.
Assas (Dsch.) 271.
Atef (Oase el) 355.
Atlas 25. 65. 76. 260 ff.
Audschilah 115.
Augerut (Oasen von) 378.
Aulus (Dsch.) 264.
Aumale (Fort) 269. 283. 292. 293.
Auresgebirge 272. 278. 284.

Babur (Dsch.) 269.

Bafulabe 386.
Bains de la reine 294.
Bamba 379.
Barcelona 15.
Barka (Plateau von) 262.
Batna 190. 195. 275.
Ben Ammad (Dsch.) 276.
Beni Aïscha 156. 372.
Beni Kalfun (Dsch.) 157.
Beni Mered 99.
Beni Mzab (Hochland der) 280.
„ „ (Stamm) 349.
Beni Saf (Eisengrube) 291.
Beni Salah (Dsch.) 86. 91.
Benue (Fluss) 380.
Benut (U.) 273. 285.
Berber 115 ff. 340. 344 ff.
Berrian (Oase) 354.
Berruaguïa 324.
Biban 159.
Birkhadem 146.
Birmandraïs 145.
Biskra 191 ff. 217 ff. 245.
Biskra (U.) 223. 272. 273. 285.
Bizot 246.
Blida 85 ff. 288. 317. 318. 372.
Bon (Cap) 259. 274.
Bona 128. 151. 282.
Bordsch bu Areridsch 162. 269.
Bordsch Buira 158.
Borrar 192. 293. 324. 378.
Bougiarone (Cap) 254.
Bougie 151.
Bu Farik 97 ff. 318.
Bugemma 378.
Bu Grus (Dsch.) 274.
Bu Haluan (U.) 74. 76.
Bu Hamdan 282.
Bu Kahil (Dsch.) 273. 285.

Register. 395

Bu Medfa 74. 81.
Bu Merzug (U.) 193. 268 275. 282.
Bu Rrezal (Dsch.) 214.
Burrum 379.
Bu Sada 229.
Buzareaspitze 149.
Bu Zegsa (Dsch.) 106. 155.

Calle (la) 255. 334.
Cammrata (Eisengrube) 291.
Canigou (Mont) 11. 12.
Carbon (Cap) 31. 151.
Carthagena 22.
Castellon 18.
Caxine (Cap) 102.
Cerbère (Cap) 13.
Chinchilla 20.
Colonne Voirol 145.
Condé Smendu 246.
Constantine 152. 164 ff.
Corbières (Monts) 10.
Creus (Cap) 13.

Dahra (Gebirge) 62. 270. 283.
Dakar 386.
Darfur 326.
Dellis 151. 292. 293.
Dira (U.) 269.
Draa (U.) 258.
Dréaf (Dsch.) 161.
Dschebel Tomulga (Eisengrube) 291.
Dschedala (Stamm) 114.
Dscheddi (U.) 281. 285. 287.
Dschelfa 293.
Dscher (U.) 74. 75. 283.
Dscherid 279.
Dschidschelli 151. 282. 334.
Dschurdschura (Dsch.) 151. 265. 269.
Duera 307.
Duvivier 291.

Edur (Dsch.) 268. 303.
Empalma 14.
Endscha (U.) 282.
Espartel (Cap) 259.
Essor (Dsch.) 207.

Falcon (Cap) 31. 292. 334.
Fer (Cap de) 269. 334.
Ferrat (Cap) 291. 334.
„ (Gruben des) 291.
Fetsara-See 288 ff. 315. 332.
Fidschisdch-Oasen 258. 274.
Figalo (Cap) 334.
Figueras 14.
Filfila (Dsch.) 291. 292.
Fodda (U.) 284.

Fonduk 106. 292.
Fort national 156. 372.
Fum es Sahara 205.

Gaa (U.) 285.
Gabes (Golf von) 242. 278. 386.
Gada (Pic von) 273. 276.
Gaus (Dsch.) 202. 207.
Gerâra (Oase el) 354.
Gerona 14.
Géryville 191. 288. 371. 373.
Gir (Cap) 263.
„ (U.) 377.
Golea (el) 253. 255. 378. 385.
Grand Babor 151.
Grus (Dsch.) 285.
Guelma 315. 372.
Guraïa (Mont) 151.
Gurâra (Oase) 374.

Habibas 334.
Habra (U.) 66. 284.
„ (Barrage de l') 66.
Hadschar el Melah 192.
Hallula (See von) 289.
Hammam (el) 210.
Hammam es Salehins 295.
Hammam Meluan 77. 283. 294.
Hammam Meskrutin 77. 294.
Hammam Rirra 76 ff. 294.
Harrar (U. el) 195.
Harrasch (U.) 155. 283.
Hodna 275. 383.
Hussein Dey 155.

Ideles 257.
Igeli 377.
Insalah 257.
Irrarrar (U.) 256 ff. 278. 280.
Isgen (Beni) 355.
Isly (U.) 284.
Isser (U.) 151. 156. 158. 283.
„ (Schlucht) 156. 288.
Ivi (Cap) 284.
Juden 362.
Juifs (Col des) 202.

Kabylen 115 ff. 352.
Kantra (U. el) 202. 206.
„ (Schlucht) 203 ff. 288.
„ (Oase el) 192. 204. 207.
Karthago 113. 118. 132.
Kebir (Schott) 53. 255. 278.
„ (U. el) 86. 268. 269. 282.
Khala (Dsch.) 180.
Khramis (Cap) 62.
Khreneg el Aruïa 288.

Khrub 193.
Khrubset (Dsch.) 210.
Kolea 289.
Kollo 151. 282.
Kordofan 326.
Ksan (Dsch.) 274. 285.
Ksel (Dsch.) 273. 285.
Kubb er Rumijah 84.
Kudiat Ali (Dsch.) 175. 177.
Kulurrlis 362.

Labed (Dsch.) 271.
Lambessa 197. 275.
Larruat 129. 191. 371. 378.
Lella Marnia 292.
Leukate 10.
Libyen 119.
Llansa 13.
Lua (U.) 378.

Mahana (U.) 272. 284.
Mahmel (Dsch.) 273.
Maison-Carré 372.
Makhluf (Einsenkung von) 273.
Mamelles (les deux) 247.
Mancha 20.
Mansura (Dsch.) 160. 167. 177.
Marreb 65. 259.
Marokko 115. 129. 262.
Maskara 307.
Massek (U.) 285.
Matifu (Cap) 102. 106. 150. 334.
Mauren 114. 360 ff.
Mauretanien 119.
Mazafran (U.) 76. 83. 283. 327.
Medea 96.
Medina 386.
Medrrasen 84. 195.
Medschana (Ebene) 161. 323.
Medscherda (U.) 255. 268. 272. 275.
Mekinäs 184.
Mekla (U.) 159.
Melika (Oase) 356.
Mellek (U.) 255. 281.
Merrila (Dsch.) 272.
Mers el Kebir 26. 37.
Mesid (Dsch.) 168.
Metidscha 81 ff. 155. 270.
Metlili 280.
Mia (U.) 256. 257. 280. 286. 377.
Milliana 69 ff. 283.
Mina (U.) 66. 270. 271. 284.
Mkaïdu (Dsch.) 271.
Mlila (Cap von) 264.
Mokhra el Hadid (Eisengrube) 291.
Monserrat 16.
Montenotte 292.

Mostaganem 128. 283. 312.
Moustafa inférieur 140.
Moustafa supérieur 144.
Msila 268.
Muidir (Plateau von) 257.
Muluja (U.) 254. 258. 271. 284.
  „ (Gebirge) 271.
Murcia 21.
Murdschadscho (Dsch.) 36.
Muzaïa (Dsch.) 91. 270. 283. 303.
Mzab (U.) 285.
  „ (Staat) 354 ff. 386.
Mzita (Stamm) 160.
Mzuri (Schott) 194.

Nador (U.) 270.
  „ (Dsch.) 276. 291.
Nahr-Uassel (U.) 284.
Namus (U.) 274. 285.
Neger 362.
Neschar (Dsch.) 275.
Ngussa (Oase) 280.
Nif en Ser (Berg) 194.
Niger 378. 383. 386.
Nsa (U.) 285.
Numidien 119.
Numidisches Gebirge 268.
Nun (Cap) 258. 261. 264.
Nun (U.) 258. 264.

Oran 25 ff.
  „ (Sebkra) 53. 288 ff.
Orléansville 55. 67.
Orus (Dsch.) 292.
  „ (Gruben des Dschebel) 291. 292.

Palaestro 157. 288.
Pelissier 307.
Perpignan 11.
Perrégaux 66.
Perthus (Col de) 12.
Philippeville 151. 191. 192. 247.
Pointe Pescade 102. 147.
Porto Farina 282.

Raschgun (Insel) 284.
Relizane 66. 67.
Rio salado 289.
Rirr (U.) 286. 315.
Riu (U.) 66. 284.
Rivesaltes 10.
Rousillon 10.
Rovigo 283.
Rradames 255. 326.
Rrarbi (Schott el) 258. 276.
Rrardaia 355.
Rrarnis (Schott) 278.

Rrar Ruban (Grube) 291.
Rrir (U.) 274.
Rrorra (Dsch.) 268.
Ruiba 155.
Rumel (U.) 170. 193. 268. 282.
Rusuccurus 151.

Saf-Saf (U.) 247. 282.
Sahara 204. 326.
Sahari (Dsch.) 276.
Sahel (Gebirge)
„ (U.) 151. 159. 269. 282.
Saïda 312. 372. 373.
„ (Gebirge von) 271.
„ (Schott von) 229. 275.
Saldae 151.
Sakeni (U.) 284.
Santa Cruz (Fort) 35.
Sba (Dsch.) 26.
Sbakr 274.
Schaanba (Oasen) 253.
Schabet el Akra 288.
Schelia (Dsch.) 265. 273.
Scheliff 64 ff. 270. 276. 283.
Schenua (Dsch.) 270. 292.
Scheraga 318.
Scherf (U.) 268. 282.
Schergui (Schott esch) 276.
Scherschel 83. 162. 270. 283.
Schiffa (U.) 76. 91. 283.
„ (Schlucht) 90 ff. 288.
Schotts (Hochebene der) 276.
Sebau (U.) 151. 283.
Sebu (U.) 264.
Segerir (U.) 285.
Seggar (U.) 288.
Senaga 258.
Senalba (Dsch.) 276.
Senegal 383.
Senegambien 326.
Sergun (U.) 273. 285.
Sersu-Ebene 275. 276. 284.
Setif 162. 323. 372.
„ (Gebirge von) 269.
Seybouse (U.) 268. 282. 311. 315.
Sfa (Col de) 214.
Sidi bel Abbès 271. 372.
Sidi Busid 66.
Sidi el Heni (See von) 272.
Sidi Ferrudsch (Cap) 76. 126. 148.
Sidi Okba 234 ff.
Sidi Scheikh (Oasen) 258. 317. 324.
„ „ (Bassin der Ulad) 280.
Sig (U.) 66. 271. 284.
Siwah (Oase) 115. 116. 279.
Smendu 292.
Sokna 115.

Somaliland 326.
Spartel (Cap) 264.
Stauëli 127.
St. Denis du Sig 55. 66.
Ste. Eugène 147.
Ste. Léonie 57.
Stidia 57.
St. Louis 386.
Stora 151. 247. 292.
Sudan 375 ff.
Suf (U.) 286.
Suk Arras 275. 282. 372.
Suma (Eisengrube) 392.
Susfana (U.) 274. 280.

Tafilelt 256. 258.
Tafna (U.) 271. 284. 315.
Tahat (Berg) 257.
Tamarins (Karawanserail, les) 202.
Tamgut Lella Kredidscha 156. 269.
Tangeruft 378.
Tarf-See 275.
Tarragona 16.
Tarudant 264.
Tasili-Plateau 257. 286.
Taurirt 378.
Tebergin (Dsch.) 276.
Tebessa 275. 371.
Tedmait-Plateau 275. 286.
Tedmema 66. 284.
Tegrimmo (Dsch.) 157.
Tenes 334.
Teniet el Had 302.
Tell 267. 288. 343. 349.
Tessala 271.
Tiaret 276. 312.
Tidikelt (Oasen von) 256. 286.
„ (Dsch.) 257.
Tilatu (Dsch.) 202.
Timbuctu 379. 385.
Tinsilt (Schott) 194.
Tin Tellust 257.
Tisintit (Dsch.) 264.
Tizi (Col de) 42.
Tlelat 372.
Tlemsen 42.
„ (Gebirge von) 271.
Tortosa 18.
Transvalien 326.
Tsadsee 380.
Tuaregs 115.
Tuat 256. 274. 285. 326.
„ (Oase) 375.
Tuggurt (Oase) 129. 232 ff. 245. 286.
„ (Dsch.) 196. 275. 303.
Tunis 372.
Tunisisches Gebirge 272.

Uaransenis (Dsch.) 68. 270. 271.
Uargla 129. 232. **279**. 377.
Uatellen (Berg) 257.
Udschda 291.
Ued Rrir (Oase) 278.
Ued Ruĭna (Eisengrube) 291.
Ued Suf (Oase) 278.
Ued Sus 264.
Uennura und Dira (Gebirgszug) **275**. 276. 282.
Ukeit (Dsch.) 276.
Ulad Naïl (Stamm) 229. 324.

Utaia (el) 210.

Valencia 19.
Village des mines (Grube) 292.

Wad Kia (Beni) 62.

Zakkar (Dsch.) 69. 78. 155. 27
Zarrez (Bassin) 276.
Zarrez Rrarbi (Sebkra) 276.
„   Schergui (Sebkra) 276.
Zhur (U.) 332.

www.ingramcontent.com/pod-product-compliance
Lightning Source LLC
Chambersburg PA
CBHW032144010526
44111CB00035B/1045